Verhaltenskodizes im nationalen und grenzüberschreitenden elektronischen Geschäftsverkehr

Studien zum vergleichenden und internationalen Recht -
Comparative and International Law Studies

Herausgeber: Bernd von Hoffmann, Erik Jayme
und Heinz-Peter Mansel

Band 98

PETER LANG
Frankfurt am Main · Berlin · Bern · Bruxelles · New York · Oxford · Wien

Martin Schmidhuber

Verhaltenskodizes im nationalen und grenzüberschreitenden elektronischen Geschäftsverkehr

Zur Frage der Integration der Selbstregulierung durch Private in die staatliche Rechtsordnung

PETER LANG
Europäischer Verlag der Wissenschaften

Bibliografische Information Der Deutschen Bibliothek
Die Deutsche Bibliothek verzeichnet diese Publikation in der Deutschen Nationalbibliografie; detaillierte bibliografische Daten sind im Internet über <http://dnb.ddb.de> abrufbar.

Zugl.: Heidelberg, Univ., Diss., 2004

D 16
ISSN 0930-4746
ISBN 3-631-52733-0

www.peterlang.de

Meinen Eltern

Vorwort

Die Arbeit wurde im Wintersemester 2003/2004 von der Juristischen Fakultät der Ruprecht-Karls-Universität Heidelberg als Dissertation angenommen.

Meinem Doktorvater Herrn Prof. Dr. Dr. h.c. mult. Erik Jayme, der die Anregung zu dieser Dissertation gab und das Promotionsvorhaben mit zahlreichen wertvollen Ratschlägen wohlwollend unterstützte, danke ich herzlich. Ebenso ist ihm sowie Herrn Prof. Dr. Bernd von Hoffmann und Herrn Prof. Dr. Heinz-Peter Mansel für die Aufnahme der Arbeit in diese Schriftenreihe zu danken. Dank gebührt auch Herrn Prof. Dr. Fritz Nicklisch für die zügige Erstellung des Zweitgutachtens.

Mein Dank gilt Frau Dr. Susanne Gierlich für die rasche Korrektur des Manuskripts. Besonders bedanke ich mich schließlich bei meinen Eltern, die mein Studium stets großzügig förderten und mir in allen Belangen verständnisvoll und fürsorglich zur Seite standen. Sie haben daher großen Anteil an der Entstehung dieses Werkes.

Mannheim, im April 2004 | Martin Schmidhuber

Gliederung

Abkürzungsverzeichnis

a. A.	anderer Ansicht
a. F.	alte Fassung
aaO	am angegebenen Ort
AAP	Asociación de Autocontrol de la Publicidad
AbfG	Abfallgesetz
ABL. EG	Amtsblatt der Europäischen Gemeinschaften
Abs.	Absatz
AcP	Archiv für die civilistische Praxis
ADR	Alternative Dispute Resolution
AfP	Archiv für Presserecht
AG	Aktiengesellschaft
AGB	Allgemeine Geschäftsbedingungen
ähnl.	ähnlich
AktG	Aktiengesetz
Anm. des Verf.	Anmerkung des Verfassers
AOL	America Online
ARPA	Advanced Research Projects Agency
ARPA- Net	Advanced Research Projects Agency experimental pocket-switched network
Art.	Artikel
Artt.	Artikel
Az.	Aktenzeichen
B2A	business to administration
B2B	business to business
B2C	business to consumer
Baden- WürttGBl	Gesetzblatt für Baden- Württemberg
BB	Betriebsberater
Bd.	Band
BdB	Bundesverband des privaten Bankgewerbes
BDSG	Bundesdatenschutzgesetz
BGB	Bürgerliches Gesetzbuch
BGB- InfoV	BGB-Informationspflichten-Verordnung
BGBl.	Bundesgesetzblatt
BGH	Bundesgerichtshof
BGHZ	Entscheidungen des Bundesgerichtshofs in Zivilsachen
Bitkom	Bundesverband Informationswirtschaft, Telekommunikation und neue Medien
BKartA	Bundeskartellamt
BMJ	Bundesministerium der Justiz
BMWI	Bundesministerium für Wirtschaft
BRAK	Bundesrechtsanwaltskammer
BR- Drs.	Drucksachen des Bundesrates
bspw.	beispielsweise
BT- Drucks.	Drucksachen des Deutschen Bundestages
BVerfGE	Entscheidungen des Bundesverfassungsgerichts
BVerwGE	Entscheidungen des Bundesverwaltungsgerichts

bzw.	beziehungsweise
C.I.C.	culpa in contrahendo
CAs	Certification Authorities
CC	Counsel Connect
CCA	Copy Control Association
CENTRAL	Center for Transnational Law
CERN	Conseil Européen pour la Recherche Nucléaire
COPA	Child Online Protection Act
CR	Computer und Recht
CRi	Computer und Recht internationaler Teil
d. h.	das heißt
DA	Datenschutz- Audit
DB	Der Betrieb
DCG- Kodex	Deutscher Corporate Governance Kodex
DDV	Deutscher Direktmarketing Verband
DENIC	Deutsches Network Information Center e. G.
ders.	derselbe
dess.	desselben
DGIR	Deutsche Gesellschaft für Informationstechnik und Recht e. V.
dies.	dieselben
DIHT	Deutscher Industrie- und Handelstag
DIN	Deutsches Institut für Normung
dmmv	Deutscher Multimedia Verband e. V.
DNS	Domain Name System
DoC	Department of Commerce
Dok.	Dokument
DPMA	Deutsches Patent- und Markenamt
DRB	Deutscher Richterbund
DRM	Digital Rights Management
DRSC	Deutsches Rechnungslegungs Standards Committee
DSRL	Datenschutzrichtlinie
DTAG	Deutsche Telekom AG
DuD	Datenschutz und Datensicherheit
DVFA	Deutsche Vereinigung für Finanzanalyse und Asset Management
e. V.	eingetragener Verein
eco	Electronic Commerce Forum e. V.
E- Commerce	Electronic Commerce
ECRL	E- Commerce- Richtlinie
EDI	Electronic Data Interchange
EDV	Elektronische Datenverarbeitung
EGBGB	Einführungsgesetz zum Bürgerlichen Gesetzbuch
EGG	Elektronischer Geschäftsverkehr- Gesetz
EGV	Vertrag zur Gründung der Europäischen Gemeinschaft
EGZPO	Einführungsgesetz zur Zivilprozessordnung
EIIW	Europäischen Instituts für internationale Wirtschaftsbeziehungen
EMRK	Europäische Konvention zum Schutze der Menschenrechte und Grundfreiheiten

EU	Europäische Union
EuGH	Gerichtshof der Europäischen Gemeinschaften
EuGH Slg.	Gerichtshof der Europäischen Gemeinschaften – Sammlung der Rechtsprechung
EuGVO	Europäische Gerichtsstands- und Vollstreckungsverordnung
EuGVÜ	Europäisches Gerichtsstands- und Vollstreckungsübereinkommen
EuroISPA	European Internet Service Provider Association
EuÜ	Genfer Europäisches Übereinkommens über die internationale Handelsschiedsgerichtsbarkeit
EVÜ	Römisches Schuldvertragsübereinkommen
EWG-Vertrag	Vertrag über die Europäische Wirtschaftsgemeinschaft
f.	folgende (Seite)
FernAbsG	Fernabsatzgesetz
ff.	folgende (Seiten)
FS	Festschrift
FSF	Freiwillige Selbstkontrolle Fernsehen
FSK	Freiwillige Selbstkontrolle Filmwirtschaft
FSM	Freiwillige Selbstkontrolle Multimedia e. V.
FST	Freiwillige Selbstkontrolle Telefonmehrwertdienste e. V.
FTC	Federal Trade Commission
GAC	Governmental Advisory Committee
GATS	General Agreement on Trade Services
GBDe	Global Business Dialogue on eCommerce
GDV	Gesamtverband der Deutschen Versicherungswirtschaft
GG	Grundgesetz für die Bundesrepublik Deutschland
GjS	Gesetz über die Verbreitung jugendgefährdender Schriften und Medieninhalte
GmbH	Gesellschaft mit beschränkter Haftung
GRUR	Gewerblicher Rechtsschutz und Urheberrecht
GRUR Int.	Gewerblicher Rechtsschutz und Urheberrecht Internationaler Teil
gTLD- MoU	Generic Top Level Domain Memorandum of Understanding
GWB	Gesetz gegen Wettbewerbsbeschränkungen
h. M.	herrschende Meinung
HBCI	Homebanking Computer Interface
HGB	Handelsgesetzbuch
html	hypertext markup language
http	hypertext transfer protocol
i. d. F.	in der Fassung
I.D.I.	Interessenverband Deutsches Internet
i. d. R.	in der Regel
i. E.	im Ergebnis
i. R. d.	im Rahmen des
i. S. d.	im Sinne des
i. S. e.	im Sinne eines
i. Ü.	im Übrigen
i. V. m.	in Verbindung mit

IAB	Internet Architecture Board
ICANN	Internet Corporation for Assigned Names and Numbers
ICC	International Chamber of Commerce
ICRA	Internet Content Rating Association
ICTF	Internet Content Task Force
IETF	Internet Engineering Task Force
IGB	Informationsgesetzbuch
IGO	International Governmental Organisation
InfoSoc- Richtlinie	Information Society- Richtlinie
insbes.	insbesondere
Internet	Interconnected Networks
IPR	Internationales Privatrecht
IPRax	Praxis des Internationalen Privat- und Verfahrensrechts
ISO	International Standards Organisation
ISOC	Internet Society
ISP	Internet Service Provider
IST	Information Society Technologies
IT	Informationstechnologien
ITU	International Telecommunications Union
IuKDG	Informations- und Kommunikationsdienstegesetz
JA	Juristische Arbeitsblätter
JMStV	Jugendmedienschutz- Staatsvertrag
JurPC	Jur- PC
JuS	Juristische Schulung
JZ	Juristenzeitung
K&R	Kommunikation & Recht
Kap.	Kapitel
KartellVO	Kartellverordnung
KJM	Kommission für Jugendmedienschutz
KOM	Kommissionsdokumente
KonTraG	Gesetz zur Kontrolle und Transparenz im Unternehmensbereich
krit. Anm.	kritische Anmerkung
LANs	Local Area Networks
LG	Landgericht
LIDC	Ligue Internationale du Droit de la Concurrence
lit.	littera (Buchstabe)
LT- Drs.	Drucksachen des Landtages
m. E.	meines Erachtens
m. w. Nachw.	mit weiteren Nachweisen
MAPS	Mail Abuse Prevention System
MDStV	Mediendienste- Staatsvertrag
Mio	Millionen
MMR	MultiMedia und Recht
Mod. L. Rev.	Modern Law Review
MoU	Memorandum of Understanding
n. F.	neue Fassung
NGO	Non Governmental Organization
NIÖ	Neuen Institutionenökonomik

NJOZ	Neue juristische Online- Zeitschrift
NJW	Neue Juristische Wochenschrift
NJW- CoR	Computerreport der Neuen Juristischen Wochenschrift
NJW- RR	NJW- Rechtprechungs- Report Zivilrecht
Nr.	Nummer
NTIA	National Telecommunications and Information Administration
OC	Online Confidence
OECD	Organisation for Economic Cooperation and Development
OPA	Online Privacy Alliance
OVG	Oberverwaltungsgericht
P3P	Platform for Privacy Preferences Project
RabelsZ	Zeitschrift für ausländisches und internationales Privatrecht
RBL	Realtime Blackhole List
RDV	Recht der Datenverarbeitung
RegTP	Regulierungsbehörde für Telekommunikation und Post
RfStV	Rundfunkstaatsvertrag
RGZ	Entscheidungen des Reichsgerichts in Zivilsachen
RIAA	Recording Industry Association of America
RIW	Recht der internationalen Wirtschaft
RPS	Rights Protection System
Rz.	Randziffer
S.	Satz/Seite
s. u.	siehe unten
SigG	Gesetz zur digitalen Signatur
SNV	Swiss Organisation for Standardization
sog.	sogenanntes
SSL	Secure Sockets Layer
Stan. L. Rev.	Stanford Law Review
StGB	Strafgesetzbuch
SZ	Süddeutsche Zeitung
TCP/IP	Transmission Control Protocol/Internet Protocol
TCPA	Trusted Computer Platform Alliance
TDDSG	Teledienstedatenschutzgesetz
TDG	Teledienstegesetz
TDG-E	Teledienstegesetz Entwurf
TKG	Telekommunikationsgesetzes
TKV	Telekommunikations- Kundenschutzverordnung
TLD	Top Level Domain
TLDB	Transnational Law Database
TMR	Telekommunikations- & Medienrecht
TransPuG	Transparenz- und Publizitätsgesetz
TVG	Tarifvertragsgesetz
u.	und
u. a.	unter anderem
UAG	Umweltauditgesetz
UCITA	Uniform Computer Information Transaction Act
UDRP	Uniform Domain Name Dispute Resolution Policy
UFITA	Archiv für Urheber- und Medienrecht

UGB- AT	Umweltgesetzbuch Allgemeiner Teil
UN	United Nations
UNCITRAL	United Nations Commission on International Trade Law
UNESCO	United Nations Educational, Scientific and Cultural Organization
UNIDROIT	Institut international pour l'unification du droit privé
UNO	United Nations Organization
UrhG	Urheberrechtsgesetz
UrhG- E	Gesetz zur Regelung des Urheberrechts in der Informationsgesellschaft
URL	Universaldienstrichtlinie
UWG	Gesetz gegen den unlauteren Wettbewerb
v.	von
VDI	Verein Deutscher Ingenieure
VG	Verwaltungsgericht
vgl.	vergleiche
VwGO	Verwaltungsgerichtsordnung
W3C	World Wide Web- Consortium
Wayne L. Rev.	Wayne Law Review
WIPO	World Intellectual Property Organization
WM	Zeitschrift für Wirtschafts- und Bankrecht
WRP	Wettbewerb in Recht und Praxis
WTO	World Trade Organisation
WuW/E	Wirtschaft und Wettbewerb Entscheidungssammlung zum Kartellrecht
www	world wide web
z. B.	zum Beispiel
zahlr.	zahlreiche
ZfRSoz	Zeitschrift für Rechtssoziologie
ZfRV	Zeitschrift für Rechtsvergleichung
ZHR	Zeitschrift für das gesamte Handelsrecht
Ziff.	Ziffer
ZIP	Zeitschrift für Wirtschaftsrecht
zit.	zitiert
ZPO	Zivilprozessordnung
ZUM	Zeitschrift für Urheber- und Medienrecht
ZUM-RD	Zeitschrift für Urheber- und Medienrecht Rechtsprechungsdienst
ZVglRWiss.	Zeitschrift für vergleichende Rechtswissenschaft

A. Einleitung

I. Die Entwicklung des E- Commerce und des Internet

Vergegenwärtigt man sich die Entwicklungen der letzten Jahre, so sind im Bereich des E- Commerce und des Internet bemerkenswerte Prozesse zu beobachten. Nicht nur die im Vordergrund stehende technische Innovation, sondern auch die Berg- und Talfahrt der Internetwirtschaft prägte und prägt das Erscheinungsbild des kommerziellen Sektors des globalen Mediums.

1. E- Commerce – Der elektronische Geschäftsverkehr

Im Zuge des Aufsehen erregenden und beachtlichen Wachstums der so New-Economy wurden tausende Firmen mit Hilfe von Venture Capital an die Börse gebracht - tausende Unternehmen der Old- Economy präsentieren sich mittlerweile im Internet und treiben Handel auf Internet- Plattformen, sogenannten „virtuellen Marktplätzen"[1]. Der technologische Fortschritt auf dem Online- Sektor ebnete den Weg für ein wahres Produktivitätswunder. In den USA – dem Mutterland des E- Commerce[2] - stieg die Produktivität in der zweiten Hälfte der neunziger Jahre durchschnittlich fast doppelt so schnell wie in den 22 Jahren zuvor; bis in das Jahr 2000 hinein beschleunigte sich das Tempo. Das Produktivitätswachstum erreichte schließlich einen Rekordstand von 6,3 Prozent[3]. Dem Online- Handel zwischen Unternehmen prophezeit man für das Jahr 2004 ein Volumen von 1,3 Billionen US- Dollar, demjenigen zwischen Unternehmen und den Endverbrauchern etwa ein Volumen 232 Milliarden EURO[4].

---

[1] So haben mehrere Automobilhersteller eine gemeinsame Internet- Plattform namens *Covisint* - http://www.covisint.com - (Die Angaben aller URL- Adressen befinden sich auf dem Stand vom 16. März 2004) errichtet, die der gesamten Automobilindustrie als Kommunikationsplattform dienen und Dienstleistungen im Beschaffungswesen, im Zuliefermanagement und in der Produktentwicklung zur Verfügung stellen soll; vgl. hierzu BKartA, B 5 – 34100 – U 40/00 vom 25. September 2000 – Covisint; *Lange*, Virtuelle Unternehmen, Rz. 13. Vgl. ferner zur Entwicklung der verschiedenen Modelle der B2B- Marktplätze sowie zu Covisint, *Koenig*, Internetplattformen, S. 19 ff.; *Carrascosa González*, Globalización y Derecho internacional privado, S. 16.

[2] Die US- amerikanischen Unternehmen sind auch heute noch mit Abstand die größten Anbieter im Internet, vgl. *Käbisch*, Internet und Umsatzsteuer, S. 24.

[3] Quelle: SZ, vom 23. Oktober 2001, S. 1; vgl. zu den Wachstumsraten des E- Commerce in den neunziger Jahren auch *Welfens*, Internet- Economics.net, S. 1 ff..

[4] Dem Online- Handel werden Steigerungsraten von jährlich bis zu 50 Prozent vorhergesagt; *Köhler/Arndt*, Recht des Internet, Rz. 1; Vorwort in *Droll/Droll*, Internetrecht, jeweils unter Berufung auf *Forrester Research*. *Käbisch*, Internet und Umsatzsteuer, S. 414, geht davon aus, dass in Zukunft die Leistungen an private Endverbraucher immer mehr an Bedeutung gewinnen werden.

Bei aller Euphorie kommt man jedoch nicht umhin festzustellen, dass einige der hoffnungsvollen, jungen Unternehmen nach ihrem kometenhaften Aufstieg alsbald wieder in der Versenkung verschwunden sind und viele Global Player, die große Summen in das E- Business investierten, noch keine nennenswerten Gewinnsteigerungen zu registrieren vermögen. Kürzlich wurde der heftig kritisierte *Neue Markt*, das einstige Sinnbild für den schier nicht zu bremsenden Erfolg der New Economy in Deutschland, von der *Deutschen Börse AG* abgeschafft. Der Neue Markt- Index *Nemax 50* firmiert seit März 2003 unter dem Namen *TecDax*[5]. Ist der E- Commerce- Boom und der Enthusiasmus nunmehr verebbt? Der Boom möglicherweise schon, und auch der Enthusiasmus hält sich mittlerweile mancherorts ebenso in Grenzen. Der stetige Aufwärtstrend erscheint indessen ungebrochen. Der elektronische Geschäftsverkehr befindet sich weiterhin auf Wachstumskurs - die Zahl der online vertriebenen Waren und Dienstleistungen steigt täglich. Mag der große Durchbruch noch nicht erreicht sein, ist der E-Commerce im Begriff, die Wirtschaft weiterhin kontinuierlich zu verändern[6]. Wenn auch nur schleichend vollzieht sich ein Wechsel von physischen Atomen - materiellen Gütern - zu digitalen bits - Informationen[7].

Der E- Commerce wird als die Gesamtheit derjenigen geschäftlichen Transaktionen verstanden, bei der die Beteiligten auf elektronischem Wege Geschäfte an-

---

[5] Vgl. http://www.netzeitung.de/servlets/page?section=5&item=231844, mit dem Hinweis, der Nemax 50 würde noch bis Ende 2004 weiter berechnet. Der Start des neuen Technologieindexes ist wohl missglückt. Allerdings muss auf die seinerzeit schwierige Lage vor dem Hintergrund des Irak- Krieges hingewiesen werden, vgl. SZ vom 1. April 2003, S. 31.

[6] *Korper/Ellis*, The E- Commerce Book, S. xiii f.; *Wuermeling*, Europäischer Rechtsraum und Informationsgesellschaft, in: Hohl, Vernetztes Recht, S. 10; *Boehme- Neßler*, Cyberlaw, S. 125; *Lange*, Virtuelle Unternehmen, Rz. 31; *Fuhrmann*, Vertrauen im Electronic Commerce, S. 9.
Der Chef der *Hewlett Packard GmbH Deutschland Harms* prophezeit eine zweite Welle der New Economy, die mit der weiteren Digitalisierung und Vernetzung von Firmen und Geschäftsprozessen beginne und erst in 20 oder 30 Jahren abgeschlossen sein werde, vgl. SZ vom 3. Dezember 2002, S. 21. In den USA bspw. wuchs das Online- Weihnachtsgeschäft im Jahre 2002 gegenüber dem Vergleichsjahr 2001 um rund 30 % und erreichte ein Volumen von 12 Milliarden US- Dollar, Quelle: http://www.heise.de/newsticker/data/hod-05.01.03-000/, unter Berufung auf *Comscore Networks*. Auch bei Online- Bankgeschäften hält der Boom an. Nach Angaben des Bankenverbandes wurden Ende 2001 in Deutschland fast 20 Millionen Konten online geführt; dies bedeutete einen Zuwachs zum Vorjahr von einem Drittel, Quelle: SZ, vom 24. Juni 2002, S. 27. Die Investitionen in Internet- Werbung sind im 1. Halbjahr 2002 um 5,4 Prozent auf 114, 2 Millionen Euro gestiegen, während die Bruttowerbeeinnahmen in den klassischen Medien Print, Hörfunk und TV um 6,1 Prozent zurückgegangen sind, Quelle: SZ vom 23. Juli 2002, S. 18. Nach einem am 21. November 2003 veröffentlichten Bericht der EU- Kommission werden Schätzungen zufolge 54 % der europäischen Internet-Nutzer bis 2006 online einkaufen, vgl. MMR aktuell 1/2004, X.

[7] *Zerdick*, Internet- Ökonomie, S. 16.

bahnen und abwickeln oder elektronischen Handel mit Gütern oder Dienstleistungen betreiben[8]. Er geht daher über den herkömmlichen Begriff des „Handels" weit hinaus[9].

Der elektronische Geschäftsverkehr hat sich bisher in zwei unterschiedlichen Formen etabliert. So findet sich elektronisch unterstützter E- Commerce („unechter E- Commerce"), bei dem die Handelsbeziehungen teils elektronisch teils herkömmlich abgewickelt werden. Ein Beispiel hierfür ist die Kombination der Bestellung der Ware über das Internet und deren Auslieferung per Post. Der Handel wird jedoch in zunehmendem Maße bereits vollständig elektronisiert. Es ist möglich, Software oder Musikdateien über das Internet zu kaufen, indem sie digitalisiert direkt von der betreffenden Website heruntergeladen werden. Zunehmend erfreut sich auch die Online- Buchung von Tickets verschiedenster Art großer Beliebtheit („echter E- Commerce").

Weiterhin ist zwischen dem Handel zwischen Unternehmen, dem *„business to business- Bereich"* (B2B), den Geschäftsbeziehungen zwischen Unternehmen und dem Privatkunden (Endverbraucher), dem *„business to consumer- Bereich"* (B2C), und der Beziehung zwischen Unternehmen und der öffentlichen Verwaltung, dem *„business to administration -Bereich"* (B2A), zu unterscheiden[10].
Im Rahmen des B2B- Commerce finden sich gegenwärtig Angebote wie Auktionssysteme zur Beschaffung und zum Vertrieb („reverse- auctions"), Brokersysteme und Handelsplattformen, Handelssysteme für den automatisierten Austausch einfacher Güter sowie Extranet- Systeme zur organisatorisch- technischen Verzahnung von Unternehmen mit langfristigen Handelsbeziehungen[11]. Unter dem Stichwort „Cybermoney" werden Ansätze zum Zahlungsverkehr im elektronischen Geschäftverkehr diskutiert[12].

---

[8] *Wildemann*, Vertragsschluß im Netz, S. 1 unter Berufung auf das BMWI; *Fuhrmann*, Vertrauen im Electronic Commerce, S. 23; *Käbisch*, Internet und Umsatzsteuer, S. 28.

[9] Der elektronische Handel wird demnach auch als "electronic trading" bezeichnet, vgl. *Käbisch*, aaO, S. 28. Für die vorliegende Untersuchung ist diese feine Unterscheidung jedoch nur zweitrangig. Erfasst werden soll der gesamte Bereich der kommerziellen Betätigung im Internet.

[10] *Müller- Hagedorn/Dach/Hudetz/Kaapke*, E- Commerce im Handel: Zentrale Problemfelder, in: Müller- Hagedorn, Zukunftsperspektiven des E- Commerce im Handel, S. 13 ff.; *Lehner*, Einführung in Multimedia, S. 33 ff.; *Boehme- Neßler*, Cyberlaw, S. 128; *Fuhrmann*, Vertrauen im Electronic Commerce, S. 24; *Sträubig*, Projektleitfaden Internet- Praxis, S. 189 mit weiteren Beispielen für Waren, die über das Internet absetzbar sind. Zur Unterscheidung von „echtem" und „unechtem" E- Commerce, vgl. den Diskussionsbericht von *Fahje* in: Graf, Wirtschaftsrecht, S. 35; sowie *Fallenböck*, Internet und IPR, S. 20 ff..

[11] *Boehme- Neßler*, aaO, S. 128; vgl. auch *Spindler*, ZHR 165 (2001), 324, insbesondere zu den Möglichkeiten des Kapitalmarkts.

[12] Vgl. *Holznagel/Hoeren*, Elektronischer Zahlungsverkehr; *Schauer*, e- commerce, S. 226 ff.; *Grimm*, Elektronische Zahlungssysteme im Überblick, in: Kubicek, Internet@Future, S. 197 ff..

2. Das Internet

E- Commerce ist jedoch nicht vorstellbar ohne ein Vehikel: Das *Internet* (Interconnected Networks). Aufgrund seiner Bedeutung für die Wirtschaft und wegen des Auftretens vieler neuer, technischer Phänomene und Probleme muss das „Netz der Netze" zwar nicht erschöpfend erklärt – ein solches Unterfangen würde den Rahmen der vorliegenden Arbeit bei weitem sprengen[13] - jedoch zumindest vorgestellt werden. Das rasante Wachstum im digitalen Zeitalter wird deutlich, wenn man sich vor Augen führt, dass das Internet bis zum Jahre 1998 in weniger als fünf Jahren 50 Mio Empfänger erreicht hat[14] - hierzu benötigte das Radio dreißig Jahre.

Die Wiege des Internet befand sich in den USA. 1969 wurde im Umfeld des kalten Krieges vom Verteidigungsministerium ein Forschungsvorhaben bei *ARPA* (Advanced Research Projects Agency) in Auftrag gegeben. Das Ziel war die Ermöglichung des Austauschs von Daten zwischen den über das ganze Land verteilten Rechnern und die Nutzung der Software aller vernetzten Rechner von einem einzigen Computer aus. Priorität bei der Entwicklung hatte die Ausfallsicherheit des Netzwerks. Die Regierung wollte sicher gehen, dass im Falle eines Atomschlages die Funktionalität gewährleistet bliebe. Dementsprechend wurde das Netzwerk ohne zentralen Server konstruiert, sodass die einzelnen Netzwerke unabhängig voneinander funktionieren konnten. Das *ARPAnet* (Advanced Research Projects Agency experimental pocket- switched network) war geboren; im Jahre 1971 waren 23 Militärcomputer vernetzt.

Das *ARPAnet* wurde in der Folgezeit zunächst von den im Dienste der Wissenschaft stehenden Universitäten später – zu Beginn der 90er Jahre - zunehmend von kommerziellen Anbietern ausgebaut. Das Internet stellt sich heute als ein Verbund von über 100.000 unabhängigen Teilnetzen dar. Beispielhaft sind die *Deutsche Telekom* (DTAG) und *America Online (AOL)* als Netzbetreiber (Access Provider) zu nennen. Anfang der neunziger Jahre wurde im Kernforschungszentrum *CERN* (Conseil Européen pour la Recherche Nucléaire) in Genf das „Netz der Netze", das *world wide web* (www) entwickelt, welches heute we-

[13] An dieser Stelle sei auf einschlägige und umfangreiche Literatur verwiesen: *Kauffels*, Durchblick im Netz; *Haselier/Fahnenstich*, Internet; *Sträubig*, Projektleitfaden Internet- Praxis, S. 9 ff.; *Kuner*, Internet für Juristen, S. 1 ff.; *Tiedemann*, Internet für Juristen, S. 3 ff..

[14] Im Februar 2003 waren es 580 Mio "Internet- User" weltweit, Quelle: http://www.heise.de/newsticker/data/anw-21.02.03-003/, unter Berufung auf *Nielsen/NetRatings*. Die genaue Zahl der Nutzer kann wohl nicht genau bestimmt werden, vgl. hierzu *Haft/Eisele*, JuS 2001, 112.

sentlichster Bestandteil des Internet ist[15]. Durch den Zusammenschluss verschiedener, isolierter Netze besteht im Internet keine einheitliche Organisationsstruktur. Es existiert keine die Kommunikation organisierende Zentrale. Um den Datenaustausch zwischen den vernetzten Rechnern zu ermöglichen, bedarf es eines Übertragungsprotokolls, das in die Hardware und/oder die Software integriert wird. Für das Internet wurde als grundlegendes Übertragungsprotokoll das *TCP/IP-Protokoll* (Transmission Control Protocol/Internet Protocol) von einer Gruppe um *Vint Cerf* und *Robert Kahn* entwickelt. Der Vater des Internet, *Jon Postel*, legte es schließlich als Standard fest. Mittels TCP/IP werden die Daten durch eine eigens entwickelte Software in kleine Pakete verwandelt, die auf verschiedenen Wegen durch das Internet geschickt werden (Routing), um sodann beim Zielserver wieder zusammen gesetzt zu werden. Stoßen diese Pakete auf ihren Routen auf Hindernisse, werden sie an den Ausgangsrechner, den sogenannten Host, zurückgeschickt und der Vorgang wird wiederholt [16]. Die übertragenen Daten werden in sogenannten Logfiles abgelegt, wodurch der Diensteanbieter Informationen bezüglich seines Kunden, wie die IP- Nummer des Kundenrechners sowie der Proxy- Server erhält[17]. Die drei grundlegenden Komponenten für die Kommunikation im www sind das Protokoll *http* (hypertext transfer protocol), das den Aufruf einer Webseite ermöglicht, die Programmiersprache *html* (hypertext markup language) und der *Client* (Browser), der die Information abruft[18].

II. Besonderheiten und Regulierungsalternativen des Rechtsraums Internet

Während der E- Commerce in der Wirtschaft große Akzeptanz genießt und das Wachstum ständig vorantreibt, bilden sich im Bereich des Rechts Grauzonen.
Es obliegt daher dem Gesetzgeber, der Rechtsprechung und der Rechtswissenschaft, aber auch der „Internet- Society" selbst, zur Vermeidung von Konflikten

[15] Die Begriffe „Internet" und „World Wide Web" werden häufig und so auch in dieser Untersuchung synonym gebraucht, vgl. zum Ganzen *Hoeren*, Grundzüge, S. 18 f.; *Köhler/Arndt*, Recht des Internet, Rz. 6 f.; *Wildemann*, Vertragsschluß im Netz, S. 2 ff.; *Haft/Eisele*, aaO, 112 f., jeweils m. w. Nachw..

[16] Vgl. zur Funktionsweise des TCP/IP- Protokolls *Käbisch*, Internet und Umsatzsteuer, S. 39 ff.; Moritz/Dreier/*Federrath/Pfitzmann*, E- Commerce, Teil A Rz. 4 ff.; *Eichhorn*, Internet-Recht, S. 19; *Köhler/Arndt*, Recht des Internet, Rz. 6; *Tiedemann*, Internet für Juristen, S. 3; *Mayer*, NJW 1996, 1783; *Haselier/Fahnenstich*, Internet, S. 427 ff.. Zum Hintergrund des Siegeszuges des TCP/IP- Protokolls vgl. *Borchers*, 20 Jahre TCP/IP, abrufbar unter: http://www.heise.de/newsticker/data/em-01.01.03-003/.

[17] Vgl. *Käbisch*, aaO, S. 41.

[18] Vgl. *Wildemann*, Vertragsschluß im Netz, S. 4; *Köhler/Arndt*, Recht des Internet, Rz. 8 ff..

und zur Gewährleistung einer raschen Entwicklung des Mediums Internet ein System von „Regeln" zu entwickeln[19].

Um jedoch die Antwort auf die Frage nach der idealen Regulierungsform des „Cyberspace"[20] zu finden, sieht man sich zunächst mit folgender Fragestellung konfrontiert: Wo liegen die Besonderheiten in der Infrastruktur des neuen Mediums und welche Art der Regulierung könnten sie fördern bzw. überhaupt zulassen[21]? Vornehmlich zwei Charakteristika des Internet beeinflussen die Entwicklung rechtlicher Rahmenbedingungen ungemein: Der rasende technische Fortschritt und die Ubiquität.

1. Das Internet als neuartiges, technisches Gebilde

Das Internet als neuartiges Gebilde fällt durch zahlreiche, bisher unbekannte Eigenschaften auf und unterliegt einem stetigen technischen Fortschritt, sowie einer überaus schnelllebigen Entwicklung. Weitgehend unbekannt und irrelevant in der realen Welt sind vor allem der Aspekt der Anonymität der Teilnehmer, die Flüchtigkeit und Manipulierbarkeit von Informationen und Daten, die mangelnde Unterscheidbarkeit von Original und Kopie[22] und das Hinterlassen von Spuren in Form von Daten bei der Bewegung des Nutzers im virtuellen Raum. Die genannten Besonderheiten sollen im folgenden kurz erläutert werden.

Die Virtualität des Internet erlaubt es den Teilnehmern, anonym bzw. unter Pseudonymen aufzutreten. Die Vertragspartner stehen sich nicht von Angesicht zu Angesicht gegenüber. Der Handel im Internet lebt aus der Sicht der Konsumenten davon, schneller und unkomplizierter als derjenige in der realen Welt zu funktionieren. Umfassende Maßnahmen zur Feststellung der Identität der Akteure sind einerseits nicht erwünscht, da sie sich bremsend auf die Transaktionen

---

[19] So auch *Perrit*, MMR- Beilage 7/2000, S. 1.

[20] Zur besseren Unterscheidung der Anknüpfungspunkte für Handlungen und Normen muss auf eine Fiktion zurückgegriffen werden. Es wird im folgenden zwischen dem Internet („Cyberspace") und der „realen Welt" unterschieden, obgleich das Internet Bestandteil des täglichen gesellschaftlichen Lebens geworden ist. Der Begriff „Cyberspace" geht zurück auf den Roman Neuromancer von *W. Gibson*, New York 1984, S. 51: „Cyberspace. A consensual hallucination experienced daily by billions of legitimate operators, in every nation, by children being taught mathematical concepts. [...] A graphic representation of data abstracted from the banks of every computer in the human system. Unthinkable complexity"; vgl. ferner zum Begriff *Mayer*, NJW 1996, 1783 ff.; *Lessig*, Code, S. 23 ff.; sowie *Lorenzetti*, Comercio Electrónico, S. 38, der die Unterscheidung des Cyberspace und der realen Welt anhand der Metapher von Erde und Meer veranschaulicht: Der Cyberspace sei wie das Meer, in dem es keine territorialen Grenzen und folglich keine Kontrollinstanzen gebe.

[21] So *Lessig*, aaO, S. 189.

[22] Vgl. *Spindler*, Sicherheit im E- Commerce = Rechtssicherheit, in: Müller/Reichenbach: Sicherheitskonzepte, S. 162.

auswirken, andererseits auch nicht ohne weiteres realisierbar, da im Internet keine zentrale Kontrollstelle die einzelnen Vorgänge überwacht. Aus dem Blickwinkel des Handels ist die Anonymität jedoch im höchsten Maße hinderlich. Der Anbieter einer Dienstleistung oder einer Ware hat keine Möglichkeit, die Seriosität, Bonität oder die Berechtigung seines Geschäftspartners festzustellen. Er bleibt daher im Unsicheren, wer ihm die geforderte Gegenleistung schuldet oder wem gegenüber er seine Ansprüche durchzusetzen hat.

Trotz der Möglichkeit des anonymen Auftretens hinterlässt jeder Internet-Nutzer beispielsweise beim Online- Shopping eine Spur, da jede Handlung die Verarbeitung von Daten voraussetzt. Diese persönlichen Daten können sodann gegen seinen Willen zur Erstellung von Nutzerprofilen verwendet werden. Diese werden oftmals an Dritte verkauft und letztlich zu Werbezwecken genutzt.

Informationen und Daten, die über das Internet, beispielsweise über E- Mail, versandt werden, sind aufgrund der Offenheit des Netzes auf ihrem Weg dem potentiellen Zugriff Dritter ausgesetzt. Diese können die Information spurlos verändern. Es sind sowohl inhaltliche Manipulationen als auch die Veränderung des Absenders möglich[23].

Die mangelnde Unterscheidbarkeit zwischen dem Original und einer Kopie ist zunächst für die Fragen des Urheberrechts von Relevanz. Das Internet erlaubt die beliebige digitale Vervielfältigung und Verbreitung geistigen Eigentums nahezu ohne Qualitätsverlust[24]. Allerdings kann auch in allen Fällen, in denen die Unterscheidung zwischen Original und Kopie wichtig ist – so beispielsweise im Falle des Erfordernisses einer Urkunde -, das genannte Problem zum kritischen Punkt einer Geschäftsbeziehung werden[25].

[23] Einen ernüchternden Einblick in die Welt der „Hacker“ und „Cräcker“ sowie die im Internet vorhandenen Sicherheitslücken gibt *Anonymus*, Der neue Hacker's Guide; vgl. auch *Fuhrberg/Häger/Wolf*, Internet- Sicherheit. Nach Angaben der US- Sicherheitsfirma *Riptech* gab es zwischen Januar und Juni 2002 einen Anstieg der Hacker- Attacken um zwei Drittel gegenüber den Vorjahreszeitraum, Quelle: SZ vom 10. Juli 2002, S. 24; zur Authentizität vgl. *Schaar*, Datenschutz im Internet, Rz. 62 ff..

[24] Hielt sich der Verkauf von Raubkopien auf Audiotapes in Folge der schlechten Kopierqualität des analogen Verfahrens noch in Grenzen, wurde dieses Hindernis durch die digitalen Kopien eliminiert, vgl. *Lessig*, Code, S. 46.

[25] Vgl. zum Ganzen *Spindler*, Sicherheit im E- Commerce = Rechtssicherheit, in: Müller/Reichenbach: Sicherheitskonzepte, S. 162; *Roßnagel*, MMR 2002, 68; *Murray/Scott*, 65 Mod. L. Rev. 496 (2002); ferner *Christiansen*, MMR 2000, 123 f.; sowie *Enzmann/Roßnagel*, CR 2002, 141 ff..

2. Besonderheiten der Entwicklung des Geschäftsverkehrs über das Internet

Im Gegensatz zu Technologien, die sich bereits vor Jahrzehnten etabliert haben, weist das Internet die Besonderheit auf, dass für ein Unternehmen die Hürden auf dem Weg zur Teilnahme am elektronischen Handel deutlich niedriger geworden sind. So ist der finanzielle Aufwand zur Einrichtung einer Website, über die sich ein E- Business betreiben lässt, verschwindend gering. Ein Unternehmen ist nicht mehr gezwungen, von einem realen Geschäftssitz aus zu operieren, sondern kann virtuell agieren. Zugute kommt dies insbesondere kleinen Unternehmungen, die in die Lage versetzt werden, über das Aufsuchen und Ausfüllen von Nischen am Welthandel teilzunehmen. Für die Regulierung des E- Commerce durch die einzelnen Hoheitsträger bedeutet Vorgenanntes jedoch das Auftreten nicht unerheblicher Schwierigkeiten. Im Gegensatz zu den großen, global agierenden Unternehmen, die nicht ohne weiteres einer unliebsamen Regulierung ausweichen können, sind die kleineren wesentlich schwerer zu überwachen[26].

3. Die Ubiquität des Internet

World Wide Web – bereits der Name dieses Dienstes des Internet zeigt seine Dimension auf. Mit dem Problem der rasenden technischen Entwicklung des www geht das Phänomen der Ubiquität bzw. Globalität einher. Auch hier ergeben sich zahlreiche Problemfelder, die nur bedingt zu bewältigen sind.

Die „Transnationalität" ist eine Eigenschaft, die dem www in die Wiege gelegt wurde. Schließlich ist jeder Inhalt, der auf einem Server irgendwo auf der Welt platziert ist, von jedem mit dem Internet vernetzten Rechner weltweit abrufbar. Der Weg der Information durch das Netz ist im vorhinein nicht bestimmbar, sondern unterliegt den Zufälligkeiten des Routing- Verfahrens. Im Gegensatz zum Geschäftsverkehr in der realen Welt ist das Auftreten von Sachverhalten mit grenzüberschreitender Wirkung im Cyberspace weit häufiger zu beobachten. Durch das Internet fallen gewissermaßen die Grenzen. Binnen Sekunden, nur durch einen Mausklick, ist der Internet- Nutzer – sei es nun der Verbraucher oder Unternehmer - in der Lage, die Homepage eines ausländischen Unternehmens aufzurufen, um das dortige Angebot elektronischer Dienstleistungen zu nutzen. Eventuell bestehende tatsächliche Hindernisse für den grenzüberschreitenden Handel werden mittlerweile von den Unternehmen überwunden, indem sie ihre Homepage in mehreren Sprachen ins Netz stellen oder

---

[26] *Perritt*, MMR- Beilage 7/2000, S. 1; *Lessig*, Code, S. 47, 207: „Regulation does not become more costly, but escape from regulation becomes easier." ; vgl. auch *Moritz*, CR 2000, 61; *Osthaus*, AfP 2001, 14; *Mestmäcker/Engel*, Globale Netze und lokale Werte, S. 260.

die Preise durch Umrechnungsfunktionen in der jeweiligen Landeswährung anzeigen lassen[27]. Das Phänomen der Ubiquität stellt somit ebenfalls neue Anforderungen an ein Regelsystem im elektronischen Geschäftsverkehr. Die sich daraus ergebenden Probleme sind zu berücksichtigen.

4. Staatlich gesetztes Recht im Internet – Paradoxon oder Notwendigkeit?

Ehe man sich mit der Frage auseinandersetzt, wie eine Rechtsordnung im Internet ausgestaltet werden könnte oder bereits ausgestaltet wird, gilt es zu klären, ob es einer staatlich gesetzten Rechtsordnung überhaupt bedarf. Nicht von vorneherein steht fest, ob die regulativen Eingriffe des Gesetzgebers den E- Commerce in sachgerechte Bahnen bringen werden, und ob der elektronische Geschäftsverkehr dementsprechend dem freien Spiel der Kräfte des Marktgeschehens überlassen werden sollte[28].

a) Das Modell der „reinen“ (absoluten) Selbstregulierung

Einige Stimmen in der Literatur[29] zeigen eine deutliche Skepsis hinsichtlich der Möglichkeit, das Recht der realen Welt auch auf den Cyberspace anwenden zu können, und hegen Misstrauen bezüglich der Schaffung speziell auf das Internet zugeschnittener Normen durch den Staat oder besser die Staaten. Ihrer Auffassung nach ergibt sich die Inkompatibilität zu den Rechtsregeln der realen Welt, die durch ihren territorialen Bezug gekennzeichnet sind, aus der völligen räumlichen Losgelöstheit des Internet[30]. Bei ihrem Weg durch das www passieren die Datenpakete verschiedene Staaten, womit Fragen hinsichtlich der Zuständigkeit der Gerichte und des anwendbaren Rechts aufgeworfen würden. Auch

---

[27] Vgl. zum Ganzen *Köhler/Arndt*, Recht des Internet, Rz. 438; *Lurger*, Internationales Deliktsrecht und Internet – ein Ausgangspunkt für grundlegende Umwälzungen im Internationalen Privatrecht?, in: Basedow, Aufbruch nach Europa, S. 480; *Graf von Bernstorff*, RIW 2000, 14; *Spindler*, Sicherheit im E- Commerce = Rechtssicherheit, in: Müller/Reichenbach: Sicherheitskonzepte, S. 164; *Moos*, Die Entwicklung eines supra- und internationalen Rechtsrahmens für das Internet, in: Kröger/Gimmy, Handbuch zum Internetrecht, S. 757 ff.; vgl. ferner auch *Moritz*, CR 2000, 65 f..

[28] Vgl. *Paschke*, E- Commerce – Herausforderung für das Privatrecht?, in: Graf, Wirtschaftsrecht, S. 8.

[29] Im US- amerikanischen Schrifttum als "Cyberlibertarians" bezeichnet, vgl. *Murray/Scott*, 65 Mod. L. Rev. 495 (2002).

[30] So *Post*, Governing Cyberspace, 43 Wayne L. Rev. 155 (1997): "Cyberspace is more fundamentally intractable in regard to determining the applicable legal constraints on this activity: the geographical borders lines separating physical spaces that define law- making power in the ordinary sense are not, and cannot be made, operative on the global network."; vgl. auch *Ballarino*, Internet nel mondo della legge, S. 33 f..

ermögliche das Internet jedem die anonyme Teilnahme[31]; wie sollen jedoch Normen gegenüber einem Nutzer durchgesetzt werden, der quasi unsichtbar sein kann? Es wird weiterhin darauf verwiesen, dass maßgeschneiderte Regeln für die Teilnahme am Internet nur von denjenigen hervorgebracht werden könnten, die sich bestens mit der Materie auskennen würden[32], und auf die Bereitschaft und den Konsens der im Internet Agierenden vertraut, vorhandene Interessengegensätze zurückzustellen[33].

Angesichts dieser Feststellungen wird für eine umfassende Selbstregulierung plädiert. Gefolgert wird die Notwendigkeit der Schaffung eines weltweit einheitlichen, dezentral durch neue rechtssetzende Einrichtungen wie die Internetgemeinde privatautonom und individuell gesetzten „Cyberlaw“[34], welches grundsätzlich von der Internet- Society selbst und nicht vom Staat durchgesetzt werden müsse. Das Motto der Internetpioniere wurde von *Clark* treffend wiedergegeben: „We reject Kings, presidents and voting. We believe in rough consensous and running code.“[35]. Zugegebenermaßen stammt diese „radikale“ Auffassung jedoch aus einer Zeit, in der das www bei weitem nicht den aktuellen Grad an Kommerzialisierung erreicht hatte und wird in der vorliegenden Form wohl auch kaum noch vertreten.

[31] So bspw. *Johnson/Post*, 48 Stan. L. Rev. 1367 (1996); vgl. auch *Christiansen*, MMR 2000, 123 m. w. Nachw.; *Mayer*, NJW 1996, 1790; *Murray/Scott*, 65 Mod. L. Rev. 491 f. (2002). Ausführlich zum Problem der Deterritorialisierung *Hoeren*, NJW 1998, 2850.

[32] So *Post*, Governing Cyberspace, 43 Wayne L. Rev. 155 (1997): "[...] consider the possibility [...], that the process that records the aggregate of uncoerced voluntary choices among communities with different rule-sets is a superior device for answering the question "what is the 'best' rule?". [...] if many Internet service providers implement a similar rule, and if those service providers flourish and attract many subscribers, who would venture to say who has the right to say that that isn't the best rule to deal with this problem?".

[33] So *Johnson/Post*, 48 Stan. L. Rev. 1367 (1996); vgl. auch *Conner*, 4 Richmond Journal of Law and Technology, (1998); sowie *Haft/Eisele*, JuS 2001, 114.

[34] Den Vorzug der Individualität gegenüber der kollektiven Normsetzung betonend, *Post*, 52 Stan. L. Rev. 1458 (2000), in einer Replik auf *Lessig*, Code; vgl. auch *Johnson/Post*, aaO; sowie die Nachw. bei *Mestmäcker/Engel*, Globale Netze und lokale Werte, S. 216; und *Lorenzetti*, Comercio Electrónico, S. 38 f.. Zum Begriff des „echten Cyberlaw“, s. u. Ziff. B, III, 1, d), bb).

[35] Zit. nach *Heisz*, TMR 2002, 24.

b) Die Notwendigkeit einer staatlichen Rechtsordnung

Die überwältigende Mehrheit der Stimmen im juristischen Schrifttum hält hingegen – wenn auch diese Haltung nicht weiter verwundert - staatlich gesetztes Recht auch für die virtuelle Welt des Internet für unentbehrlich[36].

aa) Der Cyberspace als Sozialraum – Kollisionen mit dem Recht der realen Welt

Der Cyberspace ist ein eigener Sozialraum, in dem wie in der realen Welt kommuniziert und wirtschaftlicher Austausch betrieben wird, sowie Rechtsverkehr stattfindet; also „gelebt" wird. Die Schlussfolgerung aus diesem Charakteristikum des Cyberspace fällt denkbar kurz aus; die Regulierung der Aktivitäten im Internet lediglich der Macht des Marktes zu überlassen, wäre vor dem Hintergrund der Notwendigkeit des Schutzes der Individualinteressen, wie beispielsweise dem Datenschutz und den Interessen der Allgemeinheit wie der Strafver-

---

[36] *Kloepfer*, Informationsrecht, S. 20, mit dem Hinweis, die Befriedungs- und Gerechtigkeitsfunktionen des Rechts sollten von den Befürwortern eines ungehemmten, von staatlicher Seite nicht behinderten Wachstums der Branchen informationeller Waren und Dienstleistungen nicht unterschätzt werden; *Fuhrmann*, Vertrauen im Electronic Commerce, S. 109, weist darauf hin, dass der Kern des Internet auf ein staatlich gefördertes Netzwerk, das ARPA- Net, zurückgeht. Insofern sei die gegenwärtige Ausprägung des Cyberspace wesentlich von institutionellen Randbedingungen während der Entstehungsgeschichte beeinflusst worden; die vielbeschworene eigenartige „Natur des Netzraumes" sei also lediglich ein Produkt gesellschaftlicher Kräfte; *Paschke*, E- Commerce – Herausforderung für das Privatrecht?, in: Graf, Wirtschaftsrecht, S. 8; 274 f.; *Schack*, MMR 2000, 59; *Ohly*, GRUR Int. 2001, 899; *Fuchs*, Electronic Commerce – Geschäftsverkehr ohne Grenzen, aber auch ohne Regeln?, in: Kubicek, Internet@Future, S. 328; *Müller- Maguhn*, Visionen für eine informierte Gesellschaft, in: Tauss, Deutschlands Weg in die Informationsgesellschaft, S. 936; *Kohl*, Der Schutz des Individuums im weltweiten Netz, in: Simon/Weiss, Zur Autonomie des Individuums, S. 153; *Lorenzetti*, Comercio Electrónico, S. 41; *Hance*, Internet- Business & Internet- Recht, S. 41; *Holznagel/Werle*, ZfRSoz 23 (2002), 3; *Fallenböck*, Internet und IPR, S. 80; *Schily*, Weltweite Kommunikation – eine neue Kultur gemeinsamer Verantwortung, in: Waltermann/Machill, Verantwortung im Internet, S. 83; *Wuermeling*, Europäischer Rechtsraum und Informationsgesellschaft, in: Hohl, Vernetztes Recht, S. 13; *Roßnagel*, MMR 2002, 69; *Jung*, GRUR Int. 1998, 851; *Spindler*, Sicherheit im E- Commerce = Rechtssicherheit, in: Müller/Reichenbach, Sicherheitskonzepte, S. 161, 179; *Hoeren* NJW 1998, 2849 ff.; *Wildemann*, Vertragsschluß im Netz, S. 182; *Boehme- Neßler*, Cyberlaw, S. 4; *Schuster/Müller*, MMR- Beilage 10/2000, S. 14; *Müller- Hengstenberg*, NJW 1996, 1782; *Lessig*, Code, preface S. xi; *Mestmäcker/Engel*, Globale Netze und lokale Werte, S. 261; *Christiansen*, MMR 2000, S. 127, vermutet im Internet einen regulatorischen Wettbewerb zwischen den Netzen bzw. Providern, der zu einer effizienten Regulierung des Internet insgesamt führen kann, stellt daraufhin jedoch die Notwendigkeit staatlichen Eingreifens dar.

folgung und dem Jugendschutz[37] schlicht verantwortungslos. Auch im Internet ist die Frage der Regulierung daher zunächst eine Domäne des staatlich gesetzten Rechts. Dieser Verantwortung werden sich die Gesetzgeber auch künftig weder entziehen dürfen noch wollen[38]. Bereits in Anbetracht dieser offen zu Tage tretenden Zwickmühle und doch recht einfachen Überlegungen ist eine reine, allumfassende Selbstregulierung des Internet abzulehnen.

Wie bereits angesprochen, ist ein weiteres Problem – vielleicht das Kernproblem - bei der Schaffung eines allein für den Cyberspace geltenden unabhängig der Hoheitsträger gesetzten Rechts offensichtlich: Die Kollision mit dem Recht der realen Welt, welches auf den Cyberspace angewendet wird. Die Übergänge zwischen beiden Rechtsräumen sind fließend, weshalb die Gefahr eines Konflikts zwischen den in der realen Welt und den im Internet geltenden Regeln besteht. Befindet man sich im Cyberspace, so ist man gleichzeitig auch in der realen Welt[39]. Es ist mithin davon auszugehen, dass die Wirkung des Verhaltens im Cyberspace eben nicht auf dessen „Bewohner" beschränkt bleiben wird, sondern im Gegenteil auch immer Teile der realen Welt betreffen kann und tatsächlich betrifft[40]. Dies gilt insbesondere für das Strafrecht: Wird die strafbare Handlung im Cyberspace begangen, so bedarf es eines „realen Gefängnisses". Ein virtuelles Gefängnis, in welchem ein Pseudonym inhaftiert würde, verfehlte wohl sämtliche Zwecke effektiver Strafverfolgung. Weiterhin sind weltweit eine Fülle von legislativen Initiativen zu den Bereichen Internet und E- Commerce zu verzeichnen[41]. Reine Selbstregulierung würde auch hier unweigerlich mit den neu geschaffenen Normen kollidieren.

---

[37] *Vassilaki*, CR 2002, 746 weist jedoch darauf hin, dass ein Selbstregelungsansatz auch im Strafrecht in Form der Antragsdelikte integriert ist. So steht es dem Betroffenen bzw. dem Opfer des Ausspähens von Daten frei, gemäß §§ 202 a, 205 StGB zu entscheiden, ob der Täter strafrechtlich verfolgt werden soll.
Eine Einführung in die strafrechtlichen Probleme des Internet geben *Haft/Eisele*, JuS 2001, 112 ff.; vgl. auch die weiterführenden Beiträge von *Cornils*, Die territorialen Grenzen der Strafgerichtsbarkeit und Internet; und *Weigend*, Unbegrenzte Freiheit oder grenzenlose Strafbarkeit im Internet?, beide in: Hohloch, Recht und Internet; sowie das Kapitel über den strafrechtlichen Schutz des E- Commerce in Moritz/Dreier/*Vassilaki*, E- Commerce, Teil G Rz. 855 ff..

[38] *Holznagel/Werle*, ZfRSoz 23 (2002), 19.

[39] Vgl. zum Ganzen *Lessig*, Code, S. 190 ff.; vgl. auch die treffende Formulierung bei *Boele-Woelki*, Internet und IPR: Wo geht jemand ins Netz?, in: Dicke, Völkerrecht und Internationales Privatrecht, S. 18: „Trotz intensiver Benutzung des elektronischen Schnellweges bleibt der Benutzer tatsächlich hinter seinem Computer sitzen.".

[40] Vgl. *Christiansen*, MMR 2000, 126 f.; *Fallenböck*, Internet und IPR, S. 80; *Mayer*, NJW 1996, 1790; *Hoeren*, Rechtsfragen des e- commerce: Eine erste Übersicht, in: Forschungsinstitut für Wirtschaftsverfassung und Wettbewerb, S. 35; *Mestmäcker/Engel*, Globale Netze und lokale Werte, S. 250; vgl. auch *Lessig*, aaO, S. 190.

[41] S. u. Ziff. A, III.

In Bezug auf den Cyberspace kommt dem Recht daher die Aufgabe zu, die Interessen und Werte zu schützen, welche die Gesellschaft trotz einer dynamischen Technikentwicklung nicht aufs Spiel setzen will. Darüber hinaus ist jedoch auch die Technik auf das Recht angewiesen. Sollen technische Neuheiten mit ökonomischem Erfolg dem Verbraucher zugänglich gemacht werden, so ist die Gewinnung des Vertrauens der Konsumenten unentbehrlich. Diese Vertrauensbildung benötigt jedoch gesicherte rechtliche Rahmenbedingungen[42].

bb) Ein praktisches Beispiel: Online- Musiktauschbörsen – „Musikpiraterie"?

Einer der zentralen Aspekte der Regulierung im Cyberspace stellt der Schutz der Immaterialgüterrechte (Intellectual- property- rights) dar[43] – Konflikte urheberrechtlicher Art bieten eine gewaltige Menge an Zündstoff im virtuellen Sozialraum.

Ein prominentes Beispiel für das Bedürfnis staatlicher Intervention im Bereich des Schutzes des geistigen Eigentums ist der Fall *„Napster Music Community"*[44]. Die Geschichte der wohl bekanntesten Online- Musiktauschbörse begann im Jahre 1999. Zwei amerikanische Studenten programmierten eine Plattform, über die jeder Internetnutzer - eine Anmeldung über die kostenlos im Internet verfügbare Software im „Netzwerk" vorausgesetzt - die auf seiner Festplatte gespeicherten Musikstücke anbieten und über eine Suchfunktion von ihm gewünschte Titel auf den Festplatten der anderen Teilnehmer ausfindig machen und herunterladen konnte. Die Börse wurde über zentrale Napster- Server verwaltet, welche lediglich zentrale Verzeichnisse derjenigen MP3- Dateien führten, die augenblicklich im „Napster- Netzwerk" verfügbar waren[45]. Als Standardformat etablierte sich das vom deutschen *Fraunhofer Institut für integrierte*

---

[42] Vgl. *Roßnagel,* Allianz von Medienrecht und Informationstechnik: Hoffnungen und Herausforderungen, in: Roßnagel, Allianz von Medienrecht und Informationstechnik?, S. 18, 25; s. u. Ziff. C, III, 5, b).

[43] Der amerikanische Urheberrechtler *James Boyle* prägte daher den Satz: „Intellectual property is the legal form of the information age", zit. nach *Lutterbeck,* CR 2000, 58; vgl. auch *Wandtke*, GRUR 2002, 1.

[44] Vgl. hierzu *Boehme- Neßler*, Cyberlaw, S. 260 f.; *Kröger*, Informationsfreiheit und Urheberrecht, S. 7 f.; *Hänel*, JurPC Web- Dok. 245/2000, Abs. 1 ff.; *Kreutzer*, GRUR 2001, 193 ff.; *Köhler/Arndt*, Recht des Internet, Rz. 399 ff..

[45] Die meisten Online- Musiktauschbörsen sind sogenannte "File Sharing Systeme". Diese zeichnen sich dadurch aus, dass jeder Client zugleich auch als Server fungiert, also ein dezentrales „Netzwerk" aufgebaut wird, welches keinen zentralen Server benötigt, von dem die Information abgerufen werden kann. Den unmittelbaren Austausch von Informationen zwischen den Mitgliedern nennt man „Peer- to- Peer" (P2P), vgl. Hoeren/Sieber/*Sieber*, 1 Rz. 127 ff..

Schaltungen entwickelte „MP3"- Dateiformat, welches eine Komprimierung der Musikdaten zwecks schnellerer Übertragung erlaubt.

Der Erfolg der Börse war überragend. Nach Gründung der Firma *Napster, Inc.* im Jahre 1999 hatten sich nach nur fünfzehn Monaten 20 Millionen Nutzer registriert; zwei Jahre nach Aufnahme der Geschäftstätigkeit konnte Napster, Inc. 70 Millionen Nutzer gewinnen. Im Februar des Jahres 2001 wurden über Napster 2,79 Milliarden Mal Musikdateien ausgetauscht[46].

Die Schwäche von Napster lag jedoch in seiner - vorsichtig ausgedrückt - urheberrechtlichen Bedenklichkeit. Bei den bereitgestellten MP3- Dateien handelte es sich weitgehend um Raubkopien urheberrechtlich geschützter Musikwerke. Nach dem deutschen Urheberrecht findet in Bezug auf die Vervielfältigung die Schranke des § 53 Abs. 1 UrhG (Privatkopie) u. a. dort keine Anwendung mehr, wo der Anbieter die Vervielfältigung des Musikstücks nicht mehr nur zum privaten Gebrauch vornimmt, sondern durch das Uploading auf seine Festplatte einer Vielzahl von Nutzern die Möglichkeit verschafft, das Musikstück herunterzuladen, also zu kopieren[47] oder zur Vervielfältigung eine offensichtlich rechtswidrige Vorlage verwendet wird. Darüber hinaus bedarf nach der Umsetzung der InfoSoc- Richtlinie die öffentliche Bereitstellung urheberrechtsgeschützter Dateien nunmehr ausdrücklich der Zustimmung des Urhebers (Recht der öffentlichen Zugänglichmachung, § 19 a UrhG). Mittels Napster war es möglich, Musiktitel nicht gegen teures Geld im Handel, sondern unentgeltlich über das Internet zu beziehen.

Diese Tatsache veranlasste die amerikanische Musikindustrie zu handeln. *Der Verband der amerikanischen Musikindustrie* (*Recording Industry Association of America* - RIAA), der die wichtigsten Musiklabels *Sony*, *EMI*, *Universal*, *Bertelsmann* und *Time Warner* vertritt, erwirkte am 26. Juli 2000 vor dem US District Court for the Northern District of California eine einstweilige Verfügung, welche Napster wegen Urheberrechtsverletzungen den Betrieb des Servers untersagte[48]. Hiermit war aufgrund der ubiquitären Ausrichtung des Internet,

---

[46] *Bechthold*, Vom Urheber- zum Informationsrecht, S. 1.

[47] So auch *Spindler*, JZ 2002, 62.

[48] Zum Fortgang des Verfahrens, insbesondere der Verfügung des *US Court of Appeals for the 9th Circuit* vom 5. März 2001, CRi 2001, 50, und der „urheberrechtlichen" Beurteilung nach US- amerikanischem Recht, vgl. *Nimmer*, CRi 2001, 46 ff.; sowie *Kochinke/Geiger*, K&R 2000, 596 f.; vgl. auch die rechtsvergleichende Untersuchung des deutschen und amerikanischen Rechts von *Manz*, Urheberrechtsverletzungen im Internet, die jedoch bereits im Jahre 1999 publiziert wurde und daher nicht auf die urheberrechtliche Beurteilung der dezentralen P2P- Netzwerke eingeht.

nicht nur in den USA, das Aus für die Tauschbörse besiegelt. Bertelsmann versuchte schließlich erfolglos, das Unternehmen Napster, Inc. zu übernehmen; das Konzept der neuen kommerziellen und legalen Plattform zum Tausch von Musikstücken konnte jedoch bisher nicht erfolgreich realisiert werden[49]. Nun ließe sich sicherlich dahingehend argumentieren, dass letztlich durch den Richterspruch der notwendige Schutz erreicht wurde. Der Schaden, der durch die Musikpiraterie entstanden ist, hätte jedoch womöglich bei rechtzeitiger präventiver Intervention vermieden werden können. Einzelne Strategien zur Bekämpfung der Urheberrechtsstreitigkeiten sollen daher im Rahmen der Untersuchung kurz vorgestellt werden[50]. Die Immaterialgüterrechte benötigen zu ihrem Schutz da-

Im Allgemeinen ist anzumerken, dass die Diensteanbieter wie *Napster* oder *Gnutella* jedenfalls nach deutschem Urheberrecht selbst unmittelbar keine Urheberrechtsverletzungen begehen, da sie keine urheberrechtlich geschützten Inhalte auf einem Server zum Abruf bereithalten. Daher kommt sowohl bei Providern als auch bei Suchmaschinen, wie Napster oder reinen P2P- Ringen nur eine Teilnahme an fremden Urheberrechtsverletzungen in Betracht. Das in urheberrechtlicher Hinsicht bedenkliche Verhalten ist den im P2P- Netzwerk verbundenen Teilnehmern zuzurechnen, vgl. hierzu ausführlich *Kreutzer*, GRUR 2001, 307; *Spindler*, Morpheus, Napster & Co. – Die kollisionsrechtliche Behandlung von Urheberrechtsverletzungen im Internet, in: Leible, Die Bedeutung des Internationalen Privatrechts im Zeitalter der neuen Medien, S. 176; *Braun/Schaefer*, Die Musikindustrie in der sog. ‚Informationsgesellschaft' – Neue Herausforderungen an den Schutz geistigen Eigentums, in: Kubicek, Internet@Future, S. 211 f.. Inwieweit die Anbieter dennoch selbst zur Verantwortung zu ziehen sind, gilt es später festzustellen, s. u. Ziff. B, III, 3, b), bb).

49 Ob der Name Napster auch nach dem Ende der Tauschbörse kommerziell nutzbar ist, blieb auch im Rahmen des Insolvenzverfahrens lange Zeit ungewiss. Nicht zuletzt aufgrund der Tatsache, dass offensichtlich kein weiterer ernsthafter Bieter aufgetreten war, sollte die insolvente Tauschbörse durch Verfügung des Konkursrichters für 14 Millionen US- Dollar an Bertelsmann gehen, nachdem der Medienkonzern erfolglos rund 100 Millionen US- Dollar in Napster investiert hatte, vgl. SZ vom 30. August 2002, S. 18. Schließlich erwarb der Software- Hersteller *Roxio* Ende November 2002 zum Preis von fünf Millionen US- Dollar u. a. die Marke Napster, den Internet- Auftritt sowie umfangreiche Technologie- Patente. Weitere Kaufangebote von Bertelsmann lehnte das Konkursgericht in Wilmington (US- Staat Delaware) aufgrund von Interessenskonflikten ab, vgl. SZ vom 29. November 2002, S. 23. Für Bertelsmann könnte sich das Engagement im Fall Napster hingegen im Nachhinein als teuer erweisen. Der Konzern wurde jüngst in den USA wegen der Beteiligung an der Musiktauschbörse vor dem New Yorker Bundesgericht auf 17 Milliarden US- Dollar Schadensersatz – u. a. auch von namhaften Künstlern - verklagt. Bertelsmann habe die Verletzung von Urheberrechten durch die finanziellen Zuschüsse erst ermöglicht, vgl. SZ vom 22./23. Februar 2003, S. 27. Inwieweit sich die ehemalige Musiktauschbörse für den Vertrieb nutzen lässt, bleibt also abzuwarten.

50 In den USA versuchen die Konzerne nach erfolglosem forensischen Kampf gegen die Piraterie über kommerzielle Websites, die Musikstücke zum Download bereithalten, den Piraten ernsthafte Konkurrenz zu machen. Sie nutzen hierbei den Umstand der hohen Virenanfälligkeit der Tauschbörsen aus und bereiten den Piraten Unannehmlichkeiten, indem sie Dateien mit den Namen von gefragten Musikstücken in Umlauf bringen, die jedoch nicht den ge-

her eine gewisse Erzwingbarkeit[51]. Bestanden schon früh Zweifel an einer freiwilligen Beachtung[52], so hat der Fall Napster diese Zweifel bestätigt.

Das Internet mag zwar für den einzelnen Nutzer als anarchisches Gebilde erscheinen, ist aber faktisch kein rechtsfreier Raum; staatliche Intervention ist unabdingbar.

c) Die Frage nach dem optimalen Regulierungskonzept

Setzt man daher die Notwendigkeit einer staatlichen Rechtsordnung auch im Internet voraus, ist die Frage nach dem idealen Regulierungskonzept in mehrere Fragenkomplexe aufzugliedern[53]: Benötigt der Cyberspace eine eigene Rechtsordnung, möglicherweise weltumspannenden Ausmaßes, oder können die Vorschriften des Rechts der realen Welt Anwendung finden? Bietet sich darüber hinaus die Integration von privaten Selbstregulierungsmechanismen als Bestandteil der Rechtsordnung für das Internet an, bzw. erscheint es lohnenswert, die Rechtsordnung durch solche zu flankieren?

Als Leitmotiv lässt sich folgende Überlegung bemühen: Die Freiheit im Internet darf die elementaren Erfordernisse gesellschaftlicher und staatlicher Ordnung nicht missachten; umgekehrt darf die Ordnung die gewonnene Freiheit nicht lähmen[54]. Die Untersuchung wird somit zunächst das ideale Regelungssystem für den Online- Geschäftsverkehr festlegen müssen.

---

wünschten Inhalt haben. Optimistische Anbieter erhoffen sich für das Jahr 2007 einen Umsatz von 2,1 Milliarden US- Dollar, Quelle: SZ vom 6. September 2002, S. 20.

[51] Dementsprechend stellt die EU in Erwägungsgrund 11 der Richtlinie 2001/29/EG zur Harmonisierung bestimmter Aspekte des Urheberrechts und der verwandten Schutzrechte in der Informationsgesellschaft des Europäischen Parlaments und des Rates vom 22. Mai 2001 (InfoSoc- Richtlinie), ABl. Nr. L167/10 fest: "Eine rigorose und wirksame Regelung zum Schutz der Urheberrechte und verwandten Schutzrechte ist eines der wichtigsten Instrumente, um die notwendigen Mittel für das kulturelle Schaffen in Europa zu garantieren [...]".

[52] So *Mankowski*, AfP 1999, 139; ebenso *Ladeur*, ZUM 1997, 379.

[53] Vgl. *Roßnagel*, MMR 2002, 67.

[54] So *Bullinger*, JZ 1996, 391.

III. Gesetzgebung im Bereich des Internet

Die verschiedenen neuartigen Phänomene des Mediums Internet und die theoretische Diskussion um das ideale Konzept einer Rechtsordnung desselben haben den Gesetzgeber bisher weltweit auf den Plan gerufen. Nur im Sinne eines Überblicks und ohne inhaltliche Bewertung sollen hier zu Beginn einige wesentliche gesetzgeberische Initiativen aufgezeigt werden.

Zunächst ist der Blick auf die USA zu richten, die wie bereits angesprochen den elektronischen Geschäftsverkehr entscheidend prägen. In den USA war und ist bezüglich des Internet und des elektronischen Geschäftsverkehrs die traditionelle „laissez- faire"- Strategie zu beobachten[55]. Staatliche Organe halten sich zurück und intervenieren nur, soweit es ihnen unbedingt notwendig erscheint. 1997 hat die US-amerikanische Regierung ein *Framework for global eCommerce* vorgestellt. Dieses bildet die Grundlage für den auszubildenden rechtlichen Rahmen. In der jüngsten Vergangenheit kann in den USA eine verstärkte – recht untypische - Tendenz zu Kodifizierung der auftretenden Regulierungsfragen beobachtet werden[56].

In Europa hingegen waren bereits früh intensive gesetzgeberische Bemühungen zu verzeichnen. Den Anstoß zum Erlass verschiedener Gesetze im Bereich des Internet und des elektronischen Geschäftsverkehrs geben hier hauptsächlich die Organe der Europäischen Gemeinschaft im Rahmen der Initiative „*e*Europe – Eine Informationsgesellschaft für alle", welche das Ziel verfolgt, die Entwicklung der Informationsgesellschaft in Europa zu beschleunigen, einen schnelleren

[55] Zu dem Prinzipien US- amerikanischer Internet- Politik vgl. *Magaziner*, Über die Rolle des Staates in der Internet- Politik, in: Waltermann/Machill, Verantwortung im Internet, S. 65 ff.; *Kochinke/Geiger*, K&R 2000, 594; *Werle*, Das "Gute" im Internet und die Civil Society als globale Informationsgesellschaft, abrufbar unter: http://www.mpi-fg-koeln.mpg.de/pu/ workpap/wp00-6/wp00-6.html.

[56] Gegenstand gesetzgeberischer Initiativen wurden zunächst die Immaterialgüterrechte durch den *Digital Millennium Copyright Act* von 1998. Mit dem *Uniform Computer Information Transaction Act* (UCITA) vom 1.Februar1999, liegt ein US-amerikanischer Gesetzentwurf zur Vereinheitlichung des Kaufrechts im Internet vor, vgl. hierzu *Kaufmann Winn/Haubold*, 5 European L. Rev. 570 (2002). Im Bereich des Domainrechts wurde der *Anticybersquatting Consumer Protection Act* im November 1999 erlassen, vgl. hierzu *Patterson*, 40 San Diego L. Rev. 394 (2003). Am 8. Juni 2000 verabschiedete man den *Electronic Signatures in Global and National Commerce Act* (E- SIGN), vgl. *Fuhrmann*, ZfRSoz 23 (2002), 124. Das Vorgehen des Kongresses gegen unerwünschte E- Mail- Werbung schlug sich im Jahre 2002 u. a. im *Unsolicited Electronic Mail Act* nieder. Mittlerweile sind Bemühungen zu verzeichnen, die unübersichtliche Vielzahl von Anti- Spam- Regelungen in den USA zu vereinheitlichen, vgl. http://www.heise.de/newsticker/meldung/42284. Zur Bekämpfung der Kinderpornographie wurde der *Child Online Protection Act (COPA)* verabschiedet.

und preiswerteren Zugang aller Bürger zum Internet sicherzustellen, die Kenntnisse und Fähigkeiten zur Nutzung des Internet zu verbessern sowie den Ausbau der Internetnutzung in Industrie und Regierung und in anderen ausgewählten Bereichen, wie Gesundheit und Transport, voranzutreiben[57].

Wurde in Deutschland zunächst mit Auftreten der durch die Elektronische Datenverarbeitung (EDV) bedingten Probleme (sogenannte *first generation issues*) umfassend der Datenschutz von Rechtsprechung, Literatur und schließlich auch vom Gesetzgeber aufgegriffen, so hat sich die Diskussion um das Recht des Internet schließlich auch durch die gemeinschaftsrechtlichen Vorgaben auf die unterschiedlichsten Spektren des Rechts ausgedehnt. Erfasst sind unter anderem das Vertragsrecht und der Verbraucherschutz, das Recht des Schutzes personenbezogener Daten und der Jugendschutz[58].

[57] Vgl. *Mayer*, ZfRSoz 23 (2002), 100. Exemplarisch wird hier auf folgende Richtlinien hingewiesen:
Richtlinie 97/7/EG des Europäischen Parlaments und des Rates vom 20. Mai 1997 über den Verbraucherschutz bei Vertragsabschlüssen im Fernabsatz – Fernabsatzrichtlinie, ABL. EG Nr. L 144/19; Richtlinie 96/9/EG des Europäischen Parlaments und der Rates vom 11. März 1996 über den rechtlichen Schutz von Datenbanken, ABL. EG L 77/20 (Datenbank- Richtlinie); Richtlinie 1999/93/EG des Europäischen Parlaments und des Rates vom 13.12.99 über gemeinschaftliche Rahmenbedingungen für elektronische Signaturen – Signaturrichtlinie, ABL. Nr. L 13/12; Richtlinie 2001/29/EG des Europäischen Parlaments und des Rates vom 22. Mai 2001 zur Harmonisierung bestimmter Aspekte des Urheberrechts und der verwandten Schutzrechte der Informationsgesellschaft, ABl. EG Nr. L 167/10; Richtlinie 2002/58/EG des Europäischen Parlaments und des Rates vom 12. Juli 2002 über die Verarbeitung personenbezogener Daten und den Schutz der Privatsphäre in der elektronischen Kommunikation – EK-DSRL, ABl. EG Nr. L 201/37; Richtlinie 2000/31/EG vom 08. Juni 2000 über bestimmte rechtliche Aspekte der Dienste der Informationsgesellschaft, insbesondere des elektronischen Geschäftsverkehrs im Binnenmarkt (Richtlinie über den elektronischen Geschäftsverkehr") – E- Commerce- Richtlinie, ABL. Nr. L 178/1; vgl. ferner den Vorschlag für eine Richtlinie des Europäischen Parlaments und des Rates über den Fernabsatz von Finanzdienstleistungen an Verbraucher und zur Änderung der Richtlinien 97/7/EG und 98/27/EG, KOM (99) 385 endg.
Anm.: Alle Richtlinien sind mit Erwägungsgründen auch im Internet unter:
http://europa.eu.int/eur-lex/de abrufbar.
[58] Vgl. *Hoeren*, Grundzüge, S. 2.

Die einschlägigen Gemeinschaftsrechtsakte wurden in Deutschland auch recht bald in nationales Recht umgesetzt; daneben finden sich Gesetzgebungsinitiativen deutscher Herkunft[59].

IV. Neuere Entwicklungen - Die E- Commerce- Richtlinie als umfassendes Regelungskonzept im Binnenmarkt

Gestaltet sich die Rechtsfindung bei grenzüberschreitenden Sachverhalten bekanntermaßen als äußerst schwierig, so liegt es nahe, voller Hoffnung auf die Gesetzesinitiativen aus Brüssel zu blicken. Die Europäische Union erscheint als geeignete Handlungsebene, eine Vereinheitlichung der verschiedenen Rechtssysteme im Hinblick auf die neuartigen Phänomene des Internet voranzutreiben. Die Rechtsakte der Union nehmen Einfluss auf derzeit 15 verschiedene Rechtsordnungen, denen demnächst weitere folgen werden. Die EU ist daher in der Lage, auf große Teile des internationalen Wirtschaftsverkehrs einzuwirken.

Die *E- Commerce- Richtlinie* (ECRL) stellt einen bedeutenden Schritt seitens der Europäischen Gemeinschaften dar, einen umfassenden Rechtsrahmen für den elektronischen Geschäftsverkehr zu schaffen[60]. Der, wenn auch auf einzelne Teilbereiche beschränkte, letztlich dennoch umfassende Regelungsbereich der Richtlinie lässt auf den Willen der Organe der Europäischen Gemeinschaften schließen, vorerst keine grundlegend neuen Regelungen zu verabschieden.

1. Allgemeine Erwägungen des Richtliniengebers

Nach zutreffender Einschätzung des Richtliniengebers bietet der elektronische Geschäftsverkehr in der Informationsgesellschaft erhebliche Beschäftigungs-

[59] In Kraft getreten sind bereits folgende Gesetze: Informations- und Kommunikationsdienstegesetz (IuKDG), welches u. a. das Teledienstedatenschutzgesetz (TDDSG) und das Teledienstegesetz (TDG), enthält, BGBl. 1997 I, S. 1870 - Das TDG und TDDSG wurden jeweils durch das Gesetz über die rechtlichen Rahmenbedingungen für den elektronischen Geschäftsverkehr vom 14. Dezember 2001 (Elektronischer Geschäftsverkehr- Gesetz – EGG), BGBl. 2001 I, S. 3721, geändert; Mediendienste- Staatsvertrag (MDStV), z.B. Baden-WürttGBl 1997, 181; Fernabsatzgesetz (FernAbsG), BGBl. 2000 I, S. 897, welches mittlerweile im Rahmen der Schuldrechtsmodernisierung in den §§ 312 b ff. in das BGB integriert wurde; im Rahmen der Umsetzung der ECRL wurden in § 312 e BGB Vorschriften über Pflichten der Diensteanbieter im elektronischen Geschäftsverkehr geregelt; Gesetz zur digitalen Signatur (SigG), BGBl. 1997 I, S. 1870, welches durch das Gesetz über Rahmenbedingungen für elektronische Signaturen und zur Änderung weiterer Vorschriften, BGBl. 2001 I, S. 876, novelliert wurde; Gesetz zur Anpassung der Formvorschriften im Privatrecht, BGBl. 2001 I, S. 1542; Staatsvertrag über den Schutz der Menschenwürde und den Jugendschutz in Rundfunk und Telemedien (Jugendmedienschutz- Staatsvertrag – JMStV), z. B. LT- Drs. Baden- Württemberg 13/1320.

[60] Vgl. *Spindler*, MMR- Beilage 7/2000, 4.

möglichkeiten[61] und regt das Wirtschaftswachstum sowie die „Investitionen in Innovationen der europäischen Unternehmen"[62] an. Weiterhin ist dem Gesetzgeber zuzustimmen, die Entwicklungen im E- Commerce stärkten die Wettbewerbsfähigkeit der europäischen Wirtschaft, vorausgesetzt das Internet sei allen zugänglich[63]. Die Richtlinie verfolgt das Ziel, zur Förderung der Entwicklung des elektronischen Geschäftsverkehrs rechtliche Hemmnisse zu beseitigen, die in den unterschiedlichen Rechtsvorschriften der Mitgliedstaaten bestehen. Um Rechtssicherheit zu erreichen, müsse ein klarer allgemeiner Rahmen für den Binnenmarkt bezüglich bestimmter rechtlicher Aspekte des elektronischen Geschäftsverkehrs festgelegt werden[64].

2. Verhaltenskodizes gemäß Art. 16 der ECRL

Ist das Modell der reinen Selbstregulierung über den Markt im Internet unter den genannten Gesichtspunkten zu verwerfen, unternimmt der supranationale Gesetzgeber einen Versuch, zumindest die Integration selbstregulativer Elemente in die staatliche Rechtsordnung anzuregen[65]. Nach der Vorstellung des Richtliniengebers sollen zur Umsetzung der Vorschriften Verhaltenskodizes („codes of conduct") entwickelt werden. Verhaltenskodizes werden in der ECRL an diversen Stellen erwähnt. Die zentrale Vorschrift findet sich in Art. 16 der ECRL. Selbst wenn vermutet wird, Art. 16 sei letztlich nur als ein wenig ernsthafter

---

[61] Nach Einschätzung des Chefs der *Hewlett Packard GmbH Deutschland Harms* bietet der Wirtschaftszweig, wenn man die Anwender und die indirekt um die Kernbranche angesiedelten Tätigkeiten hinzurechnet, rund drei Millionen Menschen in der Bundesrepublik Arbeit, Quelle: SZ vom 3. Dezember 2002, S. 21; so auch *Schorkopf*, ZfRSoz 23 (2002), 79. Positive Beschäftigungseffekte bestätigen dem Internet auch *Welfens/Jungmittag*, Internet, Telekomliberalisierung und Wirtschaftswachstum, S. 106 ff..

[62] Vgl. den Wortlaut des Erwägungsgrundes Nr. 2 der ECRL.

[63] Angesichts der aktuellen Entwicklungen ist zumindest im Bereich des unternehmerischen Geschäftsverkehrs (B2B) von einem umfassenden Zugang zum Internet auszugehen. Entsprechend einer Umfrage von *Emnid* in Kooperation mit der *Initiative D21* nutzt jedoch derzeit mehr als die Hälfte (51,1 %) der deutschen Bevölkerung das Internet noch nicht und plant es auch nicht zu nutzen. Gemäß der Umfrage verfügen in den alten Bundesländern 43 %, in Ostdeutschland 37 % der Bundesbürger über einen Internetanschluss. Die Gründe für die verhaltene Nutzung des neuen Mediums lägen laut der Studie in den Kosten, der Technik, der fehlenden Anleitung und der ungenügenden Aufbereitung der Inhalte, Quelle: SZ vom 12. Juni 2002, S. 24. Die 50- Prozent- Marke soll die Nutzerrate in Deutschland nach einer Schätzung des *Bitkom* (Bundesverband Informationswirtschaft, Telekommunikation und neue Medien) im Jahre 2003 erreichen, Quelle: SZ vom 3. Dezember 2002, S. 21.

[64] Vgl. die Erwägungsgründe Nr. 2, 5 und 7 der ECRL. Hinsichtlich der einzelnen Vorschriften der ECRL, vgl. *Bender/Sommer* RIW 2000, 261; *Brisch*, CR 1999, 235.

[65] *Lindholm/Maennel*, CRI 2000, 65, stellen fest, dass die gesetzlichen Rahmenbedingungen so allgemein als möglich gehalten wurden, um Raum für effektive Selbstregulierung zu lassen.

Versuch der Kommission zu werten, Anreize für Selbstverpflichtungen der Wirtschaft zu schaffen, und ihm deshalb keine besondere Bedeutung beizumessen sei[66], verdient es die aus dem Blickwinkel des Befürworters der Selbstregulierung durch Private „heilige" Vorschrift nicht zuletzt aufgrund der richtungsweisenden Formulierung an dieser Stelle im Wortlaut abgedruckt zu werden:

„Art. 16 Verhaltenskodizes

(1) Die Mitgliedstaaten und die Kommission ermutigen

a) die Handels-, Berufs- und Verbraucherverbände und –organisationen, auf Gemeinschaftsebene Verhaltenskodizes aufzustellen, die zur sachgemäßen Anwendung der Artikel 5 bis 15 beitragen;
b) zur freiwilligen Übermittlung der Entwürfe für Verhaltenskodizes auf der Ebene der Mitgliedstaaten oder der Gemeinschaft an die Kommission;
c) zur elektronischen Abrufbarkeit der Verhaltenskodizes in den Sprachen der Gemeinschaft;
d) die Handels-, Berufs- und Verbraucherverbände und –organisationen, die Mitgliedstaaten und die Kommission darüber zu unterrichten, zu welchen Ergebnissen sie bei der Bewertung der Anwendung ihrer Verhaltenskodizes und von deren Auswirkungen auf die Praktiken und Gepflogenheiten des elektronischen Geschäftsverkehrs gelangen;
e) zur Aufstellung von Verhaltenskodizes zum Zwecke des Jugendschutzes und des Schutzes der Menschenwürde.

(2) Die Mitgliedstaaten und die Kommission ermutigen dazu, die Verbraucherverbände und -organisationen bei der Ausarbeitung und Anwendung von ihre Interessen berührenden Verhaltenskodizes im Sinne von Absatz 1 Buchstabe a) zu beteiligen. Gegebenenfalls sind Vereinigungen zur Vertretung von Sehbehinderten und allgemein von Behinderten zu hören, um deren besonderen Bedürfnissen Rechnung zu tragen."

Art. 10 Abs. 2 der ECRL, der den Diensteanbietern Informationspflichten auferlegt, bestimmt im Falle des B2C- Commerce, dass die Diensteanbieter alle einschlägigen Kodizes anzugeben haben, denen sie sich unterwerfen, sowie Informationen darüber erteilen sollen, wie die Kodizes auf elektronischem Wege zugänglich sind.

Schließlich werden in Art 8 Abs. 2 der ECRL Berufsvereinigungen und -organisationen der „Reglementierten Berufe" - hierbei handelt es sich um freie Berufsstände wie die Anwaltschaft oder die Ärzteschaft – ebenfalls ermutigt, Verhaltenskodizes auf Gemeinschaftsebene aufzustellen, um zu bestimmen, welche Arten von Information zum Zwecke der kommerziellen Kommunikation erteilt werden können.

[66] So ein Diskussionsbeitrag von *Spindler* anlässlich des Symposiums „Die Bedeutung des Internationalen Privatrechts im Zeitalter der neuen Medien" am 31. Januar/1. Februar 2003 an der Friedrich- Schiller- Universität Jena; vgl. zu dem genannten Symposium auch den Bericht von *Lange/Hartmann*, MMR aktuell 3/2003, XXV f..

V. Fragestellung der Arbeit und Gang der Untersuchung

1. Selbstregulierung durch Private im E- Commerce?

Die Untersuchung beschäftigt sich mit der Integration selbstregulativer Elemente in die im Internet geltende(n) Rechtsordnung(en). Sie unternimmt den Versuch, die Anwendungsbereiche der Selbstregulierung durch Private im Bereich des elektronischen Geschäftsverkehrs zu bestimmen und deren rechtliche Grenzen auszuloten.

Spätestens seit der Berücksichtigung von Selbstregulierungsmechanismen wie den Verhaltenskodizes in der ECRL muss man sich auch im Internetrecht mit diesem Bereich des „Soft Law" auseinandersetzen. Es ist daher zu prüfen, inwieweit das Phänomen der Selbstregulierung durch Private eine konstruktive und möglicherweise notwendige Alternative oder Ergänzung zum traditionellen rechtlichen Instrumentarium darstellt und als eine Koordinationsmöglichkeit für eine am Gemeinwohl ausgerichtete Interessenvermittlung dienen kann. Insofern liegt der Arbeit auch ein rechtspolitischer Ansatz zugrunde. Insbesondere für die innovativen Gesellschaftsbereiche wie Technik und Wirtschaft sind solche Überlegungen anerkanntermaßen lohnenswert[67].

Um einen Überblick zu verschaffen, wird zu klären sein, welche Regelungsmodelle dem Rechtsraum Internet zur Verfügung stehen, bzw. welche Elemente dieser hervorgebracht hat. Auf den Punkt gebracht, ist mithin zu fragen: Was ist Internetrecht überhaupt? Zunächst ist festzustellen, dass die technischen Gegebenheiten des Internet Schranken für rechtliche Regeln setzen; auch die technische Standardsetzung verdient somit ein Aufmerksamkeit. Angesichts des Umstands, dass es sich um ein junges, wenn nicht sogar um das jüngste, eigenständige Rechtsgebiet handelt und eine weltumspannende Materie umfasst, stellt sich die Frage, ob ein nationales Internetrecht überhaupt gerechtfertigt erscheint oder gerade im Online- Bereich nicht von voneherein die Entwicklung eines international oder gar transnational geltenden Rechtskorpus forciert werden muss. Unklar ist in diesem Zusammenhang, ob das herkömmliche Internationale Privatrecht auch im Internet das Instrumentarium zur rechtlichen Bewältigung grenzüberschreitender Sachverhalte bereit hält. Weiterhin gilt es im Anschluss zu erörtern, ob selbstregulative Elemente einen sinnvollen Bestandteil dieses neuen Rechtsgebiets darstellen können. Es ist zu ermitteln, in welcher Form selbstregulative Maßnahmen in der Rechtspraxis auch anderer Regelungsmaterien bereits erscheinen und wie sie gegebenenfalls in die Rechtsordnung zu integrieren sind.

---

[67] *Wulsdorf*, Verbandliche Selbstregulierung, S. 129.

2. Verhaltenskodizes als bedeutsame Elemente der Selbstregulierung

Als einen zentralen Bestandteil der Selbstregulierung sollen sodann bereits bestehende Verhaltenskodizes als rechtliches Instrument näher untersucht werden. Das Hauptaugenmerk liegt deshalb auf den Kodizes, da im Ausland u. a. im anglo- amerikanischen Rechtsbereich, Codes of Conduct bereits durchaus verbreitet sind[68] und die vertrags- oder verbandsautonome Setzung der Verhaltenskodizes als die wohl bedeutsamste Form der Selbstregulierung durch Private angesehen wird[69]. Hier ist die rechtliche Einordnung der Verhaltenskodizes das Thema, welches den allgemeinen Fragenkomplex umreißt. Freilich verdienen auch die vielgestaltigen, weiteren Erscheinungsformen der Selbstregulierung im Internet Berücksichtigung. Zu nennen sind u. a. Gütesiegel und Robinsonlisten.

Untersuchungsgegenstand soll darüber hinaus die Frage sein, in welchen Sektoren des Wirtschaftslebens und des Rechts im Internet überhaupt Kodizes vorzufinden sind und zu welchem Zweck sie eingesetzt werden und/oder eingesetzt werden können. Bei der Untersuchung der Verhaltenskodizes im speziellen, soll auf deren Herkunft, Entwicklung, Stellenwert und Legitimation eingegangen werden. Besondere Bedeutung verdient freilich die Prüfung der Zulässigkeit von Verhaltenskodizes anhand des geltenden Rechts. Vorab steht zu vermuten, dass u. a. das Lauterkeitsrecht und das Verfassungsrecht als Maßstäbe für eine Integration der Verhaltenskodizes in die Rechtsordnung heranzuziehen sind.

Nicht zuletzt aufgrund der Skepsis gerade der Juristen gegenüber der Um- und Durchsetzung selbstregulativer Maßnahmen und deren Befolgung durch die Beteiligten, ist diesem Komplex ein eigener Abschnitt zu widmen. Von Bedeutung sind Fragen der Justiziabilität des Soft Law – insbesondere durch die Konkretisierung von Generalklauseln - und die Begutachtung alternativer Streitschlichtungsmechanismen.

3. Der Aspekt der Transnationalität

Die transnationale Dimension des Internet wurde bereits angeführt. Eine Arbeit im Bereich des Online- Rechts kommt, unabhängig von der Frage, ob ein „Transnationales Cyberlaw“ vonnöten ist, ohne länderübergreifende Fragestellungen nicht aus. Auch die Europäische Union hat mit der ECRL erkannt, dass die Rechtssicherheit und ein funktionierender Binnenmarkt im E- Commerce supranationaler Rahmenregelungen bedürfen.

Sicherlich würde es den Rahmen einer Dissertation sprengen, die inhaltliche Ausgestaltung einer selbstregulativen Maßnahme an den Rechtsordnungen dieser Welt – oder der virtuellen Welt? - zu messen, selbst wenn man sich hierbei

[68] Vgl. *Hoeren*, Selbstregulierung, S. 13 für Großbritannien und die Niederlande.
[69] *Kloepfer*, Informationsrecht, S. 189.

auf die für die Weltwirtschaft wesentlichen beschränkt. Die demokratische Legitimation selbstregulativer Elemente wird in erster Linie anhand der durch das Grundgesetz vorgegebenen Prinzipien und Rechtsgedanken zu überprüfen sein.

Aufgrund der Ubiquität des Internet hat es jedoch wenig Sinn, sich nur auf Rechtsprinzipien zu beschränken, die im deutschen Rechtsraum Gültigkeit haben. Ebenso werden Rechtsgedanken des Europarechts, des Rechts der Internationalen Organisationen und des anglo- amerikanischen Rechtskreises in den Katalog aufgenommen werden müssen. Eine Vielzahl der bereits bekannten und praktizierten Selbstregulierungsmechanismen stammt zudem hauptsächlich aus dem Ausland, insbesondere aus den USA. Vor diesem Hintergrund gilt es freilich auch hinsichtlich der Beurteilung der tatsächlichen Anforderungen an Selbstregulierung auf „internationale Erfahrungswerte" zurückzugreifen.

VI. Methodische Vorgehensweise

1. Der Begriff der Rechtstatsachenforschung in der Rechtssoziologie

Gegenstand der Arbeit ist die Untersuchung von bereits bestehenden und von Akteuren im elektronischen Geschäftsverkehr bereits verwendeten Verhaltenskodizes bzw. von Entwürfen. Untersuchungsgegenstand ist mithin die gesellschaftliche Wirklichkeit rechtlicher Regelungen, somit die Faktizität des Rechts. Die Disziplin, die das Rechtsleben beschreibt und erklärt, ist die Rechtssoziologie. Neben der klassischen, theoretischen Beleuchtung abstrakter Rechtsfragen, liegt der vorliegenden Arbeit somit auch ein empirischer Forschungsansatz zu Grunde.

Nach *Rehbinder*[70] untersucht die Rechtssoziologie nicht das Recht als Summe der geltenden Rechtsnormen („law in books"), sondern das lebende Recht („law in action"), wobei dieses nur diejenigen Rechtsnormen umfasst, die in der Praxis durchgesetzt werden können. Die Erforschung des Zusammenhangs von Recht und Sozialleben - hierunter fällt freilich auch das Wirtschaftsleben - soll für die Rechtspraxis genutzt werden. Die empirische Rechtssoziologie wird demnach auch als *Rechtstatsachenforschung* bezeichnet, welche die Aufgabe hat, bestimmte Feststellungen über die faktische Existenz sowie die Entstehung und Wirkung von Recht in der Gesellschaft auf ihre Übereinstimmung mit der Wirklichkeit hin zu überprüfen[71].

---

[70] Vgl. zum Ganzen *Rehbinder*, Rechtssoziologie, Rz. 3 ff..

[71] *Rehbinder*, aaO, Rz. 5 ff.; *Raiser*, Das lebende Recht, S. 35.

2. Die Bedeutung der Rechtstatsachenforschung

Die Rechtstatsachenforschung, die im Interesse einer wissenschaftlichen Rechtsfindung in den Rechtsverwirklichungsprozess zu integrieren ist[72], hat sich insbesondere in denjenigen Rechtsgebieten durchgesetzt, die nicht auf einen Jahrhunderte alten Schatz von Rechtserfahrungen zurückblicken können, sondern neue Sachverhalte zu bewältigen haben[73]. Das Online- Recht ist das Paradebeispiel schlechthin für ein neuartiges, traditionsarmes Rechtsgebiet; eine rechtstatsächliche Untersuchung drängt sich geradezu auf. Auch im Internet kann der Gesetzgeber das privatrechtliche Verhalten der Beteiligten nur indirekt beeinflussen. Die gesetzlichen Regeln stellen sich für die Beteiligten nur als Gegebenheiten dar, die sie zur Durchsetzung ihrer Ziele instrumentalisieren. Im Gegensatz zum öffentlichen Recht und Strafrecht, welches dem Einzelnen ein Handeln oder Unterlassen unmittelbar vorschreiben kann, besteht im Privatrecht die Notwendigkeit, Untersuchungen durchzuführen, die Aufschluss darüber geben, wie sich die am Rechtsleben Beteiligten tatsächlich verhalten[74].
Vereinzelt wird angeregt, die rechtstatsächlichen Grundlagen des Internethandels sowie die sich neu entwickelnden Wertvorstellungen sollten zukünftig stärker durch die Gerichte berücksichtigt werden[75]. *Schulze- Fielitz*[76] erblickt vor dem Hintergrund des „Megatrends" zukünftiger Rechtssetzung, Formen gesellschaftlicher Selbstregulierung im Rahmen staatlichen Rechts zu initiieren, zu ermöglichen und zu strukturieren, ein neues Aufgabenfeld für die Rechtssozio-

[72] So *Rehbinder*, aaO, Rz. 22; ebenso *Pawlowski*, Einführung in die juristische Methodenlehre, Rz. 350 a; sowie *Westermann*, Einführung zu Sabrowsky, Selbstregulierung, S. 5. *Westermann*, Unternehmenspolitik in Selbstregulierung? Rechtsvergleichende Bemerkungen zu den niederländischen Fusionsverhaltensregeln, in: Hefermehl, FS Möhring, S. 319, betont, dass das, was der tätige Rechtspraktiker in die wissenschaftliche Behandlung des Rechts einbringen könne, sei neben der Kenntnis der Problemstellungen vor allem die Einsicht in die verschlungenen Einflussströme von normativer Entscheidung und gesellschaftlicher Wirklichkeit.

[73] Vgl. *Raiser*, Das lebende Recht, S. 36, der hier das Arbeits- und Wirtschaftsrecht nennt; vgl. zum Wirtschaftsrecht auch *Ebenroth*, Wirtschaftsrechtliche Rechtstatsachenforschung unter besonderer Berücksichtigung des internationalen Wirtschaftsrechts, in: Heinz, Rechtstatsachenforschung, S. 139 ff.. Dass sich die Rechtstatsachenforschung etabliert hat, zeigt die Einrichtung eines Referats "Rechtstatsachenforschung" im Bundesministerium der Justiz bereits im Jahre 1973.

[74] So Pawlowski, Einführung in die Juristische Methodenlehre, Rz. 315 b, Ladeur, ZUM 1997, 346.

[75] So *Imhof*, Wettbewerbsrechtliche Fragen des E- Commerce, in: Graf, Wirtschaftsrecht, S. 50; *Lessig*, Code, S. 118; ebenso schon in Bezug auf die lex mercatoria *Stein*, Lex mercatoria, S. 246, mit dem Appell an die Judikative, bei ihrer Entscheidung mehr Rücksicht auf die Besonderheiten und spezifischen Erfordernisse internationaler Geschäftstätigkeit zu nehmen.

[76] *Schulze- Fielitz*, Gesetzgebungslehre als Soziologie der Gesetzgebung, in: Dreier, Rechtssoziologie, S. 174.

logie. Fordere der Sozialstaatsgedanke, eine einseitige Übergewichtung sozialer und marktwirtschaftlicher Macht zu unterbinden, obliege es der Soziologie, die konträren sozialen Interessen und ihre jeweiligen Macht- und Rahmenbedingungen für ihren Ausgleich kraft Vereinbarung zu analysieren. Rechtstatsächliche Vorüberlegungen finden sich typischerweise in vielen Abhandlungen zum Internet- und Informationsrecht, da es sich um eine Materie handelt, die eine neue Rechtswirklichkeit einzuordnen versucht[77]. Eine Untersuchung – und so auch die vorliegende - muss daher nicht unbedingt dem Bereich der Rechtssoziologie zuzuordnen sein, um rechtstatsächliche Gesichtspunkte aufzugreifen. Dementsprechend wird auch die vorliegende Arbeit rechtstatsächliche Erwägungen an denjenigen Stellen aufnehmen, welche zur Beleuchtung der Hintergründe solche benötigen. Insbesondere die Diskussion um eine Weltrechtsordnung wie ein „Cyberlaw“ ist ein genuin rechtssoziologisches Thema[78].

[77] So stellt bspw. *Cichon*, Internetverträge, in dem jeweiligen Kapitel, in dem sie einen Vertragstyp behandelt, die rechtstatsächlichen Grundlagen dar.
[78] *Albert/Lehmkuhl*, ZfRSoz 23 (2002), 162.

B. Das Recht des elektronischen Geschäftsverkehrs

Greift die vorliegende Arbeit als zentralen Aspekt den Vorschlag der ECRL auf, Verhaltenskodizes im Bereich des Rechts des elektronischen Geschäftsverkehrs zu entwickeln, so gilt es, diese als Bestandteil der Selbstregulierung zunächst in den Kontext des Internetrechts einzuordnen.

Wie oben bereits angedeutet, stellt sich zunächst die Frage, was „Internetrecht" überhaupt ist. Konfrontiert man den Juristen mit dem Begriff der „Rechtsordnung", kann man davon ausgehen, dass dessen Vorstellung mit derjenigen anderer Vertreter seiner Profession zumindest in den Grundsätzen hinsichtlich der überragenden Elemente der Rechtlichkeit sowie des Systemcharakters und der Effektivität kongruent ist[79]. Dies trifft im wesentlichen auch für eine Online- Rechtsordnung zu. Man ist sich weitgehend einig, dass der Staat seine Souveränität auch im Cyberspace nicht einbüßt und aus dieser Souveränität eine Normsetzungs- und durchsetzungsbefugnis ableiten kann.

Vor dem Hintergrund der neuartigen Problemstellungen, die das Medium Internet aufwirft, kommt jedoch auch die Jurisprudenz nicht umhin, die sich anbietenden alternativen Regulierungsformen mit der gebotenen Sorgfalt in Augenschein zu nehmen. Es gilt daher, einen Überblick über die Instrumentarien der Regelungsfindung und des Rechts im Internet zu verschaffen und diese kritisch zu beleuchten, um letztlich fundierte Aussagen über den Sinn und Zweck, sowie die Erfolgsaussichten von Selbstregulierungsmaßnahmen als Bestandteil einer Internet- Rechtsordnung machen zu können.

I. Vorüberlegung: Zusammenspiel hoheitlicher Regulierung und privater Rechtssetzungsinitiativen (Kooperation)

Das Internet wird durch die Ubiquität und seine dynamische Entwicklung geprägt, welche die Schaffung eines einheitlichen, statischen Regelwerks zu einem überaus komplizierten Unterfangen machen. Das Zusammenwirken von privaten und hoheitlichen Akteuren erscheint daher im Bereich der Regelungsfindung im elektronischen Geschäftsverkehr als erfolgversprechender Weg[80] und wird bereits praktiziert. So werden im Rahmen von Gesetzgebungsprozessen regelmäßig umfangreiche Stellungnahmen von Verbänden und anderen Organisationen

---

[79] A. A. *Stein,* Lex mercatoria, S. 239, m. w. Nachw., mit dem Hinweis, ein verbindlicher Begriff der Rechtsordnung existiere nicht. Was juristisch darunter zu verstehen sei, sei weder festgelegt, noch sei die Erarbeitung eines einheitlichen Rechtsbegriffs bis heute gelungen, und könne auch nicht gelingen.

[80] Vgl. *Fuhrmann,* Vertrauen im Electronic Commerce, S. 256; zur Risikosteuerung im öffentlichen Recht *Di Fabio,* Risikosteuerung im öffentlichen Recht, in: Hoffmann- Riem/ Schmidt- Aßmann, Öffentliches Recht und Privatrecht, S. 164

eingeholt. Aus dem Bereich der Standardsetzung hat sich der Staat zurückgezogen (Stichwort: DIN- Normen). Es ergibt sich somit die Möglichkeit, auf den größtmöglichen Erfahrungsschatz zurückgreifen zu können.

Vor diesem Hintergrund basiert die Entwicklung von „Regeln" im elektronischen Geschäftsverkehr auf drei Säulen: Der Bildung technischer Standards, dem staatlich gesetzten und durch die Rechtsprechung ausgeformten Recht und den Elementen der Selbstregulierung[81].

Nachfolgend sind diese Teilbereiche zu erläutern und ihre Vor- und Nachteile zu Regulierungszwecken in einem globalen und virtuellen Medium herauszuarbeiten. Mit der Darstellung einzelner Regelungsmechanismen des elektronischen Geschäftsverkehrs geht auch deren tatsächliche und rechtliche Beurteilung einher. Aufgrund der zahlreichen Unterschiede der Rechtsprinzipien und Rechtssysteme der verschiedenen Rechtsordnungen weltweit, wird im folgenden die Frage nach der idealen Rechtsordnung für das Internet freilich nicht aus allen Perspektiven beurteilt werden können. Deshalb beschränkt sich die Untersuchung auf die deutsche bzw. europäische Sichtweise, womit jedoch die Übertragbarkeit der Gedanken auf andere Rechtsordnungen nicht ausgeschlossen werden kann bzw. ausgeschlossen werden soll.

II. Bildung technischer Standards und anderer technologiebasierter Systeme – Nutzung der technischen Gegebenheiten des Internet zu Regulierungszwecken?

Das Internet ist einerseits eine virtuelle Welt, und somit ein soziales Objekt, welches gewisse Regeln benötigt, andererseits jedoch weniger spektakulär ein technisches Gebilde. Selbst wenn es mittlerweile möglich erscheint, das ganze Leben abgesehen von den notwendigsten menschlichen Bedürfnissen „im Internet zu verbringen" – unter Zuhilfenahme eines Pseudonyms kann sich der Nutzer gar eine neue Persönlichkeit mit ausgewählten Charaktereigenschaften kreieren -, so lässt sich diese Welt jedoch mit nur einem einzigen Knopfdruck „ausschalten"[82].

Die Technologie gilt als die Keimzelle der virtuellen Welt und folgerichtig als die zentrale Triebkraft des E- Business[83]. Die technischen Randbedingungen bestimmen die Ausmaße der Handlungsräume des Internet, unabhängig von na-

---

[81] So auch *Holznagel/Werle*, ZfRSoz 23 (2002), 3, im Hinblick auf die weltweite Regulierung der Kommunikation: „It shows that global communication is governed by a patchwork of few uniform international legal rules, sparingly harmonized national regulations at the regional level, a number of laws framing schemes of self-regulation complemented by unregulated self-regulation and last but not least a growing number of legal interface solutions."

[82] Vgl. hierzu auch *Lessig*, Code, S. 190.

[83] Vgl. das Geleitwort der *Herausgeber* in: Fallenböck, Internet und IPR.

tionalen Grenzen[84]. Insofern darf bei der Untersuchung des Internetrechts der Steuerungseinfluss der Techniker nicht unberücksichtigt bleiben. Diese reflektieren im Gegensatz zu Politikern und Juristen in aller Regel im Zusammenhang mit ihren Erfindungen nicht – zumindest nicht in erster Linie - die rechtlichen Rahmenbedingungen, sondern sehen sich durch diese in ihrer innovativen Tätigkeit eher behindert. Im Rahmen ihres Schaffens gilt es weniger die sozialen Strukturen als vielmehr ein effizient funktionierendes Netzwerk auszubilden[85]. Hieraus resultiert der Umstand, dass der Gesetzgeber allzu oft den durch die Praktiker geschaffenen Fakten hinterherläuft[86].

Techniker und Informatiker üben jedoch darüber hinaus mit der Entwicklung des „Code"[87] einen nicht zu unterschätzenden Einfluss auf das Verhalten im Internet und im elektronischen Geschäftsverkehr aus. *Lessig's* provokante These lautet daher: „Code is law"[88], weshalb "code writers" zunehmend zu "lawmakers" würden[89]. Nun sollte man sicherlich diese Aussage nicht streng als juristische verstehen. Sie stellt lediglich, wenn auch ein wenig überspitzt, den eben beschriebenen Einfluss des „Code" auf das Verhalten der Internet- Nutzer in den

[84] *Fuhrmann*, Vertrauen im Electronic Commerce, S. 256; vgl. auch *Ladeur*, ZUM 1997, S. 376.

[85] Vgl. *Fuhrmann*, aaO., S. 255, der zu Recht feststellt, dass die besten Steuerungsleistungen erzielt würden, wenn die rechtlichen Wertungen von der technischen Infrastruktur berücksichtigt würden; vgl. darüber hinaus die Darstellung der Kontroverse bei *Roßnagel*, Allianz von Medienrecht und Informationstechnik: Hoffnungen und Herausforderungen, in: Roßnagel, Allianz von Medienrecht und Informationstechnik?, S. 17 ff.; ebenso *Lessig*, Code, S. 33. Die von *Detzer*, Ingenieurverantwortung und Verhaltenskodizes – Versuch einer Zwischenbilanz, in: Lenk/Maring, Technikverantwortung, S. 307 ff., zumindest als Orientierungshilfe gewürdigten Verhaltenskodizes des VDI erscheinen hier weniger erfolgversprechend. Ohne den Informatikern zu nahe treten zu wollen, muss festgestellt werden, dass viele der Softwareentwickler der durch eine gewisse Anarchie geprägten „Cyber- Community" entstammen. Ein wohl gutes Beispiel sind die „Überläufer" aus dem Kreis der Hacker und Cracker, die mittlerweile als Sicherheitsberater für die IT- Sicherheit der im Internet tätigen Unternehmen fungieren.

[86] Nahezu absurd erschien die Situation nach in Kraft treten der InfoSoc- Richtlinie, die sich unter anderem durch einen besonders kurze Umsetzungsfrist auszeichnet und den Schutz technischer Kopierschutzmechanismen vorsieht: Während des Gesetzgebungsverfahrens zur Umsetzung der Richtlinie begannen die Programmierer bereits mit der technischen Umsetzung – die Wissenschaft befasste sich indessen noch mit den Grundlagen, vgl. den Tagungsbericht der Digital Rights Management Konferenz 2002 am 29. und 31 Januar 2002 in Berlin, mitgeteilt von *Hestermeyer*, CR 2002, 393.

[87] *Lessig*, Code, S. 53, nimmt in seiner Untersuchung zur Verdeutlichung des Begriffs „Code" für das Beispiel USA eine Unterteilung in „East Coast Code", denjenigen „Code" zur Verhaltensregulierung, der dem Kongress zuzuordnen ist, und „West Coast Code", denjenigen „Code", den die Computerprogrammierer im Silicon Valley entwickeln, vor. Letzteren bezeichnet er schließlich als „[...] *code* in its modern sense".

[88] *Lessig*, aaO, S. 6.

[89] *Lessig*, aaO, S. 60.

Vordergrund[90]. Gleichsam steckt in *Lessig's* These eben auch ein – heller - Funken Wahrheit und regt zur Reflexion der technischen Realitäten im Rechtsraum Internet an. Das eben beschriebene Phänomen darf mithin seitens der Juristen nicht unbedacht bleiben, denn umgekehrt lassen sich die technischen Gegebenheiten, also die Netzwerkinfrastruktur, auch zur Bildung verbindlicher Regelungen erschließen.

Eng im Zusammenhang mit dem Thema der vorliegenden Arbeit sind technische Standards gewissermaßen als ein Teilbereich des Oberbegriffs der Selbstregulierung durch Private im E- Commerce zu verstehen. Unter dem Stichwort „Selbstregulierung" in der internet- und informationsrechtlichen Literatur[91] findet man regelmäßig Auseinandersetzungen mit der technischen Infrastruktur. Technische Standards unterscheiden sich jedoch insofern von den im Rahmen der Untersuchung schwerpunktmäßig zu behandelnden Selbstregulierungsmechanismen, als sie nicht an die Einhaltung bestimmter Verhaltensregeln durch Internetnutzer appellieren, sondern technische Rahmenbedingungen vorgeben, welche die Entwicklung des Sozialraums sowie des Rechtsraums Internet erst ermöglichen und/oder zur Gewährleitung der Einhaltung der rechtlichen Rahmenbedingungen eingesetzt werden können. Dennoch hat die Selbstregulierung – wie noch zu zeigen sein wird, handelt es sich hier nicht um einen fest umrissenen Begriff – auf dem Feld der Netzwerkarchitektur des Internet ein neues Betätigungsfeld gefunden.

1. Technische Standards – eine Begriffsbestimmung

Technische Standards lassen sich als Konventionen charakterisieren, welche die technischen und industriellen Verknüpfungen zwischen verschiedenen Komponenten, Ebenen und Leistungen eines oder mehrerer Systeme festlegen. Sie ermöglichen die Bildung einer Wissensökonomie, sowie den Aufbau von Kooperationen über die Grenzen eines einzelnen Betriebes und der einzelnen Märkte hinaus und machen schließlich die Qualität von Produkten mittels Konformitätserklärungen des Herstellers und Zertifizierungsverfahren überprüfbar[92].

---

[90] So auch *Murray/Scott*, 65 Mod. L. Rev. 502 (2002), mit dem Hinweis, "Law in Lawrence Lessig's terms is merely the constraint placed upon the individual."

[91] Vgl. statt aller *Kloepfer*, Informationsrecht, S. 144, (148 ff.). *Kloepfer* bezeichnet die technische Normung privater Normungsorganisationen gar als das wohl wirkungsvollste Feld gesellschaftlicher Selbstregulierung.

[92] Vgl. zum Ganzen *Ladeur*, CR 1999, 397; ferner *Di Fabio*, Risikosteuerung im öffentlichen Recht, in: Hoffmann- Riem/Schmidt- Aßmann, Öffentliches Recht und Privatrecht, S. 162; sowie *Eichener/Heinze/Voelzkow*, Techniksteuerung im Spannungsfeld zwischen staatlicher Intervention und verbandlicher Selbstregulierung, in: Voigt, Abschied vom Staat – Rückkehr zum Staat?, S. 393 ff..

2. Die Internetprotokolle

Die Informationstechnologien sind im Gegensatz zu den Telekommunikationstechnologien im wesentlichen durch die Initiative privater, miteinander im Wettbewerb stehender Akteure entstanden. Beim Aufbau des Internet war daher die Verständigung auf Standards, also eine „gemeinsame Sprache", von entscheidender Bedeutung[93]. Eine Netzwerkkommunikation ist nur über eine Vermittlungsstation (Router, Gateways) möglich, die eben alle dieselbe Sprache sprechen müssen[94]. Wichtigstes Beispiel hierfür sind die Kommunikationsprotokolle, wobei das wohl grundlegendste, das TCP/IP- Protokoll, bereits eingangs angeführt und dessen Funktionsweise erläutert wurde.

Die Protokollentwicklung im Internet wird hauptsächlich von der *Internet Society* (ISOC), die über institutionelle und Einzelmitglieder auf der ganzen Welt verfügt und in den USA angesiedelt ist, mit ihren Unterorganisationen wie der *Internet Engineering Task Force* (IETF) und des *Internet Architecture Board* (IAB) wahrgenommen. Daneben etablierten sich das *World Wide Web- Consortium* (W3C), sowie auch die klassischen Standardisierungsgremien wie die *International Telecommunications Union* (ITU) oder aber auch die *International Standards Organisation* (ISO)[95].

Ein Protokoll wird im Gegensatz zum herkömmlichen Sprachgebrauch als eine Zusammenstellung verschiedener Regeln und Vorstellungen verstanden, um eine bestimmten Anforderungen entsprechende Kommunikation zwischen zwei oder mehreren Partnern zu ermöglichen, wobei Protokolle nur dann die gewünschten Ergebnisse liefern, wenn sie aufeinander abgestimmt sind[96]. Neben dem ursprünglichen TCP/IP- Protokoll erlaubt es die Struktur des www als Meta- Netzwerk jedoch auch über andere Protokolle Zugang zu erlangen und öffnet somit für eine Vielzahl von Diensten und Nutzungsformen die Tür[97]. Das Internet gilt somit als Musterbeispiel für eine gelungene Standardisierung, wobei sein Erfolg dieser These Recht gibt.

[93] Vgl. *Fuhrmann*, Vertrauen im Electronic Commerce, S. 19 ff.; *Post*, 52 Stan. L. Rev. 1457 (2000), verweist hierzu auf den Umstand, auch die englische Sprache als solche mit ihren semantischen und syntaktischen Strukturen stellte einen Regulierungsfaktor des Sozialraums Internet dar.

[94] *Lienemann*, TCP/IP-Grundlagen, S. 44.

[95] Vgl. *Mayer*, K & R 2000, 13 ff., der im Rahmen seines Beitrags die Organisationsstrukturen der verschiedenen Institutionen sowie die Normsetzungsverfahren eingehend vorstellt. Durchaus kritisch verweist *Mayer* auf die teilweise mangelnde Transparenz der Normsetzungsverfahren; vgl. ferner *Mayer*, ZfRSoz 23 (2002), 108.

[96] *Lienemann*, TCP/IP- Grundlagen, S. 46 f..

[97] *Ladeur*, CR 1999, 400.

3. „Digital Watermarking Techniques" und „Digital Fingerprints"

Neben der Netzwerkstruktur gilt es auch solche technischen Verfahren in den Blick zu nehmen, die konkret auf die Vermeidung juristischer Konflikte zielen.

Auf die wirtschaftlichen Schäden, die auf Dienste wie Napster & Co zurückzuführen sind, wurde oben bereits hingewiesen. Weiterhin wurde die Notwendigkeit staatlicher Intervention zum Schutze des geistigen Eigentums betont. Von dieser These soll nicht abgewichen werden. Allerdings ist in jüngster Zeit eine Tendenz zu beobachten, nach der sich die Internetindustrie zunehmend auf Schutzmöglichkeiten außerhalb des herkömmlichen Urheber- und Haftungsrechts besinnt. Diesen Bemühungen trägt auch Art. 6 der InfoSoc- Richtlinie Rechnung. Er verbietet die Umgehung von wirksamen technischen Maßnahmen wie beispielsweise Kopierschutzmechanismen, mit denen der Rechtsinhaber seine Inhalte versieht, und wird ergänzt durch einen Rechtsschutz gegen Herstellung, Einfuhr und Verbreitung von Vorrichtungen zur Umgehung technischer Maßnahmen. Im Zusammenhang mit der Standardsetzung gilt ein erster Blick jedoch dem technischen Instrumentarium als solchem.

Beachtung verdient das sogenannte *„Digital Rights Management"* (DRM). DRM- Systeme können als elektronische Vertriebssysteme für digitale Inhalte bezeichnet werden. Sie ermöglichen den Rechteinhabern einen relativ sicheren Vertrieb an die berechtigten Nutzer und eröffnen umfassende Kontrollmöglichkeiten[98]. Hinsichtlich des Vertriebs im Zusammenhang mit intellectual- property- rights durch DRM- Systeme ist auf die Verfahren der „Digital Watermarking Techniques" und der „Digital Fingerprints", die sogenannten Identifizierungs- und Schutzsysteme, hinzuweisen.

Identifizierungs- und Schutzsysteme ermöglichen es, den Inhaber von Rechten eindeutig festzustellen, indem beispielsweise ein digitales Wasserzeichen derart mit dem Werk verbunden wird, dass dieses nicht ohne Informationen über seinen urheberrechtlichen Status kopiert werden kann. Die Textkennung kann mit Hilfe spezieller Verfahren sichtbar gemacht, jedoch durch Bearbeitung im Computer nicht ohne Zerstörung des Textes selbst eliminiert werden. Die Information ist auch nach erheblichen Veränderungen am Ausgangswerk, wie Datenkomprimierung (MP3)- und dekomprimierung, Ver- und Entschlüsselung oder in Dateiauszügen noch erkennbar[99]. Mit Hilfe vorgenannter Verfahren können eine Vielzahl neuer Nutzungsmodelle mit weitgehenden Freischaltungs-,

[98] Vgl. zum Ganzen die umfassende und detailreiche Arbeit von *Bechtold*, Vom Urheber- zum Informationsrecht, S. 2 ff., der die These vertritt, dass DRM- Systeme das Urheberrecht in seiner bisherigen Funktion – Schutz der Urheber und Leistungsschutzberechtigten – bis zu einem gewissen Maße ersetzen können.

[99] *Ladeur*, ZUM 1997, 380; *Wand*, Technische Identifizierungs- und Schutzsysteme – Urheber- und Wettbewerbsrecht, in: Lehmann, Internet- und Multimediarecht, S. 40.

Sperr-, Rechteverwaltungs- und Zahlungsoptionen für Musik wie beispielsweise „Pay per Play" entwickelt werden[100].

Mit dem Einsatz digitaler Fingerabdrücke, bei denen es sich technisch um digitale Wasserzeichen handelt, die eine individuelle Kennzeichnung eines Nutzers enthalten, kann ein Nutzer nur markierte Inhalte an einen Dritten weitergeben und aufgrund der Markierung später ermittelt werden. Mit Hilfe digitaler Fingerabdrücke kann es folglich gelingen, Beweise für rechtliche Schritte gegen den illegalen Nutzer zu gewinnen. Darüber hinaus ist es möglich, die durch die Digitalisierung im Grunde unmöglich gewordene Unterscheidung zwischen Original und Kopie wieder herzustellen[101].

Nicht zu vernachlässigen sind in diesem Zusammenhang auch technische Kopierschutzmechanismen. Durch diese Kopierschutzmechanismen, die nach verschiedenen Methoden arbeiten, werden verschiedene für den Kopierenden unerwünschte Folgen bei der Herstellung einer Raubkopie hervorgerufen. Beispielsweise lassen sich die Daten der Audio- CD derart verändern, dass älteren CD- Playern aber auch CD- ROM- Laufwerken ein schwerwiegender Fehler auf der CD vorgetäuscht wird, der nicht behoben werden kann. Es kann auch das Inhaltsverzeichnis der CD verändert werden, sodass die Geräte die Wiedergabe verweigern. Schließlich können die Programme die Vervielfältigung einer CD mittel eines Brenners verhindern[102].

Dass diese in Folge der Digitalisierung in Erscheinung getretenen technischen Errungenschaften einen Beitrag zum Urheberrechtsschutz leisten können, ist offensichtlich und letztlich im Grundsatz auch unbestritten. Selbst wenn die DRM-Systeme wie beinahe jede Schutzvorrichtung im Internet umgehbar sind, so verfügen jedoch nur wenige Nutzer über die technische Versiertheit, die Vorrichtungen auszuschalten. Die breite Masse derjenigen, die gelegentlich Raubkopien anfertigen, kann wohl abgeschreckt werden[103].

Andererseits steht jedoch mit Recht zu befürchten, dass ein Ansinnen, jegliche Umgehung eines Kopierschutzes als illegal zu qualifizieren, auch unerwünschte Effekte nach sich ziehen kann. Kritisiert wird der Umstand, es handele sich bei dem rechtlichen Schutz des DRM um ein *Aliud* zum Urheberrecht, da es nicht der Gesetzgeber sei, der die Grenzen festlege. Insofern sei ein Missbrauch zu befürchten. Die Rechteinhaber könnten mit Hilfe des technischen Instrumen-

---

[100] *Bechtold*, Vom Urheber- zum Informationsrecht, S. 54 ff.; *Schaefer*, Urheberschutz und technische Schutzsysteme, in: Roßnagel, Allianz von Medienrecht und Informationstechnik?, S. 103.

[101] *Bechtold*, aaO, S. 70 ff..

[102] Vgl. zum Ganzen, *Wiegand*, MMR 2002, 722.

[103] Vgl. den Tagungsbereicht der Digital Rights Management Konferenz 2002 am 29. und 31. Januar 2002 in Berlin, mitgeteilt von *Hestermeyer*, CR 2002, 393.

tariums die Schranken des Urheberrechts selbst bestimmen[104]. Weiterhin sei das DRM mit den kollektiven Vergütungsmodellen nicht vereinbar und die Rechte des Nutzers gerieten durch den Verzicht auf ein „Recht zum Hacken“ bei Eingreifen einer Ausnahme in Gefahr[105]. Schließlich wird darauf verwiesen, der Schutz der Nutzer vor DRM- Systemen würde regelmäßig vertraglich ausgeschlossen. Bei einer Neuordnung des Urheberrechts sei jedoch von der Informationsfreiheit als elementarem Grundprinzip auszugehen, weshalb individueller Vergütung der Vorrang vor kollektiven Vergütungsmodellen eingeräumt werden müsse[106]. Auf die gesetzliche Ausgestaltung – insbesondere den Kompromiss zwischen Urheberrechtsschutz und Informationsfreiheit - wird noch einzugehen sein[107]. Darüber hinaus ist es durchaus möglich, dass sich auch „Softwarepiraten“ der Kopierschutzverfahren bedienen - diesen fehlt jedoch gerade jegliche Berechtigung[108].

[104] *Hoeren*, MMR 2000, 520, weist darauf hin, die Techniker könnten sich so ihr eigenes Urheberrechtsgesetz schaffen.

[105] Vgl. den Diskussionsbeitrag von *Hugenholtz* anlässlich der Digital Rights Management Konferenz 2002 am 29. und 31. Januar 2002 in Berlin, mitgeteilt von *Hestermeyer*, CR 2002, 392.

[106] So ein Diskussionsbeitrag von *Hoeren* anlässlich der Digital Rights Management Konferenz 2002 am 29. und 31. Januar 2002 in Berlin, mitgeteilt von *Hestermeyer*, CR 2002, 392.

[107] S. u. Ziff. D, V, 3.

[108] So *Hoeren*, NJW 1998, 2853; ebenso *Bechtold*, Vom Urheber- zum Informationsrecht, S. 64, der die Möglichkeit eines Angreifers beschreibt, der sich als der wahre Urheber ausgeben möchte. Dieser kann ein zweites Wasserzeichen einsetzen, welches ihn als Urheber ausgibt. Es ist sodann nahezu unmöglich zu beweisen, welche Partei zuerst ihr Wasserzeichen in den digitalen Inhalt eingebettet hat; vgl. auch den Diskussionsbeitrag von *Hugenholtz* anlässlich der Digital Rights Management Konferenz 2002 am 29. und 31 Januar 2002 in Berlin, mitgeteilt von *Hestermeyer*, CR 2002, 392.

4. "Rights Protection System"

Ergänzt werden die technischen Lösungsmöglichkeiten zum Thema Online- Piraterie durch das "Rights Protection System" (RPS), welches den illegalen Angebots- und Liefervorgang durch eine „virtuelle elektronische Grenzbeschlagnahme" unterbindet. Mit Hilfe von RPS soll es den Rechteinhabern erleichtert werden, gegen ausländische „Musikpiraten" vorzugehen. Die rechtliche Verfolgung der Schädiger birgt aufgrund der Ubiquität des Internet nicht unerhebliche Schwierigkeiten[109]. RPS verhindert auf Dateiebene gezielt den Zugriff auf Websites, die beispielsweise MP3- Dateien, also potentiell illegale Inhalte enthalten. Mittels RPS ist es daher möglich, an den Verbindungen der deutschen Internet Service Provider (ISPs) ins Ausland gezielt illegale Inhalte zu sperren bzw. herauszufiltern. So könnten die Diensteanbieter ihren Verpflichtungen nach dem TDG nachkommen[110].

Freilich erfährt jedoch auch RPS grundsätzliche Kritik. So wird vorgebracht, RPS bedeute eine Zensur des Internet, schränke den freien Waren- und Dienstleistungsverkehr ein und berge für die Diensteanbieter unkalkulierbare Risiken[111]. Darüber hinaus sei RPS eine sehr spezifische technische Lösung, die sehr rasch durch neue Technologien überholt werden könne, gleichwohl aber einen hohen finanziellen Aufwand seitens der Diensteanbieter fordere. Der wohl bedeutendste Kritikpunkt an RPS ist jedoch derjenige, dass das System lediglich http- Datenübertragungen verhindern kann – gegen die Piraterie mittels P2P ist jedoch auch RPS machtlos[112].

---

[109] *Braun/Schaefer*, Die Musikindustrie in der sog. ‚Informationsgesellschaft' – Neue Herausforderungen an den Schutz geistigen Eigentums, in: Kubicek, Internet@Future, S. 212.

[110] Vgl. zu den Verpflichtungen der ISPs *Braun/Schaefer*, aaO, S. 213 f..

[111] Vgl. zum Ganzen *Schaefer*, Urheberschutz und technische Systeme, in: Roßnagel, Allianz von Medienrecht und Informationstechnik?, S. 107 ff.; sowie *Bechtold*, Vom Urheber- zum Informationsrecht, S. 446, der befürchtet, dass entsprechend der verschiedenen Filtersysteme auch über RPS mehr Inhalte gefiltert werden können, als zulässig ist – man denke nur an die Übertragung legaler Inhalte in Form von MP- 3 -, und dass mittels RPS private Unternehmungen gewissermaßen die Funktionen einer Zollbehörde übernehmen könnten, was eine „Privatisierung des Rechtsschutzes" zur Folge hätte; vgl. auch die Befürchtungen von *Hoeren*, JuS 2002, 951; a. A. *Braun/Schaefer*, aaO, S. 215.

[112] So *Köhntopp* laut einem Diskussionsbericht in: Roßnagel, Allianz von Medienrecht und Informationstechnik, S. 127.

5. Standards im Datenschutz

Im Bereich des Datenschutzes, dessen Garantie ein Schlüsselelement der Entwicklung insbesondere des B2C- Commerce darstellt, etablierte sich neben anderen vornehmlich der Standard *„P3P“* (Platform for Privacy Preferences Project), welcher an der datenschutzrechtlichen Mindestregel des *„Notice and Choice“*[113] ausgerichtet ist und diese unterstützt.

Der Industriestandard P3P wurde durch das *W3C* entwickelt[114]. Aufgabe von P3P ist es, den Nutzern die Möglichkeit zu eröffnen, mittels leicht bedienbarer automatisierter Prozeduren die Verwendung ihrer persönlichen Daten durch die Betreiber der von ihnen besuchten Websites zu kontrollieren. Der User kann mittels dieses Standards individuelle Datenschutzpräferenzen in seine Browsersoftware implementieren, die sodann während des Surfens im Netz mit den *Privacy Policies* (selbstverpflichtende Erklärungen der Diensteanbieter hinsichtlich des Umgangs mit personenbezogenen Daten)[115] derjenigen frequentierten Anbieter verglichen werden, deren Websites ebenfalls P3P- fähig sind. Sollten die Praktiken des Diensteanbieters von den Präferenzen des Nutzers abweichen, er-

Angesichts dieser Schwäche von RPS bietet sich eine neue Variante der Überwachung des Netzes an: Die von dem Hamburger Unternehmen *Mediatime* programmierte Software *Gridpatrol* - http://www.gridpatrol.com. Diese Suchmaschine beobachtet in einem vollständig automatisierten Verfahren auch die sogenannten „unsichtbaren Stellen des Netzes“ namentlich Newsgroups, FTP- Downloadserver, Chatkanäle sowie dezentrale Musiktauschbörsen wie Gnutella. Gridpatrol analysiert die binären Downloadvorgänge und erkennt bestimmte Sound- Strukturen, Programmelemente oder Bildbestandteile wieder; vgl. auch zu den vorgebrachten Kritikpunkten SZ vom 7. Dezember 2001, S. VP2/43.
Die wohl rigoroseste Methode, gegen die Urheberrechtsverletzungen durch P2P vorzugehen stellt das von der *Trusted Computer Platform Alliance* (TCPA) entwickelte gleichnamige System dar, welches bereits auf Hardware- Ebene ansetzt. Hier wird auf dem Motherboard neben dem Prozessor ein neuartiger Chip installiert, der die Ausführung eines Programms nur dann gestattet, wenn es sich gewissermaßen ausweisen kann. Angesichts der Tatsache, dass durch die Einführung der Technik vom Jahre 2004 an gerade die sich in ständiger Entwicklung befindliche Open- Source- Software wie das bereits äußerst erfolgreiche Betriebssystem *Linux* vor dem Aus stünde, da es schlicht auf dem betreffenden Rechner nicht mehr betrieben werden könnte, sind jedoch Vorbehalte gegen TCPA angebracht. Inwieweit vor dem Hintergrund der offensichtlichen Marktzutrittshindernisse für Software- Hersteller hier auch seitens der Regierungen das letzte Wort gesprochen wurde, bleibt jedoch abzuwarten, vgl. SZ vom 11. Februar 2003, S. V2/11; CR Aktuell 2002, 934.

[113] *Roßnagel*, MMR 2002, 69 m. w. Nachw..

[114] Vgl. hierzu http://www.w3.org/P3P/; *Schaar*, Datenschutz im Internet, Rz. 933 ff; *Grimm/Roßnagel*, DuD 2000, S. 449; *Lohse/Janetzko*, CR 2001, 55 f..

[115] S. u. Ziff. C, IV, 6, a). Der P3P- Standard dient im Grunde genommen der Umsetzung und dem Vollzug selbst gesetzter *Privacy- Statements* der Unternehmen. Es wird lediglich aufgrund seiner technischen Ausrichtung bereits an dieser Stelle behandelt.

hält dieser zusätzliche Informationen und Warnungen und kann nach seiner Wahl die Verbindung aufrecht erhalten oder abbrechen (Notice an Choice)[116].

Datenschutz in Form von Standards wie P3P ist zunächst für den US- amerikanischen Markt maßgeschneidert. Nach dem Grundsatz des „Free Flow of Information" genießt das Sammeln von Daten in den USA einen intensiveren Schutz als dies beispielsweise in Deutschland der Fall ist. Diesem entgegen steht das durch den Datenschutz protegierte Rechtsgut „Privacy". Die Kollision dieser beiden Rechtsgüter verhindert schließlich die Ausgestaltung einer gesetzlichen Regelung im privaten Sektor des Datenschutzes[117]. Die Konsequenz der mangelnden gesetzlichen Regelung in den USA ist die Tatsache, dass Privacy nur insofern geschützt ist, als es dem Betroffenen möglich ist, nach Erhebung seiner persönlichen Daten durch Dritte gegen diese Erhebung klageweise vorzugehen. *Lessig*[118] unterscheidet zwischen „property- rules", also solchen, wie sie im europäischen Rechtskreis vorwiegend gelten und den „liability- rules", auf denen das US-amerikanische Datenschutzrecht fußt. Er beschreibt die amerikanische Rechtspraxis folgendermaßen: „[...] a liability system allows a taking, and payment later"[119]. Mithin ist der P3P- Standard, welcher am US- amerikanischen Rechtssystem ausgerichtet ist, auch nicht geeignet, ähnlich einem Gesetz bestimmte Verhaltensweisen der Anbieter zu unterbinden oder ihnen Pflichten aufzuerlegen; vielmehr schafft der Standard – lediglich - ein Mehr an Transparenz, welche dem Nutzer die Wahl der Angebote und Besuche der Websites anhand seiner individuellen Schutzbedürfnisse ermöglicht[120].

Ob der Standard P3P demgegenüber insbesondere nach deutschem Recht die Anforderungen einer Einwilligung nach § 4 Abs. 2 S. 2 BDSG i.V.m. § 1 Abs. 2

---

116 Zu den technischen Voraussetzungen insbesondere den Implementationen von P3P- fähigen Anwendungen, vgl. *Lohse/Janetzko*, CR 2001, 58 f..

117 Der *Data Privacy Act* – das einzige allgemeingültige Gesetz zum Datenschutz in den USA – gilt nur für die Datenverarbeitung im öffentlichen Bereich durch die Bundesbehörden, vgl. *Büllesbach/Höss- Löw*, DuD 2001, 136.

118 *Lessig*, Code, S. 166 ff..

119 *Mestmäcker/Engel*, Globale Netze und lokale Werte, S. 247, weisen darauf hin, dass gerade die USA aufgrund der sektorspezifischen teilweise widersprüchlichen Regulierungsansätze vor einer großen Herausforderung stünden.

120 Vgl. zum Ganzen *Grimm/Roßnagel*, DuD 2000, 446 ff., 449. In den USA erhalten demgemäß solche Unternehmen, die offen beschreiben, fleißig Daten zu sammeln, um diese sodann auch an Dritte weiterzugeben, das Siegel: „good notices of bad practicies". *Lessig*, Code, S. 160 ff., erkennt für den Bereich des Datenschutzes in den USA den P3P- Standard lediglich als effektive Ergänzung einer gesetzlichen Regelung, welche die Rahmenbedingungen vorgeben müsste und kritisiert darüber hinaus die geltenden Regelungsstrukturen.

TDDSG bzw. § 12 Abs. 1 MDStV erfüllt, wird im Allgemeinen angezweifelt[121]. Vor dem Hintergrund der Chance, mit P3P einen weltweit einheitlichen Mindestschutz und einen Wettbewerb der Anbieter um den besten Datenschutz zu erreichen, gilt es jedoch, diesem Standard eine Chance zu geben[122] und ihn zumindest als Hilfsinstrument zum Selbstschutz des einzelnen Nutzers neben den rechtlichen Regelungen zu akzeptieren. Dies gilt insbesondere auch aufgrund der Tatsache, dass längst nicht alle Unternehmen – und unter diesen auch namhafte - den Anforderungen des gesetzlich verankerten Datenschutzes genügen; wohl nicht zuletzt auch angesichts der mangelnden staatlichen Überwachungsmöglichkeiten des elektronischen Geschäftsverkehrs.

6. Filtersysteme

Technische Unterstützung zur Bekämpfung unliebsamer und juristisch bedenklicher Phänomene im Umgang mit dem Internet bieten vielseitig einsetzbare Filtersysteme bzw. Filtersoftware. Die Filterprogramme wurden insofern bereits als „technologies of justice" bezeichnet[123].

---

[121] So *Schaar*, Datenschutz im Internet, Rz. 936 f., der auch in Zukunft eine ergänzende wirksame Datenschutzkontrolle und präzise Rechtsnormen zum Schutz der Internetnutzer für erforderlich hält, gleichwohl P3P als wichtigen Baustein einer neuen Datenschutzkonzeption ansieht; so auch *Lohse/Janetzko*, CR 2001, 60 f., mit dem Hinweis P3P ermögliche weder den Abruf noch den Widerruf der Einwilligung.

[122] Insbesondere in den USA häufen sich die Forderungen nach der Einführung weltweiter Standards. So beklagt der Vorstandsvorsitzende des Computerunternehmens *Unisys Corp.*, *Weinbach*, das Problem, dass global tätige Unternehmen derzeit eine Vielzahl unterschiedlicher rechtlicher Regelungen zu beachten hätten, vgl. SZ vom 3. Juli 2002, S. 26. *Köhntopp*, Datenschutz durch Netztechnik, in: Büllesbach/Heymann, Informationsrecht 2000, S. 112, betont, zur Realisierung datenschutzfreundlicher Techniken, deren Einführung zu begrüßen sei, gelte es, den Nutzern deren Funktionsweise zu vermitteln und Kooperationen mit Wirtschaftsunternehmen zu fördern, um den Marktwert der Techniken zu ermitteln und deren Missbrauch vorzubeugen.

A. A. *Look- Wagner*, Das Internet und sein Recht, S. 94, mit dem Hinweis, auf technische Schutzmechanismen im Bereich des Schutzes personenbezogener Daten könne verzichtet werden, da sich das Datenschutzrecht an die neuen Kommunikationsformen gut angepasst habe und den Nutzern einen effektiven Rechtsschutz böte. Bestehende Lücken seien durch das TDDSG und die Datenschutzrichtlinie der EU geschlossen worden; ebenso *Kohl*, Der Schutz des Individuums im weltweiten Netz, in: Simon/Weiss, Zur Autonomie des Individuums, S. 161: „P3P offeriert [...] alles andere als „exellent online privacy protection".". Vgl. zu der Diskussion um P3P in den USA und Europa *Kaufmann Winn/Haubold*, 5 European L. Rev. 584 (2002); *Schwartz*, Privacy, Participation, and Cyberspace, in: Simon/Weiss, Zur Autonomie des Individuums, S. 347.

[123] *Reidenberg* zit. nach *Jung*, GRUR Int. 1998, 846.

a) Unerwünschte E- Mail- Werbung - Spam

Einer der Anwendungsbereiche der Filterprogramme stellt das Vorgehen gegen „Junk Mails", „Bulk Mails" oder „Spam" dar. Als „Spamming"[124] bezeichnet man die massenhafte, unaufgeforderte Versendung von Werbe- E- Mails[125]. Die gigantischen Ausmaße[126], die das Spamming angenommen hat, machen diese Art des Direktmarketings zu der „Geißel" des elektronischen Geschäftsverkehrs schlechthin.

Verschiedene Arten von Filterprogrammen sondern eingehende unerwünschte E- Mails – entweder nach dem download oder bereits vor der Speicherung durch den ISP auf dessen Server im Account des Nutzers - nach unterschiedlichen Gesichtspunkten aus. Es können somit Mails nach einem bestimmten Absender oder nach einem bestimmten „Betreff" (Subject) sortiert und gegebenenfalls gelöscht werden. Dem Benutzer ist es möglich, die Begriffe, nach denen die Software Spam erkennen soll, selbst zu konfigurieren. Gefilterte E- Mails werden sodann als unzustellbar zurückgeschickt[127].

Der Einsatz vorgenannter technischer Möglichkeiten erscheint jedoch teilweise als zu aufwändig und unausgegoren. So erfordert die Konfiguration absenderorientierter Speicher eine ständige Pflege und Aktualisierung und scheitert spätestens dann, wenn der Werbende stets neue E- Mail- Adressen verwendet. Eben dies ist jedoch technisch ein „Kinderspiel" und daher ohne weiteres möglich. Das Filtern der „Subjects" birgt weiterhin die Gefahr, auch durchaus erwünschte Inhalte wieder im Nirvana des Netzes verschwinden zu lassen. Blockiert man beispielsweise die Zeichenfolge *„werbung"*, wird mittels der Software auch eine E- Mail mit dem Betreff „hinsichtlich Ihrer Be*werbung*" aussortiert[128]. Freilich versagen die Systeme zudem, wenn Werbung – und dies ist im

124 Der Begriff „Spam" ist eigentlich die Abkürzung für „spiced ham". In einem Monty Python- Sketch, bestellte eine Frau mehrere Speisen. Sie bekommt jedoch jedes Mal spiced ham serviert, obwohl sie dieses gar nicht mag, vgl. SZ vom 16. April 2003, S. 21.

125 Vgl. *Walter*, Inhalteregulierung im Internet, S. 30 f.; *Peschel- Mehner*, Wettbewerbsrechtliche Bewertung geschäftlicher Aktivitäten im Internet und in sonstigen Online- Plattformen, in: Schwerdtfeger, Cyberlaw, S. 131.

126 Nach einer Erhebung der Softwarefirma *Brightmail* betrug die Anzahl von Spam- Attacken im November 2002 ca. 5,5 Millionen. Der düsteren Befürchtung von *Jupiter Media Metrix* entsprechend werden im Jahre 2006 alleine die Verbraucher etwa mit 206 Milliarden Junk-Mails belästigt werden. Für die US- Unternehmen prognostiziert *Ferris Research*, im Jahre 2003 einen Schaden von 10 Milliarden US- Dollar; derjenige der europäischen liege derzeit bei etwa 2,5 Milliarden US- Dollar, Quelle: http://www.heise.de/newsticker/data/ae-04.01.03-003/. Nach Angaben von AOL entfallen ca. 40 Prozent des gesamten E- Mail- Verkehrs auf Spam, Quelle: SZ vom 16. April 2003, S. 21.

127 Vgl. zum Ganzen *Wendlandt*, Cybersquatting, Metatags und Spam, S. 46.

128 So das einprägsame Beispiel bei *Wendlandt*, aaO, S. 47.

Netz bereits seit langen Gang und Gebe – als Nachricht mit persönlichem Inhalt getarnt wird.

b) Inhalteregulierung

Im Bereich der Inhalteregulierung im Internet bieten sich eigene Filtersysteme an. Hier wurde bereits die *Internet Content Rating Association* (ICRA) tätig.

Filterprogramme zur Inhalteregulierung sollen gewährleisten, dass es bestimmten Nutzern – so beispielsweise im häuslichen, familiären Bereich den Kindern - nicht möglich ist, auf bestimmte Websites, die unerwünschte Inhalte wie Pornographie- oder Gewaltdarstellungen enthalten, zuzugreifen[129].
Die Filterprogramme erkennen je nach Programmierung des Nutzers diese unerwünschten Seiten entweder anhand des Inhalts selbst oder anhand der sogenannten *Meta- Tags*[130]. Meta- Tags sind im Header einer www- Seite enthaltene Informationen, welche dem Nutzer bei Aufruf der Seite allerdings verborgen bleiben. Die Meta- Tags werden vom Ersteller der Website eingegeben und verweisen i. d. R. auf den Autor und weitere Keywords bezüglich des Inhalts der Website[131]. Die sogenannten *Rating- Systeme*, welche den Wert oder Unwert eines auf einer Seite enthaltenen Inhalts anhand der Schlüsselwörter ermitteln, ordnen der Seite sodann einen entsprechenden Vermerk (Label) zu[132]. Verschiedene Filterschablonen enthalten Negativ- und Positivlisten, so dass einerseits nur die gewünschten Inhalte abrufbar sind andererseits jedoch gewünschte Inhalte verfügbar gemacht werden auch wenn sie durch die eigentliche Filterschablone ausgeblendet würden[133].

Die Bedenken, welche Filtersoftware entgegengebracht werden, liegen auf der Hand und sind bereits bei der Diskussion um RPS angeklungen. Schließlich ist auch im Rahmen der Diskussion um die Filterprogramme immer wieder festzu-

[129] Auch ohne die vergleichsweise komplizierte Filtertechnik ermöglichen es Foren wie AOL, über verschiedene Zugänge Kinder, die sich auf dem Forum bewegen, anderen Teilnehmern als solche kenntlich zu machen. Auf diese Weise ebnet der Provider einer gewissen Aufsicht Minderjähriger durch die Community bei ihren Spaziergängen im Netz den Weg, vgl. *Murray/Scott*, 65 Mod. L. Rev. 515 (2002). Zugestanden werden muss jedoch, dass hierin wiederum eine Missbrauchsgefahr liegt, da gerade Pädophile auf diese Weise Kinder identifizieren können.

[130] *Kloepfer*, Informationsrecht, S. 192.

[131] Vgl. Hoeren/Sieber/*Sieber*, 1, Rz. 87.

[132] Vgl. zum Ganzen *Kloepfer*, Informationsrecht, S. 192 f. Die Labels können jedoch auch von den Inhalteanbietern selbst oder von Dritten gesetzt werden. Weitere Einsatzmöglichkeiten der Gütesiegel werden u. unter Ziff. C, IV, 5 vorgestellt.

[133] Vgl. die Einleitung bei *Waltermann/Machill*, Verantwortung im Internet, S. 17.

stellen, dass gerade technisch versierte Nutzer ständig neue technische Umgehungsmöglichkeiten auftun[134].

7. Unterstützung durch Standards und rechtliche Billigung

Die privatinitiativ geschaffenen technischen Standards sind nach dem oben Gesagten faktisch hinsichtlich der Funktionsfähigkeit des Internet unverzichtbar. Die tatsächlichen Gegebenheiten wollen jedoch auch vor dem Hintergrund rechtspolitischer Erwägungen und rechtlicher Zulässigkeit reflektiert werden.

a) Legitime Anwendungsbereiche

Die Einigung auf technische Standards erscheint insbesondere zur teilweisen Überwindung der negativen Auswirkungen der Ubiquität hilfreich. Wie bereits im Rahmen der Überlegungen zu P3P angeklungen ist, können technische Codes weltweit anerkannte Mindestregelungen unterstützen[135]. Auf dem Felde der Inhalteregulierung bieten indirekte Maßnahmen wie die Förderung des Einsatzes technischer Mittel für den Regulierer die Möglichkeit, sich vor dem Hintergrund der Meinungsfreiheit dem Vorwurf der direkten Zensur zu entziehen[136].

Die Durchsetzung von Regelungen durch Gestaltung der Technik wird freilich überwiegend begrüßt, wenn dabei legitime Rechtsziele verfolgt werden. Der rechtliche Schutz kann auf diese Weise verstärkt werden[137]. Es wird zugestanden, dass der Erfolg der Standards beweist, dass eine gewisse Koordination auch ohne die Einflussnahme von Regierungen und anderen staatlichen Akteuren erreicht werden kann[138]. Standards und ihre Festlegung haben in einem technisch geprägten Umfeld wie einem Netzwerk insofern bereits eine normative Bedeutung, als sie die Infrastruktur des verhaltenssteuernden Rechts bilden und beispielsweise im Bereich des Zivilrechts die Grundlage für die Bestimmung unbestimmter Rechtsbegriffe, wie dem der „im Verkehr erforderlichen Sorgfalt", sowie der zahlreichen Generalklauseln bilden. Diese Funktion erscheint unter dem Gesichtspunkt der mangelnden Fähigkeit des Rechts, in einer sich ständig transformierenden Wirtschaft, Maßstäbe für die Qualität von Produkten oder die Bestimmung der Angemessenheit von Verhalten festzulegen, bedeutsam. Man ist somit bemüht, im Bereich der Standardsetzung die Ergebnisse aus Wissenschaft

---

[134] Vgl. *Kloepfer*, Informationsrecht, S. 194. Die Kreativität der Piraten stellt im übrigen ein immerwährendes Problem der technischen Regulierungsversuche des Internet dar und wird auch im Folgenden regelmäßig aufgegriffen werden müssen.

[135] *Roßnagel*, MMR 2002, 69.

[136] Vgl. *Lessig*, Code, S. 47.

[137] So *Roßnagel*, MMR 2002, 69.

[138] *Holznagel/Werle*, ZfRSoz 23 (2002), 7.

und Technik für die Zwecke des Rechts nutzbar zu machen, wobei hier die Maxime gilt, dass der Fortschritt eben nicht – wie es im Rahmen der Festsetzung von Rechtsnormen geschehen kann - durch sachlich veraltete Bestimmungen behindert werden darf[139].

Vorausgesetzt die Verbraucher sind in der Lage, die Qualität einzelner Standards zu beurteilen – ein gewisser Grad an Information ließe sich beispielsweise durch die Festlegung von Mindestqualitätsstandards durch öffentliche oder private Organisationen erreichen - , spricht weiterhin auch der Aspekt des zwischen den Selbstkontrollsystemen entstehenden Wettbewerbs für die Förderung der Standardbildung. Konkurrieren die Wettbewerber um die Gunst der Kunden, ist die ständige qualitative Verbesserung der Produkte zu erwarten[140].

b) Imperative Einflussnahmemöglichkeiten auf die technische Netzwerkinfrastruktur – Code as Code - Instrumentalisierung des „Code" zu Regulierungszwecken?

Die Überlegungen zum Thema Standardsetzung müssen nicht auf den Umstand beschränkt bleiben, der Staat könne von der Standardsetzung lediglich indirekt profitieren und unterstützend tätig werden. Fest steht, dass der hoheitliche Einfluss auf die Verhaltensweisen der Internetnutzer aus einer Vielzahl von Gründen beschränkt bleiben wird. Weniger aussichtslos erscheint jedoch auf den ersten Blick die Möglichkeit der Hoheitsträger, direkt auf die Entwicklung der technischen Infrastruktur einzuwirken[141].

Dies ist jedoch ein typisch US- amerikanischer Standpunkt. Schließlich wurde das Internet aufgrund einer Initiative des Pentagon ins Leben gerufen und wird hauptsächlich von Institutionen fortentwickelt, welche der US- amerikanischen Regulierungshoheit unterworfen sind. So ist insbesondere die einflussreiche *Internet Corporation for Assigned Names and Numbers* (ICANN) als juristische Person nach kalifornischem Recht der Jurisdiktion der USA unterworfen[142]. Aus der Sicht der Europäer tendieren die Einflussnahmemöglichkeiten auf die Infrastruktur des www jedoch nahezu gegen null, weshalb diese Lösungsmöglichkeit im Rahmen der vorliegenden Untersuchung außen vor gelassen werden muss.

[139] *Ladeur*, CR 1999, 397; *Eichener/Heinze/Voelzkow*, Techniksteuerung im Spannungsfeld zwischen staatlicher Intervention und verbandlicher Selbstregulierung, in: Voigt, Abschied vom Staat – Rückkehr zum Staat?, S. 397; *Nicklisch*, Richterliche Rechtsfortbildung, in: Festschrift der Juristischen Fakultät, S. 242.

[140] Vgl. *Price/Verhulst*, Selbstregulierung und Verhaltenskodizes als Grundlage von Internetpolitik, in: Waltermann/Machill, Verantwortung im Internet, S. 172 ff..

[141] So die Empfehlung von *Lessig*, Code, S. 43 ff., 90; vgl. hierzu auch die Überlegungen von *Fuhrmann*, ZfRSoz 23 (2002), 121 ff., der davon ausgeht, ein Einfluss „sollte" auch im Hinblick auf verfassungsrechtliche oder allgemeine wirtschaftspolitische Ziele möglich sein.

[142] Vgl. zu ICANN u. Ziff. D, VII, 1, a), cc).

Darüber hinaus erfahren die Überlegungen auch vor dem Hintergrund Kritik, sie ignorierten die nahe liegende Regulierungsebene des Völkerrechts[143]. Es zeigt sich jedoch bereits an dieser Stelle, wie wichtig die Teilnahme an dem internationalen Dialog gerade für die Europäer ist, um letztlich den Zug nicht zu verpassen.

Imperative Intervention im Grunde befürwortend, zeigt *Lessig*[144] in seiner Untersuchung jedoch auch die tatsächlichen Grenzen der staatlichen Einflussnahme auf die technische Infrastruktur des Internet auf. So kommt er zu dem Schluss, dass in erster Linie nur „closed code"[145], also derjenige, der von einem Unternehmen ohne Mitwirkung anderer außenstehender Programmierer entwickelt wird, regulierbar sei. Er führt dies darauf zurück, dass es dem Regulierer vergleichsweise leicht möglich ist, auf einzelne Unternehmen und deren Techniker einzuwirken. Diese Einflussnahme wiederum hätte sodann einen mittelbaren Einfluss auf den Endverbraucher, welcher den Code nutzt[146].

Das Internet basiert jedoch größtenteils auf „open code", also einer technischen Infrastruktur, welche von einer Vielzahl von Informatikern entwickelt wird. Dies bietet den Vorteil, das Wissen und die Fähigkeiten einer breiten Masse an Technikern zu nutzen, und bescherte dem Internet sein rasantes und stabiles Wachstum sowie, gemessen an den bisherigen technologischen Innovationen, verschwindend geringe Entwicklungszeiten der einzelnen Elemente. Um den Zugang aller „interessierten Bastler" zu gewährleisten, wird der Quellcode („Source Code") – nahe liegender Weise im Internet - veröffentlicht. Der Quellcode bildet gewissermaßen das Herz eines Computerprogramms entsprechend den Entwicklungsplänen einer Maschine. Beispiele für open code finden sich zu Hauf. Hierzu zählen die eben beschriebenen Internet- Protokolle, der *HBCI-Standard* der Online- Banken[147] und im Softwarebereich das Betriebssystem *LINUX*, welches zunehmend den *WINDOWS*- Betriebssystemen des Monopolisten *Microsoft* Konkurrenz macht[148]. Open code kann im Gegensatz zu closed

---

143 So *Mayer*, ZfRSoz 23 (2002), 108; kritisch hinsichtlich einer Kontrolle des Internet durch staatliche Aktionspläne auch *Mestmäcker/Engel*, Globale Netze und lokale Werte, S. 249; vgl. zur Regulierungsebene des Völkerrechts Ziff. D, VII, 1, a).

144 *Lessig*, Code, S. 100 ff..

145 Die deutsche Bezeichnug für „closed code" lautet „proprietärer Standard", vgl. zur Unterscheidung zwischen „offenen" und „proprietären" Standards *Thum*, Netzwerkeffekte und Standardisierung, S. 23.

146 Vgl. hierzu auch *Thum*, aaO, S. 146, 175 f., der darauf hinweist, dem Staat stelle sich sodann u. a. ein zentrales Problem: Der regulierende Eingriff müsse so rechtzeitig erfolgen, damit das Unterfangen nicht an der mangelnden Weiterentwicklung alternativer Technologien oder an dem zu starken Anwachsen der Nutzerbasis scheitert.

147 S. u. Ziff. B, III, 3, c).

148 Eine Fülle von weiteren Beispielen für open code findet sich bei *Lessig*, Code, S. 104 ff..

code von jedermann jederzeit abgeändert werden und entzieht sich daher der staatlichen Einflussnahme[149].

Zusammenfassend bleibt festzuhalten, dass man die technischen Standards zwar nicht als „Recht" bezeichnen kann; sie dürfen jedoch nicht unbeachtet bleiben. Rechtliche Regelungen können sich in einem technischen Gebilde wie dem Internet eben nur soweit durchsetzen, als die technischen Gegebenheiten berücksichtigt und deren Voraussetzungen erfüllt werden. Die Bildung einer Allianz zwischen dem Medien- und Informationsrecht und der Informationstechnik ist daher nicht nur anzustreben; sie muss umgesetzt werden. Nur so erscheint es realisierbar, die scheinbar konträren Interessen gewinnbringend zu nutzen[150].

c) Rechtspolitische Grenzen der Standardisierung – Gefahren im Zusammenhang mit dem „Code"

Die Grenze der Akzeptanz technischer Standards in juristischer Hinsicht muss jedoch dort gezogen werden, wo die Standardsetzung wegen divergierender Interessen zu spät erfolgt[151] oder lediglich die Interessen einzelner verfolgt werden[152].
Bei der Standardsetzung ist trotz aller Effizienz immer wieder ein Marktversagen zu beobachten, weshalb hier staatliche Eingriffe über die Normsetzung – sofern möglich bzw. technisch realisierbar - gerechtfertigt sind. Dieser Fall tritt um so eher ein, je näher ein Standard einem öffentlichen Gut kommt, das heißt, je weniger private Akteure sich die Vorteile der Normsetzung aneignen können[153]. Beispielsweise haben die Staaten die Möglichkeit, auf die Eigentumsrechte an Technologien über Patentlaufzeiten Einfluss zu nehmen oder die Marktmacht über kartellrechtliche Schritte zu korrigieren[154]. Es besteht die Ge-

[149] *Lessig*, aaO, S. 106, verweist auf das Musterbeispiel *Netscape*. *Netscape* ist ein Internet-Browser, der eine Alternative zu dem hinlänglich bekannten *Microsoft Explorer* darstellt. Frankreich war *Netscape's SSL* (Secure Sockets Layer*)- Protokoll*, welches verschlüsselten Datenaustausch ermöglicht, ein Dorn im Auge – aufgrund der sicheren Verschlüsselung war es auch für Behörden nicht möglich, den Informationsfluss zu überwachen. Die Anfrage Frankreichs, entsprechend seiner Vorstellungen die Modifikationen von SSL zu verändern, wäre jedoch ein recht sinnloses Unterfangen gewesen – SSL ist open code. Es wäre daher jedem Nutzer ein leichtes, die „französischen Modifikationen" zu eliminieren und das System nach seinen Vorstellungen auszurichten.
[150] So auch *Roßnagel*, Allianz von Medienrecht und Informationstechnik: Hoffnungen und Herausforderungen, in: Roßnagel, Allianz von Medienrecht und Informationstechnik?, S. 17.
[151] *Ladeur*, CR 1999, 398.
[152] *Fuhrmann*, Vertrauen im Electronic Commerce, S. 91 f.; *Roßnagel*, MMR 2002, 70.
[153] *Thum*, Netzwerkeffekte und Standardisierung, S. 4.
[154] *Thum*, aaO, S. 36; vgl. zur kartellrechtlichen Beurteilung von Standards bei Internetplattformen *Koenig*, Internetplattformen, S. 292 ff., welche die Standardisierungsinitiativen im

fahr, dass Standards von Unternehmen rechtlich geschützt werden und somit eine Entwicklung blockiert wird, ohne dass die Gefahren ohne weiteres abgeschätzt werden können[155]. An dieser Stelle sei jedoch angemerkt, dass diese für die Internet- Ökonomie bezeichnende „Monopolisierung der Standards" aufgrund der ständig fortschreitenden technischen Innovationen strukturell stark gefährdet und daher grundsätzlich weniger haltbar ist, als im Rahmen der Diskussion um die Oligopole traditioneller Wirtschaftsbereiche[156].

Anhand der P3P- Standards zeigt sich, dass die Standardisierung nicht in der Lage ist, materielle Vorgaben zu den einzelnen „Rechtsbereichen" zu machen. Im Falle des Datenschutzes fehlen dem technischen Standard inhaltliche Anforderungen an die Erhebung, Verarbeitung und Nutzung personenbezogener Daten sowie Vorgaben zur Datenvermeidung und Datensparsamkeit[157]. Soweit nicht bereits wie in Europa gesetzliche Regelungen diese materiellen Ausformungen gewährleisten, bieten internationale Richtlinien, wie die *OECD Privacy Guidelines* Anhaltspunkte für inhaltliche Vorgaben[158].

Letztlich muss auf das bereits angeklungene Phänomen hingewiesen werden, dass der „Code" eine massive Bedrohung für die Freiheit des Internet und die Durchsetzung traditioneller und durch die neuen Technologien geschaffener gesellschaftlicher und rechtlicher Werte bedeuten kann. Das fundamentale Gerüst der Gewaltenteilung im traditionellen Recht gerät ins Wanken. Die Digitalisierung durch den „Code" bewirkt gewissermaßen eine „Kernfusion" der Rechtssetzung und Vollstreckung[159]. Weiterhin verwandelt der binäre Code 0 –1 eine interpretationsfähige normative Bewertung von Verhaltensweisen in einen faktischen Zustand. Ist es in der realen Welt möglich, Ausnahmen vom Recht zu machen, Billigkeitserwägungen anzustellen oder das Recht schlicht zu umgehen, erlaubt der Code diese Interpretationsmöglichkeiten nicht mehr; eine „brauchbare Illegalität" existiert im Bereich des Code nicht[160]. Der Code erlaubt lediglich ein „ja" oder ein „nein", ein „jein" ist nicht denkbar. Die auftretenden Schwie-

---

Bereich der B2B- Kommunikation nicht nur für unbedenklich sondern sogar für wettbewerbsfördernd halten. Unterhalb der standardisierten Ebene verbliebe ein breiter Raum für Wettbewerb; die Standardisierung beschränke sich vielmehr auf äußere Schnittstellen und periphere Systeme der Interoperabilität.

155 Vgl. *Ladeur*, Die Regulierung von Selbstregulierung und die Herausbildung einer "Logik der Netzwerke", in: Berg, Regulierte Selbstregulierung, S. 73; eine staatliche Intervention befürwortend *Kloepfer*, Informationsrecht, S. 149.

156 Vgl. *Zerdick*, Internet- Ökonomie, S. 284.

157 *Grimm/Roßnagel*, DuD 2000, 452.

158 S. u. Ziff. C, IV, 6, a), aa).

159 *Lessig*, Code, S. 6; *Karavas/Teubner*, http://www.CompanyNameSucks.com: Drittwirkung der Grundrechte gegenüber „Privaten" im autonomen Recht des Internet?, in: Ladeur, Innovationsoffene Regulierung des Internet.

160 *Karavas/Teubner*, aaO.

rigkeiten zeigen sich beispielsweise bei der Diskussion um Kopierschutzmechanismen und die digitale Privatkopie[161]. Eine vorbehaltslose Befürwortung technischer Problemlösungen ist auch vor diesem Hintergrund abzulehnen.

8. Technische Sanktionsmittel

Nur am Rande soll im Rahmen der Überlegungen zur Nutzung des technischen Hintergrundes des Internet zur Herausbildung von Regeln der Rückgriff auf technische Sanktionsmittel aufgegriffen werden, die als „reine“, also unmittelbare Selbstregulierung des Cyberspace bzw. Selbsthilfe der Nutzer zu verstehen sind.

Ein Beispiel hierfür ist das durchaus populäre „Mail- Bombing“[162]. Zum Kampf gegen Spam überschüttet der Nutzer hier den Provider bzw. den Versender mit einer Flut nutzloser elektronischer Daten, wie Schmähbriefen, den sogenannten „flames“, was zur Überlastung des Servers des Providers und somit zur Aufhebung der Nutzungsmöglichkeit führen kann[163]. Das Versenden von Mailbomben oder der hundertfachen Ausführung der Netiquette[164] bzw. die Androhung solcher Sanktionsmittel, kann vor allem der Durchsetzung von Verhaltensregeln im „Usenet“ dienen. Inwieweit das Versenden von Mailbomben jedoch bereits vor dem Hintergrund der Überlastung des eigenen Systems sinnvoll erscheint, ist zweifelhaft. Ob ein solcher Boykott darüber hinaus hinsichtlich der Rechtsprechung des Bundesgerichtshofs, der ähnliche Aktionsaufrufe als einen Eingriff in den eingerichteten und ausgeübten Gewerbebetrieb angesehen hatte, rechtlichen Bestand haben kann, erscheint ohnehin fraglich[165]. Gerade in den

[161] S. u. Ziff. D, III, 3, a), bb).

[162] Dass das Mail- Bombing nicht nur zu den Gründerzeiten des Internet zur Bekämpfung von Spam eingesetzt werden konnte, zeigt eine Initiative in den USA, im Zuge der Demonstration gegen den Golfkrieg 2003, Websites der US- amerikanischen Regierung mit elektronischen Protestbriefen zu überschütten.

[163] *Hoeren*, Internationale Netze und das Wettbewerbsrecht, in: Becker, Rechtsprobleme internationaler Datennetze, S. 35, berichtet von einem Fall, der sich bereits im Jahre 1994 in den USA zugetragen hatte: Zwei Rechtsanwälte warben für ihre Kanzlei, indem sie sich entschlossen, unzählige E- Mails zu verschicken. Die Internet- Society reagierte prompt und brachte unter Berufung auf die Netiquette und unter wüsten Beschimpfungen schließlich die Internetverbindung der Rechtsanwälte durch Mail- Bombing zum Absturz.

[164] Zum Begriff s. u. Ziff. C, IV, 1.

[165] Dieser Auffassung ist *Hoeren*, NJW 1998, 2453, mit Verweis auf BGH, DB 1965, 889 und BGH, NJW 1998, 377; so auch Moritz/Dreier/*Moritz/Hermann*, E- Commerce, Teil D Rz. 373, mit Verweis auf BGH, GRUR 1884, 461 f.; vgl. zum Phänomen Mailbombe auch *Braun/Gerlach/Münch- Dalstein*, Regulierung und Selbstregulierung, S. 3; Engel, AfP 1996, 223; *Walter*, Inhalteregulierung im Internet, S. 33; sowie *Jung*, GRUR Int. 1998, 846; *Wendlandt*, Cybersquatting, Metatags und Spam, S. 47, vermutet gar strafrechtliche Konsequenzen für die „Rächer“.

USA, wo ein solcher Gruppenboykott gewissermaßen im Netz institutionalisiert wird, finden sich Befürworter jedoch durchaus auch im juristischen Schrifttum[166].

III. Die Rechtsordnung im Internet

Eingangs wurde bereits das Bedürfnis untermauert, auch die virtuelle Welt des Internet staatlich gesetztem Recht zu unterwerfen. Unklar erscheint jedoch die Antwort auf die Frage nach der idealen Ausgestaltung einer solchen Rechtsordnung. Weiterhin erscheint fraglich, ob nicht wenigstens für den Bereich des Privatrechts eine „Privatrechtsordnung" in Form eines „echten Cyberlaw" denkbar erscheint.

1. Brauchen wir ein weltweit gültiges Internetrecht?

Stellt die Ubiquität für den juristischen Umgang mit dem Internet eines der gravierenden Probleme dar, so liegt die Nützlichkeit einer weltweit geltenden Rechtsordnung auf der Hand. Dies gilt um so eher, als die nationalen Rechtsordnungen aufgrund der zunehmenden „Europäisierung" und vor allem der „Amerikanisierung" des Rechts an Bedeutsamkeit einbüßen[167].

a) Die Beurteilung der Regulierbarkeit des Internet am Beispiel der „Düsseldorfer Sperrungsverfügung"

Im Hinblick auf die Internationalisierung des Massenkommunikationsgeschehens bzw. die Globalisierung der Internetkommunikation und des Online- Handels wird die Regulierbarkeit durch Aufsichtsregeln nationaler Regelungen in Frage gestellt[168]. Die Regulierungskompetenzen der Staaten beschränken sich

---

[166] So *Post*, 52 Stan. L. Rev. 1440 (2000), der die Vorgehensweise des *Mail Abuse Prevention System* (MAPS) schildert. MAPS gibt eine Liste (*Realtime Blackhole List* – RBL) derjenigen ISPs heraus, die seiner Meinung nach die Verbreitung von Spam fördern. Andere ISPs die auf der Liste subskribieren, können E- Mails, die von einem der auf RBL aufgeführten Diensteanbieter stammen oder an einen solchen gesendet werden sollen, löschen und somit boykottieren; vgl. auch den kritiklosen Hinweis auf Boykottmaßnahmen bei *Mestmäcker/Engel*, Globale Netze und lokale Werte, S. 208.

[167] *Lutterbeck*, CR 2000, 52; vgl. auch *Wiegand*, Europäisierung – Globalisierung – Amerikanisierung, in: Immenhauser/Wichtermann, Jahrbuch Junger Zivilrechtswissenschaftler 1998, S. 9 ff., der hinsichtlich der „Europäisierung" sowohl auf die Gesetzgebungsakte der Europäischen Union als auch die Errichtung eines gesamteuropäischen Marktes verweist und unter „Amerikanisierung" u. a. die Ausrichtung völkerrechtlicher Verträge an der amerikanischen Rechtskultur - Stichwort: Un- Kaufrecht - und die Adaption methodischer und inhaltlicher Ansätze amerikanischer Herkunft in EU- Richtlinien versteht.

[168] Vgl. *Ladeur*, ZUM 1997, S. 382 ff.; *Paschke*, Medienrecht, Rz. 461;*Lessig*, Code, S. 55.

lediglich auf ihre Hoheitsgebiete. Es sind daher berechtigte Zweifel an deren Fähigkeit anzumelden, den globalen Rechtsraum Internet im Griff zu behalten[169]. Vertreten wird in diesem Zusammenhang gar eine Freistellung aller Access- Provider von jeglicher Verantwortung für die auf Nutzerveranlassung hin übertragenen Daten, die dazu beitragen könnte, rechtswidrige Inhalte beim Verursacher zu bekämpfen. Ein weltweiter freier Zugang zu Datennetzen würde verstärkte Bemühungen um die Verhinderung rechtswidriger Inhalte fördern und die Selbstregulierung durch die Anbieter stärken[170].

Inwieweit es deutschen Vollzugsbehörden möglich ist, über die Inanspruchnahme der ISPs, den Zugriff auf rechtswidrige, auf ausländischen Servern „gehosteten" Websites zu unterbinden, stellt nicht nur ein rechtliches, sondern auch ein technisches Problem dar. Umso größer war zunächst die Verwunderung über das Ansinnen der Düsseldorfer Bezirksregierung mittels einer Sperrungsverfügung vom 6. Februar 2002, den Access- Providern in Nordrhein- Westfalen aufzugeben, ausländische „Neonazi- Webseiten" zu sperren (Stichwort: „Düsseldorfer Sperrungsverfügung").

Die Sperrung sollte in technischer Hinsicht alternativ mit Hilfe des Ausschlusses von „Domains im Domain- Server" der Provider, der Verwendung eines „Proxy- Servers" oder dem Übergehen einzelner IP- Adressen im Router ermöglicht werden[171]. Obgleich der ISP *ISIS* über den Eingriff in den Domain-Server der Verfügung nachgekommen ist, bezeichnete das Unternehmen die Maßnahme jedoch als „Netzsperre für Fritzchen Doof", da diese Form der Sperrung problemlos zu umgehen sei. Die beiden anderen technischen Lösungsmöglichkeiten wurden insofern verworfen, als die Blockade auch legale Webserver – wie bspw. *Yahoo!* - hätte treffen können, andererseits Kosten in Millionenhöhe entstanden wären. Darüber hinaus wurden Bedenken hinsichtlich einer Zensur des Internet laut[172].

Kritisiert wird die Ansicht der Provider von *Mankowski*[173]. Zwar räumt *Mankowski* ein, Umgehungen technischer Sperrungen seien stets möglich, über das

---

[169] Vgl. *Boele- Woelki*, Internet und IPR: Wo geht jemand ins Netz?, in: Dicke, Völkerrecht und Internationales Privatrecht, S. 316.

[170] So *Koenig/Loetz*, CR 1999, 442.

[171] Vgl. http://www.heise.de/newsticker/data/jk-08.02.02-011/.

[172] Vgl. http://www.heise.de/tp/deutsch/inhalt/te/11175/1.html;
sowie http://www.heise.de/newsticker/data/jk-05.09.02-007/; vgl. auch *Mestmäcker/Engel*, Globale Netze und lokale Werte, S. 209, die zwar grundsätzlich die Möglichkeit der Inanspruchnahme der ISPs sehen, andererseits jedoch darauf hinweisen es ergäben sich technische Umgehungsmöglichkeiten. Weiterhin würden behördliche Eingriffe das Risiko bergen, die Geschwindigkeit der Verbreitung der Nutzung des Internet in dem jeweiligen Staat mit allen daraus folgenden wirtschaftlichen und sozialen Konsequenzen zu bremsen.

[173] *Mankowski*, MMR- Editorial, 5/2002. *Greiner*, CR 2002, 623 stimmt den Sperrungsverfügungen im Ergebnis ebenso zu, hält diese insofern für unzulässig, als sich die Bezirksregie-

nötige Wissen hierzu verfügten jedoch i. d. R. nur echte „Internet- Freaks“ und gelernte Informatiker, die allerdings nicht den Maßstab darstellen dürften. Es gehe daher um sinnvolle Regulierungsmaßnahmen einer wehrhaften Demokratie und eines gesunden Gemeinwesens. Bloß weil das Regulierungsobjekt ein technisches Netz sei, müsse man nicht auf Regulierung verzichten.

Im Rahmen eines Antrags auf vorläufigen Rechtsschutz durch einen der betroffenen Provider hat das VG Düsseldorf[174] der Bezirksregierung Düsseldorf Recht gegeben. Zum einen bestätigte es die Rechtsgrundlage des § 22 Abs. 2 bzw. 3 MDStV; zum anderen bestünden keine durchgreifenden Bedenken an der technischen Realisierbarkeit der Sperrungsverfügung. Anderer Ansicht ist hingegen das VG Minden[175]. Mit der Argumentation, das verfolgte Ziel der Zugangsverhinderung würde nicht endgültig erreicht, da im Falle der Sperrung des Zugangs bei Providern innerhalb Nordrhein- Westfalens ein Wechsel der an den gesperrten Webseiten Interessierten zu den in den übrigen Bundesländern der Bundesrepublik Deutschland ansässigen Providern, über die ein Zugang nach wie vor möglich ist, wahrscheinlich sei, gab es dem Antrag des Antragstellers gemäß § 80 Abs. 5 Satz 1 VwGO statt.

Der 8. Senat des OVG Münster hat in seiner Entscheidung vom 19. März 2003[176] die „Düsseldorfer Sperrungsverfügung“ bestätigt. Der Begründung des Gerichts ist zu entnehmen, dass über das Überwiegen des öffentlichen Interesses an der sofortigen Vollziehung der Sperrverfügung hinaus einiges für die Rechtmäßigkeit der Verfügung spreche. Die beiden betroffenen Websites enthielten strafbare und unzulässige Inhalte i. S. d. § 12 MDStV und seien geeignet, Kinder und Jugendliche sittlich schwer zu gefährden. Schließlich sei die Domain-Name- Server- Sperrung zur Erreichung des verfolgten Zwecks auch geeignet. Es wird seitens des Gerichts hervorgehoben, dass die Maßnahme bereits dann geeignet ist, wenn durch sie eine Förderung des gewünschten Erfolges möglich

rung mit § 18 Abs. 2 und 3 MDStV a. F. (§ 22 Abs. 2 und 3 MDStV n. F.) auf die falsche Rechtsgrundlage gestützt hätte; vgl. hierzu auch *Spindler/Volkmann*, K & R 2002, 408 f., die ebenso auf die erheblichen Unsicherheiten im Hinblick auf die Bestimmung der richtigen Ermächtigungsgrundlage sehen und zu dem Schluss kommen, dass künftig eher die Technik als das Recht die Antwort werden geben können.

[174] VG Düsseldorf MMR 2003, 205 mit krit. Anm. *Stadler*. *Stadler*, m. w. Nachw. krit. Darstellungen im Schrifttum, macht darauf aufmerksam, die Handlungsmöglichkeiten der deutschen Zugangsprovider blieben schließlich auf den Versuch beschränkt, die Inhalte vor ihren Kunden zu verbergen. Insofern handele es sich nicht um einen Sperrung im Wortsinne. Weiterhin werden auch die einzelnen Varianten der Sperrung eingehend kritisiert. Der Annahme *Stadler's*, lediglich ein kleiner Prozentsatz von technisch weit unterdurchschnittlich versierten Nutzern könne durch die vorgenommenen Maßnahmen ausgesperrt werden ist nicht zuzustimmen. Hier überschätzt *Stadler* m. E. (noch) die Fähigkeiten der überwiegenden Mehrheit der Internetnutzer.

[175] VG Minden, MMR 2003, 135.

[176] OVG Münster, MMR 2003, 348 – Sperrungsverfügung.

ist bzw. sie einen Beitrag zu dessen Erreichen leistet. Eine vollständige Gefahrenabwehr sei nicht Voraussetzung; es müsse sich nur um einen „Schritt in die richtige Richtung“ handeln. Da es auf die Sperrung der beiden Websites ankäme, sei es unerheblich, dass eine steigende Anzahl rechtswidriger Inhalte zu verzeichnen sei. Eine vollständige Sperrung sei technisch ohnehin nicht möglich[177]. Den mit den Entscheidungen befassten Gerichten ist zuzugeben, dass im Falle der beiden Websites eine Sperrung wohl durchführbar gewesen ist. Indessen ist jedoch auch zu bedenken, dass Sperrungsverfügungen nur einen Weg darstellen können, die ungeheure Menge schädlicher und rechtswidriger Inhalte aus dem Internet zu verbannen. Im Übrigen hat sich am vorliegenden Fall gezeigt, wie langwierig das Verfahren im Falle des gerichtlichen Vorgehens dauern kann. Es ist daher weiterhin Ausschau nach alternativen und ergänzenden Maßnahmen zu halten. Dies gilt auch, da von einer offensichtlichen Rechtmäßigkeit nicht ausgegangen werden kann[178]. In dem oben bereits angesprochenen Mindener Verfahren, welches erstinstanzlich zugunsten der Provider ausgegangen war, fragte das OVG Münster an, ob die Bezirksregierung ihre Sperrungsverfügung nicht zurücknehmen wolle, da es Bedenken hinsichtlich der Verhältnismäßigkeit hatte. Insbesondere die Kosten für die Sperrung seien angesichts der Größe des Netzes des betroffenen Providers – das Netz verfügt über viele hundert Domain- Name- Server und Router- Rechner - um ein Vielfaches höher gewesen als von der Behörde angenommen. Die Bezirksregierung ließ daraufhin die Sperrungsverfügung fallen[179]. Inwieweit die Inhalteregulierung über die imperativen Eingriffe in Form von Sperrungsverfügungen auch nach dem Urteil des OVG Münster als erfolgreich bezeichnet werden kann, bleibt abzuwarten.

b) Die Frage nach der Jurisdiktion und dem anwendbaren Recht

Darüber hinaus wirft das www naturgemäß Fragen hinsichtlich der Jurisdiktion und dem anwendbaren Recht auf. Zwar gibt das Internationale Privat- und Verfahrensrecht, wie noch zu zeigen sein wird, traditionelle und neuere Lösungsmöglichkeiten an die Hand, jedoch gestaltet sich die kollisionsrechtliche Prüfung ungleich schwieriger als in der realen Welt[180]. Für die Diensteanbieter im Internet ist es nicht möglich, im Rahmen ihrer Angebote eventuell über zweihundert Rechtsordnungen zu beachten[181] - man spricht hier von sogenannten

---

[177] Vgl. zu der Entscheidung auch http://www.computerundrecht.de/; sowie MMR aktuell 4/2003, V.

[178] So *Spindler/Volkmann* in ihrer Anmerkung zu OVG Münster: Sperrungsverfügungen MMR 2003, 353.

[179] Vgl. *Schreier*, MMR- Editorial 5/2003.

[180] S. u. Ziff. B, III, 1, e).

[181] Vgl. *Perrit*, MMR- Beilage 7/2000, S. 1, der darauf hinweist, dass die Beachtung einer Vielzahl von Rechtsordnungen für kleine Anbieter eine schwer zu nehmende Hürde darstelle;

„Overspill- Effekten“ im Internet -, wobei umgekehrt der Konsument insofern schutzbedürftig ist, als das anwendbare Recht für ihn vorhersehbar sein muss. Kann er sich nicht darauf verlassen, dass das Recht seines Heimatstaates Anwendung findet – insbesondere die Tätigkeiten der US- amerikanischen ISPs werden nicht zwingend von den verbraucherfreundlichen Regelungen des europäischen Internationalen Privat- und Verfahrensrechts erfasst[182] - , so wäre es eine Erleichterung, hätte er Gewissheit über die Anwendung einer global für alle Beteiligten geltenden Rechtsordnung[183].

Um das Ergebnis vorwegzunehmen: Die Etablierung einer weltweiten Internet-Rechtsordnung stellt gegenwärtig eine Utopie dar[184] und wird sogar teilweise abgelehnt[185]. Umgekehrt finden sich jedoch auch eine beträchtliche Anzahl an

---

Kogge, Verbraucherschutz, S. 245 ff., weist hier auf die im Schrifttum geäußerte Befürchtung einer „Paralysierung“ der Entwicklung des E- Commerce hin, hält dem jedoch entgegen, dass sich das Rechtsanwendungsrisiko zumindest in Europa im Bereich des überschaubaren hielte, da innerhalb des Binnenmarktes die Regelungen weitgehend harmonisiert seien. Zu den Möglichkeiten der Begrenzung des Rechtsanwendungsrisikos durch die Diensteanbieter, s. u. Ziff. B, III, 1, e), aa), (2).

182 Vgl. *Reich/Nordhausen*, Verbraucher und Recht im elektronischen Geschäftsverkehr, S. 82 ff., 165 f.; so auch *Lurger*, Internationaler Verbraucherschutz im Internet, in: Leible, Die Bedeutung des Internationalen Privatrechts im Zeitalter der neuen Medien, S. 48, mit dem Hinweis, im Internationalen Zivilverfahrensrecht klaffe wegen des einseitig nach außen abgrenzbaren Binnenmarkt- IPR, welches mit zentralen Prinzipien des traditionellen allseitigen IPR breche, eine gravierende Schutzlücke; *Rüßmann*, Internationalprozessrechtliche und internationalprivatrechtliche Probleme bei Vertragsschlüssen im Internet unter besonderer Berücksichtigung des Verbraucherschutzes, in: Tauss, Deutschlands Weg in die Informationsgesellschaft, S. 729, sieht in der Konstellation, dass der klagende Verbraucher aufgrund einer Sachlage Klage erhebt, die umgekehrt auch Ansprüche des Veräußerers begründet, den besonderen Gerichtsstand des Vermögens und des Gegenstandes nach § 23 ZPO als gegeben an; vgl. auch *Juncker*, RIW 1999, 813.

183 *Roßnagel*, MMR 2002, 70; *Spindler*, Sicherheit im E- Commerce = Rechtssicherheit, in: Müller/Reichenbach, Sicherheitskonzepte, S. 175; vgl. zum Verbraucherschutz die Arbeit von *Reich/Nordhausen*, Verbraucher und Recht im elektronischen Geschäftsverkehr, S. 165.

184 So *Spindler*, aaO, S. 175 f.; *Ohly*, GRUR Int. 2001, 899; *Boele- Woelki*, Internet und IPR: Wo geht jemand ins Netz?, in: Dicke, Völkerrecht und Internationales Privatrecht, S. 310, mit dem Hinweis, der Tatsache, dass sich eben nicht alle Privatrechtsordnungen der Welt vereinheitlichen ließen, verdanke das Internationale Privatrecht seine Existenz; *Haubold*, Binnenmarkt- IPR und elektronischer Geschäftsverkehr, in: Scholz, Europa der Bürger, S. 97 f.; *Holznagel/Werle*, ZfRSoz 23 (2002), 10; *Braun/Gerlach/Münch- Dalstein*, Regulierung und Selbstregulierung, S. 32; *Moritz/Dreier*, E- Commerce, S. VIII.

185 *Bleiweiß*, JA 2000, 511, der darauf hinweist, ein einheitliches Internetrecht auf Kosten von Vielgestaltigkeit, lokaler Besonderheit und kultureller Eigenheit sei nicht zu vertreten; ähnl. auch *Schorkopf*, ZfRSoz 23 (2002), 92, mit dem Hinweis, es gäbe keine Notwendigkeit für die Etablierung einer internationalen, institutionalisierten Regulierung des elektronischen Geschäftsverkehrs, da zumindest die wichtigsten Regelungsbereiche wie die Standardsetzung,

Stimmen im rechts- und wirtschaftswissenschaftlichen Schrifttum, die ein international geltendes, einheitliches Internetrecht mit guten Gründen durchaus fordern[186]. Bei der Frage, wie dieses weltweit geltende Internetrecht schließlich ausgestaltet werden soll, scheiden sich jedoch die Geister. Beleuchtet werden soll im folgenden der Bereich des Privatrechts. Hier böte sich einerseits ein „Internationales Einheitsrecht" staatlicher Initiative, andererseits ein transnationales Cyberlaw an, welches auf die Anstrengungen der Privaten zurückginge.

c) „Internationales Einheitsrecht"

Die Geltung eines „Internationalen Einheitsrechts"[187] im Bereich des Internet hätte den Vorteil, dass es den zeitlichen, persönlichen und sachlichen Anwendungsbereich der nationalen Kollisions- und Sachnormen, deren Anwendung

---

die elektronischen Signaturen, der Datenschutz und das Vertragsrecht bereits von einer Reihe formeller oder informeller Regeln und Organisationen ausgefüllt würden.

[186] So *Paschke*, E- Commerce – Herausforderung für das Privatrecht?, in: Graf, Wirtschaftsrecht, S. 9; *Sieber*, Mißbrauch der Informationstechnik, in: Tauss, Deutschlands Weg in die Informationsgesellschaft, S. 650, für den Bereich des Strafrechts; *Pedro Alberto de Miguel Asensio*, Derecho privado de Internet, S. 75 ff.; *Mestmäcker/Engel*, Globale Netze und lokale Werte, S. 222, die einen völkerrechtlichen Rahmen fordern. Im besten Falle könnte ein zunächst informeller „rechtlicher Rahmen" am Ende zu einer Integration der traditionellen Völkerrechtsgemeinschaft und der neu entstehenden internationalen Akteursgemeinschaften aus NGOs, Arbeitgeber- und Arbeitnehmerverbänden und anderen Akteuren der Zivilgesellschaft führen; *Welfens/Jungmittag*, Internet, Telekomliberalisierung und Wirtschaftswachstum, S. 144 f., die sich für die Einrichtung einer spezialisierten Internetbehörde aussprechen; *Steckler*, Grundzüge des EDV- Rechts, S. 241; *Eierhoff*, MMR- Editorial 2/2000; *Magnus*, E- Commerce und Internationales Privatrecht, in: Graf, Wirtschaftsrecht, S. 20; *Lohse*, Verantwortung im Internet, S. 266; *Peschel- Mehner*, Wettbewerbsrechtliche Bewertung für Aktivitäten im Internet und in sonstigen Online- Plattformen, in: Schwerdtfeger, Cyberlaw, S. 164; *Haft/Eisele*, JuS 2001, 120; *Perritt*, MMR- Beilage 7/2000, S. 1, der jedoch die Schwierigkeiten einer Einigung zwischen den Staaten nicht verkennt; *Jayme*, Le Droit International Privé Du Nouveau Millénaire, S. 33 f., schlägt zur Lösung der genannten Probleme einen „juge virtuel" vor, ein Schiedsgericht, welches nach Wahl der Parteien für die Auseinadersetzungen im Internet zuständig sein soll. Weiterhin könnte der „juge virtuel" künftig eine *lex informatica* anwenden, die jedoch freilich erst noch zu erarbeiten sei; *Müller- Hengstenberg*, NJW 1996, 182, der die Notwendigkeit einer schnellen Internationalisierung von Kernbereichen des Rechts im Interesse eines weltweit wirkenden Rechtsschutzes betont; *Blaurock*, Grenzüberschreitende elektronische Geschäfte, in: Hohloch, Recht und Internet, S. 43.

[187] Vgl. zum Begriff des internationalen Einheitsrechts im privatrechtlichen Bereich *Kropholler*, Internationales Einheitsrecht, S. 1 ff., der unter dieser Bezeichnung „die Gesamtheit derjenigen privatrechtlichen Rechtssätze, [...] die wenigstens in zwei Staaten gleichlautend gelten und ihrem Sinn und Zweck nach auch so gelten sollen" versteht.

gemeinhin Schwierigkeiten bereitet, verdrängen würde[188]. Internationales Einheitsrecht ist folglich vereinheitlichtes Sachrecht. Wann auch immer der Begriff des internationalen Einheitsrechts fällt, wird insbesondere die ideale Lösung einer Regelung in Gestalt eines internationalen Abkommens[189] jedoch regelmäßig skeptisch beäugt[190]. Entsprechendes gilt auch für ein internationales Internetrecht, da in letzter Konsequenz alle Staaten des Globus einen entsprechenden Vertrag ratifizieren müssten[191].

Ob – nicht zuletzt durch die Arbeit der Institutionen wie dem UNO- Ausschuss für das internationale Handelsrecht *United Nations Commission on International Trade Law* (UNCITRAL) und dem *Institut international pour l'unification du droit privé* (UNIDROIT), die sich mit der Vereinheitlichung des Rechts beschäftigen - ein globaler Konsens erreicht werden kann, erscheint ferner nicht zuletzt aufgrund der kulturellen, ethischen, moralischen, religiösen, politischen und wirtschaftsregulatorischen Unterschiede fraglich. Diese Unterschiede treffen im Cyberspace im Gegensatz zu den territorialen Grenzen in der realen Welt unweigerlich unmittelbar aufeinander[192]. Darüber hinaus sind die Interessenschwerpunkte der einzelnen Staaten durchaus verschieden. Während die großen Industrienationen, beispielsweise die G8- Staaten, koordinierte Regulierungsmaßnahmen in den Bereichen Pädophilie und sexuelle Ausbeutung, Drogenhandel, Geldwäsche, Computerbetrug und Spionage gegenüber Staaten und Unternehmen vorantreiben, liegt es auf der Hand, dass seitens der Entwicklungsländer

---

188 *Von Hoffmann*, Internationales Privatrecht, § 1, Rz. 65, 99; vgl. auch *Kropholler*, Internationales Privatrecht, § 9 IV 3, der angesichts seiner Definition des „Internationalen Einheitsrechts" (vgl. Fn. 187) hier von den „lois uniformes" bzw. Verträgen über allseitiges oder unbedingtes Einheitsrecht spricht.

189 *Lessig*, Code, S. 55 ff., fordert zwar nicht explizit die Schaffung eines weltweit geltenden Internetrechts über einen Staatsvertrag. Er hebt jedoch hervor, dass gerade die einheitliche Architektur des Internet, eine ideale Voraussetzung für eine koordinierte Zusammenarbeit zwischen den einzelnen Staaten darstellte. So wäre eine transnationale Vereinbarung dahingehend möglich, dass jeder „teilnehmende" (Anm. des Verf.) Staat sich verpflichten könnte, die rechtlichen Rahmenbedingungen der anderen Staaten gegenüber deren Bürgern durchzusetzen, wobei sich die anderen Staaten im Gegenzug zur Ergreifung entsprechender Maßnahmen bereit erklären würden. Voraussetzung hierfür wäre jedoch nach *Lessig* die einwandfreie Identifikation jedes Nutzers über eine ihm zugeteilte ID- Nummer („certificate- rich Internet"). Allerdings räumt *Lessig* ein, die Regulierung über die ID- Nummern würde freilich unvollständig bleiben – jedoch sei eine unvollständige Regulierung bei weitem besser als gar keine Regulierung.

190 *Spindler*, RabelsZ 66 (2002), 637; *Hoeren*, JuS 2002, 951; *Kloepfer*, Informationsrecht, S. 142; vgl. auch *Siehr*, Internationales Privatrecht, S. 362, mit dem zutreffenden Hinweis, selbst in Europa gäbe es trotz aller Harmonisierungsbemühungen noch kein einheitliches Privatrecht.

191 *Spindler*, Sicherheit im E- Commerce = Rechtssicherheit, in: Müller/Reichenbach, Sicherheitskonzepte, S. 176; *Mankowski*, AfP 1999, 142; *Mayer*, NJW 1996, 1790.

192 *Mayer*, ZfRSoz 23 (2002), 106 f..

andere Harmonisierungsspektren im Mittelpunkt des Interesses stehen. Eine Beteiligung an den Bemühungen der Industrienationen könnte sich sogar negativ auf deren wirtschaftliches Wachstum auswirken[193]. Daher scheiterte die Initiative der *Organisation for Economic Co-operation and Development* (OECD) hinsichtlich eines *World Governance Model*, welches global geltende Regeln für Internet- Marktplätze sowie eine weltweit tätige Kontrollautorität, der die Streitschlichtung obliegen sollte, vorschlug[194].

Es wird jedoch auch darauf hingewiesen, dass es durchaus in Teilbereichen, wie beispielsweise dem Problem der Kinderpornographie universelle Übereinstimmungen hinsichtlich des zu schützenden Wertes gibt. In diesen Bereichen erscheine es daher möglich, durch internationale Verträge eine Rechtsvereinheitlichung herbeizuführen. Fänden sich hier auch nur wenige Staaten zusammen, so könnten sie als Block einen größeren Druck auf nicht kooperierende Staaten ausüben und letztlich die Anerkennung der staatsvertraglichen Regeln erreichen[195]. Derzeit ist indessen zu resümieren, dass bis heute ein Konsens weder erreicht wurde noch in Aussicht steht[196].

Hinzu kommt, dass völkerrechtliche Verträge bisher überschaubare Ausschnitte, nicht jedoch die Regelung ganzer Rechtsgebiete vom Ausmaß eines mehrere einzelne Rechtsgebiete berührenden Online- Rechts zum Gegenstand hatten[197]. Eine hinreichend effektive Zusammenarbeit zwischen den Staaten erscheint insofern nur auf denjenigen Gebieten erfolgversprechend, auf denen sich bereits hinreichende inhaltliche Übereinstimmungen finden[198]. Auch hier zeigt sich die Größenordnung eines Projektes „Internationales Online- Recht".

---

[193] *Osthaus*, AfP 2001, 15; *Holznagel/Werle*, ZfRSoz 23 (2002), 17 f.; vgl. hinsichtlich der unterschiedlichen Wertvorstellungen in den USA und Deutschland, *Mestmäcker/Engel*, Globale Netze und lokale Werte.

[194] Vgl. *Schorkopf*, ZfRSoz 23 (2002), 91.

[195] So *Mestmäcker/Engel*, Globale Netze und lokale Werte, S. 246.

[196] *Roßnagel*, MMR 2002, 70; *Haft/Eisele*, JuS 2001, 120; *Rieß*, Selbstregulierung, S. 5; *Mayer* NJW 1996, 1790 f.; *Moos*, Die Entwicklung eines supra- und internationales Rechtsrahmens für das Internet, in: Kröger/Gimmy, Handbuch zum Internetrecht, S. 759; *Mestmäcker/Engel*, Globale Netze und lokale Werte, S. 246.

[197] *Mankowski*, AfP 1999, 142; vgl. auch *Kropholler*, Internationales Einheitsrecht, S. 243, mit dem Hinweis auf die mangelnde Vergleichbarkeit des internationalen Einheitsrechts mit den großen Zivilgesetzbüchern des europäischen Kontinents.

[198] *Mestmäcker/Engel*, Globale Netze und lokale Werte, S. 210.

aa) Rechtsangleichung und Rechtsanpassung

Schließlich wird zutreffend darauf verwiesen, eine global geltende Regelung stünde immer am Ende der Rechtsentwicklung. Zunächst müssten die einzelnen Staaten, sowie internationale Organisationen eigene Systeme entwickeln, die sodann in gegenseitigen Wettbewerb treten. Erweisen sich Vorschriften oder Gesetze als erfolgreich, besteht die Chance, dass diese von anderen Staaten übernommen werden. Hoffnungen bestehen somit hinsichtlich einer gegenseitigen Rechtsanpassung[199]. Soll eine Rechtsanpassung fruchtbare Ergebnisse liefern, wird sich eine solche verstärkt an grundlegenden, allgemeinen Rechtsprinzipien orientieren müssen. Diese haben die besten Aussichten, international als Grenze des freien Informationsaustausches angesehen zu werden[200]. An dieser Stelle ist jedoch festzustellen, dass das Internetrecht in den einzelnen Staaten noch im Aufbau befindlich ist. Längst nicht alle Länder haben die Gesetzgebungsverfahren mit der dem deutschen Gesetzgeber vergleichbaren Anstrengung vorangetrieben.

bb) Das UNCITRAL- Modellgesetz

Entsprechende Bemühungen im Sinne einer Rechtsangleichung sind beispielsweise seitens der UNO zu verzeichnen[201]. Im Jahre 1996 verabschiedete

[199] *Roßnagel*, MMR 2002, 70; *Haft/Eisele*, JuS 2001, 120; *Rieß*, Selbstregulierung, S. 5; *ders.*, Globalisierung und Selbstregulierung, in: Kubicek, Internet@Future, S. 339; ähnl. auch *Ladeur*, ZUM 1997, 377; *Blaurock*, Grenzüberschreitende elektronische Rechtsgeschäfte, in: Hohloch, Recht und Internet, S. 43; vgl. auch *Moos*, Die Entwicklung eines supra- und internationalen Rechtsrahmens für das Internet, in Kröger/Gimmy, Handbuch zum Internetrecht, S. 793 f., der die Inkongruenz bzw. Konkurrenz der zahlreich beteiligten internationalen Regelungsforen jedoch als „Hemmschuh" bezeichnet, weshalb sich die Vereinbarung internationaler Regelungen als Koordinierungsproblem erweise; *Osthaus*, AfP 2001, 18, der in diesem Zusammenhang insbesondere in den Bereichen der elektronischen Signatur, dem elektronischen Zustandekommen von Verträgen und der elektronischen Zahlungen die Herausbildung eines internationalen Einheitsrechts für wahrscheinlich hält.

[200] *Steckler*, Grundzüge des EDV- Rechts, S. 241.

[201] Neben einem Modellgesetz für den elektronischen Geschäftsverkehr, auf welches sogleich näher eingegangen wird, befasst sich UNCITRAL mit der Ausbildung eines EDI- Einheitsrechts, also Normen für die Rechtsverbindlichkeit von EDI (Electronic Data Interchange).
EDI bezeichnet einen Standard zum elektronischen Daten- und Dokumentenaustausch. Handelsbegleitende Dokumente können als sogenannte EDI- Nachricht dem Handelspartner übermittelt und von diesem direkt weiter verarbeitet werden. Das primäre Ziel liegt also in einer Automatisierung der Transaktionen, wobei durch die Vermeidung von Papierdokumenten die Kosten für die Handelspartner gesenkt werden können. Im allgemeinen versprach man sich darüber hinaus eine schnellere Abwicklung des Datenaustausches und die Reduktion der Fehleranfälligkeit.

UNCITRAL ein Modellgesetz zum elektronischen Geschäftsverkehr. Dieses Regelwerk liegt den Staaten als Vorlage für die nationale Gesetzgebung vor[202]. Weist die Idee der lex mercatoria[203] naturgemäß die Schwäche auf, ausschließlich für den unternehmerischen Geschäftsverkehr eine Lösungsmöglichkeit bieten zu können, so räumt das Modellgesetz den Unterzeichnerstaaten zumindest die Option ein, den Einschluss von Verbraucherverträgen wahrzunehmen[204]. Insbesondere vor dem Hintergrund des hohen Stellenwertes, den der Verbraucherschutz in der EU genießt, stellt diese Regelung eine wichtige Voraussetzung für einen Erfolg des Modellgesetzes dar. Reelle Chancen waren dem UNCITRAL- Modellgesetz auch vor dem Hintergrund der erfolgreichen Schaffung des UN- Kaufrechts einzuräumen.

Dass eine weltweite Rechtsangleichung jedoch ein über einen langen Zeitraum andauernder Vorgang ist, zeigt sich eben am Beispiel des UNCITRAL- Modellgesetzes. Das Modellgesetz wurde bis Ende 2000 lediglich von drei Staaten umgesetzt. Bis Mitte 2001 – also über einen Zeitraum von immerhin fünf Jahren - hatten schließlich zwölf Staaten, unter ihnen allerdings nur wenige bedeutsame wie Frankreich und Südkorea, ihre Rechtsordnungen an dem Modellgesetz ausgerichtet[205]. Es bleibt darüber hinaus festzuhalten, dass gerade das Kaufrecht bereits in vielen Staaten eine entsprechende Anpassung an die Eigenheiten des E- Commerce erfahren hat. Insoweit ist das Bedürfnis der einzelnen Staaten, in diesem Bereich einen international geltenden Regelungsrahmen zu schaffen wohl eher als gering einzustufen.

Nach *Kilian*, EDI, S. 37 gaben bei einer Umfrage im Jahre 1992 ca. 30 % der angeschriebenen Unternehmen an, sie verwendeten EDI bereits bzw. die Einführung stünde kurz bevor. Ca. 60 % der Unternehmen teilten jedoch mit, nicht über EDI informiert zu sein bzw. keinen Anwendungsbedarf zu sehen. Während EDI aufgrund der hohen Nutzungskosten vornehmlich von Großunternehmen für ihre besonders wichtigen Handelspartner verwendet wird, sehen kleinere und mittlere Unternehmen keine Anwendungsmöglichkeiten. EDI konnte daher auch bisher die Erwartungen nicht erfüllen, was auch darauf zurückgeführt wird, dass einerseits die technischen Regelungen in vielen Bereichen überholt sind und andererseits an der Praxis vorbei diskutiert und entschieden wird. Auch am Beispiel des EDI wird die Schwierigkeit, technische Sachverhalte in ein legislatives Regelwerk zu gießen, deutlich, vgl. *Heinrich*, CR 1994, 118 ff.; *Strömer*, Online- Recht, S. 130 f.; *Koenig*, Internetplattformen, S. 19; *Fallenböck*, Internet und IPR, S. 17f., mit Hinweisen auf weitere Kritikpunkte; vgl. zum Ganzen insbesondere zu juristischen Problemstellungen *Kilian*, EDI.

[202] Abrufbar unter: http://www.uncitral.org/en-index.htm; vgl. *Graf von Bernstorff*, RIW 2000, 18; ferner *Magnus*, E- Commerce und Internationales Privatrecht, in: Graf, Wirtschaftsrecht, S. 19.

[203] S. u. Ziff. B, III, 1, d), aa).

[204] Vgl. *Graf von Bernstorff*, RIW 2002, 180.

[205] UN- Dokument A/CN.9/501 v. 27.06.2001, S. 19.

Es ist dennoch mit Spannung zu beobachten, welchen Erfolg die Bemühungen zur Rechtsvereinheitlichung im Internet weltweit zeigen werden. Dürfen an die Ausbildung einer Rechtsvereinheitlichung seitens der Hoheitsträger vorerst keine allzu hohen Erwartungen geknüpft werden, gilt es primär, die privatinitiativen Anstrengungen in den Blick zu nehmen.

d) Cyberlaw – Eine „virtuelle Weltrechtsordnung"?

Scheidet die reine Selbstregulierung für die Bereiche des öffentlichen Rechts und des Strafrechts als Regulierungsalternative aus, so ist diese Feststellung zumindest für Teilbereiche des Privatrechts nicht zwingend. Der von vielen Autoren leichtfertig verwendete Begriff des „Cyberlaw" als Bezeichnung für diejenigen Rechtsgebiete der einzelnen nationalen Rechtsordnungen, welche mit dem Internet in Berührung geraten, ist irreführend. Ein echtes „Cyberlaw", eine „lex internet" , „lex digitalis" oder „lex electronica" im Bereich des Privatrechts, welches die Rechtsverhältnisse im virtuellen Sozialraum Internet regelt, kann entsprechend der Natur des Cyberspace nur globaler Natur – ja sogar gewissermaßen nur „virtueller Natur" – sein. Ist der Begriff des „Internationalen Einheitsrechts", wie oben bereits dargestellt, maßgeblich durch die staatlichen Initiativen geprägt, so wäre ein Cyberlaw eine Rechtsordnung *sui generis*, die sich nicht nach den Maßstäben nationaler Rechtssysteme beurteilen ließe[206]. Cyberlaw wäre transnationales Recht. Es könnte als autonomes Rechtssystem jenseits des privaten internationalen Rechts verstanden werden, welches von einer sich entwickelnden globalen Zivilgesellschaft (hier der Internet- Society) auf der Grundlage genereller Rechtsprinzipien und sozialen Verhaltensweisen entwickelt, von einer Schiedsgerichtsbarkeit durchgesetzt und – wenn überhaupt – von einer privaten Institution kodifiziert würde[207]. Die „Sanktion" verliert hiernach ihre angestammte Rolle als Zentralkonzept zur Definition des Rechts, zur Abgrenzung von Rechtssphäre und Sozialsphäre und des Globalen vom Nationalen; „Normen" büßen ihre strategische Position ein, die sie einst als Schlüsselelemente des Rechts besetzt hatten[208].

---

206 Vgl. zum Begriff des „Globalen Rechts" *Teubner*, Rechtshistorisches Journal 15 (1996), 257, insbesondere die Hauptthese, aaO, 260: „Das Weltrecht entwickelt sich von den gesellschaftlichen Peripherien, von den Kontaktzonen zu anderen Sozialsystemen, her und nicht im Zentrum nationalstaatlicher oder internationaler Institutionen."; vgl. auch *Teubner*, Neo-Spontanes Recht und duale Sozialverfassungen in der Weltgesellschaft?, in: Simon/Weiss, Zur Autonomie des Individuums, S. 438 ff..

207 So die Definition bei *Calliess* ZfRSoz 23 (2002), 188.

208 *Teubner*, Rechtshistorisches Journal 15 (1996), 270.

aa) Wieder einmal „Lex Mercatoria“ – Ein aussichtsreiches globales Lösungsmodell?

Eng an die Frage nach einer privatrechtlichen Weltrechtsordnung gekoppelt ist die Idee der Entwicklung einer von der Wirtschaft selbst geschaffenen *lex mercatoria* als Rechtsquelle für die Handelsbeziehungen im internationalen Wirtschaftsverkehr[209]. Insbesondere aus Kreisen der Wirtschaft und gerade in Bezug auf die, im globalen elektronischen Geschäftsverkehr auftretenden Rechtsunsicherheiten, ist der Ruf nach einem solchen Regelwerk immer wieder zu vernehmen[210]. Auf der Suche nach einem Cyberlaw bietet sich die lex mercatoria als das Urkonzept autonomen, anationalen Rechts als Diskussionsgrundlage an.

(1) Hintergrund und Rechtsnatur der lex mercatoria

Die Rechtstatsachen, welche die Schaffung einer lex mercatoria nahe legen, sind erstens die Einsicht, dass die Entwicklung der rechtlichen Rahmenbedingungen mit dem Wandlungsprozess der globalen Wirtschaft nicht Schritt halten konnte und kann, zweitens, dass der internationale Wirtschaftsverkehr somit rechtlichen Regelungen unterworfen war, welche letztlich eine Weiterentwicklung und den Fortschritt bremsten, drittens, dass die Kautelarjurisprudenz[211] eigene vertragliche Lösungswege eingeschlagen hat, welche bewusst von nationalstaatlichem Recht abgekoppelt wurden und schließlich viertens die zunehmende Akzeptanz dieser Veränderungen durch staatliche Akteure wie der Gesetzgebung und der Rechtsprechung[212].

---

[209] Die Begriffe „Lex mercatoria“ oder „ius mercatorum“ benennen in der Rechtsgeschichte das Sonderrecht der Kaufleute im Mittelalter. Während die „lex mercatoria“ den Charakter eines weltweiten Gewohnheitsrechts einnahm, wurde sie im 18. Jahrhundert durch die großen Kodifikationen zurückgedrängt, welche lediglich noch Platz für die Entwicklung von Handelsbräuchen ließen, vgl. hierzu *Kropholler*, Internationales Einheitsrecht, S. 122 ff.; sowie *Calliess* ZfRSoz 23 (2002), 197; zum Begriff auch *Schmidt*, Handelsrecht, S. 33; zum Begriff der neuen „universellen lex mercatoria“, vgl. *Siehr*, Internationales Privatrecht, S. 363; *Carrascosa Gonzáles*, Globalización y Derecho internacional privado, S. 98.

[210] Vgl. *Berger*, RIW 2002, 256.

[211] Die Kautelarjurisprudenz ist die erste Epoche der römischen Rechtswissenschaft. Sie wurde von weltlichen Juristen begründet und meinte die Formulierung von Vertragsbedingungen (Kautelen) im privaten Rechtsverkehr. Heute wird der Begriff häufig für die Gestaltung von Rechtsbeziehungen durch Verwendung vorgeformter Vereinbarungen oder Allgemeiner Geschäftsbedingungen gebraucht, allgemein auch für die vorsorgende, planende, (vertrags)gestaltende Tätigkeit von Organen der Rechtspflege (insbesondere von Notaren, Rechtsanwälten, Wirtschaftsjuristen) im Gegensatz zur forensischen Tätigkeit, vgl. *Creifelds*, Rechtswörterbuch.

[212] So *Stein*, Lex mercatoria, S. 15.

Zumindest mit den ersten beiden Gesichtspunkten sieht sich auch der elektronische Geschäftsverkehr konfrontiert; inwiefern auch der letzte auf den E-Commerce zutrifft, soll zumindest in Ansatzpunkten im Rahmen dieser Untersuchung geklärt werden. Vergegenwärtigt man sich also genannte Rechtstatsachen, muss die Frage nach einer lex mercatoria aufgegriffen werden.

Entsprechend der Argumentation bezüglich der Notwendigkeit der Einflussnahme der staatlichen Rechtsordnungen auf das Internet ist jedoch auch in diesem Punkt zunächst kritisch Stellung zu beziehen; schließlich wäre eine lex mercatoria ebenfalls ein von Privaten selbst geschaffenes Recht, mithin eine Form der privatinitiativen Selbstregulierung. Es handele sich nach Auffassung der moderaten Mercatoristen bei der lex mercatoria jedoch nicht um eine autarke Rechtsordnung, die nur auf privater Selbstregulierung in totaler Isolierung von politischer Regulierung beruhe. Vielmehr sei sie ein hybrides Regelsystem mit unterschiedlichen Anteilen an autonomem und nationalstaatlichem Recht sowie an Völkerrecht[213].

Die wesentlichsten Quellen für das materielle Recht der lex mercatoria sind die Kautelarpraxis, die internationale Schiedsrechtsprechung, Aktivitäten globaler Wirtschaftsverbände und Verhaltensregeln[214]. Versuchen die Mercatoristen den „etatistischen" Kritikern den Wind aus den Segeln zu nehmen, indem sie die lex mercatoria als hybrides Rechtssystem qualifizieren, entlarvt dennoch eines der ihrerseits als prägend erklärten Merkmale die Grundhaltung: Nach einer anerkannten Definition handele es sich namentlich um „ein autonomes Rechtssystem mit Anspruch auf globale Geltung jenseits des nationalen Rechts und des Völkerrechts"[215]. Insofern nähert sich diese Definition an das Modell der reinen Selbstregulierung an. Allein der politische Diskurs beseitigt nicht den Mangel an imperativer Einflussnahme.

Deshalb beschränkt sich im Rahmen der Debatte um eine lex mercatoria nach überwiegender Ansicht die staatliche Akzeptanz auf die Ausbildung einer Arbit-

[213] So *Karavas/Teubner*, http://www.CompanyNameSucks.com: Drittwirkung der Grundrechte gegenüber „Privaten" im autonomen Recht des Internet?, in: Ladeur, Innovationsoffene Regulierung des Internet. Vgl. zu den unterschiedlichen Theorien der lex mercatoria *Teubner*, Rechtshistorisches Journal 15 (1996), S. 264 ff..

[214] *Stein*, Lex mercatoria, S. 255; *Teubner*, Rechtshistorisches Journal 15 (1996), 264 f..

[215] *Karavas/Teubner*, http://www.CompanyNameSucks.com: Drittwirkung der Grundrechte gegenüber „Privaten" im autonomen Recht des Internet?, in: Ladeur, Innovationsoffene Regulierung des Internet; *Teubner*, Rechtshistorisches Journal 17 (1998), 241: „Lex mercatoria [...] [ist] globales Recht ohne Staat."; vgl. auch die Nachw. bei *Carrascosa Gonzáles*, Globalización y Derecho internacional privado, S. 98 f..

rage; eine Rechtssetzungsbefugnis durch die Wirtschaft existiert jedoch nicht[216]. Die lex mercatoria wird selbst von einigen ihrer Befürworter nicht als eigenständige Rechtsordnung begriffen, sondern als ein Recht von „staatlichen Gnaden", da sie auf der von den nationalen Rechtsordnungen gewährten Autonomie des Parteiwillens beruhe, und damit letztlich auf staatlicher Tolerierung[217].

---

216 So *Kropholler*, Internationales Einheitsrecht, S. 122; vgl. ferner *Mankowski*, AfP 1999, 138; MünchKommBGB- *Martiny*, IPR Art. 27, Rz. 32 m. w. Nachw., mit dem Hinweis, Art. 27 EGBGB meine nur das staatliche Recht; *Osthaus*, AfP 2001, 15, weist in diesem Zusammenhang darauf hin, Art. 4 Abs. 2 EGBGB spreche nur von der Wahl des „Recht(s) eines Staates"; vgl. darüber hinaus die Nachweise bei *Stein*, Lex merctaoria, S. 205 ff.; sowie die Nachw. bei *Teubner*, Rechtshistorisches Journal 15 (1996), 266. Vgl. jedoch den Vorschlag *dess.*, aaO, 278, der den Vertrag als eigene Rechtsquelle anerkennt und damit eine Legitimation lex mercatoria begründen will. Nach *Sonnenberger*, Verkehrssitten im Schuldvertrag, S. 269 könnten gegen die Geltung der lex mercatoria als staatsunabhängiges Gewohnheitsrecht lediglich Einwände vorgebracht werden, wenn unter Durchsetzbarkeit zu verstehen sei, dass das Gewohnheitsrecht vor staatlichen Organen gelte und anzuwenden sei.

217 Vgl. *Stein*, Lex mercatoria, S. 187 f. mit Verweis auf *Schmitthoff*; ähnl. auch *Teubner*, Foreword: Legal Regimes of Global Non-state Actors, in: ders., Global Law Without a State, S. xiii: „According to the traditional doctrine of legal sources, lex mercatoria and other forms of legal pluralism are, no doubt, non-law. [...] Normative phenomena outside of this hierarchy are not law, just facts."

Vgl. *Stein*, aaO., zur Gegenauffassung, welche die lex mercatoria als objektives anationales Recht – also als eine autonome, transnationale Rechtsordnung - begreift, und den Rechtscharakter der Normen danach beurteilt, ob sie im Hinblick auf ihre effektive Befolgung in der Überzeugung ihrer Notwendigkeit und ihres verbindlichen Charakters die Funktion von Recht erfüllen. Ähnl. *Karavas/Teubner*, http://www.CompanyNameSucks.com: Drittwirkung der Grundrechte gegenüber „Privaten" im autonomen Recht des Internet?, in: Ladeur, Innovationsoffene Regulierung des Internet, die der Überzeugung sind, die lex mercatoria habe nicht zuletzt aufgrund ihres durchschlagenden Erfolges ihre Anerkennung als eigene Rechtsordnung durchgesetzt; ebenso *Calliess* ZfRSoz 23 (2002), 200: „At the end of the day, the international commercial community and, even more important, its legal advisors have to be convinced that the New Law Merchant is a competitive legal system: that it is – as opposed to being merely a tool of alternative dispute resolution – a normative system reducing transaction costs in a global business by generating legal certainty."

Eines der Konzepte der moderaten Vertreter der Lehre der lex mercatoria, eine „friedliche" Lösung dieses mittlerweile seit Jahrzehnten schwelenden Konflikts zwischen Mercatoristen und Etatisten zu erreichen, beruht auf einem – hier jedoch nicht weiter zu verfolgenden – Ansatz, das Recht als einen selbstorganisierenden Prozess zu betrachten, welcher autonom seine eigenen Grenzen festlegt. Hier wird das Recht zugleich Objekt und Subjekt von Beobachtungen. Die lex mercatoria stelle danach eine „para- legale" Rechtsordnung dar, geschaffen „am Rande" des Rechts, an den Schnittstellen zu wirtschaftlichen und sozialen Prozessen, vgl. *Teubner*, Rechtshistorisches Journal 15 (1996), 267 f.: „Was wir hier beobachten, ist ein sich selbst reproduzierender Rechtsdiskurs globalen Ausmaßes, der seine Grenzen durch Benutzung des binären Codes Recht/Unrecht schließt und sich selbst durch Prozessieren eines Systems globaler (nicht: nationaler) Geltung reproduziert.".

Zusammenfassend bleibt festzuhalten, dass die lex mercatoria kein wie auch immer beschaffenes „System" – insbesondere keine Rechtsordnung[218] - , sondern lediglich einen Sammelbegriff für diejenigen Gebräuche und Grundsätze bezeichnet, die aufgrund ihrer ausgeprägten Verbreitung und Etablierung, Parteien internationaler Verträge unabhängig konkreter Vereinbarungen binden und somit von der Arbitrage angewendet werden können[219]. Dieser Auffassung schließt sich der Verfasser an - wohlwissend, dass ein einheitliches, theoretisches Konzept der lex mercatoria wohl ohnehin nicht existiert.

(2) „Lex mercatoria informatica"?

Leidet die moderne lex mercatoria an dem schier nicht zu überblickenden „Wust" an „Rechtssätzen", so empfehlen sich die technischen Neuerungen des Internet nunmehr als Ausweg, einen Zugang zu den so schwerlich zu ermittelnden Inhalten zu finden. Der Diskussion wurde neues Leben eingehaucht.
Hierzu wurde vom *Center for Transnational Law* (CENTRAL) das vermeintlich fehlende Bindeglied zwischen der Theorie des transnationalen Rechts und der internationalen Rechtspraxis entwickelt: Die *Transnational Law Database* (TLDB). Nach dem Prinzip der „schleichenden Kodifizierung" sollen auf der Datenbank unter der domain *www.TDDB.de* die von der Kautelarpraxis entwickelten Prinzipien, die Schiedssprüche der Arbitrage, Gesetze, Modellgesetze und Publikationen der Lehre vereinigt werden. Damit umfasst die Datenbank 640 Dokumente mit über 1470 Referenzen für die 74 Prinzipien des transnationalen Wirtschaftsrechts. Durch die Aktualisierung der Listen kann ein ständiger Dialog zwischen den Beteiligten erreicht werden. Die lex mercatoria wird somit „in ihrer gegenwärtigen Form" widergespiegelt; dem Charakter des „law in action" wird Rechnung getragen. Mit Hilfe des Mediums Internet wird die weltweite Abrufbarkeit des Archivs gewährleistet[220]. Ein Hemmnis, welchem sich die lex mercatoria seit jeher ausgesetzt sieht, erscheint somit entschärft.

(3) Der Charakter der lex mercatoria als „korrupte Rechtsordnung"

Bedenken ergeben sich hinsichtlich einer lex mercatoria informatica allerdings an anderer Stelle – namentlich (traditionell) bezüglich der Frage nach der ausreichenden Interessenberücksichtigung aller Beteiligten.

---

[218] A. A. *Weise*, Lex mercatoria, S. 64, m. w. Nachw., der dem Einwand jedoch entgegenhält, es könne an sich nur offene Systeme geben, was insbesondere jedes Case- Law- System unter Beweis zu stellen vermöge und zu dem Ergebnis kommt, gegen den Rechtscharakter der lex mercatoria könnten keine grundsätzlichen rechtsdogmatischen Bedenken angemeldet werde.
[219] So *Stein*, Lex mercatoria, S. 194 f..
[220] Vgl. zum Ganzen *Berger*, RIW 2002, 256 ff..

Nun ist den Verfechtern einer lex mercatoria sicherlich zuzugeben, dass von der Wirtschaft geschaffenes Recht in erster Linie die Beziehungen im Bereich des B2B- Commerce regeln soll. Insofern scheinen die an der Rechtssetzung beteiligten Akteure auf gleicher Stufe zu stehen. Ob die kleinen und mittleren Unternehmen entsprechend berücksichtigt würden, muss jedoch bezweifelt werden[221]. Zudem kann die lex mercatoria nur ein neben dem staatlich gesetzten Recht existierendes, dieses nicht ersetzendes Rechtskorpus der Wirtschaft sein. Die ideale Lösung eines Cyberlaw müsste indessen, sollen die oben aufgeworfenen Probleme gelöst werden, ein für alle Beteiligten am E- Commerce verbindliches Regelwerk sein, welches auch die Vertragsbeziehungen im B2C- Commerce umfasst, und gleichsam die Verbraucher an der Kreation dieses Regelwerks beteiligt[222]. Festzustellen ist nämlich, dass gerade im Hinblick auf die Förderung des E- Commerce das Bedürfnis der Verbraucher nach Rechtssicherheit ein Aspekt von zentraler Bedeutung ist. Sollen sich Investitionen der New- oder der Old- Economy in das E- Business langfristig lohnen, muss gleichsam der Bereich des B2C- Commerce ausgebaut werde. Auch diejenige Industrie, welche die notwendige Infrastruktur für den elektronischen Geschäftsverkehr entwickeln, herstellen und schließlich vermarkten soll, täte sich vor dem Hintergrund eines auch auf den Verbraucher ausgedehnten Absatzmarktes sicherlich leichter.

Kritisch zu hinterfragen ist daher, ob diesem Bedürfnis Genüge getan wäre, wenn sich die Verbraucher einem von der Wirtschaft gesetzten Recht unterwerfen sollen[223]. Die zwingenden Vorschriften des europäischen bzw. nationalen Verbraucherschutzrechts, namentlich Art. 5 EVÜ und Art. 29 EGBGB, machen die Rechtswahl einer „Internet- Weltrechtsordnung" ohnehin zunichte, sollte versucht werden, diese Vorschriften auszuhebeln[224]. Hinzuweisen ist an dieser

---

221 Vgl. hierzu *Teubner*, Rechtshistorisches Journal 15 (1996), 279, der zugesteht, auch in Zukunft würde die lex mercatoria in diesem Sinne ein „korruptes Recht" bleiben.

222 Vgl. auch die Ausführungen von *Roßnagel/Pfitzmann/Garstka*, Modernisierung des Datenschutzrechts, S. 158, die unter Berufung auf die Europäische Kommission, welche bei jeder Verabschiedung und Anwendung von Selbstregulierungsmaßnahmen die volle Einbeziehung der Verbraucher fordert, ein Mindestmaß an Fairness und Interessenberücksichtigung aller Beteiligten für unentbehrlich halten; so bereits *Brandmair*, Selbstkontrolle, S. 267; so auch *Sieber*, Verantwortlichkeit im Internet, Rz. 552; *Price/Verhulst*, Selbstregulierung und Verhaltenskodizes als Grundlage von Internetpolitik, in: Waltermann/Machill, Verantwortung im Internet, S. 162; *Eichener/Heinze/Voelzkow*, Techniksteuerung im Spannungsfeld zwischen staatlicher Intervention und verbandlicher Selbstregulierung, in: Voigt, Abschied vom Staat – Rückkehr zum Staat?, S. 410, betonen bereits für den Bereich der Standardsetzung den Stellenwert der Beteiligung der Verbraucher.

223 Vgl. *Mankowski*, AfP 1999, S. 138 ff..

224 *Spindler*, Sicherheit im E- Commerce = Rechtssicherheit, in: Müller/Reichenbach, Sicherheitskonzepte, S. 175; so auch *Jayme*, Le Droit International Privé Du Nouveau Millénaire, S. 25; vgl. auch die Empfehlung von *Bachmann*, Internet und IPR, in: Lehmann, Internet- und Multimediarecht, S. 182, eine Rechtswahl zugunsten der lex mercatoria zu vermeiden.

Stelle darüber hinaus auf die Zweifel, die der Rechtswahl der lex mercatoria entgegengehalten werden. Diese könne wegen ihrer Lückenhaftigkeit und begrenzten Autonomie eben nicht zum Vertragsstatut erhoben werden[225].

Weiterhin nimmt sich eine lex mercatoria naturgemäß in erster Linie der Lösung von Problemen des Vertragsrechts an[226]. Es hat sich indes bereits gezeigt, dass ein Großteil der Unsicherheiten im Bereich des Gewerblichen Rechtsschutzes und des Urheberrechts beheimatet ist.

(4) Bedrohung der Rechts durch „Amerikanisierung"?

Darüber hinaus wird befürchtet, eine lex mercatoria liefe letztlich auf die weltweite Anwendung des Rechts US- amerikanischer Provenienz als Grundlage hinaus[227]. Gestützt wird die Annahme durch die verstärkte Durchsetzung angloamerikanischer Regelungskonzepte im internationalen Wirtschaftsrecht[228]. Wenn sich der grenzüberschreitende Handel über das Internet, wie es zu erwarten ist, weiterhin fortentwickelt, wird wohl auch der „lange Arm" US- amerikanischer Gerichte spürbar werden, die sich zunehmend extraterritorial aufgrund internationaler Zuständigkeiten und Anwendung des amerikanischen Rechts in die Lösung grenzüberschreitender juristischer Konflikte einschalten[229]. Damit

---

[225] Vgl. die Nachw. bei *Stein*, Lex mercatoria, S. 194.

[226] So spricht in der Debatte um die lex mercatoria die überwiegende Auffassung den Privaten die Befugnis zur außerschuldvertraglichen Normsetzung ohnehin ab, vgl. die Nachw. bei *Stein*, aaO, S. 207.

[227] So *Mankowski*, AfP 1999, 140; vgl. auch *Osthaus*, AfP 2001, 16. Entsprechende Befürchtungen werden im Übrigen auch der Ausdehnung des Gesetzesbegriffs auf das Soft Law im Allgemeinen entgegengehalten, vgl. *Brütsch*, ZfRSoz 23 (2003), 175. Kritisiert wird schließlich, dass durch das Eindingen von Rechtswerten des Commom Law in das kontinentaleuropäische Recht ökonomische Mächte für die Bestimmung der Werte herausragende Bedeutung gewinnen, vgl. die Nachw. bei *Jayme*, RabelsZ (67) 2003, 212.

[228] Vgl. hierzu *Lutterbeck*, CR 2000, 56, der unter Berufung auf die amerikanische Sozialwissenschaftlerin *Saskia Sassen* feststellt, dass im Jahre 1998 schätzungsweise weltweit 70 % aller internationalen Verträge nach New Yorker Kaufrecht abgewickelt wurden; vgl. darüber hinaus *Fuhrmann*, Vertrauen im Electronic Commerce, S. 93, der darauf hinweist, dass hierdurch die hoheitliche Fähigkeit, völlig souveräne Regelungen zu erlassen, sinke und die Interessen anderer Staaten nicht mehr die notwendige Berücksichtigung fänden.

[229] Vgl. *Thot*, Internetrecht in den USA, in: Kröger/Gimmy, Handbuch zum Internet- Recht, S. 849 ff., der für den Fall eines deutschen Unternehmens, welches mit der Absicht Verträge in den USA abzuschließen, Werbung im Internet betreibt, die Gerichtsbarkeit in den USA generell als begründet ansieht; vgl. auch *Kochinke/Geiger*, K & R 2000, 602.

Vgl. weiterhin die Pavlovich- Entscheidung des Sixth Court of Appeal, 109 Cal. Rptr. 2d at 911. Der Informatikstudent *Matthew Pavlovich*, der an der Purdue University in Indiana studierte, wurde von der *DVD Copy Control Association* (DVD CCA) wegen der Entwicklung einer Software zur Umgehung von Kopierschutzmechanismen verklagt. Obgleich *Pavlovich* weder in Kalifornien wohnte oder arbeitete noch Kalifornien im Rahmen einer Geschäftsreise

einher geht das steigende Risiko für nicht- amerikanische Unternehmen - nicht zuletzt infolge der Präsenz derer Tochterunternehmen - in den USA zur Zahlung der gefürchteten „punitive damages" (Strafschadensersatzansprüche) verurteilt zu werden[230].

Ob eine Amerikanisierung des Rechts demselben künftig tatsächlich zum Verhängnis werden könnte, soll hier nicht vertieft werden. Erwähnt werden muss jedoch, dass sich das flexiblere anglo- amerikanische Case Law- System ohnehin auch im Bereich der staatlichen Regulierung gegenüber dem kontinentaleuropäischen durch Kodifikationen geprägten Rechtssystem empfiehlt, welches häufig als zu streng im Umgang gerade mit den im Internet auftretenden Rechtsproblemen angesehen wird[231]. Halten sich die Staaten mit der Ausgestaltung einzelner Rechtsgüter durch Normen zurück, eröffnen sie den Gerichten die Möglichkeit, sich vermehrt auf den in den Verfassungen der demokratischen Staaten ausgedrückten Wertekanon zu stützen. Die Staaten verfügten insofern über eine entsprechend größere Flexibilität, um eine Evolution ihrer Rechtsordnungen zu erleichtern[232].

Fest steht jedoch, dass insbesondere in Deutschland und Europa eine solche Entwicklung mit Skepsis und Unbehagen verfolgt wird. Allein dieser Umstand lässt vermuten, dass Rechtswissenschaftler aus dem „europäischen Rechtskreis" sich eher zurückhaltend an einer Debatte über eine lex mercatoria des Internet-Handels beteiligen werden, obgleich eine solche ursprünglich ein europäisches Modell darstellte. M. E. ist ein solcher Argwohn zu bedauern. Nicht wegen der Befürwortung des Lex mercatoria- Gedankens, sondern wegen des Bedürfnisses eines weltweiten wissenschaftlichen Austausches. Eine aktives Mitwirken auch der Europäer erscheint im Sinne einer ausgewogenen internationalen Rechts-

besuchte, bejahte das kalifornische Gericht seine Zuständigkeit mit der Begründung, der Student hätte wissen müssen, dass Kalifornien der „hot spot" der Film- und Technologie Industrie sei. Zusammenfassend lässt sich diese Rechtsprechung wohl nur so verstehen, dass jeder, der irgendwo irgendetwas ins Internet stellt und eine sich der möglichen negativen Auswirkungen auf Kalifornien bzw. die dort ansässigen Unternehmen bewusst sein muss, der Jurisdiktion des Staates Kalifornien unterworfen ist, vgl. *Angelopoulos*, Pavlovich v. Superior Court, 39 San Diego L. Rev. 1019 (2002).

230 Vgl. *Großfeld/Hoeltzenbein*, RIW 2002, 499, die in ihrem Beitrag die Aussichten untersuchen, inwieweit dieser für nicht- amerikanische Unternehmen bedrohliche Entwicklung durch das Engagement der Welthandelsorganisation (*World Trade Organisation* = WTO) Einhalt geboten werden kann.

231 *Holznagel/Werle*, ZfRSoz 23 (2002), 19.

232 So *Mestmäcker/Engel*, Globale Netze und lokale Werte, S. 255.

entwicklung notwendig - schlichte Zurückhaltung kontraproduktiv[233]. International geltendes Online- Recht – sei es nun eine lex mercatoria oder staatlich gesetztes Recht - sollte sich zumindest derzeit schon wegen der Berührungspunkte zum Recht der realen Welt, welches schließlich von den einzelnen nationalen Rechtsordnungen bestimmt wird, nicht auf die Prinzipien und Konzepte nur eines Rechtskorpus beschränken[234]. Wie dem auch sei: Die mangelnde weltweite Teilnahme an der Diskussion um eine lex mercatoria spricht somit letztlich gegen den erfolgreichen Abschluss eines solchen Projekts.

(5) Fazit

Soweit die Entwicklung eines weltweit gültigen Cyberlaw allein dem Markt und den privaten Akteuren im elektronischen Geschäftsverkehr überlassen bleiben soll, ist diese Möglichkeit nicht zuletzt wegen der bereits dargestellten Unvertretbarkeit einer reinen bzw. absoluten Selbstregulierung im Internet – und als solche wird auch das Modell der lex mercatoria jedenfalls von den weniger moderaten Mercatoristen verstanden – vom rechtspolitischen Standpunkt her im Ergebnis abzulehnen. Trotz der Möglichkeiten, die das Internet zur Bündelung der Rechtssätze der lex mercatoria bietet, bleiben darüber hinaus ohnehin Zweifel, inwieweit ein derart zersplittertes System ausreichende Rechtssicherheit im elektronischen Geschäftsverkehr überhaupt erzeugen kann.

Dennoch müssen im Rahmen der Untersuchung die diesbezüglich vorgenommenen Anstrengungen berücksichtigt werden. Selbst wenn das lex mercatoria- Modell nicht das Allheilmittel für die zu lösenden Konflikte im elektronischen Geschäftsverkehr darstellt, so verkörpert diese Lehre durchaus Ansätze, die für die Festlegung einer „Rechtsordnung im Internet" fruchtbar gemacht werden können.

[233] Hiermit soll nicht zum Ausdruck gebracht werden, dass durch die Verweigerungshaltung eine Amerikanisierung des Internet- Rechts unterbunden werden könnte. Im Gegenteil wird eine solche wohl fortgesetzt, sofern sich deutsche und europäische Rechtswissenschaftler nicht an einer Ausformung einer „Governance in Cyberspace" beteiligen, vgl. *Holznagel*, Regulierte Selbstregulierung im Medienrecht, in: Berg, Regulierte Selbstregulierung, S. 100; ähnl. auch das Vorwort bei *Welfens/Jungmittag*, Internet, Telekomliberalisierung und Wirtschaftswachstum, S. V f., die feststellen, dass die Europäer an der Regulierung des Internet nur dann partizipieren werden, wenn sie einerseits eine hohe Wachstumsrate auf dem Sektor der E- Commerce nachweisen können und andererseits „den richtigen Mix von politischer Regulierung und Selbstregulierung finden". Die Idee der lex mercatoria befürwortend *Mertens*, Lex Mercatoria: A Self- applying System Beyond National Law, in: Teubner, Global Law Without a State, S. 40, richtet einen Appell an die Juristen: „Thus, lawyers should not defend a national monopoly of lawmaking which is out of date and exists only in the theory but not in the day-to-day practice of decision-making.".

[234] So auch *Mayer*, ZfRSoz 23 (2002), 109.

(6) Der Global Business Dialogue on eCommerce (GBDe)

Einen Anknüpfungspunkt bietet hier der *Global Business Dialogue on eCommerce* (GBDe)[235]. Führende Unternehmen aus der Medien-, Internet- und Telekommunikationswirtschaft haben sich hier zur Entwicklung von weltweit geltenden Regeln für den elektronischen Handel im Internet zusammengeschlossen, wobei sie sich selbstregulierenden Mechanismen unterwerfen. Diskutiert werden Maßnahmen zur Steigerung des Vertrauens der Beteiligten durch den Schutz personenbezogener Daten, durch Haftungsbestimmungen, durch grenzüberschreitende Rechtsgültigkeit elektronischer Unterschriften und durch Urheberschutz. Der Frage des Jugendschutzes hat man sich ebenfalls angenommen[236]. Insofern ist die Idee der Schaffung einer lex mercatoria zumindest in regelmäßigen Abständen neu zu reflektieren. Sollten die Rechtsgedanken also insbesondere mit dem Schutz der Schwächeren vereinbar sein, so können also auch „die" Inhalte „der" lex mercatoria Berücksichtigung finden. Die Einordnung der selbstregulativen Elemente in die Rechtsquellen wird insofern noch Berücksichtigung finden[237].

bb) Cyberlaw? – Eine Utopie erhält ein Gesicht und bleibt doch Utopie

Die Bemühungen zur Schaffung eines Rechtskorpus, welches mit Cyberlaw bezeichnet werden könnte, befinden sich, wenn sie überhaupt ausgemacht werden können, noch in den Kinderschuhen, wobei zu bezweifeln ist, dass die Ideen in näherer Zukunft verwirklicht werden können[238].

Auch unabhängig von der Frage nach einem Cyberlaw wurde festgestellt, um historische Belege eines globalen Rechts sei es denkbar schlecht bestellt; es gäbe wenige Anzeichen einer starken unabhängigen Entwicklung eigenständiger, rechtlicher Institutionen im Weltrechtsmaßstab[239]. Insofern besinnt man sich auf die Einengung der Utopie eines Weltstaates bzw. eines Weltrechts und auf eine Regionalisierung und Re- Nationalisierung in Form einer Selbstkoordination von Staaten[240] . Diese Notwendigkeit rührt maßgeblich aus der Erkenntnis, je

---

[235] Nähere Informationen hierzu finden sich unter http://www.gbde.org.

[236] Vgl. *Boehme- Neßler*, Cyberlaw, S. 134 f.; *Wildemann*, Vertragsschluß im Netz, S. 182; *Geis*, CR 1999, 777; *Kloepfer*, Informationsrecht, S. 142.

[237] S. u . Ziff. D, VII, 1.

[238] Zugestanden befindet sich die rechtstheoretische Diskussion bereits in einem fortgeschrittenen Stadium, was zahlreiche Literaturangaben auch in der vorliegenden Untersuchung belegen.

[239] So *Teubner*, Rechtshistorisches Journal 15 (1996), 260.

[240] *Albert/Lehmkuhl*, ZfRSoz 23 (2002), 160; *Teubner*, aaO, 263, spricht von dem Versuch der Einrichtung von Rechtsvariationen auf regionaler Ebene; vgl. auch *Teubner*, Global Bukowina': Legal Pluralism in the World Society, in: ders., Global Law Without a State, S. 22.

näher die Frage der Wettbewerbsfähigkeit nationaler Volkswirtschaften oder regionaler Blöcke in den Vordergrund internationaler Politik rücke, desto mehr würden auch „globale Rechtssysteme“ wie die lex mercatoria unter Druck geraten, sich nationalen Wirtschaftspolitiken anzupassen[241]. Zur Herausbildung eines Cyberlaw kann entsprechend der bereits zur Frage der Rechtsangleichung und Rechtsanpassung getroffenen Feststellungen nichts anderes gelten. Das noch junge Phänomen des Rechtsraums Internet befindet sich gegenwärtig noch im Begriff sich zu formieren. Zwei große Blöcke, namentlich der anglo- amerikanische und der (kontinental)europäische Rechtskreis, setzen die Akzente im Bereich der „Verrechtlichung“ des Internet. Es wurde jedoch bereits auf die unterschiedlichen Vorstellungen und Präferenzen hingewiesen.

An dieser Stelle darf indessen nicht das zunehmende Auftreten zentralisierter Phänomene übergangen werden. Die Binnendifferenzierung des traditionellen Rechtssystems würde im modernen Verständnis auch vor dem Hintergrund einer sich entwickelnden lex digitalis nicht mehr nach ihren Außengrenzen, sondern „issue- spezifisch“ definiert, wobei die Rechtsregimes einen globalen Anspruch erheben würden[242]. Ein Cyberlaw könnte sich unabhängig von nationalstaatliche Einflüssen auf die privatautonomen Akte der Internet- Nutzer, die expliziten Regeln der *Uniform Domain Name Dispute Resolution Policy* (UDRP) der ICANN, die *Supplemental Rules* der von der ICANN akkreditierten *Dispute Resolution Provider* sowie die Entscheidungen des ICANN- Panels stützen[243]. Anhand der Entscheidungen wäre es sodann möglich, eine gewisse Rechtsdogmatik zu entwickeln. Um der sichtbaren Inkonsistenz und der Vielzahl abweichender Urteile der Spruchpraxis entgegenzuwirken, wird vorgeschlagen, zumindest eine Berufungsinstanz zu schaffen. Hier muss angemerkt werden, dass eine solche zeitliche Verlängerung der Panel- Verfahren diese dem Modell eines staatlichen Gerichtsverfahrens angleichen und vor dem Hintergrund des Grundsatzes der Verfahrensfairness ein Mehr an Legitimation verschaffen würden. Gerade der Vorteil der kurzen Verfahrensdauer, der den Panels zugute kommt, würde auf diese Weise jedoch eliminiert. Weiterhin wird vorgebracht, eine demokratische Legitimation eines Cyberlaw ließe sich darüber hinaus über die vertraglichen Vereinbarungen der ICANN mit dem US- Handelsministerium (Department of Commerce – DoC)[244] konstruieren. Schließlich könne der Geltungsanspruch der

---

[241] So *Teubner*, aaO, 282 f..

[242] So *Karavas/Teubner*, http://www.CompanyNameSucks.com: Drittwirkung der Grundrechte gegenüber „Privaten“ im autonomen Recht des Internet?, in: Ladeur, Innovationsoffene Regulierung des Internet.

[243] A. A. *Ballarino*, Internet nel mondo della legge, S. 50.

[244] S. u. Ziff. D, VII, 1, a), cc), (1).

fundamentalen Rechtsprinzipien der zivilisierten Nationen, die Geltung von Grundrechten innerhalb einer autonomen Rechtsordnung normieren[245].

Das Vorstehende muss indes ebenso kritisch betrachtet werden, wie die Idee der lex mercatoria. ICANN ist zumindest bisher hauptsächlich für den Bereich der Domainvergabe zuständig, weshalb sich auch die Spruchpraxis der Panels auf diesen Bereich beschränkt. Ebenso können auch die zu gewinnenden Prinzipien nur einen schmalen Sektor der Problemfelder abdecken. Ob die Gemeinschaft der Internetnutzer tatsächlich eine Geltung der Grundrechte auch im Rahmen eines autonomen Rechtssystem befürwortet und vorantreiben wird, ist offen. Bezweifelt werden muss schließlich die Fähigkeit der Internet- Society, ein Rechtssystem zu erschaffen, welches einerseits ein ausgewogenes Nebeneinander der Starken und der Schwachen schaffen kann und andererseits „internetgerechte“ Wertmaßstäbe bzw. eigenständige Grundrechtsstandards[246] entwickelt, welche die fundamentalen Grundrechte der Verfassungen der demokratischen Staaten substituieren könnten. Die Internetgemeinde ist keine homogene Gesellschaft mit einheitlichen Werten. Die kulturelle Zersplitterung der „realen Welt“ nimmt auch hier den bereits beschriebenen Einfluss auf den Cyberspace. Die Möglichkeit des anonymen Agierens im Internet schafft Freiräume für diejenigen, die derartige Bemühungen zunichte zu machen in der Lage sind. Insofern wurde in den letzten Jahren auch der Cyberspace von der teils bitteren Realität der realen Welt eingeholt. Geht die Idee des globalen Cyberlaw in seiner Theorie über die das von den Cyberlibertarians favorisierte System der reinen Selbstregulierung in dem Sinne hinaus, dass maßgeblich privatrechtliche Fragestellungen diskutiert werden, so sind die gravierenden Problemkomplexe dennoch dieselben. Daher ist schlicht zu konstatieren, dass es weder ein „Cyberlaw“ gibt[247], noch jemals eines geben kann.

e) Das Internationale Privatrecht - Der „archimedische Punkt“ des Internet

Erachtet man die Durchsetzung eines internationalen Einheitsrechts oder gar eines Cyberlaw zumindest gegenwärtig als nicht realistisch, so muss die weitere Aufmerksamkeit den bereits vorhandenen, nationalen Rechtsordnungen gelten. Hervorzuheben ist im Hinblick auf die Beilegung grenzüberschreitender, recht-

[245] So *Karavas/Teubner*, http://www.CompanyNameSucks.com: Drittwirkung der Grundrechte gegenüber „Privaten“ im autonomen Recht des Internet?, in: Ladeur, Innovationsoffene Regulierung des Internet, die schließlich zu dem Schluss gelangen, die nur wenige Jahre zählende Entscheidungspraxis der ICANN weise in ihrem Normcharakter, in ihrer politischen Legitimation und insbesondere in ihrer Normdurchsetzung sehr viel stärker ausgeprägte Rechtsqualitäten auf als die inzwischen schon „altbewährte“ lex mercatoria.

[246] So *Karavas/Teubner*, aaO.

[247] Vgl. statt aller *Schack*, MMR 2000, 60: „Denn virtuelles Recht ist keines“.

licher Konflikte hier zunächst der „archimedische Punkt des Internet“[248] – Das Internationale Privatrecht. Aufgabe des Kollisionsrechts ist es zu ermitteln, zu welchem Recht ein bestimmter Sachverhalt die engste Verbindung aufweist. Problematisch erscheint indessen nach dem bereits gesagten, ob das traditionelle IPR in der Lage ist, die mit dem grenzüberschreitenden Charakter zahlreicher Geschäfte im Internet einher gehenden Schwierigkeiten zufriedenstellend zu lösen, oder ob es angesichts der globalen Kommunikation letztlich versagt[249].

Ob das Recht des Heimatstaates des Internet- Nutzers oder von ihm aus gesehen ausländisches Recht zur Anwendung kommt, bestimmt sich im Rahmen des Zivilrechts nach den Vorschriften des Internationalen Privatrechts. Welches IPR zur Anwendung gelangt, hängt von der Zuständigkeit des mit der Streitentscheidung befassten Gerichts ab. Die Zuständigkeit des Gerichts richtet sich nach den Vorschriften des internationalen Verfahrensrechts. Dieses Schema birgt jedoch für die Anbieter von Waren und Dienstleistungen im Internet eine erhebliche Rechtsunsicherheit, da die Angebote weltweit abrufbar sind und deren rechtliche Beurteilung im Grunde jeder beliebigen Rechtsordnung unterworfen sein kann.

Dennoch verspricht die Flexibilität des Privatrechts Lösungsmöglichkeiten. Im Gegensatz zum öffentlichen Recht, welches recht starr innerhalb der nationalen Grenzen gefangen gehalten wird, ist durch das Kollisionsrecht nicht zuletzt für die Gerichte, die Anwendung ausländischer Gesetze und die Anerkennung ausländischer Gerichtsurteile eine bekannte Größe[250]. Traditionell sind die nationalen Privatrechtsordnungen im Vergleich zu den öffentlichen Rechten mithin wesentlich besser koordiniert[251]. Hiernach erscheint eine Regulierung über das Privatrecht vielversprechend[252]. Wenn der Regulierung des Rechtsraums Internet über das Privatrecht entgegen gehalten wird, es bestünden Schwierigkeiten den Beklagten zu identifizieren und diese Feststellung damit begründet wird, gegen einen Domain- Namen oder eine Internetprotokoll- Adresse könne man nicht klagen[253], ist dies jedenfalls für den Bereich der Domainstreitigkeiten nicht

[248] So *Hoeren*, WRP 1997, 997; vgl. ferner *Junker*, RIW 1999, 809.

[249] Vgl. *Junker*, aaO, 809.

[250] *Mestmäcker/Engel*, Globale Netze und lokale Werte, S. 213

[251] *Osthaus*, AfP 2001, 17.

[252] *Mestmäcker/Engel*, Globale Netze und lokale Werte, S. 247, weisen jedoch darauf hin, dass das Privatrecht freilich besser zur Regulierung geeignet sei, wenn Netzinhalte subjektive Rechte von eindeutig identifizierbaren Personen verletzten. Ungleich schwerer täte sich das Privatrecht jedoch, wenn die Recht großer Gruppen (Stichwort: Kinderpornographie) nur indirekt oder potentiell betroffen seien. Hier erscheint eine Regulierung über das öffentliche Recht bzw. über das Strafrecht notwendig.

[253] *Mestmäcker/Engel*, aaO, S. 215, bemerken, zumindest das US- amerikanische Recht kenne im Bereich des Markenrechts die Möglichkeit einer dinglichen Klage („action in rem“), die dem Kläger das Vorgehen gegen den Domain- Namen als solchen ermöglicht, ohne dass Auskünfte über die Identität des Anmelders eingeholt werden müssten.

ganz richtig. Zugegeben werden muss zwar, dass auch hier noch kein probates Mittel gegen technisch versierte, „clevere" Störer gefunden ist[254]. An dieser Stelle sei jedoch wiederum auf das Argument von *Mankowski*[255] hingewiesen, längst nicht alle Nutzer verfügten über die Fähigkeiten der „Freaks". Den Maßstab kann daher nur der technisch durchschnittlich begabte Internetnutzer darstellen, der sich i. d. R. nicht hinter Pseudonymen oder falschen Adressangaben verstecken wird. Um eine Domain zu registrieren, bedarf es im Rahmen des Registrierungsverfahrens der Angabe von Daten, die den Anmelder auffindbar machen. Die Anmelder der unterschiedlichen Domains lassen sich über die sogenannten „Who - is- Datenbanken"[256] ermitteln. Dies ist wohl auch einer der Gründe, weshalb gerade im Bereich des Domainrechts eine so umfangreiche Rechtsprechung zu finden ist.

Das Schrifttum ist zu der Ansicht gelangt, dass längst nicht alle Vorschriften des IPR in ihrer derzeitigen Form für einen globalen Kontext wie das Internet geeignet sind. Verwiesen wird regelmäßig auf die mit der traditionellen, lokalen Anknüpfung des IPR auftretenden Schwierigkeiten. Der lokalen Anknüpfung scheinen im ubiquitären Internet gewissermaßen virtuelle Grenzen gesetzt[257]. Darüber hinaus stehen im Zusammenhang mit dem globalen Medium Internet regelmäßig eine große Auswahl vertretbarer Anknüpfungspunkte zur Verfügung[258]. Es gilt daher, die Kollisionsnormen den geänderten Gegebenheiten des Internet anzupassen; ein konzeptionelles Umdenken ist insoweit erforderlich[259]. Diese These soll im Folgenden an einigen Beispielen verdeutlicht werden.

---

254 *Osthaus*, AfP 2001, 23.

255 S. o. Ziff. B, III, 1, a).

256 So für die generischen TLDs: http://www.internic.net/whois.html. Gibt man die gesuchte Domain in die Suchmaske auf der genannten Website ein, so erhält man Auskunft über die entsprechende Registrierungsstelle (Registrar). Die Websites der Registrierstellen sind mit „www.internic.net" verlinkt. Über die Who- is- Datenbanken der Registrierungsstellen findet man schließlich den Anmelder und in aller Regel auch eine ladungsfähige Anschrift. Für die TLD „.de": http://www.denic.de/de/whois/index.jsp.
Anzumerken ist jedoch, dass die Who- is- Datenbanken nach Überlegungen von ICANN möglicherweise bald der Vergangenheit angehören. Sie sollen durch ein neues System, welches nur noch einen Zugang über Passwörter u. ähnl. Mechanismen erlaubt, ersetzt werden, vgl. http://www.heise.de/ct/aktuell/data/jk-25.06.03-005/ sowie http://www.heise.de/ newsticker/meldung/41528.

257 Vgl. *Boele- Woelki*, Internet und IPR: Wo geht jemand ins Netz?, in: Dicke, Völkerrecht und Internationales Privatrecht, S. 309.

258 *Osthaus*, AfP 2001, 18; *Pichler*, Internationale Zuständigkeit im Online- Bereich, in: Immenhauser/Wichtermann, Jahrbuch Junger Zivilrechtswissenschaftler 1998, S. 233.

259 So *Mestmäcker/Engel*, Globale Netze und lokale Werte, S. 213; *Haubold*, Binnenmarkt-IPR und elektronischer Geschäftsverkehr, in: Scholz, Europa der Bürger, S. 100; *Boele-Woelki*, Internet und IPR: Wo geht jemand ins Netz?, in: Dicke, Völkerrecht und Internationa-

aa) Die Vorschriften des Verbraucherschutzes nach der EuGVO und dem EVÜ

Im Zusammenhang mit Internet und IPR bietet sich zunächst ein Blick auf die konsumentenschützenden Vorschriften des internationalen Zivilverfahrensrechts an. Die bereits erfolgte Änderung durch Art. 15 der Europäischen Gerichtsstands- und Vollstreckungsverordnung (EuGVO)[260] lässt sich u. a. auf die Besonderheiten des Internet zurückführen. Erwähnenswert ist die Orientierung der geplanten Neufassung des Art. 5 des Römischen Schuldvertragsübereinkommens (EVÜ)[261] im Wege des Erlasses einer weiteren Verordnung („Rom I") an der Fassung des Art. 15 EuGVO[262]. Festzustellen ist ein Gleichlauf der beiden Vorschriften.

(1) Aktiver oder passiver Verbraucher im Netz?

Ehe man sich mit den Konsequenzen der Einbeziehung der verbraucherschützenden Vorschriften des Internationalen Privatrechts in die Sachverhalte des Internet auseinandersetzt, stellt sich die grundlegende Frage, ob diese vor dem Hintergrund der ausschließlichen Geltung des EVÜ für den sogenannten „passiven" Verbraucher, der eben nicht die Initiative zum Vertragsschluss ergriffen hat, überhaupt anwendbar sind. Man könnte die Auffassung vertreten, im Internet gäbe es keinen passiven Verbraucher, da sich dieser über den Aufruf der verschiedenen Websites seinen Weg durch das Netz selbst bahnt. Dem ist jedoch zu Recht entgegenzuhalten, dass sich auch bei Internetsachverhalten keine grundlegenden Unterschiede zu denjenigen in der realen Welt ergeben: Auch beim Kauf eines Werbeträgers, wie einer Zeitung, muss der Verbraucher zunächst aktiv werden, bevor er den Eindrücken der Werbung ausgesetzt wird[263].

---

les Privatrecht, S. 309 m. w. Nachw.; *Osthaus*, aaO, 18, schlägt alternative oder kumulative Anknüpfungen, ein Wahlrecht des Klägers, einen Günstigkeitsvergleich im Interesse einer als schützenswert erkannten Partei oder schlicht einen Vorrang des Heimatrechts des entscheidenden Gerichts vor.

260 EG Verordnung Nr. 44/2001 ABl. EG 01, L 12/1 - Brüssel I.

261 Übereinkommen 80/934 EWG ABl. EG 1980 L 266/1, BGBl. 1986 II, S. 810.

262 *Jayme*, IPRax 2001, 66; vgl. hierzu auch das *Grünbuch über die Umwandlung des Übereinkommens von Rom aus dem Jahr 1980 über das auf vertragliche Schuldverhältnisse anzuwendende Recht in ein Gemeinschaftsinstrument sowie über seine Aktualisierung*, abrufbar unter: http://europa.eu.int/eur-lex/de/com/gpr/2002/com2002_0654de01.pdf.

263 So *Spindler*, MMR 2000, 20; vgl. auch *Boele- Woelki*, Internet und IPR: Wo geht jemand ins Netz?, in: Dicke, Völkerrecht und Internationales Privatrecht, S. 330.

(2) Ausrichtung des Angebots eines Diensteanbieters auf den Wohnsitzstaat des Verbrauchers - Art. 15 Abs. 1 lit. c EuGVO

Gemäß Art. 29 EGBGB bzw. Art. 5 EVÜ finden die im Staat des Verbrauchers geltenden zwingenden Normen dann Anwendung, wenn der Anbieter im Staat des Verbrauchers wirbt und der Verbraucher dort das Angebot annimmt. Hiernach liegt das Risiko der Anwendung ausländischen Rechts somit also grundsätzlich beim Anbieter[264]. Zumindest Entsprechendes gilt für das Internationale Verfahrensrecht mit Blick auf die EuGVO. Die Verordnung geht jedoch über das (noch) geltende materielle Kollisionsrecht hinaus. Besondere Beachtung verdient hier die Vorschrift des Art. 15 Abs. 1 lit. c der Verordnung über die Zuständigkeit bei Verbrauchersachen. Der Konsumentengerichtsstand soll namentlich u. a. auch gegeben sein:

„[...] in allen anderen Fällen, wenn der andere Vertragspartner in dem Mitgliedstaat, in dessen Hoheitsgebiet der Verbraucher seinen Wohnsitz hat, einen berufliche oder gewerbliche Tätigkeit ausübt oder eine solche auf irgend einem Wege auf diesen Mitgliedstaat oder auf mehrere Staaten, einschließlich dieses Mitgliedstaates ausrichtet und der Vertrag in den Bereich dieser Tätigkeit fällt."

Die Formulierung des Art. 15. EuGVO trägt dem Umstand Rechnung, dass bei der Bestellung über eine interaktive Website der Ort der Vornahme der Handlung kaum oder gar nicht zu bestimmen ist[265]. Es ist daher nach der EuGVO für die Anwendbarkeit des Verbrauchergerichtsstandes unerheblich, ob sich der Verbraucher bei der Vornahme der Rechtshandlung in seinem Heimatstaat oder im Ausland befindet[266].

Es stellt sich hier insbesondere die Frage, wann eine gewerbliche Tätigkeit im Internet auf das Hoheitsgebiet eines bestimmten Staates „ausgerichtet" ist, da ein Angebot im Internet grundsätzlich weltweit abrufbar ist und sich nicht über Distributionsentscheidungen, wie die Schaltung einer Anzeige in einer Tageszeitung steuern lässt. Für den Diensteanbieter ergibt sich hieraus, wie besprochen, die Gefahr, bei der potentiellen Anwendung einer Vielzahl von Gerichtsständen, das Risiko der Rechtsanwendung nicht mehr kalkulieren zu können[267].

Nochmals hingewiesen werden muss im Hinblick auf die nachfolgenden Überlegungen auf den Umstand, dass mit der Neuregelung in Art. 15 EuGVO der

---

[264] Vgl. Staudinger/*Magnus*, Art 29 EGBGB Rz. 71.

[265] *Kropholler*, Europäisches Zivilprozessrecht, Art. 15 EuGVO Rz. 23.

[266] *Spindler*, MMR 2000, 23, mit Hinweis auf die Streichung des Erfordernisses des Art. 13 Abs. 1 Nr. 3a EuGVÜ; vgl. zur alten Rechtslage *Pichler*, Internationale Zuständigkeit im Online- Bereich, in: Immenhauser/Wichtermann, Jahrbuch Junger Zivilrechtswissenschaftler 1998, S. 245.

[267] *Spindler*, aaO, 20.

Anwendungsbereich für die konsumentenschützenden Vorschriften erweitert wurde[268]. Hiernach ist den Interessen der Verbraucher der Vorrang vor denjenigen der Anbieter einzuräumen. Das Kriterium der Sprache scheidet für die Bestimmung des Ausrichtens deshalb aus, weil die meisten Angebote im Internet in Englisch verfasst sind[269]. Zumindest dem Internet- Nutzer können Kenntnisse der englischen Sprache unterstellt werden. Gleiches gilt für die Wahl des Zahlungsmittels, führt man sich die verbreiteten Zahlungsmöglichkeiten per Kreditkarte oder gar mit „Netzgeld" vor Augen[270]. Stellt die TLD „.de" noch eine recht eindeutige Ausrichtung auf den deutschen Markt bzw. den Markt im deutschsprachigen Ausland dar, so sieht man sich bei der TLD „.com" offensichtlich vor ein Problem gestellt[271].

Lässt sich die Ausrichtung eines Angebots daher positiv kaum bestimmen, so erscheint eine Negativabgrenzung vorzugswürdig. Ein Ausrichten soll insofern zu verneinen sein, wenn der Anbieter allenfalls eine passive Website unterhält, d. h. den geschäftlichen Kontakt mit den Verbrauchern in einem bestimmten Staat ausschließt und auch keine Geschäfte mit Verbrauchern tätigt. Kommt dennoch ein Vertrag zustande, so sollte es dem Diensteanbieter obliegen, den Nachweis einer unplanmäßigen Ausnahmeerscheinung zu führen[272]. Durch Werbung bzw. Information allein, die in jedem Staat abrufbar ist, kann eine Ausrichtung der gewerblichen Tätigkeit noch nicht begründet werden[273]. Dem ist zuzustimmen.

---

[268] *Spindler*, aaO, 23; *Kogge*, Verbraucherschutz, S. 253; *Haubold*, Binnenmarkt- IPR und elektronischer Geschäftsverkehr, in: Scholz, Europa der Bürger, S. 99; *Hoeren/Große Ruse*, Immaterialgüter-, Wettbewerbs- und Verbraucherschutz- Kollisionsrecht sowie gerichtliche Zuständigkeit bei Internet- Sachverhalten, in: Lehmann, Electronic Business in Europa, S. 330, halten die Änderung lediglich für eine Klarstellung, da schon die korrespondierende Vorschrift des EuGVÜ entsprechend hätte ausgelegt werden können.

[269] *Kropholler*, Europäisches Zivilprozessrecht, Art. 15 EuGVO Rz. 24, ist der Auffassung, dass eine Ausrichtung auf ein bestimmtes Land regelmäßig dann zu verneinen sein wird, wenn die Website in einer dort nicht verwendeten Sprache verfasst ist.

[270] Zu Recht bereits *Hoeren*, WRP 1997, 998.

[271] Sprache, Währung und Domain noch als Indiz betrachtend *Mehrings*, CR 1998, 620.

[272] So Moritz/Dreier/*Terlau*, E- Commerce, Teil C Rz. 243; *Nagel/Gottwald*, Internationales Zivilprozessrecht, § 3 Rz. 106; vgl. auch *Kropholler*, Europäisches Zivilprozessrecht, Art. 15 EuGVO Rz. 25, unter Berufung auf eine gemeinsame Erklärung der EU- Kommission und des Rates, nach der im Rahmen der Tätigkeit des Diensteanbieters auch ein Vertrag geschlossen worden sein muss (Indizwirkung). Weiterhin müsse die Website auch zum Vertragsschluss auffordern; vgl. ferner *Wernicke/Hoppe*, MMR 2002, 646.

[273] So *Wernicke/Hoppe*, aaO, 646. Dieses Ergebnis deckt sich auch mit den Feststellungen zur Beurteilung des anwendbaren Rechts bei Werbung gegenüber Verbrauchern nach dem grundsätzlich nur im B2B- Commerce geltenden Herkunftslandprinzip der ECRL, s. u. Ziff. B, III, 3, b), dd), (2). So wohl auch *Hoeren/Große Ruse*, Immaterialgüter-, Wettbewerbs- und Verbraucherschutz- Kollisionsrecht sowie gerichtliche Zuständigkeit bei Internet- Sachverhalten, in: Lehmann, Electronic Business in Europa, S. 322.

Als Lösungsmöglichkeit bietet es sich somit für den Diensteanbieter im Hinblick auf den weiten Begriff des Ausrichtens und das mit diesem Begriff einher gehende Rechtsanwendungsrisiko auch nach neuer Rechtslage an, seine Website mit einem eindeutigen Hinweis (Disclaimer) dahingehend zu versehen, dass er Bürger aus bestimmten Staaten als potentielle Vertragspartner nicht akzeptiert[274]. Dagegen wurde bereits vor dem Hintergrund der alten Rechtslage eingewandt, dass bei Vertragsabschlüssen mit Verbrauchern aus solchen Ländern der Vorbehalt unbeachtlich ist, wenn der Vertragsabschluss dennoch zustande kommt[275]. Es wurde somit vorgeschlagen, der Diensteanbieter müsse, um sein Rechtsanwendungsrisiko zu beherrschen, sowohl die Identität als auch den Wohnsitz des Verbrauchers erforschen[276]. Problematisch erscheint indessen, dass es dem Verbraucher ohne weiteres möglich ist, seine Herkunft zu verschleiern. Insbesondere die E- Mail- Adresse bietet keinen eindeutigen Hinweis auf den Wohnort; man denke nur an die Adresse: *paul1000@abc.net*. Man verlangt folglich vom Diensteanbieter, etwa über bestimmte Formulare den Verbraucher aufzufordern, seinen Wohnort anzugeben[277]. Jedoch auch hier können falsche Angaben gemacht werden. Kann der Konsument also auf den gesetzlich garantierten Verbraucherschutz verzichten? M. E. ist der Verbraucher auch nach neuer Rechtslage dann nicht mehr schutzwürdig, wenn er durch Täuschungen aktiv versucht, sogar entgegen dem Willen des Vertragspartners, einen Vertragsabschluss zu erreichen[278]. Dies gilt nicht zuletzt auch aufgrund der Tatsache, dass gerade kleinere regional operierende Anbieter dann keinen Nutzen mehr aus den weltweiten Werbemöglichkeiten des www ziehen, wenn sie den

---

[274] Vgl. *Haubold*, Binnenmarkt- IPR und elektronischer Geschäftsverkehr, in: Scholz, Europa der Bürger, S. 98 ff.; *Spindler*, MMR 2000, 21; *Mehrings*, CR 1998, 620, sieht einen solchen Disclaimer wohl noch als ausreichend hinsichtlich der Anwendung des Rechtsanwendungsrisikos an.

[275] *Hoeren*, WRP 1997, 998.

[276] *Spindler*, MMR 2000, 21; wohl weniger hohe Anforderungen stellend *Kogge*, Verbraucherschutz, S. 247.

[277] *Spindler*, aaO, 21, mit dem Hinweis auf die datenschutzrechtlich bedenkliche Zurückverfolgung der IP- Adresse sowie die beträchtlichen Kosten für den Anbieter bei weitergehenden Maßnahmen.

[278] So *Lurger*, Internationaler Verbraucherschutz im Internet, in: Leible, Die Bedeutung des Internationalen Privatrechts im Zeitalter der neuen Medien, S. 40, 48. *Lurger*, aaO, S. 43, befürwortet eine Novellierung des Art. 29 EGBGB und des EVÜ dahingehend, dass alle durch das Internet zu einem bestimmten Abschluss motivierten Verbraucher in die Kategorie der kollisionsrechtlich schützenswerten „passiven" Verbraucher einbezogen werden; ebenso *Wernicke/Hoppe*, MMR 2002, 647; *Osthaus*, AfP 2001, 19; vgl. *Jayme*, IPRax 2001, 66, mit dem Hinweis, es liege nahe, dass die Verbraucherschutzbestimmungen des Verbraucherlandes in den Fällen, in denen sich die Verbraucher als Geschäftsleute ausgeben, um günstigere Preise zu erreichen, nicht anzuwenden sind.

genannten Mehrbelastungen ausgesetzt sind[279]; ihnen dient das www vielmehr zur Schaffung einer zusätzlichen Absatzmöglichkeit auf regional beschränkter Ebene[280].

bb) Die Anknüpfungspunkte im internationalen Immaterialgüter-, Marken- und Wettbewerbsrecht

Dass die Immaterialgüterrechte und das Wettbewerbsrecht im Online- Handel von besonderer Bedeutung sind, wurde bereits am Beispiel von Napster aufgezeigt und bedarf angesichts der hinlänglich bekannten Diskussion um das Domaingrabbing[281] und Spam keiner näheren Erläuterung mehr.

(1) Die Anknüpfungsgegenstände im Immaterialgüter- und Markenrecht – Das Schutzlandprinzip

Nach dem für das Urheberrecht geltenden Schutzlandprinzip (lex loci protectionis) ist für die Beurteilung einer Urheberrechtsverletzung das Recht desjenigen Staates anzuwenden, für dessen Gebiet der Rechtsschutz beansprucht wird, somit der Ort des Verletzungserfolgs bzw. der Ort, an dem ein solcher behauptet worden ist[282]. Ein deutsches Schutzrecht kann somit nur durch Benutzungshandlungen in Deutschland verletzt werden[283]. Entsprechendes gilt auch nach Art. 3 Abs. 1 des *Vorentwurfs eines Vorschlags für eine Verordnung des Rates über das auf außervertragliche Schuldverhältnisse anzuwendende Recht* („Rom II“)[284].

Hinsichtlich der geltenden Kollisionsnormen wird kritisiert, diese seien zur Bestimmung des anwendbaren Rechts im Rahmen der Immaterialgüterrechte untauglich. Eine Aktion oder Interaktion im Internet einem bestimmten Staatsgebiet zuzuweisen, dessen Rechtsordnung am besten zur Entscheidung berufen ist,

---

[279] So zur alten Rechtslage *Spindler*, MMR 2000, 22 f., *ders*, aaO, 24, weist jedoch auch hinsichtlich der neuen Rechtslage darauf hin, dass nicht nur dem Unternehmer, sondern auch dem Verbraucher Informationsmöglichkeiten zustehen, zumal nach Art. 5 der ECRL dem Anbieter die Pflicht auferlegt wird, das Angebot durch eine geographische Anschrift zu kennzeichnen; a. A. *Kogge*, Verbraucherschutz, S. 248.

[280] *Wernicke/Hoppe*, MMR 2002, 647.

[281] S. zum Domainrecht sogleich Ziff. B, III, 2, a).

[282] *Sack*, WRP 2000, 270; *Hoeren/Große Ruse*, Immaterialgüter-, Wettbewerbs- und Verbraucherschutz- Kollisionsrecht sowie gerichtliche Zuständigkeit bei Internet- Sachverhalten, in: Lehmann, Electronic Business in Europa, S. 307. Die Ausdehnung der lex loci protectionis auch auf die Frage nach Entstehen, Inhalt und Erlöschen des Rechts grundsätzlich kritisierend *Schack*, MMR 2000, 62.

[283] *Sack*, aaO, 271.

[284] Der Entwurf i. d. F. vom 3. Mai 2002 ist abrufbar unter: http://europa.eu.int/comm/justice_home/unit/civil/consultation/index_de.htm.

sei nicht möglich. Zur Begründung wird angeführt, dass das momentan geltende IPR vielfach des Recht des Abrufortes als anwendbar bestimme, weshalb der Inhaber des geschützten Materials gezwungen würde, sein Handeln nach den Rechtsordnungen aller Staaten auszurichten[285].

Vorgeschlagen wird die alternative Anknüpfungsmöglichkeit des Herkunftslandprinzips. Es wäre hiernach das Recht des Herkunftslandes des Verwerters anwendbar. Hiergegen sprechen indessen eine Reihe von Gründen. Zunächst kann man aus der Regelung des Art. 3 (Recht der öffentlichen Zugänglichmachung - right of making available to the public) der InfoSoc- Richtlinie ein solches Prinzip nicht folgern. Nach Art. 3 Abs. 2 der Richtlinie ist das Zum- Abruf-Bereithalten und auch die Abrufbarkeit im Internet die erlaubnispflichtige Handlung[286]. Würde man auf den Ort des Angebots abstellen, ergäben sich bereits Lokalisierungsprobleme. Relevant könnte namentlich der Serverstandort sein, auf dem die urheberrechtlich geschützten Inhalte belegen sind, der Ort der Schnittstelle zur Öffentlichkeit oder der Ort, von dem der entsprechende Server beherrscht bzw. gesteuert wird. Die Kommission hat im ersten Richtlinienentwurf weiterhin darauf hingewiesen, dass keine neuen kollisionsrechtlichen Regeln geschaffen werden sollten[287]. Dieses Ergebnis deckt sich auch mit dem Herkunftslandprinzip in der ECRL, die das Urheberrecht und die verwandten Schutzrechte ausnimmt. Der Verwerter des geschützten Materials könnte sich zudem durch die Wahl des Serverstandortes das Recht mit dem vermeintlich geringsten Schutz aussuchen (Stichwort: Rechtsoasen)[288].
Es ist zu konstatieren, dass vorerst zuungunsten der Verwerter der Ort des Abrufs maßgeblich bleiben wird.

Ähnliche Probleme ergeben sich auch im Markenrecht, welches gerade im Zusammenhang mit Domainstreitigkeiten von besonderer Bedeutung ist. Die Anknüpfung richtet sich hier ebenfalls nach dem Schutzlandprinzip. Die entschei-

---

[285] *Hoeren/Große Ruse*, Immaterialgüter-, Wettbewerbs- und Verbraucherschutz- Kollisionsrecht sowie gerichtliche Zuständigkeit bei Internet- Sachverhalten, in: Lehmann, Electronic Business in Europa, S. 308.
[286] So *Hoeren/Große Ruse*, aaO, S. 309.
[287] *Spindler*, GRUR 2002, 109.
[288] *Spindler*, aaO, 109; *ders.*, Morpheus, Napster & Co. – Die kollisionsrechtliche Behandlung von Urheberrechtsverletzungen im Internet, in: Leible, Die Bedeutung des Internationalen Privatrechts im Zeitalter der neuen Medien, S. 180; *Hoeren/Große Ruse*, Immaterialgüter-, Wettbewerbs- und Verbraucherschutz- Kollisionsrecht sowie gerichtliche Zuständigkeit bei Internet- Sachverhalten, in: Lehmann, Electronic Business in Europa, S. 309 f., auch zu der Frage nach der Einführung eines Ursprungslandprinzips; *Schack*, MMR 2000, 62, weist darauf hin, dass das Herkunftslandprinzip vor dem Hintergrund der Gefahr eines race to the bottom nur innerhalb eines weitgehend vereinheitlichten Rechts- und Wirtschaftsraumes tragbar sei.

dende Frage lautet, ob gerade nach dem Recht des Staates, für den der Schutz des Markenrechts in Anspruch genommen wird, das Markenrecht besteht und Schutz genießt[289]. Nach dem Territorialitätsprinzip, das nicht nur in Deutschland gilt, sondern in allen Rechtsordnungen anerkannt ist, erstreckt sich der Schutz eines Kennzeichens immer nur auf das Territorium des Staates, in dem die Marke registriert oder beispielsweise aufgrund Verkehrsgeltung anerkannt ist[290].

Das Problem liegt hier weniger in der potentiellen Anwendbarkeit einer jeden Rechtsordnung, es geht vielmehr um die Fragestellung, ob die bloße Abrufmöglichkeit einer mit einem Kennzeichen werbenden Maßnahme ausreicht oder nicht weitere Gesichtspunkte hinzutreten müssen, welche die enge Verbindung der Rechtsordnungen begründen könnten. Es wird namentlich befürchtet, die Gerichte könnten geneigt sein, die reine Abrufbarkeit als ausreichend zur Anwendung des eigenen Markenrechts anzusehen[291]. Dies bedeutet jedoch automatisch eine generelle Unmöglichkeit, das Zeichen in der beanstandeten Weise im Internet zu benutzen, da die Abrufbarkeit nicht territorial beschränkt werden kann. Die Markeninhaber könnten sich somit über das Internet wechselseitig blockieren[292]. Es wäre schließlich eine überschiessende Tendenz durch Unterlassungsverfügungen im Internet zu befürchten[293]. Die Befürchtung der Ausuferung der Anwendung des nationalen Markenrechts durch die Rechtsprechung scheint sich jedoch – zumindest in Deutschland - nicht zu bestätigen. Nach einem jüngeren Urteil des OLG Hamburg[294] ist die bloße Empfangsmöglichkeit ausländi-

---

[289] OLG Hamburg, MMR 2002, 823 – hotel-maritime.dk; *Fezer*, Markenrecht, Einl MarkenG Rz. 169.

[290] *Ingerl/Rohnke*, Markengesetz, Einl Rz. 14; *Mankowski*, GRUR Int. 1999, 996.

[291] Vgl. zur Zuständigkeit Staudinger/*von Hoffmann*, Vorbem zu Art 40 EGBGB Rz. 101, mit dem Hinweis auf eine Entscheidung des LG Karlsruhe, ZUM- RD 1999, 395, nach der ein zuständigkeitsbegründender Erfolgsort überall dort liege, wo der Domain- Name bestimmungsgemäß abrufbar sei.

[292] *Hoeren/Große Ruse*, Immaterialgüter-, Wettbewerbs- und Verbraucherschutz- Kollisionsrecht sowie gerichtliche Zuständigkeit bei Internet- Sachverhalten, in: Lehmann, Electronic Business in Europa, S. 311 ff..

[293] So *Ohly*, Kennzeichenkonflikte im Internet, in: Leible, Die Bedeutung des Internationalen Privatrechts im Zeitalter der neuen Medien, S. 139.

[294] OLG Hamburg, MMR 2002, 823 – hotel-maritime.dk. Das OLG Hamburg hatte zu entscheiden, ob die Nutzung der Domain „hotel-maritime.dk" durch einen dänischen Hotelier, der über das Internet auch in deutscher Sprache warb, gegen das Markenrecht der deutschen Hotelkette *Maritim* verstoßen hatte; ähnl. OLG Karlsruhe, MMR 2002, 814 - Kennzeichenbenutzung, mit Anm. *Mankowski*; vgl. auch *Ingerl/Rohnke*, Markengesetz, § 14 Rz. 31, mit der Begründung, eine Beachtung der Schutzrechtslage in allen Ländern der Welt sei dem Internet-Providern nicht zuzumuten. Ähnl. der obigen Ausführungen zu den verbraucherschützenden kollisionsrechtlichen Vorschriften gehen auch *Ingerl/Rohnke* davon aus, man könne durch ausdrückliche Erklärung, das Angebot gelte nicht für ein bestimmtes Land, den Inlandsbezug ausschließen, wenn dies ernsthaft und unmissverständlich befolgt werde, bspw. keine Lieferungen in das genannte Land erfolgen.

scher Inhalte über das Internet nicht ausreichend für einen Inlandsbezug einer Markenrechtsverletzung. Es sei darüber hinaus eine Gesamtabwägung vorzunehmen, wobei die für- und widerstreitenden Interessen im Einzelfall zu berücksichtigen seien. Das Gericht begründet seine Auffassung zu Recht mit der Erwägung, dass aufgrund der technisch bedingten weltweiten Abrufbarkeit ansonsten jede Kennzeichenbenutzung eine Verletzungshandlung darstellt. Dies sei jedoch mit dem Territorialitätsprinzip nicht vereinbar. Im Rahmen der Einzelfallabwägung führt das Gericht die wirtschaftlichen Auswirkungen der Markennutzung ins Feld. Entgegen der Auffassung, die Verletzung inländischer Kennzeichenrechte durch extraterritoriale Benutzungshandlungen lasse sich durch die Feststellung von Inlandsmarktauswirkungen i. S. d. international privatrechtlichen Auswirkungsprinzips nicht begründen[295], knüpft des Gericht dennoch an entsprechende Überlegungsmuster an und trägt damit den neuen Anforderungen durch das Internet Rechnung. Eine solche „kollisionsrechtliche Spürbarkeitsregel", die eine spürbar grenzüberschreitende Vermarktung verlangt, erscheint gerechtfertigt[296].

(2) Die Anknüpfungsgegenstände im Wettbewerbsrecht – Das Marktortprinzip

Im Wettbewerbsrecht gilt zur Festlegung der maßgeblichen Rechtsordnung bei Wettbewerbsverstößen mit Auslandbezug das Marktortprinzip. Hiernach ist das Recht des Staates anwendbar, auf dessen Territorium die wettbewerblichen Interessen aufeinanderstoßen. Dort liegt auch der wettbewerbsspezifische Handlungs- und Erfolgsort. Hieraus folgt, dass auf Werbemaßnahmen das Recht des Werbemarktes, auf Absatzhandlungen das Recht des Absatzmarktes anzuwenden ist[297]. Für das Internet ergibt sich wiederum die Besonderheit, dass eine wettbewerbsrechtlich relevante Handlung über das Medium weltweit abrufbar

---

[295] So *Ingerl/Rohnke*, aaO, § 14 Rz. 32, mit dem Argument, es käme nicht auf Auswirkungen, sondern auf konkrete Verletzungen an.

[296] So *Hoeren/Große Ruse*, Immaterialgüter-, Wettbewerbs- und Verbraucherschutz- Kollisionsrecht sowie gerichtliche Zuständigkeit bei Internet- Sachverhalten, in: Lehmann, Electronic Business in Europa, S. 315, unter Berufung auf *Sack*, WRP 2000, 277.

Vor dem Hintergrund dass deutsche Gerichte – so die soeben zitierten Entscheidungen des OLG Hamburg und das OLG Karlsruhe - regelmäßig, ihre Zuständigkeit bei Kennzeichenstreitigkeiten im Internet angenommen haben, spricht sich *Mankowski* in der Anm. zu OLG Karlsruhe MMR 2002, 817, dafür aus, bereits bei der Frage der Zuständigkeit nach Art. 5 Nr. 3 EuGVO strenge Maßstäbe anzulegen. Mit Hinweis auf die Rechtsprechung des EuGH betont *Mankowski*, die besonderen Gerichtsstände dürften im Interesse des Beklagten nicht ausufern. Er schlägt die Bestimmungsgemäßheit der Abrufmöglichkeit als eine notwendige und geeignete Einschränkung vor.

[297] *Hoeren/Große Ruse*, aaO, S. 317.

ist. Es wären hier somit für den Diensteanbieter alle Rechtsordnungen zu prüfen. Schwierigkeiten bereitet ebenso der Umstand, dass bei den für das Internet eben typischen sogenannten Multistate- Sachverhalten unteilbare Wettbewerbsmaßnahmen, die nur insgesamt untersagt werden können, mit Hilfe der jeweils strengsten nationalen Wettbewerbsrechts insgesamt für alle Länder unterbunden werden können[298]. Es wird vorgeschlagen, solche Einschränkungen vorzunehmen, die den Besonderheiten gerecht werden. Die ins Feld geführten Kriterien sind bereits hinlänglich bekannt. Einerseits könnte man auch hier die aus dem Kartellrecht stammende Spürbarkeit der Beeinflussung fruchtbar machen[299], andererseits könnte eine Lösung über die Frage nach der Zielrichtung bzw. Ausrichtung der Werbemaßnahme gefunden werden[300]. Weiterhin verspricht das Herkunftslandprinzip der ECRL zumindest im B2B- Commerce die Schaffung von Rechtssicherheit für die von einer umfassenden Geltung des Marktortprinzips im Internet nicht unerheblich betroffenen Diensteanbieter[301]. Insofern stellt sich die Frage, ob das Marktortprinzip vor dem Hintergrund der ECRL im Internet nicht sogar ein Auslaufmodell darstellt.

---

[298] *Sack*, WRP 2000, 274, 278, der folgerichtig die Ausrichtung eines Internet- Angebots am strengsten Wettbewerbsrecht empfiehlt.

[299] So *Sack*, aaO, 277 f., der vor dem Hintergrund der durch das Internet geförderten Spill-Over- Effekte eine solche „kollisionsrechtliche Spürbarkeitsgrenze“ zumindest bei Multistate- Werbung als geboten ansieht. Die Spürbarkeit liege nur dort, wo die betreffende Werbung per Internet geeignet sei, Kaufentscheidungen der Nutzer herbeizuführen. Dies könne von der verwendeten Sprache oder von der Verfügbarkeit der am Markt angebotenen Ware abhängig gemacht werden; *ders.*, WRP 2002, 272; ebenso Staudinger/*von Hoffmann*, Art 40 EGBGB Rz. 342.; *Mankowski*, GRUR Int. 1999, 995; *ders.*, GRUR Int. 1999, 917, sieht die Spürbarkeitsschwelle überschritten, wenn eine nicht unerhebliche Zahl von Vertragsschlüssen mit Kunden in einem bestimmten Staat nachweisbar ist; ebenso zur Rechtslage in der Schweiz *Glöckner*, ZVglRWiss 99 (2000), 294 ff., mit dem Hinweis, bei Multistate- Sachverhalten müssten diejenigen Rechtsordnungen unberücksichtigt bleiben, in denen ein eventueller Wettbewerbsverstoß die Marktverhältnisse nicht nennenswert beeinträchtigt. *Glöckner* spricht sich für eine objektive nicht für eine subjektive Ausfüllung der Spürbarkeit aus. Dem ist zuzustimmen. Das Spürbarkeitskriterium darf nicht dazu führen, das Lauterkeitsrecht durch die Behauptungen einzelner Anbieter zu verwässern. *Glöckner* führt hier das Kriterium der Sprache an, nimmt aber die englische zu Recht aus.

[300] *Hoeren/Große Ruse*, Immaterialgüter-, Wettbewerbs- und Verbraucherschutz- Kollisionsrecht sowie gerichtliche Zuständigkeit bei Internet- Sachverhalten, in: Lehmann, Electronic Business in Europa, S. 317, mit dem Hinweis, anders als im internationalen Kartellrecht würden jedoch oftmals keine festen Größen oder Marktanteile zur Verfügung stehen.

[301] Wie sich das Herkunftslandprinzip zum IPR verhält, und ob tatsächlich Rechtssicherheit in Aussicht steht, gilt es an anderer Stelle zu klären, s. u. Ziff. B, III, 3, b), dd), (2).

cc) Die Notwendigkeit der Entwicklung eigenständiger Sachnormen des IPR?

Es wird die Frage aufgeworfen, ob die Transnationalität der Sachverhalte die Anwendung der Kollisionsnormen IPR ausschließen und es deshalb gelte, eigenständige auf das Internet zugeschnittene Sachnormen des IPR zu entwickeln[302].

In diesem Zusammenhang werden Überlegungen hinsichtlich der „digitalen Drittwirkung" der Grundrechte allerdings in Bezug auf die Schiedsgerichtsbarkeit der ICANN- Panels angestellt. Online- Schiedsgerichte – welche i. d. R. mit Konflikte zwischen Privaten befasst sind – bezogen sich bei ihrer Beurteilung von Domain- Streitigkeiten über generische TLDs im Rahmen ihrer Entscheidungen ausdrücklich auf Grundrechtspositionen, wie die Meinungsfreiheit. Zu nennen sind hier diejenigen Verfahren, in denen Unternehmen gegen Organisationen vorgegangen sind, die Domains eigens zur Veröffentlichung wirtschaftskritischer Äußerungen registrierten (sog. *CompanyNameSucks*- Fälle). Fraglich erscheint, wie die Drittwirkung der Grundrechte bei grenzüberschreitenden Sachverhalten zu behandeln ist. Ist der Grundsatz der mittelbaren Drittwirkung der Grundrechte in demokratischen Staaten wie Deutschland anerkannt[303], so trifft dies jedoch nicht auf alle Staaten zu. Es stellt sich die Frage, ob die Schiedsgerichte nach kollisionsrechtlichen Maßstäben das jeweils anwendbare nationale Recht bestimmen sollen? Dies hätte zur Konsequenz, dass beispielsweise diejenigen Internet- Nutzer, die aus Nationen ohne ausgeprägten Grundrechtsschutz stammen, trotz der weltweiten Abrufbarkeit der Domain das Nachsehen hätten. Es wird bezweifelt, ob eine solche Einteilung des Internet nach nationalstaatlichen Maßstäben wünschenswert ist[304].

Die Antwort auf die vorstehende Frage muss aber auch hier nicht zu differenziert ausfallen. Eine „digitale Drittwirkung der Grundrechte" erscheint zwar gerade vor dem Hintergrund, dass sich alternative Streitschlichtungsmechanismen zunehmend auch mit solchen Fällen befassen, die sich im grundrechtsrelevanten Bereich bewegen, wünschenswert. Ob die Panels in der Lage sind, Werte zu

[302] Vgl. *Karavas/Teubner*, http://www.CompanyNameSucks.com: Drittwirkung der Grundrechte gegenüber „Privaten" im autonomen Recht des Internet?, in: Ladeur, Innovationsoffene Regulierung des Internet. Vgl. auch *Kegel/Schurig*, IPR, S. 65, die den Begriff der „Sachnorm im IPR" jedoch für entbehrlich halten. Man könne nicht das IPR- System aus Kollisionsnormen ganz oder teilweise durch ad- hoc auszubildende, aus Elementen der „beteiligten" Rechtsordnungen bestehende Sachnormen ersetzen.

[303] Vgl. BVerfGE 7, 198 – Lüth; vgl. zur Rechtlage in den USA *Brugger*, Einführung in das öffentliche Recht der USA, S. 135 ff., im besonderen zur Frage der „hate speech", aaO, S. 146.

[304] Vgl. zum Ganzen *Karavas/Teubner*, http://www.CompanyNameSucks.com: Drittwirkung der Grundrechte gegenüber „Privaten" im autonomen Recht des Internet?, in: Ladeur, Innovationsoffene Regulierung des Internet, m. zahlr. w. Nachw..

schaffen, die dem Schutz der Freiheit des Einzelnen durch Grundrechte gleichkommen, wurde bereits oben in Frage gestellt. M. E. stellt eine verstärkte Adaption der Grundrechte und der durch sie vermittelten Werte den einzig gangbaren Weg im Rahmen der weiteren Ausbildung der virtuellen Schiedsgerichtsbarkeit dar. Ansonsten gilt es, die weltweite Anerkennung fundamentaler Grundwerte voranzutreiben[305]. Allein die Tatsache, dass die Schiedsgerichte gemäß § 1051 ZPO nicht zwingend an die Bestimmung einer Rechtsordnung durch das Kollisionsrecht gebunden sind[306], spricht bereits gegen die Notwendigkeit einer Ausbildung von Sachnormen im IPR vor dem Hintergrund der Cyber- Schiedsgerichtsbarkeit.

Im Übrigen wirft die Ausbildung von Sachnormen für grenzüberschreitende Sachverhalte dieselben im Rahmen der Diskussion um ein Internationales Einheitsrecht bereits benannten Probleme auf. Die Anregung, internetspezifische Sachnormen des IPR zu schaffen, klingt m. E. nach einem weiteren Versuch, ein theoretisches Konstrukt wie ein Cyberlaw zu etablieren. Im Hinblick auf die Verfahren vor staatlichen Gerichten kann im Zusammenhang mit der Frage der Geltung der Grundrechte bei grenzüberschreitenden Sachverhalten auf den ordre public, Art 6 EGBGB verwiesen werden[307].

dd) Fazit und Ausblick

Ein Internationales Einheitsrecht für Internetgeschäfte oder ein transnationales Cyberlaw ist nicht existent. Insofern können diese das IPR nicht verdrängen. Notwendig erscheint jedoch in Teilbereichen eine Modifikation der Anknüpfungspunkte. Eine größere Flexibilität im Umgang mit den Anknüpfungsgegens-

---

[305] Vgl. auch *Lessig*, Code, S. 211: „They [the framers] gave us the values, and our task is to carry those values into cyberspace."

[306] So auch *Boele- Woelki*, Internet und IPR: Wo geht jemand ins Netz?, in: Dicke, Völkerrecht und Internationales Privatrecht, S. 314; vgl. jedoch hinsichtlich internationaler Handelsgeschäfte auch *Jayme*, BOT-Projekte: Probleme der Rechtswahl, in: Nicklisch, Rechtsfragen privatfinanzierter Projekte, S. 69, der freilich in anderem Zusammenhang auf Art. VII Abs. 1 S. 2 des Genfer Europäischen Übereinkommens über die internationale Handelsschiedsgerichtsbarkeit vom 21. April 1961 (EuÜ) hinweist, wonach „ [...] das Schiedsgericht das Rechts anzuwenden [hat], auf das die Kollisionsnormen hinweisen, von denen auszugehen das Schiedsgericht jeweils für richtig erachtet.". Nach Art. VII Abs. 2 EuÜ entscheidet das Schiedsgericht nach Billigkeit, „wenn dies dem Willen der Parteien entspricht und wenn das für das schiedsrichterliche Verfahren maßgebende Recht es gestattet.". Insofern handelt es sich bei der Frage, ob eine Billigkeitsentscheidung möglich ist oder nicht um eine internationalprivatrechtliche Frage. Diese muss zunächst beantwortet werden, bevor das Schiedsgericht das Kollisionsrecht vernachlässigen kann, vgl. *v. Bar/Mankowski*, Internationales Privatrecht, Bd. 1, § 2 Rz. 78.

[307] Vgl. *Kropholler*, Internationales Privatrecht, § 36.

tänden ist im Internet zu begrüßen[308]. Diese sollten grundsätzlich personenbezogen sein. Es kommt der Geschäftssitz und der gewöhnliche Aufenthaltsort des Handelnden in Betracht[309]. Technikbezogene Anknüpfungspunkte wie der Serverstandort helfen aufgrund der Ubiquität des Internet nicht weiter. Die Beurteilung nach objektiv zu bestimmenden Spürbarkeitsgesichtspunkten erscheint stellenweise notwendig. Weiterhin gilt es den zu Recht weit gefassten Begriff der Ausrichtung für bestimmte Einzelfälle näher zu konkretisieren. Letztlich könnte sich hier ein System von Fallgruppen herausbilden, die gegebenenfalls wieder in abstrakte Rechtsnormen umgesetzt werden könnten[310]. Im Rahmen des anwendbaren Rechts bestehen darüber hinaus Methoden, wie die herkömmlichen Begriffe in den Regelungsbereich des Internet transformiert werden können und rechtliche Bedeutung erlangen.

Bei der im Zuge der Anpassung an die Gegebenheiten des Internet vorzunehmenden jeweiligen nationalen Änderungen des IPR besteht jedoch die Gefahr, dass nationalstaatliche Interessen verfolgt werden und die internationale Koordination der nationalen Privatrechtssysteme Schaden nimmt[311]. Diese Gefahren betreffen freilich weniger die harmonisierte IPR- Gesetzgebung in Europa als vielmehr diejenige beispielsweise in den USA[312].

2. Rückgriff auf das geltende „Recht der realen Welt"?

Im Hinblick auf das national geltende Sachrecht liegt einer Auffassung nach die Lösung der auftretenden rechtlichen Probleme im Internet – auf den ersten Blick paradoxerweise - im Rückgriff auf das bereits bestehende „Recht der realen Welt". Gemäß dieser Ansicht soll das Internetrecht ein Konglomerat verschiedener klassischer Rechtsgebiete darstellen, deren Prinzipien, Rechtsfiguren und – regelungen lediglich auf das neue Medium übertragen werden müssen[313]. Hin-

[308] *Osthaus*, AfP 2001, 20, mit dem Hinweis, dass dies auch in den Neufassungen des europäischen Kollisionsrechts bereits geschieht.

[309] So *Jayme*, Kollisionsrecht und Internet – Nationalisierung von Rechtsverhältnissen oder „CyberLaw", in: Leible, Die Bedeutung des Internationalen Privatrechts im Zeitalter der neuen Medien, S. 20.

[310] *Osthaus*, AfP 2001, 20.

[311] *Mestmäcker/Engel*, Globale Netze und lokale Werte, S. 214; *Osthaus*, aaO, 20..

[312] Vgl. aber *Osthaus*, aaO, 20, der darauf aufmerksam macht, gerade in Bezug auf das Internet, sei das flexibel ausgestaltete US- amerikanische IPR dem starren kontinental- europäischen System stellenweise vorzuziehen.

[313] So *Köhler/Arndt*, Recht des Internet, Rz. 2; *Braun/Gerlach/Münch- Dalstein*, Regulierung und Selbstregulierung, S. 1, 32; *Bleiweiß*, JA 2000, 511; *Haedicke*, CR 1999, 309; vgl. auch den Ansatz von *Cichon*, Internetverträge, S. 3 f., die sich in ihrer Untersuchung bemüht, nicht vorschnell die im Internet auftretenden neuen Vertragstypen als Verträge „sui generis" zu bezeichnen, sondern im Gegenteil die Normen des BGB zur rechtlichen Einordnung heranzieht.

sichtlich des Verbraucherschutzes wird beispielsweise argumentiert, das geltende deutsche Zivilrecht beinhalte einen „soliden Kern“ verbraucherschützender Normen, welche ihrer Zielsetzung nach auf die neue Technologie anzuwenden sind. Der Grundsatz lautet, dass nicht die Technologie das Recht bestimme, sondern das Telos der geltenden Verbraucherregelungen den Inhalt und die Grenzen der neuen Vermarktungsformen definiere[314]. Zur rechtlichen Erfassung des Ungewissen bedürfe es also keines neuen Modells der Technologiesteuerung. Indessen müsse man die bereits geltenden Regelungen weiterentwickeln, um auf diese Weise normative Regelungen zu gewinnen[315]. Im Grunde ist dieser Auffassung zuzustimmen.

Liegt der Schwerpunkt des geltenden im BGB kodifizierten Zivilrechts auf dem Austausch von Waren, so eignet es sich nur bedingt als Werkzeug zu Umgang mit dem durch das Internet in seiner Bedeutung erblühten Wirtschaftsgut der Information[316]. Anhand verschiedener Beispiele lässt sich veranschaulichen, dass der Anwendung des geltenden Rechts in Bezug auf den Cyberspace aufgrund spezieller technischer Phänomene Grenzen gesetzt sind[317].

aa) Das Recht der Domainnamen

Die Vergabe von Internetadressen („Domain- Names“ oder „Domains“) bzw. die Frage nach dem Recht an einer Domain stößt auf kennzeichenrechtliche Schwierigkeiten. Während sich im Markenrecht in der realen Welt grundsätzlich keinerlei Probleme ergeben, sofern zwei gleichlautende Marken verschiedenen Produkten oder Wirtschaftszweigen zugeordnet werden können, so besteht im Internet die Besonderheit, dass eine Domain weltweit (!) nur einmal vergeben werden kann[318]; der Domainnamenraum ist insofern im Gegensatz zum Markenrechtsraum eindimensional[319]. Ein Kompromiss zwischen den Markenrechtsinhabern ist somit nicht möglich. Für diesen Fall sieht zumindest das deutsche Markenrecht keine Lösung vor. Zudem begannen skrupellose, windige „Ge-

[314] Vgl. das Vorwort bei *Reich/Nordhausen*, Verbraucher und Recht im elektronischen Geschäftsverkehr.

[315] So bereits die These von *Nicklisch*, NJW 1986, 2287, bezüglich des Technologierechts im allgemeinen.

[316] Vgl. zum Begriff der Information und deren Einordnung in das Rechtssystem *Hoeren*, JuS 2002, 948.

[317] So auch *Peschel- Mehner*, Wettbewerbsrechtliche Bewertung geschäftlicher Aktivitäten im Internet und sonstigen Online- Plattformen, in: Schwerdtfeger, Cyberlaw, S. 123.

[318] Zur Vergabepraxis s. u. Ziff. E, II, 2, a), ee), (1). Vgl. auch *Murray/Scott*, 65 Mod. L. Rev. 499 (2002); *Karavas/Teubner*, http://www.CompanyNameSucks.com: Drittwirkung der Grundrechte gegenüber „Privaten“ im autonomen Recht des Internet?, in: Ladeur, Innovationsoffene Regulierung des Internet.

[319] *Heisz*, TMR 2002, 24.

schäftsleute" bekannte Markennamen als Domains zu registrieren, um diese sodann an die Berechtigten zu veräußern. Diese Vorgehensweise wurde seitens der „Internetgemeinde" schon früh als das sogenannte „Cybersquatting" oder „Domaingrabbing" geächtet; eine Flut von Prozessen war und ist immer noch die Folge[320]. Das Internet hat einen der realen Welt in dieser Form nicht bekannten Typus knapper Ressourcen geschaffen.

Im Rahmen der neuerlichen Vergabe von *Top- Level- Domains* (TLDs)[321] wie „.info", welche die stark nachgefragte Domain „.com" entlasten sollen[322], hat die zuständige Vergabestelle *Afilias* Markenrechtsinhabern binnen einer Frist (sogenannte *Sunrise Period*) den Vorzug zum Erwerb der Domain eingeräumt. Für eventuelle Kollisionen mit anderen Marken wurde an ein Schiedsgericht zur Lösung dieser Konflikte verwiesen[323]. Auch die für die weltweite Vergabe der generischen TLDs zuständige ICANN hat sich mit der UDRP der Etablierung eines Streitschlichtungsmechanismus angenommen[324]. Ob die von einer Minderheit der Internetexperten favorisierte Lösung hilft, die künstliche Schaffung der Knappheit durch die Einführung einer großen Anzahl von TLDs zu revidieren, ist zu bezweifeln. Einerseits wird vorgebracht, ein solches Vorgehen könnte die Stabilität des Internet gefährden[325], andererseits zeigt jedoch auch die spärliche Nutzung der neuen generischen TLDs, dass sich die Nutzer bereits an die bekannten TLDs gewöhnt haben. So zeigt auch einen neuere Studie der Domain-Handelsbörse *Sedo.de*, dass lediglich der Domain „.info" langfristig eine stärkere Stellung zugetraut werden kann. Während bei den etablierten Domains wie „.com" und „.de" rund 50 % aktiv genutzt werden, beträgt die Nutzungsquote bei den neuen Domains maximal 5 bis 25 %[326].

---

320 Zur Stand der deutschen Rechtsprechung bezüglich Domains, vgl. http://www.jura.uni-muenster.de/netlaw/default.cfm; *Ernst*, MMR 2001, 369; *Hoeren*, Grundzüge, S. 32 ff..

321 TLDs sind beispielsweise ".com" oder ".de".

322 Es wird allerdings vermutet, dass eine Entlastung kaum stattfinden wird, da sich „.com" gewissermaßen als Gütesiegel etabliert habe und – unterteilt man das Internet als virtuelle Welt in einzelne Sektoren – die „Wall- Street" des www darstellt; vgl. *Murray/Scott*, 65 Mod. L. Rev. 512 (2002).

323 Näheres zum Vergabeverfahren unter http://www.afilias.info; ferner *Hoeren*, Grundzüge, S. 29; *Eckhardt*, MMR aktuell 3/2002, S. XIX f. *Strömer*, Das ICANN- Schiedsverfahren, S. 17.

324 Zur UDRP s. u. Ziff. E, II, 2, a), ee), (3).

325 Vgl. *Leib*, Das Doppelgesicht ICANNs – Koordination und Regulierung des Internet, in: Kubicek, Internet@Future, S. 126.

326 Vgl. MMR aktuell 4/2003, XIII.

b) Die elektronische Signatur

Die wohl überwiegende Mehrheit der Stimmen in der Literatur sieht angesichts des Problems des anonymen Auftretens im Internet in der elektronischen (digitalen) Signatur ein für die Funktionsfähigkeit des elektronischen Geschäftsverkehrs bedeutendes Element[327].

Eine elektronische Signatur ist eine Art Siegel, welchem in erster Linie eine Authentifizierungs- und Integritätsfunktion für im www versandte Daten zukommt. Mit Einsatz mathematischer, asymmetrischer Verfahren und unter Zuhilfenahme eines privaten kryptographischen Schlüssels (private key) ist der Internet- User in der Lage, die von ihm versandten Daten zu verschlüsseln. Der komplementäre öffentliche Schlüssel (public key), welcher die Verifikation der Signatur ermöglicht, erlaubt es dem Empfänger, sowohl die Identität des Absenders festzustellen, als auch die Unverfälschtheit der Daten sicherzustellen. Mit Hilfe dieses Verfahrens kann die Datensicherheit zumindest mit hoher Wahrscheinlichkeit gewährleistet werden[328].

Da sich für eine elektronische Signatur jedoch in der realen Welt kein normiertes Korrelat findet, sind weltweit gesetzgeberische Bemühungen zu verzeichnen. Im europäischen und deutschen Rechtsraum sind hier die Signatur-

[327] *Lessig*, Code, S. 35, stellt, eine leichte Übertreibung eingestehend, folgende These auf: „ [...] encryption technologies are the most important technological breakthrough in the last one thousand years. No other technological discovery – from nuclear weapons [...] to the internet – will have a more significant impact on social and political life. Cryptography will change everything.“; vgl. auch *Rapp*, Elektronische Signaturen, S. 215; Moritz/Dreier/*Miedbrodt*, E-Commerce, Teil F Rz. 65, der die Tatsache, dass sich die angekündigten Wachstumsprognosen für die Entwicklung des electronic und mobile commerce noch nicht in dem vorhergesagten Maße bestätigt haben, auf die Unsicherheit über die Rechtsgültigkeit elektronisch eingegangener Verpflichtungen zurückführt; *Boehme- Neßler*, Cyberlaw, S. 309; *Graf von Bernstorff*, RIW 2000, 18; *Moos*, Die Entwicklung eines supra- und internationalen Rechtsrahmens für das Internet, in: Kröger/Gimmy, Handbuch zum Internetrecht, S. 19; *Hoeren*, Der Vertragsschluss im Internet und die digitale Signatur – einige ungelöste Fragen, in: Schulze/Schulte- Nölke, Die Schuldrechtsreform, S. 327; *Müglich*, MMR 2000, 7 ff.. Vgl. zur Situation in den USA den Beitrag von *Geiger*, K & R 2001, 445, 449 m. w. Nachw.; *Kleinwächter*, MMR aktuell 1/2002, S. XIX. Zur Rechtslage in Italien *Bianca*, Studium Juris 2002, 1432.

An dieser Stelle muss jedoch andererseits auch auf das oben bereits angedeutete Bedürfnis der Nutzer und Verbraucher hingewiesen werden, aus Gründen, die den Schutz ihrer personenbezogenen Daten betreffen, anonym oder zumindest unter einem Pseudonym agieren zu können. Inwieweit sich die Bedürfnisse von Händlern und Kunden verbinden lassen, zeigt das Forschungsprojekt *DASIT*, welches den Prototyp einer datenschutzkonformen, technisch realisierbaren und wirtschaftlich zumutbaren Lösung für Einkaufs- und Bezahlprozesse im Internet darstellt, vgl. hierzu *Enzmann/Roßnagel*, CR 2002, 141 ff..

[328] Vgl. zum Ganzen *Rapp*, Elektronische Signaturen; *Boehme- Neßler*, aaO, S. 143 ff.; *Paschke*, Medienrecht, Rz. 77; *Lessig*, aaO, S. 35 ff..

richtlinie und das SigG zu nennen. Ein besonderes Augenmerk verdienen diejenigen Einrichtungen, welche die digitalen Signaturen den Nutzern zuweisen, die sogenannten Zertifizierungsstellen (*Certification Authorities – CAs* oder *Trust-Center*). Gemäß § 2 SigG gewährleisten die Zertifizierungsstellen die Übereinstimmung von öffentlichem und privatem Schlüssel. Der Zusammenhang der Schlüssel ist aus Sicherheitsgründen nur der Zertifizierungsstelle bekannt. Um als Trust- Center auftreten zu können, bedarf es in Deutschland der Genehmigung der Regulierungsbehörde für Telekommunikation und Post (RegTP)[329]. Jede natürliche oder juristische Person kann eine solche Genehmigung erlangen, §§ 4, 5 SiG[330].

Neben den benannten Phänomenen finden sich in der Literatur zum Internetrecht immer wieder Beispiele, die das Problem der bedingten Anwendbarkeit des Rechts der realen Welt auf den virtuellen Rechtsraum Internet verdeutlichen. Hier gilt es das geltende Recht zu modifizieren und nötigenfalls zu ergänzen.

[329] Bis Februar 2002 registrierte die RegTP allerdings erst 15 Zertifizierungsanbieter. Die Zahl blieb weit hinter den Erwartungen zurück, vgl. *Fuhrmann*, ZfRSoz 23 (2002), 124. Die aktuellen Zahlen der registrierten Anbieter lassen sich über die Website der RegTP, unter: http://www.regtp.de, abrufen.

[330] Vgl. *Boehme- Neßler*, Cyberlaw, S. 144; skeptisch hinsichtlich der Zuverlässigkeit privatrechtlich organisierter Zertifizierungsstellen *Hoeren*, NJW 1998, 2854.

3. Braucht jeder Staat ein „Internetgesetzbuch"?

Eventuell muss daher für jeden Staat ein eigenes, nur für das Internet geltendes Internetrecht in Form einer Kodifikation geschaffen werden, welches die notwendigen gesetzgeberischen Neuerungen vereint. Die Nichtanwendbarkeit traditioneller Rechtskonzepte gab bereits Veranlassung, gewissermaßen als Reaktion auf den technologischen Fortschritt, eigens für den elektronischen Geschäftsverkehr geltende Rechtsstrukturen zu entwickeln[331].

a) Dynamik contra Statik - Der Konflikt zwischen der Entwicklung des Netzes und der Festsetzung von Normen

Auffällig erscheint - bei allem Lob für das rege Engagement der Gesetzgeber weltweit in dieser zugegebenermaßen technisch anspruchsvollen und daher schwierig zu handhabenden Materie - allerdings folgendes, im Zusammenhang von Internet und Rechtssetzung immer wieder auftretendes, Problem: Es ist zu beobachten, dass durch die ständig fortschreitende technische Entwicklung und die Modifizierungen der Angebote im Internet viele Vorschriften der Notwendigkeit regelmäßiger Abänderung unterworfen sind. Teilweise werden sie sogar obsolet und sind schlichtweg nicht mehr anwendbar. Das Technologierecht – und das Online- Recht ist als ein Bestandteil dessen anzusehen - wird somit von dem Spannungsverhältnis zwischen der Dynamik von Wissenschaft und Technik

---

[331] *Paschke*, Medienrecht, Rz. 62; vgl. auch den Ansatz von *Roßnagel*, Rechtswissenschaftliche Technikfolgenforschung, S. 16 ff., der feststellt, dass die Veränderungen der Wirklichkeit durch den Einsatz der Technik eine Rückwirkung auf die rechtlichen Begriffe haben. Er stellt im Folgenden die *Rechtswissenschaftliche Technikfolgenforschung* dar, die das Ziel verfolgt, nicht lediglich die Rechtsordnung den Erfordernissen der technischen Entwicklung anzupassen, sondern die technische Entwicklung normativ zu steuern; ähnl. auch der Ansatz von *Fuhrmann*, Vertrauen im Electronic Commerce, 110 ff.; sowie *Nicklisch*, NJW 1986, 2288, der zu der Frage, wie mit dem „Ungewissen" umgegangen werden soll, zwei Modelle anführt. Einerseits gäbe es die Möglichkeit der Anpassung des Technologierechts an die Gegebenheiten neuer Technologien mit deren Risiken und dem Risiko der Ungewissheit. Andererseits sieht auch er die Alternative der Steuerung der Entwicklung der Technologien durch Recht. Als Mittel käme hier etwa ein Verbot oder die Förderung der Technologien in Betracht. Die Konsequenz eines solchen Vorgehens wäre eine staatliche Investitionskontrolle und Beschränkung wirtschaftlicher Macht.

und der Statik des Rechts beherrscht[332]. Auch die geradezu hektische Tätigkeit des Gesetzgebers scheint nicht unerheblich zu diesem Phänomen beizutragen[333]. Diese Feststellungen gilt es im folgenden zu belegen.

b) Beispiele für gesetzgeberische Unzulänglichkeiten – oder: Von der Hilflosigkeit des Gesetzgebers

aa) Abgrenzung zwischen Tele- und Mediendiensten

Im Vorgriff auf die Erläuterung der nachstehenden Problemkomplexe muss darauf hingewiesen werden, dass das TDG im Rahmen der Umsetzung der ECRL durch das EGG in einigen Punkten modifiziert wurde. Hinsichtlich der Abgrenzung zwischen Tele- und Mediendiensten ergeben sich jedoch keine Unterschiede zur alten Rechtslage. Insofern kann auf die Vorschriften des TDG a. F. zurückgegriffen werden und auch die einschlägige Literatur und Rechtsprechung weiterhin Berücksichtigung finden.

In Bezug auf die gesetzliche Regelung internetspezifischer Probleme übernahm Deutschland mit dem IuKDG bereits im Jahre 1997 eine Vorreiterrolle. Den Pionieren in Sachen Online- Gesetzgebung wurden jedoch recht bald durch die rasante Entwicklung der www- Technologien gewissermaßen Viren auf die Festplatte gespielt. Ist die Aufgeschlossenheit des Staates gegenüber den neuen Technologien grundsätzlich zu begrüßen – schließlich diente § 5 TDG a. F. (§§ 8 – 11 TDG n. F.) mit der inkorporierten Haftungsprivilegierung der Förderung der Entwicklung des E- Commerce –, so muss jedoch gerade das TDG auch in der vorliegenden Untersuchung als Zielscheibe für grundlegende Kritik herhalten.

---

332 So auch *Adam/Dogramaci/Gangopadhyay/Yesha*, Electronic Commerce, S. 6; *Strömer*, Online- Recht, S. 2; *Haft/Eisele*, JuS 2001, 112; *Schuster/Müller*, MMR- Beilage 10/2000, S. 2 f.; *Nicklisch*, Richterliche Rechtsfortbildung, in: Festschrift der Juristischen Fakultät, S. 231; *Holznagel/Werle*, ZfRSoz 23 (2002), 18, mit dem Hinweis, der Europarat hätte letztlich 27 Anläufe zur Verabschiedung der Konvention über die Online- Kriminalität (Cyber- Crime Convention) vom November 2001 benötigt. Vgl. eingehend zur Cyber- Crime Konvention *Kugelmann*, TMR 2002, 14; vgl. ferner *Mayer*, ZfRSoz 23 (2002), 101.

333 So *Fuhrmann*, Vertrauen im Electronic Commerce, S. 94; sowie *Köhler/Arndt*, Recht des Internet, Rz. 2; vgl. auch das *DIHT*- Positionspapier zu einem europäischen Rechtsrahmen für E- Commerce, Welches Recht für E- Commerce in Europa?, Stand Juli 2000, S. 4, abrufbar unter http://www.diht.de, mit dem Hinweis, die durch die Harmonisierungsmaßnahmen getroffenen Regelungen seinen in sich widersprüchlich und zum Teil nicht aufeinander abgestimmt.

Vgl. jedoch *Kloepfer*, Informationsrecht, S. 123, der die Schwierigkeiten im Grundsatz ebenso erkennt, eine maßvolle und flexible Gesetzgebung jedoch nicht für unmöglich, sondern für wünschenswert hält. *Kloepfer* verweist hier auf das Umweltrecht.

Aufgrund der Kompetenzverteilung im Grundgesetz wurde seitens des Bundes das TDG, seitens der Länder der MDStV verabschiedet[334]. Der Medienhoheit der Länder unterstehen somit all diejenigen Informations- und Kommunikationsdienste (Mediendienste), die auf elektronischem Wege verbreitet werden, welche der Allgemeinheit angeboten und von dieser genutzt werden, § 2 MDStV. Dem Bund hingegen unterstehen solche Dienste, die auf elektronischem Wege verbreitet werden und für eine individuelle Nutzung bestimmt sind (Teledienste), § 2 TDG a. F..

Aus dieser Aufspaltung der Kompetenzen ergeben sich nicht unerhebliche Abgrenzungsprobleme zwischen Tele- und Mediendiensten[335]; man darf von einer misslungenen gesetzlichen Regelung sprechen[336]. So ist es beispielsweise durchaus möglich, dass Tele- und Mediendienste innerhalb einer Website nahtlos ineinander übergehen[337], wie beispielsweise im Falle einer auf einen Leistungsaustausch gerichteten Website, die jedoch auch einen oder mehrere redaktionelle Beiträge beinhaltet. Geht man hier aufgrund grundsätzlicher Zweifel an der Anwendbarkeit des Rundfunkbegriffs auf das Internet – schließlich bahnt sich der Nutzer zielgerichtet durch die Eingabe von Domains und durch das Anklicken von Links individuell seinen Weg durch das Netz – eher von der Qualifikation

---

[334] Vgl. zur Abgrenzung *Bullinger/Mestmäcker*, Multimediadienste, S. 173 ff..

[335] Rechtsunsicherheit verursachende Schwierigkeiten ergeben sich im übrigen im Rahmen der Anwendung des MDStV bereits hinsichtlich der Abgrenzung zwischen Mediendiensten und Rundfunkdiensten, da gemäß § 2 I 2 MDStV die Vorschriften des Rundfunkstaatsvertrags (RfStV) "unberührt" bleiben, vgl. *Paschke*, Medienrecht, Rz. 94; vgl. auch *Determann*, Kommunikationsfreiheit im Internet, S. 611.

[336] So auch *Strömer*, Online- Recht, S. 12; *Köhler/Arndt*, Recht des Internet, Rz. 480; *Moos*, Die Unterscheidung der Dienstformen Teledienst, Mediendienst und Rundfunk, in: Kröger/Gimmy, Handbuch zum Internet-Recht, S. 268; *Köster/v. Bonin*, ZUM 1997, 821; *Haft/Eisele*, JuS 2001, 118; *Schuster/Müller*, MMR- Beilage 10/2000, S. 2; *Walter*, Inhalteregulierung im Internet, S. 105; *Holznagel*, ZUM 1999, 433; deutliche Kritik am MDStV äußert auch *Ladeur*, ZUM 1997, 383, der darauf hinweist, der Staatsvertrag als ein typisches Produkt einer traditionellen ordnungsrechtlichen, auf Vollständigkeit angelegten Gesetzestechnik sei einem derart dynamischen, sich verändernden Regelungsgegenstand wie dem Internet nicht angemessen. *Determann*, aaO, S. 582 ff., 611, erklärt die §§ 5, 6 TDG sowie den § 5 MDStV aufgrund der teilweisen Überschreitung der Gesetzgebungskompetenzen durch Bund und Länder gar für teilnichtig. *Rieß*, Globalisierung und Selbstregulierung, in: Kubicek, Internet@Future, S. 335, bescheinigt dem föderalistischen Prinzip generell ein Versagen im Internet.

[337] Vgl. *Bock/Wöbke*, Supplement K & R 1997, 12; ferner *Holznagel*, ZUM 1999, 432 f..

der Seite als Teledienst aus, so bleiben dennoch Zweifel[338]. Diese sind insofern von maßgeblicher Bedeutung, als die Mediendienste einer erweiterten Inhaltskontrolle unterworfen sind[339]. Für viele Diensteanbieter bedeutet die verminderte Rechts- und Planungssicherheit, dass die Folgen ihres Handelns letztlich ungewiss bleiben[340].

Die diskutierten Regelungen im TDG und im MDStV gehen daher an der Wirklichkeit im elektronischen Geschäftsverkehr vorbei. Die flexiblen Gestaltungsmöglichkeiten orientieren sich nicht mehr an dem herkömmlichen Begriff des Rundfunks; ist der Cyberspace von einer weltweiten territorialen Losgelöstheit geprägt, ist die Aufspaltung anhand der ebenfalls ortsgebundenen Bund- und Länderkompetenzen wohl alles andere als zeitgemäß.

bb) Die Verantwortlichkeit der Diensteanbieter nach dem TDG am Beispiel von Online- Musiktauschbörsen

An dieser Stelle führt die Überlegung wieder zurück zu dem bereits angesprochenen Problem des Umgangs mit den Musiktauschbörsen im Internet. Die Schwierigkeiten, die sich bei der Beurteilung der Verantwortlichkeit der Diensteanbieter ergeben, sollen hier zunächst am Beispiel Napster verdeutlicht werden. Napster existiert in der aus urheberrechtlicher Sicht bedenklichen Form jedoch seit Juli 2001 nicht mehr. Eine Anwendung des neuen Rechts auf *Napster* ginge daher an der Wirklichkeit vorbei. Dementsprechend muss zunächst das alte Recht Berücksichtigung finden. Im Übrigen lässt sich sowohl bei Beachtung der alten als auch der neuen Rechtslage die Hilflosigkeit hoheitlicher Normen bei der Bekämpfung der Musikpiraterie verdeutlichen.

---

[338] *Bock/Wöbke*, aaO, 12 f.. Vgl. aber auch die allerdings umstrittene Entscheidung des LG Düsseldorf CR 98, 431, in der das Gericht eine Website grundsätzlich als Mediendienst i.S.d. MDStV qualifiziert. *Strömer*, Online- Recht, S. 13 schlägt vor, eine wertende Betrachtung vorzunehmen, wobei es jeweils darauf ankommen solle, welche Form des Angebots im Vordergrund steht. Nach der Entscheidung des VG Düsseldorf MMR 2003, 205 mit Anm. *Stadler*, kommt es bei der Abgrenzung zwischen Medien- und Telediensten darauf an, ob der Inhalt, zu dem der Zugang vermittelt wird, zur allgemeinen Meinungsbildung bestimmt ist (Mediendienst) oder lediglich die reine Faktenvermittlung bzw. individualkommunikative Komponente im Vordergrund steht (Teledienst). *Stadler* weist darauf hin, das Gericht hätte zwar im Ergebnis wohl vertretbar entschieden – wobei die Einordnung der streitgegenständlichen Websites durch das Gericht bezweifelt wird - , jedoch dem Umstand zu wenig Rechnung getragen, dass der Teledienst die Regel und der Mediendienst die Ausnahme darstellte; der Auffassung des VG Düsseldorf folgend OVG Münster, MMR 2003, 348 – Sperrungsverfügung.

[339] Vgl. hierzu *Paschke*, Medienrecht, Rz. 92, *Strömer*, aaO, S. 11.

[340] So auch *Köster/v. Bonin*, ZUM 1997, 828.

(1) Napster

§ 5 TDG a. F. regelte und beschränkte die Verantwortlichkeit der Diensteanbieter. Besondere Bedeutung kommt hier der Tatsache zu, dass der Anbieter einer Musiktauschbörse zunächst Diensteanbieter i. S. d. § 3 Nr. 1 TDG a. F. ist und ihm daher die Haftungsprivilegierung des § 5 TDG a. F. zugute kommt. Es stellt sich die Frage, inwieweit die Diensteanbieter, welche das technische Instrumentarium einer Tauschbörse zur Verfügung stellen, für die „Musikpiraterie" mitverantwortlich bzw. haftbar sind.

Problematisch ist somit die Anwendbarkeit des § 5 TDG a. F. auf Online-Musiktauschbörsen. Unterstellt man die Anwendbarkeit des § 5 TDG a. F. auf Urheberrechtsverletzungen[341], so war unabhängig von der Frage nach dem Vorliegen eines urheberrechtlich bedenklichen Verhaltens die Haftungsprivilegierung des § 5 Abs. 2 TDG a. F. insofern nicht auf Napster anzuwenden, als die Tauschbörse lediglich die Kommunikation der angeschlossenen Teilnehmer über den Server vermittelte, jedoch keine Inhalte, also Musikstücke auf dem Server bereithielt[342]. Napster fungierte somit als Zugangsvermittler, weshalb schließlich eine Haftung auf Schadensersatz gemäß § 5 Abs. 3 TDG a. F. ausschied. Die im TDG verankerte Haftungsprivilegierung schien daher Napster zum Vorteil zu gereichen. Sollte Napster insofern mit keinerlei Konsequenzen aus den Urheberrechtsverletzungen durch die Teilnehmer konfrontiert sein?

Letztlich blieb als einziges Mittel, Napster den Betrieb seiner Server zu untersagen, die Haftung auf Unterlassung nach der allgemeinen Störerhaftung, § 5 Abs. 4 TDG a. F.. Hier hat die Rechtsprechung speziell im Bezug auf das Internet Grundsätze entwickelt, nach denen neben dem eigentlichen Verletzer derjenige als Störer haftet, der willentlich und adäquat kausal, wenn auch nicht notwendigerweise schuldhaft, die Rechtsverletzung ermöglicht oder fördert. Eine Einschränkung wird insofern vorgenommen, als der Störer die tatsächliche und rechtliche Möglichkeit haben muss, die Rechtsverletzung in zumutbarer Weise zu verhindern oder abzustellen. Um die Arbeiten der Betroffenen nicht über Gebühr zu erschweren und die Verantwortlichen nicht zu überfordern, liegt eine eingeschränkte Prüfpflicht beispielsweise dann vor, wenn der Störungszustand für den als Störer in Anspruch genommenen nicht ohne weiteres oder nur mit unverhältnismäßig hohem Aufwand erkennbar ist[343].

[341] Vgl. *Decker*, MMR 1999, 7 ff.; *Spindler*, CR 2001, 325 ff.; *Manz*, Urheberrechtsverletzungen im Internet, S. 125; *Schneider*, GRUR 2000, 971 - jeweils m. w. Nachw.; a. A. OLG München, CR 2001, 333.

[342] Hierzu ausführlich *Kreutzer*, GRUR 2001, 308 ff.; vgl. auch *Köhler/Arndt*, Recht des Internet, Rz. 409.

[343] BGH, NJW 2001, 3265; BGH, GRUR 1997, 313 – „Architektenwettbewerb"; vgl. ferner Moritz/Dreier/*Freytag*, E- Commerce, Teil D Rz. 113.

Hinsichtlich dieser Haftung nach den allgemeinen Vorschriften gehen die Meinungen auseinander. Das System von Napster war von Beginn an auf den zumindest bedenklichen Austausch urheberrechtlich geschützter Werke gerichtet, weshalb sich eine Pflicht des Anbieters, den Austausch potenziell rechtswidriger Inhalte zu unterbinden, wohl durchaus bejahen lässt[344]. Darüber hinaus konnte Napster den Zugriff der Nutzer auf die eigenen Server unterbinden. Nach einem Beschluss des LG Hamburg[345] sind die durch einzelne Nutzer mit dem Bereitstellen von Tonaufnahmen im Internet verwirklichten Verletzungen des Urheberrechts auch dem Anbieter des dafür genutzten Systems, der die erforderliche Software zur Verfügung stellt und darin Verzeichnisse mit Suchmaschinenfunktion anlegt, zuzurechnen. Napster wäre nach alter Rechtslage mit dem zur Verfügung stehenden rechtlichen Instrumentarium wohl zu stoppen gewesen.

(2) P2P- Systeme der jüngsten Generation

Inwieweit jedoch die Diensteanbieter neuerer Systeme (Beispielsweise Gnutella, Freenet, Konspire) nach der neuen Rechtslage zur Verantwortung zu ziehen sind, erscheint unklar[346]. Diese ermöglichen es den Nutzern der Tauschbörsen mittels der Zurverfügungstellung einer Software, eine direkte Verbindung untereinander herzustellen, ohne auf ein zentrales Verzeichnis, wie es noch auf 150 Napster- Servern gespeichert war, zurückgreifen zu müssen[347]. Wurde deren Verantwortlichkeit nach alter Rechtslage regelmäßig verneint, hat sich die Situation jedoch auch nach neuem Recht nicht geändert. Hinsichtlich der Zugangsvermittler i. S. d. § 9 TDG n. F. enthält nun § 8 Abs. 2 Satz 2 TDG n. F. die Vorschrift über die Störerhaftung. Entgegen vereinzelt vorgebrachten Befürchtungen[348] stellt die Neuregelung jedoch keine Haftungsverschärfung dar. Gemäß der Begründung des Entwurfs des EGG[349] stellt das Gesetz nicht mehr ausdrücklich auf die Tatsache ab, die Sperrung müsse technisch möglich und zumutbar

---

[344] So *Hänel*, JurPC Web- Dok. 245/2000, Abs. 56; *Köhler/Arndt*, aaO, Rz. 407; vgl. auch die Argumentation des US Court of Appeals for the 9th Circuit, CRi 2001, 50; a.A. mit guten Argumenten *Kreutzer*, GRUR 2001, 310 f.

[345] LG Hamburg, CR 2001, 477

[346] Vgl. zur alten Rechtslage *Kreutzer*, GRUR 2001, 311 f..

[347] Vgl. die ausführliche Darstellung der Funktionsweise bei Hoeren/Sieber/*Sieber*, 1 Rz. 129; sowie *Kreutzer*, aaO, 195 f..

[348] Vgl. die Befürchtungen des Verbandes der deutschen Internetwirtschaft, *eco* (Electronic Commerce Forum e. V.), abrufbar unter: http://www.ecin.de/news/2001/10/17/03346/print.html; vgl. ferner *Hoffmann*, MMR- Editorial 2/2002, der die extensive Auslegung der Grundsätze der Verhältnismäßigkeit und der Zumutbarkeit durch die Aufsichtsbehörden zumindest für möglich hält. Vgl. hierzu das Beispiel der „Düsseldorfer Sperrungsverfügung".

[349] Ziff. B, zu § 8, zu Absatz 2 der Begründung des Entwurfs, BR- Drs. 136/01, S. 51.

sein, da sich diese Anforderungen bereits aus den übergeordneten Grundsätzen ergäben; technisch Unmögliches dürfe das Recht ebenso wenig verlangen wie Unzumutbares[350].

Die neuen P2P- Anbieter benötigen jedoch im Gegensatz zu Napster keinen Server zur Aufrechterhaltung des Dienstes, den man sperren könnte. Für Gnutella & Co. bedeutet dies, dass sie als mittelbare Störer nach Inverkehrbringen der Software aufgrund der mangelnden Möglichkeiten der Einflussnahme auf die Teilnehmer wenigstens nach deutschem - im Übrigen gemeinschaftsrechtskonformen – Recht nicht zur Verantwortung gezogen werden können[351]. Die Haftungsprivilegierung kommt den Börsen bzw. den Softwareherstellern zweifelsohne zugute.

Die Tauschwilligen selbst haben sich ohnehin jedenfalls durch die neue Technik dem Zugriff weitgehend faktisch entzogen, zumal das Internet oftmals den einzigen Weg darstellt, an musikalische Raritäten zu gelangen. Eine Suchanfrage wird von Teilnehmer zu Teilnehmer - selbstverständlich jedoch nur zwischen denjenigen, die gerade „online" sind - weitervermittelt, bis das gewünschte File gefunden wird. Über dieselbe Kette von Teilnehmern findet das File schließlich seinen Weg auf die Festplatte des Suchenden, wobei nie ein unmittelbarer Kontakt zwischen dem anfragenden und dem bereitstellenden Teilnehmer stattgefunden hat. Es ist daher fast unmöglich, den anfragenden Teilnehmer zu ermitteln, um eine Verbindung zwischen den Nutzern herzustellen[352].

---

[350] So auch OLG Stuttgart, MMR 2002, 749 – Verantwortlichkeit von Resellern.

[351] So auch Moritz/Dreier/*Freytag*, E- Commerce, Teil D Rz. 134, der allenfalls ein Vorgehen gegen bzw. eine Haftung für den Vertrieb der erforderlichen Software in Betracht zieht. Ebenso argumentierte der US- Bundesbezirksrichter *Wilson* des United States District Court Central District of California in dem Fall Metro- Goldwyn- Mayer Studios vs. Grokster, der den Software- Entwicklern der P2P- Tauschbörse *Grokster* ein legales Vorgehen bescheinigte, vgl. http://www.heise.de/newsticker/data/jk-26.04.03-002/; vgl. zur zivilrechtlichen Störerhaftung der Internet- Provider *Spindler/Volkmann*, WRP 2003, 1 ff., die zumindest für Suchmaschinen, die das Netz über Robots absuchen, die Prüfpflichten hinsichtlich rechtswidriger Inhalte vor dem Hintergrund der Frage der Zumutbarkeit erheblich einschränken wollen.
Allerdings sieht der Entwurf der *EU- Richtlinie über die Maßnahmen und Verfahren zum Schutz der Rechte an geistigem Eigentum* eine Stärkung der Position der Rechtsinhaber vor. Gemäß Art. 15 Abs. 2 stellen die Mitgliedstaaten sicher, dass die Rechtsinhaber gerichtliche Anordnungen gegen Vermittler beantragen können, deren Dienst von einem Dritten zur Verletzung eines Urheberrechts oder verwandter Schutzrechte genutzt wird. Hiernach ist es den Rechtsinhabern möglich, Unterlassungsverfügungen gegen Provider durchzusetzen, wenn über deren Netze Raubkopien verbreitet werden, vgl. *Hoeren*, MMR 2003, 302.

[352] Die Musikindustrie hat in der jüngsten Vergangenheit in den USA verstärkt Versuche unternommen gegen die Nutzer der dezentralen Netzwerke gerichtlich vorzugehen; jedoch nur mit mäßigen Erfolg. Nach Auffassung der *Yankee- Group* müssen diese Ambitionen endgültig als fehlgeschlagen betrachtet werden, vgl. SZ vom 6. September 2002, S. 20; so auch *Haselier/Fahnenstich*, Internet, S. 133.

(3) Fazit und Ausblick

Anhand des Beispiels der MP3- Musiktauschbörsen zeigt sich somit die (teilweise) Hilflosigkeit der rechtlichen Regelungen gegen die Auswirkungen der technischen Entwicklung von Umgehungsmöglichkeiten. Die Haftungsprivilegierung im TDG ist notwendig, um die Entwicklung des E- Commerce nicht durch ein weitgehend nicht einschätzbares Haftungsrisiko zu behindern. Sie eröffnet jedoch Lücken für diejenigen, die das Internet für rechtswidrige Aktivitäten nutzen. Auch wenn die eine oder andere Lücke durch Vorschriften ausgefüllt werden kann, zeigen die Techniker in denjenigen Bereichen von hohem wirtschaftlichen Interesse – auf den Boom der Musiktauschbörsen und die bislang vergeblichen Bemühungen, eine kommerzielle Nutzung zu erreichen, wurde bereits hingewiesen – ungeheure Kreativität und Innovation zum Erreichen ihrer fragwürdigen Ziele[353].

Die Progression des Internet bewegt sich über die flächendeckende Versorgung mit Zugängen über Breitbandkabel und die „Flatrate" hin zu einem System, in dem die Grenzen zwischen Server und Client zunehmend verwischen und das einzelne System gleichzeitig Informationen abrufen und zur Verfügung stellen wird. Die Vorschriften über die Verantwortlichkeit nach dem TDG, die auch nach der Neufassung noch weitgehend von einer zentralen Struktur im www ausgehen, werden sodann den Grenzen ihrer Anwendbarkeit begegnen, die auch über Analogiebildungen nicht zu überwinden sein werden[354]. Traten die genannten Probleme bereits im Rahmen der Diskussion um die Verantwortlichkeit nach dem TDG zutage, so ist zu bedauern, dass das Haftungssystem der ECRL, welches dem TDG zeitlich nachfolgte und dessen bestimmende Prinzipien übernommen hat, an denselben Anknüpfungspunkten festhält.

Es stellt sich daher die Frage nach der Einrichtung grundlegend neuer Regelungs- und Vergütungsmodelle im Bereich des Schutzes des geistigen Eigentums, die jedoch nur über die Kooperation der Beteiligten erreicht werden kann. Zu bedenken bleibt zudem, dass das Unterbinden vielversprechender neuer Technologien - wie beispielweise P2P - über Gesetze im Sinne der Förderung

[353] So auch *Bechthold*, Vom Urheber- zum Informationsrecht, S. 2.

[354] So Hoeren/Sieber/*Sieber*, 1 Rz. 130; vgl. auch *Hänel*, JurPC Web- Dok. 245/2000, Abs. 28; *Spindler*, Sicherheit im E- Commerce = Rechtssicherheit, in: Müller/Reichenbach, Sicherheitskonzepte, S. 171; *Kreutzer*, GRUR 2001, 196 mit weiteren Beispielen zu Nutzungsmöglichkeiten von P2P- Technologien; *Köhler/Arndt*, Recht des Internet, Rz. 400.

des elektronischen Geschäftsverkehrs wohl kaum als sinnvoll angesehen werden kann[355].

cc) Informationspflichten nach §§ 312 ff. BGB

Die neuen §§ 312 c, 312 e BGB legen den Diensteanbietern die Pflicht zur Zurverfügungstellung einer Vielzahl von Informationen auf[356]. Ziel der Regelungen ist es, dem elektronischen Geschäftsverkehr ein notwendiges Maß an Transparenz zu verordnen. Neben den Informationspflichten gegenüber dem Verbraucher, muss der Anbieter auch dem Geschäftskunden gemäß § 312 e Abs. 1 Nr. 2 BGB die in der Verordnung über Informationspflichten nach Bürgerlichem Recht (BGB-Informationspflichten-Verordnung – BGB-InfoV)[357] vorgegebenen Informationen rechtzeitig vor Abgabe von dessen Bestellung klar und unmissverständlich mitteilen. Besagte Rechtsverordnung verpflichtet den Unternehmer in § 3 zur Information über die einzelnen technischen Schritte, die zu einem Vertragsschluss führen, die Speicherung des Vertragstextes durch den Unternehmer, die zum Zwecke der Eingabeberichtigung zur Verfügung gestellten Mittel, die für den Vertragsschluss zur Verfügung gestellten Sprachen etc..

Auf den ersten Blick erscheinen diese Informationspflichten zugunsten der Verbraucher - und über § 312 e BGB auch zugunsten der Unternehmer - tatsächlich ein Mittel zur Steigerung der Transparenz der Angebote im Internet zu sein. Allerdings laufen die Regelungen Gefahr, aufgrund einer Überregulierung und extremen Unübersichtlichkeit durch die Fülle von Informationen dem Verbraucher den Blick für die wesentlichen Informationen zu verschließen. Es stellt sich daher die Frage, ob nicht eine richterliche Kontrolle über die Vorschriften des „C.I.C.- Paragraphen" - § 311 Abs. 2 i. V. m. § 241 Abs. 2 BGB -, der die ungeschrieben vorvertraglichen Informationspflichten verankert oder das allgemeine Irreführungsverbot aus § 3 UWG ausreichend gewesen wäre. So könnten die

[355] So *Kreutzer*, aaO, 312; ebenfalls auf die ökonomische Gefahr einer „Verrechtlichung" des Internet hinweisend, *Haft/Eisele*, JuS 2001, 114; vgl. auch *Nicklisch*, Das Recht im Umgang mit dem Ungewissen am Beispiel der Regelungen zur Produkt-, Gentechnik- und Umwelthaftung, in: Lenk/Maring, Technikverantwortung, S. 163, der darauf hinweist, dass der Fortschritt entscheidend behindert würde, würde man zum Ausschluss von mit neuen Technologien auftretenden Risiken nur noch ein Handeln im Bereich des durch ausreichende Erfahrung getragenen und gesicherten Wissens zulassen.

[356] Zu beachten ist hier, dass die Informationspflichten einerseits auf die Fernabsatzrichtlinie und andererseits auf die ECRL zurückgehen. Die im E- Commerce tätigen Unternehmen sehen sich daher zumeist unwissend mit dem Problem konfrontiert, gegenüber Unternehmern und Verbrauchern unterschiedlichen Verpflichtungen zur Preisgabe von Informationen ausgesetzt zu sein, vgl. *Schrader*, Umsetzung europäischer Regelungen zum E- Commerce in deutsches Recht, in: Dohmann, Die Praxis des E- Business, S. 216.

[357] BGBl. 2002 I, S. 342.

Gerichte unter Beachtung der tatsächlich in der Praxis auftretenden Besonderheiten und Neuartigkeiten ein „Cyberspace- Case- Law" entwickeln, welches weniger statisch als Gesetzesrecht und daher in seiner Flexibilität der Schnelllebigkeit des virtuellen Mediums Internet angemessen wäre[358].

Fraglich ist freilich, welche Pflichten sich tatsächlich im Hinblick auf die Förderung des Verbraucherschutzes als dienlich erweisen. Die Fülle der Pflichten kann darüber hinaus nicht nur zur Verwirrung der Verbraucher führen; ein weiteres Problem hat sich in den ersten Monaten nach Inkrafttreten der vorgenannten Verordnung aufgetan. Die große Mehrheit gerade der kleinen und mittelständischen Unternehmen, die im E- Commerce tätig sind, glänzen durch Missachtung der ihnen auferlegten Pflichten. Nun kann man vielleicht unterstellen, dass die neuen Vorschriften schlicht ignoriert werden, völlig abwegig erscheint jedoch auch die Möglichkeit einer Überlastung der Unternehmen durch den Gesetzgeber nicht. Zu konstatieren ist jedenfalls, dass das komplizierte System auch erfahrenen Juristen durchaus einige intellektuelle Anstrengung zur Entwirrung abverlangt[359].

---

[358] So *Hoeren*, Der virtuelle Yeti – Probleme eines europäischen Verbraucherschutzrechts, in: Ehlers, Rechtsfragen des Electronic Commerce, S. 15; *ders.*, Rechtsfragen des e- commerce: Eine erste Übersicht, S. 37, mit dem Hinweis, insbesondere in Deutschland sähen sich die Gerichte einem strengen Rechtspositivismus gegenüber, welcher ihnen nur geringe Spielräume bei der Rechtsentwicklung lasse; so auch *Waldenberger*, Informationspflichten der Diensteanbieter im Internet, in: Hohl, Vernetztes Recht, S. 110. In seiner Untersuchung über Kausalität und Zurechnung von Information, verweist *Gasser*, Kausalität und Zurechnung von Information als Rechtsproblem, S. 281 ff., auf ein weiteres Dilemma: Ausgehend von dem Standpunkt, hinsichtlich der Kausalität von Information herrsche objektive Ungewissheit – weshalb i. Ü. auch normative Verhaltensregeln und rechtliche Sollensnormen künftig eine zentrale Rolle spielen werden - und der Herausstellung der Geistesfreiheit als hohes Gut, mahnt er ebenfalls zur Sorgfalt bzw. Zurückhaltung bei der Auferlegung von Informationspflichten. Der Strenge des Informationshaftungsrechts (Pönalisierungstendenz) sei durch restriktiven Einsatz und restriktive Ausgestaltung von Informationspflichten zu begegnen. Auch *Gasser* sieht die Gerichte in ihrer Aufgabe, Generalklauseln wie Treu und Glauben auszufüllen, künftig verstärkt in der Verantwortung.

A. A. *Moos*, Die Entwicklung eines supra- und internationalen Rechtsrahmens für das Internet, in Kröger/Gimmy, Handbuch zum Internetrecht, S. 795, der es „regelmäßig" für ausreichend hält, den Anbietern umfangreiche Informationspflichten aufzuerlegen und den Nutzern Auskunfts- und Widerspruchsrechte an die Hand zu geben.

[359] Darüber hinaus muss festgestellt werden, dass im Internet tätige Unternehmen zum Zeitpunkt der Aufnahme ihrer Tätigkeit oftmals mit dem neuen Medium ihre Schwierigkeiten haben. So wird regelmäßig die Eigenschaft der Ubiquität unterschätzt. Es gilt daher für die Unternehmen zunächst ihre eigene Rechtsposition beispielsweise durch AGB oder Rechtswahlklauseln zu festigen. Die umfangreichen Informationspflichten, die dem zweifelsfrei bedeutsamen Aspekt des Verbraucherschutzes dienen, treten zumindest in den Gründerjahren zunächst in den Hintergrund, vgl. hierzu auch die Anekdote bei *Boele- Woelki*, Internet und IPR: Wo geht jemand ins Netz?, in: Dicke, Völkerrecht und Internationales Privatrecht, S. 308.

dd) Die Regelungen der E- Commerce- Richtlinie

Anhand der Bestimmungen der ECRL lassen sich ebenfalls Beispiele für das schwierige Unterfangen, den elektronischen Rechtsverkehr umfassend zu regeln, sowie daraus resultierende gesetzgeberische Unstimmigkeiten erkennen[360].

(1) Definitionsprobleme

Der Wortlaut der Richtlinie, der in Art. 2 von „Diensten der Informationsgesellschaft" spricht, birgt Probleme zur Abgrenzung zu reinen Telekommunikationsdiensten. Sie verweist in Art. 2 a) auf die Definition des Art. 1 Nr. 2 der Richtlinie 98/34/EG, wonach als Dienst der Informationsgesellschaft

„jede in der Regel gegen Entgelt elektronisch im Fernabsatz und auf individuellen Abruf eines Empfängers erbrachte Dienstleistung"

zu qualifizieren ist, wobei Telefon-, Telefax- und Telexdienste ausgenommen sind, insbesondere die Beratung per Telefon. Dies führt zu dem kuriosen Ergebnis, dass ein Anwalt, der eine Rechtsberatung per Chat betreibt, den Regelungen der ECRL unterfällt, nicht jedoch ein solcher, der sich dazu eines Telefons bedient[361].

Stufte die Kommission noch im zweiten Richtlinienentwurf Hyperlinks, die auf fremde Werbeseiten verweisen, als unabhängige Produktförderung und damit nicht als kommerzielle Kommunikation ein, solange der Hyperlink ohne finanzielle Bindung oder andere Gegenleistung gesetzt wird, so schweigt sich Art. 2 f) der ECRL hinsichtlich der Qualifikation der Hyperlinks nunmehr aus. Allerdings erscheint es nun fraglich, ob mit der Ausnahme, die wörtlich nur für die Nennung von E- Mailadressen und Domain- Namen gilt, auch auf Hyperlinks zurückgeschlossen werden kann. Die Relevanz dieser Frage für die Praxis zeigt sich beispielsweise an einer Entscheidung des LG Frankfurt[362], welches den Verweis auf ein fremdes Werbeangebot dem Hyperlinksetzenden seinerseits als Werbemaßnahme zurechnete [363].

---

[360] *Spindler*, MMR- Beilage 7/2000, S. 1, stellt fest, dass sich die Richtlinie einer kaum zu schulternden Aufgabe angenommen habe, indem sie versucht, die disparaten Bereiche zu vereinheitlichen; ähnl. auch *Hoeren*, MMR 1999, 198.

[361] Zu weiteren Problemen bezüglich des Begriffs „Dienst der Informationsgesellschaft" insbesondere auch vor dem Hintergrund des Abgrenzungsproblems zwischen Tele- und Mediendiensten nach deutschem Recht, vgl. *Hoeren*, Der Vertragsschluss im Internet und die digitale Signatur – einige ungelöste Fragen, in: Schulze/Schulte- Nölke, Die Schuldrechtsreform, S. 317.

[362] LG Frankfurt, CR 1999, 45.

[363] *Spindler*, MMR- Beilage 7/2000, S. 2 ff..

(2) Das Herkunftslandprinzip – Rechtssicherheit oder kollisionsrechtliches Chaos?

Auf die sich durch die ubiquitäre Ausdehnung des Internet ergebenden Probleme sowie die Lösungsansätze unter Zuhilfenahme des Internationalen Privat- und Verfahrensrechts wurde bereits hingewiesen. Die ECRL enthält zumindest für den Rechtsraum der Europäischen Union einen weiteren Lösungsvorschlag – Das *Herkunftslandprinzip*. An dieser Stelle ist die „IPR- Debatte" also wieder aufzunehmen.

(a) Die Vorgaben der ECRL

Die ECRL sieht zur Schaffung von Rechtssicherheit für die Dienstanbieter in Art. 3 als das Kernstück das sogenannte Herkunftslandprinzip vor.

Hiernach trägt jeder Mitgliedstaat Sorge dafür, dass die Dienste der Informationsgesellschaft, die von einem in seinem Hoheitsgebiet niedergelassenen Diensteanbieter erbracht werden, den in diesem Mitgliedstaat geltenden innerstaatlichen Vorschriften entsprechen, die in den koordinierten Bereich fallen. Für allgemeinere Fragen verbleibt es bei den Kollisionsnormen des EVÜ. Insbesondere lässt das Herkunftslandprinzip eine Rechtswahl der Parteien unberührt (vgl. auch § 4 Abs. 3 Nr. 1 TDG)[364]. „Niederlassung" ist in Übereinstimmung mit der Rechtsprechung des Europäischen Gerichtshofs[365] der Schwerpunkt der tatsächlich ausgeübten wirtschaftlichen Aktivität, also die „Offline- Niederlassung"[366]. Formale Kriterien wie Briefkästen oder technische Kriterien wie der Serverstandort sind nicht von Bedeutung[367].

[364] *Jayme*, IPRax 2002, 64.
[365] EuGH, Slg. 1991, S. I- 3905 - Factortame.
[366] *Spindler/Fallenböck*, ZfRV 2002, 216.
[367] *Maennel*, Die E- Commerce Richtlinie der Europäischen Gemeinschaft, in: Ehlers, Rechtsfragen des E- Commerce, S. 40; *Brisch*, CR 1999, 238.

Für die rechtliche Beurteilung von Online- Tätigkeiten gilt folglich nur noch die Rechtsordnung desjenigen Mitgliedstaates, in dem der Diensteanbieter seine Niederlassung hat. Zur Umsetzung der Richtlinie wurde das Herkunftslandprinzip abstrakt geregelt, ohne die betroffenen Rechtsbereiche zu nennen[368]. Es beschränkt sich mit der Formulierung „kommerzielle Kommunikation" grundsätzlich auf den B2B- Sektor[369]. Vertragliche Schuldverhältnisse in Bezug auf Verbraucherverträge sind nach dem 6. Spiegelstrich des Anhangs der ECRL vom Herkunftslandprinzip ausgenommen. Diese Ausnahme bedeutet jedoch lediglich, dass die vertraglichen Verpflichtungen aus bestehenden Verbraucherverträgen vom Herkunftslandprinzip nicht umfasst sind. Die Ausnahme betrifft aber nicht alle Regeln, die sich in irgendeiner Form zum „Verbraucherschutz" zählen lassen. Daher könnten beispielsweise die Anforderungen an die Werbung, die auf den Abschluss von Verbraucherverträgen zielt, sehr wohl grundsätzlich dem Herkunftslandprinzip unterfallen[370].

Augenscheinlich wird mit dem Herkunftslandprinzip also Licht ins Dunkel des im Internet anwendbaren Rechts gebracht. Allerdings wurde das Herkunftslandprinzip als solches sowie der Richtlinien- Text heftig kritisiert[371] und löste unter Zivilrechtlern einen Streit um die Folgen der Kollision mit dem IPR aus[372]:

So könnte das Herkunftslandprinzip ein materiell- (europa)rechtlicher bzw. kollisionsrechtlicher Grundsatz sein, der immer gegenüber dem vom nationalen Kollisionsrecht bestimmten Recht zur Anwendung gelangt. Konsequenterweise wäre somit auch das Kollisionsrecht des Niederlassungsstaates des Dienstean-

[368] *Tettenborn*, E- Commerce als Gestaltungsauftrag für den Privatrechtsgesetzgeber, in: Graf, Wirtschaftsrecht, S. 102.

[369] *Magnus*, E- Commerce und Internationales Privatrecht, in: Graf, Wirtschaftsrecht, S. 21; ebenso *Spindler*, MMR- Beilage 7/2000, S. 13; sowie *Horn*, MMR 2002, 214.

[370] Moritz/Dreier/*Maennel*, E- Commerce, Teil C, Rz. 409; vgl. hierzu jedoch die abweichenden Lösungsvorschläge bei *Spindler/Fallenböck*, ZfRV 2002, 222 f., die auf den Widerspruch mit „Rom II" hinweisen.

[371] Vgl. *Hoeren*, MMR 1999, 192 ff., der der *Kommission* bescheinigt, dass sie "entweder keine Ahnung vom IPR hat oder eine solch große Kenntnis, daß es einem angst und bange wird"; vgl. auch *Lurger/Vallant*, RIW 2002, 201, die von einem „äußerst mangelhaften Richtlinien- Text" sprechen. *Haubold*, Binnenmarkt- IPR und elektronischer Geschäftsverkehr, in: Scholz, Europa der Bürger, S. 101, beklagt „fehlendes IPR- Bewusstsein".

[372] Vgl. die Zusammenfassung des Streitstandes bei Staudinger/*von Hoffmann*, Art. 40 EGBGB Rz. 298 ff..

bieters ausgeschaltet [373]. Andererseits könnte man der Auffassung sein, das Herkunftslandprinzip verweise lediglich auf das Kollisionsrecht des Niederlassungsstaates. Insofern hätte es keinen kollisionsrechtlichen Charakter[374]. Tatsächlich soll die Regelung des Herkunftslandprinzips des Art. 3 der ECRL nach dem Willen des Richtliniengebers eine Regelung des internationalen Privatrechts sein, da sie bestimmt, welches Staates Privatrecht bzw. Sachrecht anzuwenden ist. Dies hat auch der juristische Dienst der Europäischen Union anlässlich der Beratungen zur ECRL festgestellt[375].

---

[373] *Hoeren/Große Ruse*, Immaterialgüter-, Wettbewerbs- und Verbraucherschutz- Kollisionsrecht sowie gerichtliche Zuständigkeit bei Internet- Sachverhalten, in: Lehmann, Electronic Business in Europa, S. 319, sehen im Herkunftslandprinzip eine Art Ergebniskorrektiv auf sachrechtlicher Ebene. Als materiell- europarechtlichen Grundsatz versteht *Hoeren*, MMR 1999, S. 198, das Herkunftslandprinzip, mit dem Hinweis, dass ein Verweis auf das Kollisionsrecht des Niederlassungsstaats durch Art. 3 der ECRL keine Neuregelung darstellte und die Vorschrift insofern zu streichen wäre; vgl. ferner *Schauer*, e- commerce, S. 184. Im Ergebnis ebenso *Mankowski*, GRUR Int. 1999, S. 912 und ZvglRWiss 100 (2001), 137 ff., 179, der das Herkunftslandprinzip mit überzeugender Begründung jedoch – entgegen der in der Richtlinie verankerten IPR- Neutralität - kollisionsrechtlich versteht; so auch *Fallenböck*, Internet und IPR, S. 202, mit der Argumentation, das Herkunftslandprinzip verlöre ohne kollisionsrechtliche Absicherung zumindest im privatrechtlichen Bereich seine Wirkung. *Fallenböck* hegt jedoch durchaus kritisch den Verdacht, die verantwortlichen Organe hätten bei Art. 3 Abs. 1 und 2 der ECRL in erster Linie an die Auswirkungen auf öffentlich- rechtliche Bestimmungen gedacht, die aufgrund des Territorialitätsprinzips keine Verweisung auf andere Rechtsordnungen kennen; ebenso *Spindler/Fallenböck*, ZfRV 2002, 221, mit dem Hinweis, das Herkunftslandprinzip wolle nicht immer die beste Rechtsordnung für den Diensteanbieter finden, es wolle „nur" die Berechenbarkeit hinsichtlich einer Rechtsordnung erreichen; sowie *Spindler*, RabelsZ 66 (2002), 655. *Grundmann*, RabelsZ 67 (2003), 296, ordnet das Herkunftslandprinzip wohl dem „Binnenmarktkollisionsrecht" unter.

[374] So *Spindler* MMR- Beilage 7/2000, S. 9; *Lurger*, Internationales Deliktsrecht und Internet – ein Ausgangspunkt für grundlegende Umwälzungen im Internationalen Privatrecht?, in: Basedow, Aufbruch nach Europa, S. 489; *Hucko*, Europäische Grundlagen des Informationsrechts, in: Büllesbach/Heymann, Informationsrecht 2000, S. 11. Die Auffassung wird mit der Feststellung begründet, Art. 1 Abs. 4 der ECRL stelle klar, die Richtlinie schaffe weder zusätzliche Regeln im Bereich des internationalen Privatrechts, noch befasse sie sich mit der Zuständigkeit der Gerichte. Unter Berufung auf die Parallele der Formulierung des Art. 3 Abs. 4 der ECRL zur *Dassonville/Cassis*- Rechtsprechung des EuGH i. E. auch *Ohly*, GRUR Int. 2001, 902, der das Herkunftslandprinzip binnenmarktfunktional versteht.

[375] Dok: 11190/99 v. 22. September 1999 – nicht veröffentlicht: „[...] Zudem enthält der Vorschlag selbst in Artikel 3 Absatz 1 eine Vorschrift des internationalen Privatrechts, nämlich die Herkunftslandregel."; vgl. hierzu *Tettenborn*, E- Commerce als Gestaltungsauftrag für den Privatrechtsgesetzgeber, in: Graf, Wirtschaftsrecht, S. 105 f.; vgl. auch *Grundmann*, RabelsZ 67 (2003), 273.

(b) Die Umsetzung in nationales Recht

Auch bei der Umsetzung des Herkunftslandprinzips wichen die Entwürfe der Mitgliedstaaten aufgrund der unklaren Formulierung der ECRL voneinander ab[376]. So sah der deutsche Entwurf des EGG die Einführung einer Art Günstigkeitsprinzip vor, wonach zunächst eine Ermittlung des anwendbaren Sachrechts nach dem IPR vorgesehen war und das Recht des Herkunftslandes erst dann Anwendung finden sollte, wenn dieses für den Anbieter günstiger war. Dementsprechend fanden sich in § 4 Abs. 1 und 2 TDG- E die Zusätze

„[...] soweit sich nicht aus den Regeln des internationalen Privatrechts etwas anderes ergibt. Auf solche Teledienste ist das nach den Regeln des internationalen Privatrechts maßgebliche Recht eines anderen Staates jedoch nicht anwendbar, soweit dadurch der freie Dienstleistungsverkehr über die Anforderungen des deutschen Rechts hinausgehend eingeschränkt werden würde.“ (§ 4 Abs. 1 TDG- E)

und

„Auf solche Teledienste sind die nach den Regeln des internationalen Privatrechts maßgeblichen Normen nicht anwendbar, soweit dadurch der freie Dienstleistungsverkehr über die Anforderungen des Rechts des Niederlassungsstaates hinausgehend eingeschränkt werden würde.“ (§ 4 Abs. 2 TDG- E).

Die Bundesregierung wollte sicherstellen, dass die Anbieter auch von einer ausländischen Rechtsordnung hätten profitieren können[377].

Entsprechend der Diskussion um die kollisionsrechtliche Einordnung findet man in der Literatur und in entsprechenden Stellungnahmen im Rahmen einer Sachverständigenanhörung[378] zum Gesetzesentwurf der Bundesregierung Aussprachen für das Günstigkeitsprinzip, da der freie Dienstleistungsverkehr über die Anforderungen des nationalen Rechts hinaus nicht beschränkt werden dürfe. Hier wird darauf verwiesen, kein nationaler Gesetzgeber käme um die Frage des anwendbaren Sachrechts bei der Auslandsberührung vorbei. Es sei also sachlich falsch, vom reinen Primat des Herkunftslandprinzips auszugehen, während

---

[376] Vgl. zu den unterschiedlichen Umsetzungsalternativen in den einzelnen Mitgliedstaaten *Jayme/Kohler*, IPRax 2002, 463 f.. Die Befürchtung, die Idee der Harmonisierung des Rechts des elektronischen Geschäftsverkehrs im Binnenmarkt könnte durch abweichende Umsetzungen durch die Mitgliedstaaten torpediert werden, äußern *Kaufmann Winn/Haubold*, 5 European L. Rev. 587 (2002).

[377] Vgl. insofern die Entwürfe zur Umsetzung einerseits in Deutschland - abrufbar unter: http://www.bmwi.de - andererseits in Österreich. Einen Einblick geben *Jayme/Kohler*, IPRax 2001, S. 502; sowie Sack, WRP 2001, 1408 ff.; zur österreichischen Regierungsvorlage *Spindler/Fallenböck*, ZfRV 2002, 226.

[378] Deutscher Bundestag, Ausschuß für Wirtschaft und Technologie, BT- Drucks. 14/6098.

gleichzeitig in Art. 1 Abs. 4 ECRL klar bestimmt sei, dass die Regelung keine zusätzlichen Regelungen des IPR schafft[379].

Ebenso wurde jedoch auch ein „direktes Herkunftslandprinzip" vielfach gefordert. Kritik fand das von der Bundesregierung in ihrem Entwurf vorgesehene Günstigkeitsprinzip vor allem vor dem Hintergrund des Erwägungsgrundes 60 der ECRL. Dieser gibt vor, dass der Rechtsrahmen im Sinne der ungehinderten Entwicklung des elektronischen Geschäftsverkehrs klar, unkompliziert und vorhersehbar sein muss. Die Regelung des § 4 Abs. 1 und 2 des TDG- E sei jedoch für den Rechtsanwender unpraktikabel, da im Streitfall mehrstufig zunächst das nach dem IPR zu ermittelnde Sachrecht zu prüfen und sodann der Günstigkeitsvergleich anzustellen sei. Aufgrund einer solchen Prüfung sei eine vorprozessuale Rechtsberatung wegen der notwendigen kostspieligen und zeitaufwendigen Sachverständigengutachten nahezu unmöglich. Es wurde daher postuliert, den Wortlaut der Richtlinie ohne den Günstigkeitsvergleich zu übernehmen[380].

Der deutsche Gesetzgeber hat sich schließlich bei der Verabschiedung des EGG für das direkte Herkunftslandprinzip entschieden und in § 4 Abs. 1 und 2 TDG n. F. die oben genannten Zusätze gestrichen[381]. Offen gelassen hat er indessen die brisante Frage, ob die Verweisung nun allein das Sachrecht oder auch das Kollisionsrecht betreffe. Die Klärung bleibt schließlich Rechtsprechung und Wissenschaft überlassen[382].

---

379 So *Tettenborn*, E- Commerce als Gestaltungsauftrag für den Privatrechtsgesetzgeber, in: Graf, Wirtschaftsrecht, S. 106; im Ergebnis auch die Stellungnahme des Max Planck Instituts für ausländisches und Internationales Privatrecht in Hamburg, abrufbar unter: http://www.mpipriv-hh.mpg.de, welches unter Berufung auf die nicht näher bezeichnete Rechtsprechung des EuGH zu Art. 49 EGV – Diskriminierungsverbot - darauf hinweist, ein allgemeiner Günstigkeitsvorbehalt entspräche zwar nicht dem Wortlaut, wohl aber Sinn und Zweck der EG- Richtlinie; ebenso *Sack*, WRP 2002, 275.

380 So bspw. die Stellungnahme des Deutschen Richterbundes (DRB), abrufbar unter: http://www.drb.de, der mit der Formulierung „die beabsichtigte Umsetzung der Richtlinie durch § 4 TDG- E [sei] aber geradezu katastrophal für die Rechtsgewährung durch die Gerichte" deutliche Worte findet. Ebenso die Stellungnahme der Bundesrechtsanwaltskammer (BRAK), abrufbar unter: http://www.brak.de.

381 Vgl. zur Intention des Gesetzgebers *Hoffmann*, MMR- Editorial 2/2002; *Spindler*, RIW 2002, 183, der auf ein von der Kommission angedrohtes Vertragsverletzungsverfahren hinweist; ebenso *Sack*, WRP 2002, 272, 276, der die Bedenken der Kommission jedoch für unbegründet hält; *Jayme/Kohler*, IPRax 2002, 463, sprechen von einem „Stirnrunzeln aus Brüssel"; vgl. ferner *Spindler/Fallenböck*, ZfRV 2002, 224 ff..

382 *Spindler*, aaO, 186 f.; *Spindler/Fallenböck*, ZfRV 2002, 225; *Lurger/Vallant*, RIW 2002, 201, die den Gesetzgebern Deutschland und Österreich vorwerfen, es versäumt zu haben, die „sehr vagen, schwer verständlichen und teilweise sogar widersprüchlichen Vorgaben der Richtlinie in klarere, mehr Rechtssicherheit vermittelnde Normierungen zu transformieren" und statt dessen den Richtlinienwortlaut übernahmen.

(3) Fazit und Ausblick

Anhand des Herkunftslandprinzips lässt sich somit exemplarisch veranschaulichen, dass Rechtssicherheit durch die ECRL offensichtlich nur bedingt erreicht worden ist[383].

Es steht vielmehr zu befürchten, dass aufgrund der unklaren Lage verschiedene Gerichte zunächst verschiedene Standpunkte hinsichtlich der Auslegung des Art. 1 Abs. 4 der ECRL vertreten könnten und es letztlich einer Klärung des Auslegungsproblems durch den EuGH bedarf . Bis zur endgültigen Klärung könnten somit Jahre vergehen[384]. Zeit steht den Unternehmen zum Aufbau ihres E- Business jedoch lediglich bedingt zur Verfügung. Bedauerlicherweise verleihen neben den Regelungen hinsichtlich der Verbraucher eine Reihe weiterer Ausnahmen von der Anwendbarkeit des Herkunftslandprinzips der ECRL den Charakter eines unübersichtlichen, beinahe konfusen Regelwerks. Problematisch erscheint zudem, dass das Herkunftslandprinzip dem im Internationalen Wettbewerbsrecht bisher geltenden Marktortprinzip diametral entgegengesetzt ist und daher eine radikale Umkehr mit sich bringt[385]. Vollends verwirrt schließlich der augenscheinliche Widerspruch des Art. 3 der ECRL mit den Überarbeitungen des Kollisionsrechtsübereinkommens „Rom II“[386]. Der Verordnungsentwurf sieht namentlich das Erfolgsorts- bzw. das Marktortprinzip vor, mithin das genaue Gegenteil des Herkunftslandprinzips. Gemäß Art. 23 des Vorentwurfs sol-

[383] So auch *Spindler*, IPRax 2001, S. 400 ff., anhand einer Untersuchung von Kapitalmarktgeschäften im Binnenmarkt; *Hoeren/Große Ruse*, Immaterialgüter-, Wettbewerbs- und Verbraucherschutz- Kollisionsrecht sowie gerichtliche Zuständigkeit bei Internet- Sachverhalten, in: Lehmann, Electronic Business in Europa, S. 334, verweise auf das Problem, dass aufgrund des Herkunftslandprinzips im internationalen Wettbewerbsrecht der Gleichlauf zwischen Gerichtsstand und anwendbarem Recht aufgeweicht würde. Im Rahmen seines Resümees anlässlich des Symposiums „Die Bedeutung des Internationalen Privatrechts im Zeitalter der neuen Medien“ am 31. Januar/1. Februar 2003 an der Friedrich- Schiller- Universität Jena stellte der Gastgeber *Leible* fest, das Herkunftslandprinzip diene in erster Linie der Marktöffnung, lasse jedoch eine gewisse Gerechtigkeit vermissen; vgl. ferner *Schrader*, Umsetzung europäischer Regelungen zum E- Commerce in deutsches Recht, in: Dohmann, Die Praxis des E- Business, S. 223.

[384] So die Stellungnahme der BRAK, aaO; ebenso die Stellungnahme des Max Planck Instituts für ausländisches und Internationales Privatrecht, Hamburg, aaO.

[385] *Mankowski*, ZvglRWiss 100 (2001), 180; *Sack*, WRP 2001, 1425; *ders.*, WRP 2002, 276 spricht sich dafür aus, dass zumindest bei solcher Werbung, die nur auf ausländische Rechtsordnungen zielt, nach deutschem Kollisionsrecht nur ausländisches Wettbewerbsrecht anwendbar sein kann. Dies ergäbe sich aus der IPR- Neutralität der ECRL.

[386] Vgl. *Spindler/Fallenböck*, ZfRV 2002, 215 m. w. Nachw.; *Mankowski*, aaO, 177, der schließlich die Alternative ins Auge fasst, die ECRL zu ändern, wenn „Rom II“ entscheidungsreif ist; krit. auch *Spickhoff*, Das Internationale Privatrecht der sog. Internet-Delikte – Art. 40 – 42 EGBGB, „Rom II“ und Herkunftslandprinzip, in: Leible, Die Bedeutung des Internationalen Privatrechts im Zeitalter der neuen Medien, S. 117.

len die Gemeinschaftsrechtsakte für besondere Bereiche – wie die ECRL – allerdings nicht berührt werden. Geht man mit der wohl überwiegenden Auffassung davon aus, das Herkunftslandprinzip sei kollisionsrechtlich zu verstehen, lassen sich die beiden Gemeinschaftsrechtsakte schwerlich zufriedenstellend in Einklang bringen.

Es zeigt sich, dass es im B2B- Commerce – und eben für diesen Sektor sollte mit der Einführung des Herkunftslandprinzips ein Mehr an Rechtssicherheit erreicht werden - für die Unternehmen nahe liegt, in Form von Allgemeinen Geschäftsbedingungen oder durch Individualvereinbarungen das Vertragsstatut sowie den Gerichtsstand selbst zu bestimmen[387]. Auch der Richtliniengeber hat schließlich dem Grundsatz der freien Rechtswahl im 5. Spiegelstrich zum Anhang der ECRL gegenüber dem Herkunftslandprinzip den Vorrang eingeräumt.

c) Unvollkommene Regulierung?

Ein weiterer Aspekt im Rahmen der kritischen Beleuchtung der Internetgesetzgebung ist die Frage nach fehlgeleiteter oder unvollkommener Gesetzgebung. Unvollkommen soll in diesem Zusammenhang den Umstand bezeichnen, dass der Staat sich oftmals auf die bloße Generierung von Normen beschränkt, jedoch keine Anstrengungen unternimmt, für das nötige Verständnis in Wirtschaft und Gesellschaft zu sorgen.

In besonderer Weise lässt sich das angesprochene Beispiel der elektronischen Signatur zur Verdeutlichung der These der möglichen Fehlleitung in der Regulierung bemühen[388]. Durch die gesetzgeberischen Initiativen wurde in Deutschland eine rechtliche Basis für ein durch ein hohes Sicherheitsniveau gekennzeichnetes Sicherheitskonzept angeboten[389]. Nun muss jedoch festgestellt werden, dass es freilich dem Markt selbst freigestellt ist, nach Abwägung der Vor- und Nachteile unter anderem hinsichtlich der Kosten entsprechend dem tatsäch-

[387] So auch *Spindler*, Grenzüberschreitende elektronische Rechtsgeschäfte, in: Hohloch, Recht und Internet, S. 16.

[388] A. A. *Müller*, Technische Szenarien der Wissens- bzw. Informationsgesellschaft, in: Büllesbach/Heymann, S. 269, der dem SigG bescheinigt, die Diskussion der Wissens- und Technikinfrastruktur orientierend zu fördern.

[389] Dass zum Thema Internet- Sicherheit zumindest hierzulande jedoch im unternehmerischen Bereich noch Aufklärungsbedarf besteht, belegt schließlich die Tatsache, dass zwar vier von fünf deutschen Unternehmen dem Problem des „Hacking und Cracking" eine hohe Priorität einräumen, jedoch nur eine Minderheit über eine wirksame Verschlüsselungssoftware verfügt. 12 Prozent aller deutschen Firmen besitzen nicht einmal Schutzmechanismen vor Computer-Viren, Quelle: SZ vom 3. September 2002, S. 24. Angesichts des offensichtlichen Nachholbedarfs in Sachen IT- Sicherheit geht das US- amerikanische Marktforschungsinstitut IDC davon aus, dass sich die Ausgaben für IT- Sicherheit weltweit bis zum Jahr 2006 auf 4,2 Milliarden US- Dollar verdoppeln werden, vgl. die Beilage „SZ-Technik Cebit 2003" der SZ vom 5. März 2003, S. V2/4.

lichen Sicherheitsbedürfnis das Regulierungskonzept anzunehmen oder abzulehnen[390]. Steht den Online- Banken mit dem *Homebanking Computer Interface* (HBCI)- *Standard* ein Sicherheitskonzept mit hohem Niveau zur Verfügung, so ist dennoch zur Kenntnis zu nehmen, dass viele Kreditinstitute zur Legitimation ihrer Kunden weiterhin an dem, gemessen an den durch das Internet ermöglichten Maßstäben, antiquierten System der PIN- und TAN- Nummern festhalten[391]. Allerdings muss den Kreditinstituten zugestanden werden, dass sie mittlerweile Anstrengungen unternehmen, den HBCI- Standard den Kunden nahe zu bringen. So versuchen einzelne Kreditinstitute die Kunden mit subventionierter Hardware (Lesegeräte) zu einem Systemwechsel zu bewegen.

Auch anhand des Beispiels des Datenschutzes lässt sich verdeutlichen, dass zunächst ein Bewusstsein der Beteiligten, insbesondere der Verbraucher, über die Gefährdungen und Risiken geschaffen werden muss; Gesetze alleine können hier nicht weiterhelfen. In den USA beispielsweise war im Jahre 1999 ein Großteil der Bevölkerung über einen eventuellen Missbrauch ihrer Onlinedaten besorgt, weshalb mangelnder Datenschutz als ein Hauptargument für die schlep-

---

[390] Vgl. *Fuhrmann*, ZfRSoz 23 (2002), 125, der jedoch darauf hinweist, dass in den nächsten Jahren mit einer deutlich steigenden Nachfrage nach Dienstleistungen für IT- Sicherheit gerechnet wird. *Hoeren*, Der Vertragsschluss im Internet und die digitale Signatur – einige ungelöste Fragen, in: Schulze/Schulte- Nölke, Die Schuldrechtsreform, S. 327, begrüßt zwar grundsätzlich den Regelungsrahmen, weist jedoch auf Praktikabilitätsprobleme hin. *Hoeren* stellt fest, dass die Einführung der notwendigen Chipkarten und Chipkarten- Lesegeräte wohl kaum allein durch die Initiative der Wirtschaft und der Verbraucher zu bewerkstelligen sei. Insofern fordert er eine Zusammenarbeit der Beteiligten, um zu vermeiden, dass die digitale Signatur noch vor ihrer Nutzung zum Scheitern verurteilt ist. Die gesetzliche Regelung allein sei nicht ausreichend; ebenso *Rieß*, Vertrauenswürdige Kommunikation durch digitale Signaturen, in: Büllesbach/Heymann, Informationsrecht 2000, S. 116 f.; *ders.*, Globalisierung und Selbstregulierung, in: Kubicek, Internet@Future, S. 337, mit der deutlichen Forderung, den Sektor der kryptographischen Verfahren der Selbstregulierung durch Private zu überlassen; *Schrader*, Umsetzung europäischer Regelungen zum E- Commerce in deutsches Recht, in: Dohmann, Die Praxis des E- Business, S. 209, mit dem Hinweis auf fehlendes Problembewusstsein und die perfektionistische Erfassung der Details in der deutschen Regelung. Nach Einschätzung des IT- Sicherheitsexperten *Grosse*, von BITKOM ist der Gesetzgeber bei der Regelung der elektronischen Signatur „weit über das Ziel hinausgeschossen". Begründet wird die Ansicht mit der Tatsache, dass die meisten Rechnungen auf Papier keine Unterschrift tragen, weshalb die Anforderungen schlicht überzogen seien. Nach *Forrester Research* existierten im B2B- Commerce vertragliche Vereinbarungen über eigene Verschlüsselungssysteme, die eine ähnliche Sicherheit gewährleisteten, wie die elektronische Signatur, vgl. die Beilage „Internet/Telekommunikation" der SZ vom 7. Dezember 2001, S. VP2/42.
Um der mangelnden Akzeptanz der qualifizierten Signatur entgegen zu wirken, will die RegTP zwei neue Gütesiegel für Trust- Center und Signatur- Produkte einführen. Ein spezielles Gütezeichen mit dem Zusatz „accredited" ist für Trust- Center gedacht, welche die strengen Anforderungen des SigG erfüllen, vgl. CR 2002, 471.

[391] Vgl. *Spindler*, Sicherheit im E- Commerce = Rechtssicherheit, in: Müller/Reichenbach, Sicherheitskonzepte, S. 165, 179.

pende Entwicklung des B2C- Commerce angesehen wurde[392]. Nur wenn die Konsumenten dem Datenschutz einen hohen Stellenwert beimessen, sind die Unternehmen gezwungen, eine gute Datenschutzpraxis zu fördern, die ihnen sodann einen wirtschaftlichen Vorteil verspricht[393]. Hier setzen Argumentationsmuster hinsichtlich der Erfolgschancen von Selbstregulierungsmechanismen an; diese sollen jedoch an dieser Stelle nicht weiter vertieft werden.

d) Die mangelnde Notwendigkeit einer Kodifikation des Internetrechts

Sind die auftretenden Probleme letztlich Grund genug, über das bereits vorhandene Instrumentarium hinaus eine Kodifikation des Internet- und Informationsrechts zu erarbeiten? - Wohl nicht.

Einige Rechtsgebiete wie das Urheberrecht müssen aufgrund der zunehmenden Digitalisierung grundlegend umgestaltet werden. Die Bemühungen hierzu sind bekanntlich in vollem Gange. Andere jedoch, wie das Gesellschaftsrecht oder das Sachenrecht werden von den Neuerungen im Internet jedoch nur gestreift und bedürfen daher keiner Angleichung[394]. Es muss festgehalten werden, dass das Internetrecht Berührungspunkte mit verschiedenen Rechtsgebieten aufweist, bzw. jeweils Bestandteile der einzelnen Rechtsgebiete bildet. Genaugenommen ist das Internetrecht also kein eigenständiges Rechtsgebiet[395], es handelt sich um eine „Querschnittsmaterie“[396].

Ein wenig Zukunftsmusik ist daher die These, das „Informationsrecht“ sei eben im Grunde keine Querschnittsmaterie, sondern ein Meta- Rechtsgebiet, das abseits und in Verbindung mit dem klassischen Sachenrecht des BGB ein neues

[392] *Grimm/Roßnagel*, DuD 2000, 446, unter Berufung auf eine Umfrage des Wall Street Journal. In Deutschland sahen im Zeitraum von 1999- 2001 73 % der User entsprechende Gefahren im Netz, vgl. *Enzmann/Roßnagel*, CR 2002, 141, unter Berufung auf eine ARD/ZDF Offline- Studie; *Vassilaki*, CR 2002, 744 m. w. Nachw..

[393] So *Schaar*, Datenschutz im Internet, Rz. 927; *Enzmann/Roßnagel*, CR 2002, 149.

[394] So *Kaufmann Winn/Haubold*, 5 European L. Rev. 568 (2002).

[395] *Strömer*, Online- Recht, S. 2; *Ende/Klein*, Grundzüge des Vertriebsrechts im Internet, S. 16.

[396] *Mankowski*, AfP 1999, 142, im Zusammenhang mit der Frage nach einen weltweit gültigen „Cyberlaw“; *Haft/Eisele*, JuS 2001, 113; *Kloepfer*, Informationsrecht, S. 29, der jedoch vom allgemeineren Begriff des „Informationsrechts“ ausgeht. *Kloepfer* weist darauf hin, dass die Grenzen zwischen den herkömmlichen Rechtsgebieten gerade im Rahmen der Beschäftigung mit den Gegenständen der Information und Kommunikation zunehmend verschwimmen und führt dieses Phänomen auf den Teilrückzug des Staates und das Vordringen selbstregulativer gesellschaftlicher Steuerungssysteme zurück.

„property right“ ins Visier nähme: Die Information[397]. Diese Annahme trägt dem Umstand Rechnung, dass gerade im Cyberspace die klassische Eigenständigkeit der Immaterialgüterrechte wie des Urheberrechts zunehmend enger an das Marken- und Patentrecht sowie das die Informationsfreiheit schützende Verfassungsrecht gekoppelt werden muss.

Freilich kann wohl auch diese Auffassung nicht leugnen, dass das „Internetrecht“ und das „Informationsrecht“ nicht deckungsgleich sind. Gegenwärtig umfasst das Internetrecht eine Vielzahl von Rechtsfragen, die nicht alle mit den Immaterialgüterrechten in unmittelbarer Verbindung stehen. Das Informationsrecht umfasst hingegen Rechtsgebiete wie das Presse-, Verlags- und Filmrecht, die über das Recht der neuen Medien weit hinausgehen[398]. Tatsächlich liegt der enorme Fortschritt jedoch in der Erkenntnis, es sei langfristig ein eigenes Rechtsgebiet um die intellectual- property- rights zu formieren. Gelänge dies, rückt der Kodifikationsgedanke näher ins Blickfeld. Dementsprechend existieren bereits verschiedene Anregungen und ein Entwurf zu einem „Informationsgesetzbuch (IGB)“, welcher jedoch keinen Anspruch erhebt, die Rechtsfragen des Internet umfassend zu regeln[399]. Ein solches IGB könnte das auf den Gedanken der Informationsgerechtigkeit ausgerichtete Informationsrecht bei gleichzeitiger Berücksichtigung der informationellen Selbstbestimmung des Menschen in einen rechtlichen Rahmen gießen. Nach *Kloepfer* können der Informationsgerechtigkeit die Gebote des hinreichenden Informationszugangs und der gerechten Informationsteilhabe –und verteilung, aber auch inhaltliche Gehalte der Wahrheit und Unverfälschtheit von Informationen entnommen werden. In den Blick genommen wird hier zunächst der in einer Fülle unterschiedlicher gesetzlicher Regelungen verankerte Datenschutz.

Eine gänzliche Vereinheitlichung des Internetrechts in Form einer Kodifikation vorzunehmen, erscheint daher zurzeit auf nationaler, sachrechtlicher Ebene erstens nicht durchführbar, zweitens aber auch nicht notwendig. Auch ein Internet- oder Informationsgesetzbuch birgt die wohl nicht zu beseitigende Gefahr, im

---

[397] So *Hoeren*, JuS 2002, S. 950; a. A. *Vassilaki*, CR 2002, 745, die sich dafür ausspricht, dass das Recht der Informationsdienste grundsätzlich eine Querschnittsdisziplin bleiben sollte. Das Recht der Informationsdienste könne dann zwar keine einheitliche Struktur haben, da es in einzelnen Segmenten die Charakteristika des jeweiligen Rechtsgebiets aufweisen würde. Es würde jedoch die Möglichkeit eröffnet, alle Rechtsgebiete, die durch die Abwicklung von Informationsdiensten tangiert würden, flächendeckend zu erfassen.

[398] *Kloepfer*, Informationsrecht, S. 34, ordnet das „Recht des Internet“ zusammen mit dem Datenschutz-, Telekommunikations- und Medienrecht dem Informationsrecht als Überbegriff unter. *Kloepfer* weist jedoch anschließend darauf hin, man könne sich über die Begriffsbestimmungen des Rechts der Informationsgesellschaft streiten, dessen Existenz und Profilierung hingegen sei jedoch unbestreitbar.

[399] Vgl. hierzu *Kloepfer*, aaO, S. 39 m. w. Nachw.; *ders.*, K & R 1999, 241.

Rahmen der Gesetzgebung im Rechtsraum Internet an dessen Eigenheiten zu scheitern.

e) Fazit – Die Notwendigkeit der Vermeidung eines „legislativen Aktionismus“

Hinzunehmen ist, dass das Internet ein neues, kollektives Phänomen und ein, wenn nicht sogar das Sinnbild für eine sich fundamental wandelnde Welt darstellt[400]. Die Auseinandersetzung, inwieweit in der virtuellen Welt nun alles neu und anders ist oder doch im wesentlichen den Gegebenheiten der realen Welt entspricht, hilft jedoch nicht weiter[401].

Das geltende Recht der realen Welt muss – und die Gesetzgeber haben dies erkannt und bereits teilweise umgesetzt – an den einschlägigen Stellen um Spezialvorschriften für den elektronischen Geschäftsverkehr im Internet ergänzt werden. Solche Schritte wollen indes nach den vorstehenden Ausführungen wohl überlegt sein; es ist dem Gesetzgeber anzuraten, sich hinsichtlich detaillierter Regelungen zurückzuhalten[402]. Galt das Internet aufgrund seiner anarchischen Struktur vor wenigen Jahren noch als Schlaraffenland für „Piraten“ aller Art, so werden vermehrt Stimmen laut, welche die Existenz des Cyberspace durch die Fülle neuer gesetzlicher Regelungen bedroht sehen[403]. Das Internet verträgt eben aufgrund seiner schnelllebigen Entwicklung keine Überregulierung und kann ebenso wenig im Schnellverfahren reguliert werden[404].

In Teilbereichen ist ein Regulierungsversagen des staatlichen Rechts sogar offenkundig. Hochkomplexe Gesellschaftsbereiche moderner Industriegesellschaf-

---

[400] *Ladeur*, ZUM 1997, 376; *Mayer* NJW 1996, 1791.

[401] So *Lessig*, Code, S. 193.

[402] So *Roßnagel/Pfitzmann/Garstka*, Modernisierung des Datenschutzrechts, S. 153; ebenso *Fuhrmann*, ZfRSoz 23 (2002), 115, mit der prägnanten Formulierung: „Auch geraten detailverliebte Steuerungsinstanzen angesichts der zunehmenden Komplexität der Regelungsgegenstände an kognitive und organisatorische Grenzen.“. Auch im Rahmen der ICANN- Tagung im Marina del Ray vom 12. – 15.11.2001 wurde vor „legislativem Aktionismus“ gewarnt. Bezüglich der Gefahren, die sich aus Sicherheitslücken im Internet ergäben, wurde angemerkt, dass technisch nicht umsetzbare Gesetze sinnlos seien und man Acht geben müsse, dass gesetzliche Auflagen zur Schaffung von Zugangsmöglichkeiten zur individuellen Internetkommunikation zu „Löchern“ führen könnten, vgl. *Kleinwächter*, MMR aktuell 1/2002, S. XIX.

[403] So *Bogdan*, Cross- Border Transactions on the Internet, in: Hohloch, Recht und Internet, S. 59.

[404] *Hoeren*, NJW 2001, 1185, spricht hier von der Notwendigkeit der „Entdeckung der Langsamkeit“.

ten bedingen erhöhte Koordinationsanforderungen an Staat und Gesellschaft[405]. Zeigen sich die begrenzten Möglichkeiten des nationalen Gesetzgebers, eine Rechtsordnung für das Internet zu schaffen, so fällt auf, dass auch die europäischen Harmonisierungsbemühungen keinesfalls gänzlich das Problem der auftretenden Rechtsunsicherheit zu lösen vermögen. Es scheint, als könnten die Richtlinienvorschläge nicht anders, als die nationalen Lösungen durch weitere Lösungen zu multiplizieren[406]. Wirtschaftswissenschaftler wähnen die gegenwärtig in Europa vorherrschenden Regulierungsmodelle, insbesondere die hinsichtlich der Zuständigkeiten, in Folge der Globalisierungs-, Konvergenz- und Vernetzungsprozesse auf dem Abstellgleis. Sie seien in vielen Bereichen wirkungslos und wirkten daher kontraproduktiv. Gefordert wird – zugegebenermaßen zunächst etwas paradox- , Regulierung zugleich abstrakter, konkreter und experimenteller zu gestalten[407].

Der Gesetzgeber – sei es der nationale, supranationale oder internationale – darf sich mithin nicht dem Umstand verschließen, dass es unmöglich sein wird, die sich im Internet entwickelnden Probleme umfassend zu normieren. Der Staat muss sich bewusst sein, bei dem Versuch der Durchsetzung seiner Regulierungsbemühungen im virtuellen Sozialraum Internet kaum lösbaren Problemen zu begegnen, weshalb eine Innovation der traditionellen Regulierungstechniken für den Rechtsraum Internet notwendig ist, um einen Ausweg aus dem Dilemma zu finden[408]. Es gilt somit, die technische Entwicklung des Internet und die sich durch den E- Commerce bietenden Chancen genauestens zu beobachten und zu analysieren, um die notwendigen Rahmenbedingungen im Internet zu schaffen. Für sinnvolle Regelungen im Bereich des Rechts der neuen Technologien sind präzise Kenntnisse des jeweiligen Technologiebereichs vonnöten. Es bedarf daher im Rahmen der Entwicklung eines Regelungsrahmens der intensiven Koope-

---

[405] *Ukrow*, Selbstkontrolle, S. 11; vgl. auch *Wulsdorf*, Verbandliche Selbstregulierung, S. 140. Mit dem Verweis auf die Statik des staatlichen Steuerungselements „Recht", welches der dynamischen Entwicklung der neuen Technologien nicht angemessen erscheint, wurde bereits die privatrechtlich organisierte Techniksteuerung im Bereich der Standardsetzung befürwortet, vgl. *Eichener/Heinze/Voelzkow*, Techniksteuerung im Spannungsfeld zwischen staatlicher Intervention und verbandlicher Selbstregulierung, in: Voigt, Abschied vom Staat – Rückkehr zum Staat?, S. 396.

[406] So *Geis*, CR 1999, 777.

[407] So *Zerdick*, Internet- Ökonomie, S. 19, 286, allerdings die Prämisse betonend, es sei eine „starke" Regulierung wenigstens für den Fall der Verletzung wichtiger „Eckpunkte" in den Bereichen Wettbewerbs- und Urheberrecht, sowie Jugend-, Daten- und Verbraucherschutz erforderlich.

[408] So *Price/Verhulst*, Selbstregulierung und Verhaltenskodizes als Grundlage von Internetpolitik, in: Waltermann/Machill, Verantwortung im Internet, S. 149; in Bezug auf das Völkerrecht *Mayer*, ZfRSoz 23 (2002), 111, mit der Feststellung, das Recht müsse der Struktur des Internet folgen.

ration zwischen Naturwissenschaftlern, Technikern und Normsetzern[409]. Der vielbeschworene „Kampf zwischen Bits und Paragraphen", den es zu gewinnen gelte[410], sollte vielmehr im Interesse einer zügigen Weiterentwicklung des Internet als Kommunikations- und Handelsplattform beigelegt werden.

Hierbei muss man sich stets der Tatsache bewusst bleiben, dass ein Mindestmaß an Selbstregulierung durch die „Internet- Society" – womit im Rahmen der vorliegenden Untersuchung freilich in erster Linie die im Bereich des elektronischen Geschäftsverkehrs tätigen Unternehmen und Verbände gemeint sind - als Regelungsmöglichkeit in Betracht zu ziehen ist. Der Staat muss sich gegenüber der Entwicklung von „Ersatzrechtsordnungen"[411] zumindest öffnen. Entsprechendes gilt auch für die Teilnahme der Rechtswissenschaft an der genannten Herausforderung. Bereits in der Diskussion um die lex mercatoria – welche wie besprochen in einem engen inhaltlichen Zusammenhang mit der Entwicklung eines „neuen" Rechtssystems für das Internet, namentlich des vielbeschworenen „Cyberlaw", steht – wurde die Rechtswissenschaft darauf hingewiesen, sie dürfe

[409] So *Nicklisch*, Richterliche Rechtsfortbildung, in: Festschrift für die Juristische Fakultät, S. 260; *ders.*, weist im Rahmen der Einführung zu der Podiumsdiskussion: Beilegung von Computerstreitigkeiten durch Sachverständigenexpertise und durch die Schiedsgerichtsbarkeit, in: ders., Verträge über Computertechnik in Forschung, Verwaltung, Wirtschaft und Technik, S. 281, darauf hin, im Hinblick auf die Beilegung von Meinungsverschiedenheiten bei technischen Projekten müsse auf Seiten der Juristen ausreichend juristischer Sachverstand im Umgang mit dem betreffenden Fachgebiet und genügend Einfühlungsvermögen in die spezifischen Fragen der jeweiligen Technologie vorhanden sein. Unabdingbar sei es dabei, dass sich Juristen einerseits und Naturwissenschaftler und Techniker andererseits um eine Verständigung bemühen und wechselseitig versuchen, die Sprache des anderen und seine Denkweise zu verstehen. *Haft*, Juristen und die Informationsgesellschaft, in: Tauss, Deutschlands Weg in die Informationsgesellschaft, S. 544, machte bereits früh darauf aufmerksam, dass insbesondere deutsche Juristen in ihrer ganz überwiegenden Mehrheit mit Ablehnung und Abwehr auf das Vordringen der Informationsgesellschaft reagiert haben und mahnt im folgenden die Chancen wahrzunehmen, welche die Informationsgesellschaft auch dem Recht biete. Ebenso *Hoeren*, NJW 2001, 1185, der die Juristen im Zusammenhang mit dem Internet als „Legastheniker des Fortschrittes" bezeichnet und es ihnen nahe legt, den Kodifizierungsbedarf behutsam zu prüfen. Vgl. auch *Brunner*, Rechtsetzung durch Private, S. 139.

[410] So bspw. *Wuermeling*, Europäischer Rechtsraum und Informationsgesellschaft, in: Hohl, Vernetztes Recht, S. 19.

[411] Diesen Begriff verwendet *Spindler*, Sicherheit im E- Commerce = Rechtssicherheit, in: Müller/Reichenbach, Sicherheitskonzepte, S. 167; vgl. auch *Mayer*, ZfRSoz 23 (2002), 113.

sich nicht ihrer Aufgabe entziehen, Rechtsentwicklungen als solche zur Kenntnis zu nehmen und an ihrer Gestaltung mitzuwirken[412].

Insofern sind auch die Jurisprudenz und die Judikatur aufgerufen, sich den neuen Ideen zu öffnen; es gilt mit Nachdruck an deren Phantasie zu appellieren. Nur so bleibt es möglich, auch neue technische Entwicklungen unter ein Regelwerk zu fassen, ohne dazu gezwungen zu sein, ständig neue Normen schaffen zu müssen. Ist einerseits die Idee der reinen Selbstregulierung über den Markt zu verwerfen und ein transnational geltendes Cyberlaw bei weitem noch nicht in greifbarer Nähe, stößt indessen andererseits die staatliche Einflussnahme auf den Rechtsraum Internet naturgemäß an ihre Grenzen, so liegt der Königsweg m. E. - wie so oft - auch hier „irgendwo in der Mitte".

---

[412] So *Stein*, Lex mercatoria, S. 257; ebenso *Lessig*, Code, S. 6. Mit gutem Beispiel voran geht das Lehrbuch von *Kloepfer*, Informationsrecht, welches soweit ersichtlich die erste Gesamtdarstellung im Bereich des Online- bzw. Internetrechts in Deutschland ist, das mehrere Passagen den Grundüberlegungen und Instrumenten der Selbstregulierung im Internet und E-Commerce widmet. Vgl. hierzu auch den seitens *Kloepfer*, K & R 1999, 250 f., vorgelegten Entwurf eines Informationsgesetzbuches, welcher in seinem Allgemeinen Teil die Implementierung von Selbstregulierungsmechanismen vorsieht.

C. Selbstregulierung durch Private im elektronischen Geschäftsverkehr – Das „Soft Law“ des Internet

Hat also nunmehr die Stunde der Selbstregulierung geschlagen? Ist Selbstregulierung wieder „en vogue“[413]? Schon im Rahmen der rechtswissenschaftlichen Diskussion um die „first generation issues“, namentlich die EDV- Verträge, wurde angesichts der offenen Präambeln und Definitionen davon gesprochen, Software und Soft Law seien nicht nur assoziativ miteinander verbunden[414].

Um jedoch die aufgeworfene Frage zu beantworten, sind im folgenden die der Selbstregulierung zur Verfügung stehenden Mechanismen zu untersuchen. Möchte man sich ein allgemeines Bild des Instrumentariums, der sogenannten *Self- Regulatory Tools*, machen, so fällt auf, dass eine enorme Vielfalt dieser Selbstregulierungsmechanismen ausgemacht werden kann[415]. Während zunächst nur die grundlegenden Charakteristika der Selbstregulierung aufgezeigt werden sollen, wird anhand der Untersuchung einzelner Paradigmen für Selbstregulierung im elektronischen Geschäftsverkehr auf Abgrenzungsprobleme sowie spezielle Rechtsfragen einzugehen sein.

I. Selbstregulierung durch Private - Der Versuch einer begrifflichen Einordnung

Inhaltlich bezieht sich Selbstregulierung durch Private in der Regel auf die Sicherung der Lauterkeit und der Leistungsgerechtigkeit im Wettbewerb mit dem Ziel, bestimmte Verhaltensweisen als unseriös zu sanktionieren oder zu vermeiden. Selbstregulierung wird nach dem Grundgedanken nicht vom Staat, sondern von den Beteiligten selbst gesetzt und auch durchgesetzt. Sie bezeichnet somit die Identität von Kontrolleur und Kontrolliertem. „Selbst“ bedeutet im vorliegenden Zusammenhang nicht die individuelle Selbstkontrolle einzelner Firmen, sondern eine kollektive Einschränkung, der alle Beteiligten unterliegen und die

[413] In Anlehnung an die Formulierung bei *Hoeren*, Selbstregulierung, S. 363, der feststellt, zu Beginn der neunziger Jahre wäre die Selbstregulierung mehr und mehr durch gesetzliche Regelungen ersetzt worden - so beispielsweise die Insiderrichtlinien durch Strafgesetze.

[414] Vgl. *Jayme*, Grenzüberschreitende Computerprojekte, in: Nicklisch, Verträge über Computertechnik in Forschung, Verwaltung, Wirtschaft und Technik, S. 160.

[415] *Hoeren*, Selbstregulierung, S. 365, bemerkt zutreffend, Selbstregulierung erweise sich als „buntes Kaleidoskop“ verschiedenster Regulierungsformen.

auf der Willensübereinstimmung dieser Teilnehmer beruht[416]. Die beteiligten „Privaten" sind regelmäßig Wirtschaftsverbände und Unternehmen[417]. Im Rahmen der Untersuchung muss aber gegebenenfalls auch auf Mechanismen der individuellen Selbstregulierung zurückgegriffen werden.

Selbstregulierung ist nicht zwingend eine Erfindung der Wirtschaft, die sie abseits der staatlichen Autorität zu verwirklichen versucht[418]. Im Spannungsfeld zwischen der Aufgabenerfüllung des Staates durch das öffentliche Recht und der Konfliktbewältigung durch privatrechtliche Strukturen wurde in der steuerungswissenschaftlichen Diskussion nach jahrzehntelangem beziehungslosen Nebeneinander die innerbetriebliche Organisation privater Wirtschaftssubjekte als Steuerungsressource entdeckt.

Führt man sich die Entwicklung der Rechtsordnung der Bundesrepublik Deutschland vor Augen, so konnte man zunächst ein Zurückstutzen der Möglichkeiten privatautonomer Gestaltung beispielsweise durch die immissionsrechtlichen Bestimmungen beobachten. In der jüngsten Vergangenheit und in der Gegenwart hingegen ist eine Trendwende zur Liberalisierung und Deregulierung zu verzeichnen. Hier sollen die Öffnung des Telekommunikationsmarktes und die damit einhergehende Verabschiedung des Telekommunikationsgesetzes (TKG)[419] als Beispiel dienen[420]. Die Verantwortlichen erkannten, dass auch im Rahmen der Selbstregulierung öffentliche Schutzinteressen besonders berück-

---

[416] *Brandmair*, Selbstkontrolle, S. 247; vgl. auch den Hinweis bei *Baumbach/Hefermehl*, Wettbewerbsrecht, § 3 Rz. 402, dass die „Unternehmer- Selbstkontrolle" vom Publikum dahingehend verstanden würde, dass die der Gemeinschaft angehörenden Unternehmen irgendeiner Kontrolle durch irgendein Kontrollorgan unterworfen seien. Deshalb sei es i. S. d. § 3 UWG irreführend, wenn kein Kontrollorgan vorhanden sei und sich jeder Unternehmer nur selbst kontrolliere.

[417] Vgl. zum Ganzen *Hoeren*, aaO, S. 4 f.; *Calliess*, AfP 2002, 466 f.; vgl. ferner *Ukrow*, Selbstkontrolle, S. 19 ff.; sowie *Price/Verhulst*, Selbstregulierung und Verhaltenskodizes als Grundlage von Internetpolitik, in: Waltermann/Machill, Verantwortung im Internet, S. 165; vgl. auch die Beschreibung und Funktionsweise der „self- regulation" bei *Murray/Scott*, 65 Mod. L. Rev. 503 (2002): „ [...] but also some elements of more formalised regimes, as where self- regulatory standards are socially generated and written down and then combined in a hybrid form with hierarchical elements to create a self- regulatory control system which is a hybrid between community and hierarchical bases.".

[418] *Michael*, Rechtsetzende Gewalt im kooperierenden Verfassungsstaat, S. 27, führt an, dass mit dem Ausschluss hoheitlicher Fremdbestimmung nicht gesagt sei, dass Selbstverpflichtungen ohne jegliche staatliche Einflussnahme zustande kämen. Vielmehr sei regelmäßig lediglich der Unterschied zur formalen hoheitlichen Rechtsetzung und zum unmittelbar wirkenden staatlichen Ge- und Verbot gemeint.

[419] BGBl. 1996 I, S. 1120

[420] Vgl. *Hoffmann- Riem*, Öffentliches Recht und Privatrecht als wechselseitige Auffangordnungen – Systematisierung und Entwicklungsperspektiven, in: Hoffmann- Riem/Schmidt-Aßmann, Öffentliches Recht und Privatrecht, S. 289 f..

sichtigt, die Eigenkontrolle gestärkt und die Innovationsfähigkeit angeregt werden können.

Der Staat kommt insofern der seitens der Wirtschaft immer wieder vorgebrachten Forderung nach einem Mehr an Selbstregulierung entgegen, wobei beide Akteure freilich aus verschiedenen Motiven heraus handeln. Bei der Untersuchung von Selbstregulierung ist somit auf die grundlegenden Unterschiede zwischen hoheitlichen Normen und der privaten Rechtssetzung einzugehen.

1. Die „Private Rechtsetzung"

Im Rahmen der Selbstregulierungsdebatte begegnet man immer wieder dem Begriff der „privaten Rechtsetzung". Daher soll bereits an dieser Stelle das Verhältnis zur Selbstregulierung geklärt werden.

Als private Rechtsetzung werden unter anderem Tarifverträge, Vereinssatzungen oder Gesellschaftsverträge bezeichnet. Das Spektrum der seitens der Rechtswissenschaft erörterten Problemkreise reicht von der Rechtsnatur, Legitimation und Bindungswirkung der privaten Rechtsetzung bis hin zur der Diskussion um die Rezeptionsformen „privater Normen" durch das Recht, wie beispielsweise durch unbestimmte Rechtsbegriffe und Generalklauseln[421].

Die Begriffe Selbstregulierung und private Rechtsetzung sind eng miteinander verwoben. Private Rechtsetzung bedeutet jedoch nicht automatisch Selbstregulierung.

Regulierung umschreibt ganz allgemein den staatlichen Wunsch, sich gegen den Markt zu stellen[422]. Selbstregulierung kann einen Ersatz und/oder eine Ergänzung einer staatlichen Regulierungsmaßnahme auf privater Ebene darstellen. Unzutreffend wäre daher die Behauptung, die in der Selbstregulierung wirksamen Kräfte wollten primär „staatlich definierte öffentliche Zwecke" verfolgen[423]. Das individuelle und in Bezug auf die hier zu untersuchenden Selbstregulierungsmechanismen zweifelsohne vorliegende wirtschaftliche Interesse bildet den maßgeblichen Beweggrund zur Umsetzung der Selbstregulierung. Das Eigeninteresse der Akteure trägt einen guten Teil dazu bei, dass sich moralische Standards in einer Marktwirtschaft entwickeln und behaupten können[424].

---

421 *Brennecke*, Normsetzung durch private Verbände, S. 7.

422 *Engel*, Regulierung durch Organisation und Verfahren, in: Immenga, FS Mestmäcker, S. 119 f..

423 *Schmidt- Aßmann*, Regulierte Selbstregulierung als Element verwaltungsrechtlicher Systembildung, in: Berg, Regulierte Selbstregulierung, S. 255.

424 *Krelle*, Entwicklung und Aufrechterhaltung moralischer Standards, in: Immenga, FS Mestmäcker, S. 227, führt einen mathematischen Beweis zum Beleg der These. In seiner Untersuchung bezieht er sich auf die moralischen Grundsätze, „Du sollst Versprechen halten (Pacta sunt servanda)", „Du sollst auch das Wohl deiner Mitmenschen berücksichtigen" und „Du sollst deinen Teil zum öffentlichen Wohl beitragen". *Krelle* gelangt zu dem Ergebnis,

Hinter den selbstregulativen Initiativen steht jedoch oftmals ein Beweggrund auch von staatlichem Interesse. Insofern gibt der Staat, wie im folgenden noch näher darzulegen ist, auch zunehmend die Anwendungsbereiche der Selbstregulierungsmechanismen vor. Er lässt neben den seinerseits geschaffenen Rechtsnormen auch die Regulierung durch Private – insbesondere durch Verbände - zu. Die private Rechtsetzung erstreckt sich daher auch auf Gebiete, die traditionell dem öffentlichen Recht zuzuordnen sind. Als Beispiel sollen hier unternehmensinterne Verhaltensregeln hinsichtlich des Schutzes personenbezogener Daten dienen[425]. Die private Rechtsetzung kann mithin einerseits dazu dienen, selbstregulative Maßnahmen durchzusetzen, andererseits kann sie jedoch auch einen Weg zur Umgehung anderweitig auftretender Probleme – so beispielsweise technischer Art - bedeuten, welche dem Staat in seiner Funktion als Gesetzgeber als solche noch unbekannt, in der Praxis jedoch bereits von großer Relevanz sind.

Selbstregulierung durch private Rechtsetzung zeigt somit, dass Selbstregulierung sowohl der Privatautonomie als auch wegen der Notwendigkeit der Gestaltung im Zusammenwirken mit anderen – zumindest reflexhaft[426] - der Gemeinwohlsicherung dienen kann[427]. Beide Begriffe befinden sich daher in einem Wechselspiel. Diese Unterscheidung ist insofern von Bedeutung, als die durch staatliche Rahmengesetzgebung vorgegebenen bzw. angeregten Selbstregulierungsmaßnahmen gegenüber der autonomen Selbstregulierung hinsichtlich ihrer verfassungsrechtlichen und kartellrechtlichen Legitimation unterschiedlich, möglicherweise sogar weniger kritisch beurteilt werden müssen.

2. Privatrecht – Öffentliches Recht?

Auffällig und bereits angeklungen ist, dass in der jüngeren Vergangenheit gerade auch in der Diskussion um die Selbstregulierung durch Private die Unter-

dass eine Marktwirtschaft auch moralische Standards erzeugt, wobei der Grad der „Hilfe" des Eigeninteresses verschieden sei. So benötigte etwa der Schutz der Minderheiten gegenüber der Einhaltung des Grundsatzes pacta sunt servanda ein Mehr an staatlicher Einflussnahme.

[425] S. u. Ziff. C, IV, 6, a).

[426] *Hoeren*, Selbstregulierung, S. 362, betont ausdrücklich, Selbstregulierung diene weder dem Schutz der Allgemeinheit noch würde sie durch diesen begrenzt. Daher lasse sich über die individuellen Interessen der Beteiligten ein Kollektivinteresse an bestimmten Rechtsgütern nicht nachweisen. Allerdings solle nicht behauptet werden, es gäbe keine überindividuellen Maßstäbe, eine materielle Ethik oder objektive Gerechtigkeit; nachweisen ließe sich eine solche jedoch nicht.

[427] *Hoffmann- Riem*, Öffentliches Recht und Privatrecht als wechselseitige Auffangordnungen – Systematisierung und Entwicklungsperspektiven, in. Hoffmann- Riem/Schmidt- Aßmann, Öffentliches Recht und Privatrecht, S. 269, 300; *Calliess*, AfP 2002, 466; vgl. auch *Ukrow*, Selbstkontrolle, S. 26 ff..

scheidung zwischen Privatrecht und öffentlichem Recht zunehmend verschwimmt.

Hierfür gibt es mehrere Gründe. Zunächst kann Selbstregulierung nach dem oben Gesagten sowohl steuerungsrechtliche und „gemeinwohlorientierte“, als auch rein soziale und private Zwecke verfolgen[428]. Sind dem Privatrecht also grundsätzlich inhaltliche Beurteilungen und die typischen Instrumente öffentlicher Entscheidungsstrukturierung, wie Verfahrensstandards, Begründungspflichten und Neutralitätssicherungen fremd, so zeigt sich jedoch in manchen Fällen, dass die Privatautonomie als Ordnungsprinzip nicht ausreicht. An dieser Stelle bedarf es der Implementierung von Mechanismen zur Sicherung von Mindestbedingungen einer ausgewogenen Konfliktlösung, die an den Strukturen des öffentlichen Rechts orientiert sind[429].

Des Weiteren ist auch die zunehmende Globalisierung für die Aufweichung der Abgrenzungsmöglichkeiten verantwortlich. So ist im anglo- amerikanischen Rechtskreis die Abgrenzung zwischen öffentlichem Recht und Privatrecht weitgehend unbekannt[430]. Für den Bereich des internationalen Wirtschaftsrechts – und das Recht des E- Commerce ist geradezu ein Paradebeispiel hierfür – wird im allgemeinen anerkannt, dass die strikte Trennung von (öffentlichem) Wirtschaftsrecht und zivilrechtlichem Handelsrecht kaum mehr durchführbar ist und sich als eher fragwürdig erweist[431]. Auch die europäische Integration und die zunehmende Ausrichtung der nationalen Gesetzgebung an Gemeinschaftsrechtsakten erlaubt wenigstens hier keine exakte Trennung mehr zwischen den beiden Rechtsgebieten[432]. Schließlich berührt das Medium Internet als Sozialraum alle Rechtsgebiete. Es werden sich daher auch im Rahmen der vorliegenden Untersuchung immer wieder Überschneidungen zwischen öffentlichem Recht und Privatrecht ergeben.

---

[428] Vgl. auch *Röhl*, Zur Bedeutung der Rechtssoziologie für das Zivilrecht, in: Dreier, Rechtssoziologie, S. 65 f., der vor dem Hintergrund der zunehmenden Privatisierung in den neunziger Jahren auf die Tendenz hinweist, das öffentliche Recht den Rechtstechniken des Privatrechts, insbesondere dem Vertrag, zu öffnen und umgekehrt die materiellen Standards des öffentlichen Rechts in das Privatrecht hineinzutragen.

[429] Vgl. *Trute*, Verzahnungen von öffentlichem und privatem Recht, in: Hoffmann-Riem/Schmidt- Aßmann, Öffentliches Recht und Privatrecht, S. 175.

[430] *Kropholler*, Internationales Einheitsrecht, S. 5.

[431] Vgl. *Weise*, Lex mercatoria, S. 20, mit dem Hinweis, das *UNCITRAL- Modellgesetz über die internationale Handelsschiedsgerichtsbarkeit* betone, dass der Handelsrechtsbegriff auf internationaler Ebene mit dem im nationalen Bereich nicht vergleichbar sei.

[432] Vgl. auch *Kübler*, Gesellschaftsrecht als Rahmen der Interessenbalancierung, in: Hoffmann- Riem/Schmidt- Aßmann, Öffentliches Recht und Privatrecht, S. 225.

II. Erscheinungsformen und Einordnung der Selbstregulierung

Hinsichtlich der Einordnung von Selbstregulierungsmechanismen finden sich im Schrifttum verschiedene Ansätze.

1. Steuerungsrechtliche Einordnung

Versucht man eine Einordnung von Selbstregulierungsmechanismen vor dem Hintergrund der grundsätzlich bestehenden Regulierungsverantwortung des Staates vorzunehmen, so lassen sich im wesentlichen drei verschiedene Formen der Selbstregulierung unterscheiden.

a) Staatliche Regulierung unter Einbau selbstregulativer Elemente, regulierte Selbstregulierung und rein private Selbstregulierung

Ein Modell stellt die *staatliche Regulierung unter Einbau selbstregulativer Elemente* dar.
Prinzipiell steht der Staat hier in der vollen Erfüllungsverantwortung gegenüber dem Bürger. Die Möglichkeiten zur begrenzten Selbstregulierung werden dabei durch die staatliche Regulierung selbst geschaffen und in das staatliche Regelungskonzept integriert. Als Beispiel fungieren die in verschiedenen Gesetzen vorgesehenen Umweltverträglichkeitsprüfungen.

Ein fließender Übergang ist zum Modell der *staatlich regulierten*, *staatlich induzierten* oder *indirekten Selbstregulierung*[433] zu verzeichnen. Den Staat trifft hier keine Erfüllungsverantwortung, er stellt sie zumindest zurück und rückt das Vertrauen in die selbstregulativen Elemente unter Einschluss privatautonomer Zielsetzung in den Vordergrund. Hier ist beispielsweise die staatliche Förderung von Selbstbeschränkungsabkommen in der Wirtschaft anzuführen, bei deren Scheitern jedoch eine imperative Regulierung droht. Ermöglicht wird die staatliche Intervention durch einen besonderen Regulierungsrahmen, der die verfügbaren Optionen vorgibt, jedoch einen Spielraum bei der Optionenwahl- und konkretisierung belässt.

Letztlich ist auf das Modell der *rein privaten Selbstregulierung* hinzuweisen. An dieser Stelle sind Selbstregulierungsmöglichkeiten anzusiedeln, die keinen über die allgemein anwendbare Rechtsordnung – etwa des BGB – hinausgehenden regulativen Interventionen ausgesetzt sind. Anknüpfungspunkt bildet hier insofern die Vertragsfreiheit bzw. die Privatautonomie. Regulative Interventionen bleiben jedoch, wenn auch nur durch die das allgemeine Recht anwenden-

[433] *Weber*, CRi 2002, 95, spricht hier von der „directed or audited self- regulation“.

den Gerichte etwa zu Zwecken des „Ausgleichs der gestörten Vertragsparität", möglich[434].

b) Der Deutsche Corporate Governance Kodex – Ein deutscher Versuch der Verknüpfung freiwilliger und imperativer Regulierungsinstrumente

Ein mittlerweile realisiertes, staatlich initiiertes Vorhaben, selbstregulative Elemente in das geltende Aktienrecht einfließen zu lassen, mündete in den am 26. Februar 2002 verabschiedeten und der Öffentlichkeit vorgestellten *Deutschen Corporate Governance Kodex* (DCG- Kodex)[435]. Deutschland folgt hiermit den Empfehlungen auf europäischer Ebene, mit der Verabschiedung eines einheitlichen Kodex der Zersplitterung in einzelne Regelwerke Einhalt zu gebieten[436].

Die Bundesjustizministerin hatte sich auf die Vorgabe des rechtlichen Rahmens beschränkt und damit der deutschen Unternehmenspraxis die Möglichkeit eröffnet, „in einem Akt der Selbstorganisation einen Kodex vorzuschlagen", um „den Finanzplatz Deutschland noch mehr an den Anforderungen der internationalen Kapitalmärkte auszurichten und ihn durch Flexibilisierung und Weiterentwicklung der geltenden Vorschriften attraktiver zu gestalten"[437]. Mit der Veröffentlichung im elektronischen Bundesanzeiger behielt sich schließlich die Bundesregierung die Möglichkeit vor, den Kodex hinsichtlich der Gesetzes- und Verfassungskonformität zu überprüfen[438]. Es erscheint plausibel, dass man es den zögernden ausländischen Anlegern erleichtern wollte, einen Einblick in die Führungsstrukturen der deutschen börsennotierten Unternehmen zu erlangen. Das Studium des deutschen Aktienrechts und der vielen parallel anzuwendenden gesetzlichen Regelungen besitzt durchaus einen gewissen Abschreckungseffekt.

---

[434] Vgl. zum Ganzen *Hoffmann- Riem*, Öffentliches Recht und Privatrecht als wechselseitige Auffangordnungen – Systematisierung und Entwicklungsperspektiven, in: Hoffmann-Riem/Schmidt- Aßmann, Öffentliches Recht und Privatrecht, S. 300 ff.; *Calliess*, AfP 2002, 466, mit dem Hinweis, die Konstellation der rein privaten Selbstregulierung sei freilich nicht diejenige, um die es bei der Selbstregulierung in aller Regel ginge.

[435] Gemäß § 161 AktG wurde der Kodex im amtlichen Teil des elektronischen Bundesanzeigers am 26. November 2002 i. d. F. vom 7. November 2002 bekannt gemacht, abrufbar unter: http://www.ebundesanzeiger.de.

[436] Eine EU- Expertenkommission zum europäischen Unternehmensrecht um den Vorsitzenden *Winter* (Rotterdam) hat in ihrem Endbericht vom 4. November 2002 einen europäischen „Superkodex" zur Corporate Governance abgelehnt. Hierdurch soll der Gefahr einer Verwirrung durch eine Vielzahl von Regelwerken vorgebeugt werden, vgl. *Wiesner*, BB 2003, 214.

[437] Vgl. das Vorwort zum Kodex von *Cromme*, dem Aufsichtsratsvorsitzenden vom *ThyssenKrupp*, ZIP 2002, 452; vgl. aaO, auch die Hinweise zur Entstehungsgeschichte des Kodex und zur eingesetzten Regierungskommission; vgl. ferner *Ulmer*, ZHR 166 (2002), 151 f.; sowie SZ vom 27. Februar 2002, S. 27. Die Website der Regierungskommission ist abrufbar unter: http://www.corporate-governance-code.de.

[438] *Seibert*, BB 2002, 582.

Der Kodex verzichtet vor dem Hintergrund des Grundsatzes des Vorbehalts des Gesetzes erwartungsgemäß auf neue Sanktions- und Haftungsmöglichkeiten bei Fehlverhalten.
Die gesetzliche Verankerung des DCG- Kodex findet sich im neuen § 161 AktG[439] . Die Vorschrift sieht vor, dass Vorstand und Aufsichtsrat der börsennotierten Aktiengesellschaften jährlich erklären, dass den Empfehlungen des Kodex entsprochen wurde und wird oder welche Empfehlungen nicht angewendet wurden oder werden. Weiterhin soll die Erklärung den Aktionären dauerhaft zugänglich gemacht werden. Diese sogenannte „Comply- or- Explain"- Erklärung, welche die Unternehmen abzugeben haben, verdeutlicht, dass die Einhaltung der Verhaltensregeln nicht bindend bzw. zwingend ist; sie dient in erster Linie der Schaffung von Transparenz.

Nach den jüngst bekannt gewordenen Bilanzfälschungs- und Manipulationsvorwürfen gegen börsennotierte deutsche Unternehmen wurden jedoch wieder Forderungen nach legislativer Intervention laut. So fordert die *Deutsche Schutzvereinigung für Wertpapierbesitz* (DSW) zu Zwecken des Schutzes insbesondere der Kleinanleger die gesetzlich verankerte persönliche Haftung der Unternehmensvorstände und Aufsichtsräte für vorsätzliche oder grob fahrlässige Falschinformationen[440]. Darüber hinaus wird kritisiert, der Kodex hätte sich nicht einer der gravierendsten Schwächen des deutschen Führungssystems angenommen, namentlich der Praxis deutscher Aktiengesellschaften, den Vorstandsvorsitzenden im Pensionsalter zum Vorsitzenden des Aufsichtsrates zu machen. Hierdurch würde die Beseitigung von Fehlern im Management verhindert[441]. Zumindest hinsichtlich der ersten Forderung lässt sich nunmehr eine Reaktion der Bundesregierung verzeichnen. In einem Zehn- Punkte- Plan, der bis zu Beginn des Jahres 2005 verwirklicht sein soll, sieht die Bundesregierung u. a. die Verschärfung der Haftung der Vorstände und Aufsichtsräte gegenüber den Anlegern für vorsätzliche und grob fahrlässige Falschinformationen über den Geschäftsverlauf sowie die Verbesserung der Klagemöglichkeiten vor. Die genannten Maßnahmen sollen für mehr Transparenz und Vertrauen an den Kapitalmärkten sorgen[442]. Ob mit einem solchen unterschwelligen Misstrauensvotum nunmehr

---

[439] § 161 AktG wurde aufgrund von Art. 1 Nr. 16 des Gesetzes zur weiteren Reform des Aktien- und Bilanzrechts, zu Transparenz und Publizität (Transparenz- und Publizitätsgesetz - TransPuG) i. d. F. vom 19. Juli 2002, BGBl. 2002 I, S. 2681 in das deutsche Aktienrecht eingefügt.

[440] Vgl. SZ vom 1. Oktober 2002, S. 24; sowie den direkt auf den DCG- Kodex Bezug nehmenden Kommentar von *Beise*, SZ vom 27. Februar 2002, S. 4.

[441] Vgl. SZ vom 2./3. März 2002, S. 21.

[442] Vgl. SZ vom 26. Februar 2003, S. 19. Neben Beifall seitens der *DSW* wurde jedoch bereits Kritik an dem Programm laut. So liefe der Anlegerschutz insoweit letztlich dennoch ins Leere, da aufgrund der komplizierten internationalen Bilanzierungsvorschriften der Nachweis

dem DCG- Kodex die Existenzberechtigung abgesprochen wird, muss offen bleiben[443]. Es muss sich zeigen, inwieweit ein Nebeneinander eines verschärften Haftungsrechts und „freiwilliger" Schaffung von Transparenz möglich ist.

Wenn auch der DCG- Kodex nicht im Zusammenhang mit dem E- Commerce steht, nicht das Verhalten eines Zusammenschlusses von Unternehmen am Markt bestimmt und sich mit der Vorgabe der Verhaltenspflichten für die Organe der Gesellschaften nur an einen Teil des Unternehmens richtet, so bietet er dennoch ein Modell für die Regulierungsalternative der Integration selbstregulativer Elemente in die Rechtsordnung. Ins Auge sticht insbesondere die Verflechtung freiwilliger und imperativer Instrumente zur Erreichung einheitlicher Ziele. Sowohl der Kapitalmarkt als auch der elektronische Geschäftsverkehr leiden unter mangelnder Transparenz und mangelndem Vertrauen der Verbraucher. Neben dem Gleichlauf der aufgezeigten Ziele bietet es sich darüber hinaus an, im Rahmen der Einordnung der Verhaltenskodizes nach der Rechtsquellenlehre auf das Pilotprojekt des DCG- Kodex zurückzugreifen.

2. Typenorientierte Einordnung

Eine weitere Unterscheidungsmöglichkeit bietet über die steuerungsrechtliche Einordnung hinaus die Differenzierung nach den Charakteristika einzelner Erscheinungsformen der Selbstregulierung. *Hoeren*[444] nimmt in seiner Untersuchung eine Einordnung der Selbstregulierungsformen in drei verschiedene Gruppen vor: Die „Institutionalisierung", die „Professionalisierung" und die „Prozeduralisierung".

Unter Institutionalisierung versteht *Hoeren* die Schaffung einer besonderen Organisationshoheit, welche die Kontrolle über die Unternehmen der einzelnen Branchen übernimmt. Diese Kontrolle kann durch Verbände oder die von Verbänden eigens eingerichtete Institutionen erfolgen. Professionalisierung ist als der Versuch zu verstehen, berufsethische Standards zu schaffen und in Form von Verhaltenskodizes verbindlich zu machen. Die Prozeduralisierung bedeutet schließlich die Einrichtung verschiedener Verfahrensordnungen, welche die Einhaltung der Selbstregulierungsmechanismen überwachen.

---

einer groben Fahrlässigkeit schwer zu führen sei und weiterhin nur durch eine Beweislastumkehr effektiver Schutz zu erreichen sei.

[443] *Engert*, Wettbewerb der Normen und Sanktionierung durch das Recht, in: Witt/Casper/Bednarz, Jahrbuch Junger Zivilrechtswissenschaftler, S. 57, vermutet ohnehin, der Gesetzgeber wolle sich den Kräften der gesellschaftlichen Selbstregulierung letztlich doch nicht anvertrauen.

[444] Vgl. hierzu grundlegend *Hoeren*, Selbstregulierung, S. 24 f., anhand des Banken- und Versicherungswesens.

a) Institutionalisierung

Unter den Begriff der Institutionalisierung ist die verbandliche Selbstregulierung, welche dieses Feld wohl am deutlichsten prägt, unterzuordnen.

aa) Verbandliche Selbstregulierung

Es besteht weithin Einigkeit, dass Selbstregulierungsinstrumente dann am besten greifen, wenn es einer Organisation – wie beispielsweise einem Verband – obliegt, Entscheidungen für die gesamte Branche zu treffen[445]. Die verbandliche Selbstregulierung soll an dieser Stelle jedoch nur kurz vorgestellt werden; auf diejenigen Verbände, die im Internet und im E- Commerce auffällige Aktivitäten bezüglich der Ausarbeitung von Selbstregulierungsmechanismen zeigen, ist gegebenenfalls näher einzugehen.

Das Spektrum der an der Entwicklung von Selbstregulierungsmaßnahmen beteiligten Verbände ist weit. Tätig werden können hier beispielsweise sowohl solche Verbände, zu denen eine engere Interessengruppe unter Umständen auch zwangsweise zusammengeschlossen ist, wie auch Vereine und Gesellschaften des Privatrechts[446]. Verbände nehmen im Kontext gesamtgesellschaftlicher Belange zwischen privaten und staatlichen Akteuren eigenverantwortlich Aufgaben wahr und genießen die grundgesetzlich in Art. 9 garantierte volle Organisationsfreiheit[447]. Verbände sind solche nicht- staatlichen Vereinigungen, die wirtschaftliche, soziale, kulturelle, egoistische oder altruistische Interessen ihrer Mitglieder wahrnehmen. Sie wenden sich gegen widerstreitende Interessen auch an die öffentliche Meinung und versuchen vor allem, Träger der öffentlichen Gewalt zu beeinflussen, wobei jeweils die Instanzen im Vordergrund stehen, welche die für die Gruppe relevanten Entscheidungen zu treffen haben[448].

Der politische Status und die Funktion der Verbände werden in der Regel unabhängig von ihrer Rechtsform erworben, wobei die meisten privatrechtlichen Vereinigungen in der Form des rechtsfähigen Vereins organisiert sind. Öffentlich- rechtliche Anstalten und Körperschaften, wie beispielsweise Berufskam-

---

[445] So *Price/Verhulst*, Selbstregulierung und Verhaltenskodizes als Grundlage von Internetpolitik, in: Waltermann/Machill, Verantwortung im Internet, S. 168 m. w. Nachw..

[446] *Schmidt- Aßmann*, Öffentliches Recht und Privatrecht: Ihre Funktionen als wechselseitige Auffangordnungen. Einleitende Problemskizze, in: Hoffmann- Riem/Schmidt- Aßmann, Öffentliches Recht und Privatrecht, S. 34; *Nicklisch*, Gesetzliche Anerkennung und Kontrolle von Verbandsmacht, in: Lüke/Jauernig, FS Schiedermair, S. 459 f..

[447] *Wulsdorf*, Verbandliche Selbstregulierung, S. 83 ff..

[448] Vgl. *Brennecke*, Normsetzung durch private Verbände, S. 32. f.; Handbuch des Staatsrechts/*Kaiser*, § 34 Rz. 2; *Wulsdorf*, aaO, S. 88.

mern, zählen nicht zu den Verbänden im politologischen und staatsrechtlichen Sinne[449].

Die private Rechtsetzung durch Verbände ist ein Beispiel für die Verfolgung weniger der egoistischen Interessen der einzelnen Privaten als vielmehr derjenigen der Allgemeinheit; die Orientierung am Gemeinwohl steht im Vordergrund. Dies ist insbesondere deshalb von Bedeutung, weil der Staat aus neuerer politologischer Sicht sein bisheriges Definitionsmonopol auf das Gemeinwohl verliert und in seiner alleinigen Definitionskompetenz durch „größere interorganisatorische Policy- Netzwerke" abgelöst wird. Daraus folgt auch eine größere Verantwortung der Verbände hinsichtlich der Mitwirkung an der Klärung des Gemeinwohlbegriffs[450]. Vor dem Hintergrund der durch die Verbandsmacht auftretenden Gefahren, im Rahmen eines „Verbandsgesetzes" eine „Sozialpflichtigkeit" oder „Gemeinwohlbindung" der Verbände – gegebenenfalls mit Verfassungsrang – zu statuieren, erschiene zwar als folgerichtige und vielleicht wirkungsvollste Maßnahme, es wird jedoch erkannt, dies widerspräche der Funktion der Verbände, in erster Linie die Interessen ihrer Mitglieder zu vertreten[451]. Auch im Internet, insbesondere im Rahmen der Regulierung der verbreiteten Inhalte, wird daher die Tätigkeit der Verbände aufmerksam zu verfolgen sein.

bb) Beispiele verbandlicher Selbstregulierung

Der Katalog an Exempla für solche Verbände, die in Deutschland Selbstregulierungsmechanismen entwickeln, ist umfangreich; es sollen an dieser Stelle nur einige Musterbeispiele angeführt werden.

Im Bankenbereich konstituierte sich 1951 der *Bundesverband des privaten Bankgewerbes* (BdB); im Versicherungsbereich der *Gesamtverband der Deutschen Versicherungswirtschaft e. V.* (GDV)[452]. Selbstbeschränkungsabkommen im Bereich der Zigarettenindustrie wurden 1989 vom *Verband der Cigaretteindustrie e. V.* initiiert[453], im Bereich des Medienrechts ist die *Freiwillige Selbstkontrolle Filmwirtschaft* (FSK) zu nennen[454].

---

[449] Handbuch des Staatsrechts/*Kaiser*, § 34 Rz. 5; vgl. auch *Wulsdorf*, aaO, S. 83; der jedoch anmerkt, öffentlich- rechtliche Anstalten und Körperschaften könnten zumindest durch die Unterbreitung von Vorschlägen an der Entwicklung von Selbstregulierungsmechanismen teilhaben.

[450] *Wulsdorf*, aaO, S. 113 ff.; vgl. zu den Aufgaben der Verbände in einer freiheitlich pluralistischen Gesellschaftsordnung auch *Nicklisch*, Gesetzliche Anerkennung und Kontrolle von Verbandsmacht, in: Lüke/Jauernig, FS Schiedermair, S. 459 f..

[451] *Nicklisch*, aaO, S. 471; s. u. Ziff. D, VII, 5.

[452] Eine umfassende Darstellung findet sich bei *Hoeren*, Selbstregulierung.

[453] Vgl. *Wulsdorf*, Verbandliche Selbstregulierung, S. 169 m. w. Nachw..

[454] Vgl. *Fechner*, Medienrecht, Rz. 738 f.; *Ukrow*, Selbstkontrolle, S. 253 f..

cc) Ein Musterbeispiel - Selbstregulierung im Umwelt- und Immissionsschutz

Großer Popularität erfreut sich in Europa und Deutschland die verbandliche Selbstregulierung im Bereich des Umwelt- und Immissionsschutzes. Das Umweltrecht gilt hinsichtlich einer bereits festgestellten „Prinzipienwende" hin zu einem Mehr an indirekter staatlicher Steuerung durch Selbstregulierung als Trendsetter, und bildet für diese rechtspolitische Entwicklung das Zentrum bzw. den Ausgangspunkt[455]. Hier entwickelte sich in den vergangenen Jahren ein „System" der Normsetzung, in dem die staatliche Exekutive und die privaten Normsetzungsverbände in einer engen Beziehung zueinander stehen.

Staatlicherseits anzuführen sind die vom *Deutschen Institut für Normung e. V.* (DIN) herausgegebenen, „DIN-Normen"; auf verbandlicher Seite veröffentlicht der *Verein Deutscher Ingenieure e. V.* (VDI) die „VDI- Richtlinien"[456]. Erwähnenswert ist - insbesondere im Hinblick auf die im Rahmen der Untersuchung noch näher zu betrachtenden „Gütesiegel im E- Commerce"[457] – darüber hinaus das sogenannte Öko- Audit- System, welches den Unternehmen als Prämie für ein „umweltfreundliches Verhalten" ein Zertifizierungszeichen bietet, das zur Außendarstellung eingesetzt werden kann. Das System wurde durch eine entsprechende Verordnung der EG und in Deutschland durch das Umweltauditgesetz (UAG) näher ausgestaltet und soll, obwohl die Teilnahme freiwillig ist, ein „unentrinnbares selbstregulatives Perpetuum mobile" in Gang setzen[458]. Die Einführung von Selbstregulierungsmechanismen wird hier also mit erkennbarer Entschlossenheit verfolgt.

Insbesondere Industrie und Handel in Deutschland fordern für das gesamte Umweltrecht eine stärkere Konzentration auf freiwillige Selbstverpflichtungen zu Lasten staatlicher Sanktionen. Man beruft sich in diesem Zusammenhang auf die positive Entwicklung der Reduzierung von klimawirksamen Emissionen in Deutschland seit 1990, auf welche die Industrie maßgeblichen Einfluss ausgeübt

---

[455] Vgl. *Volkmann*, JuS 2001, 522; vgl. bereits *Bohne*, Absprachen zwischen Industrie und Regierung in der Umweltpolitik, in: Gessner/Winter, Rechtsformen der Verflechtung von Staat und Wirtschaft, S. 266 ff.

[456] Vgl. hierzu die interdisziplinäre Untersuchung von *Brennecke*, Normsetzung durch private Verbände, S. 3 f.; vgl. ferner *Wulsdorf*, Verbandliche Selbstregulierung.

[457] S. u. Ziff. C, IV, 5. Das gesamte Gütezeichenwesen befindet sich in der Hand der Verbände, vgl. *Nicklisch*, Gesetzliche Anerkennung und Kontrolle von Verbandsmacht, in: Lüke/Jauernig, FS Schiedermair, S. 461.

[458] Vgl. *Volkmann*, JuS 2001, 524.

habe[459]. Auch wenn diese Ansicht in erster Linie von Umweltschützern, die eine stärkere staatliche Intervention durch die Vorgabe konkreter Ziele und Sanktionen bei Nichterreichung dieser Ziele postulieren, nicht geteilt wird, ist jedoch die Tendenz zu einem Mehr an Selbstregulierung im Bereich des Umweltschutzes unübersehbar und kann nicht mehr geleugnet werden[460].

Im Übrigen zeigen sich eine Reihe von Parallelen zwischen dem Umwelt- und dem Online- Recht. So handelt es sich jeweils um eine Materie, die einen weltweiten Dialog angeregt hat und diesen zur Lösung der Problemstellungen auch benötigt. Das Recht des „Free Flow of Information" und der Umwelt- und Klimaschutz lassen sich nicht ausschließlich innerhalb staatlicher Grenzen diskutieren. Das wissen wir spätestens seit Napster und Tschernobyl. Dementsprechend finden sich auch in beiden Bereichen einflussreiche international operierende Organisationen wie *ICANN* und *Greenpeace*. Nun steht der Umweltschutz jedoch verglichen mit den sich um die Informationsfreiheit rankenden Gedanken bereits seit längerer Zeit im öffentlichen Interesse und ist Gegenstand zahlreicher internationaler Diskussionsforen und gesetzgeberischer Initiativen. Für das Online- und Informationsrecht empfiehlt es sich daher, die im Bereich des Umweltschutzes erlangten Erkenntnisse sorgsam zu reflektieren – es liegt nahe, hier „etwas lernen zu können".

b) Professionalisierung – Ein Beispiel: Der Berufskodex der Deutschen Vereinigung für Finanzanalyse und Asset Management

Die Idee der Selbstkontrolle steht in Verbindung mit den Grundgedanken des klassischen Standesrechts. Das Standesethos fungiert hier als Basis, auf der Regeln aufgebaut werden sollen. Es soll durch Selbstverwaltung und Selbstfahn-

[459] So der Vizepräsident des *Deutschen Industrie- und Handelskammertages* (DIHK), *Hipp*, vgl. SZ vom 13. August 2002, S. 23; vgl. auch das Positionspapier des *Verbandes der Chemischen Industrie* (VCI) zu Selbstverpflichtungen als Instrument der Umweltpolitik vom 13. Mai 1998.

[460] Vgl. hierzu den Professorenentwurf eines UGB- AT, der unter der Überschrift „Kooperationsprinzip" in § 6 bestimmt, dass Behörden nur tätig werden sollen, „soweit ein hinreichender Schutz der Umwelt nicht durch die Bürger erfolgen kann oder erfolgt", und dass „nichtstaatliche Träger" bevorzugt zur Aufgabenerfüllung herangezogen werden sollen, vgl. *Hoffmann-Riem*, Öffentliches Recht und Privatrecht als wechselseitige Auffangordnungen – Systematisierung und Entwicklungsperspektiven, in: Hoffmann- Riem/Schmidt- Aßmann, Öffentliches Recht und Privatrecht, S. 311; *Rosenkötter*, Selbstverpflichtungsabsprachen, S. 127. Den Aspekt der Förderung der Selbstverantwortung betonend *Ronellenfitsch*, Selbstverantwortung im Umweltrecht und Deregulierung, in: Nicklisch, Umweltrisiken und Umweltprivatrecht im deutschen und europäischen Recht, S. 212. S. u. zum umweltrechtlichen Kooperationsprinzip Ziff. D, VII, 1, c), aa), (4).

dung nach bzw. Selbstahndung von Berufsverfehlungen für eine sachgerechte Berufsausübung gesorgt werden[461].

Gerade der jüngst von Bilanzierungsskandalen und Fehlanalysen gebeutelte Kapitalmarkt sowie die Anbieter von Finanzdienstleistungen tendieren dazu, sich strenge Verhaltensregeln aufzuerlegen. Der Berufsstand der Analysten trägt sich mit dem Gedanken verstärkter Selbstregulierung. So hat die *Deutsche Vereinigung für Finanzanalyse und Asset Management* (DVFA) am 30. Oktober 2002 in Frankfurt einen entsprechenden Berufskodex vorgelegt. Ähnlich dem DCG- Kodex steht auch hier der Anlegerschutz im Vordergrund. Insbesondere sollen künftig Interessenkonflikte der Analysten mit dem eigenen Arbeitgeber oder dem zu beurteilenden Unternehmen offen gelegt sowie ein Eigenhandelsverbot der Analysten mit Titeln derjenigen Aktiengesellschaften, welche sie selbst beobachten, eingeführt werden. Der Verband verspricht sich von den Maßnahmen, verloren gegangene Glaubwürdigkeit zurückgewinnen zu können. Die Sanktionen für Verstöße sollen von Verwarnungen über Geldstrafen bis hin zum endgültigen Ausschluss reichen; zuständig wird das Ehrengericht des DVFA sein[462].

c) Prozeduralisierung

Soweit durch Selbstregulierung eine Verfahrensordnung geschaffen wird, fällt auf, dass das Verfahren in der Regel weniger förmlich sondern eher beweglich ausgestaltet wird.

Ein für das Internet charakteristisches, auf Selbstregulierung beruhendes Verfahren stellt die Domainvergabe dar[463]. Darüber hinaus finden sich zur Durchsetzung von Verhaltensregeln in aller Regel Streitschlichtungsmechanismen, die es unten näher zu erläutern gilt.

3. Medien- und informationsrechtliche Einordnung

Gerade mit dem Siegeszug des Internet bildeten sich verschiedene Arten der Selbstregulierung heraus, die sich den veränderten Bedingungen anpassten[464]. Auf diese wird unten näher einzugehen sein. Die medien- und informationsrechtliche Diskussion[465] hat für den Rechtsraum Internet einen weiteren Unter-

---

[461] Paschke, Medienrecht, Rz. 445.

[462] Vgl. SZ vom 31. Oktober/1. November 2001, S. 25.

[463] S. u. Ziff. E, II, 2, a), ee).

[464] Vgl. *Price/Verhulst*, Selbstregulierung und Verhaltenskodizes als Grundlage von Internetpolitik, in: Waltermann/Machill, Verantwortung im Internet, S. 143; s. u. Ziff. C, IV.

[465] Zum Begriff des „Medienrechts" vgl. den Bericht von *Möller*, JuS 2002, S. X, zum Informations-, Telekommunikations- und Medienrecht im Studium.

scheidungsmaßstab herausgebildet bzw. fortentwickelt. Es kann hier namentlich zwischen „ökonomischer" und „gesellschaftlicher" Selbstregulierung unterschieden werden[466].

a) „Gesellschaftliche" Selbstregulierung

„Gesellschaftliche" Selbstregulierung verfolgt gemeinhin das Ziel, die Menschen – insbesondere die Verbraucher - oder die Umwelt vor den Folgen der Industrialisierung zu schützen. Überträgt man diese Prämisse auf den speziellen Bereich des Internet, so steht zumeist die Frage der Inhaltskontrolle der Online-Angebote im Vordergrund[467]. Es wird dementsprechend auch von „Selbstkontrolle" gesprochen[468].

Im wesentlichen wird hier der medienrechtliche Bereich, der im engen Zusammenhang mit dem Presse- und Rundfunkrecht steht, nicht jedoch der E-Commerce als solcher berührt. Aufgrund der weiten Definition des Begriffs „Elektronischer Geschäftsverkehr" ist es dennoch gerechtfertigt, auch im Rahmen dieser Untersuchung näher auf die auf Inhaltskontrolle abzielenden Selbstregulierungsmaßnahmen einzugehen. Der Cyberspace als von der realen Welt zumindest aufgrund seiner Besonderheiten abgrenzbarer Rechtsraum zwingt dazu, Vereinheitlichungen vorzunehmen. Auf die unklare Abgrenzung zwischen den im Bereich des E- Commerce einschlägigen Telediensten und den für das Medienrecht relevanten Mediendiensten wurde bereits hingewiesen.

b) „Ökonomische" Selbstregulierung

Die „ökonomische" Selbstregulierung befasst sich mit der Anpassung von Märkten und anderen Aspekten des Wirtschaftslebens[469]. Im unternehmerischen Geschäftsverkehr begegnet man Selbstregulierungsbemühungen beispielsweise im Bereich des Wettbewerbsrechts und des Kartellrechts. An dieser Stelle sei bereits auf den *Code of Conduct in Regard to Fair Competition in Electronic Commerce* (LIDC- Kodex) [470] der *Ligue Internationale du Droit de la Concur-*

---

[466] Vgl. *Price/Verhulst*, Selbstregulierung und Verhaltenskodizes als Grundlage von Internetpolitik, in: Waltermann/Machill, Verantwortung im Internet, S. 151.

[467] Vgl. statt aller *Ladeur*, ZUM 1997, 378.

[468] Vgl. *Ukrow*, Selbstkontrolle, S. 19 ff.; ebenso *Price/Verhulst*, Selbstregulierung und Verhaltenskodizes als Grundlage von Internetpolitik, in: Waltermann/Machill, Verantwortung im Internet, S. 151.

[469] Vgl. *Price/Verhulst*, aaO, S. 151.

[470] Abrufbar unter http://www.uni-muenster.de/Jura.itm/netlaw/itmcode.html. Die kommentierte Fassung ist im Anhang zu dieser Arbeit abgedruckt; s. u. Ziff. D, V, 2, b).

rence (Internationale Liga für Wettbewerbsrecht/ International League for Competition Law - LIDC)[471] hingewiesen.

III. Nachteile, Vorteile und Chancen der Selbstregulierung als Regulierungsinstrument

Selbstregulierungsmechanismen werden gerade von Juristen regelmäßig kritisch in Augenschein genommen. So möchte man meinen, allein die Erwähnung der Begriffe *Selbstregulierung*, *Selbstkontrolle* oder *Selbstverpflichtung* brächte bei der Mehrheit der Juristen die „Alarmglocken zum Läuten". Die vorgebrachte Kritik ist jedoch zumindest teilweise weniger sach- als eher zweckorientiert. Zumeist begnügt man sich, mit Hinweis auf diejenigen Konflikte, mit denen Selbstregulierung zweifelsohne verbunden ist, eine solche pauschal abzulehnen[472].

Im folgenden sollen daher stichwortartig die Hauptargumente – insbesondere die außerrechtlichen, aber auch die rechtlichen - gegen die Selbstregulierung im Allgemeinen, aber auch diejenigen gegen selbstregulative Elemente im elektronischen Geschäftsverkehr im Überblick dargestellt werden. Anschließend gilt es, den Blick auf die Vorteile zu richten. Klarzustellen ist, dass es nicht das Ziel der Untersuchung darstellt, die außerrechtlich angeführten Behauptungen pro und contra Selbstregulierung zu verifizieren oder zu werten. Vielmehr sollen die Ausführungen einen Überblick schaffen und dem Leser den Diskussionsstand nahe bringen.

1. Vorüberlegung: Die Unterscheidung zwischen offenen und geschlossenen Netzen

Zur Beurteilung der Erfolgsaussichten von Selbstregulierungsmaßnahmen zu Regulierungszwecken im Internet ist es zunächst erforderlich, zwischen Selbstregulierung in offenen und in geschlossenen Netzen zu unterscheiden[473].

Als Beispiel für geschlossene Netze dienen die zahlreichen Intranets der Unternehmen (sogenannte *Local Area Networks – LANs*), jedoch auch die von den Internet- Providern betriebenen Netzwerke. Die Durchsetzung von Sanktionsmaßnahmen in geschlossenen Netzen ist aufgrund der Vielfalt der Dienste facet-

[471] Weitere Informationen sind abrufbar unter http://www.ligue.org.

[472] Vgl. auch *Kunig*, Alternativen zum einseitig- hoheitlichen Verwaltungshandeln, in: Hoffmann- Riem/Schmidt- Aßmann, Konfliktbewältigung, Bd. I, S. 50, mit dem Hinweis, „formale Kooperation" alleine wegen der Informalität zu kritisieren oder Vorwürfe bezüglich der Gesetzgebungsqualität zu erheben, greife zu kurz.

[473] Diese Unterscheidung hat im Übrigen generellen Einfluss auf die Regulierbarkeit des Internet. Eingehend wird dieses Phänomen bei *Lessig*, Code, S. 27, geschildert.

tenreich. So hat beispielsweise ein Provider die Möglichkeit, im Rahmen seines Netzwerks softwarebasierte Hindernisse oder Sanktionsmöglichkeiten gegen Regelverstöße auf technischer Ebene zu implementieren[474]. Im Usenet, den *Net News*, lassen sich Nachrichten und Artikel mit unerwünschten Inhalten sowie Werbebotschaften, die der Diskussion in unzulässiger Form zugeleitet wurden, löschen (sogenanntes Fremdcancel)[475]. Hiermit ist das regulatorische Problem jedoch nicht gebannt. Es ist dem Nutzer in Folge der Offenheit des www freilich möglich, die fragwürdigen Inhalte in andere Newsgroups einzustellen[476].

Während die Durchsetzung der Selbstregulierung somit in geschlossenen Netzen - insbesondere solchen, die in erster Linie dem Austausch von Informationen dienen sowie solchen, die einen engen Bezug zu staatlicherseits streng reguliertem Verhalten aufweisen[477] - als eher einfach einzustufen ist, herrschen für offene Netze ungleich schwierigere Bedingungen[478]. Für ein offenes Netz existiert wohl kein besseres Exempel als das Internet. Das Internet ist ein Netzwerk ohne zentrale Kontrollstelle – eine Ausnahme stellt hier lediglich die Domainvergabepraxis durch ICANN dar. Das Internet ist in seiner technischen Ausgestaltung und Organisation folglich frei. Auf der Ebene des Internet ist es wesentlich leichter für die Nutzer, die ihnen in den Weg gestellten Hindernisse zu umgehen. Zu erinnern ist außerdem an die Beschränktheit des Einflussbereiches des einzelnen Staates.

An dieser Stelle soll freilich nicht der Umstand verkannt werden, dass das Internet einen Verbund verschiedener unabhängiger Teilnetzwerke darstellt. Insofern muss diesem im Rahmen der Überlegungen ein gewisser Stellenwert beigemessen werden, gerade wenn es sich um weltumspannende Netzwerke, wie diejenigen der Internet- Provider handelt. Die Untersuchung befasst sich mit Formen der Selbstregulierung, die vor dem Hintergrund der Notwendigkeit staatlicher Intervention im elektronischen Geschäftsverkehr im Einklang mit hoheitlichen Normen zu entwerfen sind. Es sollen Mechanismen untersucht werden, die sich an eine Vielzahl der Internetnutzer und Diensteanbieter richten und dazu beitragen sollen, staatliche Institutionen zu entlasten. Untersucht wird daher die Selbstregulierung in einem offenen Netz, die aufgrund der zahlreiche-

---

[474] Vgl. die umfangreichen Ausführungen bei *Lessig*, aaO, S. 66 ff., anhand der Beispiele *AOL, Counsel Connect (CC)* und *Lambda MOO*; vgl. auch *Christiansen*, MMR 2000, 125.

[475] Vgl. *Braun/Gerlach/Münch- Dalstein*, Regulierung und Selbstregulierung, S. 2, mit Hinweis auf die Probleme beim Fremdcancel; hierzu auch *Jung*, GRUR Int. 1998, 846.

[476] *Murray/Scott*, 65 Mod. L. Rev. 497 (2002); *Müller- Maguhn*, Visionen für eine informierte Gesellschaft, in: Tauss, Deutschlands Weg in die Informationsgesellschaft, S. 933..

[477] Vgl. *Lessig*, Code, S. 71 ff. mit Bezug auf *CC*, einer Online- Rechtsanwaltsvereinigung.

[478] Vgl. hierzu auch die oben geführte Diskussion um „open code" und „closed code"; sowie *Fuhrmann*, ZfRSoz 23 (2002), 119; *Mestmäcker/Engel*, Globale Netze und lokale Werte, S. 208; *Fuchs*, Electronic Commerce – Geschäftsverkehr ohne Grenzen, aber auch ohne Regeln?, in: Kubicek, Internet@Future, S. 326.

ren Probleme im Hinblick auf ihre Sanktionsmöglichkeiten entsprechend kritisch betrachtet werden muss.

2. Nachteile, Risken und Gefahren der Selbstregulierung

Reflektiert man diejenigen Argumente, die gegen eine Selbstregulierung im Bereich des elektronischen Geschäftsverkehrs vorgebracht werden, so muss man scharf zwischen der reinen, also absoluten Selbstregulierung und der *regulierten Selbstregulierung* trennen. Eine absolute bzw. ausschließliche Selbstregulierung wurde bereits eingangs als Regulierungsmodell verworfen. Dementsprechend sind bei der Beurteilung der einen gesetzlichen Rahmen flankierenden Selbstregulierung – oder umgekehrt der durch einen gesetzlichen Rahmen flankierten Selbstregulierung - die Gegenargumente weniger kritisch zu beurteilen. Inwieweit Gegenargumente zurückzuweisen oder zu bestätigen, sowie neue in die Diskussion einzubringen sind, kann jedoch in den meisten Fällen erst im Rahmen der Untersuchung der einzelnen im Internet auftretenden Selbstregulierungsmechanismen geklärt werden. Vorstehendes gilt ebenso für die Frage nach deren rechtlicher Zulässigkeit.

• Zunächst stellt sich stets das Problem, dass das selbstregulative System häufig lediglich auf dem Papier überzeugt, jedoch in der Praxis nicht funktioniert. Ein formulierter Konsens gewährleistet noch nicht die Akzeptanz und die Einhaltung der Selbstverpflichtungen in der Wirtschaft. Es besteht die Gefahr des vermehrten Auftretens von „Trittbrettfahrern“, also solchen Unternehmen, die nur zum Schein auf die freiwilligen Beschränkungen eingehen, ohne an der Absprache beteiligt zu sein[479]. Der benötigte öffentliche Druck zum Abschluss selbstregulativer Maßnahmen, wie im übrigen auch zur Entwicklung von Verhaltenskodizes, ist überdies noch nicht abzusehen. Zugestanden werden muss jedoch, dass gerade im Bereich der Inhalteregulierung in Deutschland bereits früh Kodizes aufgestellt wurden[480].

• Es wird befürchtet, Interessengruppen könnten sich gegenseitig durch Nichtbefolgung der Regeln blockieren, sofern nicht eine Gruppe die andere in der Zahl ihrer Anhänger deutlich überträfe[481]. Die verschiedenen selbstregulativen Maßnahmen können darüber hinaus zu einer „Rechtszersplitterung“ führen, was sich am Beispiel der Siegelprogramme in den USA zeigt[482].

---

[479] *Michael*, Rechtsetzende Gewalt im kooperierenden Verfassungsstaat, S. 214.

[480] S. u. Ziff. D, V, 1.

[481] Vgl. *Christiansen*, MMR 2000, 126 ff..

[482] *Roßnagel*, MMR 2002, 69; *Grimm/Roßnagel*, DuD 2000, 446 ff. (452). Vgl. auch die Forderungen bei *Roßnagel/Pfitzmann/Garstka*, Modernisierung des Datenschutzrechts, S. 158.

Weiterhin ergeben sich lauterkeitsrechtliche Probleme. Insbesondere beim Ausschluss eines Mitgliedes – unabhängig von der jeweiligen Organisation -, Preissteigerungen oder der Festlegung von Mindestanforderungen kann es zu Wettbewerbsverstößen kommen[483]. Ähnlich den unter dem Stichwort „Mail- Bombing" geäußerten Bedenken besteht auch hier die Gefahr eines Gruppenboykotts. Es ist davon auszugehen, dass letztlich der Staat, sei es über die Exekutive oder die Judikative, über die wettbewerbsrechtliche Zulässigkeit von selbstregulativen Maßnahmen zu entscheiden hat[484].

• Befasst man sich mit Untersuchungen über Selbstregulierung, so findet man früher oder später Verweise auf das „Totschlagargument", welches insbesondere vom rechtswissenschaftlichen Schrifttum immer wieder gegen die Etablierung selbstregulativer Elemente vorgebracht wird: Selbstregulierung, die maßgeblich auf freiwilligem Verhalten beruht, sei gegenüber dem Abweichenden (Freerider) nicht durchsetzbar[485]. Selbstregulative Maßnahmen könnten also deshalb nicht durchgesetzt werden, da die Regulierungsgremien über keinen wirksamen Kontroll- und Zwangsmechanismus verfügten[486]. Inwieweit diese gewichtige Befürchtung zu entschärfen ist, muss in einem eigenen Abschnitt behandelt werden. Weiterhin stellt sich die Frage, inwieweit eine Durchsetzung mit rechtlichen Mitteln überhaupt vonnöten ist.

• Verhaltenskodizes und andere selbstregulative Maßnahmen gelten nicht gegenüber allen Beteiligten des elektronischen Rechtsverkehrs, sondern nur gegenüber denjenigen, die sich unterworfen haben[487]. In den USA wird jedoch angenommen, dass sich höchstens 40 Prozent der Unternehmen den Codes anschließen werden[488]. Insofern ist ungeklärt, wie die Unternehmen zur Unterwerfung unter die Kodizes bewegt werden können.

• Das beispielsweise den Schutz des geistigen Eigentums - welcher gerade im Internet wenigstens durch staatliches Recht kaum durchsetzbar erscheint, jedoch einer der neuralgischen Punkte im Rahmen der Internetregulierung ist – betreffende Regelungskonzept müsse auf die jeweilige Situation und den jeweiligen Nutzerkreis bezogen detailliert gestaltet werden. Die Ausdifferenzierung und

---

483 Vgl. *Price/Verhulst*, Selbstregulierung und Verhaltenskodizes als Grundlage von Internetpolitik, in: Waltermann/Machill, Verantwortung im Internet, S. 162; s. u. Ziff. D, VII, 4, insbesondere zur kartellrechtlichen Problematik.

484 Vgl. *Perritt*, MMR- Beilage 7/2000, S. 3.

485 Vgl. die Nachw. bei *Hoeren*, Selbstregulierung, S. 3; vgl. auch diejenigen bei *Sabrowsky*, Selbstregulierung, Rz. 1; *Kloepfer*, Informationsrecht, S. 143; *Weber*, CRi 2002, 95; *Pedro Alberto de Miguel Asensio*, Derecho privado de Internet, S. 81 f..

486 *Roßnagel*, MMR 2002, 69; vgl. auch *Brandmair*, Selbstkontrolle, S. 262.

487 So auch *Weber*, CRI 2002, 95.

488 *Grimm/Roßnagel*, DuD 2000, 452, hinsichtlich Codes of Conduct im Datenschutz; vgl. auch *Roßnagel*, MMR 2002, 69.

sich verstärkende Spezialisierung und Verästelung von Regelsystemen sei jedoch gerade kein Spezifikum der Selbstregulierung[489].

• Fraglich ist auch, inwieweit der Wirtschaft unter ökonomischen Gesichtspunkten überhaupt an der Ausbildung von spezifischen Selbstregulierungsmechanismen gelegen ist. Bei deren Entwicklung ist im Gegensatz zu staatlichen Regulierungsmaßnahmen Eigeninitiative notwendig. Die Transaktionskosten für jede Rechtsvereinheitlichung durch Selbstregulierung seien jedoch zu hoch[490]. Nicht übergangen werden darf jedoch der Aspekt, dass insbesondere technische Lösungen, wie sie bereits vorgestellt wurden, die Verfahren automatisieren und somit wenigstens langfristig Kosten senken können[491].

• Auf dem Gebiet des Datenschutzes in den USA hat die nicht regulierte Selbstregulierung, auf welche die Administration zunächst trotz kritischer Stimmen[492] gesetzt hatte, letztlich keine Erfolge zu verzeichnen; die Schutzbedürfnisse der Nutzer konnten nicht befriedigt werden[493]. Dieses Argument muss jedoch zumindest vor dem Hintergrund des Grundgedankens der vorliegenden Untersuchung relativiert werden. Die reine Selbstregulierung durch die Wirtschaft ist zu verwerfen, vielmehr soll sie sich an einem staatlich vorgegebenen Regelungsmodell orientieren.

---

[489] *Mankowski*, AfP 1999, 139.

[490] *Mankowski*, aaO, 139; *Roßnagel/Pfitzmann/Garstka*, Modernisierung des Datenschutzrechts, S. 158, berichten in ihrem Gutachten von Fachgesprächen, in deren Rahmen insbesondere kleine und mittlere Unternehmen auf die Vorarbeiten ihrer Verbände angewiesen sind. Trotz ihrer positiven Grundhaltung gegenüber selbstregulativen Maßnahmen erkennen dieses Problem auch *Price/Verhulst*, Selbstregulierung und Verhaltenskodizes als Grundlage von Internetpolitik, in: Waltermann/Machill, Verantwortung im Internet, S. 157; *Basedow*, Über Privatrechtsvereinheitlichung und Marktintegration, in: Immenga/Möschel/Reuter, FS Mestmäcker, S. 357.

[491] Vgl. zum Transaktionskostenansatz im Modell der *Neuen Institutionenökonomik* (NIÖ), *Göbel*, Neue Institutionenökonomik, S. 129 ff.. *Göbel*, aaO, S. 155, weist darauf hin, man könne dem Transaktionskostenansatz vorwerfen, die Spezifität zu einseitig als Kostentreiber und Gefahr anzusehen und ihren Nutzen wenig zu beachten.

[492] Vgl. *Zerdick*, Internet- Ökonomie, S. 289, mit Verweis auf *Gillmo*, der in dieser Entscheidung einen Wettbewerbsnachteil des USA gegenüber den strengen Regelungen in den EU-Staaten sah.

[493] *Grimm/Roßnagel*, DuD 2000, 453, unter Berufung auf den Bericht *Fair Information Practices in the Electronic Marketplace* der *FTC* an den Kongress vom Jahre 2000, nach dem die Selbstregulierung weiterhin eine wichtige wenn auch nur ergänzende Rolle spielen soll. Vgl. zum Bericht der FTC auch *Büllesbach/Höss- Löw*, DuD 2001, 137. So auch *Fuhrmann*, Vertrauen im Electronic Commerce, S. 257; ebenso der Diskussionsbeitrag von *Süme*, nach dem Bericht von *Künzel*, Streitgespräch - Zukunftsperspektive Internet: Selbstregulierung der Wirtschaft versus staatliche Regulierung, in: Ehlers, Rechtsfragen des Electronic Commerce, S. 184.

• Weiterhin wird angeführt, die Möglichkeit anonymen Agierens im Internet unterminiere die Effektivität jeder Selbstregulierung[494]. Hierzu ist jedoch anzuführen, dass sich die staatliche Regulierung mit dem Phänomen der Anonymität im Internet ebenso schwer tut, wie es Gnutella & Co. beweisen.

• Ein gängiges und gewichtiges Argument gegen ihre Anerkennung betont, Selbstregulierung gewährleiste keine Schutzrechte für Schwächere und Minderheiten und unterläge einer selektiven Interessenberücksichtigung. Es herrsche keine annähernd symmetrische Verteilung der Durchsetzungschancen, die jedoch Voraussetzung für ein gerechtes Ergebnis sei[495]. Selbstregulativen Maßnahmen fehle es an demokratischer Legitimation[496], da sie stets die Kontrolle im Interesse der Systemziele nicht jedoch der Verfassungsziele sei[497]. Die selbsternannten Normsetzer könnten in Versuchung geraten, lediglich egoistische Interessen zu verfolgen und die Machtpositionen derer, die ohnehin schon den größten Einfluss auf den elektronischen Geschäftsverkehr nehmen würden, zuungunsten derer verstärken, die eines gewissen Schutzes bedürfen[498].

• Aufgrund des Autoritätsverlustes des Staates mangele es an Transparenz. Selbstregulierung sähe sich immer dem Vorwurf der „Kungelei zwischen verschlossenen Türen“ ausgesetzt. Die mangelnde Transparenz resultiere schließlich auch aus dem Umstand, dass der Selbstregulierung publizierte Grundlagen fehlten oder diese nur unter erschwerten Bedingungen feststellbar seien[499].

• Als typisches und problematisches Merkmal der Selbstregulierung wird der Umstand angesehen, dass der zu schützende Personenkreis nicht an der Festsetzung der Regeln beteiligt ist, und sich daher eine Divergenz zwischen den Interessen der zu schützenden Beteiligten und den beteiligten Normsetzern ergeben kann. Insbesondere trügen nicht die Normsetzer die Kosten – nämlich das Risiko

---

[494] *Conner*, 4 Richmond Journal of Law and Technology, (1998); *Mankowski*, AfP 1999, 140; vgl. auch *Jung*, GRUR Int. 1998, 850.

[495] *Mankowski*, aaO, 140; *Osthaus*, AfP 2001, 16; vgl. auch *Volkmann*, JuS 2001, 528; sowie *Brennecke*, Normsetzung durch private Verbände, S. 30.

[496] Vgl. statt vieler *Holznagel/Werle*, ZfRSoz 23 (2002), 19.

[497] *Grimm*, Regulierte Selbstregulierung in der Tradition des Verfassungsstaates, in: Berg, Regulierte Selbstregulierung, S. 17.

[498] *Mankowski*, AfP 1999, 140; *Brandmair*, Selbstkontrolle, S. 268; vgl. hierzu auch die Nachweise für die Kritik an der lex mercatoria bei *Stein*, Lex mercatoria, S. 209 f., wonach anationales Recht als reines Machtrecht, die Interessen der führenden kapitalistischen Industrienationen gegen die wirtschaftlich schwächeren Volkswirtschaften durchsetze. Vgl. darüber hinaus *Westermann*, Unternehmenspolitik in Selbstregulierung? Rechtsvergleichende Bemerkungen zu den niederländischen Fusionsverhaltensregeln, in: Hefermehl, FS Möhring, S. 339; sowie *Mestmäcker/Engel*, Globale Netze und lokale Werte, S. 217.

[499] *Ukrow*, Selbstkontrolle, S. 16 f..

mangelnder Effizienz der Selbstregulierung – sondern eben Dritte beispielweise die Konsumenten, welche im Grunde geschützt werden sollen[500].

• Nicht imperative Elemente folgen nicht denselben Mustern hinsichtlich der Akzeptanz einer gewissen Verantwortlichkeit, wie sie die hoheitliche Regulierung aufweist. Verbraucher und auch Unternehmen sind es nicht gewohnt, in die Rolle des Entwicklers von Normen zu schlüpfen. In der Regel würden daher nicht alle Sanktions- und Untersuchungsmechanismen ausgeschöpft, wie es bei öffentlich-rechtlicher Kontrolle der Fall wäre[501].

• Letztlich sprechen auch ordnungsrechtliche Gesichtspunkte gegen eine allzu enthusiastische Implementierung selbstregulativer Elemente. Es wird befürchtet, die Erfüllung öffentlicher Aufgaben könne Schaden nehmen, sollte sich der Staat gegenüber einzelnen Akteuren in eine Verhandlungsposition begeben. Er könne sich von seinem Verhandlungspartner abhängig machen, wobei er in der Folge zum Ausverkauf demokratisch bestimmter Gemeinwohlinteressen überredet werden könnte[502].

3. Vorteile und Chancen der Selbstregulierung

Die prägenden und hervorzuhebenden Merkmale wohl aller Selbstregulierungsmechanismen sind die Ausnutzung von Fachnähe und Sachverstand, also die Mobilisierung zusätzlicher Ressourcen, sowie die Möglichkeit der raschen und flexiblen Reaktion auf Veränderungen der neuen Marktstrukturen und der neuen Technologien. Sie machen den wesentlichen Vorteil der Selbstregulierung aus[503].

Wie bereits eingangs im Rahmen der Diskussion um die Möglichkeit einer reinen bzw. absoluten Selbstregulierung im Internet angeführt, spricht außerdem für die Selbstregulierung, dass die an einem Konflikt direkt Beteiligten eine größere Problemnähe als sonstige Instanzen aufweisen und daher in vielen Fällen eher in der Lage sind, stimmige branchen- oder unternehmensbezogene Lösun-

---

[500] So *Lessig*, Code, S. 159; ebenso *Sabrowsky*, Selbstregulierung, Rz. 346; sowie *Lohse*, Verantwortung im Internet, S. 265.

[501] So *Perritt*, MMR- Beilage 7/2000, S. 3.

[502] Vgl. *Volkmann*, JuS 2001, 528.

[503] *Sabrowsky*, Selbstregulierung, Rz. 334; *Rieß*, Selbstregulierung, S. 4; *Michael*, Rechtsetzende Gewalt im kooperierenden Verfassungsstaat, S. 208; *Brunner*, Rechtsetzung durch Private, S. 3, 117 f.; *Weber*, CRi 2002, 95; Ukrow, Selbstkontrolle, S. 14; *Jung*, GRUR Int. 1998, 850; *Price/Verhulst*, Selbstregulierung und Verhaltenskodizes als Grundlage von Internetpolitik, in: Waltermann/Machill, Verantwortung im Internet, S. 159; *Brandmair*, Selbstkontrolle, S. 265; vgl. ferner *Brennecke*, Normsetzung durch private Verbände, S. 29.

gen zu finden[504]. Weiterhin wird der hoheitliche Regulierer durch die Entscheidungsbildung des Schutzpflichtigen und die Einführung einer gesteigerten Durchsetzungschance entlastet[505]. Es wird angenommen, die Regelbildung durch die Betroffenen selbst hätte sehr viel niedrigere Regulierungskosten zur Konsequenz[506].

Schließlich wird bei Unterstellung eines relativ weitreichenden Gleichklangs öffentlicher und privater Interessen die Realisierbarkeit einer „win – win"- Strategie angenommen, die sowohl die Kosten in den Unternehmen reduzieren als auch die Interessen der Allgemeinheit fördern kann[507]. Es wird vermutet, dass selbstgesetzte Regeln, die nicht der drohenden Durchsetzung durch eine außenstehende Macht wie dem Staat unterworfen sind, einen Anreiz zur Befolgung schaffen[508]. So hat sich in der Werbebranche bereits früh eine freiwillige Selbstkontrolle entwickelt, als seitens der Wirtschaft erkannt wurde, dass die Glaubwürdigkeit der Botschaften in der Öffentlichkeit nützlich sein kann. Umgekehrt bietet es sich an, im Rahmen der staatlichen Einflussnahme auf die Selbstregulierung durch Unternehmen, den Gedanken des Wettbewerbs der Institutionen

504 Vgl. *Weichert* in Kilian/Heussen: Computerrechtshandbuch, § 134 Rz. 3; *Roßnagel/Pfitzmann/Garstka*, Modernisierung des Datenschutzrechts, S. 153; *Engel*, Regulierung durch Organisation und Verfahren, in: Immenga, FS Mestmäcker, S. 128; *Ulmer*, ZHR 166 (2002), 177, konstatiert der „Regierungskommission Deutscher Corporate Governance Kodex" – der neben *Cromme* u. a., der damalige Vorstandssprecher der *Deutschen Bank* und heutige Aufsichtsratsvorsitzende *Breuer*, der Vorstandsvorsitzende von *Porsche*, *Wiedeking*, der *Allianz- Finanzvorstand Paul Achleitner*, ein Gewerkschaftsvertreter und ein Verbraucherschützer angehörten (Anm. d. Verf.) -, sie habe sich in bemerkenswerter Weise rechtspolitische Anliegen guter Corporate Governance zu eigen gemacht und damit neue Verhaltensmaßstäbe gesetzt. Trotz der vorgebrachten verfassungsrechtlichen Bedenken, bezeichnet *Ulmer* auch den § 342 HGB als ein „interessantes Regelungsmodell".

505 *Schmidt- Aßmann*, Öffentliches Recht und Privatrecht: Ihre Funktionen als wechselseitige Auffangordnungen. Einleitende Problemskizze, in: Hoffmann- Riem/Schmidt- Aßmann, Öffentliches Recht und Privatrecht: S. 32 f., anhand des § 36 BDSG a. F. (§ 4 f BDSG n. F.), welcher die Einführung eines Beauftragten für den Datenschutz für alle öffentlichen und nichtöffentlichen Stellen vorsieht, die personenbezogene Daten automatisiert erheben, verarbeiten oder nutzen; *Ukrow*, Selbstkontrolle, S. V, 14; vgl. auch *Kunig*, Alternativen zum einseitig- hoheitlichen Verwaltungshandeln, in: Hoffmann- Riem/Schmidt- Aßmann, Konfliktbewältigung, Bd. I, S. 51 f. m. w. Nachw., der dem Begriff der „informalen Kooperation" bescheinigt, als Rechtsproblem allseits Dignität gewonnen zu haben.

506 *Engel*, Regulierung durch Organisation und Verfahren, in: Immenga, FS Mestmäcker, S. 125

507 So *Weber*, CRi 2002, 95; *Michael*, Rechtsetzende Gewalt im kooperierenden Verfassungsstaat, S. 210, betont die imagefördernde Eigenschaft der funktionierenden Selbstregulierung sowohl für die Wirtschaft als auch für den Staat; vgl. auch *Ladeur*, Die Regulierung von Selbstregulierung und die Herausbildung einer "Logik der Netzwerke", in: Berg, Regulierte Selbstregulierung, S. 60; *Price/Verhulst*, Selbstregulierung und Verhaltenskodizes als Grundlage von Internetpolitik, in: Waltermann/Machill, Verantwortung im Internet, S. 167.

508 So *Weber*, aaO, 95.

auch auf die Selbstregulierung zu übertragen, indem man die Verbände die Mechanismen in Konkurrenz zueinander entwickeln lässt[509].

Auf das staatliche Vollzugsdefizit insbesondere im Internet wurde bereits hingewiesen. Instrumente der Selbstverpflichtung sind immer dann sinnvoll, wenn als naheliegende Alternative nur sehr aufwändig zu kontrollierende ordnungsrechtliche Lösungsmöglichkeiten zur Verfügung stehen[510].

4. Integration selbstregulativer Elemente in die Rechtsordnung?

Sollten also im Bereich des elektronischen Geschäftsverkehrs Elemente der Selbstregulierung in das System der staatlichen Rechtsordnung integriert werden?

a) Allgemeine Erwägungen

Der hier vertretenen Auffassung nach ist „die" Selbstregulierung als eine eigenständige Variante der Problembewältigung zu qualifizieren und kann somit eine sinnvolle Ergänzung zu staatlich gesetztem Recht darstellen. Sie kann unter Eignungsaspekten gegenüber dem imperativ- regulierenden Eingreifen (*Command- and- Control- Regulation*[511]) des Staates insbesondere dann vorzugswürdig sein, wenn die Nutzung des Eigeninteresses und/oder der Eigenverantwortung besonders gute Voraussetzungen für die Zielverwirklichung schafft[512], letztlich also effektiver als staatliche Regulierung erscheint und davon auszugehen ist, dass die Akteure sich zunehmend an „privat gesetztem Recht" orientieren[513]. Dem Staat ist es darüber hinaus am Verhandlungstisch möglich, sein Informationsdefizit zu decken, die Folgebereitschaft der Steuerungsadressaten auszuloten und die Implementationskosten abzuschätzen[514]. Insofern kann die Akzeptanz selbstregulativer Elemente durchaus auch eine Vorstufe zu hoheitlicher Regulierung darstellen. Wurde bereits festgestellt, dass der Gesetzgeber im Bereich der schnelllebigen Internetwirtschaft oftmals auf Hypothesen angewie-

[509] Vgl. *Engel*, Regulierung durch Organisation und Verfahren, in: Immenga, FS Mestmäcker, S. 124.

[510] So *Michael*, Rechtsetzende Gewalt im kooperierenden Verfassungsstaat, S. 209 f..

[511] Vgl. *Holznagel*, Regulierte Selbstregulierung im Medienrecht, in: Berg, Regulierte Selbstregulierung, S. 99.

[512] *Hoffmann- Riem*, Öffentliches Recht und Privatrecht als wechselseitige Auffangordnungen – Systematisierung und Entwicklungsperspektiven, in: Hoffmann- Riem/Schmidt- Aßmann, Öffentliches Recht und Privatrecht, S. 299; *Roßnagel*, MMR 2002, 69; *Ukrow*, Selbstkontrolle, S. 12.

[513] So *Weber*, CRI 2002, 94.

[514] *Grimm*, Regulierte Selbstregulierung in der Tradition des Verfassungsstaates, in: Berg, Regulierte Selbstregulierung, S. 18.

sen ist und es ihm zunehmend schwer fällt „sinnvolle“ Vorschriften zu erlassen, so kann der Eindruck, der von der Befolgung oder Nichtbefolgung der freiwillig gesetzten Regeln gewonnen werden kann, einen Ausblick auf die Funktionsfähigkeit einer gesetzgeberischen Konzeption bieten[515].

b) Die Reaktion auf die Eigenheiten des Internet

Neben den oben angeführten, beinahe schon typischerweise für jede Erscheinungsform der Selbstregulierung vorgebrachten Argumenten, untermauern auch die Eigenheiten des Internet die Notwendigkeit der Integration von Selbstregulierungsmechanismen. Es wurde, wie sich gezeigt hat, schon früh zu Recht befürchtet, dass aufgrund der rasenden technischen und ökonomischen Entwicklung die Kontrolle der im Internet angebotenen Inhalte und der im Internet auftretenden Verhaltensweisen, nicht allein dem Gesetzgeber und den Behörden überlassen bleiben sollte. Ebenso hielt man auch die rein nationalstaatliche Initiative nicht für einzig erfolgversprechend. Dementsprechend wurden Forderungen gegenüber den deutschen Behörden und Gerichten laut, die strengen Regeln beispielsweise des TDG und des MDStV zurückhaltend anzuwenden und deren disziplinierende Wirkung abzuwarten. Man verwies auf die Gelegenheit, die neuen Vorschriften könnten für die Akteure im Internet eine disziplinierende Wirkung zeigen und zur Selbstkontrolle anregen[516].

In diesem Zusammenhang ist wiederum auf den Aspekt der Deterritorialisierung des Cyberspace und des grenzüberschreitenden Geschäftsverkehrs hinzuweisen. Während die Regulierung der traditionellen Medien wie Rundfunk und Fernsehen aufgrund deren enger Bindung an die Hoheitsgebiete der Nationalstaaten von staatsnahen Einrichtungen übernommen wurde, kommt im Bereich des Internet vor dem Hintergrund der offenen und dezentralen Netzwerk- Architektur neuen Regelungsansätzen wie der Selbstregulierung besondere Bedeutung zu[517]. Die Sanktion von Selbstregulierungsmechanismen ist nicht an das Durch-

---

[515] So *Westermann*, Unternehmenspolitik in Selbstregulierung? Rechtsvergleichende Bemerkungen zu den niederländischen Fusionsverhaltensregeln, in: Hefermehl, FS Möhring, S. 338 ff., der jedoch der Auffassung ist, Unternehmensrechtspolitik auf der Ebene der Selbstregulierung könne, so befriedigend sie zunächst wirken mag, auf Dauer kein Ersatz für politisch zu verantwortende gesetzgeberische Lösungen sein, verkennt jedoch nicht, dass dies indes auch nicht den Zweck der Verhaltensregeln darstellt.

[516] *Köster/v. Bonin*, ZUM 1997, 828 f..

[517] *Ukrow*, Selbstkontrolle, S. 13; *Bock/Wöbke*, Supplement K & R 1997, 11. Vgl. hierzu auch den Beitrag der SZ vom 28. Juni 2002: Nach dem Bericht der Enquete- Kommission der Bundestages dürfte man trotz der teilweise negativen Folgen der Globalisierung den steigenden Einfluss der Wirtschaft nicht verkennen, weshalb globale Verhaltensnormen, wie Öko- Labels und Verhaltenskodizes künftig mehr Bedeutung erlangen müssten; ebenso *Hoeren*, NJW 2001, 1185.

setzungsmonopol eines Staates in seinem Territorium gebunden. Selbstregulierung kann sich folglich über die territoriale Losgelöstheit des Cyberspace hinwegsetzen.

c) Der Selbstschutz der Nutzer

Die Staaten müssen erkennen, dass sie trotz aller Angleichungen und Verbesserungen der Rechtsordnung ihre Schutzaufgaben in vielen Fällen nicht mehr erfüllen können[518] und ihre Erfüllungsverantwortung auf eine Gewährleistungsverantwortung reduzieren müssen. Kann der Schutz der Bürger (Verbraucherschutz) und auch derjenige der Unternehmen (Stichwort: Napster) nicht mehr umfassend gesichert werden, müssen die Staaten die Beteiligten zum Selbstschutz befähigen. Hier wird der Bogen zu den bereits diskutierten Regelungsmöglichkeiten über die Standardsetzung geschlagen. Der einzelne „mündige" – also medienkompetente - Nutzer[519] rückt hier also merklich in den Vordergrund. In einem technischen Umfeld wie dem Internet muss dies zunächst durch die Zurverfügungstellung technischer Mittel geschehen[520]. Zu denken ist hier zunächst an die bereits angesprochenen Verschlüsselungs-, Filter-, und Blockier-

[518] Bezogen auf die Gesetzgebung im Bereich der Medienmärkte macht *Schultze- Fielitz*, Gesetzgebungslehre als Soziologie der Gesetzgebung, in: Dreier, Rechtssoziologie, S. 165 f., darauf aufmerksam, dass sich rechtliche Regelungen um ihrer Regelungskraft willen einerseits an den Marktstrukturen orientieren müssen, andererseits deren Funktionsfähigkeit nicht einfach unterstellen oder behindern dürfen. Hierdurch könnte die Leistungsfähigkeit des Staates überfordert werden.

[519] Wohl nicht zuletzt aufgrund der ständig steigenden Anzahl der Internetnutzer auch in Deutschland, erkennen auch die Gerichte zunehmend die Medienkompetenz der Nutzer insbesondere im Umgang mit dem Internet an. In dem Verfahren um die Domain „oil-of-elf.de", welche seitens der Umweltschutzorganisation *Greenpeace* genutzt wurde, um vermeintliche Umweltverschmutzungen durch den Mineralölkonzern *TotalFinaElf* anzuprangern, hatte das Kammergericht, in seinem Urteil vom 23. Oktober 2001, JurPC Web-Dok. 130/2002, zu entscheiden, ob *Greenpeace* die Nutzung der vorgenannten Domain nach § 15 MarkenG oder § 12 BGB zu untersagen sei. Die Klage wurde letztlich abgewiesen. Das Kammergericht, aaO, Abs. 30, hat festgestellt, dass ein verständiger Internet- Nutzer sich durchaus der nur groben Vorauswahl der Suchmaschinen bewusst sei und deshalb auch nicht sogleich entmutigt würde, die weitere Suche nach der Website des Mineralölkonzerns fortzusetzen, wenn das Suchergebnis zunächst nur auf die Website der Umweltschutzorganisation verweise.

[520] So *Waltermann/Machill*, Verantwortung im Internet, S. 11; *Roßnagel*, MMR 2002, 71; ders., Allianz von Medienrecht und Informationstechnik: Hoffnungen und Herausforderungen, in: Roßnagel, Allianz von Medienrecht und Informationstechnik?, S. 20; *Moos*, Die Entwicklung eines supra- und internationalen Rechtsrahmens für das Internet, in Kröger/Gimmy, Handbuch zum Internetrecht, S. 796, der darauf hinweist, dass es in internationalen Datennetzen wie dem Internet keine absolute Sicherheit geben kann, weshalb sich jegliche Regulierung auf eine vernünftige und vertretbare Minimierung der Risiken beschränken und die Ergänzung des normativen durch den technischen Schutz forciert werden müsse.

technologien (Filtering and Blocking Mechanisms)[521] sowie die Nutzung von Standards wie P3P.

Erfreulicherweise sind darüber hinaus bereits gesetzgeberische Ansätze auszumachen, die den Bürger in seinem Selbstschutz unterstützen sollen. So sieht § 4 Abs. 1 TDDSG[522] vor:

„Der Diensteanbieter hat dem Nutzer die Inanspruchnahme von Telediensten und ihre Bezahlung anonym oder unter Pseudonym zu ermöglichen, soweit dies technisch möglich und zumutbar ist. [...]"

Des Weiteren müssen sich die Nutzer des Tatsache bewusst sein, dass solange Rechtssicherheit durch eine einheitliche Rechtsordnung noch nicht gewährleistet ist, vertragliche Abreden im Vordergrund stehen werden[523]. Handelt es sich bei der Förderung des Selbstschutzes zwar nicht um solche Selbstregulierungsmechanismen, wie sie hier schwerpunktmäßig behandelt werden, so dient der Selbstschutz der Ausbildung von Wissen und Erfahrungen im Umgang mit selbstregulativen Maßnahmen der Unternehmen und Verbände.

d) Entwicklung neuer Rechtsformen

Es kommt sodann darauf an, neue Rechtsformen zu entwickeln, die auf kooperative und interaktive Entscheidungsmuster angelegt sind und die Erzeugung und Verarbeitung neuen Wissens ermöglichen[524].

Die Wirksamkeit des regulativen Rechts hängt in hohem Maße von effektiven Steuerungsprogrammen und spürbaren Sanktionen im Fall der Nichtbefolgung ab[525]. Gerade diese Kriterien vermag jedoch staatlich gesetztes Recht im elektronischen Geschäftsverkehr in Teilbereichen nicht mehr zu erfüllen. Weiterhin lässt sich vor dem Hintergrund der Komplexität der technologischen Neuerungen die Zersplitterung des gesellschaftlichen Wissens beobachten. Wissen wird in Zukunft nicht mehr an stabile Handlungseinheiten, Individuen oder Unternehmen gebunden, sondern über ein „situatives Netzwerk" zwischen den Akteuren verteilt sein. Der Staat kann daher nur mit unvollständiger Information und von vorneherein begrenzten Erwartungen auf das Beziehungsnetzwerk von Un-

[521] *Kloepfer*, Informationsrecht, S. 139.

[522] Eine entsprechende Regelung findet sich darüber hinaus in § 13 I MDStV und § 3 a BDSG.

[523] So *Geis*, Recht im eCommerce, S. 15, der von „rechtlicher Selbstverantwortung" spricht.

[524] *Ladeur*, ZUM 1997, 375.

[525] *Grimm*, Regulierte Selbstregulierung in der Tradition des Verfassungsstaates, in: Berg, Regulierte Selbstregulierung, S. 16 f..

ternehmen einwirken; hieraus folgt für den Hoheitsträger ein Verlust an Steuerungsfähigkeit, die ihn zu Arrangements und Kooperationen zwingt[526].

e) Fazit – Ein Plädoyer für Selbstregulierung

Bekanntlich ist die Kommunikationsordnung maßgebend von Marktkräften geprägt. Hierunter sind sowohl regionale und nationale als auch internationale und global agierende Marktkräfte zu zählen[527].

Präzise auf den Punkt gebracht, sieht man sich folglich im Bereich der Internetregulierung maßgeblich mit einem zentralen Problem konfrontiert:

Die Internet- Wirtschaft wächst und entwickelt sich schneller als die staatliche Regulierung zu folgen in der Lage ist[528].

Gerade im Bereich des elektronischen Geschäftsverkehrs spricht daher eine Vielzahl von Argumenten für die Anerkennung und Integration selbstregulativer Elemente wie Verhaltenskodizes, weshalb der Staat die Selbstregulierung der beteiligten Unternehmen und Verbände fördern und die für ihre Durchführung

---

[526] Vgl. *Ladeur*, Die Regulierung von Selbstregulierung und die Herausbildung einer „Logik der Netzwerke", in: Berg, Regulierte Selbstregulierung, S. 62; vgl. auch *Ballarino*, Internet nel mondo della legge, S. 51.

[527] So bereits zu einem Zeitpunkt als das „kommerzielle Internet" gerade erst seinen Siegeszug angetreten hatte, *Hoffmann- Riem*, Aufgaben zukünftiger Medienregulierung, in: Tauss, Deutschlands Weg in die Informationsgesellschaft, S. 569; ebenso *Fuchs*, Electronic Commerce – Geschäftsverkehr ohne Grenzen, aber auch ohne Regeln?, in: Kubicek, Internet@Future, S. 328, der die Bildung von verschiedenen Online- Gemeinschaften – so beispielsweise von Zusammenschlüssen der Online- Provider – prophezeit, welche die Regeln für kommerzielle Transaktionen vorschreiben und daher die Machtverteilung zwischen Staat und Wirtschaft zugunsten der Wirtschaft verschieben würden.

[528] *Price/Verhulst*, Selbstregulierung und Verhaltenskodizes als Grundlage von Internetpolitik, in: Waltermann/Machill, Verantwortung im Internet, S. 160, unter Berufung auf den ehemaligen Vorsitzenden der US- amerikanischen FTC, *Pitofski*; so auch *Zerdick*, Internet- Ökonomie, S. 286. Dass das Problem nicht erst im Internetzeitalter sondern bereits Mitte des 20. Jahrhunderts zutage getreten ist zeigen Ausführungen in der Habilitationsschrift von *Sonnenberger*, Verkehrssitten im Schuldvertrag, S. 3.

vertretbaren Anreize schaffen sollte[529]. Keinesfalls jedoch ist es sinnvoll, die Anstrengungen durch Verbote zu entwerten[530].

[529] So sehr deutlich *Holznagel/Werle*, ZfRSoz 23 (2002): „Therefore, governments often are well advised to refrain from regulation and provide incentives for self- regulation. [...] the profound lack of international consensus on important regulatory issues, leaves governments no choice. They have to support self- regulation if they want an international regulatory framework to be established."; so auch *Hoffmann- Riem*, Aufgaben zukünftiger Medienregulierung, in: Tauss, Deutschlands Weg in die Informationsgesellschaft, S. 569; *Roßnagel/Pfitzmann/Garstka*, Modernisierung des Datenschutzrechts, S. 155; *Mestmäcker/Engel*, Globale Netze und lokale Werte, S. 245, 249, die den hybriden Regulierungsformen trotz grundsätzlicher Zustimmung zunächst nur experimentellen Charakter bescheinigen; *Vassilaki*, CR 2002, 747; *Wuermeling*, Europäischer Rechtsraum und Informationsgesellschaft, in: Hohl, Vernetztes Recht, S. 11 f.; *Sieber*, Verantwortlichkeit im Internet, Rz. 552; so auch insbesondere hinsichtlich der Aufstellung von „Codes of Conduct" die Äußerungen nach dem Diskussionsbericht von *Fahje* in: Graf, Wirtschaftsrecht, S. 36; *Weber*, CRi 2002, 94; *Moos*, Die Entwicklung eines supra- und internationalen Rechtsrahmens für das Internet, in: Kröger/Gimmy, Handbuch zum Internetrecht, S. 795; *Moritz*, CR 2000, 72; *Moreno*, JCP – La Semaine Juridique Entreprise et Affaires 2003, 581, im Rahmen einer Stellungnahme der *Chambre de commerce et d'industrie de Paris* zu dem *Projet de Loi Pour La Confidence Dans L'Économie Numérique* der französischen Regierung; *Waltermann/Machill*, Verantwortung im Internet, S. 11, insbesondere für den Bereich der Inhaltskontrolle; hinsichtlich des Jugendschutzes *Langenfeld*, MMR 2003, 309; *Vesting*, Subjektive Freiheitsrechte als Elemente von Selbstorganisations- und Selbstregulierungsprozessen in der liberalen Gesellschaft, in: Berg, Regulierte Selbstregulierung, S. 57, in Bezug auf subjektive Rechte und immaterielle Eigentumsrechte; bezüglich des Verbraucherschutzes Grünbuch zum Verbraucherschutz der Europäischen Union, KOM (2001) 531 vom 2. Oktober 2001, S. 16, abrufbar unter: http://www.uni-koeln.de/jur-fak/instipr/eurprivr/schuldrecht.htm; hinsichtlich der Immaterialgüterrechte ferner *Bechtold*, Vom Urheber- zum Informationsrecht, S. 447; *Ladeur*, Die Regulierung von Selbstregulierung und die Herausbildung einer „Logik der Netzwerke", in: Berg, Regulierte Selbstregulierung, S. 72; *Jung*, GRUR Int. 1998, 851, für den Bereich des Lauterkeitsrechts; hinsichtlich des Datenschutzes *Schwartz*, Privacy, Participation, and Cyberspace, in: Simon/Weiss, Zur Autonomie des Individuums, S. 347; im Grundsatz auch *Osthaus*, AfP 2001, 23, der zu dem Ergebnis gelangt, letztlich könne nur ein „Mix" aus direkter staatlicher Regulierung, internationaler Harmonisierung, Selbstregulierung und der Privatrechtsordnung den neuen Herausforderungen des Internet wirksam begegnen; *Murray/Scott*, 65 Mod. L. Rev. 516 (2002), die die Chancen des Wettbewerbs zwischen den Regulierungsformen betonen; *Holznagel*, Regulierte Selbstregulierung im Medienrecht, in: Berg, Regulierte Selbstregulierung, S. 99 f.; ähnl. auch die Forderungen auf der ICANN- Tagung in Marina del Rey 2001, wobei hier freilich darauf hinzuweisen ist, dass die ICANN als Institution der Selbstregulierung durchaus eigene Interessen verfolgt, vgl. *Kleinwächter*, MMR aktuell 1/2002, S. XIX.

f) Regulierungsansätze in Europa und den USA

Auf die Vorgaben der ECRL und die hieraus abzuleitende Grundhaltung[531] der EU wurde bereits eingangs hingewiesen. Die Bundesrepublik Deutschland betreffend vertritt die oben aufgestellte These auch die Bundesregierung bereits seit dem Jahre 1999, weshalb im Rahmen neuerer Akte der Gesetzgebung zum Recht des Internet auch auf Elemente der Selbstregulierung ein verstärktes Augenmerk zu richten ist[532].

Erwähnenswert sind die nicht dem Recht der EU unterfallenden Bemühungen in der Schweiz. Im Sommer/Herbst 2001 entwickelte eine Expertenkommission auf Anregung der *Swiss Organisation for Standardization* (SNV), die ein Minimum an selbstregulativer Standardsetzung im E- Commerce für sinnvoll erachtete, spezifische „Requirements for Shop Presentation and Transactions", die

---

Einer Integration grundsätzlich zustimmend ein Diskussionsbeitrag von *Spindler* anlässlich des Symposiums „Die Bedeutung des Internationalen Privatrechts im Zeitalter der neuen Medien" am 31. Januar/1. Februar 2003 an der Friedrich- Schiller- Universität Jena. *Spindler* begegnet der Selbstregulierung jedoch skeptisch. So hebt er insbesondere hervor, das Musterbeispiel der Selbstregulierung im Internet, ICANN, gerate zunehmend unter den Einfluss der Providerindustrie, die versuchten ihre kommerziellen Interessen zu verfolgen und ihre wirtschaftlichen Machtansprüche auszubauen. Selbstregulierung habe jedoch nur eine Zukunft, würden diese Entwicklungen unterbunden. Hinsichtlich der kritischen Beurteilung der Selbstregulierung vor dem Hintergrund der Diskussion um die „Düsseldorfer Sperrungsverfügung" auch *Spindler/Volkmann*, K & R 2002, 408, mit der Schlussfolgerung, die Vergangenheit habe gezeigt, dass die oft propagierte Selbstregulierung der Provider gerade gegenüber den „schwarzen Schafen" nicht verfinge.

Die Selbstregulierung durch Unternehmen, Verbände und nicht staatliche Institutionen ablehnend ein Diskussionsbeitrag von *Mankowski* anlässlich des Symposiums „Die Bedeutung des Internationalen Privatrechts im Zeitalter der neuen Medien" am 31. Januar/1. Februar 2003 an der Friedrich- Schiller- Universität Jena. *Mankowski* weist darauf hin, mit der EU und der ECRL gäbe es einen anerkannten Normsetzer. Eines Rückgriffs auf eine private Rechtsetzung bedürfe es daher nicht. Marktmacht alleine dürfe darüber hinaus keine Normsetzungsqualität besitzen.

530 So *Kloepfer*, Informationsrecht, S. 139; ebenso bezüglich der Regulierung technischer Instrumente, *Mestmäcker/Engel*, Globale Netze und lokale Werte, S. 208.

531 Auch hinsichtlich des elektronischen Zahlungsverkehrs, vertritt die EU- Kommission die Auffassung, die wesentlichen Impulse für die Ausweitung des elektronischen Geschäftsverkehrs müssten vom Markt ausgehen. Zur Vermeidung einer Rechtszersplitterung warnt die Kommission vor dem Entstehen abweichender legislativer Regulierungskonzepte. So sollte auf den Erlass von Vorschriften der EU schließlich erst dann zurückgegriffen werden, wenn einzelstaatliche Vorschriften und freiwillige Kodizes nicht ausreichten, vgl. *Holznagel/Tabbara*, Politische Initiativen zum elektronischen Geschäftsverkehr, in: Holznagel/Hoeren, Elektronischer Zahlungsverkehr, Rz. 6 ff..

532 *Schily*, Weltweite Kommunikation – eine neue Kultur gemeinsamer Verantwortung, in: Waltermann/Machill, Verantwortung im Internet, S. 83 ff, hinsichtlich der Inhalteregulierung und Bekämpfung der Kriminalität im Internet.

mittlerweile zu einem „SNV- workshop agreement" des bei der SNV zuständigen *INB Technical Committee 191: „On- line Services"* wurden. In der Schweiz unterliegen die Anbieter versuchsweise einem ersten Genehmigungsverfahren hinsichtlich der Einhaltung der Mindeststandards. Die Standards erscheinen als eine Art Checkliste, die bei der Abwicklung der Transaktionen über das Netz abgehakt werden kann. Sie beinhalten u. a. vertrags- und datenschutzrechtliche Elemente und greifen Gesichtspunkte auf, die auch dem deutschen Recht durchaus geläufig sind[533].

Betrachtet man den Ansatz US- amerikanischer Internet- Politik, so ist festzustellen, dass die angeführten Argumente dort zu dem Schluss geführt haben, man müsse dem privaten Sektor die Federführung in der Internet- Politik überlassen und die Regierungen sollten sich auf die Hilfestellung im Hintergrund beschränken[534]. Nicht verkannt werden darf jedoch, dass eigentümlicher Weise gerade in den USA zunehmend Gesetze auf Bundesebene zur Regelung des E-Commerce erlassen wurden. Ob dieser Trend eine zunehmende Abkehr vom Grundsatz der Selbstregulierung darstellt, wird sich zeigen.

Weisen somit der europäische und der amerikanische Ansatz die Gemeinsamkeit auf, die Privaten an einer „Normschöpfung" für den Cyberspace zu beteiligen[535], wird also eine Kooperation zwischen Staat und Wirtschaft gefördert, so unterscheiden sich beide Ansätze durch unterschiedliche Verteilung der Initiativkompetenzen. Die grundsätzliche Übereinstimmung bestätigt jedoch die Annnahme, sich mit der hier vertretenen Auffassung auf dem richtigen Weg zu befinden. Soll am Ende der Rechtsentwicklungen im Cyberspace ein weltweit gültiges Internetrecht stehen, so erscheint es beinahe zwingend, sich auch in Europa auf die neue Herausforderung der Integration selbstregulativer Mechanismen einzulassen.

5. Grundlegende außerrechtliche und rechtliche Anforderungen an die Integration von Selbstregulierungsmechanismen und deren Voraussetzungen

Hat Selbstregulierung aus regulierungstheoretischer Sicht zunächst eher einen experimentellen Charakter und würden die Möglichkeiten derselben überschätzt, müssen dennoch zunächst deren Grenzen ausgelotet werden, da es sich um ein

---

[533] Vgl. *Weber* CRi 2002, 94. Die Anforderungen sind im Anschluss an den Beitrag abgedruckt.

[534] Vgl. *Magaziner*, Über die Rolle des Staates in der Internet- Politik, in: Waltermann/Machill, Verantwortung im Internet, S. 68 ff., wobei diese Ansicht keineswegs ein Novum US- amerikanischer Regulierungspolitik sondern die traditionelle Struktur eines Common- Law- Systems darstellt.

[535] Vgl. hierzu auch das "Joint EU-US Statement on Electronic Commerce" vom 5. Dezember 1997, abrufbar unter: http://www.qlinks.net/comdocs/eu-us.htm.

neues Handlungsfeld, und nicht nur um eine neue Technik handelt[536]. Der Bestimmung der Grenzen an Selbstregulierung wird sich die Untersuchung im folgenden annehmen. Zunächst sind einige grundsätzliche Anforderungen darzulegen, welche an die Integration von Selbstregulierung gestellt werden müssen. Im Rahmen der Untersuchung der Verhaltenskodizes sollen die folgenden Überlegungen schließlich vertieft werden.

a) Allgemeine Erwägungen – Das Modell der hybriden Regulierung

Durch das Vordringen wirtschaftlicher Interessen sind Einrichtungen der Selbstregulierung einem vermehrten Legitimationsdruck und Zweifeln an ihrer Daseinsberechtigung ausgesetzt. Sie stehen unter ständigem Erfolgszwang und müssen gegenüber dem Staat ihr Versprechen einlösen, schneller und flexibler auf Änderungen zu reagieren, als es eine gesetzliche Norm vermag[537].

Im Kern geht es um die sachgerechte Balance zwischen staatlicher Steuerung und (gesellschaftlicher) Selbstregulierung[538]. Selbstregulierung kann auch im Bereich des virtuellen Mediums Internet das staatlich gesetzte Recht lediglich ergänzen, jedoch niemals vollständig ersetzen; sie stellt insofern keine „Alternative zum Recht“[539] dar. Deshalb müssen sich die Selbstregulierungsmechanismen an den zwingenden gesetzlichen Regelungen ausrichten[540]. Ihre faktischen Auswirkungen und Inhalte dürfen nicht gegen gesetzliche Regelungen verstoßen[541]. Hierbei steht es den selbstregulativen Einrichtungen freilich grundsätzlich offen, sich an strengere als gesetzliche Standards zu binden[542]. Insofern bleibt der Grundsatz gewahrt, dass im Kollisionsfall staatliches Recht stets den durch Private gesetzten Regeln vorgeht[543]. Es geht daher bei der Selbstregulierung weniger um eine grundsätzliche Alternative zur Steuerung durch staatliches Recht oder die grundsätzliche Unsicherheit, ob sie schließlich staatliches Recht stärkt oder schwächt[544], als mehr um die Frage nach der Dichte und der Art der

[536] *Ladeur*, ZUM 1997, 376.

[537] *Paschke*, Medienrecht, Rz. 445; *Sabrowsky*, Selbstregulierung, Rz. 342 .

[538] *Kloepfer*, Informationsrecht, S. 140.

[539] So die Formulierung bei *Brennecke*, Normsetzung durch private Verbände, S. 309; *Berghoff*, RDV 2002, 78. vgl. auch *Kloepfer*, aaO, S. 701.

[540] So *Hoeren*, NJW 1998, 2854; *Sieber*, Verantwortlichkeit im Internet, Rz. 552; hinsichtlich des Datenschutzrechts *Bizer*, DuD 2001, 126. Zur demokratischen Legitimation der Selbstregulierung, s. u. Ziff. D, VII, 1, c), aa).

[541] *Bohne*, Absprachen zwischen Industrie und Regierung in der Umweltpolitik, in: Gessner/Winter, Rechtsformen der Verflechtung von Staat und Wirtschaft, S. 278.

[542] Es ist jedoch das Lauterkeitsrecht insbesondere das Kartellverbot des Art. 81 EGV und die Vorschriften des UWG zu beachten, s. u. Ziff. D, VII, 4.

[543] So *Kirchhof*, Private Rechtssetzung, S. 135.

[544] Vgl. *Farrell*, ZfRSoz 23 (2002), 25 f..

Regulierung[545]. Schließlich muss an dieser Stelle festgehalten werden, dass private Regelwerke keine Geltung gegenüber nicht beteiligten Dritten beanspruchen können[546].

Das Recht muss der Selbstregulierung Ziele setzen und es ihr überlassen, diese zu konkretisieren. Weiterhin liegt es nahe, dass Selbstregulierung einen vom Recht gesetzten Rahmen benötigt, der ein faires Verfahren für das Aufstellen von Verhaltensregeln gewährleistet, die Durchsetzung der Verhaltensregeln unterstützt und die Integration eines Minimums an Rechten und Pflichten vorgibt[547]. Die Ausgestaltung dieses rechtlichen Rahmens, insbesondere die Frage nach der Intensität hoheitlicher Regelungen, gilt es im Folgenden zu erörtern.

Darüber hinaus ist die Einrichtung von Mechanismen zu fordern, die für eine rechtssichere und möglichst weitgehende Geltung und Anwendung der Verhaltensregeln sorgen[548]. Wenn selbstregulative Maßnahmen staatlicherseits, wie beispielsweise in Art. 16 der ECRL, angeregt werden, so obliegt es dem Hoheitsträger alle Anstrengungen zu unternehmen, ihre erfolgreiche Implementierung in die Rechtsordnung zu unterstützen. Hierfür sind jedoch zunächst nicht zwingend ausschließlich Gebots- oder Verbotsnormen notwendig. Bestimmte Verhaltensweisen könnten vom Staat als „verboten“, andere wiederum von privaten Organisationen als „sittenwidrig“ eingestuft werden. Bezüglich der Überwachung bietet es sich an, bestimmte Verhaltensweisen der Verfolgung durch den Staat zu unterwerfen, andere hingegen könnten von den selbstregulierenden Organisationen kontrolliert und beseitigt werden[549].

Staatliches Recht und Selbstregulierung schließen sich für den Bereich des elektronischen Geschäftsverkehrs somit nicht aus, sondern können sich vielmehr wechselseitig ergänzen. Die Herausforderungen, welche an die Regulierung des elektronischen Geschäftsverkehrs gestellt werden, können mithin arbeitsteilig bewältigt werden. Die Regulierung als solche ist, wie oben bereits angedeutet, auf die Kooperation zwischen dem steuernden Staat und den zu steuernden ge-

---

545 So *Ukrow*, Selbstkontrolle, S. 25.

546 *Bachmann*, Privatrecht als Organisationsrecht, in: Witt/Casper/Bednarz, Jahrbuch Junger Zivilrechtswissenschaftler, S. 16.

547 *Weichert* in Kilian/Heussen: Computerrechtshandbuch, § 134 Rz. 3; *Perritt*, MMR- Beilage 7/2000, S. 1; *Roßnagel/Pfitzmann/Garstka*, Modernisierung des Datenschutzrechts, S. 157; *Roßnagel*, MMR 2002, 69.

548 *Roßnagel*, MMR 2002, 69; vgl. auch *Roßnagel/Pfitzmann/Garstka*, aaO, S. 154.

549 Vgl. *Price/Verhulst*, Selbstregulierung und Verhaltenskodizes als Grundlage von Internetpolitik, in: Waltermann/Machill, Verantwortung im Internet, S. 157.

sellschaftlichen Akteuren angewiesen[550]. Ein solches System der „hybriden Regulierung“ wird im US- amerikanischen Schrifttum als „Governance“ bezeichnet. Es handelt sich um ein System von Institutionen und Verfahren, die zur Beeinflussung des Verhaltens einzelner Gruppen eingesetzt werden; es geht um die Zuweisung von Macht jedoch nicht nur im öffentlich- rechtlichen Bereich sondern betrifft auch private Einrichtungen wie die Verbände[551]. Der Begriff der „Internet Governance“ hat sich schließlich auch in der deutschen Literatur eingebürgert. Fraglich ist daher, ob das geltende Recht bereits Regelungen hervorgebracht hat, welche selbstregulativen Maßnahmen den genannten Rahmen vorzugeben vermögen und inwieweit gesetzliche Regelungen weiterer Ergänzungen bedürfen.

b) Bildung von Vertrauen im elektronischen Geschäftsverkehr

Soll sich der E- Commerce weiterhin durch konsequentes Wachstum auszeichnen, bedarf es der Innovation und des Einsatzes aller Nutzer. Nicht nur die anbietenden Unternehmen sind gehalten, durch ständig neue Entwicklungen den virtuellen Markt auszubauen. Auch die Rezipienten – seinen es nun wiederum Unternehmen oder Verbraucher – können durch die Anerkennung der Vorteile, welche die neuen Technologien bieten, das ihre zur Expansion des elektronischen Geschäftsverkehr beitragen[552]. Ebenso ist bei der Schaffung neuer Regelungssysteme zu verfahren.

Eine wesentliche Voraussetzung für die Mitwirkung der genannten Akteure und der sich anschließenden Akzeptanz der geschaffenen Regelsysteme stellt die Bildung von Vertrauen der Beteiligten dar[553]. An der Fähigkeit zur Vertrauens-

[550] *Ladeur*, ZUM 1997, 380; *Roßnagel/Pfitzmann/Garstka*, Modernisierung des Datenschutzrechts, S. 153; *Perritt*, MMR- Beilage 7/2000, S. 1, spricht von einer „Mischregulierung“ („hybrid form of international regulation“); ebenso *Murray/Scott*, 65 Mod. L. Rev. 502 (2002); *Grimm*, Regulierte Selbstregulierung in der Tradition des Verfassungsstaates, in: Berg, Regulierte Selbstregulierung, S. 18. An dieser Stelle können durchaus auch die auf dem Felde der Mediation gewonnenen Erfahrungen fruchtbar gemacht werden. Im Bereich der regulierten Selbstregulierung fungiert der Staat gewissermaßen auch als Mediator, dem es obliegt durch die Vorgabe eines speziellen Verfahrens die Konfliktlösung zwischen den privaten Parteien zu erreichen, vgl. zum Verfahren der Mediation, v. *Schlieffen*, Mediation im System der außergerichtlichen Streitbeilegung, in: v. Schlieffen/Wegmann, Mediation in der notariellen Praxis, S. 3 ff..

[551] *Mestmäcker/Engel*, Globale Netze und lokale Werte, S. 218; vgl. auch *Holznagel*, Regulierte Selbstregulierung im Medienrecht, in: Berg, Regulierte Selbstregulierung, S. 87, der unter dem Begriff „Governance“ die „institutionelle Steuerung“ versteht.

[552] *Fuhrmann*, Vertrauen im Electronic Commerce, S. 29.

[553] Vgl. auch *Engert*, Wettbewerb der Normen und Sanktionierung durch das Recht, in: Witt/Casper/Bednarz, Jahrbuch Junger Zivilrechtswissenschaftler, S. 33, der hier von Reputa-

bildung müssen sich daher alle den elektronischen Geschäftsverkehr regulierenden Maßnahmen messen lassen[554]. Hier ist zunächst davon auszugehen, dass einige private Akteure auf den relevanten Märkten grundlegende Bedingungen für das Funktionieren des elektronischen Handels aufstellen werden. Vertrauen lässt sich darüber hinaus nur durch die Herausbildung sicherer Rahmenbedingungen schaffen[555]. Dies gilt sowohl für die Entwicklung abstrakter Rechtsnormen als auch für die Elemente der Selbstregulierung wie Verhaltenskodizes, Zertifikate und Gütesiegel. Erfordert die Eigenschaft des Cyberspace als Sozialraum die Schaffung hoheitlicher Normen und kann Selbstregulierung diese nicht ersetzen, so trifft dies auch für die Förderung des Vertrauens zu; ein Wegfall staatlich gesetzten Rechts als vertraute Rahmengarantie wäre verheerend[556]. Um die gewünschte und notwendige Rechtssicherheit gewährleisten zu können, müssen Selbstregulierungsmechanismen neben ihrer tatsächlichen Funktionalität somit unter dem Gesichtspunkt des Vertrauens auch dem geltendem Recht entsprechen.

c) Transparenz und Minderheitenschutz

Zentrale Anforderungen an die Selbstregulierung durch Private stellen die Gebote der Transparenz und des Schutzes der Minderheiten bzw. der Schwächeren dar.

aa) Transparenz

Das Rechtsstaats- und Demokratieprinzip geben für das Konzept einer staatlicherseits unterstützten Selbstregulierung das Gebot der Transparenz vor, welches die Klarheit der Verantwortungsteilung sichern soll und die Publikation

---

tion als demjenigen Vertrauen spricht, das einer Person in einem Markt, d. h. einer Mehrheit von Marktteilnehmern, entgegengebracht wird.

[554] *Fuhrmann*, Regulierungsstrategien für den elektronischen Geschäftsverkehr, in: Kubicek, Internet@Future, S. 340 f.; *Vassilaki*, CR 2002, 742; *Fuchs*, Electronic Commerce – Geschäftsverkehr ohne Grenzen, aber auch ohne Regeln?, in: Kubicek, Internet@Future, S. 329.

[555] *Spindler*, Sicherheit im E- Commerce = Rechtssicherheit, in: Müller/Reichenbach, Sicherheitskonzepte, S. 161f.; *Fuhrmann*, Vertrauen im Electronic Commerce, S. 256; *Perritt*, MMR- Beilage 7/2000, S. 2; *Lehmann*, Digitalisierung und Urhebervertragsrecht, in: ders., Internet- Und Multimediarecht, S. 34, weist darauf hin, dass neue Geschäftsfelder nicht zunächst „Piraten" zur Eroberung überlassen werden dürfen. Inwieweit Open- Source zur Bildung von Vertrauen beitragen kann, legte *Osterloh* im Rahmen einer Bielefelder Konferenz über Vertrauen, Reputation und Gemeinschaft dar, vgl. http://www.heise.de/newsticker/meldung/39135.

[556] *Fuhrmann*, aaO, S. 90.

getroffener Arrangements fordert[557]. Die verbandliche Selbstregulierung wird jedoch dahingehend kritisiert, bezüglich der Einflussnahmen der Verbände auf staatliche Organe sei zumindest in Deutschland nahezu keine Transparenz und Öffentlichkeit erkennbar[558].

Selbstregulative Systeme müssen allerdings auch unabhängig von den noch zu erörternden verfassungsrechtlichen Vorgaben bereits aus Gründen der Glaubwürdigkeit die Transparenz zu einem vorherrschenden Prinzip machen. Hier gilt es, nötigenfalls von hoheitlicher Seite Transparenzpflichten aufzuerlegen[559] bzw. anzuregen. Die Effektivität der Selbstregulierung hängt von der Fähigkeit ab, Informationen zu generieren. Es obliegt den Organisationen sowohl darüber zu informieren, welche normativen Standards entweder in Eigeninitiative oder aufgrund staatlicher Vorgaben geschaffen wurden und inwieweit diese eingehalten werden. Die Betroffenen erhalten somit die Chance, sich am „Normgebungsprozess" zu beteiligen[560]. So sind zunächst allgemeine Prinzipien und das Verfahren zur Schaffung der Vorschriften der Öffentlichkeit vorzustellen. Die Bekanntmachungen sollten in der dem angesprochenen Konsumenten geläufigen Sprache verfasst, klar und einfach verständlich sein[561]. In einem nächsten Schritt muss bekannt gegeben werden, ob die Mitgliedsunternehmen diese umsetzen. Schließlich muss sichergestellt werden, dass auch Informationen über die Überwachung publiziert werden[562]. Hier ist beispielsweise an eine Veröffentlichung ergangener Schiedssprüche zu denken.

---

557 *Schmidt- Aßmann*, Regulierte Selbstregulierung als Element verwaltungsrechtlicher Systembildung, in: Berg: Regulierte Selbstregulierung, S. 267; *Schily*, Weltweite Kommunikation – eine neue Kultur gemeinsamer Verantwortung, in: Waltermann/Machill, Verantwortung im Internet, S 96; *Brandmair*, Selbstkontrolle, S. 269; *Mestmäcker/Engel*, Globale Netze und lokale Werte, S. 248, appellieren darüber hinaus an die staatlichen Stellen, die allgemeine Verfügbarkeit öffentlicher Informationen über Webseiten zu erhöhen.

558 *Nicklisch*, Gesetzliche Anerkennung und Kontrolle von Verbandsmacht, in: Lüke/Jauernig, FS Schiedermair, S. 466.

559 So der Vorschlag von *Hoffmann- Riem*, Aufgaben zukünftiger Medienregulierung, in: Tauss, Deutschlands Weg in die Informationsgesellschaft, S. 582.

560 *Roßnagel/Pfitzmann/Garstka*, Modernisierung des Datenschutzrechts, S. 159.

561 Vgl. *US National Telecommunications and Information Administration* (NTIA), Elements of Effective Self- Regulation for Protection of Privacy, mitgeteilt von *Bruening*, CR 1998, 191; ebenso hinsichtlich der Einführung von Gütesiegeln das Statement der *Online Privacy Alliance*, Effective Enforcement of Self Regulation, abrufbar unter: http://www.privacyalliance.org, *Westermann*, Unternehmenspolitik in Selbstregulierung? Rechtsvergleichende Bemerkungen zu den niederländischen Fusionsverhaltensregeln, in: Hefermehl, FS Möhring, S., weist diesbezüglich auf die beispielhafte Dokumentation durch die Kommission hin, welche sich in den 70er Jahren mit der Aufstellung der niederländischen Fusionsverhaltensregeln befasste und konstatiert, es ließe sich sogar der Eindruck von einer lebenden Rechtsmaterie gewinnen.

562 Vgl. *Price/Verhulst*, Selbstregulierung und Verhaltenskodizes als Grundlage von Internetpolitik, in: Waltermann/Machill, Verantwortung im Internet, S. 180.

In Ziff. 6 sieht der DCG- Kodex, den eben beschriebenen Notwendigkeiten folgend, eine Reihe von Verpflichtungen zur Veröffentlichung unternehmerischer Entscheidungen durch den Vorstand vor. Zur zeitnahen und gleichmäßigen Information der Aktionäre und Anleger soll die Gesellschaft geeignete Kommunikationsmedien wie das Internet nutzen.

Dass sich das Internet in besonderer Weise eignet, Transparenz zu schaffen, zeigt sich an der Entwicklung leistungsfähiger Suchmaschinen wie der gegenwärtig wohl populärsten: *Google*. Sie haben einen maßgeblichen Anteil an der Förderung des Selbstschutzes des mündigen Nutzers. Nach der umfangreichen Berichterstattung über die Gefahren, die den Nutzern durch betrügerische 0190-Dialer drohen, fanden sich im Netz binnen kurzer Zeit Websites[563], welche kostenlos die User über Schutzmöglichkeiten vor den Dialern unterrichteten. Die Ermittlung der entsprechenden Websites ermöglicht eben eine kurze *Google*-Recherche. Zeichnet sich mittlerweile ab, dass erst mit dem Erlass neuer Vorschriften[564] eine hoheitliche Kontrolle der betrügerischen Diensteanbieter möglich erscheint – und der Erfolg steht indes keineswegs fest[565] – so gaben die Ein-

[563] So bspw. http://www.dialerschutz.de.

[564] Zu nennen sind hier: Die Zweite Verordnung zur Änderung der Telekommunikations-Kundenschutzverordnung vom 27. August 2002, BGBl. I, S. 3365. Der Missbrauch von 0190-Nummern gab der Bundesregierung bereits im Juni 2002 Anlass zur Verabschiedung eines Änderungsentwurfs der Telekommunikations- Kundenschutzverordnung (TKV). Die Regelung sah vor, dass der Rechnungssteller im Falle von Einwendungen des Endkunden das Inkasso an den Inhaber der 0190- Nummer weitergeben musste. Nachdem der Bundesrat diesen Entwurf jedoch für zu weitgehend verworfen hatte, einigte man sich schließlich auf folgende Regelung: Der Rechnungssteller darf für den Diensteanbieter Mahnungen erstellen. Gemäß § 15 Abs. 1 Satz 2 TKV erhält der Endkunde nunmehr auf der Rechnung genaue Angaben über den Diensteanbieter, wie bspw. den Namen, die ladungsfähige Anschrift sowie eine kostenfreie Servicerufnummer. Weiterhin erhält der Kunde einen Hinweis auf sein Recht, begründete Einwendungen gegen einzelne in Rechnung gestellte Forderungen zu erheben, § 15 Abs. 3 TKV. Die Rechnungssteller werden verpflichtet, die Diensteanbieter zur Einhaltung der Gesetze anzuhalten und Rechtsverstöße nach Möglichkeit zu unterbinden. Darüber hinaus sind sie verpflichtet, Mehrwertdienstnummern zu sperren, wenn sie gesicherte Kenntnis von einer schwerwiegenden oder wiederholten Zuwiderhandlung haben, § 13 a TKV, vgl. *Ellinghaus*, MMR 2003, 93.

Am 15. August 2003 trat das „Gesetz zur Bekämpfung des Missbrauchs von 0190er- und 0900er-Mehrwertdiensterufnummern", BGBl. 2003 I, S. 1590, abrufbar unter: http://217.160.60.235/BGBL/bgbl1f/bgbl103s1590.pdf, in Kraft. Das TKG wurde um die Vorschriften der §§ 43 a bis 43 c erweitert. Hiernach hat der Internet- Nutzer nunmehr einen Anspruch gegen die RegTP auf Auskunft über die ladungsfähige Anschrift eines Mehrwertdienstanbieters. Weiterhin regelt das Gesetz die Bedingungen, unter denen Mehrwertdienste angeboten werden dürfen, sowie Näheres zu deren Einsatz und deren Registrierung, vgl. hierzu *Grewe*, MMR aktuell, 8/2003, X; http://www.ecin.de/recht/dialer/.

[565] Vgl. mit Hinweisen auf die einschlägige Rechtssprechung zum Problem der ungewollten Netzeinwahlen durch Dialer, *Koos*, K & R 2002, 617 ff., der eine gesetzlich verankerte Beweislastumkehr zugunsten des Kunden und zu Lasten des Mehrwertdienstanbieters fordert.

richtungen des Selbstschutzes Informationen über wirksame Schutzmechanismen in unbürokratischer Weise an die Hand.

Der Stellenwert und die Anerkennung, die die Selbstregulierung in einer Gesellschaft genießen, hängen also maßgeblich von der Anteilnahme ab, welche die öffentlichen Meinung dieser teils anerkennend, teils kritisch entgegenbringt[566]. Dementsprechend empfiehlt es sich Stellen einzurichten, an die sich die Verbraucher in Beschwerdefällen hinsichtlich einzelner Self Regulatory Tools bzw. der Nichteinhaltung der Selbstverpflichtungen durch einzelne Unternehmen wenden können. Solche Stellen müssen mit ausreichendem Personal ausgestattet sein und einer Verfahrensordnung zur Abwicklung der Beschwerdefälle unterliegen[567]. Es ist davon auszugehen, dass sich gerade die deutsche Mentalität der Orientierung an hoheitlichen Regelungen[568] mit der verstärkten Integration der Selbstregulierung schwer tun wird. Um so eher ist es daher seitens der einzelnen Institutionen geboten, eine umfangreiche Aufklärung zu betreiben.

bb) Minderheitenschutz

Selbstregulierungsmechanismen haben entgegen der immer wieder vorgebrachten Kritik nicht die Ermöglichung der Umgehung staatlicher Repressionen durch die Unternehmen im Blick. Neben denjenigen staatlicherseits angeregten Einrichtungen wie der FSK, die u. a. der Vorbeugung der Gewaltverherrlichung im Netz und der Förderung des Jugendschutzes dienen, haben sich auch ältere private Initiativen in anderen Bereichen dem Schutz von Minderheiten bzw. Schwächeren verschrieben. So wurden in Großbritannien im Zusammenhang mit dem Wertpapierhandel neben den gesetzlichen Vorschriften bereits früh die *Stock- Exchange- Regulations* sowie der am 28. März 1968 in Kraft getretene *City Code on Take- Overs and Mergers* (City Code) entwickelt. Diese betreffen den Gesellschafterschutz bei Übernahmen, den Schutz der Gesellschafter beim

Schließlich wünscht man sich auch in diesem Zusammenhang eine umfangreiche bürgernahe Aufklärung. Ein Gesetz greift auch hier erst dann ein, wenn das Kind in den Brunnen gefallen ist. Selbstschutzmaßnahmen setzen indessen früher an.

[566] So *Brandmair*, Selbstkontrolle, S. 255, vor dem Hintergrund der Anerkennung selbstregulativer Elemente in Großbritannien.

[567] Vgl. *Online Privacy Alliance*, Effective Enforcement of Self Regulation, abrufbar unter: http://www.privacyalliance.org.

[568] *Brandmair*, Selbstkontrolle, S. 255, nennt hierfür die im internationalen Vergleich umfangreiche staatliche Regelung des Wettbewerbs, von deren Bestimmungen seitens der Bürger mit Abmahnungen, Anträgen auf einstweilige Verfügungen und Klagen reger Gebrauch gemacht würde.

Insider- Trading, insofern also den Minderheitenschutz[569]. Auch der DCG- Kodex verfolgt als maßgebliches Ziel die Protektion der Anleger, insbesondere auch der ausländischen Investoren[570]. Der Schutz betrifft indessen nicht nur professionelle Großaktionäre aus dem Ausland sondern sehr wohl auch die zahlreichen inländischen Kleinanleger. Auch diese sind i. d. R. nicht gänzlich mit dem geltenden Aktienrecht vertraut, weshalb die Zusammenfassung der wichtigsten Pflichten der börsennotierten Gesellschaften auch dem Kleinanleger zugute kommt. Nicht verkannt wird hier der Umstand, dass die Wirtschaft nicht aus altruistischen Motiven heraus handelt. Man ist sich jedoch des Umstands bewusst, dass die Erzeugung des notwendigen Vertrauens nur über die Berücksichtigung der Interessen der Verbraucher erfolgen kann.

d) Flexibilität

Die Möglichkeit einer flexiblen Anpassung selbstregulativer Elemente an die sich ändernden tatsächlichen Umstände des Online- Geschäftsverkehrs erscheint als einer der bedeutenden Trümpfe. Dementsprechend müssen die den Selbstregulierungsmechanismen zugrundegelegten Regeln Modifikationsmöglichkeiten vorsehen[571], die im Bedarfsfalle auch umgehend umgesetzt werden müssen.

IV. Selbstregulierungsmechanismen im elektronischen Geschäftsverkehr

Im Rahmen der Diskussion um die Integration selbstregulativer Elemente in die Rechtsordnung und die Sinnhaftigkeit solcher Bemühungen wird gerne übersehen, dass sich in der Praxis des E- Commerce und unabhängig von den wissenschaftlich- theoretischen Debatte und den vorgebrachten Bedenken bereits eine Reihe von Beispielen für staatlich geförderte und privatinitiative Selbstregulierungsmechanismen finden. Vorstehend wurde bereits auf die vielgestaltigen Problemfelder verwiesen, die mit der Schaffung gesetzlicher Regeln im Internet und im E- Commerce sowie deren Umsetzung einher gehen. Die Schwierigkeiten wurden anhand einiger weniger, ausgewählter Beispiele verdeutlicht.
Freilich ist es jedoch nicht möglich und auch nicht Ziel der Untersuchung, für jedes der oben aufgeworfenen Probleme eine Lösungsmöglichkeit mit Hilfe der im Rahmen der Selbstregulierung zur Verfügung stehenden Mechanismen anzu-

[569] *Westermann*, Unternehmenspolitik in Selbstregulierung? Rechtsvergleichende Bemerkungen zu den niederländischen Fusionsverhaltensregeln, in: Hefermehl, FS Möhring, S. 321; vgl. ferner *Hoeren*, Selbstregulierung, S. 199 f..
[570] *Ulmer* ZHR 166 (2002), 151.
[571] So hinsichtlich der Datenschutz- Audits *Roßnagel*, DuD 2001, S. 157; ebenso für den Bereich hybrider Regulierungssysteme im Datenschutz, *Mestmäcker/Engel*, Globale Netze und lokale Werte, S. 259.

bieten. Vielmehr sollen im Folgenden Anwendungsbereiche der Selbstregulierung im Onlinebereich aufgezeigt werden. Nicht immer müssen diese jedoch eine Alternative für eine gesetzliche Regelung darstellen oder gar eine solche obsolet werden lassen.

Nicht jede Form der Selbstregulierung erweist sich darüber hinaus als universelle Lösungsmöglichkeit für die bereits beschriebenen, im Kontext der „Virtualisierung" unserer Gesellschaft auftretenden Schwierigkeiten juristischer Art. Es hat sich bereits im Besonderen in den USA gezeigt, dass die verschiedenen Regulierungsmechanismen zur Lösung unterschiedlicher Problemfelder eingesetzt und miteinander verknüpft werden können.

1. Die Netiquette – Die Mutter aller Verhaltensregeln im Internet

Es bietet sich an, im Rahmen der Selbstregulierungsdebatte zunächst auf bereits existierende Verhaltensvorschriften vergleichend zurückzugreifen. Eines der ursprünglichsten Beispiele für die lange Tradition der Selbstregulierung im Internet ist die *Netiquette* (Network Etiquette)[572]. Diese bezeichnet für sich unverbindliche Verhaltensstandards bzw. Verhaltensmaßstäbe, Gebräuche und Ratschläge, denen sich Internet-Nutzer weltweit ohne staatlichen Zwang unterwerfen[573].

Es ist jedoch darauf hinzuweisen, dass sich die im Internet auffindbaren Verhaltensregeln in ihrer inhaltlichen Ausgestaltung und ihrem Umfang teilweise erheblich unterscheiden; es gibt daher keine autorisierte Quelle und keine einheitliche Formulierung der sich stets fortentwickelnden Netiquette[574]. Viele Institutionen und Nutzer haben eigene Netiquetten für praktisch alle Bereiche des Internet entworfen[575]. Sofern im Folgenden von „der Netiquette" gesprochen wird, werden diejenigen Charakteristika und Inhalte angesprochen, die allen Regelwerken gemein sind.

---

[572] Die deutsche Version der Netiquette ist unter http://www.ping.at/guides/netmayer /netmayer.html abrufbar; oftmals begegnet man auch dem Begriff „Nethics" (Network Ethics), welcher ebenfalls Verhaltensstandards im Internet bezeichnet; vgl. zum Ganzen *Jung*, Die Netiquette – Grundlage eines globalen Rechts gegen den unlauteren Wettbewerb in internationalen Datennetzen?, in: Immenhauser/Wichtermann, Jahrbuch Junger Zivilrechtswissenschaftler 1998, S. 153.

[573] *Jung*, GRUR Int. 1998, 842.

[574] *Jung*, aaO, 842; vgl. ferner *Berres*, Marketing und Vertrieb mit dem Internet, S. 63 zu den *Acceptable Use Policies*.

[575] Vgl. *Hoeren*, NJW 1998, 2849; *Hoeren*, Internationale Netze und das Wettbewerbsrecht, in: Becker, Rechtsprobleme internationaler Datennetze, S. 36; *Walter*, Inhalteregulierung im Internet, S. 31.

a) Übereinstimmungen der „Netiquetten“

Vergleicht man verschiedene Varianten der Netiquette, so sticht trotz der bereits angedeuteten Unterscheidungen ins Auge, dass hinsichtlich der regulierten Themen gewisse Übereinstimmungen bestehen: Zunächst findet sich regelmäßig die Aufforderung an die Nutzer, die technischen Ressourcen verantwortungsvoll zu nutzen, die verfügbaren Übertragungs-, Speicher- und Rechnerkapazitäten also nicht unnötig zu belasten. Nach der Netiquette soll das allgemeine Gebot der Trennung von redaktionellen Inhalten und Werbung, wie es beispielsweise auch in § 9 Abs. 2 MDStV festgehalten ist, eingehalten werden. Schließlich verbietet die Netiquette als eine der ehernsten Regeln das Versenden von Spam[576].

b) Schwachpunkte der Netiquette

Eine grundlegende Schwäche der Netiquette ist, dass sie nur empfehlenden, appellierenden bzw. informierenden Charakter aufweist und in der Regel nur leichte Verstöße regelt[577]. Das pauschale Urteil, die Netiquette sei in Folge ihrer Unverbindlichkeit nicht durchsetzbar[578], kann zwar nach dem im Rahmen der Darstellung technischer Sanktionsmöglichkeiten Gesagten so nicht aufrecht erhalten werden. Richtig ist jedoch, dass die rechtlichen Sanktionsmittel nur selten an einen Verstoß gegen die Netiquette geknüpft werden können[579]. Die Netiquette kann keine gesetzlichen Regelungen entsprechende Rechtskraft und Verbindlichkeit für sich beanspruchen[580]. In juristischer Hinsicht sind die Netiquette oder andere Policies insbesondere dann relevant, wenn sie zwischen zwei Akteuren verbindlich zur Grundlage ihrer Zusammenarbeit gemacht wurden. Aber gerade bei einem Internet- Knigge wie der Netiquette dürfte ein solches Ansinnen der Parteien wohl in den seltensten Fällen vorliegen. Es liegt in der Natur der Unterordnung unter derartige Verhaltensvorschriften, eben nur eine Basis für die Kooperation zu finden, nicht jedoch Rechtswirkungen zu erzeugen. Hinzu kommt, dass die Beteiligten oftmals die Vorgaben der Benimmregeln nicht einmal kennen[581].

---

[576] Vgl. zum Ganzen *Jaeger- Lenz*, Werberecht, S. 103 f.; *Jung*, GRUR Int. 1998, 842 f.; *Hoeren*, Internationale Netze und das Wettbewerbsrecht, in: Becker, Rechtsprobleme internationaler Datennetze, S. 36 ff.; *Berghoff*, RDV 2002, 79.

[577] Vgl. *Braun/Gerlach/Münch- Dalstein*, Regulierung und Selbstregulierung, S. 5; *Berghoff*, RDV 2002, 79.

[578] So *Mankowski*, AfP 1999, 139; ähnl. auch *Mestmäcker/Engel*, Globale Netze und lokale Werte, S. 262, die jedoch der Auffassung sind, informelle Regeln wie die Netiquette könnten die Interaktion erleichtern.

[579] S. u. Ziff. E, II, 1, b), aa).

[580] *Mestmäcker/Engel*, Globale Netze und lokale Werte, S. 208

[581] *Strömer*, Online- Recht, S. 7; *Schaar*, Datenschutz im Internet, Rz. 923 .

Es ist schließlich festzustellen, dass die Netiquette in den Frühzeiten des Internet, als dieses noch durch die Wissenschafts- Community geprägt war, wohl als Richtlinie für ein Wohlverhalten im Internet ausreichend gewesen ist. Durch die dramatische Ausbreitung der Nutzung – insbesondere der kommerziellen Nutzung - des Internet fühlen sich jedoch längst nicht mehr alle Nutzer an die Verhaltensstandards gebunden[582]. So wird wohl jeder, der geschäftlich oder privat intensiv über E- Mail kommuniziert, über immens umfangreiche Attachment-Dateien erbost sein, die selbst unter Zuhilfenahme der heute ansehnlichen Rechnerleistungen, überlange Downloadzeiten beanspruchen. Ein verantwortlicher Umgang mit technischen Ressourcen muss – selbst im Zeitalter der Flatrate, die zumindest die Kosten für Downloads in einem überschaubaren Rahmen hält - in diesen Fällen wohl in Zweifel gezogen werden. Ebenso konnte über die weite Verbreitung der Netiquette und die vielfache Unterwerfung auch das Spamming als eine der wohl größten Plagen der Internet- Nutzer nicht unterbunden werden. Beweis für diese These liefern zahlreiche Prozesse, die nicht nur in Deutschland geführt wurden[583].

2. Hotlines

Zu Zwecken der Inhaltskontrolle im Internet bietet sich die Einrichtung von Hotlines zur Meldung problematischer Inhalte im Internet an. Der Nutzer hat die Möglichkeit, einer Selbstregulierungseinrichtung den Fundort eines seiner Auffassung nach schädigenden oder illegalen Inhalts – zumeist per E- Mail - mitzuteilen; die verständigte Institution kann ihrerseits daraufhin ein Reaktionsverfahren in Gang setzen. Ein solches kann in der Beurteilung der Legalität oder Illegalität des angezeigten Inhalts und der Weiterleitung an eine Strafverfolgungsbehörde oder an eine Selbstregulierungseinrichtung der Industrie bestehen. In den USA, Großbritannien und Deutschland und auch in anderen Ländern[584] werden solche Meldestellen bereits von Privaten Organisationen betrieben. Hin-

[582] So bereits früh die Annahme von *Tauss/Kohlbeck/Mönikes*, Wege in die Informationsgesellschaft, in: Tauss, Deutschlands Weg in die Informationsgesellschaft, S. 50; vgl. auch *Holznagel*, Regulierte Selbstregulierung im Medienrecht, in: Berg, Regulierte Selbstregulierung, S. 91; *Mestmäcker/Engel*, Globale Netze und lokale Werte, S. 217, die feststellen, eine „Internet- Gemeinde" sei heute reine Illusion.

[583] Vgl. *Peschel- Mehner*, Wettbewerbsrechtliche Bewertung geschäftlicher Aktivitäten im Internet und in sonstigen Online- Plattformen, in: Schwerdtfeger, Cyberlaw, S. 134.

[584] Weitere Beispiele für Organisationen, die Hotlines und Beschwerdeverfahren anbieten, finden sich bei *Price/Verhulst*, Selbstregulierung und Verhaltenskodizes als Grundlage von Internetpolitik, in: Waltermann/Machill, Verantwortung im Internet, S. 197 ff..

zuweisen ist auf die deutsche *Internet Content Task Force (ICTF)- Hotline* und die amerikanische *Cybertipline*[585].
Schließlich entdeckte auch die EU auf Initiative Großbritanniens im Rahmen des *Aktionsplans der Gemeinschaft zur Förderung einer sicheren Nutzung des Internet* vom 21. Dezember 1998[586] diesen Selbstregulierungsmechanismus für ihre Zwecke. Das vierjährige Arbeitsprogramm der Kommission sieht die Schaffung eines grenzübergreifenden Hotline- Netzes vor, welches auch die bereits vorhandenen Ansätze zur Realisierung eines internationalen Beschwerdenetzes durch eine weitreichende geographische und sprachliche Abdeckung ermöglichen soll[587].

3. Robinson- Listen

Nicht ganz unbekannt sind die gegen das Spamming eingesetzten „Robinson-Listen". Sie sind bereits zur Vermeidung unerwünschter Briefkastenwerbung zum Einsatz gelangt. Die Nutzer können sich auf den Schutzlisten eintragen, wenn sie von der jeweiligen Methode des Direktmarketing verschont bleiben möchten. Werbetreibende Unternehmen, die sich dieser Selbstregulierungsform unterworfen haben, können sodann ihre eigenen Versanddateien mit denjenigen der Listen abgleichen und so das Verschicken unerwünschter Werbe- E- Mails verhindern. Bereits publizierte Robinson- Listen finden sich etwa beim *I.D.I. Interessenverband Deutsches Internet e. V.*[588]. Es wird jedoch befürchtet, dass Unternehmen vereinzelt die Robinson- Listen zur Generierung von Adressen missbrauchen, um diese zur Versendung von Spam zu verwenden.
Auch der europäische Gesetzgeber hat den Nutzen dieser Listen erkannt und mit Art 7 Abs. 2 der ECRL die Mitgliedstaaten aufgefordert dafür Sorge zu tragen, dass diejenigen Diensteanbieter, welche nicht angeforderte kommerzielle Kommunikation durch elektronische Post übermitteln, regelmäßig die Robinson- Listen konsultieren und dass die Diensteanbieter diese Listen beachten[589].

---

[585] Den jeweiligen Internetauftritt der Organisationen findet man unter http://www.ictf.de und http://www.cybertipline.org; vgl. hierzu die Einleitung bei *Waltermann/Machill*, Verantwortung im Internet, S. 18 f..
[586] Abrufbar unter: http://europa.eu.int/scadplus/leg/de/lvb/l24190.htm.
[587] *Walter*, Inhalteregulierung im Internet, S. 45 ff..
[588] Vgl. hierzu http://www.idi.de. Die Eintragung in die Robinson- Liste kann von jedem Nutzer unter http://www.robinsonlist.de vorgenommen werden.
[589] Vgl. zum Ganzen *Kloepfer*, Informationsrecht, S. 194 f..

4. Selbstregulierungsmechanismen bei Internet- Auktionen

Online- Auktionen avancierten in der jüngsten Vergangenheit insbesondere bei Verbrauchern zu einer der beliebtesten Anwendungen im Internet[590]. Dauerte es auch in diesem Sektor recht lange, bis die Jurisprudenz Lösungsansätze für die verschiedenen auftretenden Schwierigkeiten entwickeln konnte[591], haben sich indessen verschiedene Formen der Selbstregulierung herausgebildet. So finden sich das Rating von Anbietern, zusätzliche (Rück-) Zahlungsgarantien oder Widerrufsrechte[592].
Um den vermehrt auftretenden Betrugsfällen bei Online- Auktionen zuvorzukommen, haben die bekanntesten „Auktionshäuser“ Bewertungssysteme bezüglich der auftretenden Mitglieder eingeführt. Diese sind beispielsweise bei *eBay* in § 4 der AGB[593] und bei *ricardo* in § 12 der AGB[594] verankert. Ziel der Bewertungssysteme ist es, die Einschätzung der Zuverlässigkeit und Rechtschaffenheit eines Teilnehmers zu ermöglichen[595], wobei dieses Feedback schließlich das notwendige Vertrauen erzeugen soll. Nach der Geschäftsabwicklung wird es dem Nutzer mittels eines Formulars freigestellt, seine Erfahrungen mit dem jeweiligen Geschäftspartner knapp zu schildern. Andere Mitglieder haben somit die Gelegenheit, sich über die Seriosität ihres potentiellen Geschäftspartners zu informieren.
Die Piraten unter den Mitgliedern versuchten jedoch recht bald durch fingierte Bewertungen und Geschäfte Zuverlässigkeit vorzuspiegeln. So ist es vorgekommen, dass sich einzelne Anbieter über „Komplizen“ ausgezeichnete Bewertungen ausstellen ließen oder eigene Waren ersteigerten, um sich schließlich selbst positiv zu beurteilen[596]. Die Auktionshäuser änderten daraufhin die Rating- Systeme dahingehend, dass nunmehr jeder Käufer jeden Verkäufer nur einmal bewerten kann und umgekehrt[597].

---

590 So konnte das Auktionshaus eBay im abgelaufenen vierten Quartal des Jahres 2002 seinen Gewinn mehr als verdreifachen. Der Reingewinn betrug 87 Millionen US- Dollar, Quelle: SZ vom 18./19. Januar 2003, S. 24.

591 Vgl. die vieldiskutierte Entscheidung des BGH, NJW 2002, 363 – ricardo.de; vgl. hierzu statt aller *Lettl*, JuS 2002, 219 ff..

592 *Spindler*, Grenzüberschreitende elektronische Rechtsgeschäfte, in: Hohloch, Recht und Internet, S. 14.

593 Abrufbar unter: http://pages.ebay.de/help/community/png-user.html.

594 Abrufbar unter: http://de.ricardo.de/contents/de/help/terms.htm.

595 Vgl. *Guth*, Technische Vorgaben: Analyse eines Auktionsvorgangs, in: Hoeren/Müglich/Nielen, Online- Auktionen, S. 33.

596 *Andexer/Lehmann*, Datenschutzrechtliche Aspekte bei Online- Auktionen, in: Hoeren/Müglich/Nielen, Online- Auktionen, S. 190; *Haertel*, Online- Auktionen nach US- amerikanischem Recht, in: Hoeren/Müglich/Nielen, Online- Auktionen, S. 348.

597 *Nielen*, Einordnung als Provider und mögliche Haftungsfolgen, in: Hoeren/Müglich/Nielen, Online- Auktionen, S. 276, mit dem Hinweis auf weitere Umgehungs-

5. Gütesiegel (Seal Programms)

Die Einführung von Gütesiegeln sowohl im B2B- Bereich als auch im B2C- Bereich stellt einen vielversprechenden Versuch dar, das für ein weiteres Wachstum des elektronischen Geschäftsverkehr so wichtige Vertrauen zu erzeugen. Gütesiegel sollen die Verlässlichkeit des Handelspartners hinsichtlich einer fairen Abwicklung der Transaktion und des „After- Sales- Service" gewährleisten.

Diesem privatinitiativen Instrument der Selbstregulierung liegt folgende Funktionsweise zugrunde: Eine private Organisation oder Institution bietet ein Gütesiegel für solche Unternehmen an, die sich den seitens der privaten Organisation entwickelten Regeln unterwerfen und den Verbrauchern Beschwerde- sowie Schlichtungsmöglichkeiten nach den vorgegeben Regeln bieten. Als Gegenleistung darf das Gütesiegel auf der Website verwendet werden. Bei Verstößen gegen die Regeln bietet sich als Sanktionsmöglichkeit der Entzug der Erlaubnis zur Benutzung des Gütesiegels, also der Verstoß aus dem System oder der Verlust von gestellten Bürgschaften oder Kautionen an[598]. Staatlich gesetztes Recht ist in diesen Systemen lediglich ein Instrument auf das zurückgegriffen werden kann, sollten die vorgesehenen selbstregulativen Sanktionsmöglichkeiten leer laufen. Daher können Verstöße im Extremfall auch gerichtliche Schritte nach sich ziehen, wobei die Fälle unter dem Gesichtspunkt der Täuschung im Geschäftsverkehr, also wettbewerbsrechtlichen Gesichtspunkten zu betrachten sind[599].

Als notwendig wird eine breitgefächerte Teilnahme an der Entwicklung solcher Seal Programms angesehen. So sollten neben den Vertretern der Wirtschaft auch die Anwaltschaft, Verbraucherorganisationen und Hochschulen beteiligt werden. Weiterhin gilt es, die Gütesiegel selbst hohen Qualitätsansprüchen zu unterwerfen. Insbesondere die zertifizierenden Stellen müssen sowohl vertrau-

---

möglichkeiten. Hinsichtlich der datenschutzrechtlichen Probleme bei Internet- Auktionen, vgl. *Lehmann*, aaO, S. 224 ff., der die Schwierigkeiten durch die Möglichkeit des Auftretens unter Pseudonymen entschärft sieht. Nach Einschätzung von *Whitman*, der Vorstandsvorsitzenden von eBay, droht die größte Betrugsgefahr vor allem in Osteuropa. Es gelte daher mittels technologiebasierter Konzepte dem Einhalt zu gebieten. Eine neue Software soll künftig dubiose Angebote – wie beispielsweise ein Angebot eines Nutzers mit Wohnsitz in Russland über Laptops für einen US- Dollar ohne Mindestgebot – herausfiltern, sodass ein Abbruch der Versteigerung binnen fünfzehn Minuten möglich ist, vgl. ein Interview mit der SZ vom 27. Februar 2003, S. 18.

[598] *Spindler*, Sicherheit im E- Commerce = Rechtssicherheit, in: Müller/Reichenbach, Sicherheitskonzepte, S. 167; *Perritt*, MMR- Beilage 7/2000 S. 2, bezüglich bereits etablierter Gütesiegel in den USA; vgl. darüber hinaus NTIA, Elements of Effective Self- Regulation for Protection of Privacy, mitgeteilt von *Bruening*, CR 1998, 192; sowie zum Ganzen *Zander- Hayat/Höltgen*, Gütesiegel im E- Commerce, in: Kubicek, Internet@Future, S. 349 ff..

[599] Vgl. *Perritt*, aaO, S. 2.

enswürdig als auch neutral sein[600]. Möglich wäre es, diese ihrerseits einer staatlichen Qualitätsprüfung zu unterziehen, um einheitliche Standards zu gewährleisten. Darüber hinaus gilt entsprechend der Diskussion um technische Standards auch für Gütesiegel, dass möglichst eine weltweite Anwendbarkeit erreicht wird. Dies könnte einerseits durch die Anerkennung einzelner Gütesiegel auch in anderen Ländern als den Herkunftsländern oder durch die Schaffung weltweit einheitlicher Seals geschehen. Im Rahmen des *GBDe* hat Japan ein eigenes weltweit nutzbares Siegel vorgeschlagen[601], welches den Datenschutz sowie Verbraucher- und Sicherheitsfragen umfassen soll. Darüber hinaus bieten sich Kooperationen zwischen verschiedenen Selbstregulierungsinstitutionen an[602].

Unter den Diensteanbietern im Internet sind Tendenzen zu beobachten, sich bestimmten Systemen unterzuordnen bzw. anzuschließen, die verbraucherschützende Elemente in ihrem Regelwerk implementiert haben[603]. Gütesiegel bilden für die Unternehmen ein nicht zu unterschätzendes Marketinginstrument. Ein hochwertiges Siegel mit umfangreichen Prüfverfahren gewährleistet einen gewisse Sicherheit, dass auch neuere legislative Akte mit verbraucherschützenden Elementen berücksichtigt werden. Das betroffene Unternehmen kann insofern davon ausgehen, hinsichtlich der genannten Neuerungen wie beispielsweise der Einführung umfangreicher Informationspflichten auf dem neuesten Stand gehalten zu werden[604].

6. Privacy Policies und Gütesiegel im Datenschutz

Im Bereich des Datenschutzes ist die Steigerung des Bewusstseins der Verbraucher für das Schutzbedürfnis persönlicher Daten wie oben bereits angeklungen von großer Bedeutung. Gelingt es, dieses auszubilden, werden die Chancen für selbstregulative Elemente hoch eingeschätzt[605]. Gerade auf diesem Sektor ist

---

600 *Zander- Hayat/Höltgen*, Gütesiegel im E- Commerce, in: Kubicek, Internet@Future, S. 350.

601 Vgl. *Roßnagel*, DuD 2001, 156.

602 Vgl. *Online Privacy Alliance*, Effective Enforcement of Self Regulation, abrufbar unter: http://www.privacyalliance.org.

603 *Spindler*, Sicherheit im E- Commerce = Rechtssicherheit, in: Müller/Reichenbach, Sicherheitskonzepte, S. 169.

604 *Zander- Hayat/Höltgen*, Gütesiegel im E- Commerce, in: Kubicek, Internet@Future, S. 350.

605 So *Roßnagel*, DuD 2001, 158 f., unter Berufung auf *JIDEC* in Japan; sowie NTIA, Elements of Effective Self- Regulation for Protection of Privacy, mitgeteilt von *Bruening*, CR 1998, 191; ebenso *Lessig*, Code, S. 163, der insbesondere den Umstand hervorhebt, der Markt könne hier den Fortschritt nicht alleine vorantreiben, sondern müsse vielmehr von politischen Initiativen unterstützt werden; eine Laissez- faire- Strategie reiche insofern nicht aus.

davon auszugehen, dass die an den Elementen Transparenz, Selbstbestimmung und Selbstkontrolle anknüpfende Vertrauens- und Wirtschaftsförderung eine große Motivation zur Unterstützung des Wachstums des E- Commerce darstellen kann[606].

a) Privacy Policies - Datenschutzerklärungen

Ein elementares, selbstregulatives Instrument stellen im Bereich des Datenschutzes die sogenannten „Privacy Policies“ dar, die sich vor allem in den USA in Folge der ursprünglich auf Selbstregulierung basierenden Regulierungspolitik etablierten. Es handelt sich hierbei um Erklärungen der Diensteanbieter zum eigenen Umgang mit personenbezogenen Daten ihrer Kunden. Stellen diese im Grunde auch Verhaltenskodizes dar, so werden sie nur deshalb an dieser Stelle besprochen, da sich anhand des Datenschutzes die Verflechtungsmöglichkeiten zwischen den einzelnen Selbstregulierungsmechanismen aufzeigen lassen. Dargelegt wird die Art der Sammlung und des Gebrauchs von Daten, die zu deren Schutz vorgenommenen Maßnahmen und die Möglichkeiten, wie der Verbraucher seine Rechte geltend machen kann[607]. Privacy Policies sollen dem Nutzer die Entscheidung über die Offenbarung personenbezogener Daten erleichtern und dem Unternehmen die Chance bieten, sich ein klares Bild ihres eigenen Umgangs mit diesen Informationen zu machen. Sie sollten dem Verbraucher darüber hinaus bereits vor Preisgabe seiner Daten bekannt gemacht werden, wobei der Konsument stets einen Einblick in die von ihm zur Verfügung gestellten Daten behalten muss, so dass er diese gegebenenfalls ändern kann[608]. Um die Selbstregulierung der Unternehmen über ihre Privacy Policies so effektiv wie möglich zu gestalten, bedarf es daher einer gewissen Hilfestellung hinsichtlich der Ausgestaltung derselben. Unabhängig von den Orientierungsmöglichkeiten der Unternehmen an bereits geltendem Datenschutzrecht veröffentlichen Institutionen weltweit sogenannte Guidelines, die ihrerseits Grundsätze bzw. Vorschläge für eine vernünftige unternehmensinterne Datenschutzpolitik beinhalten

aa) Die OECD Privacy Guidelines

Die *OECD Privacy Guidelines*[609] sind von der OECD herausgegebene Richtlinien, die auf einem breiten internationalen Konsens basieren und eine Balance

[606] So *Fuhrmann*, ZfRSoz 23 (2002), 126.
[607] Vgl. NTIA, Elements of Effective Self- Regulation for Protection of Privacy, mitgeteilt von *Bruening*, CR 1998, 198.
[608] Vgl. NTIA, Elements of Effective Self- Regulation for Protection of Privacy, mitgeteilt von *Bruening*, CR 1998, 191 f..
[609] Abrufbar unter: http://cs3-hq.oecd.org/scripts/pwv3/pwhome.htm.

zwischen effektivem Datenschutz (Privacy) und der Offenlegung persönlicher Daten (Free Flow of Information) im elektronischen Geschäftsverkehr herzustellen versuchen. Offenheit ist ein zentrales Prinzip der Guidelines, welche betont flexibel ausgestaltet sind und somit verschiedene Arten der Umsetzung ermöglichen. Die OECD wendete sich mit ihren Vorschlägen aus dem Jahre 1980 jedoch nicht ausschließlich an Unternehmen, sondern richtete ihren Fokus ebenso auf diejenigen Staaten, die im Begriff waren, ein Datenschutzrecht auszubilden. Zur Orientierung der Unternehmen hat die OECD einen sogenannten „Privacy Policy Statement Generator" entwickelt[610]. Dieser soll aufgrund seiner freien Verfügbarkeit im Internet einerseits den Unternehmen die Fragen des Datenschutzes näher bringen und andererseits auch die Verbraucher mit den auftretenden Problemen vertraut machen[611].

Die freiwillige Beachtung der OECD- Guidelines kam jedoch bei der US-amerikanischen Wirtschaft nie recht in Gang. Vermutet wird, dass die Guidelines den meisten Unternehmen schlicht unbekannt waren. In der Nichtbeachtung der Guidelines wird auch der Grund für die später in der Verabschiedung der Safe Harbor- Principles mündenden Bemühungen der US- Administration gesehen[612].

bb) Die Online Privacy Alliance

Die OECD ist jedoch nicht die einzige Organisation, die sich um die Entwürfe von Privacy Statements bemüht. In den USA haben sich 80 weltweit operierende US- amerikanische Unternehmen und Vereinigungen zur *Online Privacy Alliance* (OPA) zusammengeschlossen[613]. Auch die OPA publiziert Guidelines, die den Beteiligten Orientierungspunkte für die Privacy Statements an die Hand gibt.

Im wesentlichen decken sich die Richtlinien beider Organisationen. So sollten Privacy Policies gewährleisten, dass die konkrete Art der Verwendung der persönlichen Daten dem Inhaber offen gelegt wird und dieser eine Löschung verlangen kann. Weiterhin sollten die Unternehmen sicherstellen, dass persönliche Daten gegen Verlust, Missbrauch und Abänderungen geschützt werden.

---

610 Abrufbar unter: http://cs3-hq.oecd.org/scripts/pwv3/pwhome.htm.

611 Vgl. zum Ganzen *Schaar*, Datenschutz im Internet, Rz. 929 f..

612 So *Dammann*, Safe Harbor – neue Elemente im internationalen Datenschutz, in: Simon/Weiss, Zur Autonomie des Individuums, S. 21.

613 Vgl. http://www.privacyalliance.org; vgl. auch *Grimm/Roßnagel*, DuD, 2000, 448 ff..

b) Verflechtung einzelner Selbstregulierungsmechanismen am Beispiel der Einführung von Gütesiegeln (Audits) im Datenschutz

Eine hervorzuhebende Eigenschaft der Selbstregulierung ist der Umstand, dass einzelne Selbstregulierungsmechanismen miteinander verknüpft werden können, bzw. ein Element das andere unterstützen und umsetzen kann.

Im Zusammenhang mit dem Vollzug ihrer Privacy Statements sehen sich die Unternehmen Schwierigkeiten ausgesetzt. Insbesondere der Nachweis der Befolgung der Statements ist nicht leicht zu führen. Hier empfiehlt sich der Rückgriff auf ein anderes selbstregulatives Instrument. Eine Umsetzungsmöglichkeit bietet namentlich die Etablierung von Gütesiegeln, sogenannten „Datenschutz-Audits" (DA). DAs stellen *„Bescheinigungen über eine gute Datenschutzpraxis"* – namentlich die Umsetzung der Privacy Policies - dar und können zur Förderung datenschutzfreundlicher Produkte und Verarbeitungsformen beitragen[614]. Über ein DA ist es den Unternehmen sowie allen datenverarbeitenden Einrichtungen möglich, auf die technische Unterstützung eines verantwortungsvollen Umgangs mit persönlichen Daten beispielsweise über Standards wie P3P hinzuweisen.

Im Gegensatz zum gängigen restriktiven Umgang mit dem Datenschutz in Europa ist die Einführung der DAs an der Datenschutzpraxis in den USA orientiert. Ein DA fungiert als Mittel des wirtschaftlichen Wettbewerbs. Die Internet-Nutzer können durch die Orientierung an solchen Web- Angeboten, welche ein DA führen, eine spürbare Nachfrage nach Datenschutz erzeugen[615]. Die Einführung der DAs erscheint insbesondere vor dem Hintergrund des im Internet stets präsenten Umstands der mangelnden Kontrollmöglichkeit der verschiedenen Praktiken durch staatliche Behörden sinnvoll. Gelänge es, weltweit ein einheitliches DA zu etablieren, könnte dies wesentlich zur Lösung des Problems der Ubiquität beitragen[616].

c) Entwürfe zum Datenschutz- Audit in den USA, Japan, der EU und Deutschland

Insbesondere in den USA, die bekanntlich zu Beginn der Debatte um die Regulierung des Internet keine hoheitlichen Regulierungsansätze im Bereich des Datenschutzes geschaffen haben, gibt es bereits eine Reihe renommierter Gütesie-

[614] *Kloepfer*, Informationsrecht, S. 304.
[615] *Kloepfer*, aaO, S. 304; vgl. auch *Schaar*, Datenschutz im Internet, Rz. 938, in Bezug auf P3P.
[616] Vgl. zum Ganzen *Schaar*, aaO, Rz. 939 ff..

gel[617]. Es wird davon ausgegangen, der beste Weg zur Erzeugung des Vertrauens durch die Verbraucher stelle ein deutlicher Hinweis auf ein solches einprägsames und leicht erkennbares Gütesiegel dar. Freilich müsse das Gütesiegel von Dritten verwaltet werden, also seitens einer unabhängigen Institution[618].

Auch in Japan wurden mehrere Auditsysteme etabliert, die jedoch nicht auf private Initiativen zurückgehen und auf selbst organisierter Grundlage betrieben werden, sondern rechtlich reguliert von staatlich beeinflussten Organisationen angeboten werden. Der japanische Staat erhofft sich von der besonderen Auszeichnung als offizielles und staatlich geregeltes System die Vermeidung einer Verwirrung der Verbraucher durch eine Vielzahl von Siegeln für gleiche und unterschiedliche Zwecke[619].

Die EU verfolgt den Ansatz, über eine neue TLD „.eu" gewissermaßen ein an die Domain gekoppeltes Gütesiegel zu etablieren. Anbieter, die unter dieser Domain agieren wollen, sollen hohe Standards bei der Datensicherheit erfüllen. Bezüglich des Aufbaus der notwendigen Infrastruktur soll eine private, nicht auf Gewinn ausgerichtete Institution benannt werden und Vorschriften zur Einhaltung bestimmter Grundregeln geschaffen werden. Im Rahmen seiner Plenarsitzung vom 27. Februar 2002 hat sich das EU- Parlament dafür ausgesprochen, die Konfliktbeilegung in einer zügigen außergerichtlichen Art, basierend auf einer Erstattung der Kosten zu gewährleisten[620].

In Deutschland wurde mit § 9 a BDSG[621] ebenfalls eine Regelung zum DA aufgenommen. So sieht der Gesetzgeber zur Verbesserung des Datenschutzes und der Datensicherheit für die Anbieter von Datenverarbeitungssystemen- und Programmen und datenverarbeitende Stellen die Option vor, ihre Datenschutzkonzepte sowie die technischen Einrichtungen durch unabhängige und zugelassene Gutachter prüfen und bewerten, sowie die Ergebnisse der Gutachten veröffentlichen zu lassen. Ähnlich dem japanischen Entwurf setzt der deutsche Gesetzgeber auf die staatliche Kontrolle des selbstregulativen Instruments. Nach Auswertung entsprechender Erfahrungen wird auch für Deutschland angenom-

---

[617] Vgl nur *Grimm/Roßnagel*, DuD 2000, 449 ff., mit detaillierter Darstellung der verschiedenen „Privacy Seal Programms" und deren Funktionsweisen.

[618] Vgl. *Online Privacy Alliance*, Effective Enforcement of Self Regulation, abrufbar unter: http://www.privacyalliance.org; so auch hinsichtlich der deutschen Bemühungen zur Einführung eines DA *Fuhrmann*, ZfRSoz 23 (2002), 127; sowie *Walz*, Selbstkontrolle versus Fremdkontrolle – Konzeptwechsel im deutschen Datenschutzrecht?, in: Simon/Weiss, Zur Autonomie des Individuums, S. 465.

[619] *Roßnagel*, DuD 2001, 156.

[620] Vgl. *Wuermeling*, Europäischer Rechtsraum und Informationsgesellschaft, in: Hohl, Vernetztes Recht, S. 18, der jedoch davor warnt, die Domain zu einem „Feinkostladen" im Internet zu machen und die Unstimmigkeiten unter den Mitgliedstaaten, welche die Einrichtung der TDL bisher verhindert haben, bedauert. Vgl. ferner *Libertus*, TMR 2002, 251 f..

[621] Eine entsprechende Regelung findet sich in § 17 MDStV.

men, ein DA könne sich als geeignetes Instrument erweisen, im Wege der Selbstregulierung und der Schaffung marktgerechter Anreize ein hohes Datenschutzniveau sicherzustellen[622]. Gemäß § 9 S. 2 BDSG sollen daher die näheren Anforderungen an die Prüfung und Bewertung sowie das Verfahren, die Auswahl und Zulassung der Gutachter durch ein besonderes Gesetz geregelt werden. Eine Gesetzentwurf auf Bundesebene liegt allerdings noch nicht vor. Vielmehr finden sich derzeit lediglich Bemühungen seitens der Wissenschaft und Expertenkommissionen hinsichtlich der Bewertung und Abschätzung der Folgen eines solchen Gesetzes[623].

Die dargestellten Verflechtungsmöglichkeiten ergeben sich jedoch nicht ausschließlich im Bereich des Datenschutzes. Eine von der *Japanese Direkt Marketing Association* und der japanischen Handelkammer ausgehende Initiative für ein „Online Shopping Trust Mark" sieht beispielsweise vor, Siegel für Online-Anbieter dann auszugeben, wenn sie bestimmte Guidelines oder Verhaltenskodizes einhalten[624].

7. Safe Harbor Principles

Gemäß Art 25 Abs. 1 der Datenschutzrichtlinie (DSRL)[625] der EU ist die Übermittlung personenbezogener Daten in Drittstaaten nur dann zulässig, wenn diese über ein nach EU- Maßstäben „angemessenes Datenschutzniveau"[626] verfügen. Es ergibt sich indessen das Problem, dass trotz aller Harmonisierungsbemühungen auf dem Sektor des Datenschutzes gerade die Regulierungssysteme in den USA und der EU große Unterschiede aufzeigen. Insofern stellt sich die Frage, welche Instrumente hinsichtlich der Handhabung des grenzüberschreitenden Datenverkehrs und der Erfüllung der seitens der EU vorgegebenen Voraussetzungen ins Auge gefasst werden können. Gerade große, global agierende Unter-

---

[622] So Beck- IuKDG- Komm/*Engel- Flechsig*, § 17 MDStV Rz. 3.
[623] Vgl. *Roßnagel*, Datenschutzaudit – Rechtsgutachten für das BMWI, 1999, abrufbar unter: http://www.iid.de/iukdg/gus/DASA.html.
[624] *Roßnagel*, DuD 2001, S. 156.
[625] Richtlinie 95/46/EG des Europäischen Parlaments und des Rates vom 24. Oktober 1995 zum Schutz natürlicher Personen bei der Verarbeitung personenbezogener Daten und zum freien Datenverkehr, ABL. EG Nr. L 281/31.
[626] Ursprünglich sollte nach dem Richtlinienentwurf der Export personenbezogener Daten nur in solche Staaten zulässig sein, die über ein „entsprechendes" Datenschutzniveau verfügten. Auf den Druck US- amerikanischer Unternehmen hin wurde die Vorschrift schließlich entschärft, vgl. *Farrell*, ZfRSoz 23 (2002), 29; scharfe Kritik an den Art. 25 ff. der Datenschutzrichtlinie übt das *DIHT*- Positionspapier zu einem europäischen Rechtsrahmen für E- Commerce, Welches Recht für E- Commerce in Europa?, Stand Juli 2000, S. 9, abrufbar unter http://www.diht.de.

nehmen aus den USA sehen sich hier ernstzunehmenden Schwierigkeiten ausgesetzt[627].

Das DoC rief daher das sogenanntes *Safe Harbor Programm* ins Leben. Im Rahmen dieser Initiative haben einerseits die US- amerikanische Regierung und andererseits die EU- Kommission gewissermaßen im Sinne eines transatlantischen Kompromisses nach zweijähriger Verhandlungsdauer einen Katalog von Verarbeitungsregeln für personenbezogene Daten konzipiert[628] und im März 2000 ein entsprechendes Datenschutzabkommen geschlossen[629].

Eine solche Vereinbarung, welche vor dem Hintergrund der zunehmenden Globalisierung keine der beiden in ihren Ausprägungen so unterschiedlichen Rechtsordnungen zwingt, eigene Vorschriften grundlegend im Hinblick auf die jeweils andere Rechtsordnung abzuändern, sondern eine Schnittstelle zwischen den beiden Rechtsordnungen schafft, wird „Scharnierrecht“ genannt[630]. Insofern handelt es sich trotz der Unverbindlichkeit des Safe Harbor Programms nicht etwa um ein Phänomen, das sich völlig außerhalb des Rechts bewegt; im Gegenteil wird das System stark von wenn auch unterschiedlichen Rechtssystemen beeinflusst, und von diesen zur Überbrückung der Gegensätze auch gebraucht[631].

Die Einhaltung der Safe Harbor Principles soll von allen datenverarbeitenden Stellen für personenbezogene Daten aus einen Mitgliedsstaat der EU gewährleistet werden, so dass den Voraussetzungen der Datenschutzrichtlinie genüge getan ist, und die Daten auch weiterhin in den USA verarbeitet werden können. Die Durchsetzung der sieben „principles“ soll einerseits staatlich, andererseits in Selbstregulierung durchgesetzt werden. So ist vorgesehen, dass die US- amerikanischen Unternehmen sich in bestimmten Fällen der Kontrolle der europäischen Datenschutzbehörden unterwerfen müssen, in anderen Fällen mit *Alternative Dispute Resolution Providers*, wie *TrustE* oder *BBBOnline* kooperieren können[632]. Im Falle der Verletzung der principles durch die Unternehmen kommen schließlich auch Sanktionen durch die FTC in Betracht[633].

---

627 Vgl. zum Ganzen *Büllesbach/Höss- Löw*, DuD 2001, 135f..

628 Die sieben wichtigsten *principles* finden sich abgedruckt bei *Farrell*, ZfRSoz 23 (2002), 33.

629 Abrufbar unter: http://www.export.gov/safeharbor/sh_documents.html.

630 Vgl. *Holznagel/Werle*, ZfRSoz 23 (2002), 19; *Farrell*, aaO, 27.

631 *Farrell*, aaO, 28.

632 Vgl. die eingehende Darstellung der Optionen und des zugehörigen Verfahrens bei *Farrell*, aaO, 34 f.; vgl. auch *Geis*, Recht im eCommerce, S. 150.

633 Die Sanktionsmöglichkeiten durch die FTC überzeugten schließlich auch die Skeptiker in den Reihen der EU und machten das Abkommen erst möglich, vgl. *Farrell*, aaO, 17; vgl. auch *Geis*, Recht im eCommerce, S. 150; *Büllesbach*, Selbstregulierungselemente in der globalen Wirtschaft, in: Kubicek, Internet@Future, S. 271.

Darüber hinaus hat das US- Wirtschaftsministerium ein Internetportal eingerichtet[634], unter dem sich solche Unternehmen, die sich der Einhaltung der principles unterwerfen, in eine öffentlich einsehbare Liste eintragen können. Sie erhalten hierfür seitens der verschiedenen Kontrollorganisationen ein Gütesiegel. Auf diese Art und Weise kommen also auch die Unternehmen in den Genuss des Abkommens, sofern sie ihre Prozesse nach den EU- Vorgaben neu ausrichten[635].

Safe Harbor könnte daher einen wertvollen Beitrag zur Gewährleistung des Schutzes personenbezogener Daten auch im transnationalen E- Commerce leisten und wird dementsprechend begrüßt[636]. Das Projekt stellt jedoch auch über den Sektor des Datenschutzes hinaus eine interessante Lösungsvariante der gerade im transatlantischen E- Commerce auftretenden Probleme dar. Oben wurde bereits die Idee der Rechtsangleichung und Rechtsanpassung angesprochen. Um von dem bereits weiter fortgeschrittenen E- Commerce in den USA profitieren zu können, bieten sich für Europa zunächst durch Kompromisse geprägte Regelungsmodelle an.

---

[634] Abrufbar unter: http://www.export.gov/safeharbor/.

[635] Vgl. *Rötzer*, EU- Kommission erkennt das Prinzip des „Sicheren Hafens" an, abrufbar unter: http://www.heise.de/tp/deutsch/inhalt/te/8450/1.html; *Büllesbach/Höss- Löw*, DuD 2001, 137.

[636] *Kloepfer*, Informationsrecht, S. 285, spricht sogar von einem „Meilenstein für das jüngere Datenschutzrecht"; *Dammann*, Safe Harbor – neue Elemente im internationalen Datenschutz, in: Simon/Weiss, Zur Autonomie des Individuums, S. 28 f., die jedoch auf den kompromisshaften Charakter der Vereinbarung aufmerksam machen.; *Büllesbach/Höss- Löw*, DuD 2001, 137; *Büllesbach*, Selbstregulierungselemente in der globalen Wirtschaft, in: Kubicek, Internet@Future, S. 273; *Farrell*, ZfRSoz 23 (2002), 36 f., weist jedoch darauf hin, dass sich nach einem Jahr nur wenige und darunter hauptsächlich große Unternehmen den „Safe Harbor Principles" unterworfen haben.

Über Safe Harbor hinaus verfolgt die Kommission auf der Ebene der Selbstregulierung weitere Initiativen, die Übermittlung personenbezogener Daten in Drittstaaten, deren Datenschutzniveau nicht als angemessen erkannt worden ist, zu ermöglichen. So hat sie am 22. Januar 2002 eine Entscheidung über Standardvertragsklauseln zur Übermittlung personenbezogener Daten verabschiedet. Unternehmen und Organisationen können durch die freiwillige Verwendung der Klauseln sicherstellen, ihren Pflichten zum angemessenen Schutz der Daten nachzukommen. Sie müssen diejenigen Akteure, die personenbezogene Daten erhalten, anweisen, die Datenschutzvorschriften der EU einzuhalten und sicherstellen, dass im Bestimmungsland angemessene technische Vorkehrungen und Sicherheitsmaßnahmen getroffen werden, vgl. *Libertus*, TMR 2002, 250.

D. Verhaltenskodizes (Codes of Conduct) im elektronischen Geschäftsverkehr – Integration von Selbstregulierung durch Private und deren rechtliche Grenzen

Der folgende Abschnitt beschäftigt sich in erster Linie mit Verhaltenskodizes als dem wohl bedeutendsten Element der Selbstregulierung. Die Anwendungsbereiche, die Ermittlung und die inhaltliche Ausgestaltung der Verhaltenskodizes ist weitgehend nicht normiert. Dennoch spielen Verhaltenskodizes im Rechtsraum Internet bereits eine gewichtige Rolle und werden diese auch künftig inne haben[637]. Anhand ihrer Darstellung sollen jedoch auch die rechtlichen Grenzen der Integration von Selbstregulierungsmechanismen in die Rechtsordnung im speziellen aufgezeigt werden.

Den Ausführungen vorauszuschicken ist die Feststellung, dass Verhaltensregeln jeweils in ihrem ganz spezifischen politischen Kontext gesehen werden müssen, da sie ihre eigene Entstehungsgeschichte vorweisen. Im Sinne einer groben Einteilung finden sich zunächst Kodizes internationaler Organisationen, die i. d. R. Richtlinien für die Ausbildung staatlicher Gesetzgebung oder für die Verhaltensweisen global operierender Unternehmen vorgeben. Weiterhin gibt es Verhaltenskodizes von Verbänden, denen sich die Mitgliedsunternehmen unterwerfen. Schließlich sind innerbetriebliche Verhaltenskodizes zu nennen, die sich an einen Teil der Gesellschaft so zum Beispiel an die Organe richten. Insofern begibt man sich mit einer generalisierenden Darstellung von Verhaltenskodizes sprichwörtlich auf „dünnes Eis"[638]. Dennoch finden sich eine Reihe von Gemeinsamkeiten, an denen die rechtlichen Problemstellungen festgemacht werden können. Die allgemeinen Ausführungen werden wenn nötig durch speziellere auf einzelne Kodizes bzw. Typen von Kodizes bezogene Stellungnahmen ergänzt.

I. Global Codes of Conduct

Stellt das Phänomen der Ubiquität für den Rechtsraum Internet anerkanntermaßen eine ernstzunehmende Schwierigkeit dar, so begegnet man auch in der realen Welt einer ähnlichen Erscheinung: Der Globalisierung. Globalisierung ist zunächst die Bezeichnung für die weltweite Durchdringung von Märkten. Eng im Zusammenhang mit der wirtschaftlichen Dimension stehen jedoch auch die technischen Möglichkeiten moderner Informations- und Telekommunikationstechnologien und globale ökologische Aspekte.

---

[637] Vgl. hierzu den Internetauftritt des *Programme in Comparative Media Law and Policy* der Universität Oxford, abrufbar unter: http://www.selfregulation.info/.

[638] Vgl. *Bryde*, Internationale Verhaltensregeln für Private, S. 1.

Hier betrifft das Problem der Globalisierung in erster Linie das zu Tage tretende Missverhältnis zwischen den reichen Industriestaaten und den Entwicklungsländern. Insbesondere wird eine Ausbeutung der Entwicklungsländer durch multinational agierende Konzerne befürchtet. Eine rechtlich verbindliche Regelung etwa auf völkerrechtlicher Ebene erscheint aufgrund der vorliegenden Interessengegensätze nahezu aussichtslos zu sein. UNO- Generalsekretär *Kofi Annan* rief im Jahre 1999 auf dem Davoser Wirtschaftforum die Initiative *Global Compact* ins Leben, nach dem sich multinational, namentlich in Drittweltländern, tätige Unternehmen der Einhaltung von neun Prinzipien nach Art eines Verhaltenskodex[639] unterwerfen sollen, welche Minimalstandards im Arbeits-, Umwelt- und Sozialbereich festlegen. Diese Prinzipien haben mittlerweile 700 Gesellschaften gegengezeichnet. Trotz der seitens der Globalisierungsgegner entgegengebrachten Kritik, man würde mit der Befürwortung von Selbstregulierung der Ausbeutung der Entwicklungs- und Schwellenländer Tür und Tor öffnen, erreichte Global Compact zumindest eine Auseinandersetzung der Unternehmen mit den „Good Practices". Insofern ist zu beobachten, dass sich weltweit geltende, von der UNO initiierte Kodizes keineswegs nur – wie es für das Völkerrecht typisch ist – an Staaten, sondern auch an natürliche und juristische Personen des Privatrechts richten. Es wird mit Hilfe der Kodizes also beabsichtigt, die vorhandenen Wertvorstellungen zu artikulieren, neue Wertvorstellungen zu schaffen oder solche Wertvorstellungen, die nur in einigen Ländern Geltung beanspruchen können auf andere Staaten zu übertragen[640]. Inwieweit sich die Wirtschaft darüber hinaus an die freiwillig gesetzten Regeln halten wird, ist nicht abzusehen. Aus der Geschichte weiß man jedoch, dass große Unternehmen oftmals – freilich durchaus auch aus eigenem Interesse - sozial verantwortungsbewusst reagierten[641].

Verhaltenskodizes haben daher bezüglich der Lösung globaler Probleme durchaus eine Tradition[642]. Im Internet sind die Strukturen jedoch noch nicht entsprechend gewachsen. Das Diskussionsforum, welches Projekte wie Global Compact initiieren könnte, existiert nicht oder besser noch nicht. Global Compact zeigt jedoch die Richtung auf, mit Hilfe von Verhaltenskodizes auch Probleme des grenzüberschreitenden Austauschs von Informationen anzugehen.

---

[639] Die Prinzipien sind abrufbar unter: http://www.unglobalcompact.org/Portal/.

[640] Vgl. *Meessen*, NJW 1981, 1131; *Bryde*, Internationale Verhaltensregeln für Private, S. 19, mit dem Hinweis, die Adressierung der Kodizes an die Unternehmen können man indessen nicht als Verleihung von Völkerrechtsubjektivität verstehen .

[641] Vgl. Neue Züricher Zeitung vom 25./26. Januar 2003, S. 9; vgl. hierzu auch *Williams*, Global Codes of Conduct, mit dem Hinweis auf zahlreiche weitere auf globale Geltung ausgerichtete Kodizes.

[642] Vgl. hierzu die Darstellung der Codes of Conduct für Multinationale Unternehmen bei Bryde, Internationale Verhaltensregeln für Private, S. 10 ff..

II. Abgrenzung von Verhaltenskodizes zu Richtlinien (Guidelines) und Empfehlungen

Verhaltenskodizes zeichnen sich dadurch aus, dass sie feste und klare Verhaltensregeln beinhalten und für den Fall der Zuwiderhandlung gegen diese Sanktionen vorsehen. Im Gegensatz hierzu sind Richtlinien und Empfehlungen weniger bindend, da sie meist neuartige Probleme behandeln, die schwer zu definieren und daher auch nur schwer in präzise verbindliche Regeln zu fassen sind. Schließlich kann der Inhalt von Richtlinien zum Gegenstand von Regeln in Verhaltenskodizes gemacht werden und daher als Vorlage dienen.

III. Stellenwert der Verhaltenskodizes

Das Konzept der Integration von Selbstregulierungsmaßnahmen auf Unternehmens- bzw. Verbandsebene, wie sie die ECRL vorschlägt, ist in Europa kein Novum. Im Gegenteil entspricht sie der Linie der Gemeinschaftspolitik, die bereits in der Empfehlung des Rates 98/560 vom 24. September 1998[643] sowie in dem bereits genannten Beschluss des Rates zur Annahme eines mehrjährigen Aktionsplans der Gemeinschaft zur Förderung der Benutzungssicherheit des Internet[644] ihren Niederschlag gefunden hat.

Verhaltenskodizes traten in der Vergangenheit in Deutschland nur vereinzelt auf. Dieser Umstand gründet sich vor allem auf die Tatsache, dass das positive Recht in umfangreich kodifizierten Rechtssystemen wie den kontinentaleuropäischen, so auch dem deutschen, verhältnismäßig wenige Lücken aufweist, die durch Kodizes ausgefüllt werden könnten. Dementsprechend finden sich gerade in den anglo- amerikanischen Case- Law- Systemen Kodizes, denen die Ausfüllung der Regelungslücken obliegt[645]. Nun ist das Online- Recht ein junges Rechtsgebiet. Auch im Recht der Europäischen Union und im deutschen Recht sind längst nicht alle Sachverhalte gesetzlich geregelt; ein solches Unterfangen ist nicht realisierbar. In Anlehnung an das anglo- amerikanische System bietet es sich folglich an, die entstehenden Lücken mit Hilfe der seitens der EU angeregten Kodizes zu schließen.

Im Bereich des E- Commerce arbeiten in Dänemark, Schweden und Finnland Handel, Wirtschaft und Verbraucherorganisationen unter Unterstützung der Regierungen daran, auf der jeweiligen nationalen Ebene Verhaltenskodizes für den elektronischen Geschäftsverkehr zu erstellen. Weiterhin ist zu beobachten, dass auch in England und den Niederlanden die Regierungen damit begonnen haben,

---

[643] ABL. EG Nr. L 270/48, abrufbar unter: http://europa.eu.int/eur-lex/pri/de/oj/dat/1998/l_270/l_27019981007de00480055.pdf.
[644] Abrufbar unter: http://europa.eu.int/scadplus/leg/de/lvb/l24190.htm.
[645] Seibert, BB 2002, 581.

angesichts der Vielzahl von existierenden Verhaltensregeln in Zusammenarbeit mit der Wirtschaft und den Verbraucherverbänden verschiedene Projekte in Angriff zu nehmen. Es sollen entsprechende Kriterien festgelegt werden, welche die Kodizes ausfüllen können. Hierbei ist zu bemerken, dass viele Gemeinsamkeiten festzustellen sind, die Regeln sich jedoch entsprechend der unterschiedlichen Ausprägungen der nationalen Rechtsordnungen unterscheiden. Es wird daher befürchtet, dass sich im Zuge der Handelspraktiken, die in der New- Economy gehandhabt werden, die Disparitäten künftig noch stärker auf den Handel auswirken könnten[646]. Um die Schwierigkeiten, die durch die unterschiedlichen nationalen Ausprägungen entstehen, zu entschärfen, schlägt die Kommission daher vor, „Verhaltenskodizes auf Gemeinschaftsebene" zu entwickeln, die der Wirtschaft eine Bindung an fünfzehn einzelne Kodizes ersparen würde[647].
Diese Anregung ist mittlerweile auch zu den Akteuren durchgedrungen[648]. Während im Jahre 2002 der Kommission noch keine Verhaltenskodizes i. S. d. Art. 16 der ECRL der Kommission gemeldet wurden[649], so attestierte die Kommission im Sommer 2003 dem Art. 16 der ECRL - entgegen der bereits genannten Befürchtungen - durchaus Positives bewirkt zu haben. Zum Teil auch mit finanzieller Unterstützung der Kommission seien eine Reihe von Kodizes durch die interessierten Verbände entwickelt worden. Der Regulierungsansatz in Art. 16 der ECRL sei deshalb nicht als gescheitert anzusehen[650].

---

[646] Vgl. Grünbuch zum Verbraucherschutz der Europäischen Union, KOM (2001) 531 vom 2. Oktober 2001, S. 9.

[647] Grünbuch zum Verbraucherschutz der Europäischen Union, KOM (2001) 531 vom 2. Oktober 2001; S. 16. Vgl. auch den Wortlaut des Art. 16 der ECRL; zustimmend die Stellungnahme der Deutschen Vereinigung für gewerblichen Rechtsschutz und Urheberrecht e.V. zum „Grünbuch zum Verbraucherschutz in der Europäischen Union", abrufbar unter: http://www.grur.de/Seiten/Themen/Stellungnahmen/StN_170102.html.

[648] Vgl. bspw. den *European Good Practice Guide For Insurance Business On The Internet* des *Comité Européen des Assurances* (CEA) aus dem Jahre 2001, abrufbar unter: http://admin.sc.previon.net/mediaserver/api/getimagedata.cfm?media_id=453&mandator=fw40_mandator_0200; den *FEDMA Code on E-Commerce & Interactive Marketing* der *Federation of European Direct Marketing* (FEDMA) i. d. F. vom 6. September 2000, abrufbar unter: http://www.fedma.org/img/db/Code_of_conduct_for_e-commerce.pdf, der ausdrücklich Bezug auf Art. 16 der ECRL nimmt; den *Code of Online Business Practices* von BBB*Online*, abrufbar unter: http://www.bbbonline.org/reliability/code/CodeEnglish.pdf. Die Bertelsmann-Stiftung will den Entwurf eines Verhaltenskodex für Suchmaschinenbetreiber auf einer Konferenz am 10. – 11. Mai 2004 in Berlin zur Diskussion stellen, vgl. http://www.bertelsmann-stiftung.de/medien/pdf/Konferenzprogramm_Suchmaschinen.pdf. Der Entwurf ist abrufbar unter: http://www.bertelsmann-stiftung.de/medien/pdf/Code_of_Conduct.pdf.

[649] So eine Mitarbeiterin der EU- Kommission in einer E- Mail vom 21. April 2002 an den Verfasser.

[650] So ein Mitarbeiter der EU- Kommission in einer E- Mail vom 2. Juli 2003 an den Verfasser.

IV. Die Entwicklung und Ausarbeitung von Verhaltenskodizes

Die Erstellung von Verhaltenskodizes obliegt Expertenkommissionen, Verbänden sowie auch Nicht- Regierungs- Organisationen (*Non Governmental Organisations* – NGOs)[651]. Im Falle der Aufstellung von Verhaltenskodizes bestimmen die Beteiligten im Idealfall den materiellen Gehalt ihrer Selbstregulierungsmaßnahmen selbst. Es handelt sich daher um eine legislative Ausprägung der Entlastung des Staates[652].

Im Rahmen der Kritik an den verschiedenen Elementen der Selbstregulierung ist bereits angeklungen, dass den privaten Organisationen im Gegensatz zum Staat als Gesetzgeber häufig die Erfahrung und die technischen Kenntnisse zur Entwicklung von „Normen" fehlen. Es ist davon auszugehen, dass vorerst ein Lernprozess einsetzen muss und wird. In den USA kam man daher zu dem Schluss, dass die zu Beginn entstehenden kurzfristigen Lösungen ineffektiv sind und somit eine kontinuierliche fortschreitende Verbesserung vonnöten ist. Die Selbstkontrollmechanismen unterliegen insofern einem Qualitätsmanagement, welches letztlich eine optimale Selbstregulierung (Best Practice) entwickeln muss.

Darüber hinaus wird indes auch eine komplexe Art der Zusammenarbeit privater und öffentlicher Stellen befürwortet. Durch nationale oder sogar durch internationale Kooperationen von Politik, Aufsichtsbehörden, Internetindustrie und Bürgerrechtsbewegungen seien deren mannigfaltige Interessen zusammenzufügen und in einheitlichen selbstregulativen Regelwerken herauszubilden[653]. Zu dem angesprochenen Lernprozess kann daher durchaus auch eine staatliche Unterstützung treten.

1. Modellkodex im Bereich der Inhalteregulierung

Nachfolgend soll der Fokus zunächst auf die privatinitiativen Projekte gerichtet werden.

Der Inhalt von Verhaltenskodizes ist vornehmlich geprägt durch freiwillige Verhaltensregeln, Empfehlungen, Vertragsvorschriften und Zielvorgaben[654]. Im Rahmen des *Programme in Comparative Media Law and Policy* hat die Universität Oxford unter dem Titel „Codes of Conduct and Other Self-Regulatory Documents: Emerging Patterns of Norm Formulation and Enforcement on the In-

---

[651] Vgl. auch *Programme in Comparative Media Law and Policy* der Universität Oxford, abrufbar unter: http://www.selfregulation.info/.

[652] *Ukrow*, Selbstkontrolle, S. 22.

[653] Vgl. die Einleitung von *Machill/Waltermann*, Verantwortung im Internet, S. 9.

[654] *Kloepfer*, Informationsrecht, S. 189.

ternet“ Leitlinien für die Erstellung eines Modellkodex im Bereich der Inhalteregulierung erarbeitet[655].

Hierbei wurden zwei Ziele verfolgt. Erstens sollte das notwendige Verständnis in Bezug auf den Prozess der Unterwerfung, die Methode und den Gebrauch der bereits existierenden Verhaltenskodizes geschaffen werden. Zweitens sollte Hilfestellung zur Erstellung eines „Model Code of Conduct“ gegeben und die Durchführbarkeit und der Nutzen eines solchen Modells ermittelt werden. Es wurden Kodizes verschiedenster Organisationen und Unternehmen begutachtet und schließlich drei unterschiedliche Typen von Verhaltenskodizes herausgearbeitet:

- Kodizes nach Modell 1 sind solche, die aufgrund von Vereinbarungen zwischen ISPs entstanden sind.
- Kodizes nach Modell 2 umfassen solche, die als nationale Entwürfe von den unterschiedlichen Regierungen erarbeitet wurden.
- Als Kodizes nach Modell 3 werden Verhaltensregeln einzelner Institutionen und Unternehmen bezeichnet. Wie oben bereits festgestellt wurde und auch die Studie zugesteht wird hier jedoch der Begriff des *Code of Conduct* überspannt. Die Kodizes nach Modell 3 bleiben im Rahmen der vorliegenden Arbeit mit Ausnahme der vergleichsweisen Bezugnahme auf den mehrfach erwähnten DCG- Kodex folglich außen vor.

Kennzeichnend für die Entwicklung von Kodizes sind die Faktoren, die in der Lage sind, die Codes zu beeinflussen. Hierzu zählen die Konvergenz nationaler, regulatorischer und gemeinschaftlicher Kulturen, Veränderungen im Verhältnis zwischen Politik und Industrie, die sich stets weiterentwickelnde Netzwerkarchitektur des Internet, die weitere Entwicklung von Standards, Kodizes und „Regeln“ sowie schließlich das Wachstum und die Veränderung kultureller Normen und das öffentliche Verständnis hinsichtlich der Selbstregulierung. Wesentliche Elemente eines Modellkodex ergeben sich aus dem sogenannten „4 X C – Ansatz“: Hiernach sollen die wesentlichen Bereiche *Coverage* – Tragweite des Kodex hinsichtlich der sich unterwerfenden Unternehmen -, *Content* – Inhaltliche Ausgestaltung - , *Communication* – Kommunikationskanäle zwischen Nutzer und Industrie (ISP) – und *Compliance* – Mechanismen zur Förderung der Einhaltung des Kodex – abgedeckt werden. Für die ideale Ausgestaltung eines Modellkodex ergeben sich nach der Studie somit die folgenden Vorgaben[656]:

[655] *Blinderman/Price*, Codes of Conduct an Other Self-Regulatory Documents: Emerging Patterns of Norm Formulation and Enforcement on the Internet.

[656] An dieser Stelle wird lediglich auf die allgemein gültigen Vorgaben hingewiesen.

• Die vom dem entsprechenden Verhaltenskodex betroffenen Akteure müssen bereits früh in den Prozess der Ausarbeitung integriert werden. Eine frühe Beteiligung erhöht den Anreiz zur Unterwerfung unter die Regeln. Ein Kodex kann keine Geltung gegenüber unbeteiligten Dritten beanspruchen.
• Wie bereits in den allgemeinen Ausführungen zu den an die Selbstregulierungsmechanismen zu stellenden Anforderungen muss der Kodex im Sinne der Transparenz öffentlich bekannt gemacht werden. Hier bietet sich freilich eine Veröffentlichung im Internet an. Nach dem Vorschlag der EU- Kommission (Art. 16 ECRL) sollte zudem gewährleistet werden, dass die Kodizes darüber hinaus auch offiziell den betroffenen staatlichen Institutionen bekannt gegeben werden.
• Die Regelungen müssen flexibel gestaltet sein und dürfen daher keine starren Formulierungen enthalten, welche einer Anpassung unzugänglich sind. Der Kodex sollte eine Bearbeitungsroutine regeln. Die Vorschriften müssen zudem in einer klaren und verständlichen Sprache verfasst werden.
• In einem Verhaltenskodex sollte stets auf den elementar wichtigen Schutz der geistigen Eigentums und der personenbezogenen Daten hingewiesen werden.
• Bereits angeklungen ist letztlich die Notwendigkeit der Übereinstimmung der Regeln mit den Vorschriften zwingenden Rechts und die Anpassung an die Entwicklung in der Judikatur.

2. Verkehrssitten und Handelsbräuche und deren Verhältnis zu Verhaltenskodizes

Nicht nur die abstrakt zu bestimmenden Prinzipien zur inhaltlichen Ausgestaltung von Kodizes, sondern auch die tatsächliche Übung der Akteure im E-Commerce könnten Anhaltspunkte für die Ausbildung der Verhaltensvorschriften bilden. Faktische Übungen von Vertragspartnern treten in der Praxis in Form von Verkehrsgebräuchen und der Verkehrssitte – ein oft auch vom Gesetzgeber verwandter Begriff, beispielsweise in § 346 HGB – wie auch als „typische Rechtsgeschäfte" im Rahmen der Ergänzung eines Vertrages, §§ 157, 242 BGB auf. Verweisungen des Gesetzgebers auf die genannten Begriffe ermächtigen die Beteiligten somit grundsätzlich, sich im Rahmen der zwingenden gesetzlichen Vorschriften ihr Recht gewissermaßen selbst zu schaffen[657].

---

[657] *Bartsch*, CR 2000, 3, bezeichnet die Vertragspartner als "eine mächtige rechtssetzende Instanz" und verweist auf die sich mehrenden Erscheinungen in der Literatur zum Themenbereich Vertragsgestaltung.

a) Die Entwicklung von Handelsbräuchen

Am Beispiel der Handelsbräuche soll das Verhältnis zwischen einer tatsächlichen Übung und einem Verhaltenskodex skizziert werden. In der realen Welt haben sich zur Erleichterung der Abwicklung von Geschäften im Handelsverkehr Handelsbräuche entwickelt. Im elektronischen Geschäftsverkehr steht es einerseits aufgrund der enormen Expansion, andererseits angesichts des Bedürfnisses nach Klarheit bei der Durchführung von Verträgen zu erwarten, dass sich auch hier die Unternehmen den Gepflogenheiten des Geschäftsverkehrs anpassen werden. Handelsbräuche können in drei verschiedene Kategorien unterteilt werden; in Auslegungsregeln, vertragsergänzende oder sogar vertragsbegründende Handelsbräuche[658].

Nach Art. 16 der ECRL soll die Kommission von den Auswirkungen der Verhaltenskodizes auf die Praktiken und Gepflogenheiten des elektronischen Geschäftsverkehrs unterrichtet werden. Hier findet sich ein Zusammenhang zu § 346 HGB, wonach

„unter Kaufleuten in Ansehung der Bedeutung und Wirkung von Handlungen und Unterlassungen auf die im Handelsverkehr geltenden Gewohnheiten und Gebräuche Rücksicht zu nehmen"

ist. Zieht man das europäische Verfahrensrecht in Zivil- und Handelssachen als Vergleichsbasis heran, so bestimmt Art. 23 Abs. 1, lit. c EuGVO hinsichtlich Gerichtsstandsvereinbarungen, dass solche

„im internationalen Handel in einer Form, die einem Handelsbrauch entspricht, den die Parteien kannten oder kennen mussten und den Parteien von Verträgen dieser Art in dem betreffenden Geschäftszweig allgemein kennen und regelmäßig beachten"

geschlossen werden müssen.

Zur Darstellung der Entwicklung von Verhaltenskodizes im elektronischen Geschäftsverkehr empfiehlt es sich daher, die Entstehung und die Bedeutung der Handelsbräuche näher zu betrachten.

Im internationalen Rechtsverkehr herrscht Einigkeit, dass es keine Rechtsordnung vermag, alle rechtlichen Fallkonstellationen in Einzelvorschriften zu erfassen und mit einer umfassenden Regelung jedes Details den Interessen des Handels gerecht zu werden, weshalb zumindest für den Handel unter Kaufleuten Handelsbräuche Anwendung finden müssen[659]. Handelsbräuche entstehen durch eine allgemeine, nahezu ausnahmslos befolgte Übung, eine gewisse Dauer und

---

[658] Vgl. *Stöve*, Gerichtsstandsvereinbarungen, S. 52.
[659] *Stöve*, aaO, S. 51.

die freiwillige Anerkennung durch die beteiligten Verkehrskreise[660]. Spontanes Handeln unabhängig von einem gesetzlichen Zwang ist als wesentliches Merkmal von Verkehrssitten anzusehen[661]. Sie sind als tatsächliche Übung zwar als eine faktische Rechtsentstehungsquelle, jedoch nicht als normative Rechtsgeltungsquelle zu qualifizieren[662]. Hieraus ergibt sich – und dies gilt nach dem oben gesagten auch für Kodizes - der Vorrang des zwingenden Gesetzesrechts. Daher erlangen sie die rechtliche Verbindlichkeit durch das mit ihrer Hilfe ausgelegte oder ergänzte Rechtsgeschäft. Anwendbar sind Handelsbräuche zur Auslegung von Handelsklauseln und sonstigen Erklärungen, sowie zur Ergänzung von Verträgen[663].

b) Entwicklung von Handelsbräuchen im elektronischen Geschäftsverkehr

Stellt die ECRL darauf ab, die sich im elektronischen Geschäftsverkehr entwickelnden Praktiken und Gepflogenheiten festzuhalten, fragt sich, inwieweit sich bereits Handelsbräuche im elektronischen Rechtsverkehr ausgebildet haben. Rechtsprechung zu dieser Frage liegt soweit ersichtlich bisher erst spärlich vor. Das OLG Köln[664] hatte zu entscheiden, ob bei der Beschaffung von Software ein Recht zur Stornierung vor Erhalt der Ware jederzeit anerkannt werde. Das Gericht kam zu dem Ergebnis, ein solcher Handelsbrauch existiere nicht, und berief sich zur Begründung auf eine Befragung der Industrie- und Handelskammer. Diese Befragung ergab, dass hier keine nahezu ausnahmslos befolgte Übung festzustellen sei. Allerdings ist hier anzumerken, dass 15,3 % der befragten Unternehmen das Bestehen eines derartigen Brauchs bejaht haben.
Weitere Entwicklungen sind mit Spannung zu erwarten. Das noch junge Rechtsgebiet des Internet- und Informationsrechts steht hier allerdings noch am Beginn der Evolution. Laut einer Umfrage der *Akademie für Technikfolgenabschätzung* und *Müller* von der Universität Freiburg aus dem Jahre 1999 beklagten 71,1 % der befragten Unternehmen die „Abwesenheit allgemein üblicher Geschäftsge-

---

660 Vgl. BGH, NJW 1994, 659; WM 1973, 677; vgl. hierzu auch *Stöve*, aaO, S. 55 f.. Vgl. auch die Einordnung des DCG- Kodex in die Rechtsquellen bei *Ulmer*, ZHR 166 (2002), 160, der die Qualifikation des Kodex als Handelsbrauch, trotz der allgemeinen Zustimmung der Beteiligten, im Hinblick auf die „jedenfalls derzeit" mangelnde tatsächliche Übung verwirft.
661 *Sonnenberger*, Verkehrssitten im Schuldvertrag, S. 85.
662 BGH, JZ 1963, 167; *Canaris*, Handelsrecht, § 24 Rz. 11. *Canaris* betont, man sollte hier nicht von einer "normativen Kraft des Faktischen" sprechen. Vgl. auch *Sonnenberger*, aaO, S. 65 ff., 107; s. u. Ziff. D, VII, 1, c), bb), (1), (a).
663 *Canaris*, aaO, § 24 Rz. 13 ff..
664 OLG Köln, Urteil vom 28.02.1997 (Az.: 19 U 194/95), abrufbar unter: http://www.jurpc.de/rechtspr/1998058v.htm.

pflogenheiten" im elektronischen Geschäftsverkehr[665]. Die Umfrage lässt zweierlei Schlüsse zu: Einerseits besteht ein dringendes Bedürfnis der Wirtschaft auf Handelbräuche auch im Online- Geschäftsverkehr zurückgreifen zu können, andererseits zeigt sie jedoch auf, dass auch in dem sich rasant entwickelnden E-Commerce die Ausbildung von Gepflogenheiten ihre Zeit benötigt.

c) Das Verhältnis von Handelsbräuchen und Verhaltenskodizes

Im Gegensatz zu Verhaltenskodizes sind Handelsbräuche regelmäßig nicht kodifiziert, da es bei deren Ausbildung auf die tatsächliche Übung ankommt[666]. Für international besonders wichtige Klauseln wie die *Incoterms*[667] existieren jedoch Zusammenstellungen bei der *Internationalen Handelskammer* (International Chamber of Commerce – ICC) in Paris. Auch im Bereich des E- Commerce lassen sich Aktivitäten der ICC in Bezug auf die Aufstellung von Kurzformeln für „Online- Handelsbräuche" verzeichnen. Die sogenannten „E- Terms" sollen den Verwendern alle notwendigen Werkzeuge an die Hand geben, Online- Verträge zu entwerfen, und die Abwicklung elektronischer Transaktionen bei möglichst geringem Risiko gewährleisten[668]. Verhaltenskodizes bedürfen indessen vor dem Hintergrund des Unterwerfungsgedankens zwingend einer schriftlichen Fixierung. Hier tut sich bereits ein grundlegender Unterschied auf.

Das maßgebliche Kriterium zur Beurteilung des Verhältnisses von Kodizes und Handelsbräuchen stellt indes die Verbindlichkeit dar. Während Verhaltenskodizes hinsichtlich ihrer Wirksamkeit eine freiwillige Unterwerfung voraussetzen, gelten Handelsbräuche bereits dann zwischen den Parteien, wenn sie von der jeweiligen Rechtsordnung anerkannt werden; auf einen Unterwerfungswillen kommt es nicht an[669]. Handelsbräuche weisen auch unstreitig rechtliche Verbindlichkeit auf. Beide Institute sind somit voneinander losgelöst. Darüber hinaus zielen Verhaltenskodizes als Element der Selbstregulierung in erster Linie auf den Schutz Dritter, nämlich der Verbraucher. Handelsbräuche gelten ausschließlich zwischen Unternehmen bzw. zwischen Kaufleuten. Vor dem Hintergrund des Verbindlichkeitskriteriums könnten Verhaltenskodizes eine Entwicklungsstufe in der Ausbildung eines Handelsbrauchs darstellen, nicht umge-

[665] Vgl. *Fuchs*, Electronic Commerce – Geschäftsverkehr ohne Grenzen, aber auch ohne Regeln?, in: Kubicek, Internet@Future, S. 323.
[666] *Stöve*, Gerichtsstandsvereinbarungen, S. 55.
[667] Abgedruckt bei Hopt/*Hopt*, 2. Teil Nr. (6); vgl. auch *v. Bernstorff*, Vertragsgestaltung im Auslandsgeschäft, S. 174 ff..
[668] Vgl. *Schorkopf*, ZfRSoz 23 (2002), 86.
[669] Vgl. *Stöve*, Gerichtsstandvereinbarungen, S. 69.

kehrt[670]. Auch diejenigen aufgrund eines verbandlichen Zwanges oder verbandsrechtlicher Verbindlichkeit befolgten Kodizes können zunächst nicht als Handelsbräuche angesehen werden, da die generelle pflichtmäßige Befolgung eben nicht das nötige Maß an Spontaneität aufweist[671]. Die Entwicklung von Kodizes und Handelsbräuchen folgen somit verschiedenen Mustern. Der Inhalt eines Verhaltenskodex stellt daher typischerweise nicht die Kodifizierung einer tatsächlichen Übung dar. Es besteht zwar durchaus die Möglichkeit, dass sich die Festlegung von Verhaltenskodizes an sich etablierenden Handelbräuchen ausrichtet. Dies wird indessen selten der Fall sein.

V. Anwendungsbereiche der Verhaltenskodizes als Elemente der Selbstregulierung

Die ECRL motiviert die Mitgliedstaaten, Private zur Entwicklung von Verhaltenskodizes zu ermutigen. Ganz allgemein stellt sich zunächst die Frage, wo die Anwendungsbereiche der Kodizes zu verorten sind. In der ECRL wird schon durch die Aufzählung der verschiedenen Institutionen, welche nach Vorstellung der Kommission zur Aufstellung der Verhaltenskodizes in Betracht kommen, deutlich, dass die Kodizes nicht nur der Erleichterung der Abwicklung der Vertragsbeziehungen im B2B- Commerce, sondern auch zum Schutz der Verbraucher entwickelt werden können.

1. Kodizes im Bereich der Inhalteregulierung

Durch die Aufstellung von Verhaltenskodizes zu Zwecken der Selbstkontrolle können Steuerungsziele verwirklicht werden, die mit der hoheitlichen Regulierung nur bedingt umzusetzen sind. Dies trifft insbesondere für die Inhalteregulierung zu. Jugendgefährdende Inhalte sind aus dem Ausland erhältlich – die staatlichen Kontrollmöglichkeiten beschränken sich jedoch auf das eigene Territorium. Die Anbieter können unproblematisch den Server wechseln[672] und die Anzahl der Websites mit gefährdenden Inhalten hat eine nicht mehr zu überblickende Dimension angenommen. Das Defizit imperativer Intervention spiegelt sich darüber hinaus auch in der nur eingeschränkten Möglichkeit der Aussprache von Verboten wider, die von Gesetzes wegen schon aus Gründen des Zensur-

---

[670] Vgl. auch *Sonnenberger*, Verkehrssitten im Schuldvertrag, S. 67, der davon spricht, sozialtypische Verhaltensweisen entstünden, weil sich die Gesellschaftsmitglieder einem in der Gemeinschaft gegenwärtigen Verhaltenskodex unterordneten.

[671] *Sonnenberger*, aaO, S. 87 ff., der darauf hinweist, entsprechendes gelte für Handlungen, die aufgrund eines Monopolzwanges vorgenommen würden.

[672] *Bechtold*, Vom Urheber- zum Informationsrecht, S. 444.

verbotes verfassungswidrig wären[673]. Es gilt also, einen wirksamen Schutz vor illegalen Inhalten im Internet zu etablieren, gleichzeitig jedoch die Meinungs- und Informationsfreiheit zu schützen. Viele der bereits bestehenden Verhaltenskodizes im Internet finden sich daher auf dem Sektor der Inhalteregulierung. Sie sollen zum Zwecke des Jugendschutzes die Verbreitung von illegalen und schädigenden Inhalten wie Rassendiskriminierung und Gewaltverherrlichung im Internet verhindern. Auch die ECRL sieht die Aufstellung der Kodizes gemäß Art. 16 Abs. 1 lit. e unter anderem zum Zwecke des Jugendschutzes und des Schutzes der Menschenwürde vor. Insbesondere im Bereich der Inhalteregulierung billigen eine Reihe von Staaten – so auch die Bundesrepublik Deutschland – Verhaltenskodizes ausdrücklich als geeignete Instrumente für den Umgang mit problematischen Inhalten.

a) Die Freiwillige Selbstkontrolle Multimedia- Diensteanbieter e. V

Bereits am 9. Juli 1997 wurde die *Freiwillige Selbstkontrolle Multimediadienste- Anbieter e. V.* (FSM) in der Rechtsform des eingetragenen Vereins gegründet[674].

aa) Der Verhaltenskodex

Um das notwendige Vertrauen der Internet- Nutzer für sich gewinnen zu können, und vor dem Hintergrund der erstinstanzlichen Verurteilung des Geschäftsführers von *Compuserve Deutschland, Somm*[675], lag es für die Internetindustrie nahe, sich möglichst früh an einen Verhaltenskodex[676] für die Gestaltung und den Vertrieb elektronischer Inhalte zu binden. Nach der Präambel des Kodex will die FSM einen Beitrag zur Stärkung der Freiheitsrechte der Diensteanbieter und der Achtung der schutzwürdigen Interessen der Nutzer und der Allgemeinheit insbesondere gegenüber Rassendiskriminierung sowie Gewaltverherrlichung leisten und den Jugendschutz auf selbstverantwortlicher Basis stärken. Die FSM lehnt jede Form der Zensur ab, achtet den Freiheitsraum der Individualkommunikation in den Diensten und das Grundrecht der Nutzer auf Informationsfreiheit. Weiterhin wird die FSM nach eigenen Angaben mit anderen freiwil-

[673] *Ukrow*, Selbstkontrolle, S. 14

[674] Das Pendant auf europäischer Ebene ist die *European Internet Service Provider Association* (EuroISPA), vgl. http://www.euroispa.org.

[675] *Somm* wurde vom AG München, MMR 1998, 429, zu einer Haftstrafe verurteilt, weil das Mutterunternehmen es unterlassen hatte, kinderpornographisches Material in einer von der Polizei kenntlich gemachten Newsgroup zu entfernen. Das Urteil wurde jedoch im Berufungsverfahren durch das LG München I, MMR 2000, 171, aufgehoben.

[676] Der Verhaltenskodex i. d. F. vom 9. Juli 1997 ist abrufbar unter: http://www.fsm.de/?s=Verhaltenskodex. Er ist auch im Anhang zu dieser Arbeit abgedruckt.

ligen Selbstkontrolleinrichtungen auch auf europäischer und internationaler Ebene zusammenarbeiten, um dem umfassenden Angebot an Diensten und der Internationalität der Netze gerecht zu werden. Im Rahmen der Diskussion um internationales Einheitsrecht im Internet wurde auf das Bedürfnis der Rechtsanpassung hingewiesen. In diesem Zusammenhang stechen die Übereinstimmungen zwischen den europäischen Codes of Conduct und den sich unabhängig entwickelnden amerikanischen Modellen ins Auge. Hierin ist trotz der sich teilweise erheblich unterscheidenden Moralvorstellungen ein Hoffnungsschimmer hinsichtlich der Aufstellung international übereinstimmender Regelungen zu erblicken[677].

Bindungswirkung soll der Kodex gegenüber den Mitgliedern der FSM und auch gegenüber denjenigen Unternehmen entfalten, die von Verbänden vertreten werden, die ihrerseits Mitglieder der FSM sind und die eine entsprechende Verpflichtungserklärung gegenüber dem Verein abgegeben haben. Als Sanktionen bei Verstößen sieht der Kodex einen Hinweis mit Abhilfeaufforderung sowie die Missbilligung und die Rüge, die in ihrem Tenor bekannt gegeben werden, vor. Die Mitglieder verpflichten sich, die Sanktionen zu befolgen. Hilft ein Mitglied trotz wiederholter Aufforderung nicht ab, kann es schließlich von der Mitgliedschaft ausgeschlossen werden. Die in dem Verhaltenskodex niedergelegten Grundsätze stellen jedoch keine Haftungsgründe dar. Die FSM stellt fest, dass die Bestimmungen keine Wirkungen gegenüber Dritten entfalten können; sie sieht sich jedoch in der Pflicht, auch gegenüber Nichtmitgliedern auf die Einhaltung der im Kodex festgelegten Grundsätze hinzuwirken. Die vorgenommenen Anstrengungen sollen indessen nicht veröffentlicht werden.

bb) Satzung und Beschwerdeordnung

Nach § 2 Nr. 1 der Satzung[678] liegt der Zweck des Vereins u. a. in der Organisation der freiwilligen Selbstkontrolle der Diensteanbieter mit dem Ziel, die in dem Verhaltenskodex niedergelegten Grundsätze umzusetzen und die Beachtung der Regeln zu fördern. Von besonderer Bedeutung zur Wahrnehmung dieser Aufgaben ist gemäß § 7 der Satzung die Einrichtung einer Beschwerdestelle. Nach der Beschwerdeordnung[679] ist jedermann berechtigt, sich bei der Beschwerdestelle über im Internet, in sonstigen Netzen oder über Online- Dienste zugängliche Inhalte zu beschweren. Nach Prüfung durch die Beschwerdestelle können die vorgenannten Sanktionen ausgesprochen werden. Im Jahre 2001 wurden insgesamt 1179 Beschwerden registriert. Von den im Jahre 2002 einge-

---

[677] *Walter*, Inhalteregulierung im Internet, S. 96.
[678] Die Satzung ist i. d. F. vom Juli 2001 abrufbar unter: http://www.fsm.de/?s=Satzung.
[679] Die Beschwerdeordnung ist abrufbar unter: http://www.fsm.de/?s=Beschwerdeordnung.

gangenen Beschwerden konnten nach Angaben der FSM bis zum 4. Februar 2002 ca. 30 % abgeholfen werden[680]. Derzeit haben über 470 Unternehmen die Selbstverpflichtungserklärung der FSM unterzeichnet; unter ihnen viele namhafte wie die *DTAG*, der *Axel Springer Verlag* und *AOL Deutschland*[681].

b) Die Freiwillige Selbstkontrolle Telefonmehrwertdienste e. V.

Auch auf dem Sektor der Telekommunikationsdienstleistungen namentlich im Bereich der Telefonmehrwertdienste stößt man auf ähnliche Initiativen. Die sachliche Nähe zum Internet ist insofern erkennbar, als der Zugang zum Internet über Telefonleitungen erfolgt; auch hier kann eine Einwahl über 0190- Nummern erfolgen, wie spätestens seit der Plage durch die „0190- Dialer" hinlänglich bekannt ist.

Die Mitglieder der *Freiwilligen Selbstkontrolle Telefonmehrwertdienste e. V.* (FST) haben am 7. Oktober 1997 einen Verhaltenskodex[682] verabschiedet, der im Laufe der Jahre mehrfach überarbeitet und den aktuellen Gegebenheiten angepasst wurde. In seinem Aufbau und Anwendungsbereich und den in der Präambel aufgeführten Zielen entspricht der Kodex – teilweise im Wortlaut - demjenigen der FSM. Zu bemerken ist, dass durch den Kodex gemäß Ziff. A I 2 Verstöße gegen werbe- und datenschutzrechtliche Verstöße nicht erfasst werden[683]. Nach Ziff. A II 2 dürfen Mehrwertdienste nicht für Maßnahmen zum Abwerben von Kunden genutzt werden, indem sittenwidrig fremde Leistungen von Mitbewerbern ausgenutzt oder planmäßig Mitbewerber behindert werden[684]. Der FST gehören ca. 90 Mitglieder an.

aa) Handhabung von 0190- Dialern

Der Verhaltenskodex der FST veranschaulicht die bereits aufgestellte These, dass Selbstregulierungsmaßnahmen wesentlich schneller auf neue Gegebenheiten reagieren können, als gesetzliche Regelungen dazu in der Lage sind. Bezeichnender Weise lässt sich dies an einem Beispiel aus dem Bereich des Internet, namentlich der Bekämpfung der sich selbst installierenden und immense

[680] Vgl. http://www.fsm.de/?s=Statistiken+2001.
[681] Vgl. zum Ganzen *Rath- Galwatz/Waldenberger*, CR 1997, 766.
[682] Der Verhaltenskodex i. d. F. vom 13. Juni 2002, zuletzt geändert am 5. November 2002 ist abrufbar unter: http://www.fst-ev.org/ger/verhaltenskodex.html. Er ist auch im Anhang zu dieser Arbeit abgedruckt.
[683] Der Kodex i. d. F. vom 19. Oktober 2002 sah noch vor, dass Verstöße gegen werberechtliche, datenschutzrechtliche, verbraucherschutzrechtliche bzw. wettbewerbsrechtliche Vorschriften nicht erfasst würden.
[684] Der Kodex i. d. F. vom 19.Oktober 2000 untersagte schlicht, dass Telefonmehrwertdienste für Abwerbemaßnahmen genutzt werden dürfen.

Kosten verursachenden „0190- Dialer", veranschaulichen. Nach Ziff. B II 8 müssen bei Premium- Rate- Rufnummern oder Rufnummern, bei denen faktisch eine Auszahlung erfolgt, für die Nutzung in Kombination mit Onlinediensten diverse Vorgaben beachtet werden: Insbesondere muss, bevor die Nutzung einer solchen Rufnummer durch den Computer gestartet bzw. aktiviert wird, in dem Anwahl oder Freigabemenü der Preis in EUR je Minute und/oder Event in unmittelbarem Zusammenhang mit den Betätigungsfeldern feststehend angezeigt werden, wobei die Angaben zum Dienste- und gegebenenfalls Informationsanbieter auch über ein sogenanntes „Dialerimpressum" vorgehalten werden können. Der Anbieter muss den Tarif permanent sichtbar halten. Computerprogramme, die zur Nutzung von Onlinediensten vertrieben werden, müssen so gestaltet sein, dass ein Weitersurfen außerhalb des kostenpflichtigen Angebots ohne Bestätigung des Verbrauchers ausgeschlossen wird. Hiermit soll verhindert werden, dass nach der Nutzung des kostenpflichtigen Angebots, die Verbindung weiterhin über die teure Premium- Rate- Nummer aufrecht erhalten wird. Schließlich – und hier geht der Kodex auf die neuesten technischen Entwicklungen ein – dürfen Dialer- Programme nicht so gestaltet sein, dass sich eine der genannten Nummern dauerhaft in die DFÜ- Einstellung einträgt. Der Kodex schlägt vor, dass dies durch die Verwendung von Platzhaltern und temporärer Einträge sichergestellt werden könne. Schließlich muss beim Schließen der kostenpflichtigen Anwendung die kostenpflichtige Verbindung getrennt werden und die Dialer- Programme einen allgemein verständlichen Hinweis zur kostenfreien Deinstallation des Programms für den Nutzer enthalten. Gegenüber dem Kodex i. d. F. vom 19. Oktober 2000 wurde die aktuelle Fassung um die Vorschriften über die Eintragung der Dialer in das DFÜ- Netzwerk ergänzt. Man nahm hier somit ausdrücklich Bezug auf eine neue technische Entwicklung.

bb) Sanktionen

Gegenüber dem Kodex der FSM sieht die FST weitergehende Sanktionen vor. So kann der entsprechende Netzbetreiber verpflichtet werden, die Rufnummer mit dem beanstandeten Inhalt abzuschalten, bis das Angebot verhaltenskodexkonform ausgestaltet ist. Schließlich sind Geldbußen an eine gemeinnützige Einrichtung, mit der das betroffene Unternehmen in keiner Weise verbunden sein darf, vorgesehen. Die Geldbußen sind als Vereinsstrafe einzuordnen[685].

c) Kritikpunkte

Es finden sich Stimmen in der Literatur, die der Fähigkeit der Freiwilligen Selbstkontrolle im Bereich des Jugendschutzes tatsächlich Erfolge zu erzielen,

[685] Vgl. zum Begriff der Vereinsstrafe, *Stöber*, Handbuch zum Vereinsrecht, Rz. 667 ff..

durchaus reserviert gegenüberstehen[686]. Es wird vermutet, Selbstkontrolleinrichtungen könnten zwar wesentliche Fortschritte bringen, angesichts der fehlenden Sanktionen und der relativ geringen Anzahl der Beteiligten könne die freiwillige Selbstkontrolle aber nur ein Mittel zur Bekämpfung rechtswidriger Inhalte sein, das für sich genommen nicht ausreiche[687]. Dem ist jedoch entgegenzuhalten, dass die Selbstregulierungsmechanismen keineswegs sanktionslos sind. Hier ist auf die genannten Beschwerdeordnungen zu verweisen. Weiterhin haben sich insbesondere im Rahmen der FSM mehr als nur eine geringe Anzahl der Provider den Selbstverpflichtungen unterworfen. Zugestanden werden muss indessen, dass zumindest in Deutschland die freiwillige Selbstkontrolle bahnbrechende Erfolge noch nicht erzielen konnte.

Kritik wurde darüber hinaus auch insofern geübt, dass die FSM es versäumt habe, die unbestimmten Rechtsbegriffe des Jugendschutzrechts nicht durch eigene inhaltliche Vorgaben auszufüllen und zu konkretisieren. Die Provider hätten im wesentlichen den Wortlaut des Gesetzes wiederholt und haben ihre Bemühungen zur Schaffung eines Regelwerks somit auf ein Minimum beschränkt. Weiterhin sei festzustellen, dass sich die FSM nicht an der Ausbildung von technischen Schutzvorkehrungen beteiligt bzw. eigenständige Ideen auf den Weg gebracht habe. Es wird daher die staatliche Zugangskontrolle befürwortet[688]. Wie noch zu zeigen sein wird, kann die Unterwerfung unter schärfere als die gesetzlichen Regeln jedoch lauterkeitsrechtliche Probleme aufwerfen. Andererseits ist der Kritik zuzugeben, dass sich bei der Wiedergabe des Gesetzestextes kaum Anhaltspunkte für die Ausfüllung von Generalklauseln finden lassen, wodurch die Kodizes eine Integration in die Rechtsordnung erfahren können. Anders liegt es indessen bei dem Verhaltenskodex der FST. Hier gehen die Regelungen wesentlich weiter.

2. Kodizes im Bereich des Online Marketing – Der LIDC- Kodex und andere Richtlinien für die Werbewirtschaft

In der Bekämpfung gefährlicher Inhalte erschöpft sich jedoch das Anwendbarkeitsspektrum der Kodizes keineswegs. Akte der Selbstregulierung, welche die Grundlage der zu entwickelnden Verhaltenskodizes bilden, werden sich nicht nur auf die in der ECRL geregelten Bereiche beschränken. Sie werden zwangs-

---

686 *Ladeur*, Die Regulierung von Selbstregulierung und die Herausbildung einer „Logik der Netzwerke", in: Berg, Regulierte Selbstregulierung, S. 62.

687 *Lohse*, Verantwortung im Internet, S. 265.

688 So *Holznagel*, Regulierte Selbstregulierung im Medienrecht, in: Berg, Regulierte Selbstregulierung, S. 98 f.; ebenso hinsichtlich der Beschränkung der inhaltlichen Maßstäbe auf die Einhaltung der gesetzlichen Anforderungen, *Bock/Wöbke*, Suppelment K & R 1997, 15; *Langenfeld*, MMR 2003, 304. Zur staatlichen Zertifizierung von Selbstregulierungsmechanismen s. u. Ziff. D, VII, 3, b), aa).

läufig umfangreicher sein, da sie sich an der Internet-Praxis orientieren. Mithin kommen also Kodizes im gesamten Bereich der Wirtschaft, wie beispielsweise dem Online- Handel, in Betracht[689].

Der Siegeszug des Internet erstreckt sich nicht nur auf den Austausch von Waren. Gerade im Bereich der Werbung, dem sogenannten „Webvertising," eröffnet das www ein breites, weltweit wirkendes Betätigungsfeld. Internetwerbung ist für den Werbenden vergleichsweise leicht realisierbar und daher bei den Unternehmen überaus beliebt. Hierin liegt auch einer der Gründe dafür, dass es vielen Internetdiensten, wie beispielsweise diversen Free- Mail- Anbietern überhaupt möglich ist, ihre Dienstleistung zumindest in den Grundfunktionen nur über Werbung zu finanzieren und daher für den Nutzer kostenfrei zu erbringen. Die sich von herkömmlichen Werbemaßnahmen teilweise grundlegend unterscheidenden neuen Konzepte werfen jedoch eine Reihe neuartiger Probleme und lauterkeitsrechtliche Fragestellungen auf[690]. In Deutschland ist bisher noch keine legislative Anpassung des Wettbewerbsrechts an die Neuerungen des Internet erfolgt. Ob hier tatsächlich gesetzliche Regelungen erforderlich sind soll an dieser Stelle nicht entschieden werden. Angesichts der Generalklauseln im deutschen Wettbewerbsrecht ist eine Anpassung dieses Rechtsgebietes durch die Gerichte zu erwarten - dass hierbei auch Verhaltenskodizes eine nicht zu unterschätzende Rolle spielen können, wird im Folgenden aufgezeigt. Hinsichtlich künftiger gesetzlicher Regelungen ist jedoch der Ruf nach einer Liberalisierung des im internationalen Vergleich strengen Rechts des unlauteren Wettbewerbs zu vernehmen[691]. Insbesondere die Auffassung, deutsche Unternehmen dürften nicht gegenüber ausländischen Unternehmen benachteiligt werden, wird vielfach vertreten[692]. Dies gilt auch vor dem Hintergrund des im TDG mittlerweile niedergelegten Herkunftslandprinzips, nach dem das Wettbewerbsrecht des Niederlassungsstaates gilt. Sollte das deutsche Wettbewerbsrecht, welches aufgrund der strengen Rechtsprechung als das weltweit restriktivste gilt[693], weiterhin im

[689] Vgl. hierzu auch den Hinweis bei *Tato Plaza*, GRUR Int. 1999, 853, praktisch alle Bereiche der unternehmerischen Tätigkeit kämen in Betracht, um sie einem System der Selbstdisziplin oder Selbstkontrolle zu unterwerfen.

[690] Vgl. Ziff. E, II, 1, b), aa), (3). bzgl. der Versendung unerwünschter E- Mail- Werbung.

[691] Zu den bisher vergeblichen bzw. spärlichen Bemühungen der Harmonisierung des Wettbewerbsrechts auf internationaler und supranationaler Ebene, vgl. *Jung*, GRUR Int. 1998, 849, mit dem Hinweis auf die drohende rechtliche Regionalisierung internationaler Datennetze im Bereich des Lauterkeitsrechts und den damit einhergehenden Gefährdungen für das Webvertising.

[692] So *Ende/Klein*, Grundzüge des Vertriebsrechts im Internet, S. 16, die den Gesetzgeber mit der Entschärfung des Rabattgesetzes und der Zugabeverordnung bereits auf dem rechten Weg wähnen.

[693] Vgl. *Waltl*, Online- Netzwerke und Multimedia, in: Lehmann, Internet- und Multimediarecht, S. 190. vgl. hierzu auch *Haubold*, Binnenmarkt- IPR und elektronischer Geschäftsverkehr, in: Scholz, Europa der Bürger, S. 102 ff..

internationalen Vergleich die mitunter höchsten Voraussetzungen an das geschäftliche Gebaren der Unternehmen stellen, wird ein Wettbewerb um die niedrigste Eingriffsschwelle, also eine Art „Wirtschaftsdumping“ bzw. ein sogenanntes „race to the bottom“ befürchtet[694]. Dies bedeutet, dass sich Unternehmen in denjenigen Staaten mit den mildesten lauterkeitsrechtlichen Bestimmungen niederlassen werden. Diese Vermutung schlägt also für den Wirtschaftsstandort Deutschland gerade im Bezug auf die Etablierung von E- Commerce eher negativ zu Buche.

Denkbar sind Kodizes im Bereich des Rechts der Online- Werbung. Mit Hilfe von Verhaltenskodizes könnten – neben ihrer appellativen Funktion - schließlich die entscheidenden Generalklauseln der §§ 1, 3 UWG ausgefüllt werden. Darüber hinaus ergibt sich für die Internetindustrie die Möglichkeit, im Wege der Selbstregulierung langwierige und nicht zuletzt aufgrund des „Herkunftslandprinzips“ und der unklaren Begriffsdefinitionen der ECRL im Ergebnis höchst unsichere Wettbewerbsprozesse zu vermeiden. Gegen die Integration selbstregulativer Elemente im Wettbewerbsrecht wird vorgebracht, es würde eher der deutschen Rechtstradition und den Erfahrungen im Lauterkeitsrecht entsprechen, alles wesentliche – insbesondere die Grundfragen des Lauterkeitsrechts – in rechtlich verbindlicher Form zu regeln. Techniken der Selbstregulierung bzw. der freiwilligen Selbstkontrolle käme in einigen europäischen Mitgliedstaaten größere Bedeutung zu; in Deutschland hätten solche Systeme bisher jedoch kaum eine Rolle gespielt. Dies würde allerdings nicht zwingend ausschließen, in Nebenbereichen, etwa zur Regelung bestimmter branchenspezifischer Fragen, ergänzende Möglichkeiten der Selbstregulierung vorzusehen[695]. Letzterer Feststellung ist zuzustimmen.

a) Richtlinien und Verhaltensregeln

Es wurde bereits auf die Netiquette als eines der ursprünglichsten Elemente von Selbstregulierung im Internet eingegangen. Wurde einerseits der Nutzen der Netiquette herausgestellt, so gilt die Vielzahl verschiedener Ausführungen als Hemmnis. Die verschiedenen Netiquetten zeigen jedoch übereinstimmend Regelungen lauterkeitsrechtlicher Art. Es wird daher vorgeschlagen, die Verhaltens-

[694] Vgl. Staudinger/*von Hoffmann*, Art 40 EGBGB Rz. 299. Das *DIHT*- Positionspapier zu einem europäischen Rechtsrahmen für E- Commerce, Welches Recht für E- Commerce in Europa?, Stand Juli 2000, S. 5, abrufbar unter http://www.diht.de, fordert daher gerade vor dem Hintergrund des E- Commerce ein einheitliches europäisches Wettbewerbsrecht.

[695] Stellungnahme der *Deutschen Vereinigung für gewerblichen Rechtsschutz und Urheberrecht e.V.* zum „Grünbuch zum Verbraucherschutz in der Europäischen Union“, abrufbar unter: http://www.grur.de/Seiten/Themen/Stellungnahmen/StN_170102.html.

standards zu standardisieren und inhaltlich durch einen Ausbau und eine Ausdifferenzierung durch eine Berücksichtigung aller wettbewerbsrechtlichen Schutzzwecke fortzuentwickeln[696]. Anhaltspunkte, in welcher Form ein Verhaltenskodex im Bereich des Wettbewerbsrechts ausgestaltet werden könnte, bieten eine Reihe von Richtlinien unterschiedlicher Institutionen.

aa) Richtlinien auf dem Sektor des Direktmarketings

Die freiwillige Selbstkontrolle der Werbung genießt weltweit eine lange Tradition[697]. Hinzuweisen ist bspw. auf die *ICC- Verhaltensregeln für das Direktmarketing* (ICC International Code of Direct Marketing) oder auf *Autocontrol de la Publicidad S. A.* (Selbstkontrolle der Werbung AG), die als privatrechtliche Vereinigung unter Berücksichtigung des Grundsatzes der freiwilligen Mitgliedschaft 1977 in Spanien gegründet wurde, sowie das neue System der Selbstkontrolle in Spanien: *Asociación de Autocontrol de la Publicidad* (Die Vereinigung zur Selbstkontrolle der Werbung - AAP) aus dem Jahre 1995[698].

In Deutschland hat der *Deutsche Direktmarketing Verband* (DDV) bis heute eine Reihe selbstdisziplinärer Maßnahmen ins Leben gerufen, die erheblich dazu beigetragen haben, die Akzeptanz des Direktmarketings zu steigern und gesetzgeberische Maßnahmen überflüssig zu machen. Es wurden Robinsonlisten eingeführt sowie Ehrenkodizes und Regeln für faires Direktmarketing aufgestellt. Darüber hinaus entwickelte der Verband „Qualitäts- und Leistungsstandards". Gegenstand sind detaillierte Einzelregelungen im Bereich der Adressenmittlung, welche den Kunden Datensicherheit garantieren sollen[699].

bb) Richtlinien der ICC und OECD

Besonderes Engagement in diesem Bereich zeigt hier wiederum die ICC. Sie erließ im Jahre 1998 auf internationaler Ebene die *ICC Guidelines on Advertising and Marketing on the Internet* (ICC- Guidelines)[700].

Zunächst stellt die ICC im Vorwort zu den Guidelines die Tatsache in den Vordergrund, dass mit der zunehmenden Bedeutung der neuen Medien nicht mehr nur traditionell große Medienunternehmen sondern ebenso beinahe jeder Internetnutzer, der eine E- Mail verschickt, Adressat von Verhaltensvorschriften

[696] So *Jung*, GRUR Int. 1998, 850.
[697] Instruktiv bereits die Untersuchung von *Brandmair*, Selbstkontrolle.
[698] Vgl. *Tato Plaza*, GRUR Int. 1999, 854. Im Gegensatz zu *Autocontrol de la Publicidad S. A.* die in der – nicht unumstrittenen - Rechtsform der Aktiengesellschaft gegründet wurde, handelt es sich bei AAP um einen Verein.
[699] Vgl. zum Ganzen *Berghoff*, RDV 2002, 79.
[700] Doc. Nr. 240/394 Rev. 4, abrufbar unter:
http://www.iccwbo.org/home/statements_rules/rules/1998/internet_guidelines.asp.

sein kann. Diese Feststellung leuchtet insbesondere deshalb ein, da beispielsweise mit der Versendung von Spam auch der einzelne Werbende erhebliche Schäden verursachen kann[701]. Weiterhin wird bereits zu Beginn mit Recht bemerkt, die Entwicklung der Internet- Werbung befände sich noch im Stadium des Beginns. Deshalb unterliegen die Guidelines einem ständigen Aktualisierungsprozess. Folgerichtig hat man die *ICC Guidelines on Interactive Marketing Communications*[702] aus dem Jahre 1996 abgeändert und erneuert.

Es wird die Notwendigkeit betont, staatliche Regulierung gering zu halten. Neben diversen Verhaltensregeln zum Umgang mit personenbezogenen Daten, fordern auch die ICC- Guidelines die Unterlassung der Versendung von Spam, zumindest jedoch unerwünschte E- Mail- Werbung (unsolicited commercial messages) als solche zu kennzeichnen, Article 5, 6. Die Guidelines stehen insofern weitgehend im Einklang mit den jüngsten europäischen Rechtsakten und der mittlerweile gefestigten deutschen Rechtsprechung[703]. Wie schon bei der Fassung aus dem Jahre 1996 bemerkt wurde[704], ist die kompromisshafte Auslassung von Regelungen bezüglich der Hyperlinks zu bemängeln. Ähnlich dem FSM- Kodex stellen die Richtlinien hohe Anforderung an die Werbung gegenüber Kindern, Art. 6. Abschließend stellen die Guidelines fest, dass sie dem nationalen Recht untergeordnet werden müssen, dieses stets vorginge.

Auch die OECD hat im Jahre 2000 *Leitlinien für den Verbraucherschutz im Zusammenhang mit dem elektronischen Geschäftsverkehr (Guidelines for Consumer Protection in the Context of Electronic Commerce)*[705] herausgegeben, mit dem Ziel, Konsumenten bei Online- Einkäufen zumindest einen ebenso hohen Schutz zu gewährleisten, wie bei Einkäufen in herkömmlichen Geschäften oder bei Bestellungen im Versandhandel. Betont wird die Notwendigkeit eines global wirkenden Verbraucherschutzes gerade bei Geschäften des elektronischen Geschäftsverkehrs. Die OECD richtet sich mit dem Vorschlag explizit an die Mitgliedsländer, die Richtlinien umzusetzen. Mit dem Hinweis auf die bereits bestehenden gesetzlichen Regelungen hinsichtlich der Versendung von Spam verzichten die Leitlinien auf eine eigene Regelung. Weiterhin wird das Bedürfnis der Verbraucher an einer umfassende Aufklärung hervorgehoben. Auch in dieser Hinsicht appelliert die OECD an ihre Mitgliedstaaten.

---

[701] *Hoeren*, Werberecht im Internet am Beispiel der ICC Guidelines on Interactive Marketing Communications, in: Lehmann, Internet- und Multimediarecht, S. 112, bemerkte in Bezug auf die Fassung aus dem Jahre 1996, die Adressaten der Guidelines seien nicht genau genug bezeichnet, weshalb davon auszugehen sei, dass sich die Richtlinien nur an kommerziell tätige Content Provider richteten.

[702] Vgl. hierzu *Hoeren*, aaO, S. 112 ff..

[703] S. u. Ziff. E, II, 1, b), aa), (3).

[704] *Hoeren*, Werberecht im Internet am Beispiel der ICC Guidelines on Interactive Marketing Communications, in: Lehmann, Internet- und Multimediarecht, S. 118.

[705] Abrufbar unter: http://www.oecd.org.

Beachtenswert erscheint auch hier wieder ein gewisser Gleichklang. So berücksichtigen die Verhaltensregeln beider Organisationen jeweils die besonderen schützenswerten Interessen der Verbraucher und liefern einen Reihe von Ansatzpunkten, wie faire Werbekonzepte im E- Commerce ausgestaltet sein sollten.
Die Richtlinien beanspruchen keine rechtliche Verbindlichkeit. Nach der Vorstellung der ICC könnten indes die „Ehrenkodizes“ den Gerichten als Bezugsdokumente im Rahmen der nationalen Gesetze dienen[706]. Es steht darüber hinaus dem jeweiligen Gesetzgeber frei, sich an den Regelwerken der internationalen Organisationen zu orientieren. Es ist festzustellen, dass Unternehmen vor dem Hintergrund des als kontraproduktiv gefürchteten Imageverlustes durchaus ein Interesse an der Befolgung der Richtlinien zeigen könnten[707]. Weiterhin können die Richtlinien - ebenso wie Verhaltenskodizes - als Mindeststandard zur Konkretisierung internationaler Handelsbräuche dienen.

b) Der LIDC- Kodex

Eines der wohl ambitioniertesten Projekte im Bereich der Entwicklung selbstregulativer Elemente im Hinblick auf die Gestaltung von Onlinewerbung ist der von der Internationalen Liga für Wettbewerbsrecht in St. Malo (Frankreich) verabschiedete Verhaltenskodex. Die Internationale Liga für Wettbewerbsrecht ist mit mehr als 1500 Unternehmen die wohl renommierteste Vereinigung für Wettbewerbsrecht. Als äußerst ambitioniert ist das Projekt insbesondere wegen des seitens der LIDC betriebenen hohen rechtsvergleichenden Aufwands einzustufen. Nicht weniger als 15 Rechtsordnungen u. a. mehrere europäische wie die deutsche, französische, englische und italienische sowie die japanische und kanadische wurden auf die rechtliche Zulässigkeit von Frames, Cookies und anderen internetspezifischen Marketinginstrumenten hin untersucht. Diese Pionierleistung – der LIDC- Kodex ist der erste Internet- Werbekodex, der auf rechtsvergleichender Grundlage erstellt wurde - ist soweit ersichtlich bisher einzigartig geblieben. Die entstandenen Berichte und Stellungnahmen wurden mittlerweile veröffentlich und sind im Internet zu finden[708]. *Hoeren* hat als Koordinator des Projekts unter Berücksichtigung der zugrundeliegenden Stellungnahmen einen Entwurf für einen Verhaltenskodex zum Online- Marketing erstellt, der schließlich von den Delegierten der LIDC mit großer Zustimmung gebilligt wurde.

Besondere Beachtung finden Themen wie die Zulässigkeit von E- Mail- Werbung, Meta- Tags, Cookies, Hyperlinks oder Powershopping, wobei die Bedeu-

[706] Vgl. *Droll/Droll*, Internetrecht, S. 73.
[707] So *Jung*, GRUR Int. 1998, 845
[708] Abrufbar unter: http://www.uni-muenster.de/Jura.itm/lidc/.

tung wahrheitsgetreuer Werbung, ein behutsamer Umgang mit Cookies und die Notwendigkeit alternativer Streitschlichtungsmechanismen hervorgehoben wird[709]. Aus der Präambel der Kodex geht hervor, dass er als eine freiwillige Maßnahme begriffen werden soll, die autonom durchgesetzt werden und gesetzliche Regelungen flankieren soll (Section 1 – Scope [Application]). Die Mitglieder, die den Kodex unterzeichnen, sind an die Regeln der Vereinbarung gebunden und unterwerfen sich bei Verstößen den Sanktionsmechanismen (Section 1 – Scope [Members]). Um Missverständnisse zu vermeiden beziehen sich die Verweise des Kodex bezüglich technischer Standards auf diejenigen des W3C (Section 2 – Terms and Definitions). Der Begriff der Spam- Mail wird als unerwünschte Werbe- E- Mail definiert. Weiterhin definiert der Kodex auch die Begriffe wie Flame- Mails, Inline- Linking, Internet- auction, Power- Shopping sowie die des Merchant und des Consumer (Section 2 – Terms and Definitions). In dem Abschnitt *Provisions Regarding Specific Means of Communication* nimmt der Verhaltenskodex auf einzelne Marketing- Instrumente Bezug. Hervorzuheben ist, dass er das Versenden von Spam ohne Einwilligung des Nutzers als unzulässig erklärt (Section 3 – Regulations, II. 1. Commercial Electronic Mail Messages).
Der Kodex wiederholt, wie es immer wieder gefordert wird, in erster Linie geltendes Lauterkeitsrecht. Nun könnte man dieser generellen Vorgehensweise mit dem Einwand begegnen, der Selbstregulierungsmechanismus wäre entbehrlich. Dies ist jedoch nach dem oben Gesagten nicht der Fall. Gerade die rechtsvergleichende Darstellung des Lauterkeitsrechts stellt im Bereich des Online-Rechts ein Novum dar. Weiterhin erfüllen die materiellen Regelungen des Kodex die Funktion, die Grundlage für das Ansetzen der Streitschlichtungsmechanismen zu bilden. Die Streitschlichtungsmechanismen sind in Section 4 – Enforcement geregelt. Verstöße gegen den Kodex können mit folgenden Sanktionen geahndet werden: Veröffentlichung der Verletzungshandlung unter Nennung des Namens des Abweichenden, Feststellung des Abweichenden mit der Verpflichtung den Verstoß zu unterbinden, Entfernung des fraglichen Inhalts aus dem Internet, wenn der Verstoß in den Verantwortungsbereich eines der Mitglieder fällt, Verlust der Mitgliedseigenschaft. Zur Aufdeckung der Verstöße ist ein Beschwerdeverfahren vorgesehen, das jedermann offen steht. Im Anschluss wird ein Streitschlichtungsverfahren vorgeschlagen, welches soweit ersichtlich jedoch nicht weiter konkretisiert ist.

Da es in der EU bislang kein einheitliches Wettbewerbsrecht gibt, erscheint der Kodex im Hinblick auf eine weitere Harmonisierung wegweisend. Hiermit wür-

[709] Vgl. zum Ganzen *Hoeren*, UFITA 2001/I, 279.

den auch grundsätzliche Bedenken[710] gegenüber selbstregulativen Elementen entkräftet, eine Selbstregulierung im Bereich des Lauterkeitsrechts wäre möglicherweise auf Gemeinschaftsebene nicht durchführbar, da nicht feststehe, ob ein hinreichender Bestand an Gemeinsamkeiten vorhanden sei. Darüber hinaus wurde über die Einholung der Stellungsnahmen aus Kanada und Japan auch die Bildung eines weltweit einheitlichen Regelungskonzepts unterstützt.

3. Ausblick: Verhaltenskodizes im Bereich der Immaterialgüterrechte – Das Projekt RESPECT

Die Entwicklung des Urheberrechts in der Informationsgesellschaft bewegt sich im Spannungsfeld zwischen der Informationsfreiheit und dem Schutz der Interessen der Urheber. Hier wird die Diskussion um Napster und andere Musiktauschbörsen sowie um DRM- Systeme wieder aufgenommen. Es stellt sich insbesondere die Frage nach der Zukunft der digitalen Privatkopie.

a) Gesetzgeberische Maßnahmen zum Schutz des Urheberrechts in der Informationsgesellschaft

Die Notwendigkeit des Schutzes des geistigen Eigentums war der Internetgemeinde bereits früh bewusst. Die „guten Cybermanners“ sahen die Verpflichtung des Anwenders oder des Systemoperators vor, die Rechte der Urheber zu beachten. Bemerkenswert erscheint, dass diese Verpflichtungen teilweise über den gesetzlichen Schutzrahmen hinausgingen. Die Benimmregeln sahen oftmals die Verpflichtung des Nutzers vor, in allen Fällen der Herstellung von Kopien oder Verbreitungen eines Werks das Einverständnis des Autors einzuholen[711]. Diese Bemühungen griffen allerdings nur zu Zeiten der vornehmlich wissenschaftlichen Nutzung des Internets. Spätestens seit Napster müssen die Versuche, das geistige Eigentum auf freiwilliger Basis zu schützen, wohl vorläufig als gescheitert betrachtet werden. Ist im elektronischen Geschäftsverkehr das gesellschaftliche Ungleichgewicht regelmäßig von der starken Position der Wirtschaft geprägt, stellt sich die Situation hier jedoch anders dar. Nicht die Industrie gefährdet mit unlauteren Methoden die Interessen der Verbraucher. Im Gegenteil, die Mitglieder verschiedener P2P- Musiktauschbörsen sind für einschneidende Verluste der Musikindustrie mitverantwortlich. Freiwillige Selbstregulierung, wie sie Gegenstand der vorliegenden Untersuchung ist, funktioniert jedoch nur im Rahmen eines Zusammenschlusses verschiedener Akteure, welche ähnli-

[710] Vgl. die Stellungnahme der *Deutschen Vereinigung für gewerblichen Rechtsschutz und Urheberrecht e.V.* zum „Grünbuch zum Verbraucherschutz in der Europäischen Union“, abrufbar unter: http://www.grur.de/Seiten/Themen/Stellungnahmen/StN_170102.html.
[711] *Hance*, Internet- Business & Internet- Recht, S. 89.

che Interessen wie die Steigerung der Glaubwürdigkeit einer bestimmten Branche verfolgen. Abgesehen von dem Interesse am kostenlosen Bezug ansonsten wesentlich teuerer Musikstücke, haben die Nutzer von Gnutella & Co wohl wenig gemein. Freiwillige Maßnahmen zum Schutze der Rechtsinhaber erscheinen untauglich.

Der Ruf nach einer Ausweitung des Schutzes des „Copyright" war demzufolge deutlich zu vernehmen. Es wurde gefordert, den Urheberrechtsschutz von der romantischen Vorstellung des „schöpferischen Genies" zu lösen und die Erhaltung der Innovationsfähigkeit in einem Netzwerk zum Gegenstand von grenzziehenden Ausschließungsrechten zu machen[712]. Insbesondere die gebeutelte Musikindustrie wurde nicht müde, auf den in Europa[713] in Gang gekommenen Gesetzgebungsprozess einzuwirken. Das bereits praktizierte DRM sollte eine gesetzliche Verankerung finden. In den Blick genommen werden sollen die Maßnahmen des europäischen und deutschen Gesetzgebers. Von besonderem Interesse ist die Frage nach einem Konzept des Ausgleichs zwischen den oben bereits angesprochenen widerstreitenden Interessen.

aa) Europäischer Rechtsrahmen

Die InfoSoc- Richtlinie sieht folgenden Kompromiss vor: In Art. 2 bis 4 statuiert sie zunächst die Rechte der Urheber, namentlich das Vervielfältigungsrecht, das Recht zur öffentlichen Wiedergabe von Werken, das Recht der öffentlichen Zugänglichmachung sonstiger Schutzgegenstände und das Verbreitungsrecht. In Art. 5 der Richtlinie wurden Ausnahmen und Beschränkungen aufgenommen. Ein besonderes Augenmerk gilt Art. 5 Abs. 2 lit. b. Die Mitgliedstaaten können Ausnahmen hinsichtlich des Vervielfältigungsrechts in Bezug auf Vervielfältigungen auf beliebigen Trägern zum privaten Gebrauch vorsehen. In diesem Zusammenhang finden jedoch auch die Interessen der Rechtsinhaber Beachtung. Art. 6 Abs. 1. der Richtlinie bestimmt, dass die Mitgliedstaaten einen angemessenen Rechtsschutz gegen die Umgehung wirksamer, technischer Schutzmaßnahmen[714] durch eine solche Person vorsehen müssen, der bekannt ist oder der

---

[712] *Vesting*, Subjektive Freiheitsrechte als Elemente von Selbstorganisations- und Selbstregulierungsprozessen in der liberalen Gesellschaft, in: Berg, Regulierte Selbstregulierung, S. 55.

[713] Zu den gesetzgeberischen Initiativen in den USA, *Thot/Behling*, USA, in: Spindler/Börner, E- Commerce- Recht in Europa und den USA, S. 807 ff..

[714] Nach Art. 6 der Richtlinie fallen hierunter „alle Technologien, Vorrichtungen oder Bestandteile, die im normalen Betrieb dazu bestimmt sind, Werke oder sonstige Schutzgegenstände betreffende Handlungen zu verhindern oder einzuschränken, die nicht von der Person genehmigt worden sind, die Inhaber der Urheberrechte [...] ist. Technische Maßnahmen sind als „wirksam" anzusehen, soweit die Nutzung eines geschützten Werks oder eines sonstigen Schutzgegenstands von den Rechtsinhabern durch eine Zugangskontrolle oder einen Schutzmechanismus wie Verschlüsselung, Verzerrung oder sonstige Umwandlung des Werks oder

bekannt sein muss, dass sie das Ziel einer Umgehung verfolgt. Hinsichtlich der Wirksamkeit ist auf den Durchschnittsnutzer abzustellen[715]. Wiederum zugunsten der Nutzer sieht die InfoSoc- Richtlinie im Anschluss eine Schranke der Verwendung technischer Schutzmechanismen vor. Nach Art. 6 Abs. 4 der InfoSoc- Richtlinie sollen zunächst die Rechtsinhaber auf freiwilliger Basis dem berechtigten Nutzer Mittel zur Nutzung des mit technischen Schutzmaßnahmen ausgestatteten urheberrechtlich geschützten Materials zum Zwecke der privaten Kopie zur Verfügung stellen. Dies erscheint verständlich, da der Gesetzgeber keinen Einfluss auf die Setzung der technischen Standards hat[716]. Den nationalen Gesetzgebern bleibt es nach der Richtlinie jedoch vorbehalten, imperative Maßnahmen zum Schutze der Schranken des Urheberrechts zu ergreifen[717].

bb) Die Umsetzung der InfoSoc- Richtlinie in deutsches Recht

Der deutsche Gesetzgeber hat sich mit der konsolidierten Fassung des Gesetzes zur Regelung des Urheberrechts in der Informationsgesellschaft vom 13. September 2003[718] gegen das Abwarten freiwilliger Maßnahmen entschieden. Dies verwundert nicht, da sich mit der Musikindustrie und den Verbrauchern hier keine gleichstarken Partner gegenüberstehen[719]. Die Industrie sah sich vor dem Hintergrund der Musikpiraterie mit dem Rücken zur Wand stehend, weshalb Zugeständnisse an die Nutzer nicht zu erwarten waren; mit der zunehmenden Implementierung von Kopierschutzmechanismen zeichnete sich bereits ab, dass die Industrie ihre starke Position nicht aufgeben würde[720].

In § 95 b Abs. 1 UrhG wird der Rechtsinhaber daher entsprechend der Vorgabe der Richtlinie angehalten, Mittel zur Verfügung zu stellen, die dem Nutzer u. a. die Privatkopie ermöglichen. Nach § 95 b Abs. 2 UrhG soll der Nutzer einen Anspruch gegen den Rechtsinhaber haben, ihm die zur Verwirklichung der jeweiligen Befugnis benötigten Mittel zur Verfügung zu stellen. Keine Beachtung fand eine im Schrifttum vorgeschlagene Selbsthilfelösung, wonach eine Umgehung von technischen Maßnahmen dann als gerechtfertigt anzusehen gewesen wäre, soweit sie zur Wahrnehmung einer Urheberrechtschranke erfolgt wäre. Eine solche Regelung steht im Widerspruch zum Wortlaut der Richtlinie, nach der der Rechtsinhaber das Mittel zur Verfügung stellen soll. Weiterhin würden

sonstigen Schutzgegenstands oder einen Mechanismus zur Kontrolle des Vervielfältigung, die die Erreichung des Schutzziels sicherstellen, unter Kontrolle gehalten wird.“.

[715] So auch *Spindler*, GRUR 2002, 116.

[716] *Kröger*, Informationsfreiheit und Urheberrecht, S. 266.

[717] Vgl. zum Ganzen *Spindler*, GRUR 2002, 105 ff..

[718] BGBl. I 2003, S. 1774.

[719] *Kröger*, Informationsfreiheit und Urheberrecht, S. 266.

[720] *Hoeren*, Urheberrecht und Verbraucherschutz, S. 31, hält es jedoch durchaus für möglich, dass die Industrie auch in Deutschland freiwillige Maßnahmen ergreifen würde.

hierdurch technisch versierte Verbraucher bevorzugt[721]. Nach dem Gesagten erscheint die Privatkopie für den Verbraucher gesichert.

§ 95 b UrhG macht jedoch eine für den Bereich des Internet gravierende Ausnahme. Nach § 95 b Abs. 1 Nr. 6 a) UrhG erstreckt sich die Schranke des Urheberrechts, deren Wahrnehmung die Rechtsinhaber durch die Zurverfügungstellung der technischen Mittel ermöglichen soll, nur auf solche Vervielfältigungen auf Papier oder einen ähnlichen Träger mittels beliebiger photomechanischer Verfahren oder anderen Verfahren mit ähnlicher Wirkung (Reprographie). Der Gesetzgeber hat sich zugunsten der DRM- Systeme hier eindeutig gegen die digitale Privatkopie entschieden. Nach der Neufassung des UrhG ist die Umgehung eines Kopierschutzmechanismus zu Zwecken einer digitalen Privatkopie unzulässig. Das Recht aus § 53 UrhG wird durch § 95 a UrhG entwertet[722]. Dem Verbraucher droht zwar weder ein Straf- noch ein Bußgeldverfahren, dennoch kann er zivilrechtlich in Anspruch genommen werden[723]. Geht man davon aus, dass Tonträger künftig in noch größerem Umfang mit entsprechenden technischen Maßnahmen ausgestattet werden, so sind zumindest nach dem Gesetz die Tage vom MP3 gezählt. In der gesetzgeberischen Maßnahme spiegelt sich das Interesse der Musikindustrie wieder. Man möchte den illegalen Musiktauschbörsen und der stetigen Verbreitung von Raubkopien über das Internet zu Recht den Garaus machen. Auf eine kritische Stellungnahme kann indes nicht verzichtet werden. Ist der Gesetzgeber mit dem Entwurf über das Ziel hinausgeschossen? Auf die Bedenken, die DRM- Systemen entgegengebracht werden müssen, wurde bereits hingewiesen[724]. Schließlich wird mit der neuen Regelung die bisher erlaubte digitale Kopie einer Musik- CD beispielsweise für den Gebrauch im Auto ad acta gelegt. Nun mag man zugestehen, dass das generelle Verbot der digitalen Privatkopie eine präventive Wirkung im Hinblick auf die Teilnahme am regen Austausch über Gnutella & Co haben kann, legitime Interessen der Allgemeinheit betreffend den Austausch kultureller Güter erscheinen indessen gefährdet. Für den freien Fluss von Informationen und Kulturgütern in einem demokratischen Gemeinwesen ist die Privatkopierschranke von nicht zu unterschätzender Bedeutung[725]. Sowohl das Konzept der InfoSoc- Richtlinie als auch der mittlerweile umgesetzte deutsche Gesetzesentwurf haben daher vielfach Kritik erfahren[726].

---

[721] Vgl. hierzu und zu anderen potentiellen Lösungsmöglichkeiten für den Gesetzgeber, *Metzger/Kreutzer*, MMR 2002, 140 f..

[722] So auch *Ruttig*, http://www.der-syndikus.de/briefings/gr/gr_024.htm#15.

[723] *Hoeren*, Urheberrecht und Verbraucherschutz, S. 11.

[724] S. o. Ziff. B, II, 3.

[725] Vgl. hierzu die umgangreiche Begründung von *Metzger/Kreutzer*, MMR 2002, 142.

[726] *Kröger*, Informationsfreiheit du Urheberrecht, S. 269; vgl. den Kommentar von *Schrader* in der SZ vom 29. März 2003, S. 4.

Deshalb wird im Sinne eines schonenderen Ausgleichs vorgeschlagen, die Privatkopie der Pauschalvergütung i. S. d. §§ 54, 54a UrhG an die Urheber auszusetzen, wobei an eine entsprechende Differenzierung zwischen analoger und digitaler Technik zu denken wäre[727]. Denkbar wäre es schließlich, mit der Ausweitung der Rechte, die der Urheber gegen den Verletzer geltend machen kann, einen Abschreckungseffekt zu erzielen[728].

b) Der Code of Practice im Rahmen des Projekts RESPECT

Ob das neue Urheberrecht in der Lage sein wird, die illegalen Musiktauschbörsen in den Griff zu bekommen, wird sich erst noch zeigen müssen. Unabhängig von gesetzgeberischen Maßnahmen gilt es, gerade bei jüngeren Nutzern das Bewusstsein für das geistige Eigentum anderer zu wecken und zu stärken. Es muss vermittelt werden, dass der Unwertgehalt der Verbreitung einer Raubkopie demjenigen des Diebstahls einer CD- Rom im Laden nicht nachsteht. Dies gilt jedoch nicht nur für Musiktauschbörsen sondern für alle Bereiche, in denen angesichts der Digitalisierung Verletzungen der Urheberrechte drohen.
In der Ausbildung eines solchen Bewusstseins vor dem Hintergrund der geltenden rechtlichen Regelungen liegt wohl auch das Ziel des Projekts RESPECT[729]. Adressat ist hier indes die Wissenschaft. RESPECT wurde von der EU- Kommission im Rahmen des Programms *Information Society Technologies* (IST) gegründet und zielt darauf ab, professionelle und ethische Richtlinien für die sozioökonomische Forschung in der Informationsgesellschaft zu entwickeln. Das Projekt wird von zahlreichen Forschungseinrichtungen europäischer Universitäten als Partner betreut. Im Hinblick auf den Umgang mit Immaterialgüterrechten wie dem Urheberrecht in der Informationsgesellschaft hat RESPECT einen Code of Practice zur Diskussion gestellt[730] und schließlich eine Endversion veröffentlicht[731]. Der Code bestimmt unter anderem die Grenzen der Nutzung von Urheberrechten und verwandten Schutzrechten im Zusammenhang mit wissenschaftlicher Forschung, bzw. gibt dem Forschenden einen Katalog an die Hand, wie er sich verhalten sollte, um Urheberrechtsverletzungen zu vermeiden. Darüber hinaus sticht ins Auge, dass auch im Rahmen des Projekts RESPECT fest-

---

[727] So *Hoeren*, Urheberrecht und Verbraucherschutz, S. 30, der die Notwendigkeit eines angemessenen Ausgleichs vor dem Hintergrund des Art. 5 Abs. 2 GG betont.
[728] Vgl *Hoeren*, MMR 2003, 299, der einen ersten Überblick über den Entwurf einer *Richtlinie über Maßnahmen und Verfahren zum Schutz der Rechte an geistigem Eigentum* bespricht. Kern der Richtlinie ist es, den Urheber durch die Verschärfung der juristischen Handhabe gegen den Verletzer zu schützen. Es ist unter anderem ein doppelter Schadensersatz vorgesehen, der in seiner Struktur dem US- amerikanischen Strafschadensersatz ähnelt.
[729] Vgl. http://www.respectproject.org.
[730] Vgl. http://www.respectproject.org/code/feedback.pdf.
[731] Vgl. http://www.respectproject.org/code/index.php?id=de.

gestellt wird, dass „good practice" über die gesetzlichen Regelungen hinausgeht. Auch in dieser Hinsicht spricht der Code Empfehlungen aus[732].

Befasst sich der Code zwar nicht mit der oben diskutierten Privatkopie, so zielt er jedoch unmittelbar auf die Schranke des § 53 Abs. 2 Nr. 1 UrhG ab – die Vervielfältigung urheberrechtlich geschützter Werke zum wissenschaftlichen Gebrauch. Im Gegensatz zur digitalen Privatkopie nimmt § 95 b Abs. 1 Nr. 6 b) UrhG die digitale Kopie zu wissenschaftlichen Zwecken nicht aus. Hier wurden vereinzelt Befürchtungen geäußert, durch die Neuregelung des Urheberrechts würde ein „Tor für eine Wissenschaftsvariante der Tauschbörse Napster" geöffnet[733]. RESPECT hat es sich hier zur Aufgabe gemacht, die unterschiedlichen rechtlichen Regelungen verschiedener Staaten auf dem Felde des Urheberrechts zu vergleichen, um Unsicherheiten, die im Rahmen einer grenzüberschreitenden Forschung entstehen, auszuräumen. Auch im Bereich des Urheberrechts trifft man also auf Bemühungen, die abseits hemmender, politischer Grabenkämpfe Anstrengungen unternehmen, i. S. d. Harmonisierung der EU- Rechtsordnungen Verhaltensrichtlinien auszuarbeiten. Auch hier zeigt sich der Vorteil einer flexiblen Organisationsstruktur zur Schaffung von Regeln. Es bleibt zu hoffen, dass auch die Kommission im Rahmen ihrer Berichte über die Anwendung der InfoSoc- Richtlinie nach Art. 12 auf die im Rahmen des Projekts RESPECT gewonnenen Erfahrungen zurückgreifen wird.

VI. Musterbeispiele für die Verankerung, Adaption und Rezeption der Selbstregulierung in gesetzlichen Regelungen

Galt in der Voruntersuchung das Hauptaugenmerk den Verhaltenskodizes, gilt es im Folgenden auch die übrigen bereits beschriebenen Elemente der Selbstregulierung im elektronischen Geschäftsverkehr zumindest teilweise wieder in den Blick zu nehmen. Der Staat reklamiert – nicht zuletzt aufgrund technischer und gesellschaftlicher Neuerungen - bei der Bewältigung öffentlicher Aufgaben nicht mehr die alleinige Zuständigkeit und ruft Verbände, Unternehmen und andere private oder auch halbstaatliche Träger verstärkt in die Verantwortung[734]. Er begünstigt aus dieser Situation heraus zunehmend die Selbstregulierung

[732] Vgl. zu den urheberrechtlichen Fragen des Projekts auch den Report „Intellectual Property Aspects of Socio- Economic Research" des Instituts für Informations- Telekommunikations- und Medienrecht der Universität Münster, abrufbar unter: http://www.respectproject.org/property/property_full.pdf.

[733] Vgl. den Kommentar des Präsidenten des *Europäischen Instituts für internationale Wirtschaftsbeziehungen* (EIIW) an der Universität Potsdam *Welfens* in der SZ vom 5./6. April 2003, S. 22. *Welfens* sieht den Wirtschaftsstandort Deutschland gefährdet, da die besten und innovativsten Forscher seiner Auffassung nach ihre Werke künftig nicht mehr in Deutschland sondern im Ausland publizieren würden.

[734] *Wulsdorf*, Verbandliche Selbstregulierung, S. 131.

durch ihre Aufnahme in gesetzliche Regelungen. In jüngeren Gesetzeswerken auf Gemeinschaftsebene und auch in Deutschland sind daher eine Vielzahl von Ansatzpunkten für die Rezeption von Selbstregulierungsmechanismen verortet. Dies gilt insbesondere für solche des elektronischen Geschäftsverkehrs. Jedoch auch in anderen Bereichen finden sich entsprechende Anhaltspunkte.

1. Die supranationale Ebene

Auf die im Bereich des E- Commerce zentralen Vorschriften der Art. 16 und 8 der ECRL wurde bereits hingewiesen. Insbesondere die Wirtschaft, aber auch andere Interessenverbände werden ermutigt, Verhaltenskodizes zu entwickeln. Die Codes of Conduct kann der Ersteller von der EU- Kommission auf ihre Entsprechung mit den EU- Richtlinien hin überprüfen lassen. Es ist somit möglich auf diese Weise eine Art offizielle Anerkennung zu erhalten. Hierdurch wird eine Quasi- Legitimation durch die EU- Kommission erreicht[735].

Vor dem Hintergrund des bereits angesprochenen Art. 25 Abs. 1 der DSRL, sticht im Hinblick auf die Integration von Selbstregulierungsmechanismen die Ausnahmeregelung des Art. 26 Abs. 2 der Richtlinie ins Auge. Ein Mitgliedstaat kann die Übermittlung personenbezogener Daten in ein Drittland mit geringerem Schutzniveau erlauben,

„wenn der für die Verarbeitung Verantwortliche ausreichende Garantien hinsichtlich des Schutzes der Privatsphäre, der Grundrechte und der Grundfreiheiten der Personen sowie hinsichtlich der Ausübung der damit verbundenen Rechte bietet; diese Garantien können sich insbesondere aus entsprechenden Vertragsklauseln ergeben."

Neben den im Richtlinientext angesprochenen Vertragsklauseln, können die Garantien auch darin bestehen, dass sich ein global tätiges Unternehmen selbst einem Verhaltenskodex unterwirft[736]. Diese Feststellung bildet die Grundlage für die Verabschiedung des bereits dargestellten Safe Harbor Abkommens. Nach dem Safe Harbor Abkommen haben US- Unternehmen die Möglichkeit, eventuelle Sperrungen im Datenverkehr durch die Unterwerfung unter die datenschutzbezogenen Principles abzuwenden.

Art. 27 der DSRL der EG sieht schließlich vor, dass die Mitgliedstaaten und die Kommission die Ausarbeitung von Verhaltensregeln fördern, die nach Maßgabe der Besonderheiten der einzelnen Bereiche zur ordnungsgemäßen Durchführung der einzelstaatlichen Vorschriften beitragen sollen. Die Richtlinie sieht

[735] *Rieß*, Globalisierung und Selbstregulierung, in: Kubicek, Internet@Future, S. 338.
[736] *Büllesbach/Höss- Löw*, DuD 2001, 136.

auch hier Berufsverbände und andere Vereinigungen als geeignete Entwickler der Verhaltensregeln vor[737].

Auch die im Bereich des Telekommunikationsrechts verabschiedete Universaldienstrichtlinie[738] statuiert Art. 33 Abs. 2, dass die Betroffenen unter Leitung der nationalen Regulierungsbehörden gegebenenfalls Verfahren entwickeln,

„in die Verbraucher, Nutzergruppen und Diensteerbringer eingebunden werden, um die allgemeine Qualität der Dienstleistung zu verbessern, indem u.a. Verhaltenskodizes und Betriebsstandards entwickelt und überwacht werden".

2. Die nationale Ebene

Im Zusammenhang mit der Umsetzung der ECRL haben die Verhaltenskodizes mittlerweile Aufnahme in das BGB gefunden. Gemäß § 3 Nr. 5 BGB- InfoV i. V. m. § 312 e Abs. 1 Nr. 2 BGB i. V. m. Art 241 EGBGB muss der Anbieter den Kunden

„über sämtliche einschlägigen Verhaltenskodizes, denen sich der Unternehmer unterwirft, sowie die Möglichkeit des elektronischen Zugangs zu diesen Regelwerken"

informieren.

Weitere Anknüpfungspunkte finden sich im Datenschutzrecht. Im Rahmen der Umsetzung der DSRL wurde in § 38 a BDSG eine Regelung aufgenommen, nach der Berufsverbände und andere Vereinigungen, die bestimmte Gruppen von verantwortlichen Stellen vertreten, Entwürfe für Verhaltensregeln zur Förderung der Durchführung von datenschutzrechtlichen Regelungen der zuständigen Aufsichtsbehörde unterbreiten können. Gemäß Abs. 2 der Vorschrift ist die Behörde daraufhin verpflichtet, die Vereinbarkeit der ihr unterbreiteten Entwürfe mit dem geltenden Datenschutzrecht zu überprüfen.

Ähnlich dem § 9 a BDSG stellt § 17 MDStV die Grundlage für die Einführung eines DA speziell für Informations- und Kommunikationsdienst dar.

Als Anreiz für die Unternehmen an der Verwirklichung gesellschaftlicher Ziele mitzuwirken, bietet sich das staatliche Regulierungsinstrument der Freistellung von bestimmten, ordnungsrechtlichen Verpflichtungen an. Diese Möglichkeit hat der Gesetzgeber wie bereits angedeutet im Bereich des Jugendschutzes aufgegriffen. Die nachfolgenden Regelungen tragen dem Umstand Rechnung, dass die Inhalte im Internet aufgrund der Vielfalt nur bedingt kontrollier-

---

[737] Vgl. dazu auch *Weichert* in Kilian/Heussen: Computerrechtshandbuch, § 134 Rz. 5.

[738] Richtlinie des Europäischen Parlaments und des Rates vom 7. März 2002 über den Universaldienst und Nutzerrechte bei elektronischen Kommunikationsnetzen und- diensten (Universaldienstrichtlinie- URL), ABl. EG Nr. L 108/51, vgl. hierzu *Husch/Kemmler/Ohlenburg*, MMR 2003, 139.

bar sind. § 8 Abs. 4 MDStV, sowie der über das IuKDG auch auf Teledienste anwendbare § 7 a GjS erlauben der Wirtschaft, den von Gesetzes wegen vorgesehenen Jugendschutzbeauftragten dann nicht zu bestellen, wenn sie statt dessen eine Organisation zur Wahrnehmung des Jugendschutzes verpflichten. Auch in neueren Vorhaben bleibt der Gesetzgeber hier seiner Linie treu. § 19 des JMStV sieht ebenso Einrichtungen der Freiwilligen Selbstkontrolle vor.

VII. Legitimation der Kodizes als Elemente der Selbstregulierung

Sollten Selbstregulierungsmechanismen wie Verhaltenskodizes aus rechtspolitischer Sicht in die Rechtsordnung integriert werden, stellt sich im Anschluss die Frage, ob diese möglicherweise auch als „Recht" qualifiziert werden können. Weiterhin gilt es zu klären, inwieweit geltendes Recht die Adaption an bestimmte Voraussetzungen bindet. Hier ist u. a. an das Demokratieprinzip und das Kartellrecht zu denken.

1. Die Einordnung von Verhaltenskodizes und anderen Selbstregulierungsmechanismen in die Rechtsquellen

Träger der Rechtsordnung ist nach allgemeiner Auffassung der Staat, da die staatliche Souveränität die Staatsmacht zur Rechtsmacht werden lässt. Hieraus folgt, dass staatlich gesetzte Regeln als Recht zu qualifizieren sind[739]. Um Rechtsqualität zu erlangen bedürfen private Normen daher staatlicher Anerkennung[740]. Nach *Mankowski* sind soziale Standards und Manieren im Cyberspace - und Verhaltenskodizes sind zunächst einmal als solche zu verstehen - also „virtuelles Recht" kein Recht, da Recht der staatlichen Legitimation und Durchsetzung bedürfe[741]. Dieses Urteil muss jedoch vor dem Hintergrund der zunehmenden gesetzgeberischen Unternehmungen, über gesetzliche Vorschriften den Selbstregulierungsmechanismen Eingang in die Rechtsordnung zu verschaffen, sowie der Aufgabe der Gerichte Generalklauseln auszufüllen, einer näheren Untersuchung unterworfen werden.

In der Debatte um die Legitimation der lex mercatoria stellt sich für die Mercatoristen das Problem, dass die lex mercatoria nicht den nach dem internationalen Verständnis allgemein anerkannten Rechtsordnungen zugeordnet werden kann. Zweifelsfrei anerkannt sind namentlich nur die nationalstaatlichen und die

[739] So *Fleiner- Gerster*, Allgemeine Staatslehre, S. 176 f., mit der Einschränkung, grobes Unrecht würde nicht zum Recht, selbst wenn es vom Staat dekretiert wird. Der Staat sei daher an die Grenzen der Menschlichkeit gebunden; *Zippelius*, Allgemeine Staatslehre, § 9 III 2; *Kirchhof*, Private Rechtssetzung, S. 52.
[740] So *Kirchhof*, aaO, S. 53.
[741] *Mankowski*, AfP 1999, 139.

supranationale Rechtsordnung sowie die Völkerrechtsordnung[742]. Ähnlich ergeht es den Verfechtern einer Integration von Selbstregulierung durch Private in das Recht des Internet. Festzustellen ist in diesem Zusammenhang, dass die europäische Harmonisierung und Integration sowie das zunehmende Auftreten grenzüberschreitender Sachverhalte – so insbesondere im www – die Bedeutung supra- und internationaler Rechtsquellen steigern. Das nationale Recht verschränkt sich im Onlinebereich zunehmend mit diesen Rechtsquellen[743]. Sie sind zuerst in den Blick zu nehmen.

a) Rechtsquellen im internationalen Kontext – Das Völkerrecht

Das Völkerrecht generiert seine Rechtsquellen aus dem internationalen Gewohnheitsrecht und den völkerrechtlichen Verträgen. Vor dem Hintergrund der vorliegenden Problematik sticht Art. 38 Abs. 1 lit. c – e des Statuts des internationalen Gerichtshofs ins Auge. Hiernach gehören als Rechtserkenntnisquellen dazu auch die von den Kulturvölkern anerkannten allgemeinen Rechtsgrundsätze, sowie richterliche Entscheidungen und die Lehren der anerkannten Völkerrechtler der verschiedenen Nationen. Das Grundgesetz sieht in Art. 25 die Transformation dieser „allgemeinen Regeln des Völkerrechts“ in das deutsche Recht vor, wobei sie allerdings nicht über der Verfassung stehen, sondern Bestandteil des allgemeinen Bundesrechts werden[744]. Nun ist jedoch bereits an dieser Stelle festzustellen, dass die Entstehung von Völkergewohnheitsrecht ein langsamer Prozess ist. Gerade im Bereich des vergleichsweise jungen Regelungsgegenstandes Internet ist ein Völkergewohnheitsrecht noch nicht ausgebildet. In der Debatte um die Existenz allgemeiner informations- und kommunikationsbezogener völkerrechtlicher Prinzipien stellt sich die Frage, ob das Prinzip des freien Informationsaustausches (free flow of information), welches insbesondere auf dem Sektor des Schutzes personenbezogener Daten relevant wird, als ein solches völkerrechtliches Prinzip zu qualifizieren ist. Für eine solche Einordnung spricht die Tatsache, dass eine Vielzahl der Rechtsordnungen – hier ist beispielsweise die US- amerikanische zu nennen - diesen Grundsatz kennen. Man befürchtet indessen eine Bevormundung durch die westlichen Industriestaaten[745]. Daher wird dem völkerrechtlichen Grundsatz der Informationsfreiheit das in der Charta der UN in Art. 2 Ziff. 7 verankerte Interventionsverbot entgegengehalten. Nach dem Interventionsverbot wird die Jurisdiktion internationaler Gerichte und Schiedsgerichte zugunsten der staatlichen Jurisdiktion begrenzt.

---

[742] *Weise*, Lex mercatoria, S. 61.

[743] *Mayer*, ZfRSoz 23 (2002), 112, der auf die „Internationalisierung als die Globalisierung des Rechts“ verweist.

[744] Vgl. zum Ganzen, *Rüthers*, Rechtstheorie, Rz. 220 ff..

[745] Vgl. *Mayer*, ZfRSoz 23 (2002), 95.

Die Rücksichtnahme auf die Angelegenheiten, die ihrem Wesen nach zur inneren Zuständigkeit eines Staates gehören, hat ihren juristischen Grund in der Achtung des Grundsatzes der souveränen Gleichheit aller Mitglieder und wird als Grundlage der Organisation vorausgesetzt[746]. Das Interventionsverbot wurde insofern mit Aktivitäten wie dem staatlichen Hacking bzw. Angriffen auf die elektronische Infrastruktur von Staaten in Verbindung gebracht[747].

aa) Soft Law und Gentlemen's Agreements – Die Richtlinien Internationaler Organisationen

Insbesondere die Völkerrechtswissenschaft beschäftigt sich intensiv mit Grauzonen und Zwischenschichten des Rechts, die als *Soft Law* oder Gentlemen's Agreements[748] bezeichnet werden. Es ist bereits deutlich geworden, dass nicht jede freiwillige Absprache eine rechtliche Bindungswirkung entfaltet. Schon vom Begriff her kann das Soft Law zumindest nach der strengen, klassischen Lehre keine Rechtsquelle sein[749]. Soft Law könnte aus deutscher Sicht als eine, einer rechtlichen Bindung ähnlich wirkende, Anbindung eines völkerrechtlichen Subjekts an eine Norm verstanden werden, die von ihm mitgeschaffen oder unterstützt wurde, die aber faktisch keine rechtlich verbindliche Wirkung besitzt[750]. Unter das Soft Law fallen auch Verhaltensregeln (Verhaltenskodizes) international tätiger Organisationen. Wie es den Verhaltenskodizes eigen ist, wollen auch die völkerrechtsrelevanten Kodizes die Adressaten in erster Linie moralisch verpflichten.

Solche Verhaltensregeln, die in einem institutionellen Rahmen geschaffen wurden, erzielen allerdings - abgesehen von ihrer gerichtlichen Durchsetzbarkeit - tatsächlich dem Recht ähnliche Wirkungen und weisen daher kaum mehr einen Unterschied zur Rechtsqualität auf[751]. Unterwerfen sich die Adressaten, so erhal-

---

[746] Simma/*Ermacora*, Charta der Vereinten Nationen, Art. 2 Ziff. 7 Rz. 2 ff..

[747] Vgl. die Diskussion bei *Mayer*, ZfRSoz 23 (2002), 95, mit dem Hinweis auf Berichte über Angriffe US- amerikanische Hacker auf Websites der serbischen Regierung während des Balkankrieges. Das völkerrechtliche Prinzip der Informationsfreiheit ebenso ablehnend, *Determann*, Kommunikationsfreiheit im Internet, S. 324, u. a. auf die staatliche Praxis in China, Vietnam, Singapur und einigen arabischen Staaten verweisend, die einen direkten Zugriff auf ausländische Datenbanken verhindern und statt dessen den gesamten externen Datenverkehr über staatlich kontrollierte Proxy- Server ablaufen lassen.

[748] Im Völkerrecht werden formlose rechtliche Verpflichtungen als auch die, die Parteien nicht rechtlich bindende, lose Abmachung, welche nur auf Treu und Glauben beruht als Gentlemen's Agreement bezeichnet, vgl. *Startmann*, Kartellrechtliche Probleme beim Gentlemen's Agreement, S. 4.

[749] So *Seidl- Hohenveldern/Stein*, Völkerrecht, Rz. 174 a.

[750] *Wulsdorf*, Verbandliche Selbstregulierung, S. 153.

[751] *Kunig*, Alternativen zum einseitig- hoheitlichen Verwaltungshandeln, in: Hoffmann-Riem/Schmidt- Aßmann, Konfliktbewältigung, Bd. I, S. 53 f.; *Meessen*, NJW 1981, 1131.

ten die Verhaltensregeln unter dem Gesichtspunkt des Vertrauensschutzes rechtliche Bedeutsamkeit. Ein einseitiges Handeln ist für das handelnde Völkerrechtssubjekt namentlich dann rechtsbegründend, wenn jeder Dritte darauf vertrauen kann, dass es zu seinem Wort stehen wird[752]. Ähnlich der bereits zum Handelsbrauch getroffenen Feststellungen kann ein unverbindlicher Verhaltenskodex auch im Völkerrecht eine Zwischenstufe zu neuem Völkergewohnheitsrecht darstellen, welches dann seinerseits rechtlich bindend wäre[753]. Neben der Voraussetzung des Vorliegens einer Rechtsüberzeugung (opinio juris sive necessetatis) gilt auch hier nach der überwiegenden Auffassung in der Judikatur die weitere Voraussetzung einer notwendigen allgemeinen Übung. Die allgemeine Übung bedarf allerdings einer gewissen Dauer, Einheitlichkeit und Verbreitung[754]. Es ist festzustellen, dass die rechtliche Unverbindlichkeit der Kodizes die Annahme der Entwicklung von Völkergewohnheitsrecht zusätzlich erschwert[755]. Insofern ist es freilich noch nicht an der Zeit, bei den seitens der ICC oder OECD publizierten Richtlinien von Völkergewohnheitsrecht sprechen zu können. Betrachtet man jedoch den Einfluss gerade der von der OECD herausgegebenen Richtlinien, so sollten die Entwicklungen im Auge behalten werden.

Eine gewisse Bedeutung im Zusammenhang mit der Regulierung des Internet wird auch der Freihandelszone der *Welthandelsorganisation* (World Trade Organisation - WTO) eingeräumt, die jedoch im wesentlichen keine Rechtssetzung betreibt, sondern ihre Anstrengungen auf den Abbau von Handels- und Dienstleistungshemmnissen zur Gewährleistung des Marktzugangs konzentriert. Betont die WTO, ihrerseits keine Regelungsinitiativen im Bereich des Internet zu verfolgen, so fällt jedoch auf, dass Telekommunikations- und Internetdienstleistungen durch das *General Agreement on Trade Services* (GATS) von 1994[756] für die verpflichteten WTO- Mitgliedstaaten geregelt sind. Das GATS legt Verhaltenspflichten auf, die durchaus Züge eines Rechtssystems aufweisen. Die Pflichten erstrecken sich auf den elektronischen Kauf und Verkauf von Waren und Dienstleistungen und umfassen darüber hinaus die Erbringung von Dienstleistungen an den Endverbraucher in Gestalt von digitaler Information[757].

---

[752] *Seidl- Hohenveldern/Stein*, Völkerrecht, Rz. 495, 175.

[753] *Gessner*, ZfRSoz 23 (2002), 295, beschreibt die Entwicklung des Hard Law über das Soft Law; *Wulsdorf*, Verbandliche Selbstregulierung, S. 154, spricht von „Rohstoffen für die spätere Verrechtlichung".

[754] *Ipsen*, Völkerrecht, § 16 Rz. 5 ff.; *Seidl- Hohenveldern/Stein*, Völkerrecht, Rz. 490.

[755] *Bryde*, Internationale Verhaltensregeln für Private, S. 25.

[756] BGBl. 1994 II, S. 1643.

[757] Vgl. *Mayer*, ZfRSoz 23 (2002), 102 f..

bb) Rechtliche Relevanz selbstregulativer Elemente über den Einfluss von NGOs?

Einen festen Platz auf dem Sektor der globalen Normbildung nehmen die NGOs ein. Tätig sind diese heute vor allem in den Bereichen der Friedenssicherung, des Umwelt- und Klimaschutzes, der Menschenrechte, der Ausarbeitung von Konzepten für eine neue Weltwirtschaftordnung und den damit einhergehenden Entwicklungsproblemen in der Dritten Welt. Auch wenn soweit ersichtlich noch keine einheitliche Definition gefunden ist, zeichnen sich NGOs durch das kumulative Vorliegen folgender Charakteristika aus: Sie müssen von Privaten gegründet worden sein, vom Staat unabhängig und auf Normsetzung ausgerichtet sein, überwiegend Interessen des Allgemeinwohls vertreten, transnational agieren und eine gewisse Organisationsstruktur besitzen[758]. Die Schätzung der Anzahl der transnational tätigen Gruppen schwankt je nach Quelle zwischen 5000 und 30000. Die hierzulande wohl bekanntesten NGOs sind *Amnesty International*[759] und *Greenpeace*[760].

Im Rahmen der Debatte um die Koexistenz verschiedener Normenordnungen stößt man unweigerlich auf die unterschiedlichen Funktionen und Aktivitäten der NGOs[761]. Im Zuge der Globalisierung lässt sich beobachten, dass die NGOs zunehmend von den Staaten mit Aufgaben betraut werden. Es stellt sich die Frage, ob hieraus eine Rechtssetzungsbefugnis gefolgert werden kann. Diese stünde in engem Zusammenhang mit der Frage der Rechtspersönlichkeit der NGOs. Es fällt jedoch auf, dass es aufgrund der Vielgestaltigkeit des Begriffs der NGO bereits hinsichtlich der Handlungsfähigkeit und Rechtsnatur Meinungsunterschiede gibt. In den Nationalstaaten sind die NGOs regelmäßig in der Rechtsform eines Vereins organisiert. Es existieren in den einzelnen Staaten unterschiedliche Regelungen zur Verleihung der Rechtspersönlichkeit[762]; insofern wird die Ausformung eines einheitlichen Personalstatuts durch paralleles Landesrecht verworfen. Ebenso liegen greifbare Ergebnisse hinsichtlich der Schaf-

---

758 So die Definition von *Hobe*, zit. nach *Gessner*, ZfRSoz 23 (2002), 290; vgl. auch *Delbrück/Wolfrum*, Völkerrecht, S. 232; *Blum*, Die Anerkennung von NGOs im Internationalen Privatrecht, S. 3 ff.; *Hummer*, Internationale nichtstaatliche Organisationen im Zeitalter der Globalisierung – Abgrenzung, Handlungsbefugnisse, Rechtsnatur - , in: Dicke, Völkerrecht und Internationales Privatrecht, S. 200, ist jedoch der Auffassung, dass die Kriterien der Nichtstaatlichkeit und der Nicht- Gewinnorientiertheit angesichts der „Streubreite“ der Erscheinungsformen, die in der Literatur als NGO bezeichnet werden, nicht als absolut tragfähige Abgrenzungsmerkmale taugten.

759 Vgl. http://www.amnesty.org.

760 Vgl. http://www.greenpeace.org.

761 Vgl. zum Ganzen *Gessner*, ZfRSoz 23 (2002), 290 ff..

762 Vgl. hierzu *Blum*, Die Anerkennung von NGOs im Internationalen Privatrecht.

fung eines internationalen Statuts zur Schaffung einer Rechtspersönlichkeit weder auf völkerrechtlicher Ebene noch auf supranationaler Ebene vor. Die wechselseitige innerstaatliche Anerkennung von NGOs als internationale juristische Personen des Privatrechts wurde auf völkerrechtlicher Ebene schließlich am 24. April 1986 von den Mitgliedstaaten des Europarats erreicht: Über das *Europäische Abkommen Nr. 124 über die Anerkennung der Rechtspersönlichkeit internationaler nichtstaatlicher Organisationen*[763]. Da jedoch das Übereinkommen bisher lediglich in neun Staaten – darunter nicht Deutschland – in Kraft getreten ist, erscheint die Beantwortung der Frage nach der Anerkennung der NGOs im Ausland dem IPR vorbehalten zu bleiben[764].

Möglicher Ausgangspunkt für eine wenigstens partielle Anerkennung der Rechtspersönlichkeit der NGOs im Völkerrecht wäre eine Ausstattung derselben mit völkerrechtlichen Handlungsbefugnissen. Hier schließt sich der Kreis. Es sind drei unterschiedliche Betätigungsfelder hervorzuheben: Die Mitarbeit von NGOs an den Aktivitäten der *Internationalen Regierungsamtlichen Organisationen* (International Governmental Organisations – IGOs) in Form eines Konsultativ- und Beobachterstatus, als Verfahrensbeteiligte der internationalen Schiedsgerichtsbarkeit und an der internationalen Rechtssetzung etwa durch völkerrechtliche Verträge[765]. Das besondere Augenmerk gilt - gerade mit dem Blick auf ICANN - der rechtssetzenden Funktion. Den NGOs werden gemeinhin keine Rechtssetzungsbefugnisse zugestanden; ihnen kommt in erster Linie beratende Funktion zu[766]. In diesem Zusammenhang kommt zum einen die Mitwirkung in Form des „agenda setting", der Initiierung und Mitwirkung an der Ausarbeitung völkerrechtlicher Verträge in Betracht. Weiterhin können sich NGOs im Bereich des „standard setting" an der Ausarbeitung allgemeiner Normen beteiligen. Letztlich kommt den NGOs die Funktion des „monitoring", der Überwachung, Kontrolle und Implementierung völkerrechtlicher Verträge zu[767]. Setzen die NGOs somit nicht originär Recht, so werden sie doch mit nicht zu

---

[763] *Hummer*, Internationale nichtstaatliche Organisationen im Zeitalter der Globalisierung – Abgrenzung, Handlungsbefugnisse, Rechtsnatur - , in: Dicke, Völkerrecht und Internationales Privatrecht, S. 202 f..

[764] So *Blum*, Die Anerkennung von NGOs im Internationalen Privatrecht, in seiner Einleitung; vgl. hierzu auch *Delbrück/Wolfrum*, Völkerrecht, S. 242.

[765] *Hummer*, Internationale nichtstaatliche Organisationen im Zeitalter der Globalisierung – Abgrenzung, Handlungsbefugnisse, Rechtsnatur - , in: Dicke, Völkerrecht und Internationales Privatrecht, S. 204.

[766] Vgl. *Seidl- Hohenveldern/Stein*, Völkerrecht, Rz. 805, 1570; *Delbrück/Wolfrum*, Völkerrecht, S. 242, bezeichnen die NGOs als „wesentlichen Teilnehmer" an der internationalen Rechtssetzung bzw. Rechtsdurchsetzung.

[767] *Hummer*, Internationale nichtstaatliche Organisationen im Zeitalter der Globalisierung – Abgrenzung, Handlungsbefugnisse, Rechtsnatur - , in: Dicke, Völkerrecht und Internationales Privatrecht, S. 161 ff..

vernachlässigenden Aufgaben betraut[768]. Es werden hier autonom handelnde Private an der Regulierung beteiligt.

cc) Die Rolle der ICANN

In Bezug auf das Internet schließt sich an diese Feststellungen die Frage nach der Rolle von ICANN an. Kann ICANN als NGO bezeichnet werden und kommt ihr demnach eine Funktion im Rahmen der völkerrechtlichen Rechtsfindung zu, oder ergibt sich die Bedeutung von ICANN eher aus dem faktischem Einfluss im Rahmen ihres Betätigungsfeldes? ICANN, die im Jahre 1998 als „Non- for- Profit Corporation" nach kalifornischem Recht gegründet wurde, obliegt im wesentlichen die Vergabe der Internet- Domains.

(1) Entwicklung abseits imperativer Intervention

Bemerkenswert erscheint, dass die Vergabe der Domains sich abseits staatlicher Einflussnahme auf privatinitiativer Ebene - auch über die Vergabe der neuen TLDs - zu einem erstaunlich gut funktionierenden System entwickelt hat. Zugestanden sei, dass die Arbeit der ICANN von der US- Regierung gebilligt wurde. Diese zog sich jedoch zunehmend aus der Regulierungsverantwortung zurück[769]. Im Oktober 1998 hatte das DoC in einem Memorandum of Understanding (MoU) ICANN als für die Kernressource des Internet (Domainnamen, Adressen, Protokolle und Root Server, sowie die rechtlichen und sonstigen Fragen mit den vorgenannten Aufgaben) zuständige internationale, private Gesellschaft anerkannt[770]. Ihrem Auftrag nach befasst sich ICANN somit in erster Linie mit dem Management der Internet- Namen und – Adressen[771] und bietet Konzepte zur Streitschlichtung an. ICANN hat somit ungeachtet der theoretischen Diskussion um die ideale Regulierungsstruktur faktisch einen wesentlichen Anteil an der Regulierung des Internet inne[772]. Hierbei ist festzustellen, dass ICANN zunächst

---

[768] Vgl. *Delbrück/Wolfrum*, Völkerrecht, S. 243, mit dem Hinweis, von einer mangelnden Völkerrechtlichen Relevanz nichtsstaatlicher Organisationen könne somit heute nicht mehr die Rede sein.

[769] Vgl. *Kloepfer*, Informationsrecht, S. 55, der darauf hinweist, eine Organisation des Internet auf UN- Ebene sei letztlich aufgrund des Vorbehalte der USA nicht zustande gekommen. Weiterhin sei nicht zu verkennen, dass die Gründung und das Agieren der ICANN stark unter dem Einfluss US- amerikanischer Politik stünden; *Holznagel/Werle*, ZfRSoz 23 (2002), 9, die feststellen: „ICANN operates <<in the shadow of the state>> from which it has borrowed its authority".

[770] Vgl. *Kleinwächter*, MMR aktuell 11/2002, XXVI

[771] *Leib*, Das Doppelgesicht ICANNs – Koordination und Regulierung des Internet, in: Kubicek, Internet@Future, S. 124.

[772] So auch *Leib*, aaO, S. 124.

nicht das traditionelle Modell der hierarchischen Regulierung gewählt hat. Sie richtete ihre Bemühungen auf eine durch die Konsensfindung bestimmte, den sich ändernden Bedürfnissen der Internetnutzer angepasste Regulierung aus[773]. So wurde etwa der 19- köpfige Verwaltungsrat (*Board of Directors*) im Internet gewählt.

Das entstandene System galt lange Zeit als derart gefestigt, dass eine staatliche Intervention kaum in den Bereich des Vorstellbaren rückte. So endeten die Bemühungen der ITU, mit dem *Generic Top Level Domain Memorandum of Understanding* (gTLD- MoU) an der Rechtssetzung im Bereich der Domainvergabe zu partizipieren, jäh und erfolglos. Auch der Vorstoß der *World Intellectual Property Organization* (WIPO), im Zusammenhang mit den Auseinandersetzungen um Domains, ein Schiedsgericht zu etablieren, scheiterte schließlich an der Verabschiedung der UDRP durch ICANN[774]. Die „Internet- Gemeinde" – hier kann auf den zugegebenermaßen schwammigen Begriff zurückgegriffen werde, da dem Verwaltungsrat der ICANN unter anderem schillernde Figuren wie Andy Müller- Maguhn angehören - hat für die Domainvergabe also gewissermaßen ein „Rechtssystem" geschaffen. Ob ICANN nun Rechtssetzungsbefugnisse zukommen oder nicht, so ist dies dennoch ein Faktum.

Auch wenn vereinzelt davon gesprochen wird, man dürfe nicht allein aufgrund der Tatsache, dass dieses System „über uns hereingebrochen ist", von staatlicher Seite im Hinblick auf die Regulierung des Internet kapitulieren, so wird doch verkannt, dass sich eine Notwendigkeit der staatlichen Intervention im Bereich der Domainvergabe – wenn sie überhaupt möglich ist – zunächst nicht aufdrängt[775]. Wenn die breite Mehrheit auch künftig die Regulierung des DNS durch ICANN und die mit ihr verbundenen Institutionen anerkennt, so hat das Internet mit ICANN eine institutionelle Innovation geschaffen, die sich aufschwingt, zum Modell für globale Regulierungssysteme zu werden[776]. Das MoU mit ICANN wurde folgerichtig regelmäßig verlängert, so auch am 19. September 2002. Dies geschah nach der mehrjährigen staatlichen Zurückhaltung jedoch unter einer Reihe von Auflagen. Der Unmut der nationalen Regierungen auf die begrenzten Einflussnahmemöglichkeiten bei der Domainvergabe wuchs[777]. Unter anderem sollte sich ICANN nach dem Willen der Regierungen zukünftig

[773] *Murray/Scott*, 65 Mod. L. Rev. 506 (2002).

[774] *Mayer*, ZfRSoz 23 (2002), 96, 103.

[775] So auch *Kloepfer*, Informationsrecht, S. 141.

[776] So *Leib*, Das Doppelgesicht ICANNs – Koordination und Regulierung des Internet, in: Kubicek, Internet@Future, S. 126; vgl. auch *Mosdorf*, Windows 21 – Moderne Wirtschaftspolitik für die New Economy, in: Forschungsinstitut für Wirtschaftsverfassung und Wettbewerb, Recht, Wettbewerb und e- commerce, S. 6.

[777] Hierzu ist anzumerken, dass es zumindest der US- Administration weniger um die originäre Regulierung des Internet ging, als mehr um die Nutzung des Mediums zur Verfolgung ihrer Ziele im Zusammenhang mit der Bekämpfung des Internationales Terrorismus.

mehr um die Stabilität und Sicherheit des Internet kümmern und Experimente zur Entwicklung einer Cyberdemokratie veranstalten[778].

(2) Abkehr von ursprünglichen Positionen – Das Ende der Selbstregulierung?

Zu einer staatlichen Entmachtung der ICANN kam es indessen nicht; ICANN trat angesichts des Drucks der Regierungen gewissermaßen die Flucht nach vorne an. Dass die reine Selbstregulierung im Internet nicht nur rechtspolitisch bedenklich erscheint, sondern auch an faktische Grenzen stößt, zeigt das Umdenken des Vorstands der ICANN im Frühjahr 2002 und die daraufhin umgesetzten Reformen. Am 14. März 2002 hat ICANN auf ihrer Sitzung in Accra (Ghana), eine grundlegende Reform ihrer Zusammensetzung und Satzung angekündigt. Ausweislich des seitens des Präsidenten der ICANN, *Lynn*, vorgelegten Positionspapiers wird ICANN nicht mehr als unabhängige Selbstverwaltungseinrichtung, sondern als halbstaatliche Regulierungsinstanz arbeiten. Die private Organisationsform habe sich insofern nicht bewährt, als es an der notwendigen Unterstützung durch Regierungsstellen gemangelt habe, weshalb staatliche Stellen stärker eingebunden werden müssten. Hierdurch soll sichergestellt werden, dass die Entscheidungen der ICANN auf einem möglichst breiten internationalen Konsens beruhen[779].

Die genannten weitreichenden Reformvorschläge sind mittlerweile auch umgesetzt. Es wurde ein *Governmental Advisory Committee* (GAC) eingerichtet, an dem den Regierungen Beteiligungsrechte eingeräumt werden, da sie zur Verhinderung staatlichen Einflusses grundsätzlich keine Direktoren stellen können[780]. Weiterhin soll der Vorstand künftig nicht mehr durch Internetwahlen, sondern durch ein Nominierungskomittee, welches mit Vertretern der privaten und öf-

---

[778] Vgl. *Kleinwächter*, MMR aktuell 11/2002, XXVI; zur Gestaltung der Internet- Demokratie durch Online- Wahlen der ICANN- Direktoren und den damit einher gehenden Schwierigkeiten vgl. *Ahlert*, Ohne Access kein Success: Hat die weltweite Onlinewahl ICANN demokratisiert? - ICANN zwischen Technik und Demokratie, in: Kubicek, Internet@Future, S. 127 ff..

[779] Hinsichtlich der gegenwärtigen Strukturierung und Gestaltung der ICANN hatte das *Committee on ICANN Evolution and Reform* Empfehlungen herausgegeben. Klargestellt wurde, dass keine Ausweitungen der Zuständigkeiten in die Richtung einer inhaltlichen Kontrolle erfolgen sollte. Vielmehr bleibe es bei der Kernaufgabe, der Koordinierung des DNS- Vergabesystems. Bestimmte Funktionsträger innerhalb einzelner Untergruppen der ICANN sollten automatisch einen Sitz erhalten, andere wiederum sollten von einem Nominierungskomitte gewählt werden. Das Konzept der globalen und direkten Wahl der Nutzervertreter sollte, wie es zu erwarten war, fortfallen. Die Interessen der Öffentlichkeit sollten künftig durch die Einrichtung von Schlichtungsverfahren und die Einsetzung eines Ombudsmannes gewahrt werden, vgl. CR Aktuell 2002, 315; sowie CR Aktuell 2002, 628

[780] Vgl. CR Aktuell 2002, 628; *Kloepfer*, Informationsrecht, S. 229.

fentlichen Interessengruppen besetzt ist, bestimmt werden. Die Befürchtung, die US- Regierung würde nunmehr ihren Einfluss erheblich intensivieren können und die bewährte Selbstregulierung der ICANN ein Ende finden, bestätigte sich hingegen zumindest nach dem theoretischen Konzept der Reform nicht. Die US-Administration stellt lediglich einen nicht- stimmberechtigten Beobachter im Vorstand sowie ein Mitglied im Nominierungskomittee[781]. Die weitere Entwicklung bleibt indessen abzuwarten[782]. Eine Abkehr vom grundlegenden selbstregulativen Organisationsprinzip ist jedoch derzeit bei ICANN noch nicht zu verzeichnen.

(3) Rechtssetzungsbeteiligung von ICANN als NGO?

Um ICANN schließlich auch völkerrechtlich in die Rechtsquellen einzuordnen, böte es sich an, ICANN als NGO zu qualifizieren. Zwar erfüllt ICANN das Merkmal, nicht gewinnorientiert zu arbeiten. Es mangelt ihr indes insbesondere angesichts der jüngsten Entwicklungen an Unabhängigkeit und der Ausrichtung am Allgemeinwohl. Nicht verschließen darf man sich zudem der Tatsache, dass ICANN im wesentlichen lediglich die Vergabe der Internet- Domains anvertraut ist. Abgesehen von der oben bereits angesprochenen Auseinandersetzung der ICANN- Panels mit Grundrechtspositionen, verfolgt die Organisation keinen Schutz globaler Wertvorstellungen wie beispielsweise der Menschenrechte. *Jayme*[783] ist der Auffassung, „man müsste schon ein Menschenrecht auf globale Information durch Zugang zum Internet konstruieren, dessen nähere Ausgestaltung weltweit agierende Internet- Organisationen übernehmen würden." ICANN kann daher nicht als NGO qualifiziert werden[784].

Näher ins Blickfeld gerät jedoch die oben angesprochene Informationsfreiheit, welche zumindest durch die nationalen Rechtsordnungen bereits ausgefüllt erscheint. Sollte diese zunehmend in den Mittelpunkt des Interesses geraten – man denke hier an die Vorstellung der Ausgestaltung einer Kodifikation um das den Kern bildende Rechtsgut der Informationsfreiheit – so sollte es schließlich den demokratischen Staaten vorbehalten bleiben, entsprechende legislative Anstrengungen vorzunehmen. Im Spannungsfeld zwischen verschiedenen Grund-

[781] Vgl. CR Aktuell 2002, 704; vgl. auch *Kleinwächter*, MMR aktuell 11/2002, XXVI.

[782] So auch *Mestmäcker/Engel*, Globale Netze und lokale Werte, S. 252, mit dem Hinweis, die wachsende Bedeutung des Internet für staatliche und wirtschaftliche Interessen mache politischen und ökonomischen Druck wahrscheinlich, der auf eine Veränderung der traditionellen Formen des Internet- Managements dränge.

[783] *Jayme*, Kollisionsrecht und Internet – Nationalisierung von Rechtsverhältnissen oder „CyberLaw", in: Leible, Die Bedeutung des Internationalen Privatrechts im Zeitalter der neuen Medien, S. 17.

[784] So auch *Kleinwächter*, MMR- Editorial 9/2000.

rechtspositionen kann Selbstregulierung nur ergänzende Funktionen erfüllen, nicht jedoch die Initiative der Regelungssetzung ergreifen.
Dennoch kommt ICANN auch in völkerrechtlicher Hinsicht eine bemerkenswerte Bedeutung zu. Als letzte Autorität bezüglich der Domainvergabe unterwirft sich selbst die WIPO dem Urteil der ICANN. Weiterhin tut man sich recht schwer, ICANN als Institution einem bestimmten bekannten Typus unterzuordnen. Tatsächlich ist ICANN eine Mischung aus einer internationalen Organisation, einer amerikanischen Regulierungsagentur und einem privaten Dienstleistungsunternehmen[785]. Es ergibt sich daher die nicht in bestehende rechtliche Kategorien zu fassende Situation, dass eine nach Völkerrecht operierende Internationale Organisation wie die WIPO faktisch einer juristischen Person unterstellt ist, die ihrerseits durch die US- Administration potentiell „reguliert" wird[786]. Es wird vorgeschlagen, ICANN in der Zukunft aus ihrem nationalen Kontext herauszulösen und zum Gegenstand einer internationalen Konvention zu machen[787]. Eine solche Internationale Institution würde sich von den herkömmlichen unterscheiden. Sie ist von ihren derzeitigen Strukturen auf eine Privilegierung privater und einzelner Akteure und nicht auf Staaten ausgerichtet[788]. Hierzu müsste jedoch der Aufbau der ICANN grundsätzlich überarbeitet werden. Zurzeit mehren sich die Stimmen, ICANN könnte von den Providern, die hauptsächlich von kommerziellen Interessen geleitet würden, unterwandert werden. Befürchtet wird, dass sich somit schließlich der bereits zu Beginn der Arbeit verworfene Ansatz der reinen Selbstregulierung realisiert würde[789]. Dem möchte der Verfasser zustimmen. Insofern ist dieser Entwicklung mit allen Mitteln Einhalt zu gebieten. In diesem Zusammenhang wird wohl eine staatliche Intervention unabdingbar sein. ICANN stellt sich dennoch als ein durchaus erfolgreiches Projekt der – wenn auch anfangs wenig bedachten – Selbstregulierung heraus. Sie ist ein Musterbeispiel für die Entstehung einer „normsetzenden" Organisation, ohne direkten staatlichen Gestaltungsauftrag, wohl aber unter staatlicher Aufsicht und

[785] *Leib*, Das Doppelgesicht ICANNs – Koordination und Regulierung des Internet, in: Kubicek, Internet@Future, S. 124.
[786] *Mayer*, ZfRSoz 23 (2002), 109, und spricht in diesem Zusammenhang von einem „amerikanischen Unilaterialismus"; vgl. zu den Einordnungsschwierigkeiten auch *Kleinwächter*, MMR- Editorial 9/2000.
[787] So wurden die Stimmen nach einer UNO- Oberaufsicht über das Internet laut, vgl. *Kleinwächter*, MMR aktuell 11/2002, XXVI, der darauf hinweist, die USA, die den Ansatz einer Oberaufsicht der UN noch immer ablehnen, würden mit dieser Haltung grundsätzlich an der Selbstregulierung festhalten; vgl. auch *Kloepfer*, Informationsrecht, S. 229.
[788] *Mayer*, ZfRSoz 23 (2002), 110 f., mit dem Hinweis, es hätte die Setzung eines neuen internationalen Rechts auf dem Sektor der Informations- und Internetrechts begonnen.
[789] So ein Diskussionsbeitrag von *Spindler* anlässlich des Symposiums „Die Bedeutung des Internationalen Privatrechts im Zeitalter der neuen Medien" am 31. Januar/1. Februar 2003 an der Friedrich- Schiller- Universität Jena.

Beobachtung. Anhand der ICANN zeigt sich deutlich, dass auch private Initiativen in der Lage sind, funktionsfähige Regelsysteme zu schaffen, ohne die dem Staat traditionell zukommenden Erfahrungen im Bereich der Normsetzung zu besitzen. Die Entlastung der Staaten wird hier spürbar. Entwickelte sich aus der schwer zu fassenden Hybridform ICANN künftig tatsächlich ein Völkerrechtssubjekt, hätten sich die Staaten hier in vernünftiger Weise das Wissen der Privaten nutzbar gemacht[790].

dd) Fazit und Ausblick

Reflektiert man vor dem Hintergrund der Ubiquität des Internet den internationalen Kontext, so ist festzustellen, dass weniger die normativen Geltungsgründe als vielmehr die tatsächlichen Gegebenheiten in den Vordergrund zu rücken sind. Man wird mit rechtsdogmatischen Begründungsansätzen aus der „Natur der Sache" und mit der Anregung, zwischen Recht im engeren und im weiteren Sinne zu differenzieren, konfrontiert. Es bietet sich an, auf einen weiten Rechtsquellenbegriff zurückzugreifen bzw. einen solchen ins Auge zu fassen[791]. Es wird vereinzelt angenommen, die Herausbildung einer neueren völkerrechtlichen Struktur, welche die Integration des völkerrechtlichen Hard Law und des Soft Law ermögliche, könne den Charakter des Internationalen Rechts langfristig verändern. Das System der „Internet Governance", welches ursprünglich zunächst nur das Nebeneinander der verschiedenen Akteure ermöglichen sollte, könnte normative Anforderungen und Verfahren für eine fortschreitende Entwicklung der Institutionen herausbilden[792]. Hinzu kommt, dass mit ICANN hybride Regulierungsformen im Einklang mit der sich verlagernden Grenzziehung zwischen dem klassischen Völkerrecht und der internationalen Privatrechtsordnung stehen[793].

Auch auf das deutsche Verfassungsrecht könnte die Akzeptanz des Soft Law im Völkerrecht Einfluss nehmen. Zwar sind Verhaltensregeln weder als „allgemeine Regeln des Völkerrechts" i. S. d. Art. 25 GG noch als Verträge gemäß Art. 59 GG anzusehen. Eine „völkerrechtsfreundliche Verfassung", die „offen

[790] *Kleinwächter*, MMR- Editorial 9/2000, weist darauf hin, jedes neue Phänomen mit politischer Relevanz wurde früher oder später von Regierungen aufgegriffen und verrechtlicht.

[791] So *Weise*, Lex mercatoria, S. 62; *Bryde*, Internationale Verhaltensregeln für Private, S. 3, spricht von einer Dynamisierung der klassischen Rechtsquellen; ähnl. auch *Schorkopf*, ZfRSoz 23 (2002), 82; vgl. hierzu auch die Darstellung von *Brütsch*, ZfRSoz 23 (2003), 174 ff., der allerdings darauf hinweist, dass die Frage offen bleibe, ob Soft Law in der Lage sei, die gemeinhin an die Rechtsformen gestellte Anforderung zu erfüllen, Unrecht zu korrigieren.

[792] *Mestmäcker/Engel*, Globale Netze und lokale Werte, S. 219.

[793] *Mestmäcker/Engel*, aaO, S. 245.

für Einflüsse von außen" ist, kann indessen von den geschilderten Entwicklungen nicht unberührt bleiben[794].

b) Die supranationalen Rechtsquellen – Das Europarecht

Private Normsetzung begegnet wie bereits im Rahmen der Ausführungen zur lex mercatoria angeführt dem Einwand, sie könne aufgrund ihrer Lückenhaftigkeit nicht den für eine Rechtsordnung erforderlichen Systemcharakter aufweisen[795]. Denkbar ist jedoch, dass sich die Selbstregulierungsmechanismen in das vorhandene System der Rechtsordnung einfügen lassen und hieraus ihre Legitimation beziehen. Man geht – ähnlich wie im Völkerrecht – davon aus, dass das im Europarecht zunehmend auftretende Soft Law, wie Empfehlungen, Stellungnahmen und sonstige Beschlüsse je nach Fortdauer und Qualität der sich manifestierenden Übung unter Umständen zu Gemeinschaftsgewohnheitsrecht erstarken kann[796].

Oben wurde bereits festgestellt, dass grundsätzlich staatlichem Recht der Vorrang vor Selbstregulierungsmechanismen einzuräumen ist. Ein Vorrang selbstregulativer Elemente vor staatlichen Eingriffen könnte sich im Hinblick auf das Europarecht indes aus dem in Art. 5 EGV ausgeformten Subsidiaritätsprinzip ergeben[797]. Bemerkenswert erscheint, dass sich die EU- Kommission sehr wohl in verschiedenen Richtlinien dieses Subsidiaritätsprinzips erinnert hat und mit den genannten Vorschriften der ECRL, der InfoSoc- Richtlinie und der DSRL selbstregulativen Elementen den Vorrang eingeräumt hat. In der *Empfehlung der Kommission über die Grundsätze für an der einvernehmlichen Beilegung von Verbraucherrechtsstreitigkeiten beteiligte außergerichtliche Einrichtungen* (2001/310/EG)[798] bezeichnet die Kommission Verhaltenskodizes gar als „möglicherweise anwendbare materiellrechtliche Vorschriften".

Verglichen mit den verschiedenen Ansätzen, für die lex mercatoria einen Rechtscharakter nachzuweisen, ergibt sich gerade in Bezug auf die supranationale Rechtsordnung in Europa ein anderes Bild. Die Rechtsakte zeigen, dass der Systemcharakter sich im EU- Recht maßgeblich vom dem im deutschen Recht unterscheidet. Viele der neueren Richtlinien sind in Bezug auf die Selbstregulierung einen Schritt voraus gegangen. Durch die Aufnahme vieler Verweise auf die Herausbildung von Verhaltenskodizes wurde die Situation des konkurrieren-

---

794 So *Bryde*, Internationale Verhaltensregeln für Private, S. 5.

795 Vgl. *Kunig*, Alternativen zum einseitig- hoheitlichen Verwaltungshandeln, in: Hoffmann-Riem/Schmidt- Aßmann, Konfliktbewältigung, Bd. I, S. 56, der jedoch darauf hinweist, die Einheit der Rechtsordnung sei kein Verfassungsprinzip.

796 *Oppermann*, Europarecht, Rz. 481.

797 Vgl. *Jung*, GRUR Int. 1998, 851; *Kloepfer*, Informationsrecht, S. 43; *Ukrow*, Selbstkontrolle, S. 131.

798 ABL. Nr. L 109/56.

den Nebeneinanderstehens von Rechtsnormen und Privater Rechtssetzung entschärft. Wie bereits festgestellt wurde, steht die Europäische Gemeinschaft zudem Absprachen mit der Wirtschaft betont offen gegenüber.

Es stellt sich daher die Frage, ob zumindest in Europa die staatliche Rechtsordnung unabhängig von ihrer Ausformung durch die Justiz nunmehr Soft Law als Bestandteil der Rechtsordnung anerkennt. Die Richtlinien der EU, welche in einer Reihe Vorschriften versuchen die Integration von Selbstregulierungsmechanismen anzuregen oder sie sogar verbindlich statuieren, sind hinsichtlich der vorgegebenen Ziele verbindlich[799]. Ein bereits umgesetztes Beispiel für die Akzeptanz einer selbstregulativen Maßnahme durch eine EU- Richtlinie sind die Safe Harbor Principles[800]. Art 27 der DSRL akzeptiert schließlich ausdrücklich das Prinzip der Selbstregulierung. Freilich sind an die Rechtswirkung hohe Voraussetzungen zu stellen.

Im Hinblick auf das Problem der Legitimation kann darüber hinaus der tatsächlich erzielte Schutz entscheidend sein. Es entspricht daher ein Schutzkonzept durchaus auch dem Regelungszweck, wenn es sich nicht nur auf gesetzliche Regeln, sondern eben auf Selbstregulierungsmechanismen stützt[801]. Inwieweit das Safe Harbor Konzept den notwendigen Schutz tatsächlich gewährleisten kann ist noch offen. Der Grundstein für die rechtliche Akzeptanz ist jedoch gelegt. Weiterhin erhalten die Safe Harbor Principles durch die Ausgestaltung der Unterwerfung und die daraus resultierenden Folgen in den USA zusätzliche Rechtsverbindlichkeit. Soweit man nun anführt, die meisten Regeln des sekundären Gemeinschaftsrechts, welche die Integration der Selbstregulierung vorschlagen, hätten empfehlenden Charakter, so hat sich gezeigt, dass dies nicht richtig ist. Mehr und mehr finden sich Vorschriften, die den Selbstregulierungsmechanismen zumindest nach einer staatlichen Kontrolle eine starke Position einräumen.

Im Zusammenhang mit der Legitimation der Selbstregulierung durch Private ist darüber hinaus die Rechtsprechung des EuGH zu Artt. 28, 30 EGV als Maßstab heranzuziehen. Nach der Dassonville- Rechtsprechung[802] liegt es nahe, auf selbstregulative Maßnahmen die für die *Maßnahmen gleicher Wirkung* i. S. d. Art. 28 EGV festgelegten Grundsätze zu übertragen. Hiernach werden sämtliche Maßnahmen erfasst, die geeignet sind, den innergemeinschaftlichen Handel unmittelbar oder mittelbar, tatsächlich oder potenziell zu behindern, einschließlich

[799] Vgl. *Rüthers*, Rechtstheorie, Rz. 222.

[800] Das Safe Harbor Agreement hätte ebenso gut im Zusammenhang mit dem Völkerrecht angeführt werden können, schließlich handelt es sich um ein internationales Abkommen zwischen der EU und den USA.

[801] So *Dammann*, Safe Harbor – neue Elemente im internationalen Datenschutz, in: Simon/Weiss, Zur Autonomie des Individuums, S. 25.

[802] EuGH Slg. 1974, 837 – Dassonville.

unverbindlicher Empfehlungen[803]. Die Keck- Rechtsprechung[804] nimmt bloße Verkaufsmodalitäten gegenüber produktbezogenen Behinderungen von der Subsumtion unter den weiten Begriff der Maßnahmen gleicher Wirkung aus. Nach der Cassis- Rechtsprechung[805] sind Maßnahmen gleicher Wirkung ausgenommen, die notwendig sind, um zwingenden Erfordernissen des Allgemeininteresses gerecht zu werden. Hierunter wiederum sind die wirksame öffentliche Kontrolle, der Gesundheits- und Verbraucherschutz sowie die Lauterkeit im Handelsverkehr unterzuordnen. Im Gegensatz zur Keck- und Cassis- Rechtsprechung, welche staatliche Maßnahmen zum Gegenstand hatten, handelt es sich bei den hier zu untersuchenden Maßnahmen um Vereinbarungen zwischen Privaten. Versteht man jedoch die Selbstregulierungsmechanismen im Medien- und Werbebereich sowie auf dem Sektor der Immaterialgüterrechte als Mittel zur Förderung kultur- und gesellschaftspolitischer Zwecke und ist die staatliche Anordnung der mit der Selbstkontrollvereinbarung verfolgten Schutzstandards im Bereich des öffentlichen Interesses gemeinschaftsrechtskonform, so spricht einiges dafür, in der Berücksichtigung der Selbstregulierung keinen Verstoß gegen Gemeinschaftsrecht, im Gegenteil deren Europarechtliche Billigung zu sehen[806].

Im Übrigen bleibt im Hinblick auf die Regulierung der Selbstregulierung im Binnenmarkt der Rückgriff auf das europäische Kartellrecht[807].

c) Die nationale Ebene

Ehe man sich mit der Frage auseinandersetzt, ob Selbstregulierungsmechanismen wie Verhaltenskodizes i. S. d. Rechtsquellenlehre als Rechtsnorm beurteilt werden können, gilt es vorab abstrakt zu klären, ob der Selbstregulierung durch Private nicht ohnehin die demokratische Legitimation abgesprochen werden muss, bzw. ob sie gar als verfassungswidrig zu qualifizieren ist. Möglicherweise verbietet das deutsche Rechtssystem die Berücksichtigung von rechtlich unverbindlichem Soft Law. Nachdem in rechtspolitischer Hinsicht die Selbstregulierung im elektronischen Geschäftsverkehr zu befürworten ist, stellt sich nunmehr die Frage nach ihrer rechtsdogmatischen Existenzberechtigung.

---

[803] *Michael*, Rechtsetzende Gewalt im kooperierenden Verfassungsstaat, S. 507, unter Berufung auf EuGH Slg. 1982, 40005 – Buy Irish.
[804] EuGH Slg. 1993, I- 6097 – Keck und Mithouard.
[805] EuGH Slg. 1979, 649 – Cassis de Dijon.
[806] *Ukrow*, Selbstkontrolle, S. 84.
[807] S. u. Ziff. D, VII, 4.

aa) Die demokratische Legitimation selbstregulativer Elemente

Der demokratische Rechtsstaat gibt in der Verfassung, die als vorrangige nationale Rechtsquelle anzusehen ist, hinsichtlich einer möglichen Akzeptanz von Selbstregulierungsmechanismen Privater durch den Staat vier grundlegende Prinzipien vor: Das Demokratieprinzip, den Grundsatz der Verfahrensfairness sowie das Subsidiaritätsprinzip und den Angemessenheitsgrundsatz. Diese Prinzipien sind immer dann zu beachten, wenn sich der Staat durch die Anregung und Akzeptanz von selbstregulativen Elementen zunächst aus der Regulierungsverantwortung zurückzieht. Relevant wird eine verfassungsrechtliche Prüfung insbesondere bei normersetzenden (normvertretenden, normflankierenden , normabwendenden bzw. verdrängenden) Absprachen[808]. Im Recht des elektronischen Geschäftsverkehrs begegnet man in Deutschland echten normvertretenden Absprachen, wie es beispielweise im Umweltrecht der Fall ist, bisher kaum. Man muss hier jedoch den Verhaltenskodex der FSM (und auch den der FST) anführen. Die Selbstverpflichtung der Unternehmen ist im Hinblick auf § 7a S. 1 GjS normverdrängender Natur[809]. Der genannte Kodex kann daher als Pilotprojekt der normersetzenden Absprachen im Bereich des Internet gelten.

Die Tatsache, dass normvertretende Absprachen im Online- Bereich gegenüber dem Umwelt- und Klimaschutz wenig verbreitet sind, ist einerseits darauf zurückzuführen, dass mit dem Umweltschutz ein weltweit anerkanntes, schützenswertes Rechtsgut vorliegt – so stellt die Staatszielbestimmung des Art. 20 a GG die Umwelt unter den besonderen Schutz des Staates - , welches im Internet bisher kein Pendant findet; andererseits werden die mit dem E- Commerce auftretenden Schwierigkeiten erst seit kurzem diskutiert. Die staatlichen Aktivitäten konzentrierten sich zunächst auf die Schaffung der vermeintlich notwendigen gesetzlichen Regelungen. Maßgeblich steht im Online- Recht ausgehend von den Initiativen der EU nur die Schaffung von Anreizen für die Internetwirtschaft zur Etablierung selbstregulativer Elemente zur Debatte. Die staatlich initiierten Selbstregulierungsmechanismen beschränken sich nicht nur auf solche, die unter

---

808 *Rosenkötter*, Selbstverpflichtungsabsprachen, S. 10, 133 f., 150 f., versteht unter Selbstverpflichtungsabsprachen, freiwillige Selbstverpflichtungen der Wirtschaft, an deren Zustandekommen der Staat in irgend einer Form beteiligt ist, ohne dass er jedoch Partner eines Vertrages wird. Normvertretende Absprachen werden zwischen Staat und Unternehmen bzw. Wirtschaftsverbänden geschlossen und haben zum Ziel, eine schärfere bereits in Aussicht gestellte gesetzliche Regelung obsolet zu machen. Selbstverpflichtungsabsprachen seien schließlich unter die normvertretenden Absprachen unterzuordnen. Weiterhin zeichneten sich Selbstverpflichtungsabsprachen durch einen Tauschcharakter aus. In einem Verhandlungsprozess würden die beiderseitigen Einsätze ausgehandelt, wobei das Ergebnis letztendlich von der Verhandlungsmacht abhinge, welche die jeweilige Seite geltend machen könne; vgl. auch *Michael*, Rechtsetzende Gewalt im kooperierenden Verfassungsstaat, S. 21 ff., 31 f., 40 ff..

809 *Michael*, aaO, S. 80.

dem Druck einer drohenden Verordnung oder eines Gesetzes zustande kommen, sondern können – nach dem Vorbild des Art. 16 der ECRL – auch empfehlenden Charakter haben.

Insbesondere vor dem Hintergrund der Bedeutung des Verhaltenskodex der FSM befasst sich die Untersuchung zunächst mit der Selbstregulierung unter direkter Beteiligung des Staates. Nach dem oben gesagten liegt es für die Schaffung einer effektiven Selbstregulierung nahe, diese durch staatliche Rahmenregelungen zu flankieren. Es handelt sich bei normvertretenden Absprachen somit im wesentlich um Instrumente, die nur bedingt auf einer freiwilligen bzw. privatinitiativen Maßnahme der Industrie beruhen[810]. Gegenstand der Untersuchung stellen sowohl freiwillige bzw. autonome Initiativen, als auch staatlich initiierte Selbstverpflichtungen dar. Die folgenden verfassungsrechtlichen Ausführungen sind somit nur bedingt auf die Anerkennung der Mehrzahl der privatinitiativen Wohlverhaltenskodizes anwendbar. Hinsichtlich der privatinitiativen Maßnahmen gilt es, insbesondere das Kartellrecht in den Blick zu nehmen. Dennoch lohnt im Hinblick auf die Kodizes der FSM und der FST die Auseinandersetzung mit den verfassungsrechtlichen Vorgaben; die Ausführungen zeigen die Grenzen des vor dem Hintergrund der Verfassung Machbaren auf.

(1) Das Demokratieprinzip

Es stellt sich die Frage, ob es dem Staat überhaupt erlaubt ist, Regulierungsverantwortung aus der Hand zu geben. Schließlich fordert das Demokratieprinzip, das die gesellschaftlichen Teilsysteme der Kontrolle durch den demokratischen Gesetzgeber unterwirft, grundsätzlich die staatliche Letztverantwortung. Nach dem Demokratieprinzip muss alle Staatsgewalt unmittelbar oder zumindest mittelbar vom Volke ausgehen. Es fordert eine ununterbrochene Legitimationskette auf das Staatsvolk[811]. Eben an dieser Stelle setzt die Kritik der Rechtswissenschaft an, die oftmals recht pauschal die Selbstregulierung durch Private schlicht für verfassungswidrig erklärt, da sich der Staat seiner Letztverantwortung ent-

[810] *Michael*, aaO, S. 21, schlägt vor, im Rahmen der Untersuchungen über normvertretende Absprachen den Begriff der *Absprache* gegenüber dem der *Selbstverpflichtung* in den Vordergrund zu stellen, um das typische Phänomen der informalen Kooperation hervorzuheben. Absprachen seien regelmäßig nicht bloßer „Hintergrund" von Selbstverpflichtungen, sondern die Kooperation präge die typischen Selbstverpflichtungen in ihrem Wesen.

[811] *Kunig*, Alternativen zum einseitig- hoheitlichen Verwaltungshandeln, in: Hoffmann-Riem/Schmidt- Aßmann, Konfliktbewältigung, Bd. I, S. 62; so grundsätzlich auch *Schmidt-Aßmann*, Konfliktmittlung in der Dogmatik des deutschen Verwaltungsrechts, in: Hoffmann-Riem/Schmidt- Aßmann, Konfliktbewältigung, Bd. 2, S. 17, der jedoch darauf hinweist, die Legitimationstheorie des Verwaltungsrechts erweise sich bei näherem Zusehen nicht monolithisch, da sie nicht über eine singuläre Kette, sondern im Zusammenwirken zahlreicher Ableitungsvorgänge vermittelt würde. Vgl. hierzu auch *Ukrow*, Selbstkontrolle, S. 28 ff.

ziehe. *Michael*[812] weist zu Recht darauf hin, dass ausschließlich der staatliche Mitwirkungsakt an dem Entstehen einer Selbstverpflichtung der Legitimation nach der Verfassung bedürfe. Da jedoch die Trennung privater und staatlicher Beiträge infolge der Verschmelzung privater und staatlicher Positionen der Komplexität informaler Kooperationen nicht gerecht werde, müsse der Staat den Konsens als Ganzes legitimieren.

Die Verfassung sieht Pakte zwischen dem Staat und gesellschaftlichen Akteuren als Form der Rechtsentstehung zwar nicht vor, allerdings verbietet es sie auch nicht ausdrücklich[813]. Eröffnen die hoheitlichen Akteure Kooperationsformen, um sich private Anstrengungen für eine effektive Aufgabenerfüllung zunutze zu machen, ziehen sie sich jedoch dann keineswegs gänzlich zurück, solange sie sich die Möglichkeit zu einseitigem Handeln in Reserve halten. Ihr Gewaltmonopol und die ihnen zur Verfügung stehenden öffentlichen Mittel gewährleisten die Interventionsmöglichkeiten sowie die Wahrung der Gemeinwohlbelange[814]. Entscheidend ist daher, ob die Rechtsordnung selbstregulative Elemente überhaupt zulassen will. Wenn der Staat der Träger der Rechtsordnung ist, kann er folgerichtig auch bestimmen, welche Vorschriften im Einzelfall zur Rechtsordnung gehören, bzw. Rechtsqualität erhalten sollen[815].

Im Hinblick auf diese Option des Staates wird häufig von dem über der Selbstregulierung schwebenden Damoklesschwert der „Drohung mit dem groben Mittel der Fremdregulierung“[816] gesprochen, welche ihrerseits einen Anreiz zur optimalen Implementierung und gewissenhaften Umsetzung von Selbstregu-

[812] *Michael*, Rechtsetzende Gewalt im kooperierenden Verfassungsstaat, S. 488 f.

[813] *Grimm*, Regulierte Selbstregulierung in der Tradition des Verfassungsstaates, in: Berg, Regulierte Selbstregulierung, S. 18.

[814] *Kunig*, Alternativen zum einseitig- hoheitlichen Verwaltungshandeln, in Hoffmann-Riem/Schmidt- Aßmann, Konfliktbewältigung, Bd. I, S. 62; *Fuhrmann*, Vertrauen im Electronic Commerce, S. 90; *Brohm*, Alternativen zum einseitigen hoheitlichen Verwaltungshandeln, in: Hoffmann- Riem/Schmidt- Aßmann, Konfliktbewältigung, Bd. I, S. 258.

[815] Vgl. zu Verhandlungslösungen *Kunig*, aaO, S. 57, mit dem Hinweis, die Autorität der Rechtsordnung sei nicht vor der Rechtsordnung selbst zu schützen; *Kirchhof*, Private Rechtssetzung, S. 133. Vgl. aber auch *Engel*, Regulierung durch Organisation und Verfahren, in: Immenga, FS Mestmäcker, S. 135.

[816] So auch *Ladeur*, Die Regulierung von Selbstregulierung und die Herausbildung einer "Logik der Netzwerke, in: Berg, Regulierte Selbstregulierung, S. 62; *Calliess*, AfP 2002, 466, spricht hier von einem Vorgehen nach dem Prinzip "Zuckerbrot und Peitsche"; entsprechend für den Bereich der Standardsetzung *Eichener/Heinze/Voelzkow*, Techniksteuerung im Spannungsfeld zwischen staatlicher Intervention und verbandlicher Selbstregulierung, in: Voigt, Abschied vom Staat – Rückkehr zum Staat?, S. 415; *Engel*, Regulierung durch Organisation und Verfahren, in: Immenga, FS Mestmäcker, S. 123, mit Hinweis auf das System des *Grünen Punkts*.

lierungsmechanismen bieten kann[817]. In gewisser Weise hat der Staat also das Schicksal der „regulierten Selbstregulierung" in der Hand: Einerseits obliegt es ihm, in eigener Initiative die Privaten zur Entwicklung von Selbstregulierungsmechanismen zu ermutigen, andererseits kann er im Falle des Misslingens steuernd eingreifen.

(2) Der Grundsatz der Verfahrensfairness

Nach dem einfach- rechtlichen Grundsatz der Verfahrensfairness, der auf der Grundlage des Rechtsstaatsprinzips entwickelt wurde[818], verbieten sich faktische Vorentscheidungen, welche in Absprachen getroffen werden, die der Mitwirkung Dritter bzw. späteren Verfahrensabschnitten vorbehalten sind[819]. Hier ergeben sich, wie bereits angemerkt, durchaus Komplikationen hinsichtlich der Implementierung von Selbstregulierung. Von besonderer Bedeutung gerade vor dem Hintergrund diese Grundsatzes ist die Teilnahme aller Akteure an den Verhandlungen und die Veröffentlichung der Ergebnisse[820]. Nur so scheint gewährleistet, dass auch die Interessen der Minderheiten sowie der Verbraucher gewahrt werden.

(3) Angemessenheitsgrundsatz und Subsidiaritätsprinzip

Scheinen die angesprochenen rechtsstaatlichen Grundsätze die staatliche Anerkennung der Selbstregulierung eher zu unterbinden, kann diese indessen im Hinblick auf den Angemessenheitsgrundsatz und das Subsidiaritätsprinzip, wel-

[817] Anzumerken ist, dass andererseits auch die Wirtschaft von der Unverbindlichkeit der Absprachen profitiert, da es ihr offen steht sich im Falle der Verschlechterung der wirtschaftlichen Lage von ihren Zusagen zu lösen, vgl. *Bohne*, Absprachen zwischen Industrie und Regierung in der Umweltpolitik, in: Gessner/Winter, Rechtsformen der Verflechtung von Staat und Wirtschaft, S. 272.

[818] Vgl. BVerfGE 46, 202; BVerwGE 55, 360; 70, 151.

[819] Vgl. *Kunig*, Alternativen zum einseitig- hoheitlichen Verwaltungshandeln, in: Hoffmann-Riem/Schmidt- Aßmann, Konfliktbewältigung, Bd. I, S. 52 f..

[820] *Michael*, Rechtsetzende Gewalt im kooperierenden Verfassungsstaat, S. 483, sieht keine Anhaltspunkte für eine Veröffentlichungspflicht für verordnungsersetzende Absprachen, die sich aus der Verfassung ergeben würden. Vielmehr ergäbe sich die Pflicht zur Veröffentlichung aus dem Kartellrecht, da der Staat verfassungsrechtlich verpflichtet sei, auf ein Kartellverfahren hinzuwirken. Vgl. zur Rechtslage in der Schweiz die entsprechende Feststellung bei *Brunner*, Rechtsetzung durch Private, S. 163 f..

ches als zweckmäßige Richtschnur rechtsstaatlichen Handelns anerkannt ist[821], durchaus befürwortet werden[822]. Der Staat soll hiernach erst dann gesetzgeberisch tätig werden, wenn sich außergesetzliche Selbstregulierung als ungeeignet erwiesen hat. Hierfür spricht die Möglichkeit einer Optionenwahl durch die Integration selbstregulativer Elemente, welche für die Betroffenen geringer belastend oder eher zumutbar wirken oder den Vollzug erleichtern können[823]. Der Vorrang der Selbstregulierung kann hingegen nach dem Verhältnismäßigkeitsprinzip nur dort gesichert werden, wo sich von entsprechenden staatlichen Maßnahmen feststellen lässt, dass sie nicht erforderlich sind[824].

(4) Das Kooperationsprinzip

Begegnet der staatliche Regulierer nicht zuletzt aufgrund der territorialen Begrenztheit seiner Befugnisse im Internet faktischen Grenzen, so fungieren die Grundrechte als verfassungsrechtlich gewollte Steuerungsdefizite[825]. Im Bereich der Inhalteregulierung bildet hier die Informationsfreiheit den Anknüpfungspunkt. Im Hinblick auf Art. 5 Abs. 1 S. 2 GG und Art. 10 Abs. 1 EMRK ist der Bereich der Medien von staatlicher Einflussnahme grundsätzlich freizuhalten,

---

[821] Nach dem Subsidiaritätsprinzip soll die höhere organisatorische Einheit nur Aufgaben an sich ziehen, welche die nachgeordnete Einheit nicht ebenso gut oder besser erledigen kann, vgl. *Maunz/Zippelius*, Deutsches Staatsrecht, § 11 III 5; *Michael*, aaO, S. 495; *Brandmair*, Selbstkontrolle, S. 264; vgl. zur Rechtslage in der Schweiz *Brunner*, aaO, S. 143 ff (insbes. 149).

[822] Vgl. jedoch *Kunig*, Alternativen zum einseitig- hoheitlichen Verwaltungshandeln, in: Hoffmann- Riem/Schmidt- Aßmann, Konfliktbewältigung, Bd. I, S. 64, der darauf verweist, der Verhältnismäßigkeitsgrundsatz verlange nicht nach Subsidiarität der staatlichen im Verhältnis zu konsensual ermittelten Entscheidungen; vgl. die eingehende Untersuchung des Subsidiaritätsprinzips bei *Michael*, aaO, S. 266 ff..

[823] Vgl. *Sabrowsky*, Selbstregulierung, Rz. 377; *Rosenkötter*, Selbstverpflichtungsabsprachen, S. 157, mit dem Hinweis, ein genereller Anspruch auf Absprachelösungen sei de lege lata und auch in der kurzfristigen Gesetzgebungsperspektive nicht zu erkennen. Ähnl. *Calliess*, AfP 2002, 473, der hier davon spricht, gesellschaftliche Selbstregulierung, sei sie autonom oder heteronom veranlasst, könne im Kontext der verfassungsrechtlichen Kategorien von Grundpflichten und Bürgerverantwortung – eingehend hierzu *ders.*, aaO, 471 ff. – plausibel als milderes Mittel zur staatlichen Regulierung definiert werden, das im Ergebnis freilich ebenso wirksam sein müsse. Im Rahmen der Angemessenheit könne darüber hinaus der Aspekt der staatlichen Gemeinwohlverantwortung der Bürger in die Abwägung einfließen. Skeptisch *Engel*, Regulierung durch Organisation und Verfahren, in: Immenga, FS Mestmäcker, S. 136.

[824] So *Schmidt- Aßmann*, Regulierte Selbstregulierung als Element verwaltungsrechtlicher Systembildung, in: Berg, Regulierte Selbstregulierung, S. 266.

[825] *Calliess*, AfP 2002, 465.

weshalb die Selbstregulierung bzw. die Selbstkontrolle hier einen bedeutsamen Anwendungsbereich finden[826].
An dieser Stelle kann weiterhin das im Kontext des Umweltrechts entwickelte *Kooperationsprinzip* als Leitbild für die staatliche Entscheidungsfindung unter Mitwirkung der Betroffenen fruchtbar gemacht werden[827]. Das umweltrechtliche Kooperationsprinzip besagt, dass der Umweltschutz nicht die alleinige Aufgabe des Staates darstellt und vom diesem nicht einseitig gegen Wirtschaft und Gesellschaft durchgesetzt werden kann, sondern die Zusammenarbeit aller betroffenen Kräfte erfordert[828]. Auch das Bundesverfassungsgericht befasst sich in zwei Entscheidungen mit dem Kooperationsprinzip bzw. Kooperationskonzept im Umweltrecht und erkennt dieses als Rechtsprinzip an[829]. Insbesondere in seiner Entscheidung zur Verpackungssteuer betont der 1. Senat den Willen des Gesetzgebers - der in § 14 AbfG seinen Niederschlag gefunden hat -, von Ermächtigungen sollte erst dann Gebrauch gemacht werden, wenn Kooperationsbemühungen erfolglos geblieben sind. Folgerichtig verwirft es sodann die Verpackungssteuer als dem gesetzlichen Kooperationsprinzip zuwiderlaufend[830]. Die Konsequenz ist somit die Verfassungswidrigkeit des imperativen Eingriffs nicht etwa der Kooperation zwischen Staat und Wirtschaft. Das Bundesverfassungsgericht hat insofern gegen die normativen Absprachen zwischen Staat und Wirtschaft keine Bedenken erhoben[831]. Freilich blieb die Rechtssprechung des Bundesverfassungsgerichts nicht unumstritten[832], sie ist dennoch richtungsweisend.

---

[826] So *Calliess*, aaO, 465; vgl. jedoch auch die Ausführungen bei *Michael*, Rechtsetzende Gewalt im kooperierenden Verfassungsstaat, S. 320 ff., der darauf aufmerksam macht, der Staat habe bei der Beteiligung an selbstverpflichtenden Absprachen immer die Grundrechte im Auge zu behalten. Verwiesen wird auf die Unternehmensfreiheit (Art. 12 GG) sowie die Wettbewerbsfreiheit (Art. 12 Abs. 1 bzw. Art. 2 Abs. 1 GG und Art. 3 GG); sowie *Determann*, Kommunikationsfreiheit im Internet, S. 298, mit Hinweisen auf die staatlichen Pflichten zur Beschränkung der Kommunikationsfreiheit. *Determann* erkennt indes auch, dass beim Erlass freiheitsbeschränkender Gesetze durch das Parlament die Hervorhebung der Schutzbedürftigkeit der einzelnen Rechtsgüter, wie der Schutz der Jugend oder die persönliche Ehre, durch den Verfassungstext im Zusammenhang mit den Kommunikationsfreiheiten besonders zu berücksichtigen sei.

[827] So auch *Kloepfer*, Informationsrecht, S. 119.

[828] *Calliess*, AfP 2002, 469; *Rosenkötter*, Selbstverpflichtungsabsprachen, S. 122.

[829] Vgl. BVerfGE 98, 83; 98, 106.

[830] BVerfGE 98, 127 ff., mit dem Hinweis, die Verpackungssteuer nähme der gesetzlich vorgesehenen Kooperation ihre Offenheit und verschiebe insbesondere den Kooperationsdruck von den Herstellern und Zwischenhändlern zu den Letztvertreibern.

[831] Vgl. zum Ganzen *Michael*, Rechtsetzende Gewalt im kooperierenden Verfassungsstaat, S. 286 ff..

[832] Vgl. die Nachw. bei *Calliess*, AfP 2002, 469, mit dem Hinweis, das Kooperationsprinzip vermöge an und für sich nicht mehr als ein zu beachtendes Leitbild und eine Auslegungsmaxime für Verwaltung und Rechtsprechung zu sein.

Zusammenfassend lässt sich festhalten, dass die verfassungsrechtlichen Grenzen der staatlichen Zurückhaltung im Bereich der Internet- Regulierung wohl dann erreicht sein werden, wenn sich die Selbstregulierungsmechanismen als ungeeignet erweisen bzw. überwiegend nicht eingehalten werden. Gewarnt wird vor einer Gefährdung der „Herrschaft des Rechts" und einer wesentlichen Bestimmung der Verhältnisse durch übermäßige gesellschaftliche Machteinflüsse[833].

bb) Der Normcharakter von Selbstregulierungsmechanismen

Verhaltenskodizes als Elemente der Selbstregulierung durch Private – sollten sie nun rein privatinitiativ oder auf Empfehlung des Staates zustande gekommen sein - können nach dem oben gesagten nicht per se als verfassungswidrig angesehen werden. Nach *Schmidt- Aßmann*[834] ist die selbstregulative Normsetzung Ausdruck grundrechtlicher Freiheit; ein staatliches Monopol für die Normsetzung existiere nicht[835]. Probleme ergäben sich jedoch insbesondere dann, wenn eigengesetztes Recht über staatliche Hilfsmittel sanktioniert werden oder in das staatliche Normsystem integriert werden soll. Diesen Problemen ist im folgenden nachzugehen.

Im Rahmen der Einordnung von Verhaltenskodizes als im Grunde rechtlich unverbindliche Regeln in die Rechtsquellen, fragt sich, ob sie dennoch als Rechtsnormen qualifiziert werden können. Selbstregulierung ist jedenfalls in juristischer Hinsicht ein Leichtgewicht. Vorab ist bereits festzuhalten, dass die Regeln der Selbstregulierung wohl überwiegend nicht als Rechtsnormen angesehen werden[836]. Dieser Umstand offenbart ein offensichtliches Legitimationsdefizit. Sollten Verhaltenskodizes jedoch unter bestimmten Voraussetzungen als

---

[833] So *Kloepfer*, Informationsrecht, S. 85; vgl. zur Problematik internationaler Verhaltenskodizes, die nur durch die Billigung der Regierung nicht jedoch des Parlaments Einfluss auf die nationale Rechtsordnung nehmen, vor dem Hintergrund des Grundsatzes des Vorbehalts des Gesetzes *Bryde*, Internationale Verhaltensregeln für Private, S. 35 ff..

[834] *Schmidt- Aßmann*, Regulierte Selbstregulierung als Element verwaltungsrechtlicher Systembildung, in: Berg, Regulierte Selbstregulierung, S. 269.

[835] So auch *Kirchhof*, Private Rechtssetzung, S. 109 ff., 133 ff. mit dem Hinweis gerade im Arbeitsrecht könne eine private Regelproduktion mit Rechtsqualität nicht mehr geleugnet werden. Insbesondere § 4 TVG bezeichne den Tarifvertrag ausdrücklich als Rechtsnorm. Das ausschließliche Recht und die Macht des Staates zur Verschaffung von Rechtsqualität für Befehle und Normen zeige sich gegenüber fremden, nichtsstaatlichen Rechtsquellen als Rechtsanerkennungs- und Rechtsaberkennungsmonopol; zustimmend *Reuter*, AcP 188 (1988), 651; vgl. auch *Bachmann*, Privatrecht als Organisationsrecht, in: Witt/Casper/Bednarz, Jahrbuch Junger Zivilrechtswissenschaftler, S. 10.

[836] Vgl. hierzu jedoch die Sichtweise bei *Murray/Scott*, 65 Mod. L. Rev. 503 (2002): „We argue that the preferred meaning of the word norm is as the generic term for standards, guidelines and legal and non- legal rules.".

Rechtsnormen angesehen werden können, könnte das Defizit kompensiert werden.

Hinsichtlich der Qualifikation von Selbstregulierungsmechanismen als Rechtsnormen muss zwischen solchen Kodizes unterschieden werden, die als soziale Norm nicht auf eine hoheitliche Grundlage gestützt sind und solchen, die auf staatlich anerkannten Instituten wie beispielsweise dem Recht des Vereins zur Satzungsgebung basieren. Die Qualifikation einer „Verhaltensregel" als Rechtsnorm wird durchaus kontrovers beurteilt.

(1) Gewohnheitsrecht, Verkehrssitten und soziale Normen

Um Rechtsnorm zu sein, muss eine Regel tatsächliche und normative Geltung besitzen. Nicht ausreichend ist es, wenn die Regel lediglich aus ethischen oder psychischen Gründen befolgt wird. Ihre Verbindlichkeit muss vielmehr von souveräner staatlicher Macht gewollt und ihre Durchsetzung von dieser zumindest in der Mehrzahl der Anwendungsfälle gewährleistet sein[837].

(a) Handelsbräuche

Der Versuch, Verhaltenskodizes dann als Rechtsnormen zu qualifizieren, wenn sie die Anforderungen eines Handelsbrauchs i. S. d. § 346 HGB erfüllen – was nach dem oben Gesagten indessen wohl selten der Fall sein wird[838] - , verfängt nicht. Er stützt sich auf die Auffassung, der Gesetzgeber hätte mit der Formulierung „geltende Gebräuche" angedeutet, die Gebräuche seien Normen, da nur Normen eine Geltung beanspruchen können. Indes wurde die Formulierung aus § 279 AHGB übernommen; zu dieser Zeit war jedoch ein Normbegriff im heutigen Sinne noch nicht entwickelt[839]. Eine Qualifizierung von Handelsbräuchen oder anderen gesellschaftlichen Regeln als Rechtsnormen lässt sich daher dem Gesetz nicht entnehmen[840].

---

[837] Staudinger/*Merten*, Art. 2 EGBGB Rz. 7.

[838] S. o. Ziff. D, IV, 2, a).

[839] So *Sonnenberger*, Verkehrssitten im Schuldvertrag, S. 63 f..

[840] So auch *Kirchhof*, Private Rechtssetzung, S. 154, mit dem Hinweis Handelsbräuche und Verkehrssitten sollen nicht als soziales Normsystem allseitig und allgemeine Rechtssatzwirkung dadurch erhalten, dass es strikt beachtet werden muss, sondern es soll gerade als „Nichtrecht" im Tatbestand eines staatlichen Rechtssatzes nur berücksichtigt werden. A. A. *Larenz*, Methodenlehre der Rechtswissenschaft, S. 464, Verkehrssitten würden dann zu Rechtsnormen, wenn die Rechtsordnung auf sie verweise, und nur insoweit, als sie mit den Prinzipien und Wertungsgrundlagen der geltenden Rechtsordnung übereinstimmten.

(b) Gewohnheitsrecht

Es bietet sich an, Verhaltenskodizes dem Gewohnheitsrecht unterzuordnen, welches nach der wohl überwiegenden Ansicht als Rechtsnorm qualifiziert wird[841]. An dieser Stelle würde es zu weit gehen, den Begriff des Gewohnheitsrechts in all seinen Erscheinungsformen zu definieren. Verwiesen wird auf eine Definition des Reichsgerichts[842], wonach Gewohnheitsrecht das durch ständige Übung angewandte und von der Überzeugung der Rechtmäßigkeit und Notwendigkeit getragene (nicht geschriebene, ungesetzte) Recht darstellt, sowie die Definition des Bundesverfassungsgerichts[843], wonach Gewohnheitsrecht das Recht ist, das nicht durch förmliche Setzung, sondern durch längere tatsächliche Übung entstanden ist, die eine dauernde und ständige, gleichmäßige und allgemeine sein muss und von den beteiligten Rechtsgenossen als verbindliche Rechtsnorm anerkannt wird.

Dass die genannten Verhaltenskodizes dem Gewohnheitsrecht zuzurechnen sind, muss bereits vor dem Hintergrund bezweifelt werden, dass es sich bei den im Bereich des Internet und des elektronischen Geschäftsverkehrs aufgestellten Kodizes kurz nach ihrer Veröffentlichung noch nicht um eine Verkehrssitte oder tatsächliche Übung handelt. Noch existieren keine Erfahrungswerte, die den Schluss zuließen, dass die Kodizes zu einer Verkehrssitte erstarken könnten, wobei hierin auch ihr Zweck nicht gesehen werden kann. Die hier zu behandelnden Verhaltenskodizes können somit gegenwärtig nicht als Gewohnheitsrecht qualifiziert werden[844].

Selbst wenn man annähme, dass die Kodizes Gewohnheitsrecht darstellten bzw. künftig zu Gewohnheitsrecht erstarken könnten, so kann hieraus m. E. noch nicht auf den Rechtsnormcharakter geschlossen werden.

Gewohnheitsrecht ist der Glaube des einzelnen, sich in künftigen Situationen entsprechend verhalten zu müssen. Auch wenn sich eine Vielzahl von Rechtssubjekten in eben diesem Glauben befänden und den entsprechenden Gewohnheiten folgten, übte ihre Überzeugung des rechtmäßigen Verhaltens dennoch keine Rechtsmacht gegenüber den Abweichlern aus[845]. Die Normen sind für den

---

841 So *Baumbach/Hefermehl*, Wettbewerbsrecht, § 1 UWG Rz. 673; Staudinger/*Merten*, Art. 2 EGBGB Rz. 92, m . w. Nachw..

842 RGZ 75, 41.

843 BVerfGE 22, 121; vgl. weiterhin die einschlägige Literatur: *Sonnenberger*, Verkehrssitten im Schuldvertrag, S. 227 ff.; vgl. auch die Nachw. bei *Herzog*, Allgemeine Staatslehre, S. 130..

844 Beachte jedoch den Hinweis bei *Jung*, GRUR Int. 1998, 843, dass das Verbot der unaufgeforderten Zusendung von Werbe- E- Mails den Anforderungen an Gewohnheitsrecht entsprechen könne.

845 *Sonnenberger*, Verkehrssitten im Schuldvertrag, S. 253

einzelnen lediglich verbindlich, da er sie für sich als verbindlich betrachtet. Es handelt sich um eine Norm der Moral oder Sozialmoral[846]. Zwar erkennt das geltende Recht in Art. 20 Abs. 3 GG, Art. 2 EGBGB und § 12 EGZPO die prinzipielle Geltung des Gewohnheitsrechts an; dem Gewohnheitsrecht wird die mit dem Gesetzesrecht gleichrangige Geltungskraft zugesprochen[847]. Gewohnheitsrecht ist jedoch insofern eben nur „gleichrangig" und nicht mit der staatlichen Rechtsordnung identisch. Es kann daher nicht von Rechtsnormen gesprochen werden.

Auch die in diesem Zusammenhang regelmäßig zitierte Rechtsprechung des Bundesgerichtshofs[848] vermag m. E. an dieser Feststellung nichts zu ändern. Zwar stellt der Bundesgerichtshof ausdrücklich fest, auch das Gewohnheitsrecht sei eine Rechtsnorm i. S. d. § 550 ZPO a. F. (§ 546 ZPO n. F.) und daher nach § 12 EGZPO ein Gesetz i. S. d. Vorschriften der ZPO. Es folge daher aus den Vorschriften in §§ 549 Abs. 1, 562 ZPO (a. F.), dass für die Entscheidung des Revisions- oder Rechtsbeschwerdegerichts nur die Entscheidung des Tatsachenrichters über das Bestehen und den Inhalt von *irrevisiblen* Gesetzen und Gewohnheitsrechten maßgebend ist, über das Bestehen und den Inhalt von *revisiblen* Gesetzen und Gewohnheitsrechten müsse dagegen das Revisions- oder Rechtsbeschwerdegericht selbst entscheiden und notfalls selbst Beweis erheben. Ein Gerichtsgebrauch könne sich zu Gewohnheitsrecht entwickeln, wenn er zu einer tatsächlichen und ständigen Übung führte, die auf der Überzeugung beruht, dass das Geübte Recht sein soll.
Der Bundesgerichtshof stellt in der genannten Entscheidung m. E. jedoch lediglich klar, dass auch die Revisionsgerichte sich mit dem Gewohnheitsrecht als solchem auseinander zu setzen haben, es insofern in ihrer Entscheidungsfindung nicht unberücksichtigt lassen dürfen; dementsprechend subsumiert das Gericht den Begriff des Gewohnheitsrechts unter § 550 ZPO a. F.. Eine Aussage über die Rechtsverbindlichkeit des festgestellten Gewohnheitsrechts obliegt jedoch immer noch dem anerkennenden Gericht; aus sich selbst heraus kann das Gewohnheitsrecht somit keine rechtliche Geltung beanspruchen.

Dementsprechend kann auch der folgende augenscheinliche Widerspruch erklärt werden: Keine Rechtsnormen i. S. d. § 546 ZPO sind nach überwiegender Auffassung namentlich die Satzungen juristischer Personen des Privatrechts[849]. Der

---

[846] *Sonnenberger*, aaO, S. 266.
[847] Vgl. MünchKommZPO/*Prütting*, § 293 Rz. 18.
[848] BGH, NJW 1965, 1861.
[849] So Stein- Jonas/*Grunsky*, §§ 549, 550 II Rz. 4; ebenso MünchKommZPO/*Wenzel*, § 549 Rz. 9, mit dem Hinweis, deren Auslegung könne zwar unter bestimmten Umständen durch

Bundesgerichtshof[850] hat jedoch hinsichtlich der Frage, ob § 139 BGB auf Satzungen in ihrer Eigenschaft als Vertrag anwendbar sei, die Anwendbarkeit mit dem Argument verneint, die Satzung würde mit der Entstehung des Vereins zur „körperschaftlichen Verfassung des Vereins" und objektiviere fortan das rechtliche Wollen des Vereins – kurz: Sie besäße Rechtsnormcharakter. Hierin liegt nicht etwa ein Widerspruch zwischen dem Schrifttum und der Rechtsprechung. Das hier vertretene Verständnis des § 546 ZPO beseitigt die Unstimmigkeit. § 546 ZPO bringt zum Ausdruck, dass die Revision lediglich die Überprüfung des Berufungsurteils auf Rechtsverletzungen hin ermöglicht jedoch keine weitere Tatsacheninstanz eröffnet[851].

Das Bundesverfassungsgericht[852] stellte schließlich in seiner Entscheidung fest, dass es sich bei dem als Eingriffsgrundlage in Art. 12 GG in Betracht kommenden Gewohnheitsrecht um vorkonstitutionelles, nicht um nachkonstitutionelles Gewohnheitsrecht handeln müsse. Der Gesetzesvorbehalt des Art. 12 GG erfordere zumindest eine Rechtsnorm, die durch einen förmlichen Rechtssetzungsakt geschaffen worden ist. Hiermit macht das Bundesverfassungsgericht deutlich, dass es sich bei nachkonstitutionellem Gewohnheitsrecht – und Verhaltenskodizes im Bereich des Internet und des E- Commerce sind zwangsläufig nachkonstitutionell - , nicht um Rechtsnormen handelt. Nachkonstitutionelles Gewohnheitsrecht kann insofern einem förmlichen Rechtssetzungsakt nicht genügen.

(c) Allgemeine Geschäftsbedingungen

Im Rahmen der Debatte um das AGB- Gesetz Mitte der siebziger Jahre wollte man auch ohne besondere Einbeziehungsvereinbarung die Allgemeinen Geschäftsbedingungen i. S. e. selbstgeschaffenen „Rechts der Wirtschaft" für rechtlich verbindlich halten. Diese Ansicht wurde indes bekanntlich vom Gesetzgeber mit dem § 2 AGBG (heute § 305 BGB) verworfen[853]. Man empfand eine gesetzliche Regelung für notwendig.

das Gericht geprüft werden, jedoch seien sie keine revisiblen Rechtsnormen, bei deren Verletzung eine Revision erfolgreich wäre.

[850] BGHZ 47, 179.

[851] Vgl. MünchKommZPO/*Wenzel*, § 550 Rz. 1.

[852] BVerfGE 22, 121.

[853] Vgl. *Ulmer*, ZHR 166 (2002), S. 160 f.; Vgl. aber *Reuter*, AcP 188 (1988), 649, mit einem zweifelhaften Verweis auf BGH, NJW 1984, 669.

(d) Anerkennung durch die Rechtsprechung

Es liegt nicht zuletzt aufgrund der zu § 546 ZPO getroffenen Feststellungen nahe, das maßgebliche Kriterium für den Rechtsnormcharakter auf die absolute Verbindlichkeit der Norm, ihre Erzwingbarkeit und Durchsetzbarkeit gegenüber abweichenden Adressaten festzulegen. Es wird angeführt, die genannte Durchsetzbarkeit bezüglich derjenigen Regeln, die von Privaten aufgestellt würden, gewährleisteten nur staatliche Gerichte, da sie allein die zur Durchsetzung erforderlichen Machtmittel besäßen. Es käme daher auf die staatliche Sanktion im weitesten Sinne an. Verhaltenskodizes seien schließlich dann als Rechtsnormen zu qualifizieren, wenn sie vor staatlichen Gerichten durchgesetzt werden könnten[854]. Insofern erhielten Verhaltenskodizes ihren Charakter als Rechtsnorm durch eine judikative Entscheidung.

Dem ist jedoch entgegenzuhalten, dass die staatliche Erzwingung oder Sanktion nur ein Indiz für die normative Geltung ist[855]. Der Begriff der Rechtsnorm würde darüber hinaus von der im Grunde ungewissen Beurteilung der Gerichte abhängen; die abstrakte Klärung der Frage wäre nicht möglich. Richterrecht allein taugt nicht für die Erteilung allgemeiner Geltungsbefehle, da es nur in begrenztem Umfang neue Rechtsbefehle erzeugt, die zudem ohne allgemeinverbindliche Wirkung sind. Höchstrichterliche Urteile sind kein Gesetzesrecht und bewirken damit keine vergleichbare Rechtsbindung[856]. Richterrecht erzeugt nur eine Wirkung *inter partes*. Verfassung und einfaches Gesetz haben die Gerichte auf die Rechtskontrolle beschränkt. Selbst wenn der Richter zweifelsohne rechtsgestaltend – ihm obliegt u. a. die Ausfüllung von Generalklauseln[857] - tätig wird, so erhält er indes keinen Rechtstitel auf eine umfassende Sozialgestaltung nach eigenem Willen; insbesondere nicht gegen den eindeutigen Wortlaut von Rechtsnormen[858].

Eine ständige und gefestigte Rechtsprechung der Bundesgerichte zu einer bestimmten Frage erzeugt daher lediglich ein gleichartiges Verhalten unter den Rechtssubjekten[859]. Eine eventuelle Anerkennung der Verhaltensregeln durch staatliche Gerichte verschafft ihnen ein Mehr an Legitimation und verleiht eine gewisse Durchsetzbarkeit; zu Rechtsnormen werden sie durch diese Anerkennung nicht.

---

[854] So *Sabrowsky*, Selbstregulierung, Rz. 351.
[855] Staudinger/*Merten*, Art. 2 EGBGB, Rz. 8.
[856] BGHZ 132, 11, zur Frage der Rückwirkung höchstrichterlicher Rechtsprechung; vgl. auch BVerfGE 84, 212.
[857] S. u. Ziff. E, II, 1.
[858] *Kirchhof*, Private Rechtssetzung, S. 147 f..
[859] *Kirchhof*, aaO, S. 150.

Ein unverbindlicher auf freiwilliger Einhaltung basierender Verhaltenskodex, der sich nicht auf das vom Hoheitsträger übertragene Recht zur Normgebung stützt, kann somit nicht als Rechtsnorm betrachtet werden.

(2) Private Normsetzung auf der Basis hoheitlicher Grundlagen: Vereinssatzungen

Nun unterwerfen sich den Verhaltenskodizes jedoch oftmals Unternehmen im Wege ihrer Mitgliedschaft in einem Verband bzw. Verein, wie die Kodizes der FSM bzw. FST zeigen. Insofern ist fraglich, ob Vereinssatzungen den privaten Gründern eine Rechtsposition verleihen, aufgrund derer sie zu Normsetzern werden.

(a) Die Vertragstheorie

Betrachtet man die Vereinssatzung lediglich als eine Erscheinungsform des Vertrages, so kann sie nicht als Rechtsnorm qualifiziert werden. Es wird angeführt, die Befugnis zur Normsetzung durch die Vereinsautonomie könne ihre Grundlage nur innerhalb der staatlichen Rechtsordnung haben. Die von den Vereinen aufgestellten Normen könnten nicht denjenigen Rechtsnormen der staatlichen Rechtsordnung gleichgeordnet werden. Insofern sei die Vereinsautonomie keine Rechtsquelle[860]. Die Satzung eines Vereins sei zwar für einen bestimmten Personenkreis - vor allem für die Mitglieder - bestimmend und auch für das Verhältnis zu Dritten maßgebend. Dennoch sei die Vereinssatzung keine Rechtsnorm[861].

(b) Die Normtheorie

Im Gegensatz hierzu wird vertreten, die Satzung sei ein auf die Vereinsautonomie gegründetes Gesetz, das durch schöpferischen Gesamtakt entsteht und sich den Mitgliedern vom Erwerb der Mitgliedschaft an verpflichtend auferlegt. Die Auslegung entspreche derjenigen von Gesetzen; insofern besitze die Satzung Rechtsnormcharakter. Eine Satzung beanspruche Geltung für alle gegenwärtig und künftig am Vereinsleben Beteiligten, weshalb sie für den engen Bereich des Vereinslebens dieselbe Funktion wie ein staatliches Gesetz gegenüber dem weiten Bereich des gesellschaftlichen Lebens ausübe. Insofern stimmten Ziel und

[860] So Staudinger/*Weick*, Vorbem zu §§ 21 ff Rz. 35; Soergel/*Hadding*, § 25 Rz. 17.

[861] *Sauter*, Der eingetragene Verein, Rz. 36 ff.; mit dem Hinweis, die Satzung stelle auch kein Statut i. S. d. § 293 ZPO dar.

Wirkungsweise der Satzung und des Gesetzes überein[862]. Zur Abgrenzung zwischen Vertrag und Rechtsnorm stellt die Normtheorie darauf ab, dass durch den final- generellen und potentiell heteronomen Charakter der Satzung Anforderungen an die Legitimation gegenüber den Mitgliedern und auch der sozialen Umwelt entstehen, denen die Legitimierungskraft des Vertrages nicht genüge[863].

(c) Die modifizierte Normentheorie

Schließlich wird vertreten, es biete sich an, eine Unterscheidung dahingehend zu treffen, den Prozess der Aufstellung der Satzung als Vertrag der Gründer zu qualifizieren, die fertige Satzung jedoch wie ein Gesetz zu behandeln[864].

Beruht ein Verhaltenskodex auf der Satzung eines Vereins, kann ihm zumindest nach der Normtheorie und der modifizierten Normentheorie Rechtsnormcharakter zugesprochen werden.

(3) Notwendigkeit der Beurteilung des Rechtsnormcharakters?

Fraglich ist indessen, ob die oben angesprochenen Lösungen zur Frage der Normqualität von Selbstregulierungsmechanismen, wie insbesondere Verhaltenskodizes, überhaupt von Bedeutung sind. Soll Selbstregulierung im wesentlichen selbst durchgesetzt werden, kommt es auf die Frage der Normqualität nicht an. Dies gilt insbesondere für die spontane Unterwerfung unter einen erst kurz zuvor aufgestellten Kodex.

Eine weitere Auffassung[865] vertieft daher nicht weiter verfassungsrechtliche oder rechtsmethodische Überlegungen hinsichtlich der Normqualität von Selbstregulierungsmechanismen. Es wird schlicht argumentiert, Private könnten kein Recht setzen, da ihnen die Befugnis zur zwangsweisen Durchsetzung mittels staatlicher Organe fehle. Hier wird die Frage ausgeklammert, inwieweit es auf die Durchsetzung der Selbstregulierungsmechanismen mit Hilfe der Gerichte ankommt. Private könnten lediglich Regelungen schaffen, die der Staat seinerseits als die Grundlage von Zwangsvollstreckungsmaßnahmen anerkenne. In gewisser Weise vereint diese Ansicht die oben bereits angeklungenen Lösungsansätze, ohne jedoch der Frage der Normqualität besondere Beachtung zu schenken. Auf den Begriff der Rechtsnorm müsse schließlich ohnehin nicht rekurriert werden, da der BGB- Gesetzgeber eine Reihe von Möglichkeiten vorge-

[862] So MünchKommBGB/*Reuter*, § 25 Rz. 16 ff m. w. Nachw. und Hinweisen auf die Gegenmeinung; i. E. auch *Kirchhof*, Private Rechtssetzung, S. 64 ff., 84 ff..
[863] So *Reuter*, AcP 188 (1988), 649.
[864] So BGHZ 47, 172, 179 f..
[865] So *Hoeren*, Selbstregulierung, S. 358 ff..

sehen habe, selbst gesetzten Regeln unmittelbare Verbindlichkeit zu verleihen. Hier wird insbesondere auf die Kategorie des Vertrages hingewiesen.

Diese Auffassung wird somit maßgeblich von faktisch vorliegenden Ansatzpunkten geprägt; sie hält es nicht für notwendig, denjenigen Regeln, die auf Satzungen des Vereinsrechts basieren, Normqualität zu attestieren. Es wird betont, die Privaten hätten die Möglichkeit, im Bedarfsfall auf Instrumente zurückzugreifen, die ihnen der Staat an die Hand gegeben hat, um die Durchsetzungsfähigkeit der privaten Absprachen zu gewährleisten. In allen anderen Fällen, in denen sich alle Mitglieder einer Gemeinschaft freiwillig an die Regeln gebunden fühlen, die sie zur Richtschnur ihres Verhaltens erklärt haben, – dies stellt im übrigen den Idealfall der funktionierenden Selbstregulierung dar -, löst sich das Rechtsproblem ohnehin auf[866]. Insofern kann die Frage der Normqualität für das Feld der Selbstregulierung letztlich unentschieden bleiben[867].

2. Wandel im System?

Anhand der vorstehenden Darstellung wird deutlich, dass sich Selbstregulierungsmechanismen nicht ohne weiteres in das System der deutschen Rechtsquellen einordnen lassen. Das traditionell kodifizierte deutsche Rechtssystem lässt wenige Lücken, die es erlauben einem Soft Law Unterschlupf zu gewähren. Dennoch muss berücksichtigt werden, dass – ausgehend von den Einflussnahme des Europarechts – zunehmend auch im deutschen Recht Anknüpfungspunkte für Selbstregulierung durch Private geschaffen werden. Das Rechtssystem befindet sich im Wandel. Nicht geklärt ist indessen aus dieser Erkenntnis heraus automatisch die Frage, ob selbstregulative Elemente die genannten Stützen, welche ihnen über die Rechtsordnung geboten werden, überhaupt benötigen, bzw. inwieweit eine gesetzliche Verankerung der Effektivität der Selbstregulierung durch Private dienlich sein kann. Insbesondere vor dem Hintergrund gerade der augenscheinlichen Skepsis von Juristen gegenüber Selbstregulierungsmechanismen und der zumindest in Deutschland festzustellenden engen Orientierung an gesetzlichen Vorschriften, muss man sich dieser Frage annehmen.

---

866 Vgl. auch *Sonnenberger*, Verkehrssitten im Schuldvertrag, S. 266.

867 Vgl. hierzu auch den Ansatz von *Bachmann*, Privatrecht als Organisationsrecht, in: Witt/Casper/Bednarz, Jahrbuch Junger Zivilrechtswissenschaftler 2002, S. 17 ff., der innere Legitimation privater Rechtssetzung auf den zwischen den Beteiligten gefundenen Konsens und das verfolgte Gruppenwohl stützt.

3. Abwägung: Legitimation der Selbstregulierung durch administrative und legislative Einbindung?

Letztlich stellt sich also die Frage, ob es vor dem Hintergrund der mangelnden Anerkennung der Selbstregulierung durch Private insbesondere durch die Rechtswissenschaft künftig eines Mehr oder eines Weniger gesetzgeberischer Vorgaben bzw. Rahmenregelungen für eine auf Freiwilligkeit basierende Selbstregulierung bedarf.

a) Autonomiebedürfnis der Institutionen der Selbstregulierung

Zunehmend lässt sich die Rezeption selbstregulativer Elemente in die Rechtsordnung beobachten. Diese Vorgehensweise sowohl des supranationalen als auch des nationalen Gesetzgebers wird kontrovers beurteilt. Es wird vorgebracht, durch derartige staatliche Maßnahmen ginge der Effekt der Entlastung des Staates durch Selbstregulierung zumindest teilweise verloren. Weiterhin erwiesen sich gesetzgeberische Vorgaben als negativ, wenn die Selbstregulierung als freiheitswahrendes Element wirtschaftlicher Autonomie wirken solle[868]. Betreibe der Staat eine gezielte „Feinsteuerung", indem der Versuch unternommen würde, die selbstbeschränkenden Maßnahmen als ein Mittel zur Durchsetzung staatlicher Interessen zu instrumentalisieren, so könne der Wille zur Selbstdisziplin schwinden. Dies gereiche schließlich zum Nachteil der Verbraucher, da sodann alles, was von staatlicher Seite nicht verboten ist, erlaubt sei[869]. Für den Bereich der Werbung wird daher befürchtet, dass durch die staatliche Ex- Post- Kontrolle die Selbstdisziplin im Ergebnis nicht geregelt sondern abgeschafft würde[870].

b) Die Notwendigkeit der Legitimation

aa) Zertifizierung von Verhaltenskodizes durch die Aufsichtsbehörden

Ein Ansatz, den Selbstregulierungsmaßnahmen ein Mehr an Legitimation und Transparenz zu verschaffen, besteht in der Einbeziehung der Aufsichtsbehörden, also der staatlichen Rezeption. Staatliche Stellen könnten im Rahmen eines hybriden Regelungskonzeptes Verhaltenskodizes „zertifizieren", anschließend in

---

868 Stellungnahme der *Deutschen Vereinigung für gewerblichen Rechtsschutz und Urheberrecht e.V.* zum „Grünbuch zum Verbraucherschutz in der Europäischen Union", abrufbar unter: http://www.grur.de/Seiten/Themen/Stellungnahmen/StN_170102.html.

869 *Berghoff*, RDV 2002, 78.

870 So *Ruess*, Das Recht der Werbung zwischen Staats- und Selbstkontrolle, in: Witt/Casper/Bednarz, Jahrbuch Junger Zivilrechtswissenschaftler 2002, S. 226.

staatlichen Anzeigern anerkennen und mit staatlichen Durchsetzungsmechanismen flankieren[871].

Im Datenschutzrecht wird beispielsweise vorgeschlagen, die für die Zertifizierung der Datenschutzerklärungen verantwortlichen Stellen sollten diese für verbindlich erklären[872].
Ein Beispiel für eine staatliche Zertifizierung unternehmensinterner Verhaltensregeln stellt § 38 a BDSG dar. Die Aufsichtsbehörde prüft hiernach die Entwürfe in rechtlicher, technischer und organisatorischer Hinsicht. Die Überprüfung anhand des geltenden Datenschutzrechts soll nach der Gesetzesbegründung verhindern, dass sich die selbstregulatorisch tätigen Einrichtungen interne Verhaltensregeln geben, die dem geltenden Recht widersprechen[873]. Hiermit normiert der Gesetzgeber eine der oben bereits angesprochenen notwendigen Anforderungen an die Ausbildung einer selbstregulativen Maßnahme.

Eine weitere Vorschrift zur Stärkung der Selbstregulierung unter gleichzeitiger staatlicher Kontrolle durch ein Zertifizierungsverfahren stellt der jüngst verabschiedete § 19 JMStV dar. Gemäß § 1 dient der JMStV u. a. dem einheitlichen Schutz der Kinder und Jugendlichen vor Angeboten in elektronischen Informations- und Kommunikationsmedien, die deren Entwicklung oder Erziehung beeinträchtigen oder gefährden. Im Gegensatz zu der misslungenen Trennung von Tele- und Mediendiensten nach dem MDStV und dem TDG gilt der JMStV für elektronischen Rundfunk und Telemedien, wobei die Bestimmungen des TDG unberührt bleiben, § 2 Abs.1 u. 3. Vor der Aufnahme ihrer Tätigkeit bedarf die Selbstkontrolleinrichtung einer Zertifizierung durch eine zu bildende Kommission für Jugendmedienschutz (KJM)[874]. Die Selbstkontrolle muss eine ordnungsgemäße Spruchpraxis und eine Organisationsstruktur wie beispielsweise eine Beschwerdestelle nachweisen. Sollte die Spruchpraxis nicht im Einklang mit dem geltenden Jugendschutzrecht stehen, ist ein Widerruf der Anerkennung gemäß § 19 Abs. 5 S. 1 JMStV möglich. Nach § 20 Abs. 3 JMStV darf gegen einen Anbieter, der einer Selbstkontrolleinrichtung angehört und deren Vorgaben beachtet indes nur eingeschritten werden, wenn die Entscheidung der

---

[871] Vgl. die Einleitung bei *Waltermann/Machill*, Verantwortung im Internet, S. 18; *Kloepfer*, Informationsrecht, S. 143; vgl. auch die Ausführungen bei *Brunner*, Rechtsetzung durch Private, S. 166, die es für notwendig hält, die Erlasse Privater ausnahmslos einer staatlichen Kontrolle zu unterwerfen.

[872] So *Roßnagel/Pfitzmann/Garstka*, Modernisierung des Datenschutzrechts, S. 162, die weiterhin auf die Möglichkeit einer dem Tarifvertragsrecht entstammenden Allgemeinverbindlichkeitserklärung (§ 5 TVG) hinweisen. Zu beachten sei jedoch das offensichtliche Demokratiedefizit, da es an einer Vorschrift wie dem Art. 9 Abs. 3 GG fehle. Insofern handele es sich nur um gesetzesausfüllende Maßnahmen.

[873] Vgl. *Berghoff* RDV 2002, 78; *Roßnagel/Pfitzmann/Garstka*, aaO, S. 160.

[874] Die KJM hat die *Freiwillige Selbstkontrolle Fernsehen* (FSF) bereits anerkannt, vgl. MMR aktuell 8/2003, XIX.

Selbstkontrolle die rechtlichen Grenzen des Beurteilungsspielraums überschreitet. Es wird vertreten, dass die Rücknahme einer Zertifizierungsentscheidung durch die KJM nur dann in Betracht kommt, wenn die Selbstkontrolleinrichtung im Rahmen ihrer Spruchpraxis dauerhaft gegen die Vorgaben verstößt[875]. Hierin ist eine Stärkung der Selbstkontrolle zu erblicken[876].

Der Bindungswirkung selbstregulativer Elemente durch die Schaffung staatlicher Aufsichtsbehörden wird entgegengehalten, es erscheine vorzugswürdig, die Verstöße gegen Verhaltenskodizes eher unter den Beteiligten bzw. betroffenen Unternehmen vor den ordentlichen Gerichten, vor Schiedsgerichten oder über andere alternative Methoden der Streitbeilegung auszutragen[877]. Ähnlich argumentiert die FSM. Neben ihrer Funktion als Institution der privaten Selbstkontrolle, beteiligt sich der Verein auch rege an der rechtspolitischen Diskussion. So trat sie entschieden dem – mit der Verabschiedung des JMStV mittlerweile realisierten - Vorhaben von Bund und Ländern entgegen, die Freiwilligen Selbstkontrolle einer Zertifizierung zu unterwerfen. Mit dem Argument, eine Zertifizierungspflicht von freiwilligen Selbstkontrollen durch staatliche Stellen wäre vermutlich das Ende der Selbstkontrolle in Deutschland, verweist die FSM u. a. auch die Gefahr von Eingriffen in die Meinungs-, Presse- und Rundfunkfreiheit, sollte der Staat die freiwillige Selbstkontrolle nach Belieben steuern können. Vorstellbar sei allenfalls eine Art öffentliche Akkreditierung, unter der Voraussetzung, dass die FSM gegenüber staatlichen Stellen nachweise, über sachkundige Experten zu verfügen, die sich in einem geordneten und transparenten Verfahren mit der Bewertung von Online-Inhalten befassten. Gewissermaßen als Gegenleistung fordert die FSM von Bund und Ländern einen gesetzlichen Schutz für Mitarbeiter, welche in Ausführung ihres Auftrags mit rechtswidrigem Material in Berührung kämen[878].

Betrachtet man die Regelungen des JMStV, so ist wohl eine Kompromisslösung zwischen den staatlichen Stellen und den Selbstkontrolleinrichtungen zu erkennen, da deren Kodizes zwar einer Zertifizierung unterworfen werden, der Gesetzgeber jedoch im Gegenzug deren Stellung über die eingeschränkte Eingriffsmöglichkeit der KJM in § 20 JMStV gestärkt hat.

---

875 So *Langenfeld*, MMR 2003, 309.

876 A. A. wohl *Ruess*, Das Recht der Werbung zwischen Staats- und Selbstkontrolle, in: Witt/Casper/Bednarz, Jahrbuch Junger Zivilrechtswissenschaftler 2002, S. 223, mit dem Hinweis, offen bleibe, wo die keineswegs klaren Grenzen verliefen.

877 Stellungnahme der *Deutschen Vereinigung für gewerblichen Rechtsschutz und Urheberrecht e.V.* zum „Grünbuch zum Verbraucherschutz in der Europäischen Union", abrufbar unter: http://www.grur.de/Seiten/Themen/Stellungnahmen/StN_170102.html.

878 Vgl. FSM: Gegenvorschläge zur Neuregelung des Jugendmedienschutzes, MMR aktuell 2/2002, XIII.

Die seitens der Einrichtungen der Selbstregulierung vorgebrachten Bedenken gegen eine staatliche Akkreditierung der verschiedenen Instrumente sind ernst zu nehmen. Selbstregulierung sollte grundsätzlich nicht nur selbst gesetzt, sondern auch selbst durchgesetzt und eigenständig organisiert werden. Allerdings erfreut sich die Selbstregulierung – und hiervor darf man die Augen nicht verschließen - nur einer eingeschränkten Akzeptanz. Sollen die Fronten aufgelockert werden, müssen Kompromisse eingegangen werden. Eine Zertifizierung der Verhaltenskodizes durch die Aufsichtsbehörden verschafft ihnen zwar keine unmittelbare normative Wirkung, es liegt jedoch nahe, dass gerade staatlich geprüfte Kodizes im Rahmen von Gerichtsverfahren Indizwirkung erlangen und daher eine faktische Stärkung erfahren können[879]. Zertifiziert wird zunächst „privat gesetztes Recht"; die Initiative zur Regelungsgebung ginge daher von Privaten aus. Für die Selbstregulierungseinrichtungen kann hierin auch eine Chance gesehen werden.

bb) Übertragung von Regulierungsbefugnissen auf Private – Private Regelungsgremien nach § 342 HGB

Die Übertragung von Regelungsbefugnissen stellt ein weiteres Regulierungsmodell dar.

Eines der Pilotprojekte dieser Handlungsoption findet sich im Handelsrecht. Gemäß § 342 HGB, der durch das Gesetz zur Kontrolle und Transparenz im Unternehmensbereich (KonTraG)[880] vom 27. April 1998 eingefügt wurde, kann das BMJ einer privatrechtlich organisierten, durch Vertrag anerkannten Organisation u. a. Aufgaben auf dem Sektor der Konzernrechnungslegung übertragen, so beispielsweise die Entwicklung von Empfehlungen zur Anwendung der Grundsätze über die Konzernrechnungslegung. Der Hoheitsträger gibt eindeutig Regulierungsverantwortung aus der Hand. Private übernehmen hoheitliche Aufgaben. Freilich blieb in der Folge ein Streit über die verfassungsrechtliche Rechtmäßigkeit der § 342 HGB nicht aus. Insbesondere vor dem Hintergrund des in Art. 20 Abs. 3 GG statuierten Gesetzesvorbehalts wurde die Verfassungswidrigkeit der Vorschrift betont[881]. Geht man indessen richtigerweise davon aus, Organisationen wie das *Deutsche Rechnungslegungs Standards Committee* (DRSC), welches am 17. März 1998 in der Rechtsform eines eingetragenen Vereins gegründet und vom BMJ durch Vertrag („Standardisierungsvertrag") als Einrichtung i. S. d. § 342 HGB anerkannt wurde, hätten keine Normsetzungsbefugnis, liegt es

[879] *Kloepfer*, Informationsrecht, S. 189.
[880] BGBl. 1998 I, S. 768.
[881] Vgl. die Nachweise bei *Ulmer* ZHR 166 (2002), 162.

nahe, dass die Widerstände nachlassen werden[882]. Der Staat behält sich auch in diesem Sektor das „letzte Wort“ mittels der Kontrolle durch die Gerichte vor. Den verfassungsrechtlichen Bedenken ist jedoch Rechnung zu tragen.

cc) Auferlegung von Transparenz- und Informationspflichten

Den Pilotcharakter der Konstruktion des § 342 HGB und die gebotene Zurückhaltung hinsichtlich der unmittelbaren Ausstattung Privater mit Regulierungsbefugnissen unterstreicht auch der Umstand, dass sich der Gesetzgeber mit einer entsprechenden gesetzlichen Fixierung des DCG- Kodex zurückhält und dem Kodex daher keine gesetzliche Verbindlichkeit verleiht.

(1) § 161 HGB – Der DCG- Kodex

§ 161 AktG enthält keine § 342 HGB vergleichbare Regelung. Es wird hier keiner privaten Organisation eine Befugnis für die Regelungsgebung eingeräumt. Den Aktiengesellschaften wird lediglich die Pflicht auferlegt, im Sinne der Transparenz die Unterwerfung unter den Kodex offen zu legen. Die Befolgung bleibt indessen freigestellt. Zwar finden sich durchaus Parallelen zwischen den Empfehlungen gemäß § 342 HGB und den Verhaltensrichtlinien des DCG- Kodex [883], der Gesetzgeber hat die verbindliche Geltung des DCG- Kodex jedoch nicht unmittelbar gesetzlich fixiert.

Einer der Gründe liegt sicherlich in der auch dem DCG- Kodex entgegengebrachten Kritik verfassungsrechtlicher Art. So wurde zunächst befürchtet, der Kodex könnte trotz des Kriteriums der Freiwilligkeit aufgrund des Publizitätsdrucks eine faktische Zwangswirkung erzeugen[884], die derjenigen einer gesetzlichen Vorschrift gleichkäme. Zum Zeitpunkt der Veröffentlichung war noch unklar, ob die bloße Existenz des Kodex zumindest den namhaften, im öffentlichen Interesse stehenden Aktiengesellschaften vor dem Hintergrund des zu erwartenden Drucks des Kapitalmarkts die Unterwerfung unter den Kodex aufoktroyie-

---

[882] So MünchKommHGB/*Ebke*, § 342 HGB, Rz. 18 ff.; mit dem Hinweis, die Empfehlungen bezweckten, den Adressaten ein bestimmtes Verhalten nahe zu legen, ohne sie rechtlich zu binden, woran auch die Tatsache nichts ändere, dass sie im Rahmen einer vom BMJ übertragenen Aufgabe nach feststehenden Regeln in einem geordneten Verfahren entwickelt würden. Insbesondere sei die Vermutung gemäß § 342 Abs. 2 HGB eine gesetzliche Rechtsvermutung mit – zuvörderst – materiellrechtlichem Gehalt, welche widerlegbar sei; vgl. auch Koller/Roth/Morck/*Morck*, HGB, § 342 a, Rz. 3, der betont, die Anerkennung privatrechtlicher Einrichtungen sei davon abhängig, dass entsprechende Satzungsbestimmungen die Beteiligung sämtlicher an der Rechnungslegung interessierter Personen und Organisationen an der Ausarbeitung von Empfehlungen gewährleisten.

[883] So *Ulmer*, ZHR 166 (2002), 164.

[884] So *Wolf*, ZRP 2002, 60.

ren würde. Tatsächlich hat keines der 30 wichtigsten börsennotierten Unternehmen in Deutschland den Ablauf der Frist für die Abgabe der ersten Entsprechungserklärung i. S. d. § 161 AktG am 31. Dezember 2002 versäumt. Allerdings haben sich nur vier der vorgenannten Unternehmen verpflichtet, die Empfehlungen komplett umzusetzen. Elf Unternehmen gaben an, in einem Punkt vom Kodex abzuweichen, weitere sechs benannten zwei Abweichungen. Damit weichen 70 % der Unternehmen in höchstens zwei Punkten von den Kodex-Empfehlungen ab[885]. Insofern haben sich trotz des zu verzeichnenden Erfolges des Kodex die Befürchtung einer Zwangswirkung nicht erfüllt.

Weiterhin fand die Formulierung, der Kodex sollte die Unternehmen verpflichten, die Bezüge der einzelnen Vorstandsmitglieder individualisiert offen zu legen, vor dem Hintergrund eines möglichen Eingriffs in die Grundrechte der betroffenen Organmitglieder, der eines förmlichen Parlamentsgesetzes bedürfe, harsche Kritik[886]. Diese verkennt jedoch, dass es sich bei der individualisierten Offenlegung der Bezüge nicht um eine *Empfehlung* handelt, über deren Einhaltung die Unternehmen eine Erklärung abgeben müssen, sondern um eine *Anregung*. Von Anregungen, die mit dem Begriff „sollte" gekennzeichnet wurden, können die Unternehmen ausweislich der Präambel des Kodex abweichen, ohne dass die Abweichung offen gelegt werden muss. Insofern steht es den Unternehmen – und somit den Organen selbst – abseits des durch den Kodex erregten öffentlichen Drucks gänzlich frei, in den Konzernabschlüssen die Bezüge der einzelnen Vorstandsmitglieder zu veröffentlichen. Selbst wenn keine Veröffentlichungen stattfinden, erzeugt der Kodex in dieser Hinsicht keine über die ohnehin bestehende hinausgehende Zwangswirkung. Ein Grundrechtseingriff kann hierin nicht gesehen werden. Tatsächlich haben nur fünf börsennotierte Gesellschaften freiwillige Angaben zu den Anregungen gemacht.

Ins Auge sticht, dass sich der Großteil der Unternehmen nicht zu den 17 Anregungen des Kodex geäußert hat. Enttäuschend ist somit, dass auch die Initiative des DCG- Kodex zeigt, dass sich die Anregung zur freiwilligen Umsetzung

---

885 Vgl. SZ vom 3. März 2003, S. 20, unter Berufung auf eine Studie der Wirtschaftsprüfungsgesellschaft *Ernst & Young*, deren Vorstand *Waldersee* den Kodex als Erfolg wertet und dem das Recht ergänzenden Soft Law große Akzeptanz bestätigt. Allerdings zeichnet sich bereits ab, dass die Empfehlungen zur Vergütung der Ausschusstätigkeiten den Unternehmen Schwierigkeiten bereiten. DaimlerChrysler beispielsweise sieht in neuen Informationsregeln wie dem DCG- Kodex sowie in den USA durch den 2002 in Kraft getretenen Sarbanes- Oxley Act eine erhöhte Arbeitsbelastung für die Aufsichtsratsmitglieder. Dass das Unternehmen daher deren Bezüge erhöhen will, muss allerdings vor dem Hintergrund des DCG- Kodex, der ausdrücklich fordert, ein Teil der Aufsichtsratsbezüge müsste leistungsorientiert also am Unternehmensgewinn ausgerichtet gewährt werden, kritisch hinterfragt werden, vgl. SZ vom 27. Februar 2003, S. 17.

886 So *Wolf*, ZRP 2002, 60.

von Maßnahmen nicht bewährt hat[887]. Bestätigt wird jedoch die These, dass es einer regulierten Selbstregulierung mit klaren Vorgaben bedarf, welche die besten Chancen auf eine erfolgreiche Umsetzung hat, wenn der Staat einen gewissen Zwang durch eine gesetzliche Verankerung vorsieht und den verfolgten Zielen somit auf die Sprünge hilft[888].
Die Antwort auf die Frage nach der nicht vorgenommenen weitergehenden gesetzlichen Verortung liegt wohl zudem in dem eingehend beschriebenen Freiwilligkeitscharakteristikum der Selbstregulierung selbst. Grundsätzlich soll diese namentlich „selbst gesetzt" und „selbst durchgesetzt" werden. Insofern ist der DCG- Kodex eher als regulierte Selbstregulierung in einer schwachen Ausprägung zu verstehen. Der Gesetzgeber hat sich hier nicht durchgerungen, die Verbindlichkeit der selbstregulativen Maßnahme zu statuieren. Die Legislative kann somit anstatt der Schaffung einer unmittelbaren Wirkung auch den Weg beschreiten, die Privaten dazu zu verpflichten, über die Einhaltung der Selbstregulierungsmechanismen regelmäßig zu informieren. Es wird daher nur ein indirekter Druck über die Beurteilung des Verhaltens in der Öffentlichkeit erzeugt.

(2) Informationspflichten nach § 312 e BGB

Auch § 312 e Abs. 1 Nr. 2 BGB i. V. m. der BGB- InfoV, welcher die Unternehmen verpflichtet, die Information über die Unterwerfung unter einen Verhaltenskodex an die Verbraucher weiterzugeben, stellt ebenso eine mittelbare Regelung dar. Den Unternehmen wird nicht vorgeschrieben, sich bestehenden Kodizes zu unterwerfen, sie müssen sich auch nicht über die Einhaltung der Kodizes erklären. Ihnen wird lediglich die Pflicht auferlegt, über die Unterwerfung zu informieren[889], im Gegensatz zu § 161 HGB allerdings mit dem Unterschied,

---

[887] Vgl. SZ vom 3. März 2003, S. 20.

[888] *Engert*, Wettbewerb der Normen und Sanktionierung durch das Recht, in: Witt/Casper/Bednarz, Jahrbuch Junger Zivilrechtswissenschaftler 2002, S. 55, spricht in Bezug auf den DCG- Kodex, in § 161 AktG käme der Effizienzvorteil durch einen monopolistischen Normsetzungsintermediär zum Tragen, der die Entstehung einer sozialen Norm überhaupt erst ermögliche.

[889] Während *Heinrichs*, in: Palandt Ergänzungsband, Anhang § 312 e Rz. 1, noch der Auffassung war, auch wenn es in der Branche des Anbieters keinen derartigen Kodex gäbe, müsse der Unternehmer wohl ausdrücklich eine Fehlanzeige melden, - so auch Weitnauer/*Huber*, Beck'sches Formularbuch E- Commerce, S. 324 – ist *ders.* in der aktuellen (62.) Aufl. des Palandt, Anhang zu 312 e, Rz.1, nunmehr richtigerweise der Meinung, wenn es keinen Kodex gäbe oder sich der Unternehmer ihm nicht unterworfen habe, bedürfe es keiner Fehlanzeige. Dem ist zuzustimmen, da die verbraucherschützende Wirkung vom tatsächlichen Vorliegen bzw. von der tatsächlichen Unterwerfung abhängt. Nach der ECRL sollen freiwillige Verhaltenskodizes dazu dienen, die Vorschriften der Richtlinie umzusetzen. Die Unternehmer sollen nicht mittels einer Sanktion bei mangelnder Fehlanzeige gedrängt werden, sich einem Kodex zu unterwerfen.

dass nur eine Erklärung gegenüber den einzelnen Vertragpartnern erfolgen muss. Insofern stellt diese mittelbare gesetzliche Geltung eher eine schwache Ausprägung der Integration selbstregulativer Elemente dar. Nicht zu verkennen ist jedoch die Konsequenz, die den Unternehmen bei Nichteinhaltung der Informationspflichten nach § 312 e BGB droht. Zwar bleibt der Vertrag auch bei Verstoß gegen die Informationspflichten wirksam, die Pflichtverletzung kann jedoch für den Kunden einen Anspruch aus „c.i.c." gemäß § 311 Abs. 2 BGB i. V. m. § 280 BGB begründen[890]. Aus dem Blickwinkel der Befürworter der Selbstregulierung geht diese Konsequenz jedoch zu weit. Die bloße Nichtinformation über eine Unterwerfung unter einen Kodex löst hier eventuell eine vorvertragliche Haftung aus. Es kommt nicht darauf an, ob sich der Anbieter an die Verhaltensregeln hält. Das reine Nichtstun, nicht eine Zuwiderhandlung wird hier sanktioniert. Den Kodizes wird somit zwar eine gewisse Geltung verschafft, der Unternehmer könnte indes Abstand von der Unterwerfung nehmen, um dem beschriebenen Haftungsrisiko aus dem Wege zu gehen.

dd) Gesetzlich formulierte Zielfestlegungen

„Sanktionen" i. S. d. Ausbildung eines faktischen Zwanges können zudem über gesetzliche Zielfestlegungen hinsichtlich der Selbstregulierungsmechanismen erfolgen. Diese stellen zwar keine Rechtsnormen sondern in erster Linie politische Akte dar, die eine Selbstbindung des Staates nach sich ziehen. Wenn auch keine rechtliche Wirkung erzeugt werden kann, so lässt sich ein tatsächlicher Effekt erreichen. Gefördert werden kann dieser wiederum durch die Androhung gesetzgeberischer Maßnahmen im Falle der Nichtbefolgung[891]. Diese Regulierungsmöglichkeit ist bereits bekannt. Sie ist nur deshalb an dieser Stelle zu erwähnen, da sie eine weitere Option der gesetzlichen Verankerung der Förderung selbstbeschränkender Maßnahmen der Wirtschaft aufzeigt.

ee) Ausblick

M. E. empfiehlt es sich, künftig ein Mehr an gesetzlichen Anknüpfungspunkten für Selbstregulierungsmechanismen wie Verhaltenskodizes zu schaffen, um – die grundsätzlich positive Haltung des Staates gegenüber der regulierten Selbstregulierung stets vorausgesetzt – Kritikern den Wind aus den Segeln zu nehmen. Es steht dem Staat frei Selbstregulierungsmechanismen anzuerkennen. Dies gilt auch für das Recht des elektronischen Geschäftsverkehrs. Hier bietet sich einerseits der Rechtsraum Internet wie oben festgestellt für die künftige Integration

---

[890] Palandt/*Heinrichs*, § 312 e Rz. 11, mit Hinweis auf weitere empfindliche Sanktionen im Falle der Verletzung der Informationspflichten.

[891] *Roßnagel/Pfitzmann/Garstka*, Modernisierung des Datenschutzrechts, S. 157.

selbstregulativer Elemente an, andererseits finden sich bereits eine Reihe von Anknüpfungspunkten sowohl im Gemeinschaftsrecht als auch in nationalen Vorschriften. Insbesondere die sprichwörtliche „deutsche Regeltreue" ließe sich zumindest hierzulande dazu nutzen, die Wirtschaft zur Umsetzung selbstregulativer Maßnahmen zu bewegen. Befürchtet werden muss freilich, dass ohne einen gewissen „sanften staatlichen Zwang" der Prozess einer funktionierenden Selbstregulierung nur schwer in Gang kommen wird. Mit den umfassenden auch gesetzlichen Verankerungen befindet sich der nationale und auch der supranationale Gesetzgeber daher auf dem rechten Wege. Beachtet werden müssen jedoch stets die verfassungsrechtlichen Vorgaben. Eine unmittelbare gesetzlichen Geltung von Selbstregulierungsmechanismen i. S. d. Übertragung von Regulierungsbefugnissen auf Private wird regelmäßig auf verfassungsrechtliche Kritik stoßen. Sie ist daher zugunsten einer mittelbaren gesetzliche Geltung und der Formulierung von Zielfestlegungen zu vermeiden.

Sollen die neuartigen Formen der Rezeption wie beispielsweise die Zertifizierung erfolgreich sein, so gilt es auch an die Aufsichtsbehörden zu appellieren: Die Integration der Elemente der Selbstregulierung ist der geltenden Rechtsordnung noch fremd. Erfahrungswerte fehlen. Dennoch müssen hohe Anforderungen an die Aufgeschlossenheit und Flexibilität der Aufsichtsbehörden bei der Bewertung der Verhaltenskodizes gestellt werden[892].

4. Die kartellrechtliche Zulässigkeit von Selbstregulierungsmaßnahmen

Gewissermaßen als universell einsetzbares, staatliches Regulativ der Selbstregulierung durch Private ist schließlich das Kartellrecht in den Blick zu nehmen. Als Bestandteil des Lauterkeitsrechts fungiert es als Auffangordnung für die horizontalen Wirkungen normativer Absprachen und erscheint besonders geeignet, die oben bereits angesprochenen verfassungsrechtlichen Forderungen einzulösen[893]. Des Weiteren kommt dem Kartellrecht originär die Funktion zu, Wettbewerbsverzerrungen durch privatinitiative Zusammenschlüsse mehrerer Wirtschaftssubjekte zu unterbinden. Insofern wird das Kartellrecht hier beinahe am Ende der Frage nach der rechtlichen Einordnung bzw. Zulässigkeit der Selbstregulierungsmechanismen behandelt.

Regelmäßig sehen sich freiwillige Selbstbeschränkungsmaßnahmen – insbesondere solche, die nicht auf einer normvertretenden Absprache beruhen[894] - im ju-

[892] *Walz*, Selbstkontrolle versus Fremdkontrolle – Konzeptwechsel im deutschen Datenschutzrecht?, in: Simon/Weiss, Zur Autonomie des Individuums, S. 461.

[893] So *Michael*, Rechtsetzende Gewalt im kooperierenden Verfassungsstaat, S. 519.

[894] Vgl. zu den normativen Absprachen zwischen Staat und Wirtschaft, *Rosenkötter*, Selbstverpflichtungsabsprachen, S. 181 ff., welche zu Recht auch diese einer kartellrechtlichen Überprüfung unterwirft; auch wenn die generelle Intention der Absprache staatlich gewollt sei,

ristischen Schrifttum mit der Frage nach ihrer kartellrechtlichen Zulässigkeit konfrontiert. Auch für die Selbstregulierung im elektronischen Geschäftsverkehr wurden in dieser Hinsicht bereits Zweifel geäußert[895]. Vor dem Hintergrund ihrer Marktmacht macht sich Skepsis breit, ob es sinnvoll erscheint, dass gerade private Internetanbieter in größerem Umfang Verhaltensbeschränkungen vorsehen und sanktionieren bzw. regulieren können. Die Gefahr gravierender Wettbewerbsverzerrungen ist nicht von der Hand zu weisen, da nicht garantiert werden kann, dass die Selbstverpflichtungen von jedem Verbandsmitglied tatsächlich auch freiwillig eingegangen worden sind. Es wird darüber hinaus die Notwendigkeit des Schutzes der Dritten hervorgehoben, namentlich derjenigen Unternehmen, die nicht verbandlich organisiert sind und sich daher auch den Selbstregulierungsmechanismen nicht unterwerfen. Gerade bei kollektiver Selbstregulierung könne die Branche den Zutritt künftiger Konkurrenten zum Markt verhindern, um die Preise hochzuhalten[896].

Auch das Bundesministerium für Wirtschaft und Technologie hegt Bedenken hinsichtlich der Selbstregulierung beispielsweise durch den GBDe. Grundsätzlich begrüßt allerdings die Bundesregierung die Etablierung selbstregulativer Elemente als eine „gute Idee", betont jedoch die Notwendigkeit, darauf zu achten, dass es nicht zur Bildung von Kartellen und Absprachen auf internationalem Niveau komme. Diesen Bemühungen hat sich die Regierung verschrieben[897].

Vorausgeschickt werden muss, dass die bloße Aufstellung eines Verhaltenskodex noch nicht gegen Lauterkeitsrecht verstoßen kann. Kartellrechtliche Brisanz entwickelt erst die Unterwerfung verschiedener Unternehmen unter die Regelungen eines solchen Regelwerks.

---

könne dadurch das Abkommen auf Unternehmensebene nicht jeglicher lauterkeitsrechtlicher Kontrolle entzogen sein; ebenso *Michael*, Rechtsetzende Gewalt im kooperierenden Verfassungsstaat, S. 522, mit dem Argument, eine wie auch immer begründete Abgrenzung zwischen öffentlichem Recht und Privatrecht sei nicht geeignet, Absprachen zwischen Privaten jeglicher kartellrechtlichen Kontrolle zu entziehen. Insbesondere vor dem Hintergrund der kartellrechtlichen Prüfung nach Art. 81 EGV dürfe die Unterscheidung zwischen den Rechtsformen des öffentlichen und des privaten Rechts schon deshalb nicht relevant werden, weil sie in den Rechtsordnungen Europas nicht einheitlich erfolge und ihre starke Ausprägung eine spezifisch deutsche Tradition darstelle. *Ders.*, aaO, S. 525, stellt zudem fest, es sei zumindest missverständlich von einem Vorrang des öffentlichen Rechts vor dem Kartellrecht zu sprechen.

[895] *Hoeren*, NJW 1998, 2852; seine Skepsis untermauernd; *ders.*, JuS 2002, 951.

[896] *Engel*, Regulierung durch Organisation und Verfahren, in: Immenga, FS Mestmäcker, S. 137.

[897] *Mosdorf*, Windows 21 – Moderne Wirtschaftspolitik für die New Economy, in: Forschungsinstitut für Wirtschaftsverfassung und Wettbewerb, Recht, Wettbewerb und e- commerce, S. 5.

a) Die Beurteilung von Verhaltenskodizes und Selbstbeschränkungsabkommen nach dem Europäischen Kartellrecht – Art. 81 EGV

Nach Art. 16 der ECRL sollen Verhaltenskodizes auf gemeinschaftsweiter Ebene aufgestellt werden. Es liegt nahe, zunächst die kartellrechtliche Zulässigkeit freiwilliger Selbstbeschränkungsmaßnahmen bzw. Verhaltensregeln durch private Selbstregulierung nach dem Kartellrecht der Europäischen Gemeinschaften zu untersuchen. Darüber hinaus ist davon auszugehen, dass auch die nationalen Kodizes Einfluss auf gemeinschaftlichen Wettbewerb haben können, d. h., dass der Handel zwischen den Mitgliedstaaten eingeschränkt werden kann[898], da inländische Provider durch die Aufstellung der Kodizes sowie die Unterwerfung hierunter angesichts der ubiquitären Ausrichtung des Internet möglicherweise am Zutritt zum Binnenmarkt gehindert werden.

Gemäß Art. 81 EGV sind alle Vereinbarungen zwischen Unternehmen, Beschlüsse von Unternehmensvereinigungen sowie alle aufeinander abgestimmten Verhaltensweisen zunächst einmal verboten, sofern sie die Einschränkung des Wettbewerbs innerhalb des Marktes bewirken oder gar bezwecken.

aa) Beschlüsse einer Unternehmensvereinigung

Bei der Frage nach der Anwendbarkeit des Art. 81 Abs. 1 2. Alt. EGV kommt es darauf an, ob es sich bei der jeweils zu beurteilenden Organisation der Selbstregulierung um eine Unternehmensvereinigung handelt. Allgemein kann davon ausgegangen werden, dass die verschiedenen Selbstregulierungsmaßnahmen auf Vereinigungen von verschiedenen im Internethandel bzw. im E- Commerce tätigen Unternehmen basieren. Vor dem Hintergrund der Aktivitäten gerade der Verbände stellt sich sodann das Problem, ob der Charakter eines Dachverbandes ausreichend ist. Auch der Dachverband vereinigt letztlich die einzelnen Unternehmen, weshalb die Vorschrift extensiv auszulegen ist. Es wäre ansonsten der Kommission unmöglich, die Vielfalt der Zusammenschlüsse zu bewältigen[899]. Handelt es sich somit bei einem Verhaltenskodex um einen Beschluss einer Unternehmensvereinigung – und die diversen Verbotstatbestände der Kodizes suggerieren zumindest eine gewisse Verbindlichkeit - ist der Anwendungsbereich des Art. 81 EGV eröffnet.

---

[898] Vgl. EuGH, Slg. 1988, 5987, wonach unter das Gemeinschaftsrecht alle Abreden und Praktiken fallen, die geeignet sind, unmittelbar oder mittelbar, gegenwärtig oder zukünftig die Handelsbeziehungen zwischen den Mitgliedstaaten und so die vom EWG- Vertrag gewollte wirtschaftliche Durchdringung zu beeinflussen.

[899] So *Brandmair*, Selbstkontrolle, S. 28; *Hoeren*, Selbstregulierung, S. 127; vgl. auch Lange/*Lange*, Handbuch zum deutschen und europäischen Kartellrecht, Kap. 2 Rz. 26.

bb) Aufeinander abgestimmte Verhaltensweisen

Bei „aufeinander abgestimmten Verhaltensweisen" handelt sich um ein aufeinander abgestimmtes Verhalten, welches den Handel zwischen den Mitgliedstaaten zu beschränken in der Lage ist[900]. Nach der gängigen Formel des EuGH[901] liegt eine solche in jeder Form der Koordinierung, die zwar nicht bis zum Abschluss eines Vertrages im eigentlichen Sinne gediehen ist, die aber bewusst eine praktische Zusammenarbeit an die Stelle des mit Risiken verbundenen Wettbewerbs treten lässt. Neben den vertraglichen Vereinbarungen und Beschlüssen zwischen Unternehmen, kommen als aufeinander abgestimmte Verhaltensweise auch freiwillige Selbstbeschränkungsabkommen und Wohlverhaltenskodizes in Betracht[902]. Der EGV kennt auch nach den Verträgen von Maastricht und Amsterdam keine spezielle Ausnahmeklausel, welche mitgliedstaatliche bzw. transnationale Selbstregulierungsmechanismen der Anwendung der Bestimmungen des primären Gemeinschaftsrechts entziehen würden[903]. Insofern lassen sich die aufeinander abgestimmten Verhaltensweisen als Auffangtatbestand für jegliche Selbstregulierungsmaßnahmen durch Private bezeichnen, weshalb die Frage, inwieweit Beschlüsse im Einzelfall tatsächlich vorliegen, vernachlässigt werden kann[904].

Es wird in diesem Zusammenhang allgemein die Ansicht vertreten, Verhaltenskodizes, die durch Absprache zwischen Wettbewerbern aufgestellt werden und darauf ausgerichtet sind, die Parteien an die Grundsätze lauteren oder rechtmäßigen Wettbewerbs zu binden, fielen grundsätzlich nicht unter Art. 81 EGV; privat gesetzte Lauterkeitsregeln sollen daher von der Anwendung des Kartellverbots freigestellt werden[905]. Allerdings werden hier enge Grenzen gezogen. Es wird vorausgesetzt, dass die Kodizes aus einem objektiven Blickwinkel tatsächlich nur den unlauteren bzw. rechtswidrigen Wettbewerb betreffen. Es genügt nicht, eine Vereinbarung zwischen Unternehmen als „Regeln für den lauteren Wettbewerb zu bezeichnen", wenn er ihnen in Wirklichkeit nur unerwünscht ist. Daraus folgt umgekehrt, dass die tatsächliche Eigenschaft der Re-

---

900 *Brandmair*, aaO, S. 29.

901 EuGH, Slg. 1975, 1663 - Zucker; vgl. ferner Langen/Bunte/*Bunte*, Art. 81Rz. 28.

902 *Hoeren*, Selbstregulierung, S. 266 unter Berufung auf die EU- Kommission, ABl. L 237/3 1974 -Belgische Tapeten; ABl. L 224/29 1978 - FEDETAB.

903 *Ukrow*, Selbstkontrolle, S. 75.

904 Vgl. Wiedemann/*Stockmann*, § 7 Rz. 9, der darauf hinweist, der Auffangtatbestand käme grundsätzlich nicht zur Anwendung, wenn eine Vereinbarung oder ein Beschluss vorliege. Er räumt jedoch ein, dass es die Kommission im Einzelfall offen ließe, ob eine Vereinbarung oder ein Beschluss vorliege, weil in jedem Fall die Voraussetzungen eines abgestimmten Verhaltens vorlägen.

905 *Gleiss/Hirsch*, Art. 85 (1) 1. Kap. C, Rz. 180; *Hoeren*, Selbstregulierung, S. 268; *Brandmair*, Selbstkontrolle, S. 31.

geln als „Regeln für den lauteren Wettbewerb“ den Anwendungsbereich des Art. 81 Abs. 1 EGV ausschließen[906]. Insofern lässt das europäische Kartellrecht Verhaltenskodizes mit wettbewerbsbeschränkendem Inhalt nur in denjenigen Fällen zu, in denen EU- konformes Lauterkeitsrecht wiederholt und konkretisiert wird, d. h. wenn in dem Verhaltenskodex gesetzliche Verbotstatbestände oder Ergebnisse der Rechtsprechung fixiert und auf den Einzelfall umgesetzt werden[907]. Sollten die Lauterkeitsregeln jedoch nicht das bestehende Recht wiederholen, sondern eigene Maßstäbe enthalten oder Sanktionen für die Nichteinhaltung vorsehen, so greift das Kartellverbot des Art. 81 EGV[908]. Da sich die Verhaltenskodizes im E- Commerce auf neuem Terrain bewegen, kann nicht pauschal davon ausgegangen werden, sie seien Ausdruck einer allgemeinen Verkehrsauffassung der Internetwirtschaft und könnten daher zum Maßstab der „guten Sitten im Wettbewerb“ gemacht werden[909]; eine kartellrechtliche Prüfung ist folglich erforderlich.

Die Lauterkeit bestimmter Praktiken ist nach dem anwendbaren nationalen Recht zu prüfen, wobei die Auswirkungen des EG- Rechts, insbesondere die Artt. 28, 30 EGV ebenso als Maßstäbe heranzuziehen sind[910]. Es wird in diesem Zusammenhang zu Recht darauf hingewiesen, dass gerade Presse- und Werbekodizes in den Mitgliedstaaten inhaltliche Parallelen aufweisen, was die Unlauterkeitswertung vereinfache[911].

Zu bemerken ist, dass die Kommission in einer strengen Praxis regelmäßig dazu neigt, Verstöße gegen Art. 81 EGV anzunehmen[912]. Weiterhin muss beach-

906 So *Gleiss/Hirsch*, Art. 85 (1) 1. Kap. C, Rz. 180; *Brandmair*, aaO, S. 31; *Ukrow*, Selbstkontrolle, S. 77.

907 *Hoeren*, NJW 1998, 2852; in anderem Zusammenhang bereits *ders.*, Selbstregulierung, S. 268; *Gleiss/Hirsch*, Art. 85 (1) 1. Kap. C, Rz. 183; *Ukrow*, aaO, S. 76.

908 *Hoeren*, Selbstregulierung, S. 268; *Gleiss/Hirsch*, Art. 85 (1) 1. Kap. C, Rz. 183, die darauf hinweisen, Probleme ergäben sich bereits, wenn der Verhaltenskodex Praktiken enthalte, deren Unlauterkeit oder Rechtswidrigkeit nicht sicher sei, weil sich eine einheitliche Rechtsprechung noch nicht herausgebildet habe oder die Fragestellungen in der einschlägigen Fachliteratur umstritten seien.

909 Vgl. im Zusammenhang mit Kodizes der Versicherungswirtschaft, *Hoeren*, aaO, S. 270.

910 *Gleiss/Hirsch*, Art. 85 (1) 1. Kap. C, Rz. 181, mit dem Hinweis, es könne jedoch bei der Beurteilung, ob nun das Recht des einen oder anderen Mitgliedstaates zur Prüfung hinzuzuziehen sei, schließlich nicht das nationale Recht, welches am wenigsten streng ist, den Ausschlag geben. Es sei vielmehr im Einzelfall darauf abzustellen, welchen Wirtschaftsraum der fragliche Kodex abdecken soll. Andererseits dürften die Unternehmen auch nicht das strengste Lauterkeitsrecht wählen, weshalb es einen Verstoß gegen Art. 81 EGV darstellte, sollten sich die Unternehmen an strengere Lauterkeitsregeln binden, als sie in ihrem jeweiligen Betätigungsfeld nach nationalem Recht befolgen müssten; vgl. auch *Ukrow*, Selbstkontrolle, S. 79.

911 *Ukrow*, aaO, S. 76.

912 *Gleiss/Hirsch*, Art. 85 (1) 1. Kap. C, Rz. 183, unter Berufung auf die EU- Kommission, ABl. L 379/19 1982 -Toltecs- Dorcet.

tet werden, dass die Mehrzahl der Verhaltenskodizes Streitschlichtungsmechanismen vorsieht. So wurde z. B. nach dem Kodex bzw. der Satzung der FSM eine Beschwerdestelle eingerichtet, die gegenüber den Mitgliedern des Vereins Sanktionen verhängen kann. Es ist festzuhalten, dass gerade Streitschlichtungsmechanismen von besondere Bedeutung sind, soll Selbstregulierung in der Praxis erfolgreich sein. Sie stellen daher regelmäßig Bestandteile von Verhaltenskodizes dar. Die Kommission jedoch zeigt gerade gegenüber Schiedsgerichten und anderen privaten Stellen, mit deren Hilfe die Einhaltung von Wettbewerbsregeln privater Verbände gewährleistet werden soll, deutliche Skepsis[913]. Ebenso ist auch die Bestimmung von Höchstpreisgrenzen für Dienstleistungen etwa in Abschnitt B II. 1. des Verhaltenskodex der FST zumindest bedenklich.

Nach der Rechtsprechung des EuGH[914] enthält Art. 81 Abs.1 EGV immanente Grenzen. Vereinbarungen oder Verhaltensweisen, die grundsätzlich wettbewerbsbeschränkend wirken, werden dann nicht als mit dem gemeinsamen Markt unvereinbar angesehen, wenn sie sich im Ergebnis wettbewerbsfördernd auswirken, d. h. als flankierende Maßnahmen eines größeren Regelungskomplexes sicherstellen sollen, dass der Wettbewerb in dem betreffenden Bereich bspw. durch die Verbreitung von Kenntnissen und Techniken verbessert oder angeregt wird. Gerade im elektronischen Geschäftsverkehr, der sich noch im Aufbau befindet, kann man daher der Auffassung sein, die entsprechenden Selbstregulierungsmechanismen wie Verhaltenskodizes könnten sich fördernd auf den Wettbewerb auswirken. Zweifel sind jedoch angebracht, als das Ausscheiden vieler kleiner Provider im Zusammenhang mit dem „Sterben der New- Economy“ und die Zunahme der Marktmacht der großen Provider zu beobachten ist. Insofern kann die fördernde Wirkung noch nicht beurteilt werden.

Hinsichtlich der Selbstbeschränkungsabkommen zwischen Unternehmen, die dem Schutz anderer Marktteilnehmer dienen und somit nicht in erster Linie die Marktposition der Beteiligten stärken, werden diese häufig als Einschränkungen i. S. d. Art. 81 EGV behandelt und unterfallen daher grundsätzlich dem Kartellverbot. Dies gilt nur dann nicht, wenn es sich um rein privatwirtschaftliche Maßnahmen handelt. Hierbei ist zu beachten, dass bereits die bloße Empfehlung eines Staates die Anwendung des Art. 81 EGV eröffnet[915].

[913] *Gleiss/Hirsch*, Art. 85 (1) 1. Kap. C, Rz. 185, unter Berufung auf die Kommission ABl. L 228/3, 8 v. 15. Juli 1975 - IFTRA- Hüttenaluminium; ABl. L 20/18, 24 1978 - Rijwiehandel.

[914] EuGH, Slg. 1982, 2015 - Nungesser; vgl. ferner *Ukrow*, Selbstkontrolle, S. 77. A. A. noch *Brandmair*, Selbstkontrolle, S. 29, mit der Feststellung, allgemeine normative Regelungen, wie die Erwägungen über Vor- und Nachteile einer möglichen Wettbewerbsbeschränkung, fänden erst im Rahmen der Überlegungen nach der Freistellung i. S. d. Art. 81 Abs. 3 EGV Anwendung

[915] *Gleiss/Hirsch*, Art. 85 (1) 1. Kap. C, Rz. 346 ff. m. w. Nachw..

cc) Empfehlungen und Gütezeichen

Fraglich ist, ob zumindest die in den Verhaltenskodizes enthaltenen Empfehlungen als solche möglicherweise vom Kartellverbot nicht umfasst werden. Empfehlungen sind inhaltlich unverbindliche Äußerungen von Unternehmensvereinigungen. Das EG- Recht enthält zunächst kein Empfehlungsverbot. Empfehlungen fallen dennoch dann unter das allgemeine Kartellverbot, wenn sie auf einer Vereinbarung oder auf abgestimmten Verhaltensweisen beruhen oder zu einer aufeinander abgestimmten Verhaltensweise führen[916]. Es kann jedoch auch hier nicht darauf ankommen, ob die Empfehlung als „unverbindlich“ bezeichnet wird, da durchaus auch unverbindliche Empfehlungen zwingenden Charakter haben und daher als Beschluss i. S. d. Art. 81 EGV angesehen werden können. Insbesondere wenn der Empfehlung gefolgt wird – und eine solche Befolgung stellt gerade den Sinn der in den Verhaltenskodizes enthaltenen Empfehlungen dar – kann ein abgestimmtes Verhalten vorliegen[917].

Gütezeichen bzw. Gütesiegel sind, wie bereits beschrieben, Wort- oder Bildzeichen, welche die Übereinstimmung der mit ihnen gekennzeichneten Waren oder angebotenen Dienstleistungen mit den Qualitätsanforderungen in den Gütebedingungen ausdrücken. Mit ihrer Garantiefunktion dienen sie in erster Linie den Bedürfnissen des Konsumenten. So sind die bereits erwähnten Gütesiegel und Auditsysteme im elektronischen Geschäftsverkehr unter den herkömmlichen Begriff der Gütezeichen unterzuordnen. Die Bildung einer Gütezeichengemeinschaft sowie die Vereinbarung sich einer Qualitätskontrolle zu unterwerfen, sind vor dem Hintergrund des Art. 81 Abs. 1 EGV grundsätzlich als unbedenklich anzusehen, wenn die Verwendung des Gütezeichens allen Unternehmen möglich ist, deren Erzeugnisse oder Dienstleistungen die Qualitätsanforderungen erfüllen[918].

Als Zwischenergebnis lässt sich festhalten, dass zumindest Verhaltenskodizes streng auf die Wiedergabe des Lauterkeitsrechts hin überprüft werden müssen. M. E. kann nicht bereits aufgrund der Vorschrift des Art. 16 der ECRL, der immerhin zur Aufstellung von Verhaltenskodizes ermutigt, darauf geschlossen werden, die Kommission würde künftig weniger strenge Maßstäbe ansetzen

---

[916] EuGH, Slg. 1980, 3125 - FEDETAB; vgl. ferner Langen/Bunte/*Bunte*, Art. 81 Rz. 34.

[917] So Langen/Bunte/*Bunte*, Art. 81 Rz. 34; a. A. *Brandmair*, Selbstkontrolle, S. 28, mit der Feststellung, wenn lediglich Empfehlungen ausgesprochen werden, mangelte es zumindest an dem für den Begriff des Beschlusses maßgeblichen Verbindlichkeitskriterium.

[918] EuGH, Slg. 1983, 3369 – I.A.Z.; *Gleiss/Hirsch*, Art. 85 (1) 1. Kap. C, Rz. 504 f, mit dem Hinweis, die Schaffung und Benutzung eines Gütezeichens sei immer dann zulässig, wenn es den Unternehmen zusätzliche Werbemöglichkeiten eröffnet.

wollen. Erstens sollen die Verhaltenskodizes eben genau der Umsetzung der Vorschriften der Richtlinie dienen und zweitens der Kommission vorgelegt werden. Dass die Kommission mit Art. 16 der ECRL alle Verhaltenskodizes im elektronischen Geschäftsverkehr gänzlich von der kartellrechtlichen Kontrolle ausnehmen wollte, kann nicht angenommen werden. Folgt man der Linie der Kommission, so wird man in den meisten Fällen die selbstregulativen Maßnahmen unter Art. 81 Abs. 1 EGV einordnen müssen.

dd) Freistellung gemäß Art. 81 Abs. 3 EGV

Fallen Verhaltenskodizes somit grundsätzlich unter das Kartellverbot des Art. 81 EGV, so stellt sich die Frage, ob sie möglicherweise freigestellt werden können. Die Freistellung der Verhaltenskodizes setzt nach Art. 81 EGV voraus, dass sie unter angemessener Beteiligung der Verbraucher an dem entstehenden Gewinn zur Verbesserung der Warenerzeugung oder- verteilung oder zur Förderung des technischen oder wirtschaftlichen Fortschritts beitragen, ohne dass den beteiligten Unternehmen Beschränkungen auferlegt werden, die für die Verwirklichung dieser Ziele nicht unerlässlich sind oder Möglichkeiten eröffnet werden, für einen wesentlichen Teil der betreffenden Waren den Wettbewerb auszuschalten. Im Einzelfall müssen alle diese Voraussetzungen kumulativ vorliegen[919]. Eine Freistellung nach Art. 81 Abs. 3 EGV bewirkt, dass das wegen Art 81 Abs. 1 EGV wettbewerbswidrige, aber freigestellte Kartellverhalten ebenso zu behandeln ist wie diejenigen Verhaltensweisen, die von Anfang an nicht den Tatbestand des Art. 81 EGV verwirklichen[920]. Um eine Freistellungserklärung zu erreichen, sind die Vereinbarungen, Beschlüsse und aufeinander abgestimmten Verhaltensweisen bei der Kommission anzumelden, Art. 4 Abs. 1 KartellVO.

Hinsichtlich der verschiedentlich zum Schutz der Jugend aufgestellten Höchstpreisgrenzen für Dienstleistungen kann davon ausgegangen werden, dass diese tatsächlich auch über den zweifelsohne angestrebten Verbraucherschutz dem wirtschaftlichen Fortschritt der Online- Wirtschaft dienen. Im Rahmen der Debatte um die 0190- Dialer wurde klar, dass die Bekämpfung solcher Vorgehensweisen mit der Einführung von Höchstpreisgrenzen vor dem Hintergrund der Erzeugung des notwendigen Vertrauens der Verbraucher unerlässlich für die Entwicklung des Wirtschaftszweiges erscheint. Gleiches gilt im Hinblick auf den Jugendschutz angesichts der Tatsache, dass Online- Zugänge häufig auch von Familien genutzt werden.

---

[919] *Emmerich*, Kartellrecht, S. 421 m. w. Nachw.; Langen/Bunte/*Bunte*, Art. 81 Rz. 149.
[920] Langen/Bunte/*Bunte*, Art. 81 Rz. 230.

Ukrow[921] verfolgt schließlich hinsichtlich der angesprochenen Selbstkontrolle im Medienbereich, insbesondere in Bezug auf die Eindämmung der Verbreitung gefährlicher bzw. unerwünschter Inhalte, den Ansatz, im Rahmen der Freistellung gemäß Art. 81 Abs. 3 EGV den „Kultur- Artikel", namentlich Art. 151 Abs. 4 EGV zur Beurteilung hinzuzuziehen. Einerseits käme hier der Ansatz in Betracht, dass die kultur- bzw. gesellschaftspolitisch motivierte Selbstregulierung über Art. 151 Abs. 4 EGV den Charakter eines ungeschriebenen Freistellungstatbestandes erlangt, da sie sich als Verkaufs- bzw. Vertriebsmodalität i. S. d. Artt. 28, 30 EGV qualifizieren ließe. Andererseits wird vorgeschlagen, die Tatbestandmerkmale des Art. 81 Abs. 3 EGV kulturrechtlich bzw. kulturfreundlich zu interpretieren. Nur auf diese Weise könne dem *effet utile* der kulturpolitischen Querschnittsklausel Rechnung getragen werden; im Lichte einer solchen gemeinschaftsrechtlich vorgegebenen teleologischen Interpretation, die am Gebot der bestmöglichen Kulturentfaltung orientiert sein müsse, seien die Voraussetzungen der Freistellung gegeben. Eine Verbesserung der Warenerzeugung- oder verteilung werde dann erzielt, falls die Anzahl der Waren, die zugleich Kulturgut seien, gesteigert und deren Distribution erleichtert würde. Weiterhin würden auch die Verbraucher entsprechend am „Gewinn" beteiligt werden. Gewinn sei hier jeder Vorteil, der den Verbrauchern aufgrund der Kartellabsprache zufließe. Als solcher Gewinn sei die Versorgung mit kulturell anspruchsvollen und gesellschaftlichen Mindeststandards in Sachen Jugend- und Verbraucherschutz genügenden Medienprodukten zu bewerten. Überzeugende Anhaltspunkte für eine Ausschaltung des Wettbewerbs seien nicht ersichtlich; aus alledem folge schließlich eine Ermessensreduzierung auf Null für die Kommission hinsichtlich der Freistellung der Selbstkontrollvereinbarungen im Medienbereich.

Verhaltenskodizes weisen mithin Merkmale auf, die eine Freistellung durch die Kartellbehörde nahe legen.

b) Das Deutsche Kartellrecht – Das Kartellverbot des § 1 GWB

Für die Beurteilung der kartellrechtlichen Zulässigkeit der Selbstregulierung durch Private in der Form abgestimmter Verhaltensweisen bzw. Vereinbarungen gemäß § 1 GWB[922] gelten dieselben Grundsätze wie im europäischen Kartell-

[921] *Ukrow*, Selbstkontrolle, S. 86 ff..

[922] Vgl. Langen/Bunte/*Bunte*, § 1 Rz. 58, der die wohl überwiegende Auffassung vertritt, dass die durch die vertragliche Einigung herbeigeführte Bindung nicht rechtlicher Natur zu sein braucht, sondern sich aus ganz unterschiedlichen Gründen – wirtschaftlicher, gesellschaftlicher oder moralischer Art – ergeben kann. Es könnten daher viele Formen der Verhaltenskoordinierung unter den Begriff der „Vereinbarungen" i. S. d. § 1 GWB subsumiert werden. Dem Tatbestand der abgestimmten Verhaltensweisen käme daher keine erhebliche rechtliche Bedeutung zu. *Ders.*, aaO, § 1 Rz. 42 hält ebenso die Subsumtion der Gentlemen's Agreements, die dadurch gekennzeichnet sind, dass von vorneherein keine rechtliche Bindung be-

recht; man gelangt daher zu vergleichbaren Ergebnissen[923]. Entsprechend Art. 81 Abs. 3 EGV können unter ähnlichen, teils entsprechenden Gesichtspunkten Kartelle gemäß § 7 GWB freigestellt werden. Durch die Missbrauchsaufsicht über die legalisierten Kartelle nach § 12 GWB behält der Staat seine Einwirkungsmöglichkeit, indem er die Freistellung unter gewissen Voraussetzungen widerrufen kann[924]. Nach Art. 8 GWB kommt zum Schutze des Gemeinwohls zudem eine Ministererlaubnis in Betracht. Eine solche wurde beispielsweise im Rahmen des Selbstbeschränkungsabkommen der Zigarettenindustrie erteilt[925]. Zu beachten ist jedoch, dass das strengere europäische Kartellrecht dem deutschen jedenfalls im Kollisionsfalle i. S. e. Anwendungsvorrangs vorgeht, selbst wenn das fragliche Kartell durch nationale Behörden ausdrücklich gebilligt worden ist[926]. Insofern genießen die Regelungen des Art. 81 EGV Priorität.

Hinsichtlich der Zulässigkeit von Gütezeichengemeinschaften ist festzustellen, dass diese nicht unter das Kartellverbot des § 1 GWB fallen, wenn die Bindung der Mitglieder nur darin besteht, dass die mit den Gütezeichen versehenen Waren bestimmten Qualitätsanforderungen genügen[927]. Entsprechendes muss auch für Websites gelten. Die Satzung der Gütezeichengemeinschaft muss jedoch so gefasst sein, dass jedes Unternehmen der Branche neues Mitglied werden kann, wenn es in der Lage ist, Seiten ins Netz zu stellen, die dem festgelegten Qualitätsstandard entsprechen.

---

zweckt ist, unter den Begriff der Vereinbarung für möglich und beruft sich u. a. auf BGH, WuW/E BGH 1707 - Taxi- Besitzervereinigung.

[923] Vgl. etwa bezüglich der Selbstbeschränkungsabkommen Immenga/Mestmäcker/*Zimmer*, § 1 Rz. 314; Nach einer Entscheidung des OLG Stuttgart WuW/E OLG 3332 - Familienzeitschrift II, kann eine abgestimmte Verhaltensweise auch durch Dritte, so bspw. durch einen Verband herbeigeführt werden; vgl. Langen/Bunte/*Bunte*, § 1 Rz. 63; vgl. zum Begriff der Abstimmung nach dem deutschen Kartellrecht auch *ders.*, aaO, § 1 Rz. 66. Es wird die Auffassung vertreten, zumindest staatlich inspirierte Selbstbeschränkungen unterfielen dann nicht dem Kartellverbot, wenn der Inhalt der Abrede in einem Gesetz festgelegt sei, vgl. *Roßnagel/Pfitzmann/Garstka*, Modernisierung des Datenschutzrechts, S. 168.
Standesrichtlinien sind zulässig, wenn und soweit staatliches oder aufgrund staatlicher Ermächtigung gesetztes Berufsrecht der unternehmerischen Freiheit Grenzen setzt. Nur die darüber hinausgehenden wettbewerbsbeschränkenden Absprachen sind nach § 1 GWB zu beurteilen, vgl. BGH, WuW/E BGH 2141 - Architektenkammer; Langen/Bunte/*Bunte*, § 1 Rz. 306.

[924] *Engel*, Regulierung durch Organisation und Verfahren, in: Immenga, FS Mestmäcker, S. 135.

[925] Immenga/Mestmäcker/*Immenga*, § 8 Rz. 31.

[926] EuGH Slg. 1969, 1 - Walt Wilhelm; EuGH Slg. 1987, 405 - Feuerversicherung; vgl. ferner *Emmerich*, Kartellrecht, S. 376 ff.; Lange/*Lange*, Handbuch zum deutschen und europäischen Kartellrecht, Kap. 1 Rz. 19.

[927] BGH, WuW/E BGH 1293, 1297 - Platzschutz; vgl. ferner Langen/Bunte/*Bunte*, § 1 Rz. 301; Immenga/Mestmäcker/*Zimmer*, § 1 Rz. 234.

Rückt man auch hier den Kodifikationsgedanken (Stichwort: Informationsgesetzbuch) in den Vordergrund, so bietet es sich an, freiwillige Selbstbeschränkungen qua Gesetz vom Kartellverbot auszunehmen, wenn sie eindeutig der Förderung des technischen Fortschritts unter Berücksichtigung der Belange der Verbraucher dienen[928]. Wie oben bereits festgestellt ist die Kodifikation des Informationsrechts noch nicht absehbar, weshalb dieser Punkt nicht weiter vertieft werden muss.

c) Fazit

Unternehmensabsprachen in Form der Selbstregulierung durch Private halten einer kartellrechtlichen Kontrolle nicht völlig problemlos Stand, auch wenn sie grundsätzlich als rechtfertigungs- bzw. freistellungsfähig gelten mögen[929]. Sowohl das deutsche (GWB) als auch das europäische (Art. 81 EGV) Kartellrecht lassen Verhaltenskodizes mit wettbewerbsbeschränkendem Inhalt nur in den Fällen zu, in denen EU- konformes Lauterkeitsrecht wiederholt und konkretisiert wird. Insofern sind die einzelnen Initiativen insbesondere der Wirtschaftsverbände, welche an der Aufstellung von Verhaltenskodizes und anderen Selbstregulierungsmechanismen beteiligt sind, gut beraten, eine Freistellung anzustreben. Die FST hat in dieser Hinsicht bereits reagiert. Ein entsprechender Antrag liegt dem BKartA vor[930]. Andererseits verdeutlichen die vorstehenden Ausführungen, dass mit dem Kartellrecht dem Staat ein wirksames Mittel zur Verfügung steht, die Selbstregulierung durch Private zu überwachen und gegebenenfalls in die Schranken zu weisen und somit auch seiner Grundrechtsbindung gegenüber den betroffenen Dritten zu genügen.

5. Exkurs: Beschränkung der Macht der Verbände?

Dient einerseits das Kartellrecht als notwendige Beschränkung der Selbstregulierung durch Private, so bietet es sich darüber hinaus an, auch den Verbänden, die kraft ihrer Satzungsautonomie maßgeblich die Selbstregulierung im Internet bestimmen werden, Schranken aufzuerlegen.

[928] Vgl. hinsichtlich entsprechender Überlegungen im Rahmen der Diskussion um den Entwurf eines Umweltgesetzbuchs, *Rosenkötter*, Selbstverpflichtungsabsprachen, S. 202 f., welche jedoch auf die, als formale Voraussetzung für die Gewährung des Privilegs vorgesehene Anmeldung beim BKartA aufmerksam macht; ebenso *Roßnagel/Pfitzmann/Garstka*, Modernisierung des Datenschutzrechts, S. 168.
[929] So *Kloepfer*, Informationsrecht, S. 143.
[930] Vgl. http://www.heise.de/newsticker/data/hob-06.11.02-002/.

Nicklisch[931] trifft in diesem Zusammenhang folgende Feststellung: Haben die Verbände tatsächlich einen immensen Einfluss auf die Gesellschaft, so liegt die Frage nach deren Anerkennung durch den Staat jedoch im juristischen Dunkel. Während sich die verschiedenen Verbände im Innenverhältnis kraft ihrer Vereinsautonomie - die sich nicht aus dem Gesetz ergibt, jedoch als ungeschriebenes Tatbestandsmerkmal des § 40 BGB anzusehen ist[932] - eigene Rechtsstrukturen und Regelwerke geschaffen haben, fällt auf, dass eben die Vereinsautonomie die Verbände nach außen quasi unangreifbar gemacht hat[933]. Die Gerichte hielten sich entsprechend dem Grundsatz der nur beschränkten Nachprüfbarkeit von Vereinsmaßnahmen lange Zeit zurück[934], verbandliche Strukturen zu beurteilen[935]. Gerade die mangelnden Überwachungs- und Kontrollmöglichkeiten der Verbände durch die Judikative werden jedoch im Schrifttum kritisch beäugt, da die Verbände eine nicht zu unterschätzende Macht auf ihre Mitglieder auszuüben imstande sind. Es wird ein Missbrauch der Verbandsmacht befürchtet[936].

Im Rahmen der Bedenken wiegt die Gefahr des Missbrauchs der Verbandsmacht gegenüber den einzelnen Mitgliedern besonders schwer. Entsprechend Art. 20 GG wird vertreten, die Macht müsse vom „Verbandsvolke" ausgehen[937]. *Nicklisch* verkennt allerdings nicht, dass die Demokratiegebote des Grundgesetzes freilich grundsätzlich keine Anwendung auf den gesellschaftlich- privaten Bereich findet[938]. Anders verhalte es sich jedoch bei Verbänden, wenn sie in die öffentlich- rechtlich verfasste Staatlichkeit eingegliedert sind. Es wird hier die Forderung erhoben, Verbände müssten, soweit sie öffentliche Funktionen ausübten, im Inneren demokratisch verfasst sein[939]. Dem ist zuzustimmen. Die Beeinflussung der Verbände einerseits durch das Privatrecht andererseits durch das

---

931 *Nicklisch*, Gesetzliche Anerkennung und Kontrolle von Verbandsmacht, in: Lüke/Jauernig, FS Schiedermair, S. 462.

932 *Sauter*, Der eingetragene Verein, Rz. 39 a.

933 *Nicklisch*, Gesetzliche Anerkennung und Kontrolle von Verbandsmacht, in: Lüke/Jauernig, FS Schiedermair, S. 463 ff., spricht hier davon, die Verbände seien auf dem Wege eigene Partikularrechtsordnungen zu entwickeln.

934 *Nicklisch*, aaO, S. 475.

935 Entsprechend spät (1983) stellte BGHZ 87, 337, fest, die Tatsachenermittlung im vereinsrechtlichen Disziplinarverfahren unterliege der Nachprüfung durch die staatlichen Gerichte.

936 So auch *Reuter*, AcP 188 (1988), 652 f..

937 *Nicklisch*, Gesetzliche Anerkennung und Kontrolle von Verbandsmacht, in: Lüke/Jauernig, FS Schiedermair, S. 465; vgl. auch *Reuter*, aaO, 653.

938 Zu bemerken ist jedoch, dass eben die Satzungsautonomie gewissermaßen zu einem Rechtssetzungstiteln werden kann, die wie die staatliche Rechtssetzungsmacht der sozialen Kontrolle durch das Recht bedürfen, nämlich dann, wenn sie sich in der Hand marktbeherrschender Verbände befinden. Insofern könne eine staatsanaloge Bindung der Verbandsherrschaft ernsthaft erwogen werden, vgl. *Reuter*, aaO, 652.

939 Vgl. allerdings differenzierend *Teubner*, Organisationsdemokratie und Verbandesverfassung, S. 3.

öffentliche Recht habe nach *Nicklisch* jedoch zur Folge, dass das rechtliche Instrumentarium durch eine Gemengelage beider Rechtsbereiche gekennzeichnet sein muss[940]. Notwendig sei daher die Einrichtung einer innerverbandlichen Kontrollstruktur wie beispielsweise der bereits existenten Vereinsgerichtsbarkeit, welche als Mittel der Sanktion Vereinsstrafen verhängen könne. Um den Rechtsschutz zu gewährleisten gelte es schließlich, den satzungsmäßigen Ausschluss des Rechtsweges für unzulässig zu erklären[941].

M. E. müssen i. S. e. Entlastung des Staates, welche die Selbstregulierung zweifelsohne leisten sollte, zunächst innerverbandliche Streitschlichtungsmechanismen eingeführt werden. Nur wenn diese keinen effektiven Rechtsschutz der Mitglieder garantieren können, muss der Rechtsweg zu der staatlichen Gerichtsbarkeit eröffnet werden[942]. Hierzu ist anzumerken, dass die Verhaltenskodizes der FSM und der FST in der Präambel bzw. in den Schlussbestimmungen festlegen, durch das Verfahren vor der Anlaufstelle würde der Rechtsweg nicht ausgeschlossen. In diesem Punkt sind die Kodizes daher unbedenklich.

In eine etwas andere Richtung argumentiert indessen die EU- Kommission im Rahmen einer *Stellungnahme zum gemeinschaftsweiten Verbraucherschutz*[943]. Sie geht grundsätzlich davon aus, dass Selbstregulierungsmechanismen im Bedarfsfalle von staatlichen Stellen durchgesetzt werden müssten. Somit wären von dieser staatlichen Kontrolle auch die Verbände erfasst, welche die Empfehlungen zu Geschäftspraktiken ausgesprochen und Regeln aufgestellt haben. Nach Auffassung der Kommission mache es durchaus Sinn, die Verbände, wel-

---

940 So *Nicklisch*, Gesetzliche Anerkennung und Kontrolle von Verbandsmacht, in: Lüke/Jauernig, FS Schiedermair, S. 467 ff., 479 f., mit dem Hinweis, da sich der Staat seiner Verantwortung gegenüber den Minderheiten nicht entziehen und die Macht, welche die Verbände innehätten nicht zügellos ausgeübt werden dürfe, stelle die Schaffung eines Verbandsgesetzes eine rechtspolitische Notwendigkeit dar; wohl a. A. *Teubner*, aaO, S. 329, der darauf hinweist, eine einheitliche verbandsrechtliche Regelung für sozial und politisch relevante Verbände sei ausgeschlossen. Dies sei darauf zurückzuführen, eine verbandsrechtliche Normierung müsse sich mit der Tatsache unterschiedlicher Strukturprobleme aufgrund unterschiedlicher Umweltfunktionen auseinandersetzen.

941 *Nicklisch*, aaO, S. 477 f.

942 Vgl. hierzu BGH, NJW 1984, 670 mit Verweis auf BGH, NJW 1977, 2263, der die Beschränkung der Klagbarkeit in der Weise, dass die über den Vertragsgegenstand verfügungsberechtigten Vertragsteile vereinbaren, vor Anrufung eines ordentlichen Gerichts habe ein Güteversuch vor einer Schiedsstelle stattzufinden, jedenfalls dann nicht für unangemessen hält, wenn die Vertragpartner zur Anrufung der Gütestelle ein berechtigtes Interesse haben. Dies träfe auf eine zwischen den Gesellschaftern vereinbarte Schlichtungsklausel zu. Der Bundesgerichtshof macht hier die Zulässigkeit von sachkundiger Unterstützung der gewählten Schlichtungsstelle abhängig, die möglicherweise eine gerichtliche Auseinandersetzung vermeiden könne.

943 Grünbuch zum Verbraucherschutz der Europäischen Union, KOM (2001) 531 vom 2. Oktober 2001, S. 17.

che einen enormen Einfluss auf die Marktpraktiken haben, auf diese Weise verstärkt in die Verantwortung zu nehmen.

Im übrigen bietet – und dies sollte nicht ganz in den Hintergrund gedrängt werden - auch das geltende Vereinsrecht neben dem Kartellrecht Möglichkeiten einem Missbrauch durch die Verbände entgegenzuwirken[944]. Der Satzungsautonomie derjenigen Verbände, die in der Rechtsform des Vereins auftreten, werden insofern Schranken gesetzt, als die Mitgliedschaft zwingend freiwillig ausgestaltet sein muss[945]. Diese Schutzmöglichkeiten gehen einher mit den besonderen Anforderungen an solche Selbstregulierungsinstitutionen, die in Kooperation mit den Hoheitsträgern Aufgaben der Internetregulierung erfüllen.

---

[944] A. A. *Teubner*, Organisationsdemokratie und Verbandesverfassung, S. 2, 28, mit der Feststellung, die Verhinderung von Machtmissbrauch, Steuerung und Begrenzung von Verbandsmacht oder gar Garantien einer funktionierenden Verbandsgarantie könne das geltende Vereinsrecht nicht einlösen. Schließlich fände die formale Festlegung oligarchischer Strukturen ihre Grenze erst an den guten Sitten und Treu und Glauben.

[945] So auch *Reuter*, AcP 188 (1988), 652, mit dem Hinweis, somit würde dem Verein die Verletzung der Grundrechte seiner Mitglieder verwehrt und der Verein der sozialen Kontrolle durch den Markt unterworfen; ebenso *Bachmann*, Privatrecht als Organisationsrecht, in: Witt/Casper/Bednarz, Jahrbuch Junger Zivilrechtswissenschaftler 2002, S. 24, der die „Grundrechte" in der durch Zustimmung erworbenen Mitgliedschaft erblickt.

E. Verbindlichkeit, Sanktionierbarkeit und Durchsetzbarkeit von Verhaltenskodizes

Die Effektivität der Selbstregulierung wird unter dem Gesichtspunkt ihrer vermeintlich mangelnden Sanktionsmöglichkeiten immer wieder angezweifelt.

I. Rechtliche Verbindlichkeit durch vertragliche Vereinbarung

Grundlagen für die Erstellung von Codes of Conduct finden sich u. a. in den diversen Richtlinien (Guidelines) der unterschiedlichen Verbände und international operierenden Organisationen. Diese Richtlinien besitzen für sich noch keinen Rechtsnormcharakter, könnten aber im Zusammenhang mit Subventionsauflagen oder freiwilligen Selbstunterwerfungen, also eben durch die Aufnahme in Verhaltenskodizes, „privatrechtliche" Rechtsverbindlichkeit erlangen[946]. Erinnert werden muss an dieser Stelle an den Umstand, dass die Kodizes nur die beteiligten Unternehmen und Verbraucherschutzverbände binden, jedoch keine Auswirkungen auf das B2C- Verhältnis haben[947]. Allgemeine Rechtsverbindlichkeit kann den Kodizes somit nicht attestiert werden.

Verhaltenskodizes erhalten nicht bereits dadurch rechtliche Verbindlichkeit i. S. e. Handelsbrauchs oder einer Verkehrssitte, weil die Beteiligten sie als verbindlich erklären. Sie bedürfen hierzu der tatsächlichen Übernahme in die Praxis[948] und einer dauerhaften Übung. Gegenwärtig kann von einer solchen Übung jedoch noch nicht gesprochen werden.

Es wird daher vertreten, dass Raum für eine Durchsetzung schließlich nur bliebe, wenn durch eine vertragliche Vereinbarung eine Sanktionierung der selbstregulativen Instrumente verbindlich gemacht würde[949]. So verpflichten die FSM und die FST im Rahmen ihrer Satzungen die Unternehmen, die den Verbänden angeschlossen sind, dazu, sich den Entscheidungen der Beschwerdestelle zu unterwerfen und diese zu beachten. Nach der überwiegenden Auffassung ist die Verbindlichkeit einer Satzung freilich von der Reichweite des Bindungswillens der Beitretenden abhängig; die freiwillige Unterwerfung unter die Vereinsgewalt kann nicht dahingehend ausgelegt werden, die Mitglieder seien bei ihrem

---

946 So *Calliess*, AfP 2002, 469; so auch ein Bericht des Beauftragten der Bundesregierung für Angelegenheiten der Kultur und der Medien, in: *Ukrow*, Selbstkontrolle, S. 185; ebenso *Nicklisch*, NJW 1986, 2289, anhand von Richtlinien im Bereich der Gentechnologie, der diesen Weg jedoch für fragwürdig hält.

947 *Kloepfer*, Informationsrecht, S. 143.

948 *Sonnenberger*, Verkehrssitten im Schuldvertrag, S. 77.

949 Vgl. *Hoeren*, NJW 1998, 2852; ähnl. auch die Forderung von *Schulze- Fielitz*, Gesetzgebungslehre als Soziologie der Gesetzgebung, in: Dreier, Rechtssoziologie, S. 171, der die Notwendigkeit der Überprüfung von Selbstverpflichtungserklärungen im Umweltrecht auf ihre Kontrollier- und Sanktionierbarkeit hervorhebt.

Eintritt damit einverstanden, für ein Verhalten verantwortlich gemacht zu werden, die sie nicht begangen haben[950]. Dieses Problem stellt sich im Fall der genannten Kodizes nicht. Die Konsequenzen der Unterwerfung und die Reichweite der Verpflichtungen dürften den beitretenden Unternehmen nicht zuletzt angesichts der klaren Formulierungen in den Verhaltenskodizes bekannt sein. Zudem werden sie von der Bestellung eines Jugendschutz-beauftragten befreit, worin eine den Unternehmen zugute kommende „Gegenleistung“ für die Unterwerfung besteht. Soweit ersichtlich gingen die Selbstkontrollorganisationen bisher nicht auf Grundlage von Satzungsverstößen forensisch gegen die Mitglieder vor.

Eine weitere Option stellt die individualvertragliche Vereinbarung der Geltung der Verhaltensregeln eines Kodex dar. Die Unternehmen verfolgen mit dem Abschluss von Verträgen die Absicht, Konflikte rechtlicher Art zu vermeiden [951]. Auch hierzu kann eine vertraglich vereinbarte Bindung an einen Verhaltenskodex beitragen.

Betrachtet man die stichwortartigen Vertragsmuster bei *Hance*[952], so fällt auf, dass dieser sowohl bei den „Providerverträgen“, dem „Vertrag für einen kommerziellen Zwischenhändler“, dem „Vertrag über Lobby- und Förderungsleistungen“, dem „Vertrag über die Teilnahme an einem Internet- Forum“ als auch bei den Werbeagenturverträgen eine Verpflichtung der Vertragparteien vorsieht, ihr Verhalten an den Regeln der Netiquette auszurichten. Es wird vereinzelt vorgeschlagen, die entsprechenden Regeln aufzulisten, was sich insbesondere angesichts der Tatsache aufdrängt, dass einen Netiquette „als solche“ nicht existiert. Im Falle des Agenturvertrages sieht das Muster gar die Einrichtung eines Haftungstatbestandes bei Verstoß gegen die Verhaltensrichtlinien vor.

Die genannten Vorschläge aus dem Jahre 1996 stammen aus einer Zeit, in der das Internet gerade erst sein kommerzielles Potential entdeckte. Ähnliches gilt auch für Hinweise, *AOL* und *Debitel* hätten in ihren Benutzungsordnungen aus dem Jahre 2000 die Verpflichtung vorgesehen, einen gewissen zur Einsicht bereit gehaltenen Verhaltenskodex mit bestimmten Verkehrsregeln einzuhalten[953].

---

950 BGHZ 87, 344; vgl. ferner *Reuter*, AcP 188 (1988), 650.

951 *Rittershaus/Teichmann*, Anwaltliche Vertragsgestaltung, Rz. 19, sehen in der vorsorgenden, streitvermeidenden oder zumindest streitrisikomindernden Beratung und Betreuung des Mandanten eine wesentliche Aufgabe des Rechtsanwalts.

952 *Hance*, Internet- Business & Internet- Recht, S. 282 ff.

953 Vgl. Spindler/*Spindler*, Vertragsrecht der Internet- Provider, Teil IV Rz. 150 f., der jedoch für den Fall, dass sich der Provider ein Kündigungsrecht bzw. die Sperrung des Zugangs bei Verstoß gegen die Kodizes vorbehalte, einen Verstoß gegen das Transparenzgebot (§ 307 Abs. 1 S. 2 BGB) sieht. Aus den Klauseln ergäbe sich weder eine vertragliche Pflicht noch die Bestimmung einer Rechtsfolge. Dem Nutzer müsse jedoch klar vor Augen geführt werden, welche Bedeutung die Einhaltung des Verhaltenskodex habe. Insofern hätten die Kodizes wohl nur deklaratorische Wirkung; vgl. auch *Hoeren*, NJW 1998, 2852.

Betrachtet man indessen heutige Vertragsmuster, vermisst man die vertragliche Vereinbarung der Unterwerfung unter die Verhaltensregeln der Netiquette oder sonstiger Verhaltensregeln[954]. Es ist nicht davon auszugehen, dass die Kodizes in näherer Zukunft über individualvertragliche Vereinbarungen verstärkt an Rechtsverbindlichkeit gewinnen werden[955]. Im Rahmen der vorliegenden Untersuchung kann dieser Punkt daher vernachlässigt werden.

II. Durchsetzung und Sanktionierung von Verstößen

Es wird darauf hingewiesen, eine Durchsetzung selbstregulativer Maßnahmen müsse abseits der bereits erwähnten vertraglichen Beziehungen scheitern. *Brandmair*[956] verweist auf die Studie einer Arbeitsgruppe, die von der Europäischen Kommission zur Untersuchung der Funktionsfähigkeit von Selbstregulierungsmaßnahmen eingesetzt wurde. Hiernach wurde festgestellt, dass strafende Sanktionen die Einhaltung von Verhaltenskodizes am wirkungsvollsten fördern können. Stünde die Befolgung der Selbstregulierungsmaßnahme voll im Belieben der Betroffenen, überwiege die lediglich beratende Kontrollfunktion. Rechtlich unverbindliche Kodizes, deren Zweck in der empfehlenden Vermittlung von Verhaltensregeln besteht, könnten daher als wirkungslos abzulehnen sein.

Rechtliche Unverbindlichkeit bedeutet jedoch nicht – wie oftmals pauschal unterstellt wird - zugleich rechtliche Bedeutungslosigkeit[957]. Nimmt man eine grobe Aufteilung vor, bieten sich zweierlei Möglichkeiten an, Selbstregulierungsmechanismen durchzusetzen. Zum einen wäre es denkbar, dass die ordentlichen Gerichte über Generalklauseln auch selbstregulative Elemente berücksichtigen, andererseits können auch die privaten Organisationen Maßnahmen zur Gewährleistung der Umsetzung von Selbstregulierung vornehmen, die sich nicht zuvörderst auf die oben aufgeführte rechtliche Verbindlichkeit durch eine vertragliche Vereinbarung stützen.

1. Staatliche Durchsetzung selbstregulativer Maßnahmen

Ein erster Blick gilt hier der Option, mittels des staatlichen Sanktionsapparats, Elemente der Selbstregulierung durchzusetzen. Es fehlen aber weitgehend echte Rechtsgrundlagen für die Durchsetzung von Selbstregulierungsmechanismen.

---

[954] Vgl. *Weitnauer*, Beck'sches Formularbuch E- Commerce; *Schuster*, Vertraghandbuch Telemedia; *Redeker*, Handbuch der IT- Verträge .

[955] Hingewiesen werden muss jedoch auf die vertraglichen Vereinbarungen der Anbieter von 0190- Premium- Rate- Diensten, die ihre Kunden verpflichten, die Verhaltensregeln des Kodex der FST einzuhalten. Vgl. bspw. http://www.rufnummer.de, http://www.0190service.de.

[956] *Brandmair*, Selbstkontrolle, S. 250.

[957] So *Jung*, GRUR Int. 1998, 845.

a) Vorüberlegung: Staatliche Sanktionierung von Selbstregulierungsmechanismen am Beispiel eines Verstoßes gegen Privacy Policies im Datenschutz

Fraglich ist, ob die Elemente der Selbstregulierung einer Sanktionierung durch die Exekutive zugänglich sind. Grenzen muss die staatliche Durchsetzung selbstregulativer Maßnahmen dort finden, wo die privatautonom gesetzten Regeln mit den gesetzlichen Vorgaben nicht übereinstimmen. Daher erscheint es äußerst fraglich, ob in denjenigen Bereichen, in denen bereits detaillierte gesetzliche Regelungen bestehen, freiwillige Selbstregulierungsmaßnahmen im Rahmen staatlicher Sanktionierung überhaupt Berücksichtigung finden können. In Deutschland kann man nicht per se von der Gültigkeit bzw. rechtlichen Zulässigkeit von selbstregulativen Maßnahmen ausgehen. Die gesetzlichen Vorgaben sind stets vorab zu prüfen. Es gilt der Grundsatz, dass Selbstregulierung den hoheitlichen Rahmen nur ergänzen aber nicht ersetzen kann.

Gemäß § 4 Abs. 1 BDSG ist die Erhebung, Verarbeitung und Nutzung personenbezogener Daten nur zulässig, soweit das BDSG oder eine andere Rechtsvorschrift dies erlaubt oder anordnet oder der Betroffene eingewilligt hat. Die Rechtsgrundlage für ein Einschreiten der Aufsichtsbehörde findet sich in § 38 BDSG. Insofern sieht § 38 a BDSG auch nur die Überprüfung der Datenschutzerklärungen einzelner Berufsverbände und anderer Vereinigungen durch die Aufsichtsbehörden vor. Weitergehende behördliche Sanktionen bei einem Verstoß gegen die selbst auferlegten Verhaltensregeln sieht das Gesetz nicht vor. Die staatliche Sanktionierung selbstregulativer Maßnahmen durch die Exekutive ist in Deutschland daher nicht zu erwarten.

In den USA hingegen, wo es nahezu keine verbindlichen Datenschutzbestimmungen gibt, muss den Privacy Policies der Unternehmen ein völlig anderer Stellenwert eingeräumt werden. Diese gelten als „fair information practicies“, also als allgemeine Spielregeln im Handel. Verstößt ein Unternehmen gegen die sich selbst auferlegten Regeln zuungunsten des Verbrauchers, kann dies schwerwiegende Sanktionen der *Federal Trade Commission* (FTC) nach sich ziehen. Die FTC verfügt über Befugnisse, gegen „fraudulous or deceptive business practicies“ vorzugehen[958].

Standesregeln, die beruflichen Verhaltensregeln und Ethikkodizes müssen indessen nicht zwangsweise abseits des geltenden Rechts stehen und auf den Appell an Moral und Ethik beschränkt sein. Ebenso muss auch deren Durchsetzung

[958] So *Schaar*, Datenschutz im Internet, Rz. 930 f.; NTIA, Elements of Effective Self- Regulation for Protection of Privacy, mitgeteilt von *Bruening*, CR 1998, 192; *Büllesbach/Höss- Löw*, DuD 2001, 136; vgl. jedoch auch *Grimm/Roßnagel*, DuD 2000, 448 ff., welche den Befugnissen der FTC keinen hohen Stellenwert beimessen.

nicht auf alternative Streitschlichtungsmechanismen beschränkt bleiben. Sie könnten vielmehr über Generalklauseln Eingang in das positive Recht finden. Auf diese Weise steigt die Chance zur Einhaltung und Verwirklichung der Kodizes[959]. Halten sich die Legislative und Exekutive noch zurück, wird festgestellt, dass die diversen Verhaltensvorschriften im Internet (Netiquette, Guidelines, Verhaltenskodizes) als Bezugsdokument für die nationale Rechtsprechung dienen können. Auf der Grundlage einer gefestigten Rechtsprechung könnten daher auch die Grundsätze der Verhaltensregeln als Richterrecht zum Tragen kommen[960]. In diesem Zusammenhang wird zu Recht auf grundlegende Schwierigkeiten hingewiesen. Fest steht keinesfalls, dass die Judikatur als diejenige staatliche Gewalt, die eine Rezeption der selbstregulativen Elemente vornehmen könnte, überhaupt ein Interesse an einer solchen Rezeption zeigt. Verhaltenskodizes als Soft Law könnten als eine „*ad hoc* Vereinbarung zwischen den Netzteilnehmern" angesehen werden, für deren rechtliche Überprüfung die Gerichte nicht verantwortlich zeichnen müssen[961]. Zu klären ist daher, wie die Rechtsprechung hinsichtlich der Frage der Rezeption bisher reagiert hat.

b) Justiziabilität der Verhaltensegeln über die Generalklauseln der §§ 1, 3 UWG?

Nordamerikanische Gerichte berücksichtigen seit langem die unterschiedlichen Rechtstatsachen der Informationstechnologien in ihren Urteilen[962]. Dagegen taten sich die europäischen Richter zunächst schwer, dem „Vorbild" aus Amerika zu folgen[963].

---

959 So *Lenk*, Ethikkodizes – zwischen schönem Schein und ‚harter' Alltagsrealität, in: Lenk/Maring, Technikverantwortung, S. 344; *Bryde*, Internationale Verhaltensregeln für Private, S. 34.

960 *Jung*, GRUR Int. 1998, 843.

961 *Mestmäcker/Engel*, Globale Netze und lokale Werte, S. 216.

962 Vgl. hierzu *Walter*, Inhalteregulierung im Internet, S. 35, der von einem Fall aus dem Jahre 1999 berichtet, in dem eine kanadische Richterin über die Versendung von unerwünschten Werbe- E- Mails zu entscheiden hatte und den Inhalt der Netiquette daraufhin überprüfte, ob gegen diese verstoßen wurde. *Richterin Wilson* definierte die Netiquette im Laufe des Prozesses als „a largely unwritten and evolving code of conduct, based upon good- neighbourhood principles for the orderly development of the Internet, and to prevent potential Internet abuse". Das Gericht entschied schließlich trotz des fehlenden gesetzlichen Charakters der Netiquette, dass das praktizierte Spamming gegen das Internet- interne Regelwerk verstößt und die Einbeziehung der Netiquette in den Provider- Vertrag sie zu einer rechtskräftigen Verhaltensgrundlage werden lässt.

963 *Hucko*, Europäische Grundlagen des Informationsrechts, in: Büllesbach/Heymann, Informationsrecht 2000, S. 1.

aa) Die Netiquette als materiell zu berücksichtigender Verhaltensmaßstab

(1) Sanktionierung der Netiquette unter dem Gesichtspunkt der Berufsstandesvergessenheit?

Fraglich erscheint, ob bereits die von der Internet- Community aufgestellten Benimm- bzw. Verhaltensregeln der Netiquette als Standesregeln i. R. d. § 1 UWG Berücksichtigung finden können[964].

Die Beurteilung, ob die Missachtung einer Standesauffassung unter dem Gesichtspunkt der Berufsstandesvergessenheit, unter der man das verwerfliche Hinwegsetzen über Standes- und Ehrenordnungen der freien Berufe versteht[965], wettbewerbswidrig ist, setzt voraus, dass ihre allgemeine Geltung aufgrund der Überzeugung der Standesgenossen festgestellt werden kann. Die zugrundeliegende Standesregel muss „normähnlichen" Charakter haben[966]. Hält ein nicht unerheblicher Teil der beteiligten Berufskreise das Verhalten für unbedenklich, scheidet ein Verstoß gegen § 1 UWG aus[967]. Während die Verletzung des Standesrechts, welches den Wettbewerb der Standesgenossen unmittelbar regelt, regelmäßig gegen § 1 UWG verstößt[968], verlangt die Verletzung einer wertneutralen Standesnorm das Hinzutreten weiterer Umstände wettbewerbsrechtlicher Relevanz[969].

Die Internetgemeinde kann kaum als ein mit demjenigen der Ärzte oder Rechtsanwälte vergleichbarer Berufsstand angesehen werden. Sie ist keine homogene Gruppe. Zu verschieden sind die einzelnen Berufsgruppen, die sich in einer Vielzahl von Newsgroups wiederum unterschiedlichen Netiquetten unterwerfen. Die positive Eigenschaft des Internet, von jedermann genutzt werden zu können, erlaubt es nicht, die Internetgemeinde mit einen Berufsstand zu vergleichen[970]. Insofern lässt sich ein Verstoß gegen die Benimmregeln der Netiquette

---

964 So der Vorschlag von *Nordemann/Goddar/Tönhardt/Czychowski*, CR 1996, 657.

965 Vgl. BGHZ 28, 60.

966 *Hoeren*, Internationale Netze und das Wettbewerbsrecht, in: Becker, Rechtsprobleme internationaler Datennetze, S. 40.

967 BGH, GRUR 1972, 709 – Patentmark; vgl. ferner *Baumbach/Hefermehl*, Wettbewerbsrecht, § 1 UWG Rz. 673; *Hoeren*, Internationale Netze und das Wettbewerbsrecht, in: Becker, Rechtsprobleme internationaler Datennetze, S. 40.

968 BGH, GRUR 1972, 709 – Patentmark.

969 Vgl. *Baumbach/Hefermehl*, Wettbewerbsrecht, § 1 UWG Rz. 676

970 So *Hoeren*, Internationale Netze und das Wettbewerbsrecht, in: Becker, Rechtsprobleme internationaler Datennetze, S. 41, der anhand der Untersuchung von etwa 50 unterschiedlichen Regelwerken weiterhin darauf hinweist, eine Bindung der Freerider könne sich dogmatisch nur dann ergeben, wenn die Netiquette als Gesetz erlassen, vom Staat als Grundlage eines Gesetzes für allgemeinverbindlich anerkannt worden oder zu Gewohnheitsrecht erstarkt wäre; ebenso *Jung*, GRUR Int. 1998, 845.

nicht unter dem Gesichtspunkt der Berufsstandesvergessenheit über § 1 UWG sanktionieren.

(2) Fallgruppe Rechtsbruch

Bezüglich lauterkeitsrechtlicher Regelungen, wie sie in der Netiquette zu finden sind, bietet das deutsche Wettbewerbsrecht die Überlegung an, die Nichteinhaltung dieser Regelungen als Verstoß gegen die Fallgruppe des „Rechtsbruchs" i. S. d. § 1 UWG zu werten.
Nach der Rechtsprechung[971] kann die Verletzung außerwettbewerbsrechtlicher bzw. vertraglicher Rechtsnormen und Regeln durch einen Wettbewerber einen Wettbewerbsverstoß begründen. Sollte die verletzte Rechtsnorm bereits in wettbewerbsrechtlicher Hinsicht wertbezogen, d. h. auf wettbewerbsrechtliche Belange ausgelegt sein, reicht bereits der bloße Verstoß gegen diese Norm als Wettbewerbsverstoß aus. Ist die verletzte Vorschrift jedoch eine wettbewerbsrechtlich neutrale Norm, erfordert die Wettbewerbswidrigkeit zusätzlich den Umstand, dass der Rechtsverletzer durch den Rechtsbruch einen sachlich ungerechtfertigten Vorsprung vor seinen gesetzestreuen Mitbewerbern erlangt (Vorsprung durch Rechtsbruch)[972].
Die grundsätzliche Bedenklichkeit der Einordnung von Verhaltenskodizes unter den Begriff der Rechtsnorm wurde bereits erläutert. Entsprechendes muss auch für die Netiquette gelten. Auch wenn die Netiquette noch immer von einem erheblichen Teil der Internet- Nutzer – wenn auch teilweise unbewusst - anerkannt wird, wurde bereits oben festgestellt, dass im Zuge der Kommerzialisierung des www die Befolgung der Benimmregeln stark abnimmt. Insofern wird zu Recht die Auffassung vertreten, die Verhaltensregeln wiesen sowohl in der Form als auch im Inhalt nicht die erforderliche Verbindlichkeit auf, um als Rechtsnormen i. S. d. Fallgruppe des Rechtsbruchs angesehen zu werden[973]. Es kann daher nicht mehr auf die Frage der Wertbezogenheit ankommen. Verneint man die Wertbezogenheit der einzelnen Regelungen müssten schließlich bei einem Verstoß gegen die vertraglich vereinbarte Netiquette noch zusätzliche, die Sittenwidrigkeit begründende Umstände hinzutreten, um den Verstoß für wettbe-

[971] Grundlegend zu wertbezogenen Vorschriften: BGH, GRUR 73, 212 – Minicar- Nummerierung; BGHZ 81, 130 – Grippewerbung; BGHZ 98, 330 – Unternehmensberatungsgesellschaft. Zu wertneutralen Vorschriften: BGH, GRUR 57, 558 – Bayern- Expreß; BGH, GRUR 1960, Süßbier II; BGHZ 84, 130 – Flughafen- Verkaufsstellen. Vgl. zum Ganzen m. zahlr. w. Nachw. Köhler/Piper/*Piper*, § 1 Rz. 726 ff.; *Baumbach/Hefermehl*, Wettbewerbsrecht, § 1 UWG Rz. 608 ff..
[972] Vgl. *Peschel- Mehner*, Wettbewerbsrechtliche Bewertung geschäftlicher Aktivitäten im Internet und in sonstigen Online- Plattformen, in: Schwerdtfeger, Cyberlaw, S. 130 f.; *Baumbach/Hefermehl*, aaO, § 1 Rz. 611.
[973] So *Peschel- Mehner*, aaO, S. 131.

werbsrechtlich unzulässig zu erklären. Angesichts dieses zusätzlichen Erfordernisses tritt der Verstoß gegen die Netiquette in den Hintergrund[974].

(3) Fazit

Die Netiquette ist nicht über § 1 UWG staatlich durchsetzbar[975]. Es kann aber in denjenigen Fällen, in denen die Benimmregeln mit dem nationalen Wettbewerbsrecht übereinstimmen von einer faktischen „Geltung" der Netiquette im nationalen Recht gesprochen werden[976].

Festgestellt wurde bereits, dass die Netiquette regelmäßig das Versenden von Spam für unzulässig erachtet. Die ECRL stellt nach Art. 7 an solche E- Mails, die eine nicht angeforderte kommerzielle Kommunikation darstellen, die Anforderung, bei Eingang beim Nutzer klar und unzweideutig als solche erkennbar zu sein. Ein Verbot des Spam fordert die Richtlinie also nicht[977]. Nach Art. 13 Abs. 3 Satz 1 der EK- DSRL sind unerbetene Nachrichten zum Zwecke des Direktmarketings indessen unzulässig, wenn sie automatisch und ohne Einwilligung der Teilnehmer erfolgen oder an Teilnehmer gerichtet sind, die keine solchen Nachrichten empfangen möchten (Opt- In- Prinzip)[978]. Zu beachten ist in diesem Zusammenhang, dass die EK- DSRL hier der strengen deutschen Rechtsprechung folgt, welche die bereits von der Netiquette geächtete Praxis der Versendung von Spam in diversen Entscheidungen unter verschiedenen rechtlichen Gesichtspunkten für unzulässig i. S. d. § 1 UWG erklärt hatte. Das Schrifttum stimmte dem zu Recht überwiegend zu[979].

---

[974] *Jung*, GRUR Int. 1998, 845.

[975] *Kohl*, Der Schutz des Individuums im weltweiten Netz, in: Simon/Weiss, Zur Autonomie des Individuums, S. 153; *Berghoff*, RDV 2002, 79.

[976] So *Jung*, GRUR Int. 1998, 844; A. A. wohl *Hoeren*, Grundzüge, S. 168, Fn. 523, mit der Begründung, eine solch klar formulierte Regelung gäbe es nicht.

[977] Moritz/Dreier/*Maennel*, E- Commerce, Teil C Rz. 411; vgl. hierzu auch jüngst *Weiler*, MMR 2003, 225.

[978] Vgl. *Weiler*, aaO; *Ohlenburg*, MMR 2003, 84.

[979] So auch eine jüngere Entscheidung des BGH vom 11. März 2004 (Az. I ZR 81/01), abrufbar unter: http://www.bundesgerichtshof.de, der feststellt, dass unerwünschte E- Mail- Werbung ohne die ausdrückliche oder konkludente Einwilligung des Empfängers gegen § 1 UWG verstößt und dem Werbenden die Darlegungs- und Beweislast für das die Wettbewerbswidrigkeit ausschließende Einverständnis auferlegt; LG Traunstein, CR 1998, 171 mit krit. Anm. *Reichelsdorfer*, MMR 1998, 53 mit Anm. *Schmittmann*, der der Entscheidung u. a. mit der Berufung auf die Netiquette zustimmt; LG Berlin, NJW- CoR, 1998, 431 - e- Mail- Werbung I; LG Berlin NJW- CoR 1998, 431 – e- Mail- Werbung II; LG Berlin, CR 2003, 219; KG, CR 2003, 291; ebenso bereits *Hoeren*, Internationale Netze und das Wettbewerbsrecht, in: Becker, Rechtsprobleme internationaler Datennetze, S. 46; *Jung*, GRUR Int. 1998, 844; *Leistner/Pothmann*, WRP 2003, 815 m. w. Nachw..

bb) Der Verstoß gegen einen Verhaltenskodex als Indiz für wettbewerbswidriges Handeln

In Betracht zu ziehen ist weiterhin die Anerkennung einer Indizwirkung der geschriebenen und von geschlossenen Gruppen vereinbarten Verhaltensregeln, so bspw. in Verhaltenskodizes.

Die Internet- Community als solche kann nicht als eine mit einem Berufsstand vergleichbare homogene Gruppe angesehen werden. In einem anderen Licht erscheinen jedoch die vielen Verbände, unter deren Dach sich die Internetwirtschaft, so insbesondere die großen Provider, zusammengeschlossen haben. Anhand des Beispiels der Verhaltenkodizes der FSM und der FST zeigt sich, dass die Verbände im Begriff sind, Kodizes für den Bereich des elektronischen Geschäftsverkehrs und der Telekommunikationsdienstleistungen aufzustellen. Verglichen mit der Internetgemeinde stellen die Verbände in sich geschlossene Gemeinschaften dar, die oftmals in der Rechtsform des eingetragenen Vereins organisiert sind. Problematisch erscheint daher, ob ein Verstoß gegen einen Verhaltenskodex als Wettbewerbsverstoß qualifiziert werden kann.

Eine Wettbewerbshandlung kann nach allgemeiner Auffassung nicht schon deshalb als unlauter qualifiziert werden, wenn sie gegen die Anordnungen oder Richtlinien – hierunter sind auch Verhaltenskodizes einzuordnen - von Verbänden, Berufsvertretungen, Vereinen und sonstigen Organisationen verstößt[980], da ansonsten das Wettbewerbsrecht in die Hände der Verbände und Organisationen gelegt würde, was dem Sinn und Zweck der Generalklausel des § 1 UWG widerspricht[981]. Dem ist zuzustimmen. Auch die freiwillige Unterwerfung einzelner Unternehmen unter einen Verhaltenskodex spricht, solange sich nicht der überwiegende Teil der betreffenden Unternehmen den Verhaltensregeln unterordnet, gegen eine allgemeine Überzeugung.

Ein generelles Verbot der Rezeption von Standesregeln für die Judikatur herleiten zu wollen, geht indessen fehl. Die Literatur[982] ist zu Recht der Auffassung, die Anordnungen von Verbänden u. a. Organisationen seien als ein Indiz für eine bestehende Standesauffassung zu werten. Der Richter müsse sich dieser wichtigen Erkenntnisquelle bedienen und diese auf ihren rechtlichen Gehalt hin überprüfen, insbesondere daraufhin, ob sie die Auffassung der lauteren Berufs-

---

[980] So BGH, GRUR 1971, 580 – Johannisbeersaft; vgl. auch *Piper*, GRUR 1990, 648, der jedoch auf die Prüfung der Fallgruppe des Vorsprungs durch Rechtsbruch hinweist.

[981] BGH, GRUR 1991, 463, stellt fest, eine Gleichsetzung einer von Verbänden aufgestellten Wettbewerbsrichtlinie mit dem, was nach § 1 UWG als unlauter anzusehen ist, würde die Wettbewerbsrichtlinie an die Stelle des Gesetzes treten lassen; vgl. ferner *Baumbach/Hefermehl*, Wettbewerbsrecht, UWG Einl. Rz. 132.

[982] *Baumbach/Hefermehl*, aaO, UWG Einl. Rz. 132; ebenso *Piper*, GRUR 1990, 649; Köhler/Piper/*Piper*, § 1 Rz. 801 unter Berufung auf BGH, GRUR 1977, 257 - Schaufensteraktion; BGH, GRUR, 1977, 619 - Eintrittsgeld.

standsgenossen tatsächlich wiedergeben. Die Verhaltensregeln würden häufig Maßnahmen enthalten, die zwar wettbewerbspolitisch nicht unbedingt erwünscht, jedoch deshalb längst nicht als unlauter zu qualifizieren sind. Da jedoch die Grenzen zwischen nur unerwünschtem und unlauterem Verhalten fließend seien – und gerade der Rechtsraum Internet erscheint durchaus offen für jegliche Form der Veränderung – sei es unerlässlich, die Anordnungen der Verbände heranzuziehen bzw. auf diese zurückzugreifen, also Formalisierungen kollektiver Wertvorstellungen, die nicht die Qualität von Rechtsnormen erreichen[983].

So erkennt die Rechtsprechung[984] explizit die Indizwirkung von Richtlinien der Privatwirtschaft an. Der Bundesgerichtshof stellt jedoch fest, es sei zu berücksichtigen, dass in einer Wettbewerbsrichtlinie auch eine besonders strenge Auffassung der beteiligten Berufskreise, ein Bemühen um vorbeugenden Schutz des lauteren Wettbewerbs, gegebenenfalls auch ein Versuch, den Wettbewerb zu beschränken, ihren Niederschlag gefunden haben kann und damit möglicherweise ein Fall vorliegt, in dem die Wettbewerbsrichtlinie die Freiheit des Wettbewerbs in einem Umfang beschränkt, der durch das Gebot der Lauterkeit des Wettbewerbs nicht gefordert wird. Insofern sei, wenn eine Wettbewerbsrichtlinie ein bestimmtes Verhalten als wettbewerbsrechtlich unzulässig bezeichnet, stets zu prüfen, ob es auch vom Standpunkt der ebenfalls betroffenen Allgemeinheit aus als unlauter erscheint. Es bedarf der Prüfung, ob das Verhalten im Einzelfall tatsächlich wettbewerbswidrig ist[985].

Die wohl erste Entscheidung, die die Verhaltesregeln eines Kodex einer Einrichtung der freiwilligen Selbstkontrolle ausdrücklich unter § 1 UWG subsumiert, ist diejenige des LG Hamburg zur Werbung mit Handy- Klingeltönen in Jugendzeitschriften[986]. Das Gericht entschied, dass das Anbieten von Dienstleistungen – hier: Download von „Handy- Klingeltönen" im Internet – in Zeitschriften, die sich vor allem an Minderjährige richten, unlauter ist, wenn der Einzelpreis den Betrag von EUR 3 übersteigt. Hierbei stützt das LG Hamburg seine Entscheidung ausdrücklich auf den Verhaltenskodex der FST. Der Kodex erklärt in Abschnitt B II. 1. ein den Preis von EUR 5 übersteigendes Waren- oder Dienstleistungsangebot gegenüber der Zielgruppe Minderjährige für unzulässig. Nach Auffassung des Gerichts kommt in dieser Vorschrift die allgemeine sittli-

[983] So *Meessen*, NJW 1981, 1131, unter Berufung auf BGHZ 43, 46; in dieser Entscheidung hat der Bundesgerichtshof hinsichtlich der Sittenwidrigkeit von Verträgen über den Ankauf einer Anwaltspraxis auf neue Richtlinien der Bundesrechtsanwaltskammer rekurriert.

[984] So BGH, GRUR 1991, 462 – Wettbewerbsrichtlinie der Privatwirtschaft, mit Verweis auf BGH, GRUR 1977, 257 – Schaufensteraktion; BGH, GRUR 1977, 619 - Eintrittsgeld.

[985] So auch *Piper*, GRUR 1990, 649.

[986] LG Hamburg, MMR 2002, 834 – Werbung für Handy- Klingeltöne in Jugendzeitschriften; nicht rechtskräftig.

che Verpflichtung zum Ausdruck, Minderjährigen keine hochpreisigen Dienstleistungen anzubieten. Unter Berufung auf den Bundesgerichtshof[987] stehe dem auch nicht entgegen, dass in dem Verhaltenskodex kein gesetzliches Verbot zum Ausdruck komme, sondern es sich um eine interne Übereinkunft der Telefonmehrwertdiensteanbieter handele, da auch Selbstbeschränkungen gewerblicher Anbieter Ausdruck allgemeiner sittlicher Verpflichtungen sein können, die staatlich nicht vorgegeben sind. Das Gericht argumentiert folgendermaßen: Verhaltenskodizes dienten nicht selten dazu, ein Eingreifen des Gesetzgebers zu verhindern. Dies käme auch in der Präambel des genannten Kodex zum Ausdruck. Dem ist zustimmen, da die Unterwerfung unter den Kodex gemäß § 7 a S. 5 GjS und § 8 Abs. 5 MDStV die Bestellung eines Jugendschutzbeauftragten entbehrlich macht. Der Verhaltenskodex sei auch nicht von einer unabhängigen Vereinigung aufgestellt worden, weshalb davon auszugehen sei, dass die Unternehmen maßgeblich aus der Bestrebung heraus die Regeln des Kodex aufgestellt hätten, die Dienste möglichst gewinnbringend zu betreiben. Hieraus folgert das Gericht eine autonome Vorgehensweise bei der Aufstellung der Verhaltensregeln. Da schließlich die Höhe der Entgelte für Dienstleistungen, die Kindern und Jugendlichen angeboten würden, durch eine autonome Entscheidung der Diensteanbieter festgelegt worden seien, könne diese Beschränkung als die äußerste Grenze des Zulässigen angesehen werden. Eben deshalb diente auch die genannte Regel dazu, das sittlich fundierte, wertbezogene Gebot zum Ausdruck zu bringen, eine Nutzung der Mehrwertdienste nur in den dort genannten Grenzen zuzulassen. Die in dem Kodex festgelegte Höchstpreisgrenze wird somit als Indiz für die Ermittlung der guten Sitten im Wettbewerb angesehen.

Ebenso können die Verhaltenskodizes auch bei der Beurteilung des Vorliegens der Irreführung i. S. d. § 3 UWG berücksichtigt werden. Hier steht eine dem Online- und Telekommunikationsrecht entstammende Entscheidung Pate. Das OLG Stuttgart[988] hatte entschieden, dass derjenige, der im Internet wirbt und dabei eine mit „0180-5“ beginnende, gebührenpflichtige Servicerufnummer der DTAG angibt, ohne dabei deutlich darauf hinzuweisen, dass diese Nummer gebührenpflichtig ist und in welcher Höhe Gebühren pro Zeiteinheit entstehen, gegen § 3 UWG verstößt.
Nach Ziff. B I 3 a des Verhaltenskodex der FST, auf den die Entscheidung ausdrücklich Bezug nimmt, wird von dem Werbenden, der sich der sogenannten „Shared- Cost- Dienste 0180-X“ bedient, verlangt, den Preis in EUR je Minute, beim Blocktarif je Anruf bzw. je Einwahl entsprechend der Preisabgabenverordnung (Betrag, Währung, Zeiteinheit) in der Werbung zu nennen. Nachdem das Gericht zunächst aus eigener Ansicht zu diesem Ergebnis gelangt war, sieht es

[987] BGH, GRUR 1994, 219 ff. – Warnhinweis,
[988] OLG Stuttgart, NJOZ 2001, 1337.

sich durch den Kodex bestätigt. Es führt aus, dass der zitierte Verhaltenskodex die tatsächliche Vermutung begründe, dass die Nutzer der Shared- Cost- Nummern die Konsumenten auch tatsächlich über die Gebührenhöhe informieren. Dass diese Erwartung in der Regel auch eingelöst würde, belegten die seitens des klagenden Verbandes (§ 13 Abs. 2 Nr. 2 UWG) vorgelegten Kopien von Werbeanzeigen anderer Anbieter. Unter Berufung auf die Rechtsprechung des Bundesgerichtshofs[989] weist das Gericht darauf hin, eine solche Praxis deute im Allgemeinen auf eine entsprechende Verkehrserwartung hin. Die Entscheidung, die sich nicht auf die Feststellung einer Indizwirkung beschränkt, zeigt, dass das OLG Stuttgart weitaus „mutiger“ als die vorliegende Untersuchung eine allgemeine Verkehrsgeltung von Verhaltensweisen annimmt, welche in Kodizes festgehalten sind, die erst seit kürzester Zeit existieren.

c) Konkretisierung weiterer Generalklauseln: Die guten Sitten i. S. d. § 138 BGB

Sofern man die Vorschriften der Netiquette nicht als Rechtsnormen bezeichnet und daher eine Subsumtion eines Verstoßes unter die wettbewerbsrechtliche Fallgruppe Rechtsbruch ausschließen muss, ergibt sich die Möglichkeit die Regeln zur Konkretisierung der unbestimmten Rechtsbegriffe wie demjenigen der „guten Sitten“ heranzuziehen[990]. Weiterhin wird vorgeschlagen, die Netiquette als Verkehrssitte im Rahmen der ergänzenden Vertragsauslegung zu berücksichtigen[991]. Eine solche Möglichkeit wäre insbesondere für die seitens vieler Unternehmen anerkannten Verhaltenskodizes in Betracht zu ziehen, die gegenüber der Netiquette einen hohen Grad an Bestimmtheit aufweisen.

Welche Bedeutung den Verhaltenskodizes gemäß Art. 10 Abs. 2 der ECRL zukommt, bleibt beispielsweise für *Spindler*[992] zwar mangels entsprechender Sanktionsmöglichkeiten unklar. Er ist der Auffassung, vertragliche Ansprüche dürften allenfalls dann in Betracht kommen, wenn die Verhaltenskodizes Sorgfaltsstandards näher konkretisierten. Wenn Verhaltenskodizes beispielsweise einen internationalen Konsens über die Geschäftssitten multinationaler Unternehmen enthalten, können sie über die Generalklauseln Eingang in die nationalen Rechtsordnungen finden[993].

[989] BGH, WRP 1999, 839, 842 – Auslaufmodelle I und II.
[990] So der Vorschlag von *Peschel- Mehner*, Wettbewerbsrechtliche Bewertung geschäftlicher Aktivitäten im Internet und in sonstigen Online- Plattformen, in: Schwerdtfeger, Cyberlaw, S. 131, wobei nach Auffassung von *Peschel- Mehner* eine solche Beurteilung mangels Breitenwirkung der Benimmregeln Anfang des Jahres 1999 noch abzulehnen war.
[991] So *Jung*, GRUR Int. 1998, 843.
[992] *Spindler*, MMR- Beilage 7/2000, S. 12.
[993] *Bryde*, Internationale Verhaltensregeln für Private, S. 34, mit Verweis auf BGHZ 59, 82 ff..

Wiederum im Bereich des Telekommunikationsrechts fand die Unterwerfung unter einen Verhaltenskodex auch im Rahmen der Beurteilung der Sittenwidrigkeit i. S. d. § 138 BGB Berücksichtigung. Das OLG Köln[994] hatte zu entscheiden, ob die *DTAG* einem Kunden bestimmte 0190- Service- Rufnummern im Netz anderer Netzbetreiber mit der Begründung sperren durfte, dass unter diesen Nummern sittenwidriger Telefonsex angeboten wurde, § 138 BGB. Neben grundlegenden Ausführungen zur Frage der Sittenwidrigkeit von Telefonsex – die das Gericht im Übrigen nach eingehender Auseinandersetzung mit der Rechtsprechung verneinte - gab das Gericht dem klagenden Netzbetreiber auch insofern Recht, als die Sittenwidrigkeit der Telefonsexangebote nicht mit Gesichtspunkten des Jugendschutzes zu begründen sei. Der Kläger habe durch Vorlage zweier eidesstattlicher Versicherungen der Geschäftsführer glaubhaft gemacht, dass die Diensteanbieter Maßnahmen zur Verhinderung des Zugangs von Jugendlichen zu Telefonsex- Mehrwertdiensten ergriffen haben. Das Gericht sieht in der Verpflichtung zur Einhaltung des Verhaltenskodex für Telefonmehrwertdienste der FST, der entsprechende Zugangskontrollen vorsieht, eine wirksame Maßnahme.

Nun kann man sich trefflich streiten, ob der genannte Verhaltenskodex allgemein beachtet wird. Bereits i. d. F. vom 19. Oktober 2000 wendet sich der Kodex ausdrücklich gegen die betrügerische Anwendung von Dialern. In den neusten Fassungen wurden die Verbote auf sich selbst installierende Dialer erstreckt. Dennoch scheint die Gefahr durch die Dialer keineswegs eingedämmt. Fraglich ist jedoch, ob auch Unternehmen, die sich dem Kodex unterworfen haben, gegen die Regeln über die Onlinedienste verstoßen. Empirische Studien liegen soweit ersichtlich nicht vor. Dass sich die Durchsetzung des Kodex gegenüber Dritten alles andere als einfach gestaltet, ist offensichtlich. Inwieweit schließlich die gesetzliche Regelung Abhilfe schaffen wird, ist offen.

Die Entscheidung zeigt jedoch, dass die Kodizes, die letztlich auch mittelbar im Gesetz vorgesehen sind, so in den im Jahre 1997 in Kraft getretenen § 7 a S. 5 GjS und § 8 Abs. 5 MDStV auch zu rechtlichen Beurteilungen heranzuziehen sind. Für die Diensteanbieter bedeutet die dargestellte Entwicklung in der Rechtsprechung, namentlich der Trend zur Akzeptanz der Indizwirkung außerrechtlicher Verhaltensvorschriften, einen zusätzlichen Anreiz zur Unterwerfung unter die Verhaltenskodizes, können sie von deren Akzeptanz der Gerichte im Streitfalle ausgehen. Die Kodizes tragen demnach zur Erzeugung von Rechtssicherheit bei.

Bedenken erregt allerdings die Entscheidung des AG Duisburg[995], das Ansprüche der DTAG auf Vergütung der über einen 0190- Service eines Mehrwert-

[994] OLG Köln, MMR 2001, 45, m. Anm. *Ditscheid.*
[995] AG Duisburg, NJW- RR 2000, 930 – Sittenwidrigkeit von Telefonsex- Vertrag.

dienstanbieters zustande gekommenen Telefonsex- Vertrags wegen Sittenwidrigkeit verneint hat. Das Gericht stützt sich hauptsächlich auf die u. a. auch vom Bundesgerichtshof[996] vertretene Auffassung, wonach Telefonsexverträge sittenwidrig seien. Der DTAG sei auch subjektiv sittenwidriges Handeln vorzuwerfen, da sie die Tatumstände kenne, aus der sich die Sittenwidrigkeit ergebe. Es sei davon auszugehen, dass unter 0190- Nummern Sexgespräche angeboten würden. Schließlich könne sie sich auch angesichts der Tatsache, dass seit Jahren Telefonsexgespräche unter 0190- Nummern im Fernsehen und der Presse aggressiv beworben würden, nicht mehr darauf zurückziehen, sie habe einen Verhaltenskodex mit den Anbietern vereinbart, da es keiner besonderen Nachforschung bedürfe und auch in das Wissen der DTAG gestellt werden müsse, dass der Verhaltenskodex von den Anbietern nicht eingehalten würde. Es ist hier davon auszugehen, dass sich das Gericht auf den Kodex der FST bezieht. Die Ausführungen des Gerichts gehen jedoch in zweierlei Hinsicht fehl. Einerseits muss festgestellt werden, dass der Verhaltenskodex der FST das Anbieten von Telefonsex nicht generell verbietet, sondern „lediglich", wie auch das OLG Köln in der vorgenannten Entscheidung festgestellt hat, wirksame Maßnahmen zum Schutze der Jugend verlangt. Insofern liegt hierin kein Verstoß gegen den Verhaltenskodex. Andererseits fragt sich, wie das Amtsgericht in seiner doch recht pauschalen Feststellung zu der gesicherten Kenntnis gelangen konnte, die Anbieter würden die Verhaltensvorschriften nicht einhalten. Es ist davon auszugehen, dass das Gericht die Reichweite des Kodex tatsächlich verkannt hat.

d) Fazit und Ausblick

Es verwundert nicht weiter, dass gerade in jüngster Zeit vermehrt Urteile zu finden sind, die sich ausdrücklich auf die in Kodizes niedergelegten Verhaltenspflichten beziehen. Zum einen herrscht wohl in den jüngeren Rechtsgebieten noch eine gewisse Unsicherheit, zum anderen bieten sich die neueren Verhaltenskodizes als Bezugspunkte zur Beurteilung unbestimmter Rechtsbegriffe an. So wird der Anwendung der als Indizien wirkenden selbstregulativen Elemente wie Verhaltenskodizes durch die Rechtsprechung über die Generalklauseln zumindest im deutschen Schrifttum zunehmend zugestimmt[997]. Dieser Auffassung schließt sich der Verfasser an.

---

[996] BGH, NJW 1998, 2895.

[997] So *Meessen*, NJW 1981, 1132; *Hance*, Internet- Business & Internet- Recht, S. 64; recht pauschal jedoch *Brandmair*, Selbstkontrolle, S. 258; für den Bereich des Datenschutzes *Roßnagel/Pfitzmann/Garstka*, Modernisierung des Datenschutzrechts, S. 167; *Bachmann*, Privatrecht als Organisationsrecht, in: Witt/Casper/Bednarz, Jahrbuch Junger Zivilrechtswissenschaftler, S. 28, wenn auch nur unter besonderen Voraussetzungen.

Die unmissverständliche Forderung nach einem Mehr an rechtlicher Wirksamkeit von Selbstregulierungsmechanismen, die weit über eine Indizwirkung hinausgeht, findet sich in den Ausführungen der EU- Kommission zum Verbraucherschutz[998]. Die Kommission führt aus, ein wesentlicher Bestandteil für das Funktionieren der Option „EU- weite Selbstregulierung" sei eine allgemeine Regelung, dass die Nichterfüllung einer gegenüber einem Verbraucher freiwillig eingegangenen Verpflichtung durch ein Unternehmen als eine irreführende oder unlautere Geschäftspraxis definiert werden müsse. Dies impliziert die Forderung der Subsumtion der Verhaltensregeln unter die Generalklauseln des § 1 UWG bzw. § 138 BGB. Die Einführung einer rechtlichen Verbindlichkeit von Verhaltenskodizes und anderen freiwilligen Verpflichtungen würde nach Ansicht der Kommission sowohl den Verbrauchern als auch den Unternehmen behilflich sein. Könnten die Verbraucher nach dem oben Gesagten darauf vertrauen, dass staatliche Aufsichtsbehörden als „letzte Durchsetzungsinstanz" agierten, so sei die Kontrollfunktion auch auf die Gerichte zu übertragen. Weiterhin wird gefolgert, eine entschiedenere Durchsetzung von Verpflichtungen im Wege der Selbstregulierung sei ein überzeugendes Argument für einen weitgehenden Verzicht auf „staatliche" (Anm. d. Verf.) Rechtssetzung. Schließlich könne somit auch das Problem der Trittbrettfahrer angegangen werden, denn eine starke Selbstregulierung wäre für Gerichte und Aufsichtsbehörden eine zusätzliche Referenz bei der Auseinandersetzung mit Freeridern.

e) Vollstreckungsoasen

Selbst wenn deutsche Gerichte die Einhaltung von Verhaltenskodizes beispielsweise über § 1 UWG gewährleisten, stellt sich freilich die Frage, wie ein Titel gegen einen Anbieter vollstreckt werden soll, der sich einer Vollstreckungsoase im Ausland bedient[999]. Hierbei handelt es sich jedoch nicht um ein Problem, das

In Großbritannien hingegen vertritt der High Court, Chancery Division, GRUR Int. 1997, 478 - Kreditkarten, die Auffassung, bei der Auslegung des Begriffs der „Anständigkeit" i. S. d. Trade Mark Act 1994 Sec. 10 (6) sei ein Rückgriff auf Verhaltenskodizes, die auf gesetzlicher oder freiwilliger Grundlage ergangen sind, unangebracht. Zu beurteilen war die Frage der Anständigkeit vergleichender Werbung, in deren Rahmen ein Kennzeichen eines Wettbewerbers genutzt wird. *Justice Laddie* führt hierzu – i. Ü. ähnlich der hierzulande vertretenen h. M. – aus, eine solche Praxis hätte zur Konsequenz, dass es in einigen Branchen, in denen sehr detaillierte und strenge Verhaltenskodizes bestehen, einfacher wäre, gegen den Kodex zu verstoßen und daher schwieriger sei, eine Markenverletzung zu vermeiden. Obwohl die Kodizes das Ziel verfolgten, Redlichkeit zu gewährleisten, erfassten sie häufig auch andere Bereiche. Ein Verstoß gegen einen solchen Kodex führe daher nicht notwendigerweise dazu, dass die Werbung nicht anständig ist.

[998] Grünbuch zum Verbraucherschutz der Europäischen Union, KOM (2001) 531 vom 2. Oktober 2001, S. 16 f..

[999] *Hoeren*, NJW 1998, 2852 f..

nur die Durchsetzung selbstregulativer Instrumente im Internet betrifft. Auch ein Titel, der primär auf Verletzung einer gesetzlichen Norm basiert, sieht sich den entsprechenden im Internet unausweichlichen Vollstreckungshindernissen ausgesetzt.

f) Der Vergleich zu anderen Regelungsmaterien

Bemerkenswert ist der sich entwickelnde Trend der Gerichte und des Schrifttums, im Zusammenhang mit diversen deliktsrechtlichen Vorschriften auf die Frage der Einbeziehung von Verhaltensvorschriften Stellung zu nehmen.

aa) Störerhaftung nach § 8 TDG – Die Verantwortlichkeit von Resellern

Im unmittelbaren Zusammenhang mit dem Online- Recht, namentlich mit dem TDG, steht ein Urteil des LG Stuttgart[1000] und die sich anschließende Entscheidung des OLG Stuttgart[1001] zur Verantwortlichkeit von Resellern nach § 8 TDG. Die Gerichte hatten hier jeweils die Frage zu entscheiden, ob ein Reseller nach der allgemeinen Störerhaftung gemäß § 8 TDG für ein Verhalten seiner Kunden einzustehen hat, welches nach § 1 UWG sittenwidrig ist. Hier hatten Kunden eines Resellers entgegen der zugrundeliegenden vertraglichen Vereinbarung Kunden eines anderen Telefonmehrwertdienstes wohl wettbewerbswidrig abgeworben. Nach Auffassung des LG Stuttgart reichte die Androhung von Sperrungen der Rufnummern der Kunden ebenso wenig aus wie die Einbeziehung eines Verhaltenskodex für Premium- Rate- Dienste, hier des Verhaltenskodex der FST.

Das OLG Stuttgart schloss sich dieser Auffassung nicht an und verneinte den seitens der Klägerin geltend gemachten Unterlassungsanspruch u. a. mit der Begründung, eine Sperrung ganzer Kundenanschlüsse sei für den Reseller nicht zumutbar. Wenn auch das Urteil des OLG Stuttgart nicht auf die Frage nach der Bedeutung der Verhaltenskodizes Stellung genommen hat, so wird zumindest deutlich, dass es der Vorinstanz nicht hinsichtlich der Feststellung beigetreten ist, die Unterwerfung unter einen Verhaltenskodex sei untauglich, ein wettbewerbswidriges Verhalten zu unterbinden. Allerdings zeigen die Entscheidungen, dass die erklärte Verpflichtung Verhaltensregeln einzuhalten längst nicht per se als Indiz für ein den guten Sitten entsprechendes Verhalten – hier das der Kunden – gelten kann. Eine Prüfung im Einzelfall unter Berücksichtigung allgemeiner Gesichtspunkte bleibt notwendig.

[1000] LG Stuttgart, MMR 2001, 412 – Verantwortlichkeit von Resellern.
[1001] OLG Stuttgart, MMR 2002, 746 – Verantwortlichkeit von Resellern.

bb) Schutzgesetze im Aktienrecht

Hinsichtlich der Verhaltensregeln zum Insiderhandel werden vereinzelt Überlegungen angestellt, diese nicht lediglich als Konkretisierung der Verkehrssitten, sondern sie als Ansatzpunkte für die Ausbildung von Schutzgesetzen i. S. d. §§ 92, 93 AktG anzusehen.

Bezüglich des DCG- Kodex vermutet *Ulmer*[1002] vor dem Hintergrund des Zwecks der Kodex- Empfehlungen, zur „best practice" der Tätigkeit bei der Ausübung ihrer Leitungs- und Überwachungsfunktionen beizutragen, dass nicht ausgeschlossen werden könne, dass die Gerichte die Nichtbefolgung einzelner Empfehlungen durch die genannten Organe im Falle der Schädigung der Gesellschaft[1003] als schadensersatzpflichtige Sorgfaltsverletzung nach §§ 93, 116 AktG ansehen könnten[1004]. Diese müssten sich jedoch unmittelbar auf die Unternehmensleitung- bzw. Überwachung beziehen. Zur Begründung der Vermutung wird auf die Aufstellung und gerichtliche Berücksichtigung der DIN- Normen verwiesen. Eine Sorgfaltspflichtverletzung käme jedoch dann nicht in Betracht, wenn die Organe ex ante erklärt haben, sich an die fraglichen Erklärungen nicht halten zu wollen (Opt Out- Modell). Dies ist ihnen aufgrund des freiwilligen Charakters der Verhaltensrichtlinien möglich, wenn auch an dem Willen des Gesetzgebers zur Erteilung eines solchen „Freibriefs" Zweifel geäußert werden[1005].

[1002] *Ulmer*, ZHR 166 (2002), 166.

[1003] *Seibert*, BB 2002, 584, vermutet jedoch, es dürfte hier in den meisten Fällen am Schaden der Gesellschaft fehlen.

[1004] Vgl. auch *Hopt* in Großkomm. AktG, § 93 Rz. 101, der zwar keine unter § 93 AktG fallende und sanktionierte Rechtspflicht des Vorstandsmitglieds zur Einhaltung „allgemeiner Grundsätze der Geschäftsmoral" über die allgemeinen Grenzen der §§ 138, 242 BGB u. a. hinaus feststellen kann, angesichts der zunehmenden Tendenz zur Publizität und Transparenz – eben diese Tendenzen finden sich im TransPuG – die Missachtung solcher Grundsätze, sollte sie nicht dem Interesse der Gesellschaft entsprechen, durchaus als pflichtwidrig qualifiziert. Explizit weist *Hopt* darauf hin, dass Verhaltensrichtlinien, wie Verhaltenskodizes, die allgemeine Sorgfaltspflicht konkretisieren können, räumt allerdings die Voraussetzung einer besonderen Prüfung ein.

Zur Frage der Schädigung von Aktionären oder Anlegern vor dem Hintergrund der Vertrauens- und der allgemeinen zivilrechtlichen Prospekthaftung, vgl. *Ulmer*, ZHR 166 (2002), 168 f.. *Seibert*, aaO, 584, schließt eine Prospekthaftung der Unternehmen aus. Bei dem Kodex handle es sich um eine „Wohlverhaltenserklärung", die mit der Situation der Angabe falscher Tatsachen im Rahmen eine Prospekts zur Aktienplatzierung nicht vergleichbar sei. *Seibert* schlägt vor, zur Absicherung einen Disclaimer auf der Website zu platzieren. Dies würde jedoch über die Haftung wegen einer vorsätzlichen falschen Abgabe der Erklärung nicht ausschließen können, was *Seibert* für richtig und gerecht hält.

[1005] *Ulmer*, aaO, 167, mit dem Hinweis, eine derartige Freizeichnung könne letztlich zur Einschränkung der allgemein anerkannten Sorgfaltspflichten führen und dadurch gegen das Verzichtsverbot des § 93 Abs. 4 AktG verstoßen.

Anzumerken ist, dass die Bestimmung von Sorgfaltspflichtverstößen im Deliktsrecht über außerrechtliche, privatinitiativ aufgestellte Verhaltensvorschriften im Einzelfall der genauen Überprüfung bedarf, da an die Tatbestände des Deliktsrechts scharfe Sanktionen geknüpft werden.

g) Datum- Theorie und Narrative Norm – Ansatzpunkte für die Berücksichtigung der Verhaltenskodizes bei grenzüberschreitenden Sachverhalten

Sicherlich hätten die Datum- Theorie und die Narrativen Normen bereits im Rahmen der Einordnung der Kodizes in die Rechtsquellen Beachtung verdient. Narrative Normen sind staatlich gesetztes Recht. Dennoch fügen sich die beiden Instrumente m. E. am besten an dieser Stelle in die Arbeit ein, da in Fällen mit Auslandsberührung mit Hilfe der beiden theoretischen Konzepte versucht wird, offene Rechtsbegriffe zu konkretisieren, die Bestimmung der Rechtsfolge jedoch dem staatlichen Recht vorbehalten bleibt[1006].

aa) Die Datum- Theorie

Die auf *Ehrenzweig* und *Currie* zurückgehende Datum- Theorie zeigt, dass man Auslandssachverhalten nicht nur durch eine dem Kollisionsrecht typische Verweisung auf ausländisches Recht, sondern auch durch die Berücksichtigung der ausländischen Rechtsregeln im Zusammenhang mit den Regeln der lex fori gerecht werden kann. Kern der Datum- Theorie ist, dass die Anwendung gewisser inländischer oder ausländischer Regeln keiner theoretischen Überlegungen bedarf, da sich deren Anwendbarkeit sozusagen von selbst versteht. Rekurriert werden kann hier auf die „local data“ und die „moral data“. Erstere umfassen ortsgebundene Regeln, so beispielsweise ordnungsrechtliche Vorschriften, also öffentliches Recht, die Teil eines zu berücksichtigenden Sachverhaltes sind wie andere Fakten auch. Bei den „moral data“ handelt es sich um Sitten, Gebräuche und Anstand. Nach *Ehrenzweig* können sich ausländische Moralmaßstäbe jedoch nicht gegenüber inländischen durchsetzen. Der Richter könne die „moral data“ somit nur mit den Maßstäben der lex fori bestimmen[1007].

Mit Hilfe der Denkfigur der Datum- Theorie lassen sich ausländische oder internationale an die Wirtschaftsethik appellierende Verhaltenskodizes nicht unter inländisches Sachrecht subsumieren. Lediglich ausländische Rechtsregeln könn-

[1006] Vgl. *Jayme*, Kollisionsrecht und Internet – Nationalisierung von Rechtsverhältnissen oder „CyberLaw“, in: Leible, Die Bedeutung des Internationalen Privatrechts im Zeitalter der neuen Medien, S. 19.

[1007] Vgl. zum Ganzen *Jayme*, Ausländische Rechtsregeln und Tatbestand inländischer Sachnormen – Betrachtungen zu Ehrenzweigs Datum- Theorie, in: Jayme/Kegel, Gedächtnisschrift Ehrenzweig, S. 35 ff..

ten als „local data“ inländische Sachnormen konkretisieren. Auch wenn die Datum- Theorie in Bezug auf Verhaltenskodizes insoweit nicht recht weiterhilft, so kann sie dennoch bemüht werden, um komplexe Internetsachverhalte zu entzerren, die Berührungspunkte zu mehreren Rechtsordnungen aufzeigen[1008].

bb) Narrative Normen

Es bietet sich daher in diesem Zusammenhang der Rückgriff auf die Narrativen Normen an. Nach *Jayme*[1009] handelt es sich bei narrativen Normen um solche staatlich gesetzten Rechtstexte, die lediglich hinweisenden Charakter haben. Ihnen kommt auf den ersten Blick daher keine konkrete Bedeutung zu. Sie können jedoch in vielen Zusammenhängen als Orientierungshilfe dienen, sei es, dass sie auf andere Normen hinweisen, sei es, dass sie als Wertträger fungieren. Sie beschreiben Werte und setzen sie durch, ohne dass es eines konkreten Anwendungsbefehls bedarf. Im Internationalen Privatrecht stellt die Verdopplung von Gesetzestexten gleichen Inhalts – etwa in Staatsverträgen und nationalen Kodifikationen – den Ausgangspunkt dar[1010]. Selbst wenn sie nicht geltendes und nicht anwendbares Recht sind, können sie zur Auslegung des Vertrags- oder Deliktsstatuts herangezogen werden. Einen der bedeutenden Anwendungsfälle bilden nicht geltende Staatsverträge als „ratio scripta“, welche die Werte der internationalen Gesellschaft widerspiegeln[1011]. Dass es sich hierbei nicht nur um graue Theorie, sondern durchaus um reale Rechtsprobleme handelt, zeigt eine Entscheidung des Bundesgerichtshofs[1012] aus dem Jahre 1972. Der Bundesgerichtshof sah in der Nichtbeachtung eines nigerianischen Ausfuhrverbots von Kunstgegenständen einen Verstoß gegen die guten Sitten i. S. d. § 138 BGB und hielt daher einen Versicherungsvertrag für nichtig. Diese im Zusammenhang mit der Bundesrepublik Deutschland an sich unbeachtliche Nichtbeachtung wurde als sittenwidrig angesehen, da sie dem „nach heutiger Auffassung allgemein zu

---

[1008] *Jayme*, Kollisionsrecht und Internet – Nationalisierung von Rechtsverhältnissen oder „CyberLaw“, in: Leible, Die Bedeutung des Internationalen Privatrechts im Zeitalter der neuen Medien, S. 19, schlägt vor, man könne die „local data“ bei Internetsachverhalten als virtuelle data verstehen.

[1009] *Jayme*, Narrative Normen im Internationalen Privat- und Verfahrensrecht. Mit Hinweis auf die Bedeutung des lateinischen Wortes „narrare“, welches sich mit „erzählen, schildern, sagen“ übersetzen lässt, sind Narrative Normen solche Rechtsregeln, die eher erzählen als binden. *Jayme* gibt Hinweise auf eine Vielzahl gesetzlicher Regelungen, die er den Narrativen Normen zuordnet.

[1010] *Jayme*, Narrative Normen im Kunstrecht, Sonderdruck aus Festschrift Rehbinder, S. 542 ff..

[1011] So *Jayme*, Kollisionsrecht und Internet – Nationalisierung von Rechtsverhältnissen oder „CyberLaw“, in: Leible, Die Bedeutung des Internationalen Privatrechts im Zeitalter der neuen Medien, S. 19.

[1012] BGHZ 59, 82.

beachtenden Interesse aller Völker an der Erhaltung von Kulturwerten an Ort und Stelle“ zuwiderlaufe. Hier bezog sich der Bundesgerichtshof auf eine Stellungsnahme der *Organisation der Vereinten Nationen für Erziehung, Wissenschaft und Kultur* (UNESCO). Die Generalkonferenz hatte ein Übereinkommen angenommen, welches zum Zeitpunkt der Entscheidung für die Bundesrepublik noch nicht in Kraft getreten war. Dennoch hat der Bundesgerichtshof auf die Wertmaßstäbe zurückgegriffen[1013].

Im Bereich dieses Ersatzrechts eröffnet sich ein weites Feld, welches auch nicht- staatliche Regelwerke einzuschließen vermag[1014]. Als Narrative Norm im Recht des elektronischen Geschäftsverkehrs im Binnenmarkt sticht Art. 16 der ECRL ins Auge. Die Mitgliedstaaten werden ermutigt, die Aufstellung von Verhaltenskodizes zu fördern. Die oben aufgestellte These, man dürfe sich der Entscheidung des europäischen Gesetzgebers hinsichtlich der Berücksichtigung selbstregulativer Elemente nicht mehr verschließen, wird auch über das Denkmodell der Narrativen Norm bestätigt. So wird auch der Bogen zu den bereits an vielen Stellen angesprochenen Richtlinien der Internationalen Organisationen geschlagen. Beachtung verdient neben den bereits genannten Guidelines der OECD und der ICC auch die *Joint Recommendation Concerning the Protection of Marks and other Industrial Property Rights in Signs on the Internet*[1015] der WIPO aus dem Jahre 2001. Die Regelungen befassen sich mit der Nutzung von Kennzeichen im Internet und könnten daher im Rahmen grenzüberschreitender Domainstreitigkeiten zur Beurteilung herangezogen werden.

2. Private Rechtsdurchsetzung

Einigkeit besteht dahingehend, dass Selbstregulierung, soll sie effektiv sein, unabhängig von staatlichen Durchsetzungsmöglichkeiten ihrerseits Mechanismen zur Sanktion von Verstößen bereithalten muss[1016]. Wenn durch Selbstregulierungsmechanismen das Verhalten der Beteiligten anhand der entwickelten Maßstabsnormen selbst geprüft wird, handelt es sich um eine exekutive bzw. judikative Entlastung der staatlichen Hoheitsgewalt[1017]. Nach der oben aufgezeigten typenorientierten Einordnung der Selbstregulierung durch Private bewegt man sich im Bereich der Prozeduralisierung.

[1013] Vgl. hierzu *Meessen*, NJW 1981, 1132; *Jayme*, Narrative Normen im Internationalen Privat- und Verfahrensrecht, S. 31, mit dem Hinweis, die narrative Kraft des unverbindlichen Normtextes sei sogar stärker als die des ratifizierten Staatsvertrages.

[1014] *Jayme*, aaO, S. 32.

[1015] Abrufbar unter: http://www.wipo.int/about-ip/en/development_iplaw/pub845.htm.

[1016] Vgl. statt vieler NTIA, Elements of Effective Self- Regulation for Protection of Privacy, mitgeteilt von *Bruening*, CR 1998, 192.

[1017] *Ukrow*, Selbstkontrolle, S. 22.

Das Spektrum der Varianten der privatautonomen Durchsetzung selbstregulativer Elemente ist breit gefächert. Es reicht vom Ausspruch einer nachdrücklichen Empfehlung über die Ausübung moralischen Drucks bis zur Verhängung konkreter Sanktionen wie der Veröffentlichung unter Namensnennung (Prangerfunktion) und dem Ausschluss aus der jeweiligen Institution[1018]. Auch alternativen Streitschlichtungsmechanismen kommt eine gesteigerte Bedeutung zu. Im folgenden soll hier das Pferd vom Schwanze her aufgezäumt werden. Begonnen wird im Rahmen der Darstellung mit den alternativen Streitschlichtungsmechanismen.

a) Alternative Streitschlichtungsmechanismen, Schiedsgerichtsbarkeit und Mediation

Die Rechtslage vieler Sachverhalte im elektronischen Geschäftsverkehr und im Internet kann aufgrund der Neuartigkeit des Mediums nicht immer eindeutig beurteilt werden. Haben die Gerichte wie beispielsweise im Domainrecht bereits eine Vielzahl von Fällen entschieden und eine einheitliche Rechtssprechung herausgebildet, so ist die Rechtsunsicherheit in anderen Bereichen vergleichsweise groß. Zwar haben mittlerweile einige Gerichte zur Frage der Abgrenzung zwischen Tele- und Mediendiensten Stellung genommen[1019], heikle Abgrenzungsfragen stellten sich soweit ersichtlich indessen nicht. Im Fall des OVG Münster- „Düsseldorfer Sperrungsverfügung“[1020] beispielsweise, war der Sachverhalt recht eindeutig, da es sich um rechtsradikale Propaganda verbreitende Websites handelte, die sich recht unproblematisch dem Regelungsbereich des MDStV unterordnen ließen. Auch wenn es sich bei der Frage der Rechtmäßigkeit von Sperrungsverfügungen um öffentliches Recht handelt, hier also für eine Schiedsgerichtsvereinbarung kein Anwendungsbereich eröffnet wird, ist anzumerken, dass die Rechtsprechung noch keine einheitliche Linie gefunden hat.

Die entscheidenden Defizite der Konfliktlösung über die ordentliche Gerichtsbarkeit finden sich an anderer Stelle. Die Diskrepanz zwischen der technischen Schnelllebigkeit im Umfeld des www und der im Vergleich dazu langen Prozessdauer legt die Vermutung nahe, dass die alternative Streitschlichtung bzw. eine einvernehmliche Streitbeilegung gerade im elektronischen Geschäftsverkehr zunehmend an Bedeutung gewinnen wird[1021]. Kann sich gerade im In-

[1018] *Brandmair*, Selbstkontrolle, S. 251.

[1019] LG Düsseldorf, CR 1998, 431; VG Düsseldorf, MMR 2003, 205..

[1020] OVG Münster, MMR 2003, 348, m. Nachw. auf weitere Rechtsprechung.

[1021] Dass der Richtliniengeber dies auch erkannt hat, ergibt sich aus Art. 17 der ECRL, der die Mitgliedstaaten verpflichtet, die außergerichtliche Beilegung von Streitigkeiten nicht durch Rechtsvorschriften zu erschweren. Vgl. ferner *Lindholm/Maennel*, CRI 2000, 69; sowie *Moos*, Die Entwicklung eines supra- und internationalen Rechtsrahmens für das Internet, in Kröger/Gimmy, Handbuch zum Internetrecht, S. 796 f..

ternet ein Schaden durch eine unerlaubte Handlung binnen kürzester Zeit ausbreiten, so erscheint der aufwändige Klageweg vor staatlichen Gerichten unangemessen[1022]. Die Unternehmen sind gezwungen, sich möglichst rasch dem Medium Internet anzupassen; das Abwarten eines Urteils birgt folglich das Risiko, den Aufbau des eigenen E- Business unnötig zu erschweren. Eine Schiedsgerichtsvereinbarung bietet den Vorteil, i. d. R. mit einer Instanz auszukommen[1023].

Schließlich bereitet auch die Ermittlung des anwendbaren Rechts trotz der genannten Anpassungen des Kollisionsrechts an die Eigenheiten des elektronischen Geschäftsverkehrs nicht unerhebliche Schwierigkeiten. Im Online-Handel bereits tätige Unternehmen haben seit Beginn des E- Commerce- Booms Verträge auch mit grenzüberschreitendem Charakter geschlossen. Gerade zur Schlichtung von Streitigkeiten mit grenzüberschreitendem Charakter wählen die Parteien oftmals Schiedsgerichtsbarkeit oder die Mediation[1024]. Der Arbitrage wird gemeinhin zugute gehalten, Schiedssprüche ließen sich auf internationaler Ebene wesentlich leichter vollstrecken als die Urteile der staatlichen Gerichte[1025]. Indessen ist auch auf nationaler Ebene eine Tendenz zur Wahl einer Schiedsgerichtsvereinbarung zu verzeichnen. Die beteiligten Unternehmen haben die Möglichkeit eine Rufschädigung zu vermeiden und die Auseinandersetzungen ohne Gesichtsverlust beizulegen[1026].

Es wurde bereits die Notwendigkeit betont, die Durchsetzung von Verhaltenskodizes und anderen selbstregulativen Maßnahmen über geeignete Streitschlichtungsmechanismen zu gewährleisten. Alternative Streitschlichtungsmechanismen, Schiedsgerichtsbarkeit und Mediation repräsentieren die Selbstregulierung durch Prozeduralisierung. Diese können einerseits auf staatliches, materielles Recht zurückgreifen, andererseits eröffnet die Streitschlichtung durch

---

[1022] *Boele- Woelki*, Internet und IPR: Wo geht jemand ins Netz?, in: Dicke, Völkerrecht und Internationales Privatrecht, S. 313; *Hoeren/Große Ruse*, Immaterialgüter-, Wettbewerbs- und Verbraucherschutz- Kollisionsrecht sowie gerichtliche Zuständigkeit bei Internet- Sachverhalten, in: Lehmann, Electronic Business in Europa, S. 334, betonen die Notwendigkeit von Vorschaltverfahren bei geringen Streitwerten.

[1023] Münchener Vertragshandbuch/*Schultz- Süchting*, Wirtschaftsrecht 1. Halbband, VI. 2 Anm. 48.

[1024] International wird die weitaus überwiegende Zahl von Streitfällen vor Schiedsgerichten und nicht vor staatlichen Gerichten verhandelt, vgl. *Stein*, Lex Mercatoria, S. 27 m. w. Nachw.; *Velloso*, El arbitraje: solución eficiente de conflictos de intereses, in: Nicklisch, Der komplexe Langzeitvertrag, S. 502, spricht dem schiedsgerichtlichen Verfahren die Fähigkeit zur weltweiten Förderung der Rechtspflege zu; vgl. bereits die Empfehlung von *Jayme*, Grenzüberschreitende Computerprojekte, in: Nicklisch, Verträge über Computertechnik in Forschung, Verwaltung, Wirtschaft und Technik, S. 178, bezüglich der Computerverträge.

[1025] So *Lachmann*, Handbuch für die Schiedsgerichtspraxis, S. 52.

[1026] *Steckler*, Grundzüge des EDV- Rechts, S. 248.

Private einen weiteren Anwendungsbereich der materiellen Elemente der Selbstregulierung.

aa) Mediation

Ein erster kurzer Blick soll der Mediation gelten. Da es sich um eine Form der einvernehmlichen Streitbeilegung handelt, wäre einem entsprechenden Vorgehen grundsätzlich der Vorzug zu geben. Bei der Mediation bedienen sich die streitenden Parteien im Rahmen der auf Streitbeilegung zielenden Verhandlungen der Unterstützung durch einen unabhängigen Dritten – des Mediators. Aufgabe des Mediators ist es, die Interessen der Parteien herauszuarbeiten und somit eine win – win – Lösung zu suchen, wobei die rechtliche Lage unberücksichtigt bleiben soll. Hier zeigt sich der Unterschied zum Schiedsrichter. Dieser hat den dem Streitfall zugrunde liegenden Sachverhalt zu ermitteln und anhand der Rechtsanwendung ein Urteil zu sprechen[1027].

Die Mediation hat soweit ersichtlich nur in seltenen Beispielsfällen Eingang in die verschiedenen Streitschlichtungsmechanismen im elektronischen Geschäftsverkehr gefunden. Denkbar wäre jedoch die Kombination von Schiedsverfahren und Mediation. Kommt zumindest im kontinentaleuropäischen Rechtsraum dem Schiedsrichter auch die Aufgabe zu, eine Streitbeilegung zu betreiben, so könnte das Mediationsverfahren in das Schiedsgerichtsverfahren integriert werden[1028]. Eine solche Integration käme wohl nur bei einem förmlichen Schiedsgerichtsverfahren in Betracht; ein Online- Verfahren, welches sich durch Einsparung von Kosten und Abkürzung der Verfahrensdauer auszeichnen soll, bietet sich hier nicht an. Weiterhin fehlt es im E- Commerce auch häufig an einer gewachsenen Vertragsbeziehung, welche auf intensiven Vertragsverhandlungen beruht. Insofern ist davon auszugehen, dass zumindest im B2C- Commerce zwischen den Parteien oftmals keine nähere Beziehung besteht. Auch deshalb sind m. E. die Chancen für eine gütliche Einigung zwischen den Parteien durch die Vermittlung eines Mediators eher als gering einzuschätzen. Denkbar erscheint die Ausbildung von Streitbeilegungsmechanismen im Rahmen des B2B- Commerce. Insbesondere gilt dies hinsichtlich der Internet- Marktplätze, denen zunehmend gewachsene Rechtsbeziehungen zugrunde liegen. In Bezug auf die bereits angesprochenen Domainstreitigkeiten eignet sich die Mediation ebenso nur bedingt[1029]. Dies liegt vor allem an der Tatsache, dass von einer

---

1027 *Nicklisch*, Schiedsverfahren mit integriertem Mediationsverfahren, in: ders., Komplexe Langzeitverträge für neue Technologien und neue Projekte, S. 141.

1028 Vgl. hierzu *Nicklisch*, aaO, S. 145; *Velloso*, El arbitraje: solución eficiente de conflictos de intereses, in: Nicklisch, Der komplexe Langzeitvertrag.

1029 Vgl. jedoch zur Einführung einer Mediationsphase das Verfahren vor der britischen Streitschlichtungsstelle für Domainstreitigkeiten, *Stotter*, MMR 2002, 11 f.

„Waffengleichheit“ der Beteiligten nur selten ausgegangen werden kann[1030]. Man stelle sich den ahnungslosen Verbraucher *Ottokar Siemens* vor, der unter der Domain „www.siemens.de“ eine Tauschbörse für Gartenzwerge betreiben möchte.

bb) Alternative Streitschlichtungsmechanismen

Es wurde bereits auf die Bedenken aufmerksam gemacht, Selbstregulierung käme nur dem Stärkeren zugute. Nun ist festzustellen, dass zunehmend die Richtlinien internationaler Organisationen in ihrem Wortlaut zum Gegenstand von Codes of Conduct gemacht werden; sei es nur aus zeitökonomischen Gründen. Diese Richtlinien orientieren sich auch an den Bedürfnissen der schwächeren Teilnehmer am Markt.

Kontrollmöglichkeiten in Bezug auf den Gesichtspunkt der „Gerechtigkeit“ bieten schließlich die Schiedsgerichtsbarkeit bzw. Alternative Streitschlichtungsmechanismen (*Alternative Dispute Resolution* – ADR). Diese unterziehen die Kautelarpraxis einer Utilitäts- und Gerechtigkeitskontrolle anhand solcher Maßstäbe, welche sich am Grundsatz von Treu und Glauben und an spezifisch internationalen Gerechtigkeitsvorstellungen orientieren, wie sie in international anerkannten Rechtsgrundsätzen und auch Verhaltenskodizes Ausdruck gefunden haben[1031].

cc) Außergerichtliche Streitschlichtungsmechanismen auch in Verbrauchersachen

Auch die vermeintlich „Schwächsten“ im E- Commerce, namentlich die Verbraucher, zeigen gewisse Bedürfnisse, auf alternative Streitschlichtungsmechanismen zurückzugreifen. Um ihre materiellen Rechtspositionen durchzusetzen, suchen sie nach schnellen, unkomplizierten, wenig kosten- und zeitaufwändigen Lösungen. Neben der durchaus nachvollziehbaren „Prozessscheu“ der Verbraucher steht zudem der oftmals sehr geringe Streitwert in keinem vernünftigen Verhältnis zu dem mit zeitlichem und nervlichem Aufwand verbundenen und mit nicht unerheblichen finanziellen Risiken belasteten Verfahren vor den ordentlichen Gerichten[1032]. Insofern spricht sich auch die bereits genannte OECD- Richtlinien zum Verbraucherschutz im E- Commerce für Alternative Streitbeilegungs- und Abhilfeverfahren aus. Die Verbraucher sollten zu fairen und zügigen alternativen Streitbeilegungs- und Abhilfeverfahren effektiven Zugang erhalten, die keine ungebührlichen Kosten und Belastungen verursachen.

[1030] So *Heisz*, TMR 2002, 25.
[1031] *Stein*, Lex mercatoria, S. 248.
[1032] *Scherpe*, Außergerichtliche Streitbeilegung in Verbrauchersachen, S. 5 ff..

Berücksichtigung finden die Streitschlichtungsmechanismen unter anderem in Art. 17 der ECRL. Die Kommission betont hier die Notwendigkeit der Schaffung angemessener Verfahrensgarantien für die Beteiligten. Hier wird an die Empfehlung der Kommission über die Grundsätze für an der einvernehmlichen Beilegung von Verbraucherrechtsstreitigkeiten beteiligte außergerichtliche Einrichtungen (2001/310/EG)[1033] angeknüpft. Die Empfehlung soll hier stellvertretend für die Konzepte auch des nationalen Gesetzgebers im Hinblick auf die Mechanismen der Streitbeilegung[1034] kurz zusammengefasst werden.

Als Beleg für den hohen Stellenwert der Streitbeiliegungsmechanismen führt die Kommission eine Reihe von – bereits aus der Untersuchung hinlänglich bekannten - Gründen an. Im Interesse eines hohen Verbraucherschutzniveaus gelte es, ein besonderes Augenmerk der Förderung und Erleichterung der frühzeitigen Beilegung von verbraucherrechtlichen Streitigkeiten zu widmen. Als wichtig erachtet die Kommission darüber hinaus die Stärkung des Vertrauens der Verbraucher. Der elektronische Geschäftsverkehr beispielsweise könne nur dann in vollem Umfang genutzt werden, wenn das Vertrauen der Verbraucher in Zusammenarbeit mit Verbrauchergruppen, der Industrie und den Mitgliedstaaten durch Förderung ihres Zugangs zu alternativen Modellen der Streitbeilegung gestärkt würde. Die Kommmission fasst in diesem Zusammenhang die Möglichkeit der Entwicklung elektronischer Systeme zur Streitbeilegung ins Auge. Diese gewährleisteten eine leichte Zugänglichkeit für die Parteien auch bei grenzüberschreitendem Geschäftsverkehr[1035].

Einen der ehernsten Grundsätze stellt die Gewährleistung von Unparteilichkeit dar. Einen ebenso hohen Stellenwert nimmt der Grundsatz der Schaffung von Transparenz ein. Hierzu gehörten nach Auffassung der Kommission die Information über einschlägige Kontaktadressen, die Aufklärung über den Zugang zum Verfahren und dessen Funktionsweise sowie Informationen über möglicherweise anwendbare materiellrechtliche Rechtsvorschriften wie Billigkeitsgrundsätze und Verhaltenskodizes, die Rechtswirkung einer einvernehmlichen Lösung für die Beilegung des Rechtsstreits sowie das Öffentliche Zugänglich-

[1033] ABL. 2001 Nr. L 109/56. Vgl. bereits die Empfehlung der Kommission betreffend die Grundsätze für Einrichtungen, die für die außergerichtliche Streitbeilegung von Verbraucherstreitigkeiten zuständig sind, ABl. 1998 L115/32. Als Grundsätze stellt die Kommission hier bereits die folgenden heraus: Unabhängigkeit, Transparenz, Kontradiktorische Verfahrensweise, Effizienz, Rechtmäßigkeit, Handlungsfreiheit und Vertretung. Vgl. hierzu die Untersuchung von *Scherpe*, aaO, S. 48 ff.. Zu beachten ist, dass unter dem Stichwort Rechtmäßigkeit der Grundsatz festgeschrieben wurde, außergerichtliche Verfahren dürften nicht an die Stelle der Verfahren vor den ordentlichen Gerichten treten.

[1034] Vgl. hierzu *Scherpe*, aaO, S. 55 ff., 200, der den deutschen Regelungen experimentellen Charakter bescheinigt.

[1035] S. hierzu u. Ziff. E, II, 2, a), dd).

machen der Erfolgsbilanz des Verfahrens, insbesondere des Grades der Einhaltung einvernehmlicher Lösungen.

Im Sinne der für die Selbstregulierungsmechanismen so wichtigen Effizienz gelte es, die schnelle Abwicklung und Kostengünstigkeit des Verfahrens zu sichern.

Eingehalten werden müssten weiterhin die Grundsätze der Fairness, wozu die Kommission die Schaffung einer vertraulichen Basis zählt, also die Möglichkeit beider Parteien, sich zu äußern (kontradiktorische Verfahrensweise) sowie die Einräumung von Bedenkzeit zur Überprüfung der Lösung vor einer eventuellen Zustimmung.

Auch in Bezug auf Streitigkeiten mit Verbrauchern kann ein Interesse der Internetindustrie an alternativen Streitschlichtungsmechanismen ausgemacht werden. Diese können für die betroffenen Unternehmen i. S. d. Selbstkontrolle zur Beseitigung von Schwachstellen in der Geschäftsabwicklung dienen. Weiterhin steht auch hier die Erzeugung von Vertrauen sowie die Stabilisierung der einzelnen Kundenbeziehung im Vordergrund[1036].

Schließlich lässt sich in diesem Zusammenhang der Gedanke einer staatlicherseits durch eine Rahmengesetzgebung flankierten Selbstregulierung fruchtbar machen. Die genannten Empfehlungen der Kommission sind unverbindlich und auch der deutsche Gesetzgeber hat bisher keine umfassenden Regelungen zur außergerichtlichen Streitbeilegung erlassen. Gerade die Notwendigkeit der Beachtung rechtsstaatlicher Prinzipien legt eine gesetzliche Regelung nahe[1037].

dd) „Cyber"-, bzw. Online- Schiedsgerichtsbarkeit

Wie bereits bei der Diskussion um die lex mercatoria angeklungen ist, bietet das Meta- Netzwerk Internet Raum für die verschiedensten neuartigen, technikbasierten Lösungsmöglichkeiten. Es erscheint beinahe selbstverständlich, dass Private staatliche Aufgaben, wie auch die Streitbeilegung übernehmen[1038]. Hierzu zählt die virtuelle Ausgestaltung der Schiedsverfahren. Wie es im E- Commerce der Regelfall ist, sind auch hier die USA Vorreiter in der Entwicklung. Auch in Deutschland wurden Projekte initiiert[1039]. Es ist eine deutliche Tendenz zur Einrichtung online arbeitender Schiedsgerichte zu verzeichnen, deren Zuständigkeit zwischen den Parteien vereinbart werden kann. Solche virtuellen Gerichte haben

[1036] *Scherpe*, Außergerichtliche Streitbeilegung in Verbrauchersachen, S. 23.
[1037] So auch *Scherpe*, aaO, S. 277.
[1038] *Mayer*, ZfRSoz 23 (2002), 112.
[1039] *Kogge*, Verbraucherschutz, S. 254, weist darauf hin, dass gerade in Deutschland und Frankreich aufgrund der strengen nationalen Prozessrechte die alternative Streitbeilegung einen schweren Stand hat.

den nicht unerheblichen Vorteil, angesichts der fehlenden Ortsgebundenheit weit weniger Kosten zu verursachen, als es bei traditionellen Schiedsgerichten der realen Welt der Fall ist. Überdies ergeben sich keine zeitlichen Verzögerungen durch die Zustellung von Prozessdokumenten[1040]. Hoffnung besteht, dass aufgrund der infolge der geringen Streitwerte automatischen Anerkennung der Entscheidungen für Verbraucher die Vollstreckung effektiviert werden kann[1041].

(1) Die Schlichtungsstelle des dmmv

Der *Deutsche Multimedia Verband e. V.* (dmmv) hat eine Schlichtungsstelle für die Digital Economy (Internet-/Multimedia- Dienstleister und Softwarehersteller) sowie die Inhaltebranche eingerichtet, die für eine außergerichtliche Schlichtung bei Streitigkeiten im Bereich der computergestützten, interaktiven Medien-/Software- und Kommunikationsprodukte sorgen soll. Wie bei vielen derartigen Unternehmungen liegt das Hauptaugenmerk auf der Vermeidung kostspieliger und langwieriger Gerichtsverfahren[1042].

(2) Das EU- Projekt Online Confidence

Ein weiteres Projekt der Online- Streitschlichtung ist das EU- Projekt *Online-Confidence* (OC)[1043], an dem sich seit Januar 2001 auch der DIHK beteiligt. Ziel des Projektes ist es - wie so oft -, das Vertrauen der Online- Kunden und Online-Anbieter in den grenzüberschreitenden E- Commerce zu fördern. Die Entwicklung einer speziellen Software wurde eigens auf die mit dem grenzüberschreitenden elektronischen Geschäftsverkehr zu tage tretenden Besonderheiten ausgerichtet. Im Hinblick auf die starke US- amerikanische Position ist eine Kooperation mit *BBBOnline* vorgesehen. Zur Erzeugung des Vertrauens erhält derjenige Online- Anbieter, der sich dem vorgesehenen Schlichtungsverfahren unterwirft, ein Gütesiegel (Trustseal). Bei einer Reklamation kann der Kunde das Trustseal anklicken und damit das Schlichtungsverfahren in Gang setzen. Die Beschwerde wird zunächst an den betreffenden Anbieter weitergeleitet, der sich zur Antwort verpflichtet hat. Die Parteien haben nunmehr die Möglichkeit, den Streit kostenfrei beizulegen. Kann eine Einigung nicht erreicht werden, wird der Fall an einen Schlichter nach der Wahl des Käufers weitergeleitet. Hierbei spielen Aspekte wie die geeignete Verhandlungssprache eine Rolle. Das Schlichtungsverfahren dauert 25 – 35 Tage. Welches Recht angewendet werden soll, ist

[1040] *Spindler*, Grenzüberschreitende elektronische Rechtsgeschäfte, in: Hohloch, Recht und Internet, S. 14.

[1041] So *Spindler*, aaO, S. 30; *ders.*, MMR 2000, 25.

[1042] Vgl. MMR aktuell 1/2002, S. XI.

[1043] Zum Projekt: http://www.onlineconfidence.org.

offen. Hier sind die Schlichter ungebunden. Es wird darauf hingewiesen, im Vordergrund stehe ohnehin zunächst die angesprochene direkte Verhandlung zwischen den Parteien[1044]. Der Anbieter ist bis zu einem Streitwert von EUR 5.000 an den Schlichterspruch gebunden. Im Falle extremer Verstöße droht ihm der Entzug des Gütesiegels. Dem Kunden – und auch dem Anbieter - steht freilich der Rechtsweg vor den ordentlichen Gerichten offen. Finanziert werden soll OC über Lizenzgebühren, welche die teilnehmenden Unternehmen zu entrichten haben. Die Verbraucherzentrale in Hessen zeigt grundsätzlich Interesse an OC[1045].

ee) Streitschlichtungsmechanismen bei der Domainvergabe

Die wohl bekanntesten Verfahren, welche überdies die größte praktische Relevanz genießen, sind die Streitschlichtungsverfahren bezüglich der Verwendung von Internet- Domains.

(1) Technischer Hintergrund der Domainvergabe

Ist ein Rechner mit dem Internet verbunden, kann er durch eine einmalige, charakteristische und ihm zugeteilte Zahlenkombination (sogenannte Internet *Protocol Number – IP- Number* bzw. *IP- Nummer*) identifiziert werden. Diese Zahlenkette besteht aus Ziffemgruppen von bis zu dreistelligen Zahlenkombinationen (im Bereich von 0 bis 255), welche der dezimalen Umsetzung einer 32 Bit langen binären durch Punkte („.") in vier 8- bit- Gruppen aufgeteilten Adresse entsprechen (Beispiel: 156.12.233.81). Die IP- Nummer des Rechners ist mit einer Telefonnummer vergleichbar. Da jedoch der durchschnittlich begabte Internetnutzer kaum in der Lage sein wird, sich die Zahlenkombination zu merken, werden die Zahlenketten durch frei wählbare Buchstabenkombinationen veranschaulicht (Beispiel: *ub.uni-heidelberg.de*)[1046].

(2) ICANN – Selbstregulierung durch Prozeduralisierung

Die Vergabe dieser Internet- Domains auf internationaler Ebene obliegt der ICANN. Sie vergibt und verwaltet sowohl die generischen TLDs „.com", „.net",

---

[1044] So der Leiter des Fachbereichs Rechts des DIHK *Möllering* auf Nachfrage des Verfassers anlässlich einer Informationsveranstaltung zu OC am 28. Oktober bei der IHK in Frankfurt am Main.

[1045] So ein Diskussionsbeitrag von *Büttner* anlässlich einer Informationsveranstaltung zu OC am 28. Oktober bei der IHK in Frankfurt am Main.

Hinzuweisen ist schließlich auf die Schiedsstelle Onlinehandel der *Verbraucher Initiative e. V.* unter: http://www.ombudsmann.de, vgl. hierzu MMR aktuell 2/2004, XXIX.

[1046] Vgl. *Strömer*, Online- Recht, S. 58; *Boehme- Neßler*, Cyberlaw, S. 90.

„.edu" etc., als auch die länderbasierten TLDs „.de", „.uk", „.at" etc.. In Deutschland ist die Vergabe einer Domain unterhalb der TLD „.de" seit dem 17. Dezember 1996 in der Hand der *DENIC e. G.* (Deutsches Network Information Center), der die meisten IP- Provider angehören. Die Vergabe basiert auf dem von den Vergabestellen eingeführten Verfahren und funktioniert nach dem Prinzip „first come, first served"[1047]. Die Registrierungsstellen prüfen zumindest bezüglich der ursprünglichen generischen TLDs sowie der länderbasierten TLDs lediglich, ob die beantragte Domain bereits vergeben ist. Sie sehen sich nicht in der Lage, den juristischen Hintergrund, so insbesondere markenrechtliche Probleme zu überprüfen. Es bleibt daher den Antragstellern selbst überlassen, entsprechende Untersuchungen anzustellen. Gerade vor dem Hintergrund des hohen wirtschaftlichen Wertes einer Domain für ein Unternehmen – für die Domain „business.com" wurden 7,5 Mio US- Dollar bezahlt – sind die Schwierigkeiten, denen das System ausgesetzt ist, offensichtlich[1048]. Die Konflikte und die wahre Prozessflut, welche die Vergabe der Domainnamen mit sich brachte, wurde bereits oben geschildert.

Es sind daher berechtigte Zweifel angebracht, ob die selbstregulative Vergabe der Domains als gelungen bezeichnet werden kann. Andererseits wäre wohl auch eine staatliche Kontrolle keineswegs Garant für eine reibungslose Vergabe gewesen. Die Domainvergabe ist freilich nicht mit der Registrierung von Marken vergleichbar. Während die Markenregistrierung die langwierige Prüfdauer des *Deutschen Patent und Markenamtes* (DPMA) in Kauf nehmen kann – welches dennoch Streitigkeiten nicht vermeiden kann - erfordert der E- Commerce ein schnelleres Verfahren der Domainvergabe. Auch die lange Prozessdauer bei Domainstreitigkeiten vor staatlichen Gerichten ist für die Entwicklung des E-Commerce hinderlich[1049]. Der Werbeeffekt des Internet- Auftritts bedeutete für die Unternehmen schließlich bares Geld. Ein genauerer Blick gilt daher dem Streitschlichtungsverfahren der ICANN.

[1047] Vgl. zum Verfahren der Domainvergabe und zur Organisation der Vergabestellen, *Kleinwächter*, MMR 1999, 452 ff.; *Hoeren*, Grundzüge, S. 25 ff.; *Boehme- Neßler*, aaO, S. 92 ff.. Oben wurden bereits die kartellrechtlichen Probleme der Selbstregulierung durch Private angesprochen. So fragt sich, ob die Unternehmensvereinigungen wie die DENIC nicht dem Kartellverbot unterfallen. Bedenken gelten freilich auch für die Domainvergabepraxis als solche, da die privaten Unternehmungen als Monopolträger gegenüber den Unternehmen, die eine Domain anmelden wollen, einen Kontrahierungszwang ausüben, vgl. hierzu *Nordemann/Czychowski/Grüter*, NJW 1997, 1897 ff.; *Hoeren* NJW 1998, 2852.

[1048] Vgl. *Patterson*, 40 San Diego L. Rev. 384 (2003).

[1049] Vgl. *Heisz*, TMR 2002, 25, die darauf verweist, die durchschnittliche Verfahrensdauer für erstinstanzliche Zivilverfahren vor den Amts- bzw. Landgerichten habe in Deutschland nach den „Zahlen aus der Justiz" des BMJ für das Jahr 1998 4,6 bzw. 6,7 Monate betragen; *Stotter*, MMR 2002, 14.

(3) Die Uniform Dispute Resolution Policy (UDRP) der ICANN

Angesprochen wurde bereits die Vorgehensweise bei der Vergabe der neuen TDLs, welche auf Konfliktvermeidung zielt. Darüber hinaus bieten sich auch eine Reihe weiterer Maßnahmen an[1050], welche allesamt auf der Erkenntnis beruhen, dass rein „rechtlichen" Wegen, wie der Sperrung der Domains Grenzen gesetzt sind. Insofern setzt man hier auf Lösungsmöglichkeiten über den Markt oder die Netzwerkinfrastruktur.

Eine dieser denkbaren Maßnahmen stellt die mittlerweile durchaus etablierte UDRP der ICANN dar[1051]. Die UDRP wurde am 24. Oktober 1999 von der ICANN beschlossen und am 1. Januar 2000 eingerichtet[1052]. Anders als die Mediation und Arbitration wird die UDRP als *Administrative Dispute Resolution* bezeichnet, da sie nicht auf eine freiwillige Vereinbarung der Parteien zurückgeht.

Die UDRP fußt auf den Abschlussbericht des *WIPO Domain Name Process*, welcher beinahe vollständig übernommen wurde. In engem Zusammenhang mit der UDRP sind die *Rules for Uniform Domain Name Dispute Policy* (Rules)[1053] zu nennen; sie stellen die Verfahrensordnung dar. Der Inhaber einer Domain unterwirft sich bereits mit dem Zeitpunkt der Registrierung eines Domainnamens der UDRP, die insofern Vertragsgegenstand wird. Somit können die Rules als ein Selbstregulierungsmechanismus bezeichnet werden, der entgegen den zu den Verhaltenskodizes getroffenen Feststellungen bereits durch den Vertrag Rechtsverbindlichkeit erlangt. Neben dem bereits seit Einführung des Verfahrens als *Online Arbitration Panel* bzw. *Dispute Resolution Service Provider* („Streitschlichtungsanbieter") tätigen *WIPO Arbitration and Mediation Center* sind weitere Anbieter wie das *CPR Institute for Dispute Resolution* akkreditiert[1054]. Bis heute wurden von den ICANN- Panels mehrere tausend Verfahren beendet[1055]. Nicht nur der genannte Zwangsmechanismus, sondern auch die niedrigen Verfahrenskosten stellen einen Grund für die hohen Verfahrenszahlen

---

[1050] Beschrieben werden diese bei *Wendlandt*, Cybersquatting, Metatags und Spam, S. 391 ff; sowie *Patterson*, 40 San Diego L. Rev. 425 (2003).

[1051] Vgl. hinsichtlich des ersten in der EU eingerichteten Schiedsgerichts für Domainstreitigkeiten, welches in Großbritannien am 24. September 2001 eingerichtet wurde und den quasi weltweiten Ansatz der UDRP vermeiden will, *Stotter*, MMR 2002, 11 ff.

[1052] Der Text ist unter http://www.icann.org/dndr/udrp/policy.htm abrufbar; vgl. ferner *Stotter*, aaO, 11.

[1053] Die Rules finden sich abrufbar unter: http://www.icann.org/dndr/udrp/uniform-rules.htm.

[1054] Vgl. zum Ganzen *Kloepfer*, Informationsrecht, S. 229 f.; *Heisz*, TMR 2002, 26 f.; *Patterson*, 40 San Diego L. Rev. 399 (2003); *Strömer*, Das ICANN- Schiedsverfahren, S. 21 ff..

[1055] Die aktuellen Statistiken hinsichtlich der Verfahren finden sich unter: http://www.icann.org/udrp/proceedings-stat.htm.

dar. Auf das Verfahren und die Spruchpraxis unter UDRP kann im Rahmen der vorliegenden Arbeit nicht eingegangen werden[1056]. Zu bemerken ist jedoch, dass die Panels neutral besetzt sind und beide Parteien die Möglichkeit zur Stellungnahme haben. Das Verfahren ist somit an rechtsstaatlichen Grundsätzen ausgerichtet.

Neben der insbesondere für den Beschwerdeführer günstigen hohen Verfahrensgeschwindigkeit[1057] bietet das Verfahren nach der UDRP den Vorteil, dass der obsiegenden Partei ein Anspruch auf Übertragung der inkriminierten Adressen geltend zusteht, der seitens der Registrierungsstellen, die sich dem Verfahren angeschlossen haben, garantiert wird[1058]. Nach der deutschen Rechtsprechung besteht i. R. d. Verfahrens vor den ordentlichen Gerichten allein ein Löschungsanspruch. Ein Übertragungsanspruch wird vor dem Hintergrund abgelehnt, es bestünde kein praktisches Bedürfnis für einen solchen, da der Anspruchsteller sich seinen Rang durch einen Dispute- Antrag bei der DENIC absichern lassen könne[1059]. Hiergegen wird jedoch eingewandt, diese Feststellung gelte nur für die TLD „.de". Andere Vergabestellen sähen ein solches Verfahren nicht vor. Es bliebe daher dem Anspruchsteller nichts anderes übrig, als die Freigabe durch die Vergabestelle zu überwachen und zu hoffen, dass die Domain nach der Freigabe nicht bereits von einem Dritten registriert wurde[1060]. Es sprechen gute Gründe dafür, den Weg über die alternative Streitschlichtung zu wählen, um einen möglichst weitreichenden Schutz der Markendomain zu erreichen.

Die Erzeugung von Vertrauen im E- Commerce benötigt ein gewisses Maß an Transparenz der selbstregulatorischen Elemente. Die Praxis der ICANN- Panels zeigt in dieser Hinsicht eindeutig Ausprägungen eines echten Common Law. So sind sämtliche Entscheidungen im Internet abrufbar[1061]. Es ist daher dem einzelnen Nutzer möglich, sich selbständig über die Spruchpraxis zu informieren[1062], ohne einen Rechtsbeistand hinzuzuziehen.

Die UDRP hat jedoch bei allem Beifall auch Kritik erfahren. So sind die Panels kaum in der Lage, diffizile Probleme der Gleichnamigkeit insbesondere im internationalen Kontext zu lösen. Es wurden die Parteien regelmäßig ausdrück-

---

[1056] Vgl. hierzu die eingehende Darstellung bei *Heisz*, TMR 2002, 27 ff., *Strömer*, Das ICANN- Schiedsverfahren, S. 25 ff.; sowie *Mendola*, Diritto Del Commercio Internazionale 2003, 57 ff..

[1057] *Heisz*, aaO, 31.

[1058] *Geis*, Recht im eCommerce, S. 100; *Strömer*, Das ICANN- Schiedsverfahren, S. 11.

[1059] BGH, CR 2002, 525 – shell.de.

[1060] So *Foerstl*, CR 2002, 524.

[1061] Vgl. http://www.icann.org/udrp/proceedings-list-name.htm.

[1062] *Karavas/Teubner*, http://www.CompanyNameSucks.com: Drittwirkung der Grundrechte gegenüber „Privaten" im autonomen Recht des Internet?, in: Ladeur, Innovationsoffene Regulierung des Internet.

lich auf den Zivilrechtsweg verwiesen. Weiterhin wurde bemängelt, die Policy würde nur einseitig die Inhaber US- amerikanischer Marken gegenüber denjenigen Domaininhabern schützen, die gegen das US- amerikanische Markenrecht verstoßen[1063]. Das zunehmend populäre Vorgehen der Markenrechtsinhaber, auch die Peripherie des semantischen Raums ihres Kennzeichens absichern zu lassen, wird als "Reverse Domain Name Hijacking" bezeichnet. Hiergegen ist indessen noch kein Kraut gewachsen[1064].Diese Kritik zielt wiederum in die Richtung, ein weltweit geltendes System dürfe nicht einer einzelnen Rechtsordnung unterworfen werden. Insofern bedarf die UDRP einer Modifikation hin zu einem ausbalancierten System, welches die Interessen aller Beteiligten berücksichtigt. Angesichts der flexiblen Ausgestaltung des Systems stehen die Chancen jedoch gut[1065].

Es bleibt festzuhalten, dass wesentliche Voraussetzung für das Funktionieren des hybriden Regulierungsansatzes die Schaffung von Möglichkeiten zur Durchsetzung der aufgestellten Regeln ist. Weiterhin muss gewährleistet sein, dass im Falle des Versagens der Schlichtungsstellen, die benachteiligte Partei weiterhin Rechtsschutz vor den staatlichen Gerichten in Anspruch nehmen kann[1066], wobei diese keineswegs gezwungen sind, das „materielle Recht" der Selbstregulierung wie Verhaltenskodizes unberücksichtigt zu lassen.

c) Sanktion mittels gesellschaftlichem Verruf

Die (derzeit noch) mangelnden gesetzlichen Grundlagen für die Integration der Selbstregulierung durch Private führt wie besprochen zu verminderten Sanktionsmöglichkeiten. Eine nicht zu unterschätzende Möglichkeit, den Verstoß des Abweichenden mit Konsequenzen zu belegen und für die Zukunft zu unterbinden, stellt der gesellschaftliche Verruf dar, sei es in Form der öffentlichen Bekanntgabe der Zuwiderhandlung oder eines öffentlichen Tadels, sei es in einer

[1063] *Murray/Scott*, 65 Mod. L. Rev. 507 (2002); *Heisz*, TMR 2002, 33; vgl. ferner *Bechtold*, Vom Urheber- zum Informationsrecht, S. 443.

[1064] *Karavas/Teubner*, http://www.CompanyNameSucks.com: Drittwirkung der Grundrechte gegenüber „Privaten" im autonomen Recht des Internet?, in: Ladeur, Innovationsoffene Regulierung des Internet; vgl. hierzu auch den von *Patterson*, 40 San Diego L. Rev. 376 (2003) geschilderten Fall. *Patterson* stellt fest, dass die aktuellen dispute resolutions kommerziell tätige Markeninhaber gegenüber Namensinhabern aus dem Verbraucherbereich bevorzugen.

[1065] *Patterson*, 40 San Diego L. Rev. 400 (2003), weist in diesem Zusammenhang darauf hin, dass die UDRP derzeit von der WIPO überarbeitet würde und plädiert für eine gesteigerte Rücksichtnahme auf die nicht kommerziell tätigen Internetnutzer.

[1066] So *Perritt*, MMR- Beilage 7/2000, S. 2.

boykottähnlichen Isolierung des Täters durch Verweigerung oder den Abbruch der gemeinsamen Zusammenarbeit[1067].

Entsprechendes gilt auch für die Einhaltung von Schlichtungsverfahren. Zu erwähnen ist hier ein Beispiel aus dem Bereich der first- generation- issues, namentlich der EDV. Bei aller Kritik am Schlichtungsverfahren der *Deutschen Gesellschaft für Informationstechnik und Recht e. V.* (DGIR) ist festzustellen, dass trotz der Freiwilligkeit der Unterwerfung unter das *Conciliation- Verfahren* (Schlichtungsverfahren) durch die Vereinbarung einer Schlichtungsklausel fast ausnahmslos ein geschäftsmoralischer Zwang erzeugt wird, sich dem Schlichtungsverfahren zu stellen, wenn der Geschäftspartner dies wünscht. Der Einigungsvorschlag des Conciliators wird nicht lediglich als ein rechtlich unverbindlicher Vorschlag gewertet. Durch ihn wird der entsprechende Zwang erzeugt, wenn er nach ausführlicher Aufarbeitung des Sachverhaltes unter Benutzung von Beweismitteln erfolgt. Es ist davon auszugehen, dass er in den meisten Fällen eine geschäftspolitische Kraft entfalten wird, welche die in rechtlicher Hinsicht bestehende Freiwilligkeit zur Ablehnung kompensiert[1068]. Als Beispiele für die verschiedenen Möglichkeiten, Verstöße gegen das Soft Law zu sanktionieren, dienen vorliegend die Beschwerdeordnungen der Kodizes der FSM und der FST.

Dieses Modell lässt sich u. a. auch durch folgende Überlegung stützen: Diejenigen Akteure, die an der Lösung eines Konflikt mitgewirkt haben, sind als Kollektiv auch für die Folgen der Entscheidung verantwortlich zu machen. Aufgrund der höheren Nähe zum Konflikt ist daher die Fähigkeit zur Übernahme von Verantwortung größer als bei hierarchischen - in diesem Falle vom Staat ausgehenden – Entscheidungsverfahren, bei denen die Spitze gänzlich zur Verantwortung gezogen wird und damit diese letztlich selbst wieder zur Delegation gezwungen ist[1069]. Selbstregulierung schafft somit stärkere Anreize zur Einhaltung als staatlich gesetztes Recht dies vermag; man geht davon aus, dass die Mitwirkenden wenig Widerstand gegen die Einhaltung der selbst auferlegten Regeln zeigen werden[1070]. Zudem sind die von Kodizes vorgegebenen Regeln

[1067] *Sabrowsky*, Selbstregulierung, Rz. 338; vgl. auch *Mayer* NJW 1996, 1789 f.; *Hance*, Internet- Business & Internet- Recht, S. 64; sowie NTIA, Elements of Effective Self- Regulation for Protection of Privacy, mitgeteilt von *Bruening*, CR 1998, 192.

[1068] *Lionnet*, im Rahmen eines Beitrages zu der Podiumsdiskussion: Beilegung von Computerstreitigkeiten durch Sachverständigenexpertise und durch die Schiedsgerichtsbarkeit, in: Nicklisch, Verträge über Computertechnik in Forschung, Verwaltung, Wirtschaft und Technik, S. 295.

[1069] Vgl. *Brennecke*, Normsetzung durch private Verbände, S. 22.

[1070] Memorandum der Bertelsmannstiftung, in Waltermann/Machill, Verantwortung im Internet, S. 39; vgl. auch *Calliess*, AfP 2002, 466; *Engel*, Regulierung durch Organisation und Verfahren, in: Immenga, FS Mestmäcker, S. 125.

bei Erreichen einer kritischen Teilnehmerzahl aufgrund des erhöhten Drucks von gleichartigen Anbietern und der Allgemeinheit nur noch schwer zu umgehen[1071].

aa) Kritikpunkte

Die gesellschaftlichen Sanktionsmöglichkeiten werden als eher schwach angesehen, woraus die Schlussfolgerung zu ziehen sei, dass sie nicht durch ständige Anwendung genutzt werden sollten, sondern nur als ultima ratio einzusetzen seien[1072].

Dem ist entgegenzuhalten, dass privat gesetzte Regeln, die vom Willen der beteiligten Akteure getragen werden, als Ausfluss der Privatautonomie grundsätzlich höhere Ansprüche an das persönliche Verhalten der Beteiligten stellen dürfen, als gesetzliche Regeln dies können[1073], solange sie sich im gesetzlichen Rahmen bewegen. Im Verhältnis zwischen den Privaten gilt zwar auch die Drittwirkung der Grundrechte – zu denken ist hier insbesondere an Art. 12 GG. Ein Ausschluss aus der Institution könnte einem Berufsverbot gleichkommen - , dennoch ist staatliches Handeln an strengere Voraussetzungen, wie beispielsweise den Gesetzesvorbehalt, gebunden. Die Einhaltung strengerer Maßstäbe verleiht den Verhaltensregeln besonderes Gewicht.

bb) Fazit und Ausblick

M. E. kommt i. S. d. Grundgedankens der Selbstregulierung zumindest staatlichen Sanktionsmöglichkeiten zunächst keine gesteigerte Bedeutung zu. Die Kodizes schließen ihrem appellativen Charakter entsprechend eher Lücken, die aufgrund der schnelllebigen Entwicklung des Internet in den verschiedenen Rechtssystemen auftreten. Die Unterwerfung unter Verhaltenskodizes kann insbesondere unter dem Gesichtspunkt der Rechtsklarheit und Rechtssicherheit sowie der gegenseitigen Vermeidung von Konflikten angebracht sein. Der E-Commerce hat – und hier stimmen sowohl Skeptiker als auch Cyber- Enthusiasten überein – seinen großen Durchbruch noch nicht erreicht. Das Erreichen dieses Ziels erfordert daher von den Unternehmen weiterhin großes Engagement. Noch kann der Großteil der Internetwirtschaft trotz erheblicher Investitionen in das E- Business nicht auf gefestigte Kundenstämme zurückgreifen. Sollen die Angebote erfolgreich „an den Mann gebracht werden“, bedarf es – und dies ist im Rahmen der Untersuchung bereits mehrfach angeklungen – einer Steigerung

[1071] So *Price/Verhulst*, Selbstregulierung und Verhaltenskodizes als Grundlage von Internetpolitik, in: Waltermann/Machill, Verantwortung im Internet, S. 158; *Calliess*, aaO, 473.
[1072] *Sabrowsky*, Selbstregulierung, Rz. 338 hinsichtlich des britischen City Code.
[1073] Vgl. *Sabrowsky*, aaO, Rz. 237.

des Vertrauens durch die Nutzer. Geben sich die Unternehmen eigene Verhaltensregeln, müssen sie sich, um nicht als unglaubwürdig zu gelten und den gewonnen Kredit umgehend wieder zu verspielen, an die geschaffenen Regeln halten. Es ist davon auszugehen, dass trotz der Freiwilligkeit jedenfalls in den meisten Regelungsbereichen massive Verstöße gegen die Verhaltensnormen nicht zu erwarten sind.

F. Zusammenfassung der Ergebnisse und Ausblick

• Staatlich gesetztes Recht ist auch in der virtuellen Welt des Internet unentbehrlich. Auch wenn das Internet für den einzelnen Nutzer als anarchisches Gebilde erscheinen mag, ist es faktisch kein rechtsfreier Raum. Das Regulierungsmodell der „reinen“ Selbstregulierung versagt vor dem Hintergrund der Notwendigkeit des Schutzes der Interessen der Allgemeinheit und der Gefahr der Kollision eines eigens für den Cyberspace gesetzten Rechts mit dem Recht der realen Welt, welches auf Online- Sachverhalte angewendet wird.

• Die optimalen Regulierungsmodelle für den Online- Bereich werden durch die Kooperation zwischen dem Staat und privaten Akteuren geprägt. Die Technologie gilt zu Recht als Keimzelle der virtuellen Welt und als zentrale Triebkraft des E- Business. Die technische Netzwerkinfrastruktur übt einen nicht zu unterschätzenden Einfluss auf das Verhalten der Internet- Nutzer aus. Technische Selbstschutzmechanismen geben dem Nutzer Mittel an die Hand, sich gegen unerwünschte Inhalte, Spam und Urheberrechtsverletzungen zur Wehr zu setzen. Datenschutzstandards wie P3P, die zunächst auf das US- amerikanische Rechtssystem zugeschnitten sind können auch im kontinentaleuropäischen Rechtsraum eine sinnvolle Ergänzung zum geltenden Recht des Datenschutzes darstellen. Ob sich der Staat schließlich auch die technische Infrastruktur zu Regulierungszwecken nutzbar machen kann, ist offen. Die imperative Einflussnahme beschränkt sich über den „closed code“ in erster Linie auf große Unternehmen. „Open code“ erscheint staatlicherseits nicht regulierbar. Rechtliche Regelungen können sich in einem technischen Gebilde wie dem Internet nur soweit durchsetzen, als die technischen Gegebenheiten berücksichtigt und deren Voraussetzungen erfüllt werden. Grenzen zu setzen ist der Regulierung über den „code“ dort, wo er eine Bedrohung für die Freiheit des Internet und die rechtlichen Werte bedeutet. Der „code“ erlaubt nur einen geringen Spielraum und kaum ein abweichendes Verhalten; Billigkeitserwägungen scheiden aus.

• Die Staaten sehen sich nicht unerheblichen Schwierigkeiten ausgesetzt, wollen sie das weltweit wirkende Verhalten der Nutzer mit Hilfe nationaler Vorschriften regulieren. Ein weltweit geltendes Internetrecht im Bereich des Privatrechts ist indessen nicht absehbar. Ein staatlich gesetztes „Internationales Einheitsrecht“, insbesondere in Gestalt eines internationalen Abkommens, erscheint zumindest gegenwärtig aufgrund der weltweit divergierenden kulturellen, moralischen und politischen Interessen nicht durchsetzbar. In dieser Hinsicht ruhen die Hoffnungen auf einer sich langsam entwickelnden Rechtsangleichung und Rechtsanpassung. Auch eine virtuelle Weltrechtsordnung in Form eines echten, privatautonomen, transnationalen „Cyberlaw“ im Privatrecht ist eine Utopie. Das Modell der lex mercatoria versagt, nicht zuletzt, da sie auch im Internet nur eine „korrupte Rechtsordnung“ sein kann. Die Fähigkeit der Internetgemeinde,

„internet- gerechte" Wertmaßstäbe zu entwickeln, muss bezweifelt werden. Die Schaffung einer an den Grundrechten ausgerichtet Rechtsordnung sollte den Staaten vorbehalten bleiben. Das Internationale Privat- und Verfahrensrecht ist auch im Internet in der Lage, die Fragen nach dem anwendbaren Recht und der Jurisdiktion zu beantworten. In Teilbereichen müssen jedoch die Anknüpfungspunkte modifiziert werden. Konzepte sind bereits gefunden.

• Bietet sich auch im Bereich des Internet der Rückgriff auf das nationale Sachrecht der realen Welt an, erfordern eine Reihe von Rechtsgebieten internetspezifische, neuartige Ergänzungen.

• Die Gesetzgeber sind angehalten, vor dem Hintergrund der Schnelllebigkeit des elektronischen Geschäftsverkehrs Zurückhaltung bei der Schaffung von Rechtsnormen zu üben. Nicht nur der Streit um das Verhältnis des Kollisionsrechts zum Herkunftslandprinzip der ECRL zeigt, dass die Gesetzgebung im Internet vor hohe Herausforderungen gestellt ist. Die Konzeption eines Internetgesetzbuches, welches um das Rechtsgut Information formiert werden könnte, ist noch Zukunftsmusik. Eine Vereinheitlichung des Internetrechts in der Form einer Kodifikation ist gegenwärtig nicht notwendig. Vermieden werden muss die Ausbildung von Vorschriften, die regelmäßiger Abänderung unterworfen sind oder gar obsolet werden. Im Interesse der Weiterentwicklung des Internet als Kommunikations- und Handelsplattform bedarf es einer engen Kooperation zwischen Technikern und Normsetzern. Die Juristen sind aufgerufen, sich „Ersatzrechtsordnungen" zu öffnen.

• Im Sinne eines hybriden Regulierungssystems sind Elemente der flexiblen Selbstregulierung durch Private wie Unternehmen oder Verbände in die Rechtsordnung zu integrieren. Die Internet- Wirtschaft wächst schneller als die staatliche Regulierung zu folgen in der Lage ist. Nicht nur in den USA sondern auch in Europa sind Ansätze einer solchen Integration zu verzeichnen. Voraussetzung ist jedoch die Akzeptanz des Vorrangs des geltenden Rechts. Selbstregulierung kann dieses nicht ersetzen sondern nur ergänzen. Selbstregulierung muss wesentlich dazu beitragen, Vertrauen im elektronischen Geschäftsverkehr zu erzeugen. Damit einher gehen die Schaffung von Transparenz und der Schutz der Minderheiten.

• Im elektronischen Geschäftsverkehr gibt es bereits eine Reihe von Elementen der Selbstregulierung. Neben der Mutter aller Verhaltensregeln, der Netiquette, die vor dem Hintergrund der Kommerzialisierung des Netzes zunehmend nicht mehr in der Lage zu sein scheint, die auftretenden Konflikte zufriedenstellend zu lösen, finden sich Instrumente wie Hotlines, Robinsonlisten, Privacy Policies und Gütesiegel. Die Safe Harbor Principles dienen als Beispiel für ein Scharnierrecht, welches die Schnittstelle zwischen zwei Rechtsordnungen schafft und Selbstregulierungsmechanismen berücksichtigt.

• Das bedeutsamste Element der Selbstregulierung stellen auch im elektronischen Geschäftsverkehr die Verhaltenskodizes dar. Diese gewinnen in Europa insbesondere in den Bereichen der Inhalteregulierung und des Jugendschutzes und auf dem Sektor des Rechts der Werbung zunehmend an Bedeutung. Ihre Entwicklung obliegt Expertenkommissionen, Verbänden und NGOs. Mit Art. 16 der ECRL hat die EU eine Anregung in eine Richtlinie aufgenommen, der die Wirtschaft bereits nachgekommen ist. Wichtige Eckpunkte in des Gestaltung der Kodizes wurden bereits ausgearbeitet.
• Verhaltenskodizes und andere Formen der Selbstregulierung erfahren ihre rechtliche Legitimation über die administrative und legislative Adaption und Rezeption in den Rechtsquellen. Auf völkerrechtlicher Ebene sticht ICANN ins Auge. Fällt ihre Einordnung unter die herkömmlichen Begriffe des Völkerrechts schwer, so kann ICANN dennoch als gelungenes Beispiel für eine hybride Regulierungsform bezeichnet werden, die im Einklang mit der sich verlagernden Grenzziehung zwischen dem klassischen Völkerrecht und der internationalen Privatrechtsordnung steht. Auch das Europarecht zeigt mit einer Fülle von Regelungen, dass Selbstregulierung nicht etwa als gemeinschaftsrechtswidrig anzusehen ist, sondern einen festen Platz in dem sich im wandelnden Normgefüge gefunden hat. Entsprechendes gilt für das nationale Recht der Bundesrepublik Deutschland. Vor dem Hintergrund verfassungsrechtlicher Prinzipien, wie dem Subsidiaritäts- und dem Kooperationsprinzip kann Selbstregulierung nicht pauschal als verfassungswidrig qualifiziert werden. Dies gilt unabhängig davon, ob man die Elemente der Selbstregulierung den Rechtsnormen zuordnet oder nicht. Können die Privaten über die vorhandenen privatrechtlichen Institute den Selbstregulierungsmechanismen Geltung verschaffen, so empfiehlt sich dennoch künftig ein Mehr an gesetzlichen Anknüpfungspunkten. Die verfassungsrechtlich an die Selbstregulierung gestellten Forderungen lassen auch über das Kartellrecht einlösen. Die europäischen und deutschen kartellrechtlichen Vorschriften erfassen die Elemente der Selbstregulierung und lassen diese nur zu, wenn Lauterkeitsrecht wiederholt und konkretisiert wird. Mit dem Kartellrecht steht dem Staat ein wirksames Mittel zur Verfügung, die Selbstregulierung durch Private zu überwachen und gegebenenfalls in die Schranken zu weisen.
• Selbstregulierung kann mit Hilfe des staatlichen Sanktionsapparats aber auch rein Privat durchgesetzt und sanktioniert werden. Von besonderer Bedeutung ist die Subsumtion von Verhaltenskodizes unter die zahlreichen Generalklauseln des Privatrechts. Ihnen kommt zumindest Indizwirkung bei der Bestimmung sittenwidrigen Verhaltens zu. Gerade mit dem Aufkommen der Kodizes in den modernen Rechtsgebieten orientieren sich die Gerichte zunehmend an den inkorporierten Verhaltensregeln. Die Berücksichtigung der Narrativen Normen erlaubt es, auch im grenzüberschreitenden Geschäftsverkehr, die Wertungen unverbindlicher Regelwerke in die Rechtsfindung einfließen zu lassen.

Beispiele für die „Private Rechtsdurchsetzung" sind die sich zunehmend etablierenden alternativen Streitbeilegungs- und Streitschlichtungsmechanismen. Diese finden ihren Einsatz zu Recht auch in Verbrauchersachen. Die Ausbildung von Online- Schiedsverfahren nutzt die technischen Möglichkeiten des www. Mit der UDRP hat ICANN ein Muster für die Arbitrage im Netz ins Leben gerufen. Nicht vernachlässigt werden darf jedoch auch die Sanktion der Selbstregulierung mittels gesellschaftlichem Verruf.

• Das neue Medium Internet regt zu neuartigen Regulierungsformen an. Anfangs skeptisch beäugt haben sich Selbstregulierungsmechanismen wie Verhaltenskodizes etabliert. Art. 16 der ECRL kann nicht als missglücktes Modell verworfen werden. Es wurden bereits eine Reihe von Verhaltenskodizes ausgearbeitet; weitere werden folgen. Inwieweit die Selbstregulierung tatsächlich langfristig zur Schaffung von Rechtssicherheit beitragen kann, ist offen.

Literaturverzeichnis:

Adam, Nabil R. Dogramaci, Oktay Gangopadhyay, Aryya Yesha, Yelena	Electronic Commerce – Technical, Business, and Legal Issues, New Jersey/USA 1999
Ahlert, Christian	Ohne Access kein Success: Hat die weltweite Onlinewahl ICANN demokratisiert? - ICANN zwischen Technik und Demokratie In: Kubicek, Internet@Future, S. 127
Albert, Mathias Lehmkuhl, Dirk	Einleitung: Transnationales Recht In: ZfRSoz 23 (2002), S. 159
Angelopoulos, Tracey	Pavlovich v. Superior Court: Spinning a World Wide Web for California Personal Jurisdiction In: 39 San Diego L. Rev. 1019 (2002)
Anonymus	Der neue Hacker's Guide – Sicherheit im Internet und im lokalen Netz, München 2001
Bachmann, Gregor	Privatrecht als Organisationsrecht – Grundlinien einer Theorie privater Rechtssetzung In: Witt/Casper/Bednarz, Jahrbuch Junger Zivilrechtswissenschaftler, S. 9
Bachmann, Birgit	Internet und IPR In: Lehmann, Internet- und Multimediarecht, S. 169
Ballarino, Tito	Internet nel mondo delle legge, Padua 1998
v. Bar, Christian Mankowski, Peter	Internationales Privatrecht, Band 1 – Allgemeine Lehren, München 2003
Bartsch, Michael	Das BGB und die modernen Vertragstypen In: CR 2000, S. 3
Basedow, Jürgen	Über Privatrechtsvereinheitlichung und Marktintegration In: Immenga/Möschel/Reuter, FS Mestmäcker, S. 347
Basedow, Jürgen (Hrsg.) Drobnig, Ulrich Ellger, Reinhard Hopt, Klaus J. Kötz, Hein Kulms, Rainer Mestmäcker, E. J.	Aufbruch nach Europa - 75 Jahre Max- Planck- Institut für Privatrecht, Tübingen 2001 Zit.: Basedow, Aufbruch nach Europa

Bechtold, Stefan	Vom Urheber- zum Informationsrecht – Implikationen des Digital Rights Management, München 2002
Becker, Jürgen (Hrsg.)	Rechtsprobleme internationaler Datennetze – Arbeitssitzung des Instituts für Urheber- und Medienrecht am 17. November 1995, Baden- Baden 1996
Bender, Gunnar Sommer, Christian	E-Commerce-Richtlinie: Auswirkungen auf den elektronischen Geschäftsverkehr in Deutschland In: RIW 2000, S. 260
Berg, Wilfried (Hrsg.) Fisch, Stefan Schmitt Glaessner, Walter Schoch, Friedrich Schulze- Fielitz, Helmuth	Regulierte Selbstregulierung als Steuerungskonzept des Gewährleistungsstaates – Ergebnisse des Symposiums aus Anlaß des 60. Geburtstags von Wolfgang Hoffmann- Riem, Berlin 2000 Zit.: Berg, Regulierte Selbstregulierung
Berger, Klaus Peter	Lex Mercatoria Online In: RIW 2002, S. 256
Berghoff, Julia	Selbstregulierung im Marketing In: RDV 2002, S. 78
Graf von Bernstorff, Christoph	Ausgewählte Rechtsprobleme im Electronic Commerce In: RIW 2000, S. 14
ders.	Der Abschluss elektronischer Verträge In: RIW 2002, S. 179
ders.	Vertragsgestaltung im Auslandsgeschäft – Ein Praxishandbuch mit Vertragsmustern, 4. Aufl. Frankfurt/Main 1997
Berres, Anita	Marketing und Vertrieb mit dem Internet – Ein Leitfaden für mittelständische Unternehmen, Berlin · Heidelberg · New York 1997
Bianca, Cesare M.	La firma elettronica: si apre un nuovo capitolo In: Studium Iuris 2002, S. 1431
Bizer, Johann	Wozu Selbstregulierung in Deutschland? In: DuD 2001, S. 126
Blaurock, Uwe	Grenzüberschreitende elektronische Geschäfte In: Hohloch, Recht und Internet, S. 31

Bleiweiß, Christian	Rechtliche Aspekte des „Electronic Commerce“ In: JA 2000, S. 506
Blinderman E. Price, M.	Codes of Conduct an Other Self-Regulatory Documents: Emerging Patterns of Norm Formulation and Enforcement on the Internet, Bertelsmann Foundation 2000
Blum, Felix	Die Anerkennung von NGOs (nichtstaatlichen Organisationen) im Internationalen Privatrecht, Regensburg 2002
Bock, Matthias Wöbke, Jörn	Selbstregulierung im Internet – Grundzüge eines neuen Medienrechts In: Supplement K & R 1997, S. 11
Boehme- Neßler, Volker	Cyberlaw, München 2001
Boele- Woelki, Katharina	Internet und IPR: Wo geht jemand ins Netz? In: Dicke, Völkerrecht und Internationales Privatrecht, S. 307
Bogdan, Michael	Cross- Border Transactions on the Internet In: Hohloch, Recht und Internet
Bohne, Eberhard	Absprachen zwischen Industrie und Regierung in der Umweltpolitik In: Gessner/Winter, Rechtsformen der Verflechtung von Staat und Wirtschaft, S. 266
Von Bonin, Andreas Köster, Oliver	Internet im Lichte neuer Gesetze In: ZUM 1997, 821
Brandmair, Lothar	Die freiwillige Selbstkontrolle der Werbung Köln · Berlin · Bonn · München 1978 Zit.: Selbstkontrolle
Braun, Felix Gerlach, Carsten Münch- Dalstein, Mathias	Rechtsprobleme des Internet – Regulierung und Selbstregulierung, Berlin 1995/1996 Zit.: Regulierung und Selbstregulierung Abrufbar unter: http://www.muench-dalstein.de
Braun, Thorsten Schaefer, Martin	Die Musikindustrie in der sog. ‚Informationsgesellschaft' – Neue Herausforderungen an den Schutz geistigen Eigentums In: Kubicek, Internet@Future, S. 209
Brennecke, Volker M.	Normsetzung durch private Verbände – Zur Verschränkung von staatlicher Steuerung und gesellschaftlicher Selbstregulierung im Umweltschutz, Düsseldorf 1996

Brisch, Klaus M.	EU- Richtlinienvorschlag zum elektronischen Geschäftsverkehr In: CR 1999, S. 235
Brugger, Winfried	Einführung in das öffentliche Recht der USA, München 1993
Brunner, Ursula	Rechtsetzung durch Private – Private Organisationen als Verordnungsgeber, Zürich 1982
Brütsch, Christian	Verrechtlichung der Weltpolitik oder Politisierung des Rechts? – Die Debatte über transnationales Recht in den internationalen Beziehungen In: ZfRSoz 23 (2002), S. 165
Bryde, Brun- Otto	Internationale Verhaltensregeln für Private – Völkerrechtliche und verfassungsrechtliche Aspekte, Frankfurt am Main 1981
Büllesbach, Alfred	Selbstregulierungselemente in der globalen Wirtschaft In: Kubicek, Internet@Future, S. 269
Büllesbach, Alfred (Hrsg.) Heymann, Thomas	Informationsrecht 2000 – Perspektiven für das nächste Jahrzehnt, Köln 2001
Büllesbach, Alfred Höss-Löw, Petra	Vertragslösung, Safe Harbor oder Privacy Code of Conduct – Handlungsoptionen globaler Unternehmen In: DuD 2001, S. 135
Bullinger, Martin	Ordnung oder Freiheit für Multimediadienste In: JZ 1996, S. 385
Bullinger, Martin Mestmäcker, Ernst-Joachim	Multimediadienste – Struktur und staatliche Aufgaben nach deutschem und europäischem Recht, Baden- Baden 1997
Calliess, Christian	Inhalt, Dogmatik und Grenzen der Selbstregulierung im Medienrecht In: AfP 2002, S. 465
Calliess, Gralf- Peter	Reflexive Transnational Law – The Privatisation of Civil Law and the Civilisation of Private Law In: ZfRSoz 23 (2002) S. 185
Canaris, Claus-Wilhelm	Handelsrecht, 23. Aufl. München 2000
Carrascosa Gonzalez, Javier	Globalización y Derecho internacional privado, LiberLibro.com 2002

Cichon, Caroline	Internetverträge – Verträge über Internet-Leistungen und Ecommerce, Köln 2000
Christiansen, Per	Selbstregulierung, regulatorischer Wettbewerb und staatliche Eingriffe im Internet In: MMR 2000, S. 123
Conner, Cheryl L.	CompuServe v. Patterson : Creating Jurisdiction Through Internet Contacts In: Richmond Journal of Law and Technology, Vol. IV, Issue 3, Spring 1998
Cornils, Karin	Die territorialen Grenzen der Strafgerichtsbarkeit und Internet In: Hohloch, Recht und Internet, S. 71
Dammann, Ulrich	Safe Harbor – neue Elemente im internationalen Datenschutz In: Simon/Weiss, Zur Autonomie des Individuums, S. 19
Decker, Ute	Haftung für Urheberrechtsverletzungen im Internet – Anforderungen an die Kenntnis des Host- Providers In: MMR 1999, S. 7
Delbrück, Jost Wolfrum, Rüdiger	Völkerrecht – Begründet von Georg Dahm, 2. Aufl. Berlin 2002
Determann, Lothar	Kommunikationsfreiheit im Internet – Freiheitsrechte und gesetzliche Beschränkungen, Baden- Baden 1999
Detzer, Kurt A.	Ingenieurverantwortung und Verhaltenskodizes – Versuch einer Zwischenbilanz In: Lenk/Maring, Technikverantwortung, S. 307
Dicke, Klaus Hummer, Waldemar Girsberger, Daniel Boele-Woelki Engel, Christoph Frowein, Jochen A.	Völkerrecht und Internationales Privatrecht in einem sich globalisierenden internationalen System – Auswirkungen der Entstaatlichung transnationaler Rechtsbeziehungen, Heidelberg 2000 Zit.: Dicke, Völkerrecht und Internationales Privatrecht
Di Fabio, Udo	Risikosteuerung im öffentlichen Recht In: Hoffmann- Riem/ Schmidt- Aßmann, Öffentliches Recht und Privatrecht, S. 143
Ditscheid, Alexander	Anmerkung zu OLG Köln: Sperrung von 0190- Nummern In: MMR 2001, S. 46
Dohmann, Helmut (Hrsg.)	Die Praxis des E- Business – Technische, betriebswirtschaftliche und rechtliche Aspekte, Braunschweig/Wiesbaden 2002

Fuchs, Gerhard Khakzar, Karim	Zit.: Dohmann, Die Praxis des E- Business
Dreier, Horst (Hrsg.)	Rechtssoziologie am Ende des 20. Jahrhunderts – Gedächtnissymposium für Edgar Michael Wenz, Tübingen 2000 Zit.: Rechtssoziologie
Droll, Bernhard Droll, Mathias	Internetrecht – E- Commerce, 2. Aufl., Haan- Gruiten 2001
Ebenroth, Carsten Thomas	Wirtschaftsrechtliche Rechtstatsachenforschung unter besonderer Berücksichtigung des internationalen Wirtschaftsrechts In: Heinz, Rechtstatsachenforschung, S. 139
Eichhorn, Bert	Internet-Recht – Ein Lehrbuch für das World Wide Web, Köln 2000
Eichener, Volker Heinze, Rolf G. Voelzkow, Helmut	Techniksteuerung im Spannungsfeld zwischen staatlicher Intervention und verbandlicher Selbstregulierung In: Voigt, Abschied vom Staat – Rückkehr zum Staat?, S. 393
Eierhoff, Klaus	E- Commerce – Herausforderung auf dem Weg ins 21. Jahrhundert In: MMR- Editorial 2/2002
Ehlers, Dirk (Hrsg.) Wolffgang, Hans- Michael Pünder, Hermann	Rechtsfragen des Electronic Commerce, Köln 2001 Zit.: Ehlers, Rechtsfragen des Electronic Commerce
Ellinghaus, Ulrich	Der Stand der Telekommunikationsgesetzgebung In: MMR 2003, S. 91
Emmerich, Volker	Kartellrecht – Ein Studienbuch, 9. Aufl., München 2001
Ende, Lothar Klein, Alexander	Grundzüge des Vertriebsrechts im Internet – Fernabsatz und Vertrieb von Waren und Dienstleistungen, München 2001
Engel, Chistoph	Regulierung durch Organisation und Verfahren In: Immenga, FS Mestmäcker, S. 119
ders.	Inhaltskontrolle im Internet In: AfP 1996, S. 220
Engel- Flechsig (Hrsg.) Maennel, Frithjof A. Tettenborn, Alexander	Beck'scher IuKDG- Kommentar, München 2001 Zit.: Beck- IuKDG-Komm/*Bearbeiter*

Engert, Andreas
Wettbewerb der Normen und Sanktionierung durch das Recht
In: Witt/Casper/Bednarz, Jahrbuch Junger Zivilrechtswissenschaftler, S. 32

Enzmann, Matthias
Roßnagel, Alexander
Realisierter Datenschutz für den Einkauf im Internet – Das Projekt DASIT
In: CR 2002, S. 141

Ernst, Stefan
Internetadressen – Der Stand der Rechtsprechung
In: MMR 2001, S. 369

Fallenböck, Markus
Internet und Internationales Privatrecht – Zu den internationalen Dimensionen des Rechts im Electronic Commerce, Wien · New York 2001
Zit.: Internet und IPR

Farrell, Henry
Hybrid Institutions and the Law: Outlaw Arrangements or Interface Solutions
In: ZfRSoz 23 (2002), S. 25

Fechner, Frank
Medienrecht, 2. Aufl., Tübingen 2001

Fezer, Karl- Heinz
Markenrecht – Kommentar zum Markengesetz, zur Pariser Verbandsübereinkunft und zum Madrider Abkommen – Dokumentation des nationalen, europäischen und internationalen Kennzeichenrechts, 3. Aufl., München 2001

Fleiner- Gerster, Thomas
Allgemeine Staatslehre, 2. Aufl. Berlin · Heidelberg · New York 1995

Foerstl, Uli
Die Entscheidung >>shell.de<< - Stärkung von Kennzeichenrechten im Internet? Zugleich Anmerkung zu BGH v. 22.11.2001 – I ZR 138/99
In: CR 2002, S. 518

Forschungsinstitut für Wirtschaftsverfassung und Wettbewerb (Hrsg.)
Recht, Wettbewerb und e- commerce, Köln · Berlin · Bonn · München 2001

Fuchs, Gerhard
Electronic Commerce – Geschäftsverkehr ohne Grenzen, aber auch ohne Regeln?
In: Kubicek, Internet@Future, S. 323

Fuhrberg, Kai
Häger, Dirk
Wolf, Stefan
Internet- Sicherheit – Browser, Firewalls und Verschlüsselung, 3. Aufl., München 2001

Fuhrmann, Heiner	Vertrauen im Electronic Commerce – Rechtliche Gestaltungsmöglichkeiten unter besonderer Berücksichtigung verbindlicher Rechtsgeschäfte und des Datenschutzes, Baden- Baden 2001
ders.	Technikgestaltung als Mittel zur rechtlichen Steuerung im Internet In: ZfRSoz 23 (2002), S. 115
ders.	Regulierungsstrategien für den elektronischen Geschäftsverkehr In: Kubicek, Internet@Future, S. 340
Gasser, Urs	Kausalität und Zurechnung von Information als Rechtsproblem, München 2002
Geiger, Matthias	Der US- amerikanische „Electronic Signatures in Global an National Commerce Act“ – Einordnung im nationalen und internationalen Umfeld In: K & R 2001, S. 445
Geis, Ivo	Die Europäische Perspektive der Haftung von Informationsanbietern und Zertifizierungsstellen In: CR 1999, S. 772
ders.	Recht im eCommerce – Elektronische Geschäfte und Internetpräsenz zuverlässig absichern, Neuwied 2001
Gessner, Volkmar	Rechtspluralismus und globale soziale Bewegungen In: ZfRSoz 23 (2002), S. 277
Gessner, Volkmar (Hrsg.) Winter, Gerd	Rechtsformen der Verflechtung von Staat und Wirtschaft, Opladen 1982
Gleiss, Alfred Hirsch, Martin	Kommentar zum EG- Kartellrecht, 4. Aufl. 1993 Zit.: Gleiss/Hirsch
Glöckner, Jochen	Wettbewerbsverstöße im Internet – Grenzen einer kollisionsrechtlichen Problemlösung In: ZVglRWiss 99 (2000), S. 278
Göbel, Elisabeth	Neue Institutionenökonomik – Konzeption und betriebswirtschaftliche Anwendungen, Stuttgart 2002
Graf, Christian (Hrsg.) Paschke, Marian Stober, Ralf	Das Wirtschaftsrecht vor den Herausforderungen des E-Commerce, Köln · Berlin · Bonn · München 2002 Zit.: Graf, Wirtschaftsrecht

Grewe, Dirk — „Gesetz zur Bekämpfung des Missbrauchs von 0190er- /0900er-Mehrwertdienstrufnummern“ in Kraft getreten
In: MMR aktuell 8/2003, S. X

Grimm, Rüdiger — Elektronische Zahlungssysteme im Überblick
In: Kubicek, Internet@Future, S. 197

Grimm, Rüdiger; Roßnagel, Alexander — Datenschutz für das Internet in den USA
In: DuD 2000, S. 446

Großfeld, Bernhard; Hoeltzenbein, Josef — Internetstruktur und Internetkontrolle: Zur Rolle der Welthandelsorganisation
In: RIW 2002, S. 498

Grundmann, Stefan — Das Internationale Privatrecht in der E-Commerce-Richtlinie – was ist kategorial anders im Kollisionsrecht des Binnenmarktes und warum?
In: RabelsZ 67 (2003), S. 246

Guth, Stefan — Technische Vorgaben: Analyse eines Auktionsvorgangs
In: Hoeren/Müglich/Nielen, Online- Auktionen, S. 15

Haedicke, Maximilian — „Lex informatica“ oder allgemeines Deliktsrecht?
In: CR 1999, S. 309

Haertel, Alexander — Online- Auktionen nach US- amerikanischem Recht
In: Hoeren/Müglich/Nielen, Online- Auktionen, S. 321

Haft, Fritijof — Juristen und die Informationsgesellschaft
In: Tauss, Deutschlands Weg in die Informationsgesellschaft, S. 538

Haft, Fritijof; Eisele, Jörg — Zur Einführung: Rechtsfragen des Datenverkehrs im Internet
In: JuS 2001, S. 112

Hance, Oliver — Internet-Business & Internet-Recht – Rechtliche Regelungen auf der Datenautobahn, Brüssel 1996

Hänel, Frederike — Napster und Gnutella – Probleme bei der Übertragung von MP3-Dateien nach deutschem Urheberrecht
In: JurPC Web- Dok. 245/2000
Abrufbar unter: http://www.jurpc.de/aufsatz/20000245.htm

Hansen, Herbert — Die neue Struktur der Börsen- Indizes
Abrufbar unter:
http://www.die-aktiengesellschaft.de/news/news10.html

Haselier, Rainer G. Fahnenstich, Klaus (Hrsg.)	Internet – MP3 - Online- Shopping – Zugang – Chat – Telefonieren – Suchen, Poing 2000
Haubold, Jens	Binnenmarkt- IPR und elektronischer Geschäftsverkehr In: Scholz, Europa der Bürger, S. 97
Hefermehl, Wolfgang	Wettbewerbsrecht: Gesetz gegen den unlauteren Wettbewerb, Zugabeverordnung, Rabattgesetz und Nebengesetze, 23. Aufl., München 2001 Zit.: Baumbach/Hefermehl, Wettbewerbsrecht
Hefermehl, Wolfgang (Hrsg.) Nirk, Rudolf Westermann, Harry	Festschrift für Philipp Möhring zum 75. Geburtstag, München 1975 Zit.: Hefermehl, FS Möhring
Heinrich, Gregor	UNCITRAL und EDI- Einheitsrecht – Aktuelle Entwicklungen In: CR 1994, S. 118
Heinz, Wolfgang (Hrsg.)	Rechtstatsachenforschung heute, Konstanz 1986 Zit.: Heinz, Rechtstatsachenforschung
Herzog, Roman	Allgemeine Staatslehre, Frankfurt am Main 1971
Heisz, Janina	Rough Justice – Zur Uniform Dispute Resolution Policy der ICANN In: TMR 2002, S. 24
Hestermeyer, Holger	Tagungsbericht zur Digital Rights Management Konferenz 2002 In: CR 2002, S. 392
Hoeren, Thomas	Andy Müller- Maguhn – der postmoderne Savigny? In: NJW 2001, S. 1184
ders.	Cybermanners und Wettbewerbsrecht – Einige Überlegungen zum Lauterkeitsrecht im Internet In: WRP 1997, S. 993
ders.	Der Vertragsschluss im Internet und die digitale Signatur – einige ungelöste Fragen In: Schulze/Schulte- Nölke, Die Schuldrechtsreform, S. 315
ders.	Der virtuelle Yeti – Probleme eines europäischen Verbraucherschutzrechts In: Ehlers, Rechtsfragen des Electronic Commerce, S. 7

ders. Entwurf einer EU- Richtlinie zum Urheberrecht in der Informationsgesellschaft – Überlegungen zum Zwischenstand der Diskussion
In: MMR 2000, S. 515

ders. Grundzüge des Internetrechts – E- Commerce Domains Urheberrecht, 2. Auflage München 2002
Zit.: Grundzüge

ders. High-noon im europäischen Immaterialgüterrecht – Überlegungen zum Vorschlag für eine EU- Richtlinie über die Maßnahmen und Verfahren zum Schutz der Rechte an geistigem Eigentum
In: MMR 2003, S. 299

ders. International League for Competition Law: Code of Conduct in Regard to Fair Competition in Electronic Commerce – Commented Version –
In: UFITA 2001/I, S. 279

ders. Internet und Recht – Neue Paradigmen des Informationsrechts
In: NJW 1998, S. 2849.

ders. Vorschlag für eine EU-Richtlinie über E-Commerce – Eine erste kritische Analyse
In: MMR 1999, S. 192

ders. Beweisklauseln in EDI-Vereinbarungen – Materielle und prozessuale Probleme
In: CR 1995, S. 513

ders. Rechtsfragen des e- commerce: Eine erste Übersicht
In: Forschungsinstitut für Wirtschaftsverfassung und Wettbewerb, S. 19

ders. Selbstregulierung im Banken und Versicherungsrecht, Karlsruhe 1995
Zit.: Selbstregulierung

ders. „Urheberrecht und Verbraucherschutz. Überlegungen zum Gesetz über Urheberrecht in der Informationsgesellschaft“ – Gutachten im Auftrag von Verbraucherzentrale Bundesverband e. V. in Berlin
Abrufbar unter:
http://www.vzbv.de/mediapics/1043159929Gutachten_Urheberrecht_Hoeren_2003.pdf
Zit.: Urheberrecht und Verbraucherschutz

ders.	Werberecht im Internet am Beispiel der ICC Guidelines on Interactive Marketing Communications In: Lehmann, Internet- und Multimediarecht, S. 111
ders.	Zur Einführung: Informationsrecht In: JuS 2002, S. 947
ders.	Internationale Netze und das Wettbewerbsrecht In: Becker, Rechtsprobleme internationaler Datennetze, S. 35
Hoeren, Thomas Große Ruse, Henning	Immaterialgüter-, Wettbewerbs- und Verbraucherschutz- Kollisionsrecht sowie gerichtliche Zuständigkeit bei Internet- Sachverhalten, in: Lehmann, Electronic Business in Europa, S. 301
Hoeren, Thomas (Hrsg.) Müglich, Andreas Nielen, Michael	Online- Auktionen – Eine Einführung in die wichtigsten rechtlichen Aspekte, Berlin 2002 Zit.: Online- Auktionen
Hoeren, Thomas (Hrsg.) Sieber, Ulrich	Handbuch Multimedia- Recht – Rechtsfragen des elektronischen Geschäftsverkehrs, München 2002 Zit.: Hoeren/Sieber/*Bearbeiter*
Von Hoffmann, Bernd	Internationales Privatrecht – einschließlich der Grundzüge des Internationalen Zivilverfahrensrechts, 6. Aufl., München 2000
Hoffmann, Helmut	EGG – Eine Reihe von Problemen des elektronischen Geschäftsverkehrs ungelöst In: MMR- Editorial 2/2002
Hoffmann- Riem, Wolfgang	Aufgaben zukünftiger Medienregulierung In: Tauss, Deutschlands Weg in die Informationsgesellschaft, S. 568
ders.	Öffentliches Recht und Privatrecht als wechselseitige Auffangordnungen – Systematisierung und Entwicklungsperspektiven In: Hoffmann- Riem/Schmidt- Aßmann, Öffentliches Recht und Privatrecht, S. 261
Hoffmann- Riem, Wolfgang (Hrsg.) Schmidt- Assmann, Eberhard	Konfliktbewältigung durch Verhandlungen – Informelle und mittlerunterstützte Verhandlungen im Verwaltungsverfahren – Band I und II, Baden- Baden, 1. Aufl. 1990 Zit.: Konfliktbewältigung, Bd. ...
dies.	Öffentliches Recht und Privatrecht als wechselseitige Auffangordnungen, Baden- Baden 1996 Zit.: Öffentliches Recht und Privatrecht

Hohl, Michael (Hrsg.) Leible, Stefan Sosnitza, Olaf	Vernetztes Recht - Das Internet als Herausforderung an eine moderne Rechtsordnung, Stuttgart · München · Hannover · Berlin · Weimar · Dresden 2002 Zit.: Hohl, Vernetztes Recht
Hohloch, Gerhard (Hrsg.)	Recht und Internet, Baden- Baden 2001
Holznagel, Bernd	Multimedia zwischen Regulierung und Freiheit In: ZUM 1999, S. 425
ders.	Regulierte Selbstregulierung im Medienrecht In: Berg, Regulierte Selbstregulierung, S. 81
Holznagel, Bernd (Hrsg.) Hoeren, Thomas	Rechtliche Rahmenbedingungen des elektronischen Zahlungsverkehrs – Hemmnisse – Verletzlichkeitspotentiale – Haftung, Berlin 1999 Zit.: Elektronischer Zahlungsverkehr
Holznagel, Bernd Raymund, Werle	Sectors and Strategies of Global Communications Regulation In: ZfRSoz 23 (2002), S. 3
Holznagel, Bernd Tabbara, Tarik	Politische Initiativen zum elektronischen Geschäftsverkehr In: Holznagel/Hoeren, Elektronischer Zahlungsverkehr, Rz. 1
Hopt, Klaus J.	Handelsgesetzbuch: mit GmbH & Co., Handelsklauseln, Bank- und Börsenrecht, Transportrecht (ohne Seerecht), 30. Aufl. München 2000
Hopt, Klaus J. (Hrsg.) Wiedemann, Herbert	Großkommentar AktG, 4. Aufl., Berlin · New York 1999 Zit.: Großkomm. AktG/*Bearbeiter*
Horn, Christian	Verbraucherschutz bei Internetgeschäften In: MMR 2002, S. 209
Hucko, Elmar	Europäische Grundlagen des Informationsrechts In: Büllesbach/Heymann, Informationsrecht 2000, S. 1
Hummer, Waldemar	Internationale nichtstaatliche Organisationen im Zeitalter der Globalisierung – Abgrenzung, Handlungsbefugnisse, Rechtsnatur – In: Dicke, Völkerrecht und Internationales Privatrecht, S. 45
Husch, Gertrud Kemmler, Anne Ohlenburg, Anna	Die Umsetzung des EU-Rechtsrahmens für elektronische Kommunikation: Ein erster Überblick In: MMR 2003, S. 139
Imhof, Ralf	Wettbewerbsrechtliche Fragen des E- Commerce In: Graf, Wirtschaftsrecht, S. 37

Immenga, Ulrich (Hrsg.) Möschel, Wernhard Reuter, Dieter	Festschrift für Ernst- Joachim Mestmäcker, Baden- Baden 1996 Zit.: FS Mestmäcker
Immenga, Ulrich (Hrsg.) Mestmäcker, Ernst-Joachim	Gesetz gegen Wettbewerbsbeschränkungen, 3. Aufl., München 2001 Zit.: Immenga/Mestmäcker/*Bearbeiter*
Immenhauser, Martin Wichtermann, Jürg	Jahrbuch Junger Zivilrechtswissenschaftler 1998 – Vernetzte Welt – globales Recht Stuttgart · München · Hannover 1998
Ingerl, Reinhard Rohnke, Christian	Markengesetz – Gesetz über den Schutz von Marken und sonstigen Kennzeichen, München 1998
Ipsen, Knut	Völkerrecht, 4. Aufl., München 1999
Isensee, Josef (Hrsg.) Kichhof, Paul	Handbuch des Staatsrechts der Bundesrepublik Deutschland, 2. Aufl., Heidelberg 1998 Zit.: Handbuch des Staatsrechts/*Bearbeiter*
J. von Staudingers	Kommentar zum Bürgerlichen Gesetzbuch mit Einführungsgesetz und Nebengesetzen - Erstes Buch Allgemeiner Teil §§ 21 – 103, Dreizehnte Bearbeitung 1995 - Art 27-33 EGBGB, Dreizehnte Bearbeitung 2002 - EGBGB/IPR Art 38-42 EGBGB, Neubearbeitung 2001 Zit.: Staudinger/*Bearbeiter*
Jaeger- Lenz, Andrea	Werberecht – Recht der Werbung im Internet, Film, Funk und Printmedien, Weinheim 1999
Jayme, Erik	Le Droit International Privé Du Nouveau Millénaire: La Protection De La Personne Humaine Face À La Globalisation (Conférence prononcée le 21 juillet 2000), Tiré à part du Recueil des Cours, tome 282 (2000) The Hague/Boston/London 2000 Zit.: Le Droit International Privé Du Nouveau Millénaire
ders.	Ausländische Rechtsregeln und Tatbestand inländischer Sachnormen – Betrachtungen zu Ehrenzweigs Datum- Theorie In: Jayme/Kegel, Gedächtnisschrift Ehrenzweig, S. 35
ders.	BOT-Projekte: Probleme der Rechtswahl In: Nicklisch, Rechtsfragen privatfinanzierter Projekte, S. 65

ders. Die kulturelle Dimension des Rechts – ihre Bedeutung für das Internationale Privatrecht und die Rechtsvergleichung
Achte Ernst- Rabel- Vorlesung, 2002
RabelsZ 67 (2003), S. 211

ders. Grenzüberschreitende Computerprojekte
In: Nicklisch, Verträge über Computertechnik in Forschung, Verwaltung, Wirtschaft und Technik, S. 159

ders. Kollisionsrecht und Internet – Nationalisierung von Rechtsverhältnissen oder „CyberLaw"
In: Leible, Die Bedeutung des Internationalen Privatrechts im Zeitalter der neuen Medien, S. 11

ders. Narrative Normen im Internationalen Privat- und Verfahrensrecht, Tübingen 1993
Zit.: Narrative Normen

ders. Revision des EVÜ, Scheidung und Lebenspartnerschaft – Tagung der Europäischen Gruppe für IPR in Lund
In: IPRax 2002, S. 63

ders. Narrative Normen im Kunstrecht, Sonderdruck aus Recht im Wandel seines sozialen und technologischen Fortschritts – Festschrift für Manfred Rehbinder, 2002

ders. Zur Revision des Europäischen Schuldvertragsübereinkommens – Tagung der Europäischen Gruppe für internationales Privatrecht in Rom und Castelgandolfo
In: IPRax 2001, S. 65

Jayme, Erik
Kegel, Gerhard
Gedächtnisschrift für Albert A. Ehrenzweig, Heidelberg 1976
Zit.: Gedächtnisschrift Ehrenzweig

Jayme, Erik
Kohler, Christian
Europäisches Kollisionsrecht 2001: Anerkennungsprinzip statt IPR?
In: IPRax 2001, S. 501

dies. Europäisches Kollisionsrecht 2002: Zur Wiederkehr des Internationalen Privatrechts
In: IPRax 2002, S. 461

Johnson, David R.
Post, David G.
Law and Borders – The Rise of Law in Cyberspace
In: 48 Stan. L. Rev. 1367 (1996)

Jung, Peter	Die Netiquette – Grundlage eines globalen Rechts gegen den unlauteren Wettbewerb in internationalen Datennetzen? In: Immenhauser/Wichtermann, Jahrbuch Junger Zivilrechtswissenschaftler 1998, S. 153
ders.	Die Bedeutung der Selbstregulierung für das Lauterkeitsrecht in internationalen Computernetzwerken In: GRUR Int. 1998, S. 841
Junker, Abbo	Internationales Vertragsrecht im Internet – Im Blickpunkt: Internationale Zuständigkeit und anwendbares Recht In: RIW 1999, S. 809
Käbisch, Volker	Internet und Umsatzsteuer, Berlin 2002
Kamanabrou, Sudabeh	Vorgaben der E- Commerce- RL für die Einbeziehung von AGB bei Online-Rechtsgeschäften In: CR 2001, S. 421
Karavas, Vaios Teubner, Gunther	http://www.CompanyNameSucks.com: Drittwirkung der Grundrechte gegenüber „Privaten" im autonomen Recht des Internet? In: Ladeur, Innovationsoffene Regulierung des Internet
Kauffels, Franz-Joachim	Durchblick im Netz, 4. Aufl., Bonn 2001
Kaufmann Winn, Jane Haubold, Jens	Electronic Promises: Contract Law Reform and E- Commerce in a Comparative Perspective In: 5 European L. Rev. 567 (2002)
Kegel, Gerhard Schurig, Klaus	Internationales Privatrecht – ein Studienbuch, 8. Aufl., München 2002
Kilian, Wolfgang (Hrsg.) Heussen, Benno	Computerrechtshandbuch – Computertechnologie in der Rechts- und Wirtschaftspraxis, München Stand 15. April 2001 Zit.: *Bearbeiter* in Kilian/Heussen: Computerrechtshandbuch
Kilian, Wolfgang Picot, Arnold Neuburger, Rahild Niggl, Johann Scholtes, Kay-Larsen Seiler, Wolfgang	Electronic Data Interchange (EDI) – Aus ökonomischer und juristischer Sicht, Baden- Baden 1994 Zit.: Kilian, EDI
Kirchhof, Ferdinand	Private Rechtssetzung, Berlin 1987

Kleinwächter, Wolfgang	ICANN als United Nations der Informationsgesellschaft? – Der lange Weg zur Selbstregulierung des Internet In: MMR 1999, 452
ders.	ICANN: „Blaupause" für ein neues Politikmodell? In: MMR- Editorial 9/2000
ders.	Sicherheit und Stabilität im Internet: ICANN- Tagung in Marina del Rey In: MMR aktuell, 1/2002, S. XIX
ders.	US- Handelsministerium verlängert Vertrag mit ICANN In: MMR aktuell, 11/2002, S. XXVI
Kloepfer, Michael	Informationsrecht, München 2002
ders.	Informationsgesetzbuch – Zukunftsvision? In: K & R 1999, S. 241
Koch, Robert	Einbeziehung und Abwehr von Verkaufs-AGB im b2b-commerce In: K & R 2001, S. 87
Kochinke, Clemens Geiger, Matthias	Trends im US- Computer- und Internetrecht In: K&R 2000, S. 594
Koenig, Christian Loetz, Sascha	Sperrungsanordnungen gegenüber Network- und Access- Providern In: CR 1999, S. 438
Koenig, Christian Kuhlenkampff, Gabriele Kühling, Jürgen Loetz, Sascha Smit, Hilke	Internetplattformen in der Unternehmenspraxis – Wettbewerbsrecht, Kartellrecht, Ökonomie, Heidelberg 2002 Zit.: Koenig, Internetplattformen
Kogge, Ralph	Verbraucherschutz bei E-Commerce Geschäften im deutsch-französischen Rechtsverkehr, München 2002 Zit.: Verbraucherschutz
Kohl, Helmut	Der Schutz des Individuums im weltweiten Netz In: Simon/Weiss, Zur Autonomie des Individuums, S. 151
Köhler, Markus Arndt, Hans- Wolfgang	Recht des Internet, 2. Aufl. Heidelberg 2000
Köhler, Helmut Piper, Henning	Gesetz gegen den unlauteren Wettbewerb – mit Preisabgabenverordnung, 3. Aufl. München 2002 Zit.: Köhler/Piper/*Bearbeiter*

Koller, Ingo (Hrsg.) Roth, Wulf- Henning Morck, Winfried	Handelsgesetzbuch, 3. Aufl. München 2002 Zit.: Koller/Roth/Morck/*Bearbeiter*, HGB
Koos, Stefan	Ausgewählte Aspekte des rechtlichen Schutzes gegen ungewollte Netzeinwahlen durch Dialer In: K & R 2002, 617
Korper, Steffano Ellis, Juanita	The E- Commerce Book, 2. Edition San Diego/USA 2001
Krelle, Wilhelm	Entwicklung und Aufrechterhaltung moralischer Standards In: Immenga, FS Mestmäcker, S. 227
Kreutzer, Till	Napster, Gnutella & Co.: Rechtsfragen zu Filesharing- Netzen aus der Sicht des deutschen Urheberrechts de lege lata und de lege ferenda – Teil 1 u. 2 In: GRUR 2001, S. 193 u. S. 307
Kubicek, Herbert (Hrsg.) Klumpp, Dieter Fuchs, Gerhard Roßnagel, Alexander	Internet@Future - Technik, Anwendungen und Dienste der Zukunft, Heidelberg 2001 Zit.: Kubicek, Internet@Future
Kübler, Friedrich	Gesellschaftsrecht als Rahmen der Interessenbalancierung In: Hoffmann- Riem/Schmidt- Aßmann, Öffentliches Recht und Privatrecht, S. 225
Kugelmann, Dieter	Völkerrechtliche Mindeststandards für die Strafverfolgung im Cyberspace – Die Cyber-Crime Konvention des Europarates In: TMR 2002, S. 14
Kuner, Christopher	Internet für Juristen, 2. Aufl. München 1999
Kunig, Philip	Alternativen zum einseitig- hoheitlichen Verwaltungshandeln In: Hoffmann- Riem/Schmidt- Aßmann, Konfliktbewältigung, Bd. I, S. 43
Kröger, Detlef	Informationsfreiheit und Urheberrecht, München 2002
Kröger, Detlef (Hrsg.) Gimmy, Marc A.	Handbuch zum Internet-Recht – Electronic Commerce Informations-, Kommunikations- und Mediendienste, 2. Aufl., Berlin · Heidelberg · New York 2002 Zit.: Handbuch zum Internetrecht
Kropholler, Jan	Europäisches Zivilprozessrecht – Kommentar zu EuGVO und Lugano- Übereinkommen, 7. Aufl., Heidelberg 2002
ders.	Internationales Einheitsrecht – Allgemeine Lehren, Tübingen 1975

ders.	Internationales Privatrecht – einschließlich der Grundbegriffe des Internationalen Zivilverfahrensrechts, 4. Aufl., Tübingen 2001
Lachmann, Jens- Peter	Handbuch für die Schiedsgerichtspraxis, 2. Aufl., Köln 2002
Ladeur, Karl-Heinz	Rechtliche Regulierung von Informationstechnologien und Standardsetzung – Das Beispiel der Set-Top-Box im digitalen Fernsehen In: CR 1999, S. 395
ders.	Zur Kooperation von staatlicher Regulierung und Selbstregulierung des Internet In: ZUM 1997, S. 372
ders.	Die Regulierung von Selbstregulierung und die Herausbildung einer "Logik der Netzwerke" In: Berg, Regulierte Selbstregulierung, S. 59
ders. (Hrsg.)	Innovationsoffene Regulierung des Internet – Neues Recht für Kommunikationsnetzwerke, Baden- Baden 2003
Lange, Friederike Hartmann, Alexander	Die Bedeutung des Internationalen Privatrechts im Zeitalter der neuen Medien In: MMR aktuell 3/2003, S. XXV
Lange, Knut Werner	Virtuelle Unternehmen, Heidelberg 2001
ders.	Handbuch zum deutschen und europäischen Kartellrecht, Heidelberg 2001
Langen, Eugen Bunte, Herrmann- Josef	Kommentar zum deutschen und europäischen Kartellrecht, 9. Aufl. Neuwied 2001 Zit.: Langen/Bunte/*Bearbeiter*
Langenfeld, Christiane	Die Neuordnung des Jugendschutzes im Internet In: MMR 2003, S. 303
Larenz, Karl	Methodenlehre der Rechtswissenschaft, 6. Aufl., Berlin · Heidelberg · New York 1991
Lehmann, Michael (Hrsg.)	Electronic Business in Europa – Internationales europäisches und deutsches Online- Recht, München 2002
ders. (Hrsg.)	Internet- und Multimediarecht (Cyberlaw) Zit.: Internet- und Multimediarecht
ders.	Digitalisierung und Urhebervertragsrecht, in: Lehmann, Internet- und Multimediarecht, S. 57

Andexer, Frank Lehmann, Stefanie	Datenschutzrechtliche Aspekte bei Online- Auktionen In: Hoeren/Müglich/Nielen, Online- Auktionen, S. 185
Lehner, Franz	Einführung in Multimedia – Grundlagen, Technologien und Anwendungsbeispiele, Wiesbaden 2001
Leib, Volker	Das Doppelgesicht ICANNs – Koordination und Regulierung des Internet In: Kubicek, Internet@Future, S. 124
Leible, Stefan (Hrsg.)	Die Bedeutung des Internationalen Privatrechts im Zeitalter der neuen Medien, Stuttgart · München · Hannover · Berlin · Weimar · Dresden 2003
Leistner, Matthias Pothmann, Julia	E- Mail- Direktmarketing im neuen europäischen Recht und in der UWG- Reform In: WRP 2003, S. 815
Lenk, Hans (Hrsg.) Maring, Matthias	Technikverantwortung – Risikobewertung – Verhaltenskodizes, Frankfurt/Main · New York 1991 Zit.: Technikverantwortung
Lessig, Lawrence	CODE and other laws of cyberspace, New York 1999 Zit.: Lessig, Code
Lettl, Tobias	Versteigerung im Internet – BGH, NJW 2002, 363 In: JuS 2002, S. 219
Libertus, Michael	Entwicklung des europäischen Telekommunikationsrechts und des Rechts der elektronischen Medien In: TMR 2002, S. 250
Lienemann, Gerhard	TCP/IP-Grundlagen: Protokolle und Routing, 2. Aufl. Hannover 2000
Lindholm, Pia Maennel, Frithjof A.	Directive on Electronic Commerce (2000/31/EC) In: CRI 2000, S. 65
Lohse, Wolfram	Verantwortung im Internet – Eine Untersuchung am Beispiel der Meinungsäußerung, Hamburg 2000
Lohse, Christina Janetzko, Dietmar	Technische und juristische Regulationsmodelle des Datenschutzes am Beispiel von P3P In: CR 2001, S. 55
Look- Wagner, Oliver	Das Internet und sein Recht, Stuttgart · Berlin · Köln 2000

Lorenzetti, Ricardo L. — Comercio Electrónico – Documento – Firma Digital – Contratos Danos – Defensa del consumidor, Buenos Aires 2001

Lüke, Gerhard (Hrsg.) Jauernig, Othmar — Festschrift für Gerhard Schiedermair zum 70. Geburtstag, München 1976
Zit.: FS Schiedermair

Lüke, Gerhard Wax, Peter — Münchener Kommentar zur Zivilprozessordnung, 2. Aufl., München 2000
Zit.: MünchKommZPO/*Bearbeiter*

Lurger, Brigitta — Internationales Deliktsrecht und Internet – ein Ausgangspunkt für grundlegende Umwälzungen im Internationalen Privatrecht?
In: Basedow, Aufbruch nach Europa, S. 479

dies. — Internationaler Verbraucherschutz im Internet, in: Leible, Die Bedeutung des Internationalen Privatrechts im Zeitalter der neuen Medien, S. 33

Lurger, Brigitta Vallant, Sonja Maria — Grenzüberschreitender Wettbewerb im Internet- Umsetzung des Herkunftslandprinzips der E- Commerce- Richtlinie in Deutschland und Österreich
In: RIW 2002, S. 188

Lutterbeck, Bernd — Globalisierung des Rechts – am Beginn einer neuen Rechtskultur?
In: CR 2000, S. 52

Maennel, Frithiof A. — Die E- Commerce Richtlinie der Europäischen Gemeinschaft
In: Ehlers, Rechtsfragen des E- Commerce, S. 29

Magaziner, Ira C. — Über die Rolle des Staates in der Internet- Politik
In: Waltermann/Machill, Verantwortung im Internet, S. 65

Magnus, Ulrich — E- Commerce und Internationales Privatrecht
In: Graf, Wirtschaftsrecht, S. 19

Mankowski, Peter — Das Herkunftslandprinzip als Internationales Privatrecht der e-commerce- Richtlinie
In: ZVglRWiss 100 (2001), S. 137

ders. — Anmerkung zu OLG Karlsruhe: Kennzeichenbenutzung durch ausländischen Nutzer im Internet
In: MMR 2002, S. 817

ders. — Besondere Formen von Wettbewerbsverstößen im Internet und Internationales Wettbewerbsrecht
In: GRUR Int. 1999, 995

ders.	Die Düsseldorfer Sperrungsverfügung – alles andere als rheinischer Karneval In: MMR- Editorial, 5/2002
ders.	Internet und Internationales Wettbewerbsrecht In: GRUR Int. 1999, S. 909
ders.	Wider ein transnationales Cyberlaw – Oder: Von der fortbestehenden Bedeutung des Internationalen Privatrechts bei Internet-Sachverhalten In: AfP 1999, S. 138
Manz, Friederike	Die Haftung für Urheberrechtsverletzungen im Internet nach deutschem und amerikanischem Recht, München 1999 Zit.: Urheberrechtsverletzungen im Internet
Maunz, Theodor	Deutsches Staatsrecht, 30. Aufl., München 1998
Mayer, Franz C.	Das Internet, das Völkerrecht und die Internationalisierung des Rechts In: ZfRSoz 23 (2002), S. 93
ders.	Recht und Cyberspace In: NJW 1996, S. 1782
Mayer, Patrick	Selbstregulierung im Internet: Institutionen und Verfahren zur Setzung technischer Standards In: K & R 2000, S. 13
Meessen, Matthias	Internationale Verhaltenskodizes und Sittenwidrigkeitsklauseln In: NJW 1981, S. 1131
Mendola, Lydia	La Uniform Domain Name Dispute Resolution Policy – Genesi della procedura e profili critici In: Diritto Del Commercio Internazionale 2003, S. 57
Mehrings, Josef	Internet- Verträge und internationales Vertragsrecht In: CR 1998, S. 613
Mertens, Hans- Joachim	Lex Mercatoria: A Self- applying System Beyond National Law In: Teubner, Global Law Without a State, S. 31
Mestmäcker, Ernst-Joachim (Hrsg.) Engel, Christoph	Globale Netze und Lokale Werte – Eine vergleichende Studie zu Deutschland und den vereinigten Staaten, Baden- Baden 2002

Metzger, Axel Kreutzer, Till	Richtlinie zum Urheberrecht in der „Informationsgesellschaft“ – Privatkopie trotz technischer Schutzmaßnahmen? In: MMR 2002, S. 139
Michael, Lothar	Rechtsetzende Gewalt im kooperierenden Verfassungsstaat – Normprägende und normersetzende Absprachen zwischen Staat und Wirtschaft, Berlin 2002
Moos, Flemming	Die Entwicklung eines supra- und internationalen Rechtsrahmens für das Internet In: Kröger/Gimmy, Handbuch zum Internetrecht, S. 757
ders.	Die Unterscheidung der Dienstformen Teledienst, Mediendienst und Rundfunk In: Kröger/Gimmy, Handbuch zum Internet-Recht, S. 267
Moreno, Dominique	Projet de Loi Pour La Confidence Dans L'Économie Numérique – Présentation de la position de la Chambre de commerce et d'industrie de Paris In : JCP – La Semaine Juridique Entreprise et Affaires 2003, S. 581
Moritz, Hans- Werner	Quo vadis elektronischer Geschäftsverkehr? In: CR 2000, S. 61
Moritz, Hans- Werner (Hrsg.) Dreier, Thomas	Rechts- Handbuch zum E- Commerce, Köln 2002 Zit.: Moritz/Dreier/*Bearbeiter*, E- Commerce, Teil ... Rz. ...
Mosdorf, Sigmar	Windows 21 – Moderne Wirtschaftspolitik für die New Economy In: Forschungsinstitut für Wirtschaftsverfassung und Wettbewerb, Recht, Wettbewerb und e- commerce, S. 1
Müglich, Andreas	Neue Formvorschriften für den E- Commerce – Zur Umsetzung der EU- Signaturrichtlinie in deutsches Recht In: MMR 2000, S. 7
Müller, Günter	Technische Szenarien der Wissens- bzw. Informationsgesellschaft In: Büllesbach/Heymann, Informationsrecht 2000, S. 265
Müller, Günter (Hrsg.) Reichenbach, Martin	Sicherheitskonzepte für das Internet, Berlin · Heidelberg · New York 2001 Zit.: Sicherheitskonzepte
Müller- Hagedorn, Lothar (Hrsg.)	Zukunftsperspektiven des E- Commerce im Handel, Frankfurt am Main 2000

Müller- Hagedorn, Lothar; Dach, Christian; Hudetz, Kai; Kaapke, Andreas — E- Commerce im Handel: Zentrale Problemfelder
In: Müller- Hagedorn, Zukunftsperspektiven des E- Commerce im Handel, S. 11

Müller- Hengstenberg, Claus D. — Nationale und internationale Rechtsprobleme im Internet
In: NJW 1996, S. 1777

Müller- Maguhn, Andy — Visionen für eine informierte Gesellschaft
In: Tauss, Deutschlands Weg in die Informationsgesellschaft, S. 930

Murray, Andrew; Scott, Colin — Controlling the New Media: Hybrid Responses to New Forms of Power
In: 65 Mod. L. Rev. 491 (2002)

Nagel, Heinrich; Gottwald, Peter — Internationales Zivilprozessrecht, 5. Aufl., Münster 2002

Nicklisch, Fritz — Das Recht im Umgang mit dem Ungewissen in Wissenschaft und Technik
In: NJW 1996, S. 2287

ders. — Das Recht im Umgang mit dem Ungewissen am Beispiel der Regelungen zur Produkt-, Gentechnik- und Umwelthaftung In: Lenk/Maring, Technikverantwortung, S. 161

ders. — Der Komplexe Langzeitvertrag – Strukturen und Internationale Schiedsgerichtsbarkeit, Heidelberg 1987

ders. — Gesetzliche Anerkennung und Kontrolle von Verbandsmacht
In: Lüke/Jauernig, FS Schiedermair, S. 459

ders. — Komplexe Langzeitverträge für neue Technologien und neue Projekte, München 2002

ders. — Umweltrisiken und Umweltprivatrecht im deutschen und europäischen Recht, Heidelberg 1995

ders. — Rechtsfragen privatfinanzierter Projekte – Nationale und internationale BOT-Projekte, Heidelberg 1994

ders. — Richterliche Rechtsfortbildung – Erscheinungsformen, Auftrag und Grenzen
In: Festschrift der Juristischen Fakultät zur 600- Jahr- Feier der Ruprecht- Karls- Universität Heidelberg, Heidelberg 1986
Zit.: Richterliche Rechtsfortbildung, in: Festschrift der Juristischen Fakultät

ders. — Schiedsverfahren mit integriertem Mediationsverfahren
Richten und Schlichten – Gegensätze oder Ergänzung?
In: ders., Komplexe Langzeitverträge für neue Technologien und neue Projekte, S. 139

ders. — Verträge über Computertechnik in Forschung, Verwaltung, Wirtschaft und Technik – Vertragsgestaltung, Vertragsabwicklung, Qualitätssicherung und Streitbeilegung, Heidelberg 1990

Nielen, Michael — Einordnung als Provider und mögliche Haftungsfolgen
In: Hoeren/Müglich/Nielen, Online- Auktionen, S. 237

Nimmer, Raymond T. — Napster and the „Old" Copyright
In: CRi 2001, S. 46

Nordemann, Bernd
Czychowski, Christian
Grüter, Winfried — Das Internet, die NameServer und das Kartellrecht
In: NJW 1997, S. 1897

Nordemann, Axel
Goddar, Heinz
Tönhardt, Marion
Czychowski, Christian — Gewerblicher Rechtsschutz und Urheberrecht im Internet
In: CR 1996, S. 645

Ohlenburg, Anna — Die neue EU- Datenschutzrichtlinie 2002/58/EG – Auswirkungen und Neuerungen für die elektronische Kommunikation
In: MMR 2003, S. 82

Ohly, Ansgar — Herkunftslandprinzip und Kollisionsrecht
In: GRUR Int. 2001, S. 899

ders. — Kennzeichenkonflikte im Internet
In: Leible, Die Bedeutung des Internationalen Privatrechts im Zeitalter der neuen Medien, S. 135

Oppermann, Thomas — Europarecht, 2. Aufl., München 1999

Osthaus, Wolf — Die Renaissance des Privatrechts im Cyberspace – Hilft das international koordinierte Privatrecht gegen Regelungsdefizite im Internet?
In: AfP 2001, S. 13

Palandt	Bürgerliches Gesetzbuch mit Einführungsgesetz (Auszug), Unterlassungsklagengesetz, Produkthaftungsgesetz, Erbbaurechtsverordnung, Wohnungseigentumsgesetz, Hausratsverordnung, Lebenspartnerschaftsgesetz, Gewaltschutzgesetz (Auszug), 62. Aufl., München 2003 Zit.: Palandt/*Bearbeiter*
ders.	Gesetz zur Modernisierung des Schuldrechts – Ergänzungsband zu Palandt, BGB 61. Aufl., München 2002 Zit.: *Bearbeiter*, in: Palandt Ergänzungsband
Paschke, Marian	Medienrecht, 2. Aufl. Berlin · Heidelberg · New York 2001
ders.	E- Commerce – Herausforderung für das Privatrecht? In: Graf, Wirtschaftsrecht, S. 7
Patterson, Angela L.	With Liberty and Domain Names for All: Restructuring Domain Name Dispute Resolution Policies In: 40 San Diego L. Rev. 375 (2003)
Pawlowski, Hans Martin	Einführung in die juristische Methodelehre, 2. Aufl. Heidelberg 2000
Pedro Alberto de Miguel Asensio	Derecho privado de Internet, 2. Aufl., Madrid 2001
Perritt, Henry H.	Hybrid International Institutions for Regulating Electronic Commerce an Political Discourse on the Internet In: MMR- Beilage 7/2000, S.1
Peschel- Mehner, Andreas	Wettbewerbsrechtliche Bewertung geschäftlicher Aktivitäten im Internet und in sonstigen Online- Plattformen In: Schwerdtfeger, Cyberlaw, S. 121
Pichler, Rufus	Internationale Zuständigkeit im Online- Bereich In: Immenhauser/Wichtermann, Jahrbuch Junger Zivilrechtswissenschaftler 1998, S. 229
Piper, Henning	Zur Wettbewerbswidrigkeit des Einbrechens in fremde Vertragsbeziehungen durch Abwerben von Kunden und Mitarbeitern In: GRUR 1990, S. 643
Post, David G.	Governing Cyberspace In: 43 Wayne L. Rev. 155 (1997)
ders.	What Larry Doesn't Get: Code, Law, and Liberty in Cyberspace In: 52 Stan. L. Rev. 1439 (2000)

Price, Monroe E. Verhulst, Stefaan G.	Selbstregulierung und Verhaltenskodizes als Grundlage von Internetpolitik In: Waltermann/Machill, Verantwortung im Internet, S. 141
Ukrow, Jörg (Hrsg.)	EMR - Die Selbstkontrolle Im Medienbereich in Europa, Berlin 2000 Zit.: Ukrow, Selbstkontrolle
Raiser, Thomas	Das lebende Recht – Rechtssoziologie in Deutschland, 3. Aufl. Baden-Baden 1999
Rapp, Christiane	Rechtliche Rahmenbedingungen und Formqualität elektronischer Signaturen, München 2002 Zit.: Elektronische Signaturen
Rath- Glawatz, Michael Waldenberger, Arthur	Freiwillige Selbstkontrolle Multimedia Diensteanbieter e. V. – Ein Beitrag der Medienwirtschaft zum Jugendschutz im Internet In: CR 1997, S. 766
Rebmann, Kurt (Hrsg.) Säcker, Franz Jürgen Rixecker, Roland	Münchener Kommentar zum Bürgerlichen Gesetzbuch, 4. Aufl., München 2001 Zit.: MünchKommBGB - *Bearbeiter*
Redeker, Helmut (Hrsg.)	Handbuch der IT- Verträge, Köln, Stand Oktober 2002
Rehbinder, Manfred	Rechtssoziologie, 4. Aufl. München 2000
Reich, Norbert Nordhausen, Annette	Verbraucher und Recht im elektronischen Geschäftsverkehr, 1. Aufl., Baden- Baden 2000
Reichelsdorfer, Jörg	Anmerkung zu LG Traunstein: Unzulässige E-Mail-Werbung In: CR 1998, S. 171.
Reuter, Dieter	Literatur – Ferdinand Kirchhof: Private Rechtssetzung In: AcP 188 (1988), S. 648
Rieß, Joachim	Selbstregulierung und E- Business- Politik – Die Sicht der Wirtschaft In: TA- Datenbank- Nachrichten, Nr. 4/10. Jahrgang – Dezember 2001, S. 65 Abrufbar unter: http://www.itas.fzk.de/deu/tadn/tadn014/ries01a.htm Zit.: Selbstregulierung
ders.	Globalisierung und Selbstregulierung In: Kubicek, Internet@Future, S. 333

ders.	Vertrauenswürdige Kommunikation durch digitale Signaturen In: Büllesbach/Heymann, Informationsrecht 2000, S. 115
Rittershaus, Gerald Teichmann, Christoph	Anwaltliche Vertragsgestaltung – Methodische Anleitung zur Fallbearbeitung im Studium, 2. Aufl., Heidelberg 2003
Röhl, Klaus F.	Zur Bedeutung der Rechtssoziologie für das Zivilrecht In: Dreier, Rechtssoziologie, S. 39
Ronellenfitsch, Michael	Selbstverantwortung im Umweltrecht und Deregulierung In: Nicklisch, Umweltrisiken und Umweltprivatrecht im deutschen und europäischen Recht, S. 191
Rosenkötter, Annette	Selbstverpflichtungsabsprachen der Industrie im Umweltrecht - Eine Untersuchung am Beispiel des Klimaschutzes, Frankfurt am Main 2001 Zit.: Rosenkötter, Selbstverpflichtungsabsprachen
Roßnagel, Alexander (Hrsg.)	Allianz von Medienrecht und Informationstechnik? – Ordnung in digitalen Medien durch Gestaltung der Technik am Beispiel von Urheberschutz, Datenschutz, Jugendschutz und Vielfaltschutz, Baden- Baden 2001
ders.	Allianz von Medienrecht und Informationstechnik: Hoffnungen und Herausforderungen In: ders., Allianz von Medienrecht und Informationstechnik?, S. 17
ders.	Datenschutzaudit in Japan In: DuD 2001, S. 154
ders.	Rechtswissenschaftliche Technikfolgenforschung, Umrisse einer Forschungsdisziplin, Baden-Baden 1993
ders.	Weltweites Internet – Globale Rechtsordnung? In: MMR 2002, S. 67
Roßnagel, Alexander Pfitzmann, Andreas Garstka, Hansjürgen	Modernisierung des Datenschutzrechts – Gutachten im Auftrag des Bundesministeriums des Innern, 2001 Abrufbar unter: http://www.bmi.bund.de/Annex/de_11659/Download.pdf
Ruess, Peter	Das Recht der Werbung zwischen Staats- und Selbstkontrolle In: Witt/Casper/Bednarz, Jahrbuch Junger Zivilrechtswissenschaftler, S. 209
Rüthers, Bernd	Rechtstheorie, München 1999

Sabrowsky, Klaus-Dieter	Selbstregulierung im Wirtschafts- und Unternehmensrecht: Die Niederländischen Fusionsverhaltensregeln im europäischen Vergleich, 1. Aufl., Bonn 1978 Zit.: Selbstregulierung
Sack, Rolf	Das internationale Wettbewerbsrecht nach der E-Commerce-Richtlinie (ECRL) und dem EGG-/TDG-Entwurf In: WRP 2001, S. 1408
ders.	Das internationale Wettbewerbs- und Immaterialgüterrecht nach der EGBGB- Novelle In: WRP 2000, S. 269
ders.	Herkunftslandprinzip und internationale elektronische Webung nach der Novellierung des Teledienstegesetzes (TDG) In: WRP 2002, S. 271
Sauter, Eugen Schweyer, Gerhard Waldner, Wolfram	Der eingetragene Verein – Eine gemeinverständliche Erläuterung des Vereinsrechts unter besonderer Berücksichtigung der neuesten Rechtsprechung, 17. Aufl., München 2001 Zit.: Sauter, Der eingetragene Verein
Schaar, Peter	Datenschutz im Internet – die Grundlagen, München 2002
Schack, Haimo	Internationale Urheber-, Marken- und Wettbewerbsrechtsverletzungen im Internet – Internationales Privatrecht In: MMR 2000, S. 59
Schaefer, Martin	Urheberschutz und technische Systeme In: Roßnagel, Allianz von Medienrecht und Informationstechnik?, S. 103
Schauer, Bernd	e-commerce, Wien 1999
Scherpe, Jens M.	Außergerichtliche Streitbeilegung in Verbrauchersachen – Ein deutsch- dänischer Rechtsvergleich, Tübingen 2002
Schily, Otto	Weltweite Kommunikation – eine neue Kultur gemeinsamer Verantwortung In: Waltermann/Machill, Verantwortung im Internet, S. 83
v. Schlieffen, Katharina	Mediation im System der außergerichtlichen Streitbeilegung In: v. Schlieffen/Wegmann, Mediation in der notariellen Praxis, S. 3
v. Schlieffen, Katharina (Hrsg.) Wegmann, Bernd	Mediation in der notariellen Praxis, Köln · Berlin · Bonn · München 2002

Schmidt, Karsten	Handelsrecht, 5. Aufl., Köln · Berlin · Bonn · München 1999
ders.	Münchener Kommentar zum Handelsgesetzbuch, München 2001 Zit.: MünchKommHGB/*Bearbeiter*
Schmidt- Aßmann, Eberhard	Regulierte Selbstregulierung als Element verwaltungsrechtlicher Systembildung In: Berg, Regulierte Selbstregulierung, S. 253
ders.	Konfliktmittlung in der Dogmatik des deutschen Verwaltungsrechts In: Hoffmann- Riem/Schmidt- Aßmann, Konfliktbewältigung, Bd. 2, S. 9
Schmittmann, Jens	Anmerkung zu LG Traunstein: Wettbewerbswidrige E-Mail-Werbung In: MMR 1998, S. 53
Schneider, Jürgen	Urheberrechtsverletzungen im Internet bei Anwendung des § 5 TDG In: GRUR 2000, S. 969
Scholz, Rupert	Europa der Bürger? Nach der Euro- Einführung und vor der Eu-Erweiterung – Zwischenbilanz und Perspektiven, Köln 2002
Schorkopf, Frank	An International Regime of Electronic Commerce? In: ZfRSoz 23 (2002), S. 79
Schrader, Christian	Umsetzung europäischer Regelungen zum E- Commerce in deutsches Recht In: Dohmann, Die Praxis des E- Business, S. 203
Schreier, Torsten	Düsseldorfer Sperrungsverfügung: Warum ein Provider erfolgreich war In: MMR- Editorial 5/2003
Schulze, Reiner (Hrsg.) Schulte- Nölke, Hans	Die Schuldrechtsreform vor dem Hintergrund des Gemeinschaftsrechts, 1. Aufl., Tübingen 2001 Zit.: Schulze/Schulte- Nölke, Die Schuldrechtsreform
Schulze- Fielitz, Helmuth	Gesetzgebungslehre als Soziologie der Gesetzgebung In: Dreier, Rechtssoziologie, S. 156
Schuster, Fabian	Vertragshandbuch Telemedia – Vertragspraxis im Telekommunikations-, Multimedia- und Internetrecht, München 2001 Zit.: Schuster/*Bearbeiter*, Vertragshandbuch Telemedia

Schuster, Fabian Müller, Ulf	Entwicklung des Internet- und Multimediarechts vom Januar 1999 bis Juni 2000 In: MMR-Beilage 10/2000, S.1
Schütze, Rolf A. (Hrsg.) Weipert, Lutz	Münchener Vertragshandbuch, Band 3. Wirtschaftsrecht 1. Halbband, München 1998 Zit.: Münchener Vertragshandbuch/*Bearbeiter*, Wirtschaftsrecht 1. Halbband
Schwartz, Paul M.	Privacy, Participation, and Cyberspace. An American Perspective In: Simon/Weiss, Zur Autonomie des Individuums, S. 337
Schwerdtfeger, Armin (Hsrg.) Evertz, Stephan Kreuzer, Philipp Amadeus Peschel- Mehner, Adreas Poeck, Torsten	Cyberlaw – Grundlagen, Checklisten und Fallbeispiele zum Online- Recht, Wiesbaden 1999 Zit.: Schwerdtfeger, Cyberlaw
Seibert, Ulrich	Im Blickpunkt: Der Deutsche Corporate Governance Kodex ist da In: BB 2002, S. 581
Seidl- Hohenveldern, Ignaz Stein, Torsten	Völkerrecht, 10. Aufl., Köln · Berlin · Bonn · München 2000
Sieber, Ulrich	Verantwortlichkeit im Internet, München 1999
ders.	Mißbrauch der Informationstechnik und Informationsstrafrecht – Entwicklungstendenzen in der internationalen Informations- und Risikogesellschaft In: Tauss, Deutschlands Weg in die Informationsgesellschaft, S. 608
Siehr, Kurt	Internationales Privatrecht – Deutsches und europäisches Kollisionsrecht für Studium und Praxis, Heidelberg 2001
Simma, Bruno (Hrsg.) Mosler, Hermann Randeleshofer, Albrecht Tomuschat, Christian Wolfrum, Rüdiger	Charta der Vereinten Nationen – Kommentar, München 1991 Zit.: Simma/*Bearbeiter*, Charta der Vereinten Nationen
Simon, Dieter (Hrsg.) Weiss, Manfred	Zur Autonomie des Individuums – Liber Amicorum Spiros Simitis, Baden- Baden 2000

Soergel | Kommentar zum Bürgerlichen Gesetzbuch, 13. Aufl., Stuttgart 2000
Zit.: Soergel/*Bearbeiter*

Sonnenberger, Hans Jürgen | Verkehrssitten im Schuldvertrag – Rechtsvergleichender Beitrag zur Vertragsauslegung und zur Rechtsquellenlehre, München 1969

Spickhoff, Andreas | Das Internationale Privatrecht der sog. Internet-Delikte – Art. 40 – 42 EGBGB, „Rom II" und Herkunftslandprinzip
In: Leible, Die Bedeutung des Internationalen Privatrechts im Zeitalter der neuen Medien, S. 89

Spindler, Gerald | Kapitalmarktgeschäfte im Binnenmarkt – Der Einfluss der E-Commerce- Richtlinie auf das internationale Vertragsrecht
In: IPRax 2001, S. 400

ders. | Das Herkunftslandprinzip im neuen Teledienstegesetz
In: RIW 2002, S. 183

ders. | Die öffentlich- rechtliche Störerhaftung der Access- Provider – Zur Sperrung von Internetinhalten durch Access- Provider
In: K & R 2002, S. 398

ders. | E- Commerce in Europa – Die E- Commerce- Richtlinie in ihrer endgültigen Fassung
In: MMR- Beilage 7/2000, S. 4

ders. | Europäisches Urheberrecht in der Informationsgesellschaft
In: GRUR 2002, S. 105

ders. | Grenzüberschreitende elektronische Rechtsgeschäfte
In: Hohloch, Recht und Internet, S. 9

ders. | Herkunftslandprinzip und Kollisionsrecht – Binnenmarktintegration ohne Harmonisierung?
In: RabelsZ 66 (2002), S. 633

ders. | Internationales Verbraucherschutzrecht im Internet – Auswirkungen der geplanten neuen Verordnung des Rates über die gerichtliche Zuständigkeit und die Anerkennung und Vollstreckung von Entscheidungen in Zivil- und Handelssachen
In: MMR 2000, 18

ders. | Internet, Kapitalmarkt und Kollisionsrecht unter besonderer Berücksichtigung der E- Commerce- Richtlinie
In: ZHR 165 (2001), S. 324

ders.	Morpheus, Napster & Co. – Die kollisionsrechtliche Behandlung von Urheberrechtsverletzungen im Internet In: Leible, Die Bedeutung des Internationalen Privatrechts im Zeitalter der neuen Medien, S. 155
ders.	Sicherheit im E- Commerce = Rechtssicherheit In: Müller/Reichenbach: Sicherheitskonzepte, S. 161
ders.	Urheberrecht und Haftung der Provider – ein Drama ohne Ende? In: CR 2001, S. 324
ders.	Urheberrecht und Tauschplattformen im Internet In: JZ 2002, S. 60
ders. (Hrsg.)	Vertragsrecht der Internet-Provider, Köln 2000 Zit.: Spindler/*Bearbeiter*, Vertragsrecht der Internet-Provider
Spindler, Gerald (Hrsg.) Börner, Fritijof	E- Commerce Law in Europe and the USA, Berlin · Heidelberg · New York 2002
dies.	E- Commerce- Recht in Europa und den USA, Berlin · Heidelberg · New York 2003
Spindler, Gerald Fallenböck, Markus	Das Herkunftslandprinzip der E-Commerce-Richtlinie und seine Umsetzung in Deutschland und Österreich In: ZfRV 2002, S. 214
Spindler, Gerald Volkmann, Christian	Anm. zu OVG Münster: Sperrungsverfügung In: MMR 2003, S. 353
dies.	Die zivilrechtliche Störerhaftung der Internet- Provider In: WRP 2003, S. 1
Stadler, Thomas	Anm. zu VG Düsseldorf: Sperrungsverfügung gegen Access- Provider In: MMR 2003, S. 208
Steckler, Brunhilde	Grundzüge des EDV- Rechts – Das Recht der Datenverarbeitung und der Online- Dienste, München 1999
Stein, Friedrich	Stein- Jonas Kommentar zur Zivilprozeßordnung, 21. Aufl., Tübingen 1994 Zit.: Stein- Jonas/*Bearbeiter*
Stein, Ursula	Lex mercatoria – Realität und Theorie, Frankfurt a. M. 1995
Stöber, Kurt	Handbuch zum Vereinsrecht, 8. Aufl., Köln 2000

Stotter, Martin	Streitschlichtung bei UK- Domains In: MMR 2002, S. 11
Stöve, Elisabeth	Gerichtsstandsvereinbarungen nach Handelsbrauch, Art. 17 EuGVÜ und § 38 ZPO – Unter besonderer Berücksichtigung des kaufmännischen Bestätigungsschreibens, des Konnossements und der Faktura, Heidelberg 1993 Zit.: Gerichtsstandsvereinbarungen
Stratmann, Ulrich	Kartellrechtliche Probleme beim Gentlemen's Agreement, Univ. Diss. Heidelberg 1970
Sträubig, Michael E.	Projektleitfaden Internet- Praxis, Braunschweig/Wiesbaden 2000
Strömer, Tobias H.	Das ICANN- Schiedsverfahren, Heidelberg 2002
ders.	Online-Recht – Rechtsfragen im Internet, 3. Aufl., Heidelberg 2002
Tauss, Jörg (Hrsg.) Kollbeck, Johannes Mönikes, Jan	Deutschlands Weg in die Informationsgesellschaft – Herausforderungen und Perspektiven für Wirtschaft, Wissenschaft, Recht und Politik, Baden- Baden 1996 Zit.: Tauss, Deutschlands Weg in die Informationsgesellschaft
dies.	Einführung: Wege in die Informationsgesellschaft In: Tauss, Deutschlands Weg in die Informationsgesellschaft, S. 14
Tato Plaza, Anxo	Das neue System zur Selbstkontrolle der Werbung in Spanien In: GRUR int. 1999, S. 853
Tettenborn, Alexander	E- Commerce als Gestaltungsauftrag für den Privatrechtsgesetzgeber In: Graf, Wirtschaftsrecht, S. 101
Teubner, Gunther	Globale Bukowina: Zur Emergenz eines transnationalen Rechtspluralismus In: Rechtshistorisches Journal 15 (1996), S. 255
ders.	Global Bukowina': Legal Pluralism in the World Society In: ders., Global Law Without a State, S. 3
ders.	Neo- Spontanes Recht und duale Sozialverfassungen in der Weltgesellschaft? In: Simon/Weiss, Zur Autonomie des Individuums, S. 437
ders.	Global Law without a State, Aldershot/Vermont 1997

ders.	Organisationsdemokratie und Verbandsverfassung – Rechtsmodelle für politisch relevante Verbände, Tübingen 1978
ders.	Vertragswelten: das Recht der Fragmentierung von Private Governance Regimes In: Rechtshistorisches Journal 17 (1998), S. 235
Thot, Norman B.	Internetrecht in den USA In: Kröger/Gimmy, Handbuch zum Internet- Recht, S. 821
Thot, Norman B. Behling, Nils	USA In: Spindler/Börner, E- Commerce- Recht in Europa und den USA, S. 753
Thum, Marcel	Netzwerkeffekte, Standardisierung und staatlicher Regulierungsbedarf, Tübingen 1995 Zit.: Netzwerkeffekte und Standardisierung
Tiedemann, Paul	Internet für Juristen - Eine praxisorientierte Einführung, Darmstadt 1999
Trute, Hans- Heinrich	Verzahnungen von öffentlichem und privatem Recht In: Hoffmann- Riem/Schmidt- Aßmann, Öffentliches Recht und Privatrecht, S. 167
Ulmer, Peter	Der Deutsche Corporate Governance Kodex – ein neues Regulierungsinstrument für börsennotierte Aktiengesellschaften In: ZHR 166 (2002), S. 150
Vassilaki, Irini E.	Das Prinzip Vertrauen für Informationsdienste – Über die Entwicklung rechtlicher Rahmenbedingungen innerhalb der Informationsbeziehungen In: CR 2002, 742
Velloso, Adolfo Alvardo	El arbitraje: solución eficiente de conflictos de intereses In: Nicklisch, Der komplexe Langzeitvertrag, S. 475
Vesting, Thomas	Subjektive Freiheitsrechte als Elemente von Selbstorganisations- und Selbstregulierungsprozessen in der liberalen Gesellschaft In: Berg, Regulierte Selbstregulierung, S. 21
Voigt, Rüdiger (Hrsg.)	Abschied vom Staat – Rückkehr zum Staat?, Baden- Baden 1993
Volkmann, Uwe	Der dezente Staat – Verhaltenssteuerung im Umweltrecht In: JuS 2001, S. 521

Waldenberger, Arthur	Informationspflichten der Diensteanbieter im Internet In: Hohl, Vernetztes Recht
Walter, Sebastian M.	Inhalteregulierung im Internet: Zwischen Rechtsfreiheit und Restriktion, Marburg 2000 Zit.: Inhalteregulierung im Internet
Waltermann, Jens Machill, Marcel (Hrsg.)	Verantwortung im Internet – Selbstregulierung und Jugendschutz, Gütersloh 2000
Waltl, Peter	Online- Netzwerke und Multimedia – Werbung und Vertrieb im Internet In: Lehmann, Internet- und Multimediarecht, S. 185
Walz, Stefan	Selbstkontrolle versus Fremdkontrolle – Konzeptwechsel im deutschen Datenschutzrecht? In: Simon/Weiss, Zur Autonomie des Individuums, S. 455
Wand, Peter	Technische Identifizierungs- und Schutzsysteme – Urheber- und Wettbewerbsrecht In: Lehmann, Internet- und Multimediarecht, S. 35
Wandtke, Artur	Copyright und virtueller Markt in der Informationsgesellschaft – oder das Verschwinden des Urhebers im Nebel der Postmoderne? In: GRUR 2002, S. 1.
Weber, Klaus	Creifelds, Rechtswörterbuch, 16. Aufl. München 2000
Weber, Rolf H.	Switzerland: Initiatives in Self-Regulation of the Online-Business In: CRI 2002, S. 94
Weigend, Thomas	Unbegrenzte Freiheit oder grenzenlose Strafbarkeit im Internet? In: Hohloch, Recht und Internet
Weiler, Frank	Spamming – Wandel des europäischen Rechtsrahmens In: MMR 2003, S. 223
Weise, Paul- Frank	Lex mercatoria – Materielles Recht vor der internationalen Handelsschiedsgerichtsbarkeit, Frankfurt a. M. · Bern · New York · Paris 1990
Weitnauer, Wolfgang	Beck'sches Formularbuch E- Commerce, München 2003 Zit.: Weitnauer/*Bearbeiter*, Beck'sches Formularbuch E- Commerce
Welfens, Paul J. J.	Internet-economics.net – Macroeconomics, Deregulation, and Innovation, Berlin · Heidelberg · New York 2002

Welfens, Paul J. J.
Jungmittag, Andre
Internet, Telekomliberalisierung und Wirtschaftswachstum – 10 Gebote für ein digitales Wirtschaftswunder, Berlin · Heidelberg New York 2002

Wendlandt, Bettina
Cybersquatting, Metatags und Spam – Gemeinsamkeiten und Gegensätze im amerikanischen und deutschen Wettbewerbs- und Markenrecht, München 2002

Wernicke, Nina
Hoppe, Vera
Die neue EuGVO – Auswirkungen auf die internationale Zuständigkeit bei Internetverträgen
In: MMR 2002, S. 643

Westermann, Harm Peter
Unternehmenspolitik in Selbstregulierung? Rechtsvergleichende Bemerkungen zu den niederländischen Fusionsverhaltensregeln
In: Hefermehl, FS Möhring, S. 319

Wiedemann, Gerhard (Hrsg.)
Handbuch des Kartellrechts, München 1999
Zit.: Wiedemann/*Bearbeiter*

Wiegand, Nicolai
Technische Kopierschutzmaßnahmen in Musik- CD's – Aufklärungspflicht über die Implementierung
In: MMR 2002, S. 722

Wiegand, Wolfgang
Europäisierung – Globalisierung – Amerikanisierung
In: Immenhauser/Wichtermann, Jahrbuch Junger Zivilrechtswissenschaftler 1998, S. 9

Wiesner, Peter M.
Neue Brüsseler Impulse für Corporate Governance und Gesellschaftsrecht – Zum Endbericht der Hochrangigen Expertengruppe (Winter- Gruppe)
In: BB 2002, S. 213

Wildemann, Daniela
Vertragsschluß im Netz, München 2000

Williams, Oliver F.
Global Codes of Conduct – An idea whose time has come, Notre Dame 2000

Witt, Carl- Heinz (Hrsg.)
Casper, Matthias
Bednarz, Liane
Gebauer, Martin
Gernoth, Jan
Grahn, Markus
Haubold, Jens
Huber, Stefan
Schulze, Götz
Teichmann, Christoph
Witteborg, Nika
Jahrbuch Junger Zivilrechtswissenschaftler 2002 – Die Privatisierung des Privatrechts – rechtliche Gestaltung ohne staatlichen Zwang, Stuttgart · München · Hannover 2003
Zit.: Witt/Casper/Bednarz, Jahrbuch Junger Zivilrechtswissenschaftler 2002

Wolf, Martin	Der Import angelsächsischer „Self- Regulation“ im Widerstreit zum deutschen Parlamentsvorbehalt In: ZRP 2002, 59
Wuermeling, Ulrich	Europäischer Rechtsraum und Informationsgesellschaft In: Hohl, Vernetztes Recht
Wulsdorf, Helge	Umweltethik, Gerechtigkeit und verbandliche Selbstregulierung, Paderborn · München · Wien · Zürich 1998 Zit.: Verbandliche Selbstregulierung
Zander- Hayat, Helga Höltgen, Birgit	Gütesiegel im E- Commerce In: Kubicek, Internet@Future, S. 349
Zerdick, Axel (Hrsg.) Picot, Arnold Schrape, Klaus Artopé, Alexander Goldhammer, Klaus Heger, Dominik K. Lange, Ulrich T. Vierkant, Eckart López-Escobar, Esteban Silverstone, Roger	Die Internet- Ökonomie – Strategien für die digitale Wirtschaft, 3. Aufl., Berlin · Heidelberg · New York 2001 Zit.: Zerdick, Internet- Ökonomie
Zippelius, Reinhold	Allgemeine Staatslehre – Politikerwissenschaft, 13. Aufl., München 1999

Verhaltenskodex der „Freiwillige Selbstkontrolle Multimedia – Diensteanbieter e.V. (FSM)"

Präambel

Die "Freiwillige Selbstkontrolle Multimedia - Diensteanbieter e.V. (FSM) " will ihren Beitrag zur Stärkung der Freiheitsrechte der Diensteanbieter und der Achtung der schutzwürdigen Interessen der Nutzer und der Allgemeinheit insbesondere gegenüber Rassendiskriminierung sowie Gewaltverherrlichung leisten und den Jugendschutz auf selbstverantworteter Basis stärken. Jede Form der Zensur wird abgelehnt.

Ziel der freiwilligen Selbstkontrolle ist es, Diensteanbieter mit dem Beitritt zu der Arbeitsgemeinschaft zur Beachtung der Grundsätze des Verhaltenskodex zu veranlassen und Mißachtungen des Kodex zu sanktionieren.

Die "Freiwillige Selbstkontrolle Multimedia - Diensteanbieter" achtet den Freiheitsraum der Individualkommunikation in den Diensten und das Grundrecht der Nutzer auf Informationsfreiheit. Zugleich respektiert die "Freiwillige Selbstkontrolle Multimedia - Diensteanbieter" das Grundrecht auf Medien-(Presse-)freiheit und das Grundrecht auf Wirtschaftsfreiheit (Angebot gewerblicher Dienstleistungen).

Die "Freiwillige Selbstkontrolle Multimedia - Diensteanbieter" wird nicht in unangemessener Weise in Rechte Dritter und nicht in Rechtsordnungen anderer Staaten eingreifen.

Die "Freiwillige Selbstkontrolle Multimedia - Diensteanbieter" strebt an, dem Nutzer der Dienste durch das Angebot von Informationen über die eigene Arbeit, die Anwendung technischer Schutzmechanismen und die Einrichtung einer Informations- und Anlaufstelle einen verantwortungsbewußten Umgang mit diesen Diensten unter Einschluß der aus dem Internet abrufbaren Angebote zu vermitteln.

Die in diesem Verhaltenskodex niedergelegten Verpflichtungen sollen und können keine Verantwortlichkeit gegenüber Dritten begründen oder den Nachweis einer solchen Verantwortlichkeit erleichtern. Der Rechtsweg wird durch das Verfahren der Anlaufstelle nicht ausgeschlossen.

Die "Freiwillige Selbstkontrolle Multimedia - Diensteanbieter" wird mit anderen freiwilligen Selbstkontrolleinrichtungen - auch auf europäischer und internationaler Ebene - zusammenarbeiten, um dem umfassenden Angebot an Diensten sowie der Internationalität der Netze und der Diensteanbieter gerecht zu werden.

Ziff. 1: Anwendungsbereich

Der Verhaltenskodex bindet die Mitglieder der "Freiwilligen Selbstkontrolle Multimedia - Diensteanbieter (FSM)". Soweit Verbände selbst Mitglied der FSM sind, werden auch die von ihnen vertretenen Unternehmen, die eine entsprechende Verpflichtungserklärung gegenüber dem Verein abgegeben haben, gebunden.

Die in dem Verhaltenskodex niedergelegten Grundsätze stellen keine rechtlichen Haftungsgründe dar.

Der Verhaltenskodex greift in dem Umfang, wie die Anbieter und Vermittler von Diensten (Medien-/Telediensten und ähnlichen Diensten) nach den jeweils für die Bundesrepublik Deutschland geltenden gesetzlichen Vorschriften für den Inhalt der Dienste verantwortlich sind.

- Der Verhaltenskodex hat die Verhinderung unzulässiger Angebote nach Ziff. 2 und die Einhaltung der Vorgaben nach den Ziff. 3, 4 und 5 zum Ziel.

  Nicht erfaßt werden Verstöße gegen werberechtliche, datenschutzrechtliche, verbraucherschutzrechtliche bzw. wettbewerbsrechtliche Vorschriften.

- Die Aufgaben bestehender Selbstkontrollgremien sowie der Selbstkontrollmaßnahmen der einzelnen Mitglieder der FSM im Bereich der Diensteangebote bleiben unberührt.

Ziff. 2: Verhaltensgrundsätze - Unzulässige Inhalte

Die Mitglieder der "Freiwilligen Selbstkontrolle Multimedia - Diensteanbieter" leisten im Rahmen der gesetzlich bestimmten Verantwortlichkeit und soweit tatsächlich und rechtlich möglich und zumutbar ihren Beitrag dazu, daß Inhalte nicht angeboten und zur Nutzung vermittelt werden, die insbesondere gemäß

a. § 130 StGB (Volksverhetzung)

b. § 130 a StGB (Anleiten zu Straftaten),

c. § 131 StGB (Gewaltdarstellung, Aufstachelung zum Rassenhaß)

d. § 86 StGB (Verbreitung von Propagandamitteln verfassungswidriger Organisationen),

e. § 87 StGB (Agententätigkeit zu Sabotagezwecken),

f. § 184 Abs. 3 StGB (Verbreitung pornographischer Schriften)

strafbar oder unzulässig sind.

Ziff. 3: Verhaltensgrundsätze - Beeinträchtigung des Wohls von Kindern/ Jugendlichen

1. Die Mitglieder der "Freiwilligen Selbstkontrolle Multimedia - Diensteanbieter" leisten im Rahmen der gesetzlich bestimmten Verantwortlichkeit und soweit tatsächlich sowie rechtlich möglich und zumutbar ihren Beitrag dazu, daß Inhalte nicht gegenüber Kindern/Jugendlichen angeboten oder zur Nutzung vermittelt werden, die

   a. gemäß § 8 MdStV, Ziffer 5 und 6

   b. gemäß § 184 Abs. 1 StGB (Verbreitung pornographischer Schriften) strafbar oder unzulässig sind.

2. Die Mitglieder der "Freiwilligen Selbstkontrolle Multimedia - Diensteanbieter" treffen im Rahmen der gesetzlich bestimmten Verantwortlichkeit und soweit tatsächlich sowie rechtlich möglich und zumutbar Vorsorge dafür, daß Inhalte, die geeignet sind,

das körperliche, geistige oder seelische Wohl von Kindern oder Jugendlichen zu beeinträchtigen, nur dann angeboten und zur Nutzung vermittelt werden, wenn

a. Vorsorge getroffen ist, daß Kinder und Jugendliche die Angebote üblicherweise nicht wahrnehmen oder

b. dem Nutzer technische Vorkehrungen angeboten werden, die ihm selbst die Sperrung der Angebote nach Maßgabe seiner spezifischen individuellen Bedürfnisse ermöglichen.

Die Service Provider weisen die Nutzer auf entsprechende Möglichkeiten hin.

Mit der Mitgliedschaft in der "Freiwilligen Selbstkontrolle Multimedia - Diensteanbieter" ist die Aufgabenerfüllung nach § 7 a GjS und § 8 Abs. 4 Mediendienste-Staatsvertrag erfüllt

Ziff. 4: Verhaltensgrundsätze - Journalistisch redaktionell gestaltete Inhalte

Soweit in den Angeboten von Mitgliedern der "Freiwilligen Selbstkontrolle Multimedia - Diensteanbieter" journalistisch-redaktionell gestaltete Inhalte im Sinne des Mediendienstestaatsvertrages enthalten sind, so werden die Mitglieder im Rahmen der gesetzlich bestehenden Verantwortlichkeit sicherstellen, dass

a. Inhalte, die der Berichterstattung dienen und Informationsangebote enthalten, den anerkannten, journalistischen Grundsätzen entsprechen,

b. Nachrichten über das aktuelle Tagesgeschehen von dem Anbieter vor ihrer Verbreitung mit der nach den Umständen gebotenen Sorgfalt auf Inhalt, Herkunft und Wahrheit geprüft werden,

c. Kommentare von der Berichterstattung deutlich getrennt und unter Nennung des Verfassers als solche gekennzeichnet werden,

d. bei der Wiedergabe von Meinungsumfragen in Angeboten, die von Mitgliedern durchgeführt werden, angegeben wird, ob sie repräsentativ sind.

Soweit es um die Beurteilung anerkannter journalistischer Grundsätze geht, kann bei entsprechender Vergleichbarkeit auf den Pressekodex des Deutschen Presserates in der jeweils geltenden Fassung Bezug genommen werden.

Ziff. 5: Anbieterkennzeichnung

Soweit die Mitglieder der "Freiwilligen Selbstkontrolle Multimedia - Diensteanbieter" selbst Inhalte anbieten, stellen sie sicher, daß die gesetzlichen Vorgaben zur Anbieterkennzeichnung eingehalten werden. Soweit Mitglieder lediglich Angebote vermitteln, werden sie im Rahmen ihrer Möglichkeiten auf die Einhaltung der Vorschriften hinwirken.

II. Sanktionen

Ziff. 6: Maßnahmen

a. Ist von den zuständigen Gremien der "Freiwilligen Selbstkontrolle Multimedia - Diensteanbieter" unter Anwendung der von der FSM verabschiedeten Beschwerdeordnung ein Verstoß gegen den Verhaltenskodex festgestellt, können folgende Sanktionen ausgesprochen werden:

- o Hinweis mit Abhilfeaufforderung
- o Mißbilligung
- o Rüge

b. Sind von den dafür zuständigen Gremien der "Freiwilligen Selbstkontrolle Multimedia - Diensteanbieter" gegen ein Mitglied wegen des Verstoßes gegen den Verhaltenskodex Sanktionen ausgesprochen, so verpflichtet sich das Mitglied, diese zu befolgen. Das Mitglied der FSM wird darauf hinwirken, daß Wiederholungen des Verstoßes vermieden werden.

c. Hinweise mit Abhilfeaufforderungen und Mißbilligungen bleiben unveröffentlicht, Rügen werden in ihrem Tenor bekanntgegeben. Rügen sind vom Anbieter in dem jeweiligen Dienst für einen Monat zu veröffentlichen. Endet der Dienst oder das entsprechende Angebot vor Ausspruch der Rüge, so ist die Rüge für einen Monat an vergleichbarer Stelle zu veröffentlichen.

d. Hilft ein Mitglied trotz wiederholter Aufforderung einem Verstoß nicht ab bzw. befolgt es wiederholt Sanktionen nicht - obwohl dies tatsächlich und rechtlich möglich und zumutbar ist -, kann es von der Mitgliedschaft in der "Freiwilligen Selbstkontrolle Multimedia - Diensteanbieter" ausgeschlossen werden.

e. Die insoweit zuständigen Gremien der "Freiwilligen Selbstkontrolle Multimedia - Diensteanbieter" sind von Weisungen unabhängig.

III. Dienste-Angebote von Nichtmitgliedern

Ziff. 7: Angebot und Vermittlung von Inhalten durch Nichtmitglieder

1. Die "Freiwillige Selbstkontrolle Multimedia - Diensteanbieter" kann sich auch mit Inhalten, die von Nichtmitgliedern angeboten, zur Nutzung bereitgehalten werden oder zu denen Nichtmitglieder die Nutzung vermitteln, befassen.
2. Diese Angebote werden ebenfalls nach den Bestimmungen dieses Verhaltenskodex entschieden und nach den Regeln der Beschwerdeordnung behandelt.
3. Die FSM teilt ihre Entscheidung dem Nichtmitglied mit und versucht gegebenenfalls Abhilfe zu erreichen.
4. Die Entscheidung und eine mögliche Abhilfeaufforderung werden nicht veröffentlicht.

IV. Schlußbestimmungen

Ziff. 8: Fortentwicklung

Die Mitglieder der "Freiwilligen Selbstkontrolle Multimedia - Diensteanbieter" stimmen darin überein, daß auf Grund der praktischen Arbeit der "Freiwilligen Selbstkontrolle Multimedia -

Diensteanbieter" die Fortschreibung des Verhaltenskodex bzw. eine Überarbeitung des Sanktionskataloges zu prüfen ist.

Köln, den 09.07.1997

Verhaltenskodex der „Freiwillige Selbstkontrolle Telefonmehrwertdienste" e.V.

in der Fassung vom 13.06.2002,
zuletzt geändert am 05.11.2002

Verhaltenskodex für Telefonmehrwertdienste

Präambel

Die "Freiwillige Selbstkontrolle Telefonmehrwertdienste" e.V. will ihren Beitrag zur Stärkung der Freiheitsrechte der Diensteanbieter und der Achtung der schutzwürdigen Interessen der Nutzer und der Allgemeinheit insbesondere gegen Rassendiskriminierung sowie Gewaltverherrlichung leisten und den Jugendschutz auf selbstverantworteter Basis stärken. Jede Form der Zensur wird abgelehnt. Der Gegenstand der freiwilligen Selbstkontrolle ist dabei das gesamte Spektrum der Telefonmehrwertdienste, einschließlich der Fax- und Internetdienste sowie der über Mobilfunknummern angebotenen Dienste. Die Telefonmehrwertdienste werden hierbei unabhängig von der Rufnummer, unter der diese Dienste angeboten werden, erfasst.

Ziel der freiwilligen Selbstkontrolle ist es, Diensteanbieter mit dem Beitritt zu dem Verein "Freiwillige Selbstkontrolle Telefonmehrwertdienste" e.V. zur Beachtung der Grundsätze des Verhaltenskodex zu veranlassen und Missachtungen des Kodex zu sanktionieren.

Die "Freiwillige Selbstkontrolle Telefonmehrwertdienste" e.V. achtet den Freiheitsraum der Individualkommunikation in den Diensten und das Grundrecht der Nutzer auf Informationsfreiheit. Zugleich respektiert die "Freiwillige Selbstkontrolle Telefonmehrwertdienste" e.V. das Grundrecht auf Medien-(Presse-) freiheit und das Grundrecht auf Wirtschaftsfreiheit (Angebot gewerblicher Dienstleistungen).

Die "Freiwillige Selbstkontrolle Telefonmehrwertdienste" e.V. strebt an, dem Nutzer und Anbieter der Dienste durch das Angebot von Informationen über die eigene Arbeit, die Anwendung technischer Schutzmechanismen als Präventionsmaßnahme gegen möglichen Missbrauch und durch die Einrichtung einer Informations- und Anlaufstelle einen verantwortungsbewußten Umgang mit diesen Diensten zu vermitteln.

Die "Freiwillige Selbstkontrolle Telefonmehrwertdienste" e.V. wird mit anderen (freiwilligen Selbst-) Kontrolleinrichtungen - auch auf europäischer und internationaler Ebene - zusammenarbeiten, um dem umfassenden Angebot an Diensten sowie der Internationalität der Netze und der Diensteanbieter gerecht zu werden.
Die "Freiwillige Selbstkontrolle Telefonmehrwertdienste" e.V. unterstützt den "Kriterien und Verhaltenskatalog Telefonmehrwertdienste der Netzbetreiber" und das eingerichtete Start-Up-Gremium der Netzbetreiber (Vereinigung der Netzbetreiber, die aktiv im Mehrwertdienstebereich tätig sind).

A. Allgemeines

I. Anwendungsbereich

1.
Der Verhaltenskodex bindet die Mitglieder der "Freiwillige Selbstkontrolle Telefonmehrwertdienste" e.V.. Soweit Verbände selbst Mitglied sind, werden auch die von ihnen vertretenen Unternehmen, die eine entsprechende Verpflichtungserklärung abgegeben haben, gebunden.

Die in diesem Verhaltenskodex niedergelegten Grundsätze begründen weder unter den sie anerkennenden Unternehmen, noch gegenüber Dritten, selbständige zivilrechtliche Schadensersatzansprüche. Sie erleichtern nicht den Nachweis der gesetzlichen Voraussetzungen eines Schadensersatzanspruchs im Sinne der Bestimmungen einer Kausalität, einer Verhaltenspflicht - deren Verletzung die Rechtswidrigkeit des Verhaltens begründet -, oder eine Verkehrssicherungspflicht, die das Verschulden begründen könnte.

Der Verhaltenskodex bindet die ihm Unterworfenen in dem gleichen Umfang, wie die Unterworfenen auch den jeweils für die Bundesrepublik Deutschland geltenden gesetzlichen Vorschriften entsprechend für den Inhalt der Dienste verantwortlich sind.

Unter Diensteanbieter sind im Folgenden sowohl die Betreiber von Telekommunikationsnetzen als auch die (Inhalte- und Service-) Anbieter von Telekommunikationsdienstleistungen zu verstehen, sofern nicht explizit spezielle Diensteanbieter genannt werden.

2.
Der Verhaltenskodex hat die Verhinderung unzulässiger Angebote nach Ziff. A. II. und die Einhaltung der Vorgaben nach Ziff. A. III., IV., B. zum Ziel.

Nicht erfasst werden Verstöße gegen werbe- und datenschutzrechtliche Vorschriften.

3.
Die Aufgaben bestehender Selbstkontrollgremien sowie der Selbstkontrollmaßnahmen der einzelnen Mitglieder im Bereich der Diensteangebote bleiben unberührt.

II. Verhaltensgrundsätze - Unzulässige Inhalte

1.
Die Mitglieder der "Freiwillige Selbstkontrolle Telefonmehrwertdienste" e.V. leisten im Rahmen der gesetzlich bestimmten Verantwortlichkeit und soweit tatsächlich und rechtlich möglich und zumutbar ihren Beitrag dazu, dass Inhalte nicht angeboten und zur Nutzung vermittelt werden, die insbesondere gemäß

- § 130 StGB (Volksverhetzung)
- § 130 a StGB (Anleitung zu Straftaten)
- § 131 Abs.1 StGB (Gewaltdarstellung)
- § 86 StGB (Verbreitung von Propagandamitteln verfassungswidriger Organisationen)
- § 87 StGB (Agententätigkeit zu Sabotagezwecken)
- § 184 StGB (Verbreitung pornographischen Schriften)

- §§ 29 ff. Betäubungsmittelgesetz
- §§ 284, 286 StGB (unerlaubte Veranstaltung eines Glücksspiels/ -einer Lotterie und einer Ausspielung)

strafbar oder unzulässig sind.

2.
Telefonmehrwertdienste dürfen nicht für Maßnahmen zum Abwerben von Kunden genutzt werden, indem sittenwidrig die fremde Leistung von Mitbewerbern ausgenutzt oder planmäßig Mitbewerber behindert werden.

3.
Die Nutzung einer Premium-Rate-Rufnummer zum Zwecke des Rückrufs ohne Angebot oder mit vorgetäuschtem Angebot ist unzulässig.

III. Verhaltensgrundsätze - Beeinträchtigung und Gefährdung des Wohls von Kindern/Jugendlichen

1.
Die Mitglieder der "Freiwillige Selbstkontrolle Telefonmehrwertdienste" e.V. leisten im Rahmen der gesetzlich bestimmten Verantwortlichkeit und soweit tatsächlich sowie rechtlich möglich und zumutbar ihren Beitrag dazu, dass Inhalte nicht gegenüber Kindern/Jugendlichen angeboten oder zur Nutzung vermittelt werden, die

a. gemäß § 184 Abs.1 StGB (Verbreitung pornographischer Schriften)
b. gemäß §§ 3-6 i.V.m. § 21 GjS
c. gemäß § 8 Abs. 1 Ziffer 2-4 MDStV

strafbar oder unzulässig sind.

2.
Die Mitglieder der "Freiwillige Selbstkontrolle Telefonmehrwertdienste" e.V. leisten im Rahmen der gesetzlich bestimmten Verantwortlichkeit und soweit tatsächlich sowie rechtlich möglich und zumutbar Vorsorge dafür, dass Inhalte, die geeignet sind, das körperliche, geistige oder seelische Wohl von Kindern oder Jugendlichen zu beeinträchtigen, nur dann angeboten und zur Nutzung vermittelt werden, wenn

a. Vorsorge getroffen ist, dass Kinder und Jugendliche die Angebote üblicherweise nicht wahrnehmen oder

b. dem Nutzer technische Vorkehrungen angeboten werden, die ihm selbst die Sperrung der Angebote nach Maßgabe seiner spezifischen individuellen Bedürfnisse ermöglichen.

Die Betreiber von Telekommunikationsnetzen und Anbieter von Telekommunikationsdienstleistungen weisen die Nutzer auf entsprechende Möglichkeiten hin.

Mit der Mitgliedschaft in der "Freiwilligen Selbstkontrolle Telefonmehrwertdienste" und der Verpflichtung auf die Beachtung der Bestimmungen des Verhaltenskodex bei der Angebotsausgestaltung ist die Aufgabenerfüllung nach § 7a GjS und § 8 Abs. 5 MDStV erfüllt.

3.
Mehrwertdienste, die geeignet sein können, Kinder und Jugendliche sittlich schwer zu gefährden oder in ihrem Wohl zu beeinträchtigen, dürfen nur mit einer akustischen oder einer anderen wirksamen Zugangskontrolle angeboten werden.

Die Zugangskontrolle muss spätestens erfolgen, bevor Anrufer in Teile von Angeboten gelangen, die geeignet sein können, Kinder und Jugendliche sittlich schwer zu gefährden oder in ihrem Wohl zu beeinträchtigen. Die Zugangskontrolle muss sicherstellen, dass nach Möglichkeit keine minderjährigen Anrufer Zugang zu den Angeboten erhalten. Die Gewährleistung einer permanenten Zugangskontrolle obliegt dem Dienstanbieter.

Diese Zugangskontrollpflicht besteht für alle Telefonmehrwertdienste, die geeignet sein können, Kinder und Jugendliche sittlich schwer zu gefährden oder in ihrem Wohl zu beeinträchtigen.

Dies gilt auch für derartige Dienste mit Selbstwählzugang, die in Kombination mit Telefonmehrwertdiensten betrieben werden.

4.
Freephonenummern, die selber oder in Kombination mit anderen Telefonmehrwertdiensten Kinder und Jugendliche sittlich schwer gefährden oder in ihrem Wohl beeinträchtigen können, sollen in der Teilgasse 0800 - 165 xxxx geschaltet werden. Diese Gasse ermöglicht eine Sperrung von Anschlüssen zur Verbesserung des Jugendschutzes.

IV. Anbieterkennzeichnung

Anbieter von Telekommunikationsdienstleistungen stellen sicher, dass die gesetzlichen Vorgaben zur Anbieterkennzeichnung (vgl. § 6 TDG, §§ 312ff BGB i.V. BGB-InfoV) eingehalten werden. Hierzu zählen insbesondere der Name und die Anschrift, unter der sie niedergelassen sind, bei juristischen Personen auch der Name und die Anschrift des Vertretungsberechtigten. Anbieter von Telekommunikationsdienstleistungen, die für die Angebote lediglich Telekommunikationsnetze bereitstellen, werden im Rahmen ihrer Möglichkeiten auf die Einhaltung der Vorschriften hinwirken.

Die erforderlichen Angaben müssen leicht erkennbar, unmittelbar erreichbar und ständig verfügbar sein. Sie können auch über einen ausgelagerten Dienst angeboten werden. Dabei dürfen weder Premium Rate- noch Auslandsrufnummern angegeben werden.
Der entsprechende Hinweis zur Anbieterkennzeichnung muss im telefonischen Service gegenüber dem Nutzer zu Beginn des Dienstes innerhalb der ersten 30 Sekunden klar zum Ausdruck gebracht werden.

B. Spezielle Telefonmehrwertdienste

I. Allgemeine Vorschriften

1.a.
Preisangaben bei Premium Rate Diensten 09001, 09003, 09005, 0190 für die Übergangszeit

Bei Premium-Rate-Diensten im Bereich 09001, 09003, 09005, 0190-0 hat der Netzbetreiber in dessen Netz der Dienst realisiert ist (VNB/SP) die Verantwortung dafür, dass vor Beginn der Entgeltpflichtigkeit für den Anrufer der Tarif mitgeteilt wird, der vom Anrufer aus nationalen öffentlichen Festnetzen zu zahlen ist und dass der mitgeteilte Tarif mit dem abgerechneten Tarif übereinstimmt. Der Netzbetreiber kann diese Verantwortlichkeit vertraglich auf den Dienstanbieter übertragen. Er hat die Einhaltung dieser Verpflichtung bei Aufnahme des Dienstes und später stichprobenartig zu überprüfen. Der Netzbetreiber kann die kostenfreie Ansage selbst vornehmen oder dem Anbieter der weiteren Dienstleistung übertragen. Dies gilt auch für den Fall, dass innerhalb eines Dienstes ein Tarifwechsel erfolgen soll.

Die Preisangabe hat in Euro je Minute, beim Blocktarif je Anruf bzw. je Einwahl in deutscher Sprache zu erfolgen.

Bei Fax- und Filediensten sind die Pflichtangaben auf dem ersten Viertel der 1. Faxseite bzw. in der Logon-Zeile in einem vom Inhalt deutlich abgesetzten Teil zu übertragen. Ebenfalls ist auf die Zahl der Seiten bzw. die Größe des Files hinzuweisen (Mindestgröße 12 Punkt).

Für Premium Rate Dienste bestehen verschiedene Tarifierungsmöglichkeiten: feste Tarifierung, flexible oder wechselnde Tarifierung sowie Blocktarifierung.

Die Anbieter müssen Tarifwechsel im Service ansagen bzw. mitteilen. Minutenpreise und Blocktarife ab 3,01 Euro sind vom Anrufer (Kunden) durch Eingabe der Ziffern "1" und "9" zu bestätigen. Nicht in der kostenlosen Tarifansage enthaltene Tarifwechsel der Minutenpreise oder später eingefügte Blocktarife jeweils bis zu 3,00 Euro dürfen erst 3 Sekunden nach dem Signalton, der die Mitteilung abschließt, erfolgen. Einmalige Blocktarife zu Beginn des Angebotes bis zu einem Betrag von 3,00 Euro, die in der kostenlosen Tarifansage angekündigt werden, bedürfen keiner Bestätigung durch den Kunden.

Soweit keine kostenfreie Tarifansage auf Netzebene erfolgt, ist im Service 01901-01909 die Tarifangabe durch den Anbieter im Rahmen des kostenpflichtigen Angebots Pflicht. Der Tarifhinweis muss binnen 30 Sekunden nach Annahme der Verbindung beendet sein.

1.b.
Preisangaben bei anderen Telefonmehrwertdiensten

aa. Shared Cost Dienste 0180 X
Bei shared cost Diensten ist der Preis je Anruf oder Anrufminute entsprechend der Preisangabenverordnung in der Werbung in unmittelbarem Zusammenhang mit der Rufnummer zu nennen. Zur Definition des Begriffs "Werbung" vgl. unten Ziff.3.

bb. Freephone Angebote 0800, 00800, 0130 für die Übergangszeit
Bei freephone Angeboten, mit denen entgeltliche Folgeverträge verbunden sind (z.B. Weckdienste), insbesondere bei automatisierten Angeboten, sind vom Anbieter die Folgekosten, d.h. die zusätzlichen Kosten, die dem Anrufer entstehen, vor Abschluss des Folgevertrages anzusagen. Ebenso muss auf die Folgekosten in der Werbung hingewiesen werden.

cc. MABEZ- Anwendungen (Massenverkehr zu bestimmten Zielen)
Bei MABEZ- Anwendungen unter dem Präfix [0136] , 0137 (z.B. Vote Calls und Teledialog Rufnummern) muss der Anbieter auf die dem Anrufer entstehenden Kosten in der Werbung in unmittelbarem Zusammenhang mit der Rufnummer hinweisen. Bei MABEZ- Anwendungen unter dem Präfix [0902]2 muss kostenfrei auf Netzebene (Content-Provider nahe Ansage) der Hinweis auf die Kosten des Anrufs in Euro pro Minute, pro Dienstleistung ("event") und ggf. Taktung und Tarifwechsel erfolgen. Zusätzlich gelten alle Pflichtangaben lt. Punkt B. I.

dd. Auskunftsdienste 118XX
Bei Auskunftsdiensten hat (soweit technisch möglich kostenfrei) der Hinweis auf die Kosten des Anrufs in Euro pro Minute, pro Dienstleistung ("event") und ggf. Taktung und Tarifwechsel zu erfolgen. Bei Auskunftsdiensten ist der Preis je Anrufminute entsprechend der Preisangabenverordnung (Betrag, Währung, Zeiteinheit) in der Werbung in unmittelbarem Zusammenhang mit der Rufnummer zu nennen. Zur Definition des Begriffs "Werbung" vgl. unten Ziff. 3.

ee. R-Gespräche
Bei Diensten, die mit einer Entgeltpflichtigkeit des Angerufenen verbunden sind, ist dem Angerufenen die Höhe der zu übernehmenden Kosten vor Abschluss des Vertrages anzusagen. Die Kostenübernahme muss vom Angerufenen mit den Ziffern "1" und "9" bestätigt werden.

2.
Inhalte

Die Inhalte der Angebote dürfen nur entsprechend der Rufnummerngassen gestaltet sein.

a. 09001
Information
Premium Rate-Dienste, bei denen ein Informationsangebot im Vordergrund steht. Die Unterhaltung des Anrufenden darf nicht im Vordergrund stehen und das Angebot darf keinen sexuellen oder erotischen Inhalt oder Bezug haben und darf Kinder und Jugendliche nicht sittlich gefährden oder in ihrem Wohl beeinträchtigen.

b. 09003
Unterhaltung
Premium Rate-Dienste, bei denen ein Unterhaltungsangebot im Vordergrund steht. Das Angebot darf keinen sexuellen oder erotischen Inhalt oder Bezug haben und darf Kinder und Jugendliche nicht sittlich gefährden oder in ihrem Wohl beeinträchtigen.

c. 09005
Übrige Dienste
Premium Rate-Dienste, mit beliebigem Inhalt oder Bezug

d. 0190
Premium Rate-Dienste mit beliebigem Inhalt oder Bezug

3.
Werbung

Die Wörter Werbung oder Werbemaßnahmen bezeichnen alle Formen der aktiv veranlassten Veröffentlichungen.

Die Anbieter haben stets sicherzustellen, dass die sich auf ihre Angebote beziehende Werbung in Einklang mit diesem Kodex steht.

Werbemaßnahmen dürfen keine herabsetzende oder entwürdigende Wirkung haben. Werbematerial darf keine Bilder oder Formulierungen enthalten, die Gewalt, Sadismus oder Grausamkeiten zeigen bzw. beschreiben, oder die anderweitig widerwärtiger Natur sind.

Werbemaßnahmen dürfen nicht so gestaltet werden, dass der Anrufer/Nutzer bezüglich des Inhalts oder der Kosten der Angebote irregeführt wird. Insbesondere dürfen Informationsangebote nicht dergestalt beworben werden, dass dem Anrufer/Nutzer ein Eindruck vermittelt wird, der mit dem Inhalt des Angebotes nicht übereinstimmt.

Werbemaßnahmen für Telefonmehrwertdienste mittels "elektronischer Post" dürfen nur im Rahmen der gesetzlichen Bestimmungen unter Berücksichtigung der höchstrichterlichen Rechtsprechung durchgeführt werden. Insbesondere sind die Regelungen des Art. 3 der e-commerce-Richtlinie (EG-Amtsblatt L 178/1) zu beachten.

a.
Tarifangaben:

Der Anbieter hat sicherzustellen, dass die Entgelte, die vom Nutzer zu zahlen sind, bei jedem Informationsangebot, für welches geworben wird, eindeutig aus jeder Werbemaßnahme, bei der die Rufnummer des Informationsangebotes genannt wird, hervorgeht. Die Tarifangabe hat grundsätzlich in Euro je Minute, beim Blocktarif je Anruf bzw. je Einwahl zu erfolgen. Bei Werbung für verschiedene Angebote oder bei Angeboten mit flexiblen Tarifen ist stets auch auf den höchsten Tarif hinzuweisen.

Bei der Verwendung von Servicerufnummern als Postkartenalternative ist auch die Nennung des Gesamtpreises pro Anruf zulässig, sofern sicher gestellt ist, dass der angegebene Tarif durch Zwangstrennung eingehalten wird.

Die Tarifangaben sind in Printmedien gut lesbar und in einer Mindestschriftgröße von 7 Punkt in unmittelbarem Zusammenhang mit der Rufnummer anzugeben. Bei Plakatwerbung o.ä. erhöht sich die Mindestschriftgröße entsprechend.

In der Fernsehwerbung müssen die Tarifangaben gut lesbar und während der Dauer der Einblendung der Rufnummer dargestellt sein. In Deutschland beträgt die Auflösung der Fernsehbilder 768x576 Bildpunkte. Bei den Tarifangaben ist ein Seitenabstand von jeweils mindestens 50 Bildpunkten, sowie am oberen und unteren Rand ein Abstand von jeweils mindestens

40 Bildpunkten, einzuhalten. Die Mindestschriftgröße beträgt 20 Bildpunkte. Bis zu einer Schriftgröße von 30 Bildpunkten ist eine groteske (serifenfreie) Schrift mit einem von der Schriftfarbe deutlich abgehobenen Schatten zu verwenden. Die Tarifangabe hat in horizontaler Schriftrichtung in unmittelbarem Zusammenhang mit der beworbenen Rufnummer zu erfolgen.

Im Videotext müssen die Angaben in unmittelbarem Zusammenhang mit der Nummer auf derselben Videotextseite vorgehalten werden. Die Tarifangaben sind farblich eindeutig abgesetzt vom Hintergrund zu gestalten.

In der Rundfunkwerbung müssen die Tarifangaben gut hörbar sein. Bei akustischen Werbemaßnahmen hat die Tarifangabe unmittelbar vor oder nach der beworbenen Rufnummer zu erfolgen.

Im Internet und weiteren Onlinediensten sind die Tarifangaben gut lesbar in unmittelbarem Zusammenhang mit der beworbenen Rufnummer in einer Mindestschriftgröße von 7 Punkt zu platzieren.

b.
Anbieterkennzeichnung in der Werbung:

In jeder Werbemaßnahme ist der Diensteanbieter oder eine ihm eindeutig zuzuordnende Abkürzung anzugeben. Bei redaktionellen Rufnummer-Hinweisen im TV genügt das Senderlogo, soweit der Sender Diensteanbieter ist. Bei redaktionellen Rufnummer-Hinweisen im Videotext muss auch der Sender eine Anbieterkennzeichnung vornehmen. Für den Verbraucher ist sonst nicht erkennbar, dass der Sender Diensteanbieter ist.

c.
Vanity:

Die Bewerbung von Premium Rate Diensten als Vanity-Nummer darf erst hinter der (wie in Ziff. B. I. 2. a.-d.) vorgenommenen Gassenkennzeichnung nach Inhalten beginnen
(Beispiel: 09003 - G-E-W-I-N-N für 09003 - 439466)

II. Spezielle Dienste

1.
Dienste mit der Zielgruppe Minderjährige

Angebote, die zur Zielgruppe Minderjährige haben, sind nur bis zu einem maximalen Preis von 5,00 Euro je Anruf zulässig. Eine Animation zu Wiederholungsanrufen darf nicht erfolgen.

Zusätzlich muss zu Beginn des Dienstes ein Hinweis, dass das Einverständnis des Erziehungsberechtigten vorausgesetzt wird, erfolgen.

Die Inhalte dürfen nicht geeignet sein, Kinder und Jugendliche in irgendeiner Weise zu gefährden.

2.
Glücksspiele/Lotterien (§§ 284, 286 StGB)

Glücksspiele und Lotterien sind nur mit Erlaubnis der zuständigen Landesbehörden zulässig.

3.
Gewinnspiele

Beim Angebot von Gewinnspielen ist die vorherrschende Rechtsauffassung zu berücksichtigen.

4.
Beratungsdienste

Beratungsdienste sind nur zulässig, wenn eine entsprechende Qualifikation / Quelle bekannt gegeben wird bzw. die erforderliche Erlaubnis (z.B. nach dem Rechtsberatungsgesetz) vorliegt. Im Übrigen sind Beratungsdienste (z.B. Arbeitsvermittlung, Wohnungsvermittlung, aber auch Schuldenregulierungs- oder Schuldenverwaltungsverträge) nur in soweit zulässig, wie diese ohne gesetzlich vorgeschriebene Erlaubnis betrieben werden dürfen. Eine erlaubnispflichtige Beratungsdienstleistung oder eine Beratungsdienstleistung, die erst nach Durchführung einer Eignungsprüfung durch eine Behörde durchgeführt werden darf, darf nur dann als Telefonmehrwertdienst vermittelt werden, wenn die Behörde die Zulässigkeit der Erbringung als kostenpflichtige Dienstleistung feststellt. Die Verwendung einer Premium-Rate-Rufnummer zum Zweck der Kreditvermittlung ist unzulässig.

5.
Spendentelefone

Spendentelefone sind nur zu diesem, bestimmungsgemäß zu verwendenden Zweck erlaubt. Die teilweise Nutzung eines Angebotes als Spendentelefon im Übrigen ist ausgeschlossen.

6.
Chat-Dienste

Die Inhalte- und Service-Anbieter von Chat-Diensten mit erotischen und/oder sexuellen Bezug/Inhalt haben sicherzustellen, dass keine Minderjährigen diese Angebote nutzen. Im übrigen gilt für Chat-Dienste ohne erotischen und/oder sexuellen Bezug/Inhalt Ziffer B II 1 (Dienste mit der Zielgruppe Minderjährige) entsprechend.

Konferenzschaltungen dürfen für max. 10 aktive Personen je Konferenz angeboten werden. Der Anbieter hat sicherzustellen, dass bei Konferenzschaltungen ständig ein geschulter Operator anwesend ist. Primäre Aufgabe des Operators ist es, einzelne Anrufer bei Verstößen gegen Bestimmungen des Verhaltenskodex stumm- oder wegzuschalten.

Die Anbieter stellen sicher, dass aus Datenschutzgründen persönliche Daten nicht ungewollt bekannt gemacht werden.

7.
Dating-Dienste

Die Anbieter von Dating-Diensten mit erotischen und/oder sexuellen Bezug/Inhalt haben sicher zu stellen, dass keine Minderjährigen diese Angebote nutzen.

8.
Onlinedienste

Soweit Premium-Rate Rufnummern oder Rufnummern, bei denen faktisch eine Auszahlung erfolgt, für die Nutzung in Kombination mit Onlinediensten eingesetzt werden, sind folgende Vorgaben zu beachten:

- Bevor die Nutzung einer Premium-Rate-Rufnummer oder einer Rufnummer, bei der faktisch eine Auszahlung erfolgt, durch einen Computer gestartet/ aktiviert wird, sind in dem Anwahl- oder Freigabemenü der Preis in Euro je Minute und/ oder Event, die gemäß Abschnitt A IV Abs. 1 des Verhaltenskodex erforderlichen Angaben zum Dienste- und ggf. Informationsanbieter und die vollständige Rufnummer in unmittelbarem Zusammenhang mit den "Bestätigungsfeldern" feststehend anzuzeigen. Die Angaben zum Dienste- und ggf. Informationsanbieter können auch über ein Dialerimpressum vorgehalten werden.

- Die verwendete Schriftfarbe für den Tarifhinweis muss sich klar vom Hintergrund abheben. Die verwendete Schriftgröße muss der größten Zeichengröße im Freigabebereich entsprechen und mindestens acht Punkt groß sein. Es muss eine klar lesbare und zum Hintergrund kontrastreiche Schriftart verwendet werden.

- Zur Vermeidung von Missverständnissen ist bei Tarifbestätigungen durch den Nutzer die Anerkennung nur mittels eines auszufüllenden Klickfeldes und einer Freigabetaste oder durch Änderung einer auf Nein voreingestellten Defaulteinstellung zulässig. Dieses gilt sowohl für die Anwahl, als auch für jeden nachfolgenden Tarifwechsel.

- Werden mehrere Kanäle in einer Verbindung genutzt (z.B. ISDN), hat die Preisangabe in Euro pro Tarif und je Kanal zu erfolgen. Die Nutzung weiterer Kanäle muss vom Kunden bestätigt werden. Die Anzahl der jeweils aktiven Kanäle ist anzuzeigen.

- Der Anbieter hat den Tarif permanent sichtbar in der Anwendung anzuzeigen.

- Computerprogramme, die zur Nutzung von Onlinediensten vertrieben werden, müssen so gestaltet sein, dass ein "Weitersurfen" außerhalb des kostenpflichtigen Angebots ohne Bestätigung des Verbrauchers ausgeschlossen ist.

- Die oben beschriebenen Programme dürfen nicht so gestaltet sein, dass sich eine Premium-Rate-Rufnummer oder eine Rufnummer, bei der faktisch eine Auszahlung erfolgt, dauerhaft in die DFÜ-Einstellungen einträgt. Dies kann z.B. durch die Verwendung von Platzhaltern oder durch temporäre Einträge sichergestellt werden.

- Beim Schließen der kostenpflichtigen Anwendung ist die kostenpflichtige Verbindung zu beenden.

- Computerprogramme, die zur Nutzung von Onlinediensten vertrieben werden, müssen einen allgemein verständlichen Hinweis zur kostenfreien Deinstallation des Programms für den Nutzer enthalten.

C. Sanktionen

Aufgrund eines Verstoßes gegen diesen Verhaltenskodex sind die nachfolgenden Sanktionen vorgesehen:

- Hinweis mit Abhilfeaufforderung

- Missbilligung

- Rüge

- die Forderung an den entsprechenden Netzbetreiber, die Rufnummer mit dem beanstandeten Inhalt abzuschalten, bis das Angebot verhaltenskodexkonform gestaltet ist

- Geldbuße an eine gemeinnützige Einrichtung.

- befristete Abschaltung eines Angebotes mit allen Zugangsrufnummern durch den Diensteanbieter, bis das Angebot verhaltenskodexkonform gestaltet ist.

Eine Kombination der verschiedenen Sanktionen ist möglich. Die Zahlung von Geldbußen an gemeinnützige Einrichtungen sind nur insoweit zulässig, als dass das betroffene Unternehmen in keiner Weise mit dieser Einrichtung verbunden ist. Gleiche Verstöße zu verschiedenen Rufnummern werden als ein Verstoß gewertet, wenn sie auf eine Kampagne (Werbemaßnahme unterscheidet sich lediglich in der beworbenen Rufnummer) zurückzuführen sind. Den Nachweis, dass es sich um eine Kampagne handelt, hat der Anbieter zu führen.

D. Dienste- Angebote von Nicht- Mitgliedern

Die "Freiwillige Selbstkontrolle Telefonmehrwertdienste" kann sich auch mit Inhalten, die von Nichtmitgliedern angeboten bzw. zur Nutzung bereitgestellt werden, befassen.

Diese Angebote werden ebenfalls nach den Bestimmungen dieses Verhaltenskodex entschieden und nach den Regeln der "Beschwerdeordnung" behandelt.

Die "Freiwillige Selbstkontrolle Telefonmehrwertdienste" teilt ihre Entscheidung dem Nichtmitglied mit und versucht, gegebenenfalls (auch über Mitglieder) Abhilfe zu erreichen.

E. Schlussbestimmungen

Die in diesem Verhaltenskodex niedergelegten Verpflichtungen sollen und können keine Verantwortlichkeit gegenüber Dritten begründen oder den Nachweis einer solchen Verantwortlichkeit erleichtern. Der Rechtsweg wird durch das Verfahren der Anlaufstelle nicht ausgeschlossen. Die Mitglieder der "Freiwilligen Selbstkontrolle Telefonmehrwertdienste" e.V. prüfen aufgrund ihrer praktischen Arbeit den Verhaltenskodex kontinuierlich und schreiben ihn nach Bedarf fort.

Der Verhaltenskodex stellt zurzeit eine Konzentration auf die bisherige Ausgestaltung des Hauptmarktpotenzials "Premium Rate Dienste" dar. Er findet entsprechende Anwendung auch auf weitere Telefonmehrwertdienste.

Die Mitglieder
Düsseldorf, den 05. November 2002

1 Vgl. Amtstblatt der RegTP 1/99 Vfg 10/1999 "Zuteilung von Rufnummern der Struktur (0)800 165 xxxx"
2 Die endgültige Rufnummerngassen werden nach Veröffentlichung durch die RegTP verbindlich angepasst.

International League for Competition Law

Code of Conduct in Regard to Fair Competition in Electronic Commerce

— Commented Draft Version —

by Thomas Hoeren, Muenster

Section 1 — Scope

[Application] This regulatory framework applies to commercial communication taking place on the Internet. It is aimed solely at fair competition in the context of electronic commerce and is to be regarded as a voluntary, self-restrictive addition to existing legal requirements.

[Members] Members signing up to this code are bound by the terms of this agreement and make themselves liable for measures of enforcement in case of behavior that is not compliant with the regulations.

The code as a whole should be clearly focused on issues related to fair competition. By concentrating on a limited scope and taking i. e. data protection issues out of consideration, the code can serve as an effective instrument for this particular segment of electronic commerce.

The code should be set into force by an independent organization that is responsible for reviewing the members'as well as other partie's Internet resources on a regular basis. This organization should also provide for administrative proceedings regarding complaints, maintain and publish lists of persons continuously breaking the code. Details on this are provided below sub 4 — Enforcement.

Section 2 — Terms and Definitions

Introductory note to this section: In order to prevent that regulations are misinterpreted — unintentionally or on purpose —, it is important to agree on a set of terms and definitions that is as precise and easy to handle as possible.

In this code,

Person means a human being as well as a legal entity and a third party of other nature.

User means the person requesting resources via the Internet.

Technological terms related to the communication on the Internet itself, not its content, are to be understood by the standards definitions of the WWW consortium.

This is to assure that regulations concerning technical issues cannot be misinterpreted. By using technical terms in compliance with the internationally accepted standards, their meaning can be made clear beyond the scope of this code of conduct. Pointing out that refererral also spares to define each technological term speciafically. All standards information is available at http://www.w3.org/.

Resource means content, i. e. any material accessible via the Internet, regardless of the specific transmission protocol.

This is to extend the code's scope beyond the main way of communication via the WWW (HTTP protocol) and to ensure that protocols such as FTP, SMTP, POP etc. are included. It should be clear that most regulations apply to Internet content and cannot be avoided by simply using a technically different communication channel. The advantage of such broad definition is that it covers a large variety of material distributed via the Internet (i. e. audio files, software, graphics) and need not be changed if technology extends existing standards or advances beyond the WWW.

Spam mail means unsolicited commercial electronic mail messages.

Flame mail, understood as a reaction to spam mail, means complaint electronic mail messages of an intentionally offensive nature, may this be achieved by the message's content or by sending these messages in extremely large numbers.

By limiting the understanding of flame mail to hostile behavior, messages that serve as mere complaints are excluded from the scope of the definition. It should always be suitable for a user to complain to a person sending spam mail if the complaint is not intended to result in damages on the addressee's side.

Inline linking means the use of frame technology in a way that conceals the true origin of the information displayed within the frame.

Internet auction means the sale of goods through bidding that is carried out over the Internet.

Power shopping describes an accumulation of consumers that is gathered over the Internet in order to buy goods at a reduced price that is granted by the merchant to buyers that order large quantities of the product.

Intermediary service means the person who is carrying out the process of accumulating consumers on the Internet, thus serves as a mediary between merchant and consumer group.

Merchant means a person selling goods or services over the Internet.

Consumer means a person buying goods or services over the Internet.

The list of definitions should be extended as necessary.

Section 3 — Regulations

I. General Provisions as regards Commercial Communication

[General requirements on resources] Resources provided on the Internet should not be false or misleading. They should be clear, comprehensible and valid. It should be possible to identify the person responsible for the resource. Identification information should include name and legal form of the person, full name of the authorised representative, full postal and eMail address as well as digital or non-digital registration numbers or certificates suitable or used in offline contexts for identification purposes, i. e. Trade register numbers, VAT numbers etc, digital certificates etc.

The last part does not specify what kind of registration number would be appropriate with regard to the fact that specific means of registration and identification may differ from country to country.

[Accessibility] Resources should be designed in a way that allows the user to access identification information directly, regardless on which hierarchic level of the information system resources are requested. The user should not need more than two steps to obtain the identification information.

[Presentation] Identification information should be presented well legible and be (additionally) provided in a printable version. The design of identification information should not be easily overriden by the users' software settings.

The last part assumes that the possibility of presenting information in one specific way on the Internet is limited by technology.

[Transparency] Commercial communication has to be marked as such.

[Fair use of technology] Technological measures such as frames, hyperlinks, cookies etc., should be used according to their intended purpose.

This is to generally state that fair competition goes along with fair use of technology. As an example, frame technology is intended to support navigation within a website, not to make other persons' information appear as one's own work, such as metadata is intended to give a reasonable summary of the website's content, not misleading information. It is assumed that misuse is less probable if technology is used the way it is meant to be used.

[Limited and transparent collection of data] It is not suitable to collect more information on the user than is voluntarily and knowingly given by the user. If user information is supposed to be processed or used for other purposes than the single electronic commerce transaction, the user must be notified and must be given the opportunity to object.

This is to ensure that user information is not exploited unless the user is aware of it and has stated his or her consent prior to further processing. This regulation is intended to avoid collecting user information by spying out eMail or IP addresses, the users' hard- or software or data related to the connection.

[Embedding sanctions in contract] Host provider and other persons in a mediary position between merchants and consumers should ensure that, in the frame of the contracts they engage in, they provide for effective sanctions that can be enforced against persons breaking this code of conduct.

[Complaint procedures] Host provider and other persons in a mediary position between merchants and consumers should provide for sufficient complaint procedures. They should reserve themselves the right to take a resource from the Internet that is subject of substantial complaint until the dispute is settled.

II. Provisions regarding specific Means of Communication

1. Commercial Electronic Mail Messages

[Unsolicited electronic mail messages] No person should initiate the transmission, conspire with another to initiate the transmission or assist the transmission of a commercial electronic mail message unless the sender knows or has substantial reason to know that he uses the addressee's electronic mail address with the permission of the addressee.

[False or misleading subject lines] No person should initiate the transmission, conspire with another to initiate the transmission or assist the transmission of a commercial electronic mail message if the sender knows or has reason to know that the message contains false or misleading information in the subject line.

[Conceiled origin or transmission pass] No person should initiate the transmission, conspire with another to initiate the transmission or assist the transmission of a commercial electronic mail message if the sender knows or has reason to know that his message misrepresents or obscures any information in the identifying the point of origin or the transmission pass of a commercial electronic mail message.

[Directories] No person should initiate the transmission, conspire with another to initiate the transmission or assist the transmission of a commercial electronic mail message if the addressee is listed in *"robinson"* directories stating that the addressee rejects to receive commercial electronic mail messages except for his or her explicit request.

2. Frames and Hyperlinks

[Notification, objection] A person whose web pages or other resources accessible via the Internet are pointed to by frame or hyperlink technique should be notified upon publishment of the frame or the hyperlink. No person should continue pointing towards other person's resources if there is knowledge or substantial reason to know that the other person objects that frames or hyperlinks point towards its resources.

> *A notification upon publishment should only be pursued if it is possible to fulfil this requirement with reasonable effort.Nevertheless, if there is clear objection or substantial reason to assume objection, it must be ensured that the person does not continue using frames or hyperlinks.*

[Inline linking] If frames are used to display information of a third party, the true origin of the information should be clearly and unmistakabely visible. It is not sufficient that merely the third partie's URL appears in the URL column. Use of third partie's information should be indicated directly by the link pointing towards the information itself or directly in relation to that link. Neither the link itself nor the frame design should suggest otherwise.

[Deep linking] It is not suitable to exploit the third partie's work, contacts, references or its effort in collecting, processing or presenting the information by misrepresenting it as one's own.

[Correctness] If hyperlinks are used, this should not be done in a misleading or hostile context. A hyperlink should always show an objective relation to the content it is directed to.

3. Metadata

[Correctness] Metadata should be correct and give a reasonable summary of the document they are part of. No person should set metadata that is suitable for generating confusion or that is likely to conceal the documents' true content.

[Intended use] Metadata should not be misused with the intention to obtain a better ranking in search engine results.

[Competitors] Metadata should not give the impression that information of competitors or third parties is used with their permission if this is not the case.

4. Cookies

[Optionality] Resources should generally be designed in a way that enables the user to obtain the resources without accepting cookies. There should be no disadvantage in access, use or functionality of the system if cookies are not accepted.

> *This is to stress that cookies should always be optional. It must be possible for a user to exclude cookies in order to keep control about his or her own system.*

[Personal information] Cookies should not contain personal information about the user. The information should be limited to a minimum of unpersonalized information that is necessary for the function of the cookie within the information system.

[Expiration] Cookies should always have an expiration date.

5. Power Shopping

It is questionable if there need to be specific regulations for power shopping as regards merchants and consumers. If consumers act on a merchant's decision to grant reduce prices if a product is ordered in large capacities, it is up to the merchant to change that decision or to exclude power shopping by consumers. Since both parties may solely benefit from power shopping — the merchant may sell, in total, more products than without the power shopping opportunity while the consumer is able to buy at a reduced price — it seems to be more a matter of business decisions than a question of self-regulation.

Nevertheless, persons who provide the intermediary services should respect a merchant's decision not to engage in power shopping. The question is if the responsibility on this matter should rest with the intermediary service (so that the intermediary service would be requested to be aware of the merchants' power shopping policies) or with the merchants (so that the merchants would have to be aware of power shopping acitivities and come to a decision whether power shopping is welcome or not).

[Principle] Intermediary services should only engage in power shopping with merchants who agree with this practice. A merchant's decision not to grant reduced prices with large amounts ordered by power shopping communities should be respected.

[Merchants] Intermediary services should make clear on which terms a merchant is chosen as a power shopping partner. The criteria should be objective, related to the purpose, transparent and accessible. It should also be transparent in which way merchant and intermediary services are related, i. e. by contract.

[Consumers] Intermediary services should provide for transparent terms on which consumers are eligible to take part in power shopping. The criteria should be objective, related to the purpose, transparent and accessible. Persons related to merchants that are power shopping partners of the intermediary service should be excluded from power shopping with the merchant they are related to.

[Registry] Intermediary services should register their customers prior to power shopping.

6. Internet Auctions

[Principle] Persons hosting auctions on the Internet should provide for a comprehensible description of the auction process and notify the user of the auctions´character.

[Consumers] Auction services should provide for transparent terms on which persons are eligible to take part in the auction. The criteria should be objective, related to the purpose, transparent and accessible.

[Registry] Auction services should register their customers prior to the auction.

Section 4 — Enforcement

> *Introductory note to this section: Dependent on the organization carrying out this code, possibilities of enforcement vary. It is assumed that members can be subject to more sufficient measures than non-members.*

[Measures] Breach of this code can be enforced by

1. Publishment of the act leading to the breach, including the person responsible

> *Lists of persons continuously breaking the code should be kept and made widely available to the public.*
>
> *It is assumed that a negative public image achieved by publishment leads to pressure, so that publishment can serve as a powerful instrument even against offenders who did not sign the regulations.*

2. Notification of the offender and a request to stop the offensive behavior.

3. Taking the questionable material off the Internet if breach of code occurs within the responsibility of the members.

> *Members should agree to this upon signing the code.*

4. Requesting the offender to pay a fine if breach of code occurs within the responsibility of the members.

> *Members should agree to this upon signing the code.*

5. Loss of member status if breach of code occurs within the responsibility of the members.

[Complaint procedure] Everyone should have the possibility to submit complaints to the members. Members bind themselves to provide a sufficient administrative process in which the complaint can be settled.

[Dispute resolution procedure] Members should provide for a sufficient process to handle dispute resolutions. It should be ensured that, during the process of a dispute resolution, there is a way to take the material in question off the Internet until the dispute has been settled.

STUDIEN ZUM VERGLEICHENDEN UND INTERNATIONALEN RECHT

Herausgeber: Bernd von Hoffmann, Erik Jayme und Heinz-Peter Mansel

Band 1 Ferdinand Henke: Die Datenschutzkonvention des Europarates. 1986.

Band 2 Peter Czermak: Der express trust im internationalen Privatrecht. 1986.

Band 3 Peter Kindler: Der Ausgleichsanspruch des Handelsvertreters im deutsch-italienischen Warenverkehr. Eine rechtsvergleichende und kollisionsrechtliche Untersuchung. 1987.

Band 4 Wilhelm Denzer: Stellung und Bedeutung des Engineers in den FIDIC-Bauvertragsbedingungen. 1988.

Band 5 Marijan-Maximilian Lederer: Die internationale Enteignung von Mitgliedschaftsrechten unter besonderer Berücksichtigung der französischen Enteignungen 1982. 1989.

Band 6 Rainer Esser: Klagen gegen ausländische Staaten. 1990.

Band 7 Chang Jae-Ok: Auf dem Weg zu einer Materialisierung des Immateriellen ? Personen-, Persönlichkeitsschutz und Geldersatz des immateriellen Schadens in rechtsvergleichender Hinsicht am Beispiel des koreanischen und japanischen Zivilrechts unter besonderer Berücksichtigung des deutschen Rechts. 1990.

Band 8 Paul-Frank Weise: Lex mercatoria. Materielles Recht vor der internationalen Handelsschiedsgerichtbarkeit.1990.

Band 9 Werner Born: Der Auftrittsvertrag für Musikgruppen im Bereich der Rock- und Popmusik. 1990.

Band 10 Ralf Erich Jürgens: IPR und Verfassung in Italien und in der Bundesrepublik Deutschland. 1990.

Band 11 Rainer Gildeggen: Internationale Schieds- und Schiedsverfahrensvereinbarungen in Allgemeinen Geschäftsbedingungen vor deutschen Gerichten. 1991.

Band 12 Klaus Grabinski: Die kollisionsrechtliche Behandlung des Durchgriffs bei rechtlich verselbständigten Unternehmen in privater oder öffentlicher Hand. 1991.

Band 13 Dieter Stummel: Konkurs und Integration. Konventionsrechtliche Wege zur Bewältigung grenzüberschreitender Insolvenzverfahren. 1991.

Band 14 Joachim Güntzer: Die Rechtsstellung des Geschäftsführers im spanischen Aktienrecht. Die Neuregelung des spanischen Aktienrechts nach dem Beitritt Spaniens zur EG. 1991.

Band 15 Sabine Isenburg-Epple: Die Berücksichtigung ausländischer Rechtshängigkeit nach dem Europäischen Gerichtsstands- und Vollstreckungsübereinkommen vom 27.9.1968. Untersuchungen zum Anwendungsbereich von Art. 21 EuGVÜ unter schwerpunktmäßiger Behandlung der Frage nach der Bestimmung eines europäischen Streitgegenstandsbegriffs. 1992.

Band 16 Ulrich Nickl: Die Qualifikation der culpa in contrahendo im Internationalen Privatrecht. 1992.

Band 17 Theo Rauh: Leistungserschwerungen im Schuldvertrag. Eine rechtsvergleichende Untersuchung des englischen, US-amerikanischen, französischen und deutschen Rechts unter besonderer Berücksichtigung der gerichtlichen Praxis. 1992.

Band 18 Bernadette Chaussade-Klein: Vorvertragliche "obligation de renseignements" im französischen Recht. 1992.

Band 19 Josef Sievers: Verbraucherschutz gegen unlautere Vertragsbedingungen im französischen Recht. Vom Code civil zum "Code de la consommation" – die Entstehung eines Sonderprivatrechts für Verbraucher. 1993.

Band 20 Achim Schäfer: Grenzüberschreitende Kreditsicherung an Grundstücken, unter besonderer Berücksichtigung des deutschen und italienischen Rechts. 1993.

Band 21 Eugenio Hernández-Breton: Internationale Gerichtsstandsklauseln in Allgemeinen Geschäftsbedingungen. Unter besonderer Berücksichtigung des deutsch-südamerikanischen Rechtsverkehrs (dargestellt am Beispiel Argentinien, Brasilien und Venezuela). 1993.

Band 22 Ingo Reng: Unterhaltsansprüche aufgrund nichtehelicher Lebensgemeinschaft – Internationales Privatrecht und ausländisches materielles Recht. 1994.

Band 23 Stefanie Roloff: Die Geltendmachung ausländischer öffentlicher Ansprüche im Inland. 1994.

Band 24 Katharina Ludwig: Der Vertragsschluß nach UN-Kaufrecht im Spannungsverhältnis von Common Law und Civil Law. Dargestellt auf der Grundlage der Rechtsordnungen Englands und Deutschlands. 1994.

Band 25 Malte Diesselhorst: Mehrparteienschiedsverfahren. Internationale Schiedsverfahren unter Beteiligung von mehr als zwei Parteien. 1994.

Band 26 Manfred Kost: Konsensprobleme im internationalen Schuldvertragsrecht. 1995.

Band 27 Wolff-Heinrich Fleischer: Das italienische Wettbewerbsrecht und die Probleme des selektiven Parfümvertriebs unter Berücksichtigung der Rechtslage in Frankreich und Deutschland. 1995.

Band 28 Angelika Fuchs: Lateinamerikanische Devisenkontrollen in der internationalen Schuldenkrise und Art. VIII Abschn. 2 b) IWF-Abkommen. 1995.

Band 29 Jacques Matthias Aull: Der Geltungsanspruch des EuGVÜ: "Binnensachverhalte" und Internationales Zivilverfahrensrecht in der Europäischen Union. Zur Auslegung von Art. 17 Abs. 1 S. 1 EuGVÜ. 1996.

Band 30 Hartmut Ost: EVÜ und fact doctrine. Konflikte zwischen europäischer IPR-Vereinheitlichung und der Stellung ausländischen Rechts im angelsächsischen Zivilprozeß. 1996.

Band 31 Stefan Wagner: Die Testierfähigkeit im Internationalen Privatrecht. 1996.

Band 32 Wolfgang Jakob Hau: Positive Kompetenzkonflikte im Internationalen Zivilprozeßrecht. Überlegungen zur Bewältigung von *multi-fora disputes*. 1996.

Band 33 Markus Schütz: UN-Kaufrecht und *Culpa in contrahendo*. 1996.

Band 34 Volker Geyrhalter: Das Lösungsrecht des gutgläubigen Erwerbers. Ein "vergessener" Kompromiß und die Auswirkungen auf das heutige deutsche Recht unter besonderer Berücksichtigung des internationalen Sachenrechts. 1996.

Band 35 Andreas Kramer: Abwicklungsstörungen bei Kaufverträgen. Die Lieferung vertragswidriger Sachen im deutschen und italienischen Recht. 1996.

Band 36 Petra Krings: Erfüllungsmodalitäten im internationalen Schuldvertragsrecht. 1997.

Band 37 Tonja Gaibler: Der rechtsgeschäftliche Irrtum im französischen Recht. 1997.

Band 38 Dirk Otto: Rechtsspaltung im indischen Erbrecht. Bedeutung und Auswirkungen auf deutsch-indische Nachlaßfälle. 1997.

Band 39 Gregor W. Decku: Zwischen Vertrag und Delikt. Grenzfälle vertraglicher und deliktischer Haftung dargestellt am Beispiel der Berufs- und Expertenhaftung zum Schutze des Vermögens Dritter im deutschen und englischen Recht. 1997.

Band 40 Ulrike Höpping: Auswirkungen der Warenverkehrsfreiheit auf das IPR unter besonderer Berücksichtigung des Internationalen Produkthaftungsrechts und des Internationalen Vertragsrechts. 1997.

Band 41 Andreas Bartosch: Die vermögensrechtlichen Beziehungen der Ehegatten bei bestehender Ehe im englischen Recht – Eigentum, Besitz, Schuldvertrag. 1997.

Band 42 Helene Boriths Müller: Die Umsetzung der europäischen Übereinkommen von Rom und Brüssel in das Recht der Mitgliedstaaten. Dargestellt am Beispiel Deutschlands und Dänemarks. 1997.

Band 43 Bernd von Hoffmann / Myong-Chang Hwang (eds.): The Public Concept of Land Ownership. Reports and Discussions of a German-Korean Symposium held in Seoul on October 7-9, 1996. 1997.

Band 44 Oliver Heeder: Fraus legis. Eine rechtsvergleichende Untersuchung über den Vorbehalt der Gesetzesumgehung in Deutschland, Österreich, der Schweiz, Frankreich und Belgien unter besonderer Berücksichtigung des Internationalen Privatrechts. 1998.

Band 45 Heinrich Schütt: Deliktstyp und Internationales Privatrecht. Dargestellt an grenzüberschreitenden Problemen der Arzthaftung. 1998.

Band 46 Axel Steiner: Die stillschweigende Rechtswahl im Prozeß im System der subjektiven Anknüpfungen im deutschen Internationalen Privatrecht. 1998.

Band 47 Martina Schulz: Der Eigentumsvorbehalt in europäischen Rechtsordnungen. Rechtsvergleichende Untersuchung des deutschen, englischen und französischen Rechts unter besonderer Berücksichtigung von Erweiterungen und Verlängerungen. 1998.

Band 48 Karin Dreher: Die Rechtswahl im internationalen Erbrecht. Unter besonderer Berücksichtigung des italienischen IPR-Reformgesetzes N. 218 vom 31. Mai 1995. 1999.

Band 49 Giuliano Gabrielli: Das Verhältnis zwischen der Anfechtung wegen Eigenschaftsirrtums und den Gewährleistungsansprüchen im deutschen, österreichischen und italienischen Recht. 1999.

Band 50 Bernd von Hoffmann / Myong-Chan Hwang (eds.): Developments in Land Law. Reports and Discussions of a German-Korean Symposium held in Berlin and Trier on July 21-24, 1997. 1999.

Band 51 Volker Heidbüchel: Das UNCITRAL-Übereinkommen über unabhängige Garantien und Standby Letters of Credit. Vergleiche mit den Richtlinien der Internationalen Handelskammer, dem deutschen, englischen und US-amerikanischen Recht. 1999.

Band 52 Jan Christoph Nordmeyer: Pflichtteilsansprüche und Wiedervereinigung. Eine systematische Analyse der Ausgleichsansprüche nach BGB-Pflichtteilsrecht unter besonderer Berücksichtigung der durch den Wiedervereinigungsprozeß eingetretenen Wertveränderungen. 1999.

Band 53 Bettina Linder: Vertragsabschluß beim grenzüberschreitenden Verbraucherleasing. 1999.

Band 54 Almontasser Fetih: Die zivilrechtliche Haftung bei Vertragsverhandlungen. Eine rechtsvergleichende Studie zum deutschen, französischen, ägyptischen und islamischen Recht. 2000.

Band 55 Sona Rajani: Die Geltung und Anwendung des Gemeinschaftsrechts im Vereinigten Königreich von Großbritannien und Nordirland. Der Grundsatz der Parlamentssouveränität im Wandel. 2000.

Band 56 Joachim Kayser: Gegenmaßnahmen im Außenwirtschaftsrecht und das System des europäischen Kollisionsrechts. Eine Analyse der EU-Abwehrverordnung gegen die Auswirkungen extraterritorialer Rechtserstreckung eines Drittlandes. 2001.

Band 57 Albrecht Conrad: Qualifikationsfragen des Trust im Europäischen Zivilprozeßrecht. 2001.

Band 58 Bernd Borgmann: Die Entsendung von Arbeitnehmern in der Europäischen Gemeinschaft. Wechselwirkungen zwischen Kollisionsrecht, Grundfreiheiten und Spezialgesetzen. 2001.

Band 59 Aleksandar Jaksic: Arbitration and Human Rights. 2002.

Band 60 Islamisches und arabisches Recht als Problem der Rechtsanwendung. Symposium zu Ehren von Professor Emeritus Dr. iur. Omaia Elwan. Veranstaltet vom Institut für ausländisches und internationales Privat- und Wirtschaftsrecht der Universität Heidelberg und der Gesellschaft für Arabisches und Islamisches Recht e.V. Herausgegeben von Herbert Kronke, Gert Reinhart und Nika Witteborg. 2001.

Band 61 Patrick Fiedler: Stabilisierungsklauseln und materielle Verweisung im internationalen Vertragsrecht. 2001.

Band 62 Werner Mangold: Die Abtretung im Europäischen Kollisionsrecht. Unter besonderer Berücksichtigung des spanischen Rechts. 2001.

Band 63 Eike Dirk Eschenfelder: Beweiserhebung im Ausland und ihre Verwertung im inländischen Zivilprozess. Zur Bedeutung des US-amerikanischen discovery-Verfahrens für das deutsche Erkenntnisverfahren. 2002.

Band 64 Bernd Ehle: Wege zu einer Kohärenz der Rechtsquellen im Europäischen Kollisionsrecht der Verbraucherverträge. 2002.

Band 65 Heiko Lehmkuhl: Das Nacherfüllungsrecht des Verkäufers im UN-Kaufrecht. 2002.

Band 66 Jochen Nikolaus Schlotter: Erbrechtliche Probleme in der Société Privée Européenne. IPR-Harmonisierung im einheitlichen Europäischen Rechtsraum. 2002.

Band 67 Konrad Ost: Doppelrelevante Tatsachen im Internationalen Zivilverfahrensrecht. Zur Prüfung der internationalen Zuständigkeit bei den Gerichtsständen des Erfüllungsortes und der unerlaubten Handlung. 2002.

Band 68 Tobias Bosch: Die Durchbrechungen des Gesamtstatuts im internationalen Ehegüterrecht. Unter besonderer Berücksichtigung deutsch-französischer Rechtsfälle. 2002.

Band 69 Ursula Philipp: Form im amerikanischen Erbrecht. Zwischen Formalismus und harmless error. 2002.

Band 70 Christian Stefan Wolf: Der Begriff der wesentlich engeren Verbindung im Internationalen Sachenrecht. 2002.

Band 71 André Fomferek: Der Schutz des Vermögens Minderjähriger. Ein Vergleich des deutschen und des englischen Rechts unter Berücksichtigung des schottischen und irischen Rechts. 2002.

Band 72 Nicolas Blanchard: Die prozessualen Schranken der Formfreiheit. Beweismittel und Beweiskraft im EG-Schuldvertragsübereinkommen in deutsch-französischen Vertragsfällen. 2002.

Band 73 Markus Dreißigacker: Sprachenfreiheit im Verbrauchervertragsrecht. Der Verbraucher im Spannungsfeld zwischen kultureller Identität und Privatautonomie. 2002.

Band 74 Vassiliki Myller-Igknay: Auskunftsansprüche im griechischen Zivilrecht. Auswirkungen im deutsch-griechischen Rechtsverkehr sowie im deutschen internationalen Privat- und Verfahrensrecht. 2003

Band 75 Stefan Bruinier: Der Einfluss der Grundfreiheiten auf das Internationale Privatrecht. 2003.

Band 76 Nika Witteborg: Das gemeinsame Sorgerecht nichtverheirateter Eltern. Eine Untersuchung im soziologischen, rechtsgeschichtlichen, verfassungsrechtlichen, rechtsvergleichenden und internationalen Kontext. 2003.

Band 77 Peter Stankewitsch: Entscheidungsnormen im IPR als Wirksamkeitsvoraussetzungen der Rechtswahl. 2003.

Band 78 Jan Wilhelm Ritter: Euro-Einführung und IPR unter besonderer Berücksichtigung nachehelicher Unterhaltsverträge. Eine Untersuchung mit Blick auf das deutsche, französische und schweizerische Recht. 2003.